侯建新 主编

THE EVOLUTION OF EUROPEAN CIVILIZATION

欧洲文明进程

贸易与扩张 卷

王加丰 著

商务印书馆
创于1897 The Commercial Press

图书在版编目（CIP）数据

欧洲文明进程.贸易与扩张卷/侯建新主编；王加丰著 .—北京：商务印书馆，2023
ISBN 978-7-100-21812-2

Ⅰ.①欧… Ⅱ.①侯… ②王… Ⅲ.①欧洲—历史 ②对外贸易—贸易史—欧洲 Ⅳ.① K500 ② F755.09

中国版本图书馆 CIP 数据核字（2022）第 214095 号

本卷系国家社会科学基金重大招标项目
"欧洲文明进程研究"（批准文号：12&ZD185）最终成果之一

"十三五"国家重点图书出版规划项目

侯建新　主编
欧洲文明进程
贸易与扩张 卷
王加丰　著

商 务 印 书 馆 出 版
（北京王府井大街36号　邮政编码 100710）
商 务 印 书 馆 发 行
北京市十月印刷有限公司印刷
ISBN 978 - 7 - 100 - 21812 - 2

2023 年 5 月第 1 版　　　　开本 710 × 1000　1/16
2023 年 5 月北京第 1 次印刷　　印张 38½
定价：180.00 元

总　序

侯建新

　　在课题组全体成员孜孜不倦的努力下，春风夏雨，十年一剑，《欧洲文明进程》（16卷本）终于面世了。这部多卷本著作，通过追溯欧洲文明诞生以来的历史进程，旨在探索回答几代中国人的问题——何谓欧洲文明？它从不同的侧面描述和阐释，跨语境地感知和感悟，希冀离真相再近一步！作为课题主持者，也是分卷作者，回顾走过的这段路程，我有如释重负的快乐且怀有由衷的期望，但愿我们不负前贤无愧来者，交上一份合格的答卷。

　　历史上的欧洲文明即于今的西方文明，又称北大西洋文明，是当今世界主要文明之一，也是我们必须与之打交道的重要文明。这部书已从16个方面对欧洲文明做了专题性论述；"总序"则力图横纵结合、通达遂晓，从总体上探讨它——诸如欧洲文明的时空维度；欧洲文明形成的条件；欧洲文明确立的标志，即"文明元规则"的生成；还有，欧洲文明对现代世界深刻而复杂的影响等。希望"总序"对这部书的完整性有所助益；同时方便读者阅读和理解全书。末了，再介绍一下这个课题的来龙去脉。

　　何为西方文明的核心内涵，或者说西方文明是什么？这是本序也是本部书要回答的主题。在开始我们的主题前，暂且把目光收回，回首一下近代中国人对西方文明的认知变化。对欧洲文明的认识，总有一个循序渐进、由浅入深、由表及里的过程。无论如何，前人的经验、认识及研究成果，是我们继续研究的基础；况且，中国命运始终是我们探索欧洲文明的动力。

一、回首：近代国人欧洲观嬗变

从16世纪到18世纪，以利玛窦（Matteo Ricci）、汤若望（Johann Adam Schall von Bell）、南怀仁（Ferdinand Verbiest）等为代表的耶稣会士来华传教，同时扮演了欧洲文明传播者的角色。虽然他们带来的欧洲历算知识、火炮技术等，曾经被明朝和清朝政府部分接纳，不过未能触动传统的华夷文明观。以鸦片战争为节点进入近代后，国人对欧洲的认知大致可以分为三个阶段：

从鸦片战争到甲午战争。1840年的鸦片战争，是中国与西方世界碰撞的开始，也是国人了解欧洲文明的标志性起点。战争失败后，魏源的《海国图志》、徐继畬的《瀛寰志略》等一批海外舆地著作相继出现。作者介绍了欧洲各国的经济、社会、文化及民情风俗等，并强调欧洲在世界文明格局中的中心位置。魏源对欧洲文明印象强烈，"欧列国万民之慧智才能高大，纬武经文，故新地日开，遍于四海焉"①；徐继畬《瀛寰志略》亦有积极评价。两次战争的失败，使中国人意识到欧洲并非中国周边的"蛮夷"可比，尤其关注西洋船坚炮利之"长技"。因此，不久洋务运动启动，一批军工企业开始建立，声光化电等西学著作相继出版，使中国人进一步认识到欧洲科技和物质成就。

国门逐渐打开，动摇了部分士大夫的华夷文明观，一部分人开始承认欧洲文明的先进性。冯桂芬是洋务派代表人物之一，可他对西方的认知不止于"器物"，他说，"人无弃材不如夷，地无遗利不如夷，君民不隔不如夷，名实必符不如夷"，故应"惟善是从"。②19世纪70、80年代，近代第一位驻外公使郭嵩焘和广东青年士子康

---

① 魏源撰、陈华等点校注释：《海国图志》，岳麓书社1998年版，第1103页。
② 冯桂芬：《校邠庐抗议》，上海书店出版社2002年版，第49页。

有为，也体会到这一点。康有为1879年游历香港后"乃始知西人治国有法度"。不过他们的看法总体上未突破中体西用的框架。

对欧洲文明的认识，也存在明显误读，甚至不无荒诞。一部分人承认欧洲文明的可取之处，可是认为所谓"西学"不过源自古代中国而已：西洋人的技术发明，其原理早已由中国上古圣人阐发，诸如电线、西医、火轮汽机等，都能在经典古籍中找到，或者出于《易经》，或者出于《墨子》等。西洋政教风俗同样源于中国，即所谓"泰西近古"说，诸如"在上下之情通，君民之分亲……实有三代以上之遗意焉"。[①]

从甲午战争到五四运动。甲午战争的失败，对中国知识界是一次前所未有的打击，也引发了中国人学习西方的热潮。不少人认为，洋务运动只学了西学的皮毛，策中国于富强，非"西政"不可。这一时期，以进化论为代表的新哲学，以及自由、平等、主权在民、男女平权等新观念，政治、法律等社会科学知识，以及小说、音乐等文学艺术，都开始进入中国。来自海外的各种信息空前丰富，推动中国思想改良，中国人对欧洲文明也有了新认识。严复称，西方社会"身贵自由，国贵自主"。他说："中国最重三纲，而西人首明平等；中国亲亲，而西人尚贤；中国以孝治天下，而西人以公治天下；中国尊主，而西人隆民。"[②]1900年，梁启超发表《立宪法议》，将欧洲君主立宪制度视为最合理的制度，强调宪法的根本法地位，"盖谓宪法者，一国之元气也"。

总之，在追求制度变革的背景下，欧洲文明和中国文明的地位出现反转，孙中山《三民主义》一书指出：义和团失败后，中国人"便明白欧美的新文明的确是比中国的旧文明好得多……要中国强盛，要中国能够昭雪北京城下之盟的那种大耻辱，事事便非仿效外国不可，不但是物质科学要学外国，就是一切政治社会上的事都要学外国"。

---

① 王韬：《弢园文录外编》，上海书店出版社2002年版，第89页。

② 严复："原强""论世变之亟"，王栻主编：《严复集》第1册，中华书局1986年版，第17、3页。

民国初年新文化运动，给予西方文明前所未有的肯定，具有一定的理论色彩。新文化运动的先进知识分子赞扬西方社会的价值观，号召个性解放，建立自主自由的人格。陈独秀将欧洲文明特征概括为"人权说""生物进化论"和"社会主义"，他说："科学之兴，其功不在人权说下，若舟车之有两轮焉。"[1]后来人们将西方文明归纳为科学与民主。李大钊《东西文明根本之异点》认为，东西方道德区别在于，"个性灭却"和"个性解放"，"东方想望英雄，结果为专制政治，……西方倚重国民，结果为民主政治"。

五四运动后到抗日战争。第一次世界大战爆发并使欧洲经济凋敝，引起西方世界的文化反思和悲观情绪，斯宾格勒《西方的没落》即在这个时期面世。与此同时，东方文明救世论在国内兴起，直接影响了国人的欧洲观。1920年，梁启超游历欧洲归国后，出版《欧游心影录》一书，态度大变，他不再说"中国与欧洲之文明，相去不啻霄壤"[2]，而是认为西方物质文明没有给人类带来幸福，却将人类带入深渊，因此西洋文明已经破产，需要东方文明来拯救。当年曾高歌"欧西文明"的梁氏尚且如此，何况一般人乎？国人对西方认知基础之脆弱，不言而喻。1935年，王新命等人发表《中国本位的文化建设宣言》，倡导新儒家的文化立场，虽然承认学习西方的必要性，但比照以前大打折扣，强调西方文明为物质文明，中国文明为精神文明。

与新儒家相对立的，是坚持全面学习西方的人物，他们继续抱有清末以来一些知识人士对西方的热情。1926年胡适指出，不能将中西文明概括为精神文明和物质文明，凡一种文明必有物质和精神两个因子，而且西方精神发展程度，"远非东洋旧文明所能梦见"。[3]同时胡适也提倡"整理国故"，他解释说他不是主张"全盘西化"，

---

[1]　陈独秀："法兰西人与近世文明""敬告青年"，陈独秀著、王观泉导读：《〈独秀文存〉选》，贵州教育出版社2005年版，第45、44页。

[2]　梁启超："论中国与欧洲国体异同"，张品兴主编：《梁启超全集》第1册，北京出版社1999年版，第312页。

[3]　参见欧阳哲生编：《胡适文集》（4），北京大学出版社1998年版，第6、10页。

而是充分现代化。另一位代表人物陈序经在《中国文化的出路》一书中认为，西洋文化是现代的基础文化，是现代化的主体。西方文化并非尽善尽美，但中国文化在根本上不如西洋。[①]

我们力求客观、简约地表述近代国人欧洲文明观的大致轨迹，难免挂一漏万。近代中国人对西方文明的认识经过了一个不断丰富和深化的过程，有高潮也有低谷。他们出于济世救国情怀而关注和评说西方文明，时有切中要害的智慧点评，也出现了一些专业性研究成果。例如，陈衡哲的《新学制高级中学教科书·西洋史》（1924年），被称为一部开山之作；还有高一涵的《欧洲政治思想史》（1926年）、蒋百里的《欧洲文艺复兴史》（1921年）、雷通群的《西洋教育史》（1935年）等。不过，总体来讲，一直到20世纪中期，中国大学很少设置世界史、欧洲史课程，教育基础薄弱，研究机构几近于无。其次，即使一般的认知也限于知识精英，与普通民众几乎无关，而且，知识精英层对西方的认识也没有达成广泛的共识。但无论如何，近代中国人关于西方文明的心路历程，于今仍具有重要价值。

19世纪中叶，当中国首次与西方世界交手并初识这个陌生文明的时候，西方却正在重新审视自己：欧洲文明如何创生，肇始于何时，其本质特征是什么？整个20世纪都是这一认识不断深化的过程，至今没有结束；令人遗憾的是，长期以来国内学界对这些动态信息所知极不充分。

二、欧洲文明的时空维度

先从西方文明的时间维度说起。

历史学家认为，最初的文明诞生于5000年到6000年之前，自此人类历史上曾先后出现数十种文明形态，上古时代基本独立形成的文明被称为"原生型文明"。随着时光的流逝，一些文明凋零了，

---

① 以上参阅了田涛教授"近代中国对西方文明的认识"授课讲义，谨致谢忱。

一些文明得以延续或再生，当今世界的主要文明不过七八家，其中再生文明居多，它们又被称为"次生型文明"。次生型文明采纳一种或若干种原生型文明的某些成分，但已然是不同质的文明。笔者认为西方文明是次生型文明，与古希腊罗马文明有本质不同，尽管与它们有着某种联系。

然而，西方学界长期将西方文明与古典文明混为一谈。欧洲人何以形成这样的观念，需要回放一下当时的历史画面。

15世纪初叶，处于中世纪晚期的欧洲人，一方面对强势的基督教教会及其文化深感压抑，希望获得更自由的空间；另一方面随着更多希腊罗马古籍的发现，被其典雅富丽的文风所吸引，希望早已衰败湮没的古典文化得以"复兴"，"文艺复兴"（Renaissance）因此得名。殊不知，此时已届中世纪的历史转捩点，面临着划时代的重要突破，岂是古典世界可比？！"他（但丁）是中世纪的最后一位诗人，同时又是新时代的最初一位诗人"①，正是指的这一特殊历史时期。远方地平线透出丝丝明亮，人们渴望更多的光明与自由。罗素说，他们不过企图用古典人的威信替代教会的威信而已。②这些一心改善现状的人文主义者，无限美化遥远的古典世界，认为罗马帝国崩溃后的历史进入千年愚昧与沉睡，直到现在理性精神才重新被唤醒，因此"黑暗时代"（Dark Ages）、"中世纪"（Medieval, Middle Ages）等话语，一时大行其道，形成一整套话语体系。"中世纪"概念，最先出现在15世纪意大利历史学家比昂多的著作中，其含义不难发现，指两个文化高峰之间的停滞期、低谷期，带有明显的贬义。另一方面，将人文主义者与古典文明绑定，结果自然而然地将中世纪以来的欧洲文明与古典文明并为一谈，似成不刊之论。

三百年后，当18世纪爱德华·吉本撰写巨著《罗马帝国衰亡史》时，他仍然拜倒在古典文明脚下，将中世纪史看成一部衰亡、

---

① 《马克思恩格斯选集》（第1卷），中共中央马克思、恩格斯、列宁、斯大林著作编译局编，人民出版社1972年版，第249页。

② 〔英〕罗素：《西方哲学史》（下卷），马元德译，商务印书馆1982年版，第7页。

阴暗的历史。一直到19世纪中后期，不乏欧洲历史学家仍认为中世纪理智处于昏睡状态中，称之为"死海之岸"。①

文艺复兴时期的话语高调持续数百年，临近20世纪才出现拐点，因此对西方自身以及对全球学界的影响不可小觑。中国史学界亦不能幸免。地理和文化相距越是遥远，越是容易留住对方长时段、高分贝释放的声音。例如，翻开几年前我国中学历史教科书，历时千年的中世纪史内容聊胜于无，寥寥几笔便进入文艺复兴话题。也有不同的声音。据我所知，国内学者最早提出不同观点的是雷海宗先生，他在20世纪30年代即指出：欧西文化自公元5世纪酝酿期开始直至今日，是"外表希罗内质全新之新兴文化"。②近年也有学者明确指出，欧洲文明不是古典文明主体的延伸，而是新生文明。③当下国际学界，传统看法依然存在，然而文艺复兴时期的话语不断被刷新，被颠覆！尤其进入20世纪后，越来越多的学者认为，欧洲文明与古典文明具有本质性区别。

对传统看法最先提出挑战的代表性人物，是活跃在19世纪中后期的基佐。弗朗索瓦·皮埃尔·基佐（1787—1874年），是法国著名历史学家和政治人物，他在《欧洲文明史》一书中，明确区别了欧洲文明与古典文明，而且做了不失深刻的分析。基佐敏锐地发现欧洲文明有着"独特的面貌"，不同于古典文明，也不同于世界上的其他文明。他认为，大多数古代文明都有一种明显的单一性，例如在古希腊，社会原则的单一性导致了一种迅速惊人的发展。"但是这种惊人的腾飞之后，希腊似乎突然耗竭了。"在埃及和印度，这种单一性使社会陷入一种停滞状态。社会继续存在，"但一动也不动，仿佛冻僵了"。欧洲不一样，它存在着多样性，各种势力处于不断斗争

---

① Philip Lee Ralph, *The Renaissance in Perspective*, New York: St. Martin's Press, 1973, p. 5.

② 雷海宗：《西洋文化史纲要》，王敦书整理导读，上海古籍出版社2001年版。

③ 参见侯建新："欧洲文明不是古典文明的简单延伸"，《史学理论研究》2014年第2期；侯建新："交融与创生：欧洲文明的三个来源"，《世界历史》2011年第4期；侯树栋："断裂，还是连续：中世纪早期文明与罗马文明之关系研究的新动向"，《史学月刊》2011年第1期；田薇："关于中世纪的'误解'和'正名'"，《清华大学学报》（哲学社会科学版）2001年第4期。

的状态，神权政治的、君主政治的、贵族政治的和平民政治的信条相互阻挠，相互限制和相互修正。基佐认为，欧洲的多样性为欧洲带来无限的发展机会。①

大约同时代的黑格尔，也表达了相近的观点。黑格尔认为，世界精神的太阳最早在东方升起，古希腊罗马文明是它的青壮年，最后，"太阳"降落在体现"成熟和力量"的日耳曼民族身上，实现了世界精神的终极目的。他特别指出，"在表面上，日耳曼世界只是罗马世界的一种继续。然而其中有着一个崭新的精神，世界由之而必须更生"②。黑格尔的"日耳曼世界"显然指中世纪开始的欧洲文明。不久，马克思在《经济学手稿》中，也将欧洲文明和古典文明明确作了区分。③

最早将这样的历史观引进职业历史学领域的，当数斯宾格勒（1880—1936年）和汤因比（1889—1975年），他们的作品《西方的没落》和《历史研究》，具有广泛的影响。斯宾格勒认为人类历史上主要有八种文明，其中"古典文明"和"西方文明"，都是独特的、等值的、自我本位的，都有不能抗拒的生命周期，虽然西方文明是最年轻的文明。这样的观点同样体现在汤因比的《历史研究》中，汤因比指出，古希腊罗马文明无疑已经完结，被两个接替者所取代，一个是西方文明，另一个是拜占庭文明。他特别指出，所谓神圣罗马帝国不过是一个幽灵，没有什么作用，不能因此便将西方历史视为罗马史的延伸。

对文艺复兴话语的致命冲击，来自20世纪以来中世纪研究的新成就。本来，从一定意义上讲，文艺复兴话语建立在贬损和虚无中世纪的基础上，人文主义者极力赞美的人文主义好像是从地下突然冒出来的，而不是中世纪发展的结果。随着原始文献解读和考古学

① 参见〔法〕基佐：《欧洲文明史》，程洪逵、沅芷译，商务印书馆1998年版，第20—40页。

② 〔德〕黑格尔：《历史哲学》，王造时译，上海书店出版社2001年版，第339—340页。

③ 参见《马克思恩格斯全集》（第30卷），中共中央马克思、恩格斯、列宁、斯大林著作编译局译，人民出版社1995年版，第465—510页。

发展，中世纪研究逐步深入，人们越来越不相信"黑暗中世纪"的传统描述；恰恰相反，中世纪是最不安分的、充满创生力的时代。

　　一批杰出的中世纪史学家，从实证到理论彻底颠覆了人们关于中世纪的认知。例如，梅特兰《英国宪制史》（1908年）、亨利·皮雷纳《中世纪的城市》（1925年）、费尔南·布罗代尔《地中海与菲利普二世时代的地中海世界》（1972年）、贝内特《英国庄园生活》（1938年）、马克·布洛赫《封建社会》（1935—1940年）、奥尔特"共同同意的村规"（1954年）、杜泰利斯《中世纪法国公社》（1978年）、雷诺兹《西欧王国与共同体，900—1300年》（1984年）、麦克法兰《英国个人主义的起源》（1978年）、弗朗西斯等《中世纪乡村生活》（1990年）、戴尔《转型的时代：英国中世纪晚期的经济与社会》（2005年）等。①这些作品极大更新了人们头脑中中世纪生活的历史画面，令人震撼不已！

　　皮雷纳力主西方文明产生于中世纪，而且经历了漫长的过程。亨利·皮雷纳（1862—1935年）是著名中世纪学者，然而最终以其欧洲文明研究闻名于世，其论断被表述为"皮雷纳命题"（the Pirenne Thesis）。这位比利时学者认为古典文明是地中海文明，西

---

　　① F. W. Maitland, *The Constitutional History of England: A Course of Lectures*, Cambridge: Cambridge University Press, 1908; Henri Pirenne, *Medieval Cities: Their Origins and the Revival of Trade*, Princeton: Princeton University Press, First Printing, 1925; Fernand Braudel, *The Mediterranean and the Mediterranean World in the Age of Philip II*, Translated from the French by Siân Reynolds, New York: Harper and Row, First published in English, 1972; H. S. Bennett, *Life on the English Manor: A Study of Peasant Conditions, 1150–1400*, Cambridge: Cambridge University Press, 1938; Marc Bloch, *Feudal Society,* Translated from the French by L. A. Manyon, London and New York: Routledge, English translation, 1961, 1962; Warren O. Ault, "Village By-laws by Common Consent", *Speculum*, Vol. 29, No. 2 (Apr., 1954); C. E. Petit-Dutaillis, *The French Communes in the Middle Ages*, Amsterdam: North-Holland, 1978;Susan Reynolds, *Kingdoms and Communities in Western Europe, 900–1300*, Oxford: Oxford University Press, 1984; A. Macfarlane, *The Origins of English Individualism*, Oxford: Basil Blackwell, 1978; Frances and Joseph Gies, *Life in a Medieval Village*, New York: Harper and Row, 1990; Christopher Dyer, *An Age of Transition? Economy and Society in England in the Later Middle Ages*, Oxford: Clarendon Press, 2005. 20世纪上半叶中世纪史研究的经典作品还有：Norman Scott Brien Gras and Ethel Culbert Gras, *The Economic and Social History of an English Village, Crawley, Hampshire, A.D. 909–1928*, Cambridge: Harvard University Press, 1930; G. G. Coulton, *The Medieval Village*, Cambridge: Cambridge University Press, 1925; R. H. Tawney, *The Agrarian Problem in the Sixteenth Century*, London: Longmans, 1912, 等等。

方文明终结了古典文明，不过文明交替并非随罗马帝国崩溃而实现，而是及至750年到800年，欧洲文明才逐渐确立。[①]皮雷纳格外关注伊斯兰扩张对西方文明形成的影响，甚至说"没有穆罕默德，就根本无法想象查理曼"云云[②]，似乎有些夸张了，不过他从更广阔的视野分析罗马帝国与西方文明的消长，将历史时间要素和空间要素有机结合，颇富学术魅力。不止皮雷纳，不少学者都看到了伊斯兰世界对西方文明形成的刺激作用，如《西方文明简史》作者杰克逊·斯皮瓦格尔指出："在700年到1500年之间，与伊斯兰世界的冲突帮助西方文明界定自身。"[③]

哈佛大学法学家伯尔曼（1918—2007年）史论并茂地论证了西方文明诞生于中世纪。他集四十年心血写成的《法律与革命》，是一部探究西方法律传统形成的鸿篇巨制，明确界定了西方文明内涵和外延。伯尔曼指出，人们习惯上将西方文明与古典文明视作一脉相承，实为一种误读：西方作为一种文明，不仅区别于东方，而且区别于以色列、古希腊和古罗马。它们是不同质的文明。西方文明与它们之间存在着某些联系，然而，主要的不是通过一个保存或继承的过程，而是通过采纳的过程，它有选择地采用了它们，在不同时期采用了不同部分。他认为西方文明成形于11世纪到12世纪，"虽然直到美国革命时才贡献了'宪政'一词，但自12世纪起，所有西方国家，……法律高于政治这种思想一直被广泛讲述和经常得到承认"[④]。

在当代政治学家中，塞缪尔·亨廷顿（1927—2008年）因其世界文明研究而名动一时，他阐述了相似观点：随着罗马帝国崩溃，古典文明"已不复存在"，如同美索不达米亚文明、埃及文明、克里特文明、

---

① 参见 Henri Pirenne, *Mohammed and Charlemagne*, New York: Meridian Books, 1959, pp. 17, 144, 285。

② Henri Pirenne, *Mohammed and Charlemagne*, p. 234.

③ Jackson J. Spielvogel, *Western Civilization: A Brief History*, Vol. I, Wadsworth: Cengage Learning, 2010, preface, p. xxiv.

④ 参见〔美〕哈罗德·J. 伯尔曼：《法律与革命（第一卷）：西方法律传统的形成》，贺卫方等译，法律出版社2008年版，第2—3、9页。

拜占庭文明、中美洲文明、安第斯文明等文明一样不复存在。他认为西方文明成形于8世纪和9世纪，是次生型文明。①

20世纪中叶以后，这样的观念走进历史教科书，这是一个标志性的转变，1963年布罗代尔推出的《文明史纲》是代表作。费尔南·布罗代尔（1902—1985年），法国年鉴学派即20世纪最重要史学流派的集大成者，以其一系列奠基性研究成果蜚声世界。他指出，欧洲文明发展成形于5—13世纪，其中封建制确立和推行对欧洲文明形成意义重大，以至可称早期欧洲为"封建文明"。他认为：封建主义（Feudalism）打造了欧洲。11、12世纪，"欧洲达到了它的第一个青春期，达到了它的第一个富有活力的阶段"。这种统治是一种"原创性的政治、社会和经济秩序"。②关于封建制与欧洲文明内涵的关系，年鉴学派的另一位代表人物布洛赫在其享誉世界的名著《封建社会》中也做过经典论述。

问世于20世纪中叶亦广受欢迎的教科书《欧洲中世纪史》，开篇标题醒目而明确："欧洲的诞生，500—1000年"。作者认为新的欧洲文明在公元1000年左右臻于成熟，西方"是中世纪的产品"，欧洲文明与古罗马文明有着亲属关系，然而却是"迥然不同"的文明。③该书由美国历史学会主席C.沃伦·霍利斯特等著，至2006年该书已再版10次，成为美国数百所大学的通用教材。

布莱恩·蒂尔尼等在其六次再版的大学教材中指出，中世纪欧洲与罗马时期的社会图景完全不同，"'罗马帝国的衰亡'不仅仅可以被视为一种古代文明的终结，而且还可以视为一种新文明的开端"，"在11和12世纪，一种新的、独特的西方文化开始萌芽"。④

---

① 参见〔美〕塞缪尔·亨廷顿：《文明的冲突与世界秩序的重建》，周琪等译，新华出版社1998年版，第29、35页。

② 参见〔法〕费尔南·布罗代尔：《文明史纲》，肖昶等译，广西师范大学出版社2003年版，第294、296页。

③ 参见〔美〕朱迪斯·M.本内特、C.沃伦·霍利斯特：《欧洲中世纪史》（第10版），杨宁、李韵译，上海社会科学院出版社2007年版，第5—7页。

④ 参见〔美〕布莱恩·蒂尔尼、西德尼·佩因特：《西欧中世纪史》（第六版），袁传伟译，北京大学出版社2011年版，第2、131页。

正如广为中国读者熟知的《全球通史》的作者斯塔夫里阿诺斯强调，欧洲中世纪是崭新独特的生活方式，有几种新的罗曼语取代了拉丁语，服装、宗教、谋生之道等都发生深刻变化。他说，古典文明被永久湮没，被一种崭新的东西所代替。

至于"欧洲"一词进入欧洲人的实际生活，已到中世纪末期，此前只见于零星记载。据奥地利历史学家弗里德里希·希尔考证，"欧洲"这个概念在罗马帝国后期开始形成，"最初，它只是用以表明一种区别"。人们发现在罗马皇帝的军队中，来自帝国西部的"欧罗巴人"与东方的"叙利亚人"有显著不同。甚至到5世纪初，历史学家还交替使用"欧罗巴人"和"欧罗巴人军队"这两个词。据悉，这是"欧洲"一词能查阅到的最早的文字记载。[①]随着蛮族入侵，先后出现了一系列蛮族王国，法兰克是蛮族王国的主要代表，其加洛林王朝开始正式使用"欧洲"这个概念。

布罗代尔认为，751年建立的加洛林王朝就是第一个"欧洲"，标示为"欧罗巴，加洛林王朝统治"（Europa, vel regnum Caroli）。加洛林王朝的著名统治者查理大帝，被其后的宫廷诗人赞誉为"欧洲之父"（pater Europae）。后来十字军东征，在与阿拉伯穆斯林的冲突中，"欧洲"概念也曾浮出水面。不过，总的看，这个词在中世纪很少被使用，到文艺复兴时期，在但丁笔下还难得见到，不过彼特拉克、薄伽丘等人已一再地使用它。"欧洲"一词进入欧洲人的实际生活并且较频繁地出现在欧洲所有的语言中，则是15、16世纪的事情了。

显然，一个多世纪以来，西方学界关于欧洲文明时间维度的认知，取得了显著进展。可惜，对于这一不断变化的、内容丰盛的百年学术史，国内的介绍既不及时也不充分，更缺乏深入的研讨和分享。

欧洲文明的空间维度，似乎更加复杂。所谓欧洲，基本是文化意义上的欧洲，所以伯尔曼说，西方是不能借助罗盘找到的。地理上的边界有助于确定它的位置，但是这种边界时常变动，依从文化

---

① 〔奥地利〕弗里德里希·希尔：《欧洲思想史》，赵复三译，广西师范大学出版社2007年版，第1页。

内涵而具有时间性。这里说的欧洲是以西欧为代表的，中世纪以来即如此。南欧、中欧和北欧也属于这个文明圈，其地理与文化是重叠的，涵括大约从英格兰到中欧和从丹麦到西西里的诸民族。一部分东欧国家以及俄罗斯，虽然地处欧洲却不被认为属于这个意义上的欧洲国家。西欧某个特定时期的个别地区也是这样，罗伯特·罗伊指出，中世纪的西班牙被穆斯林统治了七百多年，其间西班牙的穆斯林统治者从不认为自己是欧洲人。[①]

显然，所谓欧洲，有一条看不见的文化边界，近代以来更加明显。"大航海"后欧洲移民在美洲和大洋洲建立起来的国家，如美国、加拿大、澳大利亚和新西兰等被认为是西方国家，虽远离欧洲本土，依然同根相连，叶枝相牵。西方文明的空间维度有一定的时间性和迁动性，未必与自然地理上的欧洲合一。

三、欧洲文明的形成：采纳、改造与创生

以往，我们习惯于将欧洲近代思想之源头，一则上溯于古希腊罗马，二则归因于17世纪自然权利观的出现，竟至低估了中世纪的贡献，低估了日耳曼人关键性的突破。欧洲文明诞生于中世纪，它与古典文明之间不是衣钵传承关系，而是拣选、采纳为其所用的过程。而且，欧洲文明采纳和改造的对象不单单是古典文明，还有日耳曼（Germanic）文化、基督宗教（Christian）、以色列文化等。事实上，入主欧洲的日耳曼人是创生欧洲文明的主体，对该文明形成具有能动的主导作用。所以萨拜因指出："在6世纪和9世纪之间，欧洲的政治命运永远地转移到了日耳曼侵略者之手。"[②]

日耳曼人是征服者，他们带着其世世代代生活方式的记忆，以

---

① 参见 Robert Royal, "Who Put the West in Western Civilization?", *Intercollegiate Review* (Spring 1998), p. 5.

② 〔美〕乔治·霍兰·萨拜因著、托马斯·兰敦·索尔森修订：《政治学说史》（上册），盛葵阳等译，商务印书馆1986年版，第242页。

不同程度的部落形式整体进入欧洲，开创新生活。在这样的过程中，他们与不同的文化相遇，并从不同的文明中吸取"灵感"，然而日耳曼诸蛮族没有变成吸取对象本身。他们与采纳对象之间的位格也不一样。如果说欧洲文明是一座大厦，古典文明、以色列文明和基督宗教等文化元素不过是石块、砂砾等建材，西欧民族才是建筑师。关于中世纪政治经济制度，人们总是争论罗马因素还是日耳曼因素更多，而忽视谁是创造欧洲文明的主体。后者是有意志、有能动性的人，他们不是古罗马人，更不是古希腊人，而是中世纪西欧诸民族。12世纪罗马法复兴运动中，意大利波隆那大学是重要策源地，那里的罗马法学家们不是古罗马人；文艺复兴运动的代表人物伊拉斯谟不是古希腊人。

西方文明并非由古典世界一直延续下来。相反，罗马文明在西罗马帝国灭亡前就已经被蛮族文明替代，高度发达、极其精致的罗马法律体系与日耳曼民俗法差异极大，距罗马最后一位皇帝被废黜很早以前，罗马文明在西部就已经被哥特人、汪达尔人、法兰克人、萨克森人以及其他日耳曼人的原始部落文明所取代。伯尔曼平实而贴切地描述了这种状况，他说，西方文明与古典文明的关系，"主要的不是通过一个保存或继承的过程，而是通过采纳的过程，即：西方把它们作为原型加以采纳。除此，它有选择地采用了它们，在不同时期采用了不同部分"①。

即使日耳曼传统文化本身，也要经过拣选和改造。显然，欧洲文明不是任何一个文明的复制品，它所采纳的其他文明有关部分也不是如法炮制，而是经过极其复杂的交汇、嫁接和改造，所以文明创生的主体性作用不可忽视。从这个意义上讲，"罗马因素"和"日耳曼因素"这样陈旧的话语模式可以被超越，也应该被超越。

日耳曼人来自欧洲北部多雾的海边，分为不同的部落，却有大致相近的传统、惯例和制度，最重要的是马尔克（Mark）村庄共同

---

① 〔美〕哈罗德·J. 伯尔曼：《法律与革命（第一卷）：西方法律传统的形成》，贺卫方等译，第2—3页。

体制度。如何理解他们的共同体（Community）呢？一方面日耳曼人的个体不够强大，不得不依附部落群体；另一方面，他们有着共同的观念，通过共同的行为来追求共同的目的。比较罗马法和日耳曼法就会发现，罗马家长权主要取决于一家之主的"意志"（will），相对应的日耳曼家庭父权制度主要取决于"关系"（relation），作为基本概念，指的是一种保护和依从关系。[①]因此，成员之间没有根本的隶属和支配关系，识别他们的标准是自治和自律。

村民大会和协作轮耕制是其典型标识。马尔克传统在日耳曼人的全部生活里扎下了根，不少学者认为，在整个中世纪里，在大部分欧洲土地上，它是一切社会制度的基础和典范，浸透了全部的公共生活，这并非溢美之词。村社组织并非"残余形式"，而是实际的存在，乡村实行庄园-村庄混合管理结构。[②]即使在农奴制下，村庄也没有丧失集体行为，一些村庄共同体还有自己的印章，甚至有旗帜。中世纪的庄园法庭，明显地保留了日耳曼村民大会的古老遗风。一切重大的安排、村民诉讼以及与领主的争端，都要由这样的法庭裁决。在乡村公共生活中，"村规"（by-laws）享有很高的权威，长期保持旺盛的生命力，受到乡村社会的高度认同。[③]再一个标志性遗产是著名的"敞田制"，强制性轮耕制和放牧制带有明显的"均平"主义色彩。

村民带着这种观念建立的中世纪城市，就是一个城市共同体。他们有自己的法律和法庭，享有一定自治权。一些法兰西和意大利城镇还自称为"城市公社"。城市手工业行会，简直就是村庄组织的翻版，商会亦然。大学被称为"中世纪最美丽的花朵"，人们仍然可以从其教师行会身上看到马尔克共同体的影子。

---

① 参见 Roscoe Pound, *The Spirit of the Common Law*, Francestown: Marshall Jones Company, 1921, pp. 26-27.

② 参见侯建新："西欧中世纪乡村组织双重结构论"，《历史研究》2018年第3期。

③ 参见 Zvi Razi, "The Struggles between the Abbots of Halesowen and Their Tenants in the 13th and 14th Centuries", in T. H. Astonetal, eds., *Social Relations and Ideas: Essays in Honour of R. H. Hilton*, Oxford: Oxford University Press, 1983, pp. 151-167.

上层统治架构也深受日耳曼传统的影响。按照日耳曼人的观念，政府的唯一目标就是保障现存的法律和权利，地方习惯法往往成为王国法律的基础。德国学者科恩指出，中世纪的政治思想与其说是中世纪的，不如说是古代日耳曼的，后者也是欧洲封建制得以创建的重要政治资源。[①]即使法律本身也导源于日耳曼传统，生活中的惯例在法律中具有排他性和独占性。不难发现，不论是乡、镇基层还是上层政治架构，日耳曼的法律、制度与传统文化为早期西方提供了社会组织胚胎。

基督教是塑造欧洲文明的重要力量，欧洲文明甚至被称为基督教文明，其实基督教本身也必须经过中世纪的过滤和演化。一个平凡的事实是，同为基督宗教，在这边是天主教和改革后的加尔文新教，在拜占庭和俄罗斯等地就变成颇有差异的东正教。经过中世纪的采纳与认同，基督教潜在要素才得以显现。首先，它以统一的一神信仰，凝聚了基督教世界所有人的精神，这一点对于欧洲人统一的身份意识、统一的精神归属意识，具有无可替代、空前重要的意义。而这样的统一意识，对于欧洲人的身份自觉、文明自觉，又发挥了重大作用。布罗代尔指出，在欧洲的整个历史上，基督教一直是其文明的中心，它赋予文明以生命。

其次，它为欧洲人提供了完整的、具有显著的文明高度的伦理体系。基督教早期是穷人的宗教，其博爱观念在理论上（在实际上受很多局限）突破了家庭、地域、身份、种族、国家的界限。耶稣的殉难，以及他在殉难时对迫害他、杀死他的人的宽恕，成为博爱精神极富感染力的象征。博爱精神既为信徒追求大的超越、神圣，实现人生价值、生命意义提供了舞台，也为信徒践行日常生活中的道德规范提供了守则。当基督教出现之后，千百年来折磨人、迫害人、摧残人、杀戮人的许多暴虐传统，才遇到了从理论到实践的系统的反对、谴责和抵制，以对苦难的同情为内容的人道主义才开始

---

① 参见 Fritz Kern, *Kingship and Law in the Middle Ages*, New York: Praeger Publishers, 1956, Introduction, p. xviii。

流行。它广泛分布的教会组织，对中世纪动荡、战乱的欧洲社会秩序重建，对于无数穷苦人苦难的减缓，起过无可替代的作用。

最后，它关于上帝面前人人平等的观念，无论高贵者还是低贱者皆有"原罪"的理念，导致对世俗权力的怀疑，为以后的代议制度孕育预留了空间。权力制衡权力的实践在罗马时代已出现，但基督教的原罪说才提供了坚实的理论依据，开辟了真正广阔的前景。在上帝救世说中，个人是"原罪"的承担者，而灵魂得救也完全是个人行为，与种族、身份、团体无关；个人的宗教和道德体验超越政治权威，无疑助益个体和个体观念的发展。这是古典世界所不曾发生的。

中世纪基督教会的消极影响也无可讳言，它在相当长的时间里、相当严重的程度上用愚昧的乌云遮蔽了理性的阳光，诸如猎杀女巫运动，对"异端"的不宽容，对"地心说"的顽固坚持，等等。更为严重的问题是，随着教会世俗权力的膨胀，教会也不能幸免自身的腐败。作为近代早期欧洲宗教改革的重要成果，基督教会逐渐淡出世俗，完全回归到心性与精神领域。

古希腊罗马文明是欧洲文明选择、采纳其元素为己所用的另一个重要对象，当然它也要以自己的方式予以改造。古典文明的理性思考，对中世纪神学、经院哲学和对自然科学产生深刻影响。雅典无疑开创了多数人民主的先河，不过我们也应清楚地看到，雅典民主有以众暴寡的倾向，不具备现代民主的气质。说到底，古典时代没有独立的个体，缺乏现代民主的基础。

古罗马对于欧洲文明最重要的贡献是罗马法。罗马法法律体系最初不为蛮族所接受，随着蛮族的成长，12世纪他们重新发现罗马法，采纳了罗马法一些"概念"和"范式"，并重新诠释，结果气质大变，与其说罗马法复兴，不如说再造。人们可能看到，12世纪意大利比萨自由市的法律制度，采用了许多罗马法的规则，可是，相同的准则具有极不同的含义。教会法学家们热衷于解读罗马法，表面上他们在不停地辨析和考证罗马法，试图厘清本意；实际上在不断输入当时的社会共识，表达一种全新的见解。中世纪法学家最杰出的贡献，甚至是唯一成就，就是他们对罗马法中"IUS"概念的重新解读和改造，逐渐彰显自然权利和个体权利，开拓了一种新的文明源泉，为建构欧洲文明框架提供了基本元素。

倘若对中世纪与古典文明有较为深入的把握，就不难发现二者基本气质如此不同，人们对国家和权力的心理，对超自然力量的态度，还有社会组织方式、城乡布局等，都不一样。古典时代没有独立个体或半独立个体，看不到个人权利成长的轨迹，个人融于城邦整体中，最终融于帝国体制中；城邦公民的自由限于参政的积极自由而没有抵御公权侵犯的消极自由。梅因指出，"古代法律"几乎全然不知"个人"，它所关心的不是个人而是家族，不是单独的人而是集团。[①]在这种情况下，他们只得依附于城邦，当庞大帝国形成时则依附于帝国，如同基佐指出，臣民那么容易地接受帝国的专制政治信仰和感情，对此我们不应感到惊奇。[②]尽管古典文明达到相当的高度，但是最终还是与其他古代文明一样，未能摆脱谋求强大王朝和帝国的宿命。

无论如何，罗马帝国覆亡以后，不同文明诸种元素熔于一炉，或者一拍即合，或者冲撞不已，更多则是改造和嫁接，形成了一种新的文明源泉。8世纪封建制的确立进一步推进了这一历程。欧洲文明形成要比通常认为的时间晚得多，其过程也漫长得多，正是在这看似无序的过程中，文明元素逐渐更生，至中世纪中期，欧洲文明的内核基本孕育成形。

学者们试图对西方文明核心内涵做出概括性阐释。例如，亨廷顿认为西方文明的主要特征是：古典文明的遗产、天主教和新教、欧洲语言、精神权威和世俗权威的分离、法治、社会多元主义、代议机构和个人主义。西方文明所有重要的方面，他几乎都涉及了，不过这些"特征"没有逻辑关系，甚至因果混淆，未能揭示西方何

① 〔英〕梅因：《古代法》，沈景一译，商务印书馆1996年版，第146页。
② 参见〔法〕基佐：《欧洲文明史》，程洪逵、沅芷译，第27、28页。

以成为西方的根本所在。

梅因的研究值得关注。他的目光回溯到文明早期，他承认每一种文明都有其不变的根本，他称之为"胚种"，一旦成形，它的规定性是穿越时空的。他发现当下控制着人们行为的道德规范形式，都可以从这些"胚种"中找到根由。①也就是说，虽然欧洲文明不断变化，然而也有不变的东西，它所具有的原始特征，从初始到现今，反复出现，万变不离其宗。

无独有偶，著名的欧洲思想史学家希尔指出了同样的道理，他称不变的东西是欧洲精神版图上铺开的"重叠光环"。这些主题在欧洲历史中反复出现，直到今天还未失去它们的意义。下句话说得更明了：如果哪位读者首次看到它们时，它们已经穿着现代服装，那么我们不难辨认它们在历史上早已存在，虽然穿着那时的服装。②不论希尔的"重叠光环"，还是梅因的"胚种"，这些杰出学者的文明研究，都在探求特定文明的原始、不变的根本元素，颇似中华先贤屈原上下求索中发出的"人穷则返本"之呼唤！

四、欧洲文明确立的标志："元规则"生成

笔者认为，12—14世纪形成的自然权利，标志着欧洲文明的确立，它是欧洲文明不变的内核，大概也就是梅因所说的"胚种"。自然权利在一定意义上相当于主体权利，③只是角度不同而已。关于自然权利的起源，人们通常认为自然权利观念如同内燃机一样，是现代社会的产物。所幸国际学界近几十年的研究成果不断刷新传统结论，越来越多的学者认为，自然权利观念起源于中世纪，而且逐渐在西方学术界占据了主流地位。

欧美学者将自然权利观追溯至中世纪教会法学家的贡献固然重

---

① 〔法〕梅因：《古代法》，沈景一译，第69页。
② 〔奥地利〕弗里德里希·希尔：《欧洲思想史》，赵复三译，"前言"，第1页。
③ 参见侯建新："主体权利与西欧中古社会演进"，《历史教学问题》2004年第1期。

要，不过还应同时关注观念背后的社会生活，关注12世纪社会条件的变化。一种文明的诞生不会凭空而降，必须具备与之相应的个体与群体，特定的社会共识，相应的社会环境。再好的种子落在石板上，也不会发芽成长。

不难发现，到中世纪中期，个体发展与社会发展已经超越了古典时代，本质上不同于古希腊罗马。早在8世纪，欧洲封建制确立，创建一种原创性的政治社会秩序；同时，也是欧洲个体成长的一个重要节点。领主附庸关系蕴藏的信息相当丰富复杂：一方面领主与附庸关系是等级关系，是一种人身依附关系；另一方面领主与附庸双方都必须履行相应的权利和义务，并受到封建法保护。倘若一方没有履约，另一方可以解除关系，也就是说，领主可以抛弃违约附庸，附庸也可以离弃恶劣的领主，因此封建关系中的契约因素不言而喻。这不是说低贱者不受压迫和奴役，这里仅仅是说，他已根据某个法律体系取得了一种不可剥夺的权利——尽管是一种等级权利、低级权利，他却有条件坚持这种权利，从而获得某种程度的保护。耐人寻味的是，这样的法律条款也是封建法的一部分，几乎同时为统治者和被统治者承认，达到相当程度的社会共识。

封建法中的"准契约关系"，深刻影响了中世纪的经济社会生活。在社会上层，按照规定，附庸服军役责无旁贷，然而服役的天数受到严格限制，否则会遭到附庸质疑和抵抗。英国大宪章运动的根本起因，是男爵们不能忍受约翰王破坏封建法，一再额外征召兵役。在社会下层，在采邑里，领主不能随意提高地租，即使在通货膨胀的情况下也很难，所以"习惯地租"几乎成了固定地租的代名词。可见，不论封臣还是普通农民，虽然等级不同权利也不同，然而都有不可剥夺的权利，一种保护自己不被过分压迫和侵夺的权利。正是因为臣民手里有权利，才有维护权利的法庭博弈。

因此人们不难看到，因某个采邑的归属，一个伯爵可以与国王对簿公堂，理直气壮，声称是为了正义和法律的荣誉。同理，一个佃农，即使农奴，为了他的土地权利也可以依据习惯法与领主周旋于庄园法庭。所以中世纪很少发现农民保有地被无故侵夺的案例。实际上，一个农民同时具有三种身份，他是领主的佃户，同时也是村庄共同体成员和教会的教民，这种多元身份也是农民权利保障的重要条件。中世纪城市是封建领地的一部分，市民也有不可剥夺的权利，而且更多一些，颇有吸引力。如果农奴被迫逃亡城市，有被领主追回的危险，但是度过101天后，依据城市法逃亡者便成为一个合法市民，任何人不能威胁他，他在一个新的共同体里再次获得一种权利。

中世纪的乡、镇居民固然不是现代社会意义上的独立个体，然而与其以前世界中的自我相比，与其他文明如古典文明中的自我相比，已经发生了突破性的变化。是否称之为"准独立个体"，才能更恰当、更充分地解释他们呢？这样的个体是中世纪走向现代社会不可或缺的角色，其中坚力量注定是最不安分的、最富有创新精神的人，是不竭动力的源泉。

"准独立个体"出现的历史意义不可低估。一个具有不可剥夺权利的人，一个不可任意奴役的人，一个能够依法自卫的人，一定会产生新的观念和新的语言，炼出新的品质，创造出新的社会关系和一个新的天地。古典世界是杰出的，但是毕竟没能做出本质性的突破，走向现代世界的突破是西欧民族做出的。个体和个体权利的成长，是欧洲千年发展史的一条主线，整个中世纪都可以理解为个体及个体权利成长的历史。正是在这个意义上，弗兰克·梅耶指出，在人类过去数千年的诸多伟大文明中，西方文明是独特的，不仅与古典文明有所区别，与其他所有文明都有所区别，而且是一种本质性的区别。[①]个体以及个体成长史，是欧洲观念、规则等产生的原点，也是欧洲文明产生的原点。

与古典文明及其他古代文明一样，欧洲中世纪不曾有独立个体（individual）；不过，还须看到变化的一面，大约中世纪中期，欧洲

[①]　参见Franks S. Meyer, "Western Civilization: The Problem of Political Freedom", *Modern Age* (Spring 1968), p.120。

已然出现形成中的独立个体，发展中的独立个体——"准独立个体"。历史从这里分流。

　　实际上，已经有学者用实证的方式描述这种个体的发展足迹。剑桥大学人类学家艾伦·麦克法兰将英国个人主义（Individualism）追溯到1200年；戴尔则认为英国自中世纪中期就启动了社会转型，开始从共同体本位逐渐转向个人本位。[①]正如布洛赫所描述的那样，在12世纪，"自我意识的成长的确从独立的个人扩展到了社会本身。……从民众心灵深处产生的观念，与神职人员虔诚追求交汇在一起"[②]。基于多元的文化交流和灵动的现实生活，在上至教皇、教会法学家、中世纪思想家，下至乡镇普通教士踊跃参与的讨论中，欧洲社会形成了颇有系统的权利话语及其语境，阐明了一系列权利观念，其中自然权利概念应运而生，被称为一场"语义学革命"（semantic revolution）。[③]一扇现代社会之窗被悄悄地打开。

　　欧洲学者首先将自然权利的渊源追溯到14世纪，这主要是法国哲学家米歇尔·维利（Michel Villey）等人的贡献，半个世纪后，即20世纪中叶，以布赖恩·蒂尔尼为代表的历史学家则追溯得更远，认为自然权利观念产生于12世纪。[④]彼时，一位意大利教会法学家格拉提安（Gratian），将罗马法学家注释学成果以及数千条教会法规汇编成书。为了纪念他的杰出贡献，后人称该书为《格拉提安教令集》（Decretum of Gratian，简称《教令集》）。在这部《教令集》中，格拉提安重新解释了罗马法中ius的概念，启动了这一概念中主体、主观的含义。继而，12世纪若干教会法学家不断推进，鲁菲努斯（Rufinus）是自然权利概念发展的关键人物，他指出，"ius

---

　　① 分别参见A. Macfarlane, *The Origins of English Individualism*; Christopher Dyer, *An Age of Transition? Economy and Society in England in the Later Middle Ages*。

　　② Marc Bloch, *Feudal Society: The Growth of Ties of Dependence*, Vol. I, London and New York: Routledge, 1989, pp. 106–107。

　　③ Takashi Shogimen, *Ockham and Political Discourse in the Late Middle Ages*, Cambridge: Cambridge University Press, 2007, p. 154.

　　④ 参见Brian Tierney, *The Idea of Natural Rights: Studies on Natural Rights, Natural Law and Church Law, 1150–1625*, Cambridge: Scholars Press, 1997。

naturale"是一种由自然灌输给个人的力量，使其趋善避恶。另一位学者休格西奥（Huguccio），被称为12世纪最伟大的教会法学家，也指出ius naturale是一种行为准则，其最初的意义始终是个人的一种属性，"一种灵魂的力量"，与人类的理性相联系。至此，自然权利概念逐渐清晰起来。

进入14世纪，著名学者奥卡姆的威廉（William of Ockham）明确将罗马法中的ius阐释为个体的权能（potestas），并将这种源于自然的权利归结于个体，正是在这个意义上，自然权利又称为主体权利，奥卡姆被誉为"主体权利之父"。他说，这种权利永远不能被放弃，实际上它是维持生命之必须。[①]自然权利（nature rights）和主体权利（subjective rights）的出现，第一次确认了在实在法权利（positive rights）之外还有位阶更高的权利，突破了以往单一的法律体系。它们不是法庭上实际运用的权利，而是"天赋权利"，是所有时候都应该承认的权利，具有极其重要的引导和感召作用，成为欧洲深层次的社会规则系统生成的思想源泉。

生活中的实际存在，反复出现的个体与群体的行为，以及观念与话语，必须上升到抽象、系统的概念和理论表述，才能沉淀下来，存续下去，从而成为社会秩序的灵魂，也就是文明的核心要素。自然权利如同欧洲文明之胚种，埋下胚种，就要生根发芽、开枝散叶，12、13世纪的法学家们创造出许多源于自然权利的权利，发展出一种强有力的权利话语体系，衍化成相应的元规则，构成欧洲文明内核。

"元规则"（meta-rules）的定义是：某种特定文明首要、起始和关键的规则，决定规则的"规则"，被社会广泛认同并被明确定义，成为社会生活的基本准则。欧洲文明元规则内涵高度稳定，以至于渗入法律和政治制度层面，从而奠定西方文明基础，使西方成为西方。这个体系大致包括五个方面的基本内容，即"财产权利""同意权利""程序权利""自卫权利"和"生命权利"。它们源自自然，不

---

① 参见 Brian Tierney, *The Idea of Natural Rights: Studies on Natural Rights, Natural Law and Church Law, 1150–1625*, p. 122。

可剥夺，也不可让渡；它们是应然权利，是消极自由权利，却深刻影响着社会走向。五项元规则简述如下：①

1. 财产权利（rights to property）。随着罗马法复兴，教会和法学界人士掀起了一场财产权讨论，而方济各会"使徒贫困"的争论第一次将财产权与自然权利概念联系在一起。

方济各会创建于1209年，宣称放弃一切财产，效仿基督，衣麻跣足，托钵行乞，受到历届教宗的鼓励。可教宗约翰二十二世在位时，却公开挑战"使徒贫困"论的合理性，他认为方济各标榜放弃一切所有权是不可能的。显然，教宗只是从实在法权利角度评判"使徒贫困"，而放弃了自然权利意义上的财产权。奥卡姆从"人法""神法"以及"自然权利"等大量权利概念分析入手，结合基督教经典教义，论证了他的复杂的主体权利思想。

奥卡姆承认方济各会士没有财物的实在法权利，然而他们来自福音的自然权利却不可剥夺，是无需任何契约认定的权利，而且位阶高于实在法权利。②结果，奥卡姆彰显了财产观中的自然权利，从而成功地捍卫了方济各会的合法性。

中世纪自然权利观念深刻地影响到社会的财产权利观。《爱德华三世统治镜鉴》（*Speculum Regis Edwardi III*）强调这样一个原则：财产权是每个人都应当享有的权利，任何人不能违背他的意志夺走其物品，这是"一条普遍的原则"，即使贵为国王也不能违反。社会底层人的财产权最易受到侵害，所以王室官员强买贫苦老农妇的母鸡是更严重的犯罪，"必将受到现世和来世的惩罚"。作者排除侵权行为的任何华丽借口，"不存在基于共同福祉就可以违反个人主体权利的特殊情况"。③

---

① 关于欧洲文明元规则论述，详见侯建新："中世纪与欧洲文明元规则"，《历史研究》2020年第3期。

② 参见 Brian Tierney, *The Idea of Natural Rights: Studies on Natural Rights, Natural Law and Church Law, 1150–1625*, pp.121–122。

③ Cary J. Nederman, "Property and Protest: Political Theory and Subjective Rights in Fourteenth-Century England", *The Review of Politics*, Vol. 58, No. 2, 1996, pp. 332, 343.

13世纪初叶《大宪章》的大部分内容，都关涉到臣民的财产权利。依附佃农的财产权利也并非缺位，他们依照惯例拥有一定的土地权利并受到习惯法保护，权利是有限的却是很难剥夺的。有一定保障的臣民财产权，有利于社会财富的普遍积累。

2.同意权利（rights to consent）。"同意"作为罗马法的私法原则，出现在罗马帝国晚期，进入中世纪，"同意"概念被广泛引申到公法领域，发生了质的变化，成为欧洲文明极为重要的元规则之一。

首先，"同意"概念进入了日常生活话语。按照日耳曼传统，合法的婚姻首先要经过父母同意，但至12世纪中期，年轻男女双方同意更为重要，并且成为一条基督教教义。同意原则甚至冲破了蛮族法的传统禁令，可见日耳曼传统也要经过中世纪社会过滤，此乃明证。教会婚姻法规定只要男女双方同意，即使奴隶与自由人之间的婚姻也是有效的，奴隶之间的婚姻亦然。

其次，同意原则成为公权合法性的重要基础。教会法学家认为，上帝授予人类拥有财产和选择统治者的双重权利，因此，不论世俗君主还是教宗，都要经过一定范围人士同意，才能具有足够的权威和足够的合法性。日耳曼诸蛮族入主欧洲，无论王国颁布新法典，还是国王加冕，无不经过一定范围的协商或同意。英王亨利一世加冕后写给安塞姆主教的信中说："承蒙你和其他人的忠告，我已经向自己与英格兰王国人民做出承诺，我是经过男爵们普遍同意而加冕的。"[①]

乡村基层社会亦如此，庄园领主不能独断专行，必须借助乡村共同体和村规，否则很难实行统治。这些"村规"被认为是"共同同意的村规"（Village By-laws by Common Consent）。庄园领主宣布决定或法庭判决时，一定宣明业已经过佃户全体同意，以彰显权威，而这些过程确实有佃户的参与。

最后，值得关注的是，在确立同意原则的同时，提出对"多数

① Austin Lane Poole, *From Domesday Book to Magna Carta 1087-1216*, Oxford: Oxford University Press, 1993, p. 10.

人同意"的限制。多数人的表决不是天然合理。其表述相当明确：民众的整体权利不比其个体成员的权利更高，对个人权利的威胁可能来自统治者，也可能就来自共同体内的多数派。显然他们已然意识到并直接排拒"多数人暴政"，中世纪即发出这样的警示难能可贵。13世纪初，特鲁瓦教堂多数派教士发动一场"财政政变"，试图强占少数派的葡萄园，结果，多数派的这一做法遭到教宗英诺森三世的否定，他的批示是：多数票决不能剥夺教士共同体中少数派的个人权利。可见，同意原则与古典时代判然不同，是民主程序，更是个人自然权利，后者不可让渡。同意原则不仅在观念上被广泛接受，在实践上也得到一定范围、一定程度的实施。

3. **程序权利**（rights to procedure justice）。中世纪法学家把坚持正当程序看作一个具有独立价值的要素，在他们的各种权利法案中，程序性条款占据了法律的中心地位，法律程序地位的高低被认为是法治与人治之间的基本区别。正当审判程序原则最早见于1215年英国《大宪章》：对于封臣，如未经审判，皆不得逮捕、监禁、没收财产、流放或加以任何其他损害。还决定推举25名贵族组成委员会，监督国王恪守《大宪章》并对其违规行为实施制裁。这些高度权威性的法条，从程序上明确规约政府公权力，使臣民免于被随意抓捕、监禁的恐惧，体现了程序正义的本质，筑起法治的基石。

实行陪审制的英国普通法，更有利于"程序正义"要素的落实，他们认为刑事审判属于"不完全的程序正义的场合"，即刑事审判的正当程序不一定每次都导致正当的结果，于是，"一种拟制的所谓半纯粹的程序正义"陪审制成为必要的弥补。陪审团由12人组成，与被告人身份相当，即"同侪审判"；犯罪性质全凭陪审团判定，且须陪审员一致通过，陪审团是真正的法官。判决后的案例（case）即成为此后类似案件审理的依据，所以他们不仅是法官而且还是创造律条的法学家！陪审制使得一部分司法权保留在社会手中，减少了司法权的官僚化和法律的僵硬化。

在欧洲大陆，审判程序也趋向严格和理性化，强调规范的诉答和完整证据，即纠问制（inquisitorial system）。13世纪以后逐渐产生了代表国王行使公诉权的检察官制度，理由是刑事犯罪侵害个人同时威胁公共安全。另一个重要发展是，不断出台强化程序的种种限定，以防止逮捕、惩罚等权力的滥用。如遇重要犯罪判决，还要征求庭外一些资深人士意见。由于僵硬的证据要求，为获取口供以弥补证据不足，刑讯逼供往往成为法官的重要选项，纠问制法庭的暴力倾向明显。

近代以后，英国普通法法系与大陆法系有逐渐接近的趋向。"程序正义"从程序上排拒权力的恣意，强调"看得见的正义""最低限度的正义"以及"时效的正义"等；对当事人而言则是最基本的、不可让渡的权利。人们往往热衷于结果的正义，而真正的问题在于如何实现正义以及实现正义的过程。

4. 自卫权利（rights to self-defense）。又称为抵抗权（rights to resist），即防御强权侵害的权利，在中世纪，指臣民弱势一方依据某种法律或契约而抵抗的权利。抵抗权观念主要萌芽于日耳曼人传统中，那时人们就认为，他们有权利拒绝和抗拒违规的部落首领。进入中世纪，他们认为，国王和日耳曼村社首领之间没有天壤之别，仅仅是程度上的差异。抵抗权利观念可谓中世纪最有光彩的思想之一。欧洲封建制的领主附庸关系，被认为是一种准契约关系，这不是说欧洲封建制没有奴役和压迫，而是说奴役和压迫受到了一定的限制。倘若一方没有履约，另一方可以解除关系，即"撤回忠诚"（diffidatio）。"撤回忠诚"是从11世纪开始的西方封建关系的法律特性的一个关键。

由于抵抗权的确立，国王难以掠夺贵族，贵族领主也难以掠夺农民，从而有利于生产和经营，有利于社会财富的良性积累，成为英国、荷兰等西欧国家农业经济突破性发展的秘密。人们不难发现，国王与某贵族对簿公堂，国王未必胜诉。在一桩土地权利诉讼案中，被告席上的伯爵这样表示："如果我屈从于国王意志而违背了理性，……我将为人们树立一个坏的榜样：为了国王的罪恶而抛弃法律和正义。"①可见，如果受到不公正的对待，附庸可以反抗，理直气壮地反抗！

同时，国王不能侵害封臣领地，封臣完成规定的义务外，国王不能从封臣采邑中拿走一个便士。"国王靠自己生活"，即王只能依靠王室领地收入维持王室生活和政府日常开支，只有在战争时期才能向全国臣民征税。在相当长一段时期内，西欧的国王或皇帝没有固定的驻地，他们终年在其所管辖的领地之间巡行，称为"巡行就食"，因为把食物运到驻地的成本过于昂贵。法兰克国王、盎格鲁－撒克逊国王、诺曼诸王、金雀花诸王无不如此。欧洲没有、也不可能有中国那样的"漕运"②。德皇康拉德二世1033年的行程是：从勃艮第巡行到波兰边境，然后返回，穿过香槟，最后回到卢萨提亚。直线距离竟达1 500英里左右！即使在王室领地上，国王的消费——所收缴租税的折合，也受到习惯法限制，国王随行人员数量、停留天数等都有具体规定。

同理，不论在王室庄园还是一般领主庄园，佃农的习惯地租基本是不变的。地租固定可以保证领主的收入，另一方面防止领主的过分侵夺。习惯地租被称为保护农民经济的"防波堤"（dyke），有助于土地增值部分流进农民口袋，促进小农经济繁荣。以英国为例，有证据显示，农业资本主义的成功是以小农经济的普遍繁荣为基础的。在二三百年的时间里，地租基本不变，佃户个体可以积累资金、扩大土地和经营规模，形成富裕农民群体（well-to-do peasantry），从中产生租地农场主或新型地产主，从而改变乡村社会结构。

人们普遍接受这样的理念——领主不能为所欲为，许多表面看来似乎只是偶然的起义，其实基于一条传统深厚的原则：在国王或领主逆法律而行时，人们可以抗拒之，甚至暴力抵抗之，这并不违背封建道德。附庸的权利得到法律认定，逻辑上势必导致合法自卫

---

① Fritz Kern, *Kingship and Law in the Middle Ages*, pp. 88-89.
② 漕运，指中国皇权时代从内陆河流和海运将征缴的官粮送到朝廷和运送军粮到军区的系统。漕运被认为是王朝运转的命脉，因此中国历代皇权都开凿运河，以通漕运。

权。附庸可以离弃恶劣的领主，是欧洲著名"抵抗权"的最初表达，被认为是个人基本权利的起点。自卫权没有终结社会等级之间的对抗，然而却突破了单一的暴力抗争模式，出现了政治谈判和法庭博弈，从而有利于避免"零和游戏"的社会灾难，有利于社会良性积累和制度更新。

英国贵族抵抗王权的大宪章斗争，最终导致第一次议会召开，开创政治协商制度的先河。近代美国1776年《独立宣言》、法国《人权宣言》等欧洲重要国家宪法文件，都不断重申抵抗的权利。人们不断地溯源，因为在这里可以发现欧洲文明的原始特征，布洛赫说："西方封建主义虽然压迫穷人，但它确实留给我们西方文明某些至今仍然渴望拥有的东西。"①

5.生命权利（rights to life）。生命权之不可剥夺是近代启蒙学者的重要议题，然而该命题同样产生于中世纪。教宗英诺森四世和尼古拉斯三世等，都同情方济各会士放弃法定财产权利的修为，同时支持会士们继续获得维持生命的必需品。他们同声相应，都在为生命权利观背书。进入14世纪，教会法学家更加明确指出，人们可以放弃实在法权利，但不可放弃源自上帝的自然权利，这是人人皆应享有的权利，方济各会士有权利消费生活必需品，不管是否属于他所有。②

出于上帝面前人人平等的理念，基督教对待穷人有一种特殊的礼遇。无论多么边缘化的人，在上帝的眼中，没有什么根本区别。甚至，可以原谅因贫穷而犯下的过错。他劝诫富者捐赠穷人，提倡财物分享，那样才是"完全人"。③12世纪《格拉提安教令集》就有多篇文章为穷人权利声张，法学家休格西奥宣称，根据自然法，我们除保留必需之物外，余裕的部分应由需要的人分享，以帮助他人

---

① Marc Bloch, *Feudal Society: Social Classes and Political Organization*, Vol. II, London and New York: Routledge, 1989, p. 452.

② 参见 Brian Tierney, *The Idea of Natural Rights: Studies on Natural Rights, Natural Law, and Church Law, 1150–1625*, pp. 121–122。

③ 《新约·马太福音》19：21。

度过饥荒，维持生命。当近代洛克写下"慈善救济使每个人都有权利获得别人的物品以解燃眉之急"的时候，生命权观念在欧洲已经走过了若干世纪，并且为社会捐献和贫困救济提供了最广泛的思想基础。

1601年，欧洲出台了现代历史上第一部《济贫法》，它不是教会也不是其他民间组织的慈善行为，而是政府颁布的法律文件，不仅济贫而且扶助失业劳动者。生命权元规则已外化为政府职能和政策，普遍、系统的社会福利制度得到极大发展，没有广泛和深入的社会共识是不可想象的。而它肇始于中世纪，其基本规则也确立于中世纪，被认为是中世纪向现代国家馈赠的最重要的遗产。

在极端需要的情况下穷人可以拿走富人余裕的物品，此之谓"穷人的权利"，由此生命权也是穷人革命的温床。13世纪教会法学家提出穷人在必要时有偷窃或抢劫粮食的"权利"，同时提出穷人索取不能超过必需的限度，否则即为"暴力掠夺"。在极端饥寒交迫的情况下，蒙难者采取非常手段获得维持生命的物品，如果腹的面包，或者几块取暖的木头是可以原谅的。可是，在实践中如何分辨"必要索取"与"暴力掠夺"？另一个悖论是，穷人的权利主张在现实生活中未必行得通，因为它们往往与法庭法律发生冲突。穷人为生存可以抢劫，这是自然权利使然；但按照实在法他们就是犯罪，要受到法庭制裁。中世纪法学家似乎给予自然权利更神圣的地位，他们认为，在法官眼里抢劫者是一个盗贼，可能被绞死，但在上帝眼里他仍然可以被原谅，如果他因生活所迫。

也就是说，即使法律禁止，主体权利本身仍然不可剥夺。[①]生命权利内含的平等观竟如此坚韧！欧洲是资本主义的策源地，殊不知它也是社会主义的故乡，发源于欧洲的空想社会主义思想的核心就是平等。不难看出，"元规则"对西方文明的影响既深远又复杂。

以上，并未详尽无遗地列出西方文明的所有元规则，这些元规

---

①　参见Bede Jarrett, *Social Theories of the Middle Ages 1200-1500*, Westminster: The Newman bookshop, 1942, p. 123。

则也并非无一出现于其他文明之中，不过每个元规则皆植根于自然权利，而且自成体系，约束公权，笃定个体，激发社会活力，的确赋予西方文明以独有的秉性。自然权利、主体权利是欧洲文明之魂。越来越多的学者认识到，西方文明是独特的，不是普遍的，正是这些独特的内在规定性，使该文明有别于世界其他文明。经过几百年的发展，欧洲率先进入现代社会：英国1688年发生政权更迭，史称"光荣革命"，确立了君主立宪制；接着，美国、法国、意大利、德意志等也先后发生政治转型。经济上，欧洲培育出人类历史上第一个以工业为主要生产方式、城市为主要生活舞台的文明，彻底地改变了整个人类生产和生活模式。

"元规则"还有一个显著特征，它保持了足够的开放性。我们发现，欧洲文明是一条大河，在西欧诸民族主导下，凝聚了基督教世界所有人的基督教信仰，古典文明和以色列文明元素，还有他们自己的颇具个性的日耳曼传统文化，不断为它注入丰沛的水量，到中世纪中期形成了一种新的文明源泉。中世纪绝非"空档期"，恰恰相反，它是不同文化的汇通期、凿空期，更是开拓期，孕育确立新文明，循序趋近新纪元。正是在这样的基础之上，西方文明才形成近代以来浩瀚汹涌、汪洋恣肆、奔腾向前的大河景象。西方文明的发展历程雄辩地证明，一个文明要有伟大、持久的生命力，就要不断地从不同文明吸收营养，不断地自我革命，不断地开拓创新。

列出欧洲文明初创期确立的五项元规则，不意味着这些元规则总是存在并总是通行于西方社会。实际上，一些元规则所涵盖的基本权利最初只在有限的人群范围内和有限的程度上实行，虽然享有这些基本权利的人群范围在不断扩大。中世纪有农奴制，大部分农民丧失了一定的人身自由，那是领主对佃农的奴役。还有国王对臣民的奴役，基督教信徒对非基督教信徒的奴役，男人对女人的奴役，无论其范围大小、程度轻重，作为曾经长期存在于西方历史上的现象，无疑是消极、阴暗的。进入近代，还有殖民者对殖民地人民的暴行和奴役等等，不一而足。显然，欧洲文明元规则没有使西方变成一片净土。

此外，这些元规则本身也存在深刻的内在矛盾。例如，多数人权利与个人权利的关系、平等与自由的关系等，长期得不到妥善解决，反而随着民粹主义和民族主义的泛滥而更加复杂化。又如，依照"生命权"元规则，政府建立健全社会福利制度，全民温饱无虞而广受褒奖；另一方面，低效率、高成本的"欧洲病"①等问题又随之产生。生命权与财产权的抵牾之处也是显而易见的。欧洲文明其他元规则也出现不少新情况、新问题，它们的积极作用同样不是无条件的。"生活之树长青"，即使"天赋人权"旗帜下的主体权利，也不是推之百世而不悖的信条，历史证明，过度放纵的社会和过度压抑的社会，同样是有害的。

五、关于本书：《欧洲文明进程》（16卷本）

一个时期以来，有关"文明"的研究受到国内外学界的广泛关注，进入21世纪该因素越发凸显出来。欧洲文明是世界文明的重要组成部分，是欧美等发达国家的核心文化，是我们不可回避的一种外来文明。分析、评估欧洲文明利弊得失并消化其积极因素，乃是鸦片战争以来我国几代人的夙愿，也是我国学界不可推卸的一份责任。

"周虽旧邦，其命维新。"中华文明自古以来就以海纳百川、兼容并蓄的胸怀闻名于世，正是由于不断地汲取其他文明的精华才使我们得以生生不息，文脉永续。走自己的路，却一刻不能忘怀先贤"开眼看世界"的遗训。我们相信，西方文明是一个必须直面的文明，也是一个值得花气力研究的文明，无论这个文明之花结出的累累硕果，还是其行进过程中吞下的历史苦果，都值得切磋琢磨，化作我们"为往圣继绝学，为万世开太平"的有益资源。

就地域和文化差异而言，欧洲文明是距离我们较远的异质文明，

---

① "欧洲病"，指西方国家由于过度发达的社会福利而患上的一种社会病，其结果是经济主体积极性不足，经济低增长、低效率、高成本，缺乏活力。

是经过第二次或第三次发酵的再生文明，一种相当复杂的文明，理解、研究起来有一定难度，绝非朝夕之功。需要笃定不移的专业精神，代代相承的学术积淀，因此还需要长期安定、宽容、鼓励创新精神的社会环境。可惜，相当长一个时期，这些条件的供应并不充分，甚至短缺。鸦片战争以后的漫长岁月里，中国多灾多难，饱受内忧外患和战乱之苦，后来又有各种政治冲击，以至于"偌大国土放不下一张平静的书桌"。

前辈先贤的筚路蓝缕之功不能忘怀。令人欣慰的是，欧洲史乃至世界史研究，自20世纪80年代已有明显起色。在改革开放春风吹拂下，国门渐开，社会宽松，思想活跃，人心向上，尽管生活清贫，还是让老一代学者回归学术，更是吸引了一代年轻学人，追寻真知，潜心向学。经过改革开放四十年，他们已经成为这个领域承上启下的中坚力量。由于他们特殊的经历，对社会环境有着特殊的体验，因此他们格外感恩自己生命的际遇。毫不溢美地说，经过几十年的积累，我国的欧洲文明史研究取得了突破性进步，开土拓荒，正本清源，极大更新了以往的知识体系。为了夯实继续前行的基础，薪火相传，是否应该及时梳理和小结一下？

新世纪初年，我产生这个念头，并与学界和出版界几位朋友讨论，大家的看法竟是出乎意料地一致。更令人欣喜的是，当按照理想人选组成课题组时，所邀之士无不欣然允诺。当时没有什么经费，也没有任何项目名头，所邀者大多是繁忙非常的一线教授，可是他们义无反顾，一拍即合。本课题组成员以改革开放后成长起来的学人为主体，大多为"50后"和"60后"。雁过留声，用中国人自己的话语和方式，留下这一代人对欧洲文明的认知记录，以学术反哺社会是我们共同的梦想。2008年这个课题已经启动，2012年全国社科规划办公室批准为国家重大招标项目，则是四年以后的事了。

我们的学术团队是令人骄傲的，主要成员都是欧洲史研究不同领域的优秀学者。以天津师范大学欧洲文明研究院为依托，集中了国内外12个高校和学术机构的力量，他们来自北京大学、中国社会科学院、中国人民大学、南京大学、山东大学、山东师范大学、华东师范大学、浙江师范大学、中山大学、河北大学和英国伯明翰大学。这个项目颇具挑战性，因为每卷即是一个专题，承担者要打通传统断代分野，呈现来龙去脉，所以被称作"自讨苦吃"的项目。每个子课题大纲（即每个分卷大纲），在数次召开的课题组全体会议上，都要反复质疑和讨论方得通过。从每卷的主旨目标、框架结构，到重要概念，时常争论得面红耳赤，此情此景，令人难忘。"一年好景君须记，最是橙黄橘绿时"，此时此刻，我谨向团队学人同道致以由衷的敬意和感谢！

《欧洲文明进程》（16卷本）是中国学者撰写的第一部多卷本欧洲文明研究著作，分为16个专题，涵盖了政治、法律、经济、宗教、产权、教育以及乡村和城市等欧洲文明的主要方面。我们试图突破一般文明史的叙述方式，采纳专题史与年代史相结合的编写体例。每一卷就是一个专题，每个专题都要连贯地从欧洲文明肇始期讲到近现代；同时，各个专题之间相互补充，相辅相成，让读者通过不同的侧面逐渐丰富和加深对欧洲文明的总体认知。我们的原则是局部与整体结合，特定时段与历史长时段结合，历史细节与文明元规则结合。这是我们的愿望，效果还有待于读者诸君检验。

16个专题，也是欧洲文明16个重大问题，它们是：

1.欧洲文明进程·民族源流 卷

2.欧洲文明进程·农民地权 卷

3.欧洲文明进程·司法与法治 卷

4.欧洲文明进程·政府 卷

5.欧洲文明进程·赋税 卷

6.欧洲文明进程·基督教 卷

7.欧洲文明进程·自由观念 卷

8.欧洲文明进程·大学 卷

9.欧洲文明进程·大众信仰 卷

10.欧洲文明进程·地方自治 卷

2008年着手课题论证、体系策划和组建队伍，这样算来我们走过了十几个年头。自立项伊始，朝斯夕斯，念兹在兹，投入了可能投入的全部精力和时间，半日不得闲。蓦然回首，年华逝去，多少青丝变白发。眼下，课题结项，全部书稿杀青，《欧洲文明进程》（16卷本）即将由商务印书馆出版。感谢张椿年先生，他是中国社会科学院荣誉学部委员、世界历史研究所原所长，他满腔热忱地鼓励本课题的论证和立项，时常关心课题的进展。可惜椿年先生不幸溘然离世，未看到该成果面世。我们永远怀念他。感谢著名前辈学者、中国社会科学院原常务副院长、德高望重的丁伟志先生，他老人家数次与我长谈，提出许多宝贵的指导性意见，那几年常有书信电话往来，受益良多，至为感激。感谢天津师范大学原校长高玉葆教授，他信任我们并最早资助了我们，使本项目得以提前启动。感谢三联书店原副总编潘振平先生，他参加了本课题早期创意和策划。感谢商务印书馆原总经理于殿利的支持，感谢郑殿华主任、陈洁主任和杜廷广等编辑人员；感谢天津师范大学陈太宝博士以及欧洲文明研究院的其他同仁，他们为本成果的出版付出了辛勤的劳动。还有许多为本成果问世默默奉献的人士，我们心存感激，恕不一一。

2021年，春季，于天津

目　录

前　言

本书从文化传统的角度讨论欧洲中世纪以来的贸易和扩张，所涉及的时间范围大约从公元 9 世纪到当代。这里讲的欧洲主要指一般所说的西欧，包括从北欧斯堪的纳维亚半岛经德国、奥地利到南欧的意大利及其以西的欧洲，不包括波兰、匈牙利等东欧国家。

一、一种不断扩张的文明

欧洲文明，或今天我们泛称的西方文明是一种扩张性的文明。从其中世纪的历史就可以看出，扩张是它的本性，或者说它一有能力就进行扩张。当然，纵观人类的历史，曾有无数的国家或帝国先后兴起或消失，强大起来的国家几乎没有不扩张的，但历史上任何国家的扩张都限于一段比较短的时间，特别是往往缺乏一种长期支撑扩张的文化，一些庞大的帝国经过几十年的兴盛后就变得有名无实，然后很快湮没于历史的长河中。只有西欧中世纪的文化，从开始扩张以来就似乎没有界限。从总体上看，中世纪后期西欧依然远比东方的中国或印度落后，这是西方一些大师级的学者都承认的。比如，巴勒克拉夫说道："一直到伏尔泰时代，土耳其和中国仍是文明生活的榜样，欧洲人只能投以羡慕和尊敬的目光。"他又说："西欧于 1500 年仍然站在文明世界的边沿，比起这个时期最强盛、最先进的中国的明帝国……西欧黯然失色。"[①]但就是在这样的情况下，

---

① 〔英〕巴勒克拉夫主编：《泰晤士世界历史地图集》，毛昭晰等译，生活·读书·新知三联书店 1985 年版，第 153、154 页。

西欧人开始来到美洲和亚洲，不久后又建立了美洲与亚洲之间的商业联系。

相对落后的国家征服比较先进的国家或地区，在历史上比比皆是，如秦国战胜山东六国，统一中国。但西欧进入美洲和东方各文明古国，不是一般的朝代更替，而是使人类进入了一个新的时代——资本主义时代，它做到这一点，从其外部条件看，是通过贸易和殖民来实现的。所以，西方如何使用这些条件，发挥自己的文化优势，通过贸易和殖民，既使自己也使这个世界进入资本主义时代，是本书讨论的基本问题。

我们用了"贸易与扩张"这样的书名，主要想说明以下几点：

1. 西欧的贸易具有扩张性，其扩张的方式是欧洲人特有的。所谓扩张性就是它以不断扩大自己的活动范围作为自己生存和发展的基本条件。当然，世界上任何国家的商业在不同程度上都是这样的，但西欧的独特性在于：如果它的武力不足，它就设法与你和平做生意，而一旦它认为自己有足够的力量，它就同时使用武装和商业的力量来实现这一点，中世纪以来一直到20世纪初都是这样。西欧人的这种贸易"风格"并非纯是资本主义的产物，但在世界上其他农耕文化中又很少见。世界上大多数文化，比如中国，商人活动范围的扩大或缩小与国家武装力量的扩张常常没有太大关系，政府一般都无意于为了维护或发展商人在远方的市场而与其他国家大动干戈。张骞出使西域、郑和下西洋，其主要目的都不是为了通商，商人在其中所起的作用即使有一些也十分有限；西欧十字军东征的主要目的尽管开始时也不是为了通商，但商人在其中发挥某种关键性的角色，而且教皇还故意通过让意大利各城市商人得利的方法来取得他们的支持和资助。

2. 量的扩张伴随着质的扩张。就中世纪来说，西欧人的扩张工具和技巧的提高非常快；从那时的世界看，他们在这方面的发展可说是首屈一指的。比如造船和航海的能力、各种经商和记账的方法和技巧，包括与经商有关的银行、汇票、保险、合伙或股份公司等，还有中世纪晚期和近代初期发展起来的特许公司（股份制的或管理性的），无一不是这样。值得一提的是，所有这些发展均与国际贸易，特别是与远洋贸易有关。也就是说，一般的国内贸易，此类手段的发展就可能要迟缓得多，因为相关需要不会那么强烈。

3. 由于在很长时间内，西欧人的贸易扩张从来都与武力扩张即征服与殖民结合在一起，所以本书也包括武力征服与殖民的内容，但我们一般都是从贸易的角度来看殖民活动，也就是说本书不系统地阐述西欧从中世纪以来的整个殖民过程，但其最主要的内容已经纳入了本书的视野。

4. 由于着重于贸易与扩张的关系，所以本书偏重的是西欧各国的国外贸易，特别是远洋贸易。当然，国内贸易与国际贸易很难分开，而且中世纪时现代欧洲各国尚在形成之中，所以这里的"国"或"国内"、"国外"都还是很模糊的，甚至西欧与东欧的区分也不是那么清楚。或者说，"西欧"的概念本身也有一个发展过程。比如爱尔兰，现在可说是西欧的一部分，但在中世纪，它很难说是"西欧国家"，按照恩格斯的说法，爱尔兰是"英国的第一个殖民地"。① 不过，爱尔兰被殖民的过程不是本书讨论的重点，我们讲西欧在中世纪的扩张和殖民时，重点是西欧在东欧、地中海东部、北非等地的活动。再者，像当代欧盟的扩张，也有一个外部贸易不断转变为内部贸易的过程，即一些原来不属于欧共体或欧盟的国家先后加入了这个组织，原来的一些对外贸易也就变成了内部贸易。还有，内部贸易本身也存在"扩张"，即深化和延伸至偏远地区。鉴于以上原因，本书在讲贸易时并不刻意区分内部和外部，实际上有时往往无法区分。但由于经商、运输和殖民中的许多重大创新大都是在国际或远洋贸易中发展起来的，所以本书的叙述重点更多地放在国际贸易和远洋贸易方面；又由于这一原因，本书常常把西欧作为一个整体来看待。

---

① 《马克思恩格斯论殖民主义》，易廷镇等译校，人民出版社 1962 年版，第 340 页。

还有一点需要说明的是：在本书中扩张这个词的定义是比较宽泛的，不能在太狭隘的意义上来理解，因为不同的时代它的具体含义也在变化。"二战"前盛行征服、殖民、贸易的扩张方式；"二战"后，扩张方式发生某种质的变化，一般表现为所谓新殖民主义的方式，或致力于站在世界分工顶端来谋取最大利益的方式。换言之，在当代武力扩张的条件已经不存在，或至少从表面上看已经不再灵验，西欧国家的扩张采用的主要是和平的方式，即以经济和文化本身的力量来进行，这也是一种扩张，可看成是扩张的新形式。这是新的历史条件下的产物，反映了在新的历史条件下西方发达国家的发展趋势。

二、一种持续的扩张体制

西欧的扩张是一种可持续进行的扩张体制（制度）的产物，这种体制是在中世纪里慢慢酝酿出来的。

人类历史上的许多扩张主要是军事扩张，以强大的军事力量迅速征服周边各地，然后又很快分裂或崩溃，蒙古帝国或亚历山大帝国都是这样。当然，也不乏像罗马帝国这样的先例，在扩张后相当长时间内维持着帝国的繁荣。罗马帝国的兴衰原因至今仍是历史学家乐此不疲的话题。这样一个帝国所需要的不仅是强大的军事力量，还必须有一种能比较长久地发展或维持自己的强大力量的制度。所以，罗马帝国兴起的原因是什么，它是靠一种什么制度做到这一点的，它又是靠什么制度相当长久地维持自己的力量的，这些都是学术界长期争论不休的问题。对于那些延续时间较长的帝国或政权，人们常常归因于某种制度。比如，我们讲秦兼并山东六国，就强调商鞅变法的作用，特别是不分出身奖励军功的制度。如果我们更深入地考察一些重要历史现象，就会发现历史上越是持久的现象，其背后就越是有一套"可持续"的制度在支撑着。那么，15世纪以来，西欧在历经五百多年的扩张后依然强劲有力，是什么制度支撑着这种扩张呢？我们常说这是资本主义制度，但资本主义制度包含哪些内容？就是资本家剥削工人吗？资本家剥削工人需要机器，但机器不是资本家自己能够发明出来的，所以对资本主义的认识不能简单化。本书着重讨论的一个主要问题就是：导致中世纪后期西欧着手向全世界扩张的体制是什么？我认为，这个问题应该从两个方面来认识。

一个方面我们比较熟悉，那就是武力征服和殖民的制度，这里充斥着屠杀、灭绝人性的镇压和榨取，也就是马克思讲过的"火与剑"。对于这个过程，我们绝对不能低估，更不应该忘记。但另一方面，只有屠杀和血腥镇压是不会有资本主义的。历史上那么多的帝国和强国，哪个不是通过"杀人如麻"建立起来的？所以，当我们讨论欧洲是如何扩张的时候，决不能停留在"屠杀"或"榨取"的层面上，而是必须看它在这过程中建立起来的可持续发展的方面，那是一种理性的、尊重科学和发明的发展体制。近代以来，它的社会生活的各个方面，包括文化和意识形态，都与尊重科学和推崇创造性的工作分不开。

可以说，发端于中世纪西欧的扩张体制是一种发展体制。近代以来，这种发展体制就叫做资本主义制度，或者称为市场经济体制。大约 10 到 15 世纪的封建主义时期，也就是这种制度的酝酿时期，近代资本主义的许多因素开始萌芽。资本主义不是凭空产生的，它是西欧中世纪在几百年时间内缓慢酝酿的结果。我们从十字军运动中就可以看出，商人的利益和权利在其中得到了充分体现，在农耕世界里，世界上其他地区或帝国的扩张一般都不太可能出现这种现象。就地中海地区来说，古代罗马帝国和中世纪阿拉伯帝国似乎也表现出这方面的一些特点，但要做到像中世纪意大利的城市那样，派出自己的舰队、在东地中海某些岛屿或地区开辟自己的殖民地，甚至像威尼斯那样竟然使第四次十字军向自己有利的方向转变等，几乎是不可能的。

我们由此认为，资本主义是一种制度，这种制度由许多因素构成，其中资本对劳动的剥削是一个重要成分，但不是唯一的要素，否则我们对资本主义的认识将是不完整的。我们只要看看马克思和恩格斯的《共产党宣言》就知道，资本主义既是一种剥削关系，同时是一种新的发展体制，是一种与之前的各种社会完全不一样的发展体制。他们说道：

> 资产阶级除非对生产工具，从而对生产关系，从而对全部社会关系不断地进行革命，否则就不可生存下去，反之，原封不动地保持旧的生产方式，却是过去的一切工业阶级生存的首要条件。生产的不断变革，一切社会状况不停的动荡，永远的不安定和变动，这就是资产阶级时代不同于过去一切时代的地方……
>
> 不断扩大产品销路的需要，驱使资产阶级奔走于全球各地。它必须到处落户，到处开发，到处建立联系。①

在巨著《资本论》第一卷中，马克思从讨论商品、价值和价值规律开始，再进而讨论剩余价值。如果把秩序倒过来，《资本论》就不会有这样的深刻性。正是在这里，马克思向我们提出了资本主义起源研究的主要内容：这种绝对发展生产力的趋势是如何出现的。本书认为，这种趋势是在中世纪的几百年时间里慢慢孕育出来的。

三、西欧为什么会形成这样一种扩张体制

西欧这样一种扩张体制是怎么形成的？这应该从它在中世纪特有的经济、社会和政治结构的角度来探索。中世纪欧洲的封建制度，除了世界各地的封建社会均存在的贵族对农奴（或地主对农民）的剥削外，还有一个重要特点，那就是每一个上级对下级的经济要求，

---

① 《马克思恩格斯选集》第一卷，中共中央马克思恩格斯列宁斯大林著作编译局编译，人民出版社 1995 年版，第 275—276 页。

包括下层贵族对农奴的剥削，都受到较严格的限制。我认为主要是这个特点，促使欧洲中世纪的国王、贵族与商人一起走上对外扩张的道路。

纵观历史上一些国家的扩张与不扩张，主要取决于以下因素：如果掌权的统治集团能够比较容易地从自己的臣民手中获得自己想要的东西，他们一般就不会扩张，因为对统治集团来说，与扩张相比，压榨自己人民的代价比较小。也就是说，统治集团要取得额外利益是要付出代价的，他们总是在代价与收益的预期之间作出选择：如果通过强化压榨自己的百姓就能比较顺利地得到自己想要的东西，那么他们就不会扩张；反之，他们就团结起来一起扩张。历史上许多帝国的形成往往与那些地方某个民族形成国家的过程分不开。如果在国家形成过程中奴役自己的人民受到多种限制，而对外扩张又能给各阶层都带来好处，那么各阶层居民就会踊跃介入扩张。西欧中世纪中后期的扩张虽然不属于国家形成时期的扩张，他们已经在文明社会中生活了上千年或一千多年，但是西欧中世纪的制度有一个相似的特点，那就是统治阶级对劳动人民的压榨受到较为严格的限制，而如果统治阶级大举往外扩张则会得到各阶层人民的响应。扩张是各阶层广泛卷入的事情，没有这种卷入，任何扩张都不会持久。这也就是为什么郑和下西洋开始时轰轰烈烈，不久后就偃旗息鼓、寿终正寝的原因，它缺乏后劲，因为那只是封建王朝的一时冲动。

当然，扩张的手段、方式和条件在历史上并非一成不变。这里暂不论及武器等的变化，而只想指出以下三点：

1. 古代和近代的扩张首先是军事扩张，而现代"扩张"一般是市场扩张。这不仅是因为人类文明程度提高了，最重要的恐怕还是在现代世界上，各国大体都已做好了迎接市场经济的准备，先进国家已经无需通过武力征服强行将其纳入世界市场了。但从中世纪到近代，这种条件还不具备。所以扩张首先表现为征服与殖民，然后是贸易。在那些暂时无法征服的地方，则先行贸易，然后瞄准机会加以征服。英国在印度或西方人在南亚和东亚的大部分地区都是这样做的（东南亚的一些地区，如菲律宾，因为其文明程度接近于美洲，低于西欧，所以西方人采取了一开始就实行征服的方式）。

2. 当我们把西欧中世纪的扩张与古代希腊或古代罗马的扩张作粗略的比较时，特别要注意这两种扩张及其体制是很不一样的。古代希腊人只在公民间实现某种制衡，公民的平等建立在对奴隶的压榨上，奴隶是直接或间接通过战争得到的外邦人；在中世纪的西欧，不存在奴隶这个阶层（尽管实际上存在少数奴隶），而且西欧中世纪晚期慢慢发展起一种思想，即承认每个人都是平等的，或者说每个人都可以做一个公民，这就为市场经济的发展提供了一个最基本的条件。我们知道，市场经济首先必须承认在市场上做生意的每一个人都是平等的。如果不是这样，那么就会出现白居易在《卖炭翁》中描述的那种"宫市"，也就是不平等的买卖。严格地讲那不叫买卖。中国古代有繁荣的工商业，有大量的交易应该是在"平等"的条件下进行的，但也有大量的买卖肯定是不平等的。西方封建社会中不能说没有这种情况，但它得到了更有力的遏制，因为其城市在中世纪时基本上是自我管理的，各种商业联盟或城市联盟的成立也是为了保障这种公正性。本书第一编第四章介绍了西欧中世纪形成的那么多又那么详细的保护工商业者正常活动的法律和法规，这在其他文明的封建社会中极其罕见。所以表面上看，非市场因素在中世纪的东西方都广泛存在，但只有在西方的中世纪里才真正发展起一种追求市场经济的态度和做法。

3. 中世纪西欧的国王们在财政上非常需要城市工商业的支持，但他们没有或无法把工商业牢牢控制起来，唯一的办法就是在必要时向大商人或大银行家借款。当然，中世纪西欧国王们的借款有时带有某种强制性，向他国商人贷款时特别是这样。如果外来的商人或公司不答应国王的借款要求，他们的经商活动就可能碰到麻烦；但国王们出的利息通常很高，很有吸引力。由于这样的原因，西欧中世纪的银行或大商行都深深卷入与各国政府的借贷关系中。这些关系造成了一系列重要后果。比如，在国王与商人之间形成某种契约性的关系，国王们为了自己的需要而大力支持工商业发展，即我们通常所说的"重商"。此外，不断出现的大公司的破产浪潮，也往往与它们过多卷入与政府的借贷关系分不开，因为国王们的信用有时是不可靠的，特别是在战争时期。比如，14 世纪 40 年代的破产浪潮中，佛罗伦萨人持有的欧洲四家最大的公司破产了，它们的破产引发了连锁反应，到 1346 年，佛罗伦萨有 350 多家商号倒闭。因为这些大公司为了把钱借给统治者曾大肆筹款，靠自己的声誉向其他公司借了许多钱。但这样一种惨淡的局面竟然导致了意想不到的结果，那就是它使佛罗伦萨的商界得出两条经验：一条是"不要借钱给统治者"，另一条是"不要作为一个统一的国际公司来运转"。前者因上面提及的原因，很难实施，而后者却被证明是非常有用的，因为这样一来，在一个国家碰到的麻烦只影响公司在该国的分公司，不会拖垮整个企业集团。① 西欧中世纪的公司或银行，就是在这样的环境中成长、成熟起来的，在封建社会里，哪一个国家的商人或商业机构有这样的成长环境和经历？

总的说来，在西欧的封建制度中，国王的权力比较有限，教会和世俗贵族拥有较大权力，即使农民也有捍卫自己利益的手段，可以在一定程度上阻止领主随便加重对自己的剥削。与此同时，城市或商人有较大的自主权，有能力发展成一股新鲜而富于创造性的力量，从而承担了开辟市场、走向远洋贸易的重任。国王或政府向贵族征税的权利受到严格限制，为了获得更多收入以便承担起管理国家的责任，他们只得通过大力支持工商业发展来获得税收。这种扩张性，与基督教普世主义的扩张性紧密糅合在一起，成为西方封建社会"重商"和致力于往外扩张的基本原因。简言之，西欧中世纪的封建土地制度所具有的权力结构及基督教的宗教特性，使西欧的资本主义萌芽和发展成为可能。

---

① Michael Jones ed., *The New Cambridge Medieval History, c.1300–c.1415*, Cambridge: Cambridge University Press, 2000, Vol. 6, p. 196.

四、欧洲近代扩张的特点

歌德在《浮士德》中曾这些描述近代西欧人的"航海"事业，即中世纪后期和近代前期西欧人扩张的一个特点：

> 出航时只有船两只，
> 回港时却增加到二十。
> 咱们干了多么伟大的事体，
> 请看船上满载而归的东西。
> 自由的大海解放思想；
> 做事情用不着仔细思量！
> 最重要的是动手快干：
> 咱们在捕鱼，也在捕船，
> ……
> 这叫作为目的不择手段，
> 有强权就有公理！
> 战争、海盗和买卖，
> 三位一体不可分开，
> 否则就是不懂什么叫航海。[①]

欧洲人就是这样走向全世界的。这种扩张的基本特点是残忍、屠杀和压榨，从这个角度看它与古代的征服和殖民没有太大区别。我们不能忽视西欧人曾经在世界上犯下的殖民暴行，特别是在长达400年的奴隶贸易中犯下的罪过。当代英国著名历史学家尼尔·弗格森也告诫我们："别忘了，大英帝国就是通过这种方式发家的：

---

① 〔德〕歌德：《浮士德》第五幕"宫殿·靡非斯陀"，董问樵译，复旦大学出版社1983年版，第644—645页。

漂洋过海用暴力和劫掠的手段给当地人民带来灾难。"①但另一方面，我们也要注意到这种种暴行背后的制度因素，这些制度因素使他们的征服有别于历史上的征服战争，体现了西欧历史文化传统的特点。由于中国读者对前一个方面有较多了解，所以本书的重点放在后一个方面，即着重于说明那些制度性的因素或体制。

历史上的征服大体上可分为两类，一类是除了屠杀和毁灭之外，不曾在被征服地区留下什么值得称道的东西；另一类是多少留下一些有用的东西，即我们通常说的带去先进文化等。近代的征服和殖民属于后一类，但它与后一类又有不同，因为它不仅向被征服地区带来较多的新东西，而且还迫使它们进入一个新的时代——资本主义时代，成为世界资本主义的附庸。19世纪中期，马克思在讲到印度所遭受的苦难和发生的变化时，引用歌德的几句诗表达了自己的复杂心情。他说道：

> 总之，无论一个古老世界崩溃的情景对我们个人的感情来说是怎样难过，但是从历史观点来看，我们有权同歌德一起高唱：
> "我们何必因这痛苦而伤心，
> 既然它带给我们更多欢乐？
> 难道不是有千千万万生灵
> 曾经被帖木儿的统治吞没？"②

我想，这也是我们对近代西方人对人类犯下的罪行的一种态度。

五、欧洲面临的问题

第二次世界大战后，西欧的贸易与扩张的国际条件发生了某种

---

① 〔英〕尼尔·弗格森：《帝国》，雨珂译，中信出版社2012年版，第3页。
② 《马克思恩格斯选集》第一卷，中共中央马克思恩格斯列宁斯大林著作编译局编译，第766页。

根本性的变化。它既享受全球化带来的好处，但全球化也对它造成极大的冲击，或者说它有时也成为全球化的受害者了。今天的西欧，美国也一样，正越来越多地使用各种非关税壁垒来保护自己的产业，它们国内的许多行业越来越要求自己的政府加强保护，排斥发展中国家，特别是中国产品的竞争。一种在"二战"前很少见的情况也日益普遍化，即发展中国家，如中国，对发达国家的投资不断扩大，使发达国家日益感到威胁。总之，西欧国家似乎越来越发现自己控制不了这个由他们创造出来剥削非西方国家的体制。世界现代化进入了一个新的阶段，在这个阶段中，随着发展中国家的发展，还可能发生许多我们难以想象的事情。

但我们有时也会产生一种疑惑：西方国家那么发达，为什么这么忌讳发展中国家的发展？而且按照我们的看法，在现行世界分工制度下，发展中国家成为发达国家的可能性很少，只有少数"幸运儿"才有可能挤入发达国家行列。既然如此，为什么西方国家对像中国这样的发展中国家进入他们的市场，会如临大敌般地恐惧不安？

这里其实是两个问题：从现实情况看，欧盟诸国的许多产品正越来越受到发展中国家产品的竞争，大有不胜招架之势；从心理上看，他们总是担心自己走向衰落，怕被其他国家超越，因为他们的强大是建立在超越其他国家的基础上的。可想而知，一旦被超越，下场将非常可悲。这种担心某种程度上也是这种文化仍然具有生命力的表现，如果对来自外部的挑战麻木不仁，依然沾沾自喜于自己曾经取得过的成就，那才真正是衰落的表征。

他们的一些产品难敌来自发展中国家的竞争，与他们的高福利有关。高福利导致了生产的高成本，高成本导致非高科技的产品失去竞争力。2012 年，我国有学者说道：

> 最近一段时间，德国总理默克尔在多个场合反复提到几个数字：欧盟人口占世界 9%，国民生产总值占全球 25%，而福利开支却占世界 50%。这几个数据突出表明了欧盟的高福利政

策，也说明了这种政策为什么不可持续……

　　在欧债问题的中心——希腊，有人这样描述一个公务员的工作状态：上午九点上班，下午两点半下班，每天工作不超过五小时，每年休假不少于一个月，拿 14 个月薪酬，比私企高一倍，三天两头还能拿些奖金。

　　上述种种，要在其他国家基本上可以称作"白日梦"，但在希腊却是活生生的现实。所以有俗语称，"宁为希腊公务员，不做华尔街银行家。"当然，享受高福利的不仅是公务员，贩夫走卒也不例外。①

这里讲的是某种比较极端的情况，但欧盟各国确实不同程度地存在类似问题。可见，欧盟煞费苦心地建立各种各样的非关税壁垒，目的是保护自己某些产品的竞争力，以便为自己的人民保留一些就业岗位，但他们理论上不会放弃贸易自由之类的允诺。

　　至于欧洲的衰落问题，自第一次世界大战结束后就已出现。但在度过 20 世纪 60 年代的黄金岁月后，到 80 年代，这种思潮再次进入公众视野，有人称之为"欧洲悲观主义"。美国有学者认为，这些"悲观主义者是对的"！因为在整个 20 世纪 80 年代，"西欧、中欧以及苏联都排在世界工业增长表格的末尾"。②

　　为什么会出现这种情况，欧洲失去竞争力了吗？陈乐民先生指出，欧洲的"衰落"（注意：是 failure，不是 decline）有文化或历史传统的原因，即"历史包袱太重"，这是它与美国不一样的地方。所谓"历史包袱"，指的是作为资本主义和工业革命的发源地，欧洲经历了更多的工人运动和社会主义运动，由此受到"比较强的社会民主主义和平均主义的影响"，"高税率、高福利"是这种影响的必然结果。这种情况加上老牌资本主义在一定程度上较多地追求

---

　　①　欧阳实："欧洲高福利政策为何不可持续"，《光明日报》2012 年 10 月 22 日，第 8 版。

　　②　〔美〕莱斯特·瑟罗：《二十一世纪的角逐——行将到来的日欧美经济战》，张蕴岭等译，社会科学文献出版社 1992 年版，第 54 页。

安逸和享受，导致西欧人的进取心或追求与美国人有所不同："在美国，无论是消费者个人的消费观念，还是公司的推销产品的积极性，以及金融界投资的主动性和开创性，都是欧洲所不能及的，也可以说是欧美之间的一种文化差异。"①

这也许只是一部分人的看法，一些欧洲人似乎并不这样看，因为处理得好，高福利会带来社会和谐，并非必然会失去竞争力。比利时前首相居伊·伏思达在欧债危机尚不十分严重的 2009 年还写书论证道：能带领世界走出金融危机的只有美国、"金砖四国"、日本和欧洲四种力量，但前三种力量都显得力不从心，只有欧洲有这种能力。②从其后几年的情况来看，他似乎说错了，但我想还是让更长时间的历史来证明吧。

欧洲碰到了困难，这是事实。而且我觉得，欧洲人的想象力似乎不如以前了，或者说发生了变化。想象力是创造的源泉。19 世纪中，欧洲人在殖民地也掀起铁路建设浪潮，如 1845 年英国在印度成立第一家铁路公司，到 1902 年英属印度有了 42 000 公里铁路。到 1914年，荷属爪哇投入运营的铁路有 2 288 公里，法属印度支那也有了2 056 公里投入运营的铁路。这种建设浪潮甚至引发一些人对未来的世界交通产生许多美好的想象。1879 年，法国公共工程部长（Charles de Freycinet）曾委派一个委员会研究建造横跨撒哈拉沙漠的铁路的可能性。欧洲人中甚至出现了把这个世界上最大的沙漠变成内陆湖泊的念头，1867 年，有一部作品写下了这样的诗句："生命之水沟渠下，荒芜大漠迎甘泉！灼热荒漠瞬间变，鲜爽之水起涟漪。"③当然，殖民地的建设以殖民利益为转移，但这些冲动和想象是由当时的铁路热潮激发起来的。欧洲人的这种想象力，现在还存在吗？当前他们关于使用清洁能源的宏大规划，是不是可以看成这种想象力

---

① 陈乐民：《20 世纪的欧洲》，生活·读书·新知三联书店 2007 年版，第 24—27 页。

② 〔比利时〕居伊·伏思达：《欧洲如何走出危机》，关呈远等译，新星出版社 2010 年版，第 77 页。

③ 〔荷兰〕H. L. 韦瑟林：《欧洲殖民帝国（1815—1919）》，夏岩等译，中国社会科学出版社 2012 年版，第 28—29 页。

的发展形式？

未来的事情就让未来去证明吧！无论如何，欧盟是当代世界的重要一极，在以下方面它在世界上的作用是无法替代的：

1. 欧盟在世界上无形中起了南北桥梁的作用，而且它作为美国模式的一种替代模式，在当今世界也有一定的示范作用。它虽然与美国拥有同样的价值观，但还是有些不一样，这些不一样在今天看来也很可贵。比如，美国的对外援助只占其国内生产总值的 0.1%，只有欧洲的 1/3，如今欧盟提供了全世界一半以上的民事发展援助和全世界 47% 的人道主义援助，美国只占 36%。这方面排名最高的 19 个国家中，16 个来自欧洲。[①] 欧洲的援助主要面向《洛美协定》的相关国家，主要是非洲、加勒比海沿岸和太平洋地区的一些发展中国家，所以它被称为南北的桥梁，是有道理的。

2. 欧盟的实践向我们证明：一定程度的高福利与保持世界领先地位是可以做到的，从 21 世纪最初几年欧盟的发展趋势中可以看到这一点，虽然具体处理上仍然有许多地方值得探讨。

3. 尽管出现了英国通过公投退出欧盟的事件，这是欧盟在其长期发展过程中碰到的种种挫折的一个重要表现，今后也很难说不会再遇到类似的事情，但长期来看欧盟的建立和比较成功的发展已经向世人证明，地区国家之间的联合是可能的，各国之间由历史原因造成的宿怨是可以修复的。欧盟的联合和团结，消解了几百年来的法德冲突和两次世界大战（都是在这块大陆上爆发的）造成的仇恨，可以说预示了未来世界发展的一种方向，可看成是"二战"以来人类取得的最伟大成就之一。

最后，不能忘记，欧盟面临的困难，还与以下情况有关：几百年来，他们凭借自己的制度优势一度取得支配世界的地位，但到当代，各国都知道了这个道理，都在学习他们的体制优势，也就是都在使用市场经济的方法提高自己的竞争力（扩张力），从这个意义上讲，

———————

① 罗红波主编：《欧洲经济社会模式与改革》，社会科学文献出版社 2010 年版，第 291 页。

他们的制度优势正趋于消失，欧洲国家必须在更加"平等"的基础上参与世界竞争。而当他们面临这样的形势时，其"历史包袱"发生了作用，使得他们在日新月异的世界上显得有些老态龙钟。

在当代的扩张中，所谓的新殖民主义的作用正不断缩小，除非像美国那样拥有强大的军事威慑力量。也就是说，必须把美国与欧盟作某种区分：美国的利益很大一部分得自它的政治、军事优势及美元作为世界货币的地位，这些是欧盟望尘莫及的。总的说来，就国际竞争来说，正变得比以往更加平等，老牌的发达国家对此不太适应，也是正常的。

但欧盟如果不妥善处理当前面临的种种问题，包括新一轮民粹主义的兴起，那么它进一步扩张的能力将受到极大的约束。它的东扩，特别是北约（主要参加者是欧盟国家）的东扩，也正给他们带来与俄罗斯正面冲突的危险。如果说，美国人对俄罗斯这个民族的性格不太了解，那么欧盟所属的大多数国家应该对这个民族有最深刻的认识。如果不能与俄罗斯和平相处，这是很危险的。

六、本书主要内容

本书除《前言》外，共分四编。

第一编讨论西欧在中世纪的扩张。在我国读者的一般了解中，似乎西欧的扩张是从近代开始的，这是误解。西欧文明的特点是一有能力就着手扩张，它在中世纪的扩张方向主要在东欧、东地中海、北非和大西洋岛屿。这一扩张无论在航海技术上还是在法律制度上都为地理大发现奠定了基础。

第二编讲述欧洲通过地理大发现（或称"新航路的开辟"）初步建立以西欧为中心的世界市场的过程，也就是展开世界性征服活动的开端。接着讨论文化传统与欧洲在中世纪末和近代初期向全世界扩张的关系。构成这一编的主要是作者近20年来发表的一些相关论文，从不同的角度说明欧洲文明的扩张性，指出这种扩张性是一种体制，同时还讨论了欧洲中世纪为什么会形成这样一种扩张体制的问题，并通过一些个案来说明这种扩张体制的种种特点。

第三编讨论欧洲近代早期为输出商品而争霸的过程，其内容紧接第二编，都属于商业资本主义时代。这里的争霸既是武力冲突，又是市场和原材料的竞争，其最终结果是资本原始积累，并在此前已有的基础上继续酝酿出进行全球扩张的技术和制度，为工业革命提供条件。商业战争和奴隶贸易或三角贸易是这一时期非常有特色的现象，西方有一些学者讳言他们的祖先曾有过的暴行与现代资本主义发展的关系，是不符合历史现实的。

第四编讨论工业革命以来西欧的贸易与扩张：征服和瓜分这个世界、现代市场机制的发展和成熟、工业和贸易在全世界的扩散；由此产生的一系列矛盾导致了两次世界大战；战后的非殖民化和全球化的迅猛发展对欧洲的双重影响。工业革命为人类带来了希望，把世界带进了一个新的时代，但也翻开了人类历史上很黑暗的一页。第二次世界大战后，全世界人民才有可能真正享受工业革命带来的成果，但这一过程非常艰难，因为几百年来西方人造成的不合理的世界分工阻碍着非西方国家应用西方人的发明成果。当然，在看到新殖民主义或不合理的世界分工对发展中国家的发展有严重的阻碍作用时，必须同时看到两点：一方面，东方国家本身也存在许多不适应现代经济发展的障碍；另一方面，在全球化的高潮中，这一由西欧人造成的世界分工体系，甚至连西方人自己也难以控制了，某种程度上它们也成了“受害者”。欧洲人发展起来的扩张体制，正被越来越多的非西方人所掌握，他们在不太可能再像过去那样用武力来维持既得利益的情况下，必须在比较平等的基础上与新兴工业化国家竞争，世界的发展正在日益超越他们的想象。

第一编 经济复兴与"商业革命"
（9世纪至15世纪末）

中世纪早期的西欧，处于各支日耳曼人先后入侵和封建化的过程中，政治动荡、社会混乱、生产发展几乎停滞，与外界的交往极大地减少，其内外贸易虽然不至于绝迹，但真实情况只有时断时续的记载，后人所知甚少。所以，比较系统地讨论西欧中世纪的贸易特别是对外贸易，一般是从9世纪以后开始的，这时西欧某些地区的农业和手工业开始复苏，其通过地中海和北海的对外贸易也出现活跃的迹象。不过，即使是关于9世纪贸易的史料也非常缺乏，11世纪以后这方面的情况才有较大改变。

但就在这样一种看来似乎极端落后的情况下，西欧经济及与外部的联系一旦有所复苏，其文化的扩张性就表现出来。大约从10世纪开始，我们就可看到西欧向外扩张的迹象。到11世纪末，十字军东征鲜明地体现了基督教文化的扩张本质。紧随十字军而来的，是西欧人在东地中海的殖民与贸易的发展，洛佩斯（1910—1986）把950—1350年间西欧贸易兴盛的情况称为"中世纪的商业革命"，[①]有一定道理。

---

① Robert S. Lopez, *The Commercial Revolution of the Middle Ages, 950–1350*, Englewood Cliffs, NJ: Prentice-Hall 1971.

西欧在中世纪的扩张，与后来的扩张一样，既采用武力的形式，如十字军，也采用和平的经商方式。另外，在可能的情况下也不排除海盗行径。就在这段时间里，近代西欧人贸易殖民的一些习惯开始萌芽或形成。除了建立租界、远洋贸易公司等，还在贸易中处处体现出"灵活性"，如打得赢的就实行征服，打不赢时与你和平共处，甚至寄人篱下也会接受，只要能做生意就行，像后来葡萄牙人来到东方及在澳门站住脚跟的情况一样。这些行为与历史上其他扩张的不同之处，是中世纪的西欧人更看重经济渗透。或者说，他们的扩张有很强的经济目的，虽然并不排斥传统帝国的掠夺方式，但他们非常重视市场扩张。

本编主要叙述9到15世纪末（哥伦布到达美洲以前）西欧的对外贸易与扩张。从中既可以看到西欧中世纪顶峰时期的贸易和殖民盛况，及其在中世纪末的调整演变，又可以看到西欧文化传统的扩张性及其种种内在的原因。由于这几个世纪西欧的扩张主要限于东地中海、东欧、北非和大西洋岛屿，与以后相比，这些扩张的影响尚比较有限，所以我们称之为西欧人最初的扩张。

第一章　经济复兴

中世纪早期（5—10 世纪），西欧经济和对外贸易有一个从不断衰落到断断续续地缓慢复苏的过程，但 10 世纪中期以后，西欧经济全面复苏，手工业、地方贸易与农业上的大垦荒同时推进，通过地中海和北海与外界的经济联系日益加速，并逐渐形成一种不同于古代罗马时期的新的贸易架构。11 世纪里，当这种发展态势初显轮廓时，轰轰烈烈的十字军东征爆发了；贸易与军事扩张相辅相成，把西欧中世纪的贸易和对外扩张推向高潮。

一、生产和贸易的复兴

5—10 世纪是西欧历史上的封建化时代，10 世纪以后或 11 世纪初西欧一些主要地区的封建化过程基本完成，经济开始快速增长。当然，在这之前西欧经济也有一个缓慢变化、断断续续的增长和屡遭打断的过程。考古成果表明，西欧人口从 7 世纪中期起似乎有一次增长。垦荒也在增加。现存资料中有 8 世纪下半叶图林根（Thuringia）的富尔达（Fulda）周围垦荒的记载，提到了在一片荒地上因开荒而建立起庄园和农舍：8 世纪时建立 12 处，9 世纪最初的 30—40 年间就建立 36 处。从事开垦的主要不是修道院，而是"俗人"（laymen）。在德意志西南部，文献提到的此类开垦活动相当多。

这种现象可能在整个西欧都比较广泛。① 布瓦松纳的《中世纪欧洲的生活和劳动》就专设一章（第七章）讨论7—10世纪间的垦荒问题。

一般说来，凡政治上比较稳定的时候经济就会有所恢复和发展。如在法兰克人统治的地方，墨洛温王朝建立后的一段时间内或查理曼统治时期就是这样。另外，我们还应注意地区差异，虽然这时期西欧各地总的来说都受蛮族入侵和封建化的影响，但各地受影响的程度和具体时间还是有区别的，这也影响了各地经济发展波动的节奏。这里暂不说中世纪初期各支日耳曼人的迁徙并在欧洲各地建立王国及匈奴人大规模西侵，对西欧各地造成的影响有区别，仅9世纪以来诺曼人（Normans）、撒拉逊人（Saracens）、匈牙利人对不列颠、意大利和法国等地的进攻和统治，其造成的影响也不一样。就法国而言，在9世纪头几十年，诺曼人的劫掠变得频繁起来。827年来自北非的穆斯林开始进攻意大利，838—842年他们蹂躏了法国普罗旺斯沿岸和罗讷（Rhone）河流域。从888年开始，摩尔人来到普罗旺斯，并在那里待了近一个世纪。917年马扎尔人（匈牙利人）到达梅斯（Metz）城下。926年他们来到香槟。同时期他们还翻越阿尔卑斯山进入勃艮第和普罗旺斯。937年后他们又着手发动新的进攻。② 这些进攻所造成的破坏或客观上带来的某种建设性的后果也不尽一致。

10世纪以后，西欧各地才开始相对安定下来，虽然贵族们依然混战不已，但大规模的入侵基本结束，相对和平的环境有利于人口增加和生产发展。一般认为，约1000—1300年，欧洲大陆（包括俄罗斯和巴尔干）人口翻了一番，从约3—4千万增加到约7—8千万。③ 这为持续300年的垦荒运动提供了源源不断的劳动力。当代西方学者在讨论这场垦荒运动时用了多种称呼，如垦荒（reclamation）、

---

① Rosamond McKitterick ed., *The New Cambridge Medieval History*, Cambridge: Cambridge University Press 1995, Vol. 2, p. 481.

② 〔法〕杜比主编:《法国史》上卷，吕一民等译，商务印书馆2010年版，第284、294页。

③ 〔荷兰〕布洛克曼等:《中世纪欧洲史》，乔修峰等译，花城出版社2012年版，第106页。

殖民或拓殖（colonization）、边疆运动（Frontier Movement）等。11 世纪中期以后，欧洲经济发展的步伐加快，到 13 世纪末才逐渐停止下来。这一过程在西欧本土的基本表现，是农业上的大垦荒和城镇的兴起与繁荣，手工业和商业全面复苏、繁荣并往境外扩张，地方性乃至国际性集市的形成。在垦荒过程中，领主的利益与农民的利益存在各种各样的冲突，但这并不妨碍他们共同把垦荒推向高潮，因为封建化后生产关系得到调整，各方对恢复生产的愿望是压倒性的。这时西欧封建社会整体上处于向上发展阶段，各阶层都对发展生产表现出极大的兴趣，农民、贵族和教会都对此作出了贡献。

在轰轰烈烈的垦荒运动的推动下，城市全面兴起并不断走向繁荣。商人和各类工匠开始往城镇集中，许多农民或农奴从乡村涌入城市，或在重要港口或容易防守的重要商路的交叉点上安居下来，各级领主为了增加收入也对此表现出很大的热忱，成为建立新的市场和城镇的带头人。罗马帝国时期就已存在的巴黎、伦敦等古老的城市成了繁华的工商业中心，从意大利北部的威尼斯沿地中海、英吉利海峡直到挪威西海岸的卑尔根，出现了一系列新的商业中心。在意大利北部和欧洲大陆西北角的佛兰德，城市如雨后春笋般地建立起来，成为中世纪欧洲城市最密集的地区。许多领主还不断地把自己领地上一些较大的村庄变成城镇，借此增加收入，同时又可省却具体管理的麻烦。

城市是适应封建社会经济发展的需要而再次兴起的，其开始时的功能主要是为当地生产和日常生活需要服务。城市手工业和商业的发展带动了郊区或某些原料产区生产的专业化，专业化生产反过来又促进贸易特别是远程贸易，因为需要把本地区多余的商品运往外地，同时把本地区缺乏的商品和奢侈品或原材料运进来，以满足人们日常生产生活和贵族们日益增长的需要。总之，经济复苏、手工业和商业复苏、国际贸易复苏，大体上都是同时进行的，城市是这样一种发展过程的重要载体，因为重要的手工业生产，特别是远程贸易，主要由它来承担。但随着商业，特别是国际性商业的发展，即使是城市市场也渐渐不完全适应国际性贸易的需要了，大规模的集市由此产生，如香槟集市。

初看之下，以上发展过程是历史上任何地区或任何阶段都会出现的，在经历战乱并进入相对和平的环境后，任何人类社会都会出现不同程度的经济恢复或增长，但是西欧中世纪的这一过程有自己的特点：

1. 垦荒运动为农奴带来了获得自由的机会和较好的生产、生活条件。比如，诺曼底（Nomandy）是欧洲大陆最早从广大地区招募开拓者的地方，到这里的荒废的土地上定居的移民"得到了必要的标准持有地以及统一的定居条件"。他们"可以自由支配测量过的土地，并获得安全地终身持有的承诺"。安茹（Anjou）伯爵很快学习这种做法，向移民许诺各种"优惠的条件"。大约同时，在打败匈牙利人后巴伐利亚各地的教堂也用类似方法在收复的土地上殖民开垦，向巴伐利亚招募自由的开拓者。王室把特许状授予新的定居点，有时给移民额外的土地，有时保证他们的法律地位，典型地体现了那时的移居条件。① 杜比说："到 12 世纪，只要人口数量还很稀少，领主就得很好照料农民，免得他们的出租地失去劳动力，从而失去他们的团结。"② 较好的生产条件和较好的收入，意味着农民有更多的发展能力，而新建立的制度又能保障这种能力得到发挥。侯建新在讲到英国的新垦区时说："新垦区最重要的特征是自由劳动。"那儿没有人身依附的农奴制，"居民几乎全部是自由的纳税者"。这种自由还得到某种制度的保障："新垦区的司法行政制度也不同于庄园。他们常常仿效城市的模式，取得适于他们需要的司法和行政自治权。每个新垦区都有自己的委员会，独立地管理居民的司法审判事务，因而可以说城市制度逾越城墙扩散到了新垦区，把自由

---

① 〔英〕波斯坦等主编：《剑桥欧洲经济史》第一卷，郎立华等译，经济科学出版社 2002 年版，第 57 页。这里根据英文原文作过修改。

② 〔意〕奇波拉主编：《欧洲经济史》第一卷，徐璇等译，商务印书馆 1988 年版，第 144 页。

传送到那里。"① 此外，随着城市的兴起，逃到城市的农奴也造成了类似的结果。正如德国的一句谚语所说的，"城市的空气使人自由"。通常，逃亡农奴在城市里住满 101 天，即自动获得自由。

2. 在垦荒、移民运动和城市兴起的过程中，中世纪的欧洲经济表现出某种特有的竞争性。典型的垦荒运动一般发生在大片荒芜冷僻的土地上，各修会故意把修道院建立在那些异常荒凉的地方，既以此表达弃世或避免腐败的姿态，又以此吸引拓荒者前来定居。因为在这些地区教会可以用更低廉的价格从领主那里获得土地使用权甚至所有权，反过来他们又可以用较优惠的条件吸引农民前来定居。许多受旧领主盘剥的农奴借此可以逃离原有领地，在这些新领主的统治下获得较多的土地或缴纳较轻的租税，过相对较为自由的生活。诺思他们曾讨论过这个过程所具有的某种竞争性含义：

> 领主剥削其农奴的权力并不是无限的，而要受到农奴逃亡以寻求其他庄园法外庇护的制约。在当时那个无秩序的社会，领主相邻的竞争者是不会归还这样的逃亡者的。中世纪盛世土地丰裕易使劳动力成为最短缺的从而也是最宝贵的生产要素。由于公共产品（保护和公正）的供给受到规模经济的制约，在某些地区，有些中世纪领主为扩大其庄园一直同其对手积极竞争着，每个领主对住在其庄园的村庄里的农民人数关心备至……②

中世纪欧洲经济的某种竞争性几乎体现在社会经济生活的各个方面，既表现为对劳动力的争夺，又表现为城市内的竞争、城市间的竞争，稍后还表现为国家之间的竞争。关于城市间竞争的材料非常多，这里仅举一个国家间竞争的早期例子：14 世纪初，英格兰为了发展自己的呢绒制造业，一方面减少向佛兰德输出羊毛，另一方

---

① 侯建新：《现代化第一基石》，天津社会科学院出版社 1991 年版，第 143—144 页。
② 〔美〕诺思等：《西方世界的兴起》，厉以平等译，华夏出版社 1989 年版，第 33 页。

面用优惠条件吸引佛兰德的工匠到英国定居创业，这成了尼德兰生产条件恶化和英法百年战争的一个重要原因。当然，对劳动力的竞争能够比较顺利地得到实施，与当时的土地继承制度也有关系。由于领主禁止农民家庭在继承时瓜分、出售所种植的份地，农民的孩子们或者只能在家庭里共同劳动，也就是说不能分家，要不非长子就得"到别处去寻找出路，在新的土地上披荆斩棘，建立自己的家庭"。① 非长子成年后离开家庭独立创业，成为几百年垦荒运动劳动力的重要来源之一。

3. 城市最重要的职能是经济职能。随着垦荒运动而兴起的城市像其他地方的城市一样，具有政治、军事或宗教等职能，但一般而言欧洲中世纪城市最重要的职能是经济和贸易，这是与世界上其他地方的封建社会很不一样的地方。刘景华说："古典时代的罗马城市以及封建时代的中国城市，主要是作为政治中心发展起来的，工商业中心等其他职能明显次之。中世纪的西欧城市则不然，它们中绝大多数最先表现的和表现最突出的是经济中心即工商业中心的职能，以后才衍生出文化中心、社会活动中心甚至政治中心的职能。虽然有不少中世纪城市最先是围绕教堂、堡垒或封建领主城堡发展起来的，但这更多的只是表示城市在地点位置上的选择，而不表明这些城市本身首先具有宗教中心、军事中心或领主的政治中心的职能，更不能说由这些职能引发经济上的职能。"② 关于西欧中世纪城市的这个特点，早在 20 世纪 20 年代比利时著名历史学家亨利·皮朗（或译"皮雷纳"，Henri Pirenne，1862—1935）就曾指出："没有哪个时代有过像中世纪城市的社会、经济组织与农村的社会、经济组织之间那样鲜明的差别。"③ 这里指的是西欧中世纪极具特色的城乡对立，是城乡分工十分鲜明的体现，它使城市得以充分发挥自己的经济职能。这一特征意味着西欧中世纪城市的生存和发展的基

---

① 〔意〕奇波拉主编：《欧洲经济史》第一卷，徐璇等译，第 144 页。
② 刘景华：《西欧中世纪城市新论》，湖南人民出版社 2000 年版，第 7 页。
③ 〔比利时〕皮雷纳：《中世纪的城市》，陈国樑译，商务印书馆 1985 年版，第 82 页。

础也与其他封建社会的城市差异甚大：它们拥有不同程度的自治权，城市政府由市民自己组成，市议会必须为自己的军事和经济安全负责，各城市之间互相进行商业机会的竞争。

关于城市在欧洲封建社会中的地位，或者在资本主义起源中的作用问题，第二次世界大战前曾受到欧美学者的高度评价，亨利·皮朗是其代表性人物，但"二战"后的几十年间西方学术界把眼光转向农业，提出了两点重要修正：（1）反对过分强调西欧中世纪城市里的"自由"和"平等"，强调它们不是封建社会的飞地，而是它的一个组成部分；（2）反对把中世纪的商业发展估计过高。勒高夫说：当时的贸易主要还是以地方产品为主，支撑长途贸易的主要是"诸如呢绒、靛蓝和香料等奢侈产品，或者诸如盐之类的生活必需品"，谷物或木材这些"重型货物仅是逐渐被引入远程贸易"。所以，"少数几个中心即足以应付这些货物的销售以及基本的商贸服务，尤其是随之而进行的货币兑换"。在12和13世纪里，西欧有像香槟这样一个重要的贸易中心就够了。①我们应该充分肯定这两点修正意见，但这不是要抹杀西欧中世纪城市的独特之处及其在封建经济中所起的作用，或者说不能因此而否定它的自治与半自治的意义，应特别注意到城市有利于商人和工匠发挥主动性和能动性的一面，及它们之间存在某种竞争的特点。正是这种情况促使人们对资本主义起源过程中城乡各自的作用及其相互关系进行新的思考。20世纪80年代以来一些西方学者开始重新评价皮朗的观点。下面这段话很有代表性："城市商人和手工业者躲在安全的城墙后面，他们享受到的独立性是东方城市居民所无法想象的。这里既没有皇帝、哈里发和苏丹限制私有财产权，也没有商人阶层的行业协会特权。在西方，自治城市和新兴的资本主义一起成长"②相比较而言，中世纪西欧城市的确享有某种相当特殊的地位。既肯定农村或农业的作用，又肯定

---

①　〔法〕勒高夫：《中世纪文明》，徐家玲译，格致出版社2011年版，第79页。

②　〔美〕乔尔·科特金：《全球城市史》，王旭等译，社会科学文献出版社2006年版，第101页。

城市的独特性,这应该是我们认识西欧中世纪史的一个基本出发点。

4. 经济刚刚有所恢复就开始对外扩张,或者说西欧基督教文化的特点是只要具备某种能力就向外扩张。我们知道,第一次十字军东征发生于 11 世纪末,当时西欧中世纪的整个经济发展刚刚开始步入快车道。理查德·克伯纳说:"从大约 1050 年起,有组织的殖民活动在法国北部以及邻近的佛兰德和荷兰地区也开始了……第三次开拓浪潮产生于 12 世纪西多会教堂普及时期。在城市人口迅速增长的同时,这些地区的集体经济活动得到发展肯定并非偶然。向东迁移的伟大冒险行为——十字军东征——就是从这一地区开始的……。"[1] 当然,十字军运动,也与欧洲城市(当时主要是意大利的城市)之间争夺商业机会有极大的关系。总之,一有可能就向外扩张,这是西欧中世纪文明的特点。这一特点与其经济和社会生活的某种竞争性有关。

西欧中世纪大规模的垦荒运动不仅为城市兴起提供了物质基础和必要性,也为当时西欧往境外扩张提供了动力。20 世纪 20 年代,布瓦松纳就曾感叹道:"历史上任何其他时期都还没有人想象过这样伟大的事业,并使它得到那么完满和成功的实现。这是历史上的重大事件之一,虽然历史学家们对它通常都不注意。"[2] 某种意义上,要理解十字军运动,或者说要理解中世纪欧洲的对外扩张,首先必须全面理解垦荒运动和城市兴起的特点。

二、新的贸易架构的形成

在大垦荒和城市兴起的基础上,中世纪西欧渐渐形成了全新的对内和对外贸易架构。由于大垦荒的种种特征取决于几百年间的封建化,所以这一架构的萌芽还可追溯到更早的时期。就贸易的存在

---

① 〔英〕波斯坦等主编:《剑桥欧洲经济史》第一卷,郎立华等译,第 62 页。
② 〔法〕布瓦松纳:《中世纪欧洲生活和劳动(五至十五世纪)》,潘源来译,商务印书馆 1985 年版,第 229 页。

来说，不能完全归之于大垦荒运动。因为在一个铁器的时代，无论政治如何动荡、经济如何凋敝，总会有某种形式的贸易活动，真正的自然经济是不存在的。但与生产一样，它也有一个波动的过程，而其全面复苏和发展，则是在 10 或 11 世纪大垦荒运动兴起以后的事情。正是在这场大规模的生产运动中，西欧对内和对外贸易渐渐形成一个全新的架构，与古代的模式迥然相异。

先说说西欧内部的贸易架构。中世纪西欧的城市和市场特别多，从中国人的眼光看可说是又多又小。1200 年前后的英格兰，约有 230 个城市，其中大约只有 20—25 个城市拥有 5 000 人或以上的居民。在现代法国的范围内约有 30 个 5 000 人或以上居民的城市，主要集中在卢瓦尔（Loire）河以北地区，城市面积也很小。英格兰在 1154—1175 年间建立的伍德斯托克（Woodstock）只占地 16 公顷，是这时期英格兰小城市的一般占地面积。这时西欧一些地区还出现了主要与垦荒有关的核心居住点，也被称为城市。① 这种城镇布局使西欧经济在相对落后及治安情况仍然糟糕的情况下，商业网仍能比较方便地深入各个居民点。

随着商业网的逐渐恢复和发展，12 世纪时西欧开始出现一些地区性的交易中心或批发贸易中心，称为集市，其中最有名的是香槟集市（fairs of Champagne）。香槟集市之所以有名，是因为它是连接西欧南北贸易的陆上通道的桥梁（13 世纪末以前，西欧南北交流海路尚未开通，都是通过陆路）。每年从 1 月到 10 月，集市轮流在拉尼（Lagny）、巴尔（Bar）、特洛伊（Troyes）、普罗万（Provins）四个相邻的小镇举行。这些集市吸引了欧洲各国的商人。货物有来自佛兰德和法国北部的布匹、毛织品，从卢卡（Lucca）进口的丝绸，来自西班牙、意大利比萨（Pizza）、非洲和普罗旺斯的皮革，来自德国的皮毛、亚麻，还有意大利人从东方进口的香料、蜡、糖、矾、漆。另外还有棉花、谷物、葡萄酒和大量用于运输的马匹。其中数量最

---

① David Luscombe et al. eds., *The New Cambridge Medieval History*, Cambridge: Cambridge University Press 2004, Vol. 4, Part 1, pp. 49-50.

多的是布匹，即呢绒。香槟地区本身是布匹的生产者，一个由低地国家和法国北部 17 个城镇联合起来的商业组织只在这里出售自己的产品。在香槟集市上，来自意大利的商人特别多，因为他们承担着把东方产品运往西欧北部，又把西欧北部的商品运往意大利的任务，他们还把运入意大利的部分半成品经过加工后又输往东方。另外，集市中的交易不仅仅限于商品贸易，还包括货币兑换和交易。现存特鲁瓦的一页登记表包含着 15 个契约，其中提到的商人来自意大利皮亚琴察（Piacenza）、热那亚、米兰、阿斯蒂（Asti）、科莫（Como）、萨沃纳（Savona）、佛罗伦萨及法国南方的蒙彼利埃（Montpellier）、纳尔榜（Narbonne）、阿维尼翁（Avignon）等许多城市。这些契约涉及钱币兑换、交易和布匹、马匹的买卖。

市场的繁荣需要规范高效的政府管理。前来交易的商人受到教会和香槟法庭的保护，他们的旅途和交易安全均受到统治者高度关注。该集市的最高统治者先是香槟伯爵，后来是法国国王，他们都非常关心集市的繁荣。香槟伯爵和法国国王不断颁布相关政策，目的就是为了吸引商人并保证他们进行安全和公平的交易。有些政策是专门为了吸引意大利商人前来经商而制订的，因为这能为他们带来大笔税收，这些统治者都明白意大利商人在这个集市的繁荣中的重要作用。1209 年，法国国王菲利普·奥古斯都二世向来到香槟集市的所有商人，特别是向意大利人允诺：给予他们安全通行证，如果他要收回自己对他们的某些保护措施，那会在 3 个月前通知他们，以便让他们安全地离开这个国家。1222 年，香槟伯爵宣布意大利锡耶纳（Siena）人受他的保护，允许他们经营银行汇兑业务（按每周计息的贷款除外）。1245 年，他还允许罗马人、伦巴德人（Lombards）、普罗旺斯人等拥有自己的司法权。该世纪末，法国国王两次确认了这一特权。

就香槟集市本身的管理来说，在司法官或市场监督（garde des foires）的下面有一个官方管理机构，该机构属下有一系列具体办事人员，如执行官、公证人、捐客、秤手、叫价人、脚夫和巡官。集市上的商品享有低关税的优惠，市场管理部门保证所有经营买卖行为的自由和公平。商人们的买卖契约要盖上市场监督的公章，这大大增加了契约的可靠性，而且契约本身也是经过大法官批准的公证人起草的。

香槟集市于13世纪末达到顶峰，此后开始衰落，但其在繁荣时期发展起来的国际性的经营和管理手段，为独具特色的西欧中世纪的经营技巧及银行、商法、海商法等的产生有重要影响。[①]

西欧这时期的对外贸易及所形成的外贸架构同样引人注目；这一架构的形成也有一个很长的过程。5—10世纪间西欧与外界的经济往来虽然不多，但也有断断续续的线索留传下来。考古发现表明，在日耳曼人入侵的第一波浪潮过去后，6世纪和7世纪时拜占庭商人努力恢复了与西欧的交往。或者说，当蛮族国王们渐渐站稳脚跟及拜占庭对西欧的政治影响力衰微时，福卡斯（Phocas）和希拉克略（Heraclius）时期（602—641年）铸造的金币（solidi）在沿莱茵河的交通线上的流通却增加了。[②]

8世纪后期和9世纪初，由于加洛林帝国的建立，西欧的国际贸易有一定程度的恢复，但843年这个帝国一分为三，加上诺曼人的劫掠和封建化的进行，整个西欧重新陷入混乱之中。此后，随着西欧一些主要地区封建化的完成，962年神圣罗马帝国建立和987年法国加佩王朝取代加洛林王朝，表明西欧几百年的混乱局面开始有所改观，国际贸易又恢复发展，为11—13世纪的扩张奠定基础。这也是就整个西欧而言的，由于蛮族入侵和各地封建化的过程不一致，西欧各地城市生活和对外贸易的衰落或甚至消失和恢复发展的时间相差甚大。

大约从10世纪开始，西欧与东方的贸易恢复和发展的速度开始

---

① 以上参考〔法〕布瓦松纳：《中世纪欧洲生活和劳动（五至十五世纪）》，潘源来译，第174—176页；〔英〕波斯坦等主编：《剑桥欧洲经济史》第三卷，周荣国等译，经济科学出版社2002年版，第107—109页。

② Howard L. Adelson, "Early Medieval Trade Routes", *The American Historical Review*, Vol. 65, No. 2, 1960, pp. 285, 284.

加快，并逐渐形成了地中海和北海两个海上贸易区，通过阿尔卑斯山山口的陆路则把这两个贸易区联系起来，这是中世纪西欧从早期往中期过渡时形成的一个全新的对外贸易架构。

地中海贸易圈的复苏可以追溯到 8 世纪。从 8 世纪初开始，东西地中海上一种不同于罗马帝国时代的贸易格局开始明朗起来。阿拉伯人于 8 世纪初占领伊比利亚半岛的大部分地方，东地中海与北非和伊比利亚半岛的贸易就处在他们的控制下。意大利的一些城市则通过拜占庭与东方取得联系。

西欧中世纪对外贸易的主角是意大利人，所以我们这里会比较多地讲到意大利的城市。中世纪早期，意大利的不同地区先后或同时遭受东哥特王国（the Ostrogothic Kingdom，493—553）、伦巴德人、诺曼人、拜占庭帝国的统治，由于西欧内陆持续动荡，意大利沿海居民越来越依赖海上贸易为生。当然，开始时意大利人在这种贸易中并不起关键作用，商业主动权控制在希腊人和叙利亚人手中，其次还有犹太人。犹太人曾在这个过程中起某种特殊的作用。在海上贸易最衰微的时代，"正是犹太人保持了经西班牙到非洲的传统贸易联系以及通过意大利与东方的贸易，他们也开始设法在沿着墨兹河和莱茵河的城镇（其中有凡尔登和美因茨）立足，他们在这里与法兰克商人讨价还价，购买从易北河以东斯拉夫国家进口的奴隶和皮毛。"[1]这时期地中海地区的西欧商人中，还有北欧海盗（诺曼人），他们和撒拉逊人都曾一度横行地中海，给沿岸城镇带来极大破坏，大约在公元 875 年左右，这种抢掠发展到极点。[2]但不久后他们中不少人转变成商人，最终有助于地中海贸易的发展。

大约在 7 世纪后期，伦巴德人开始沿着海岸线驱逐拜占庭人的商业势力，这是意大利土生土长的从事东方贸易的商人阶层开始成

---

[1] 〔法〕福西耶主编：《剑桥插图中世纪史（350—950 年）》，陈志强等译，山东画报出版社 2006 年版，第 515 页。

[2] 〔英〕波斯坦等主编：《剑桥欧洲经济史》第二卷，钟和等译，经济科学出版社 2004 年版，第 271 页。

长的标志，这当中将来最有前途的城市之一是威尼斯。威尼斯处在亚得里亚海西北部的潟湖中的那些岛屿上，是由中世纪初期一些逃难来的人建立起来的。它的一面与陆地相连，连接帕维亚（Pavia）和阿尔卑斯山的山路，另一面连接海岸，是波河流域农业区对外商贸的主要出口地。726 和 727 年间，它选出了第一任总督，此后不久威尼斯人就取得了海上贸易的控制权。[①] 到 9 世纪初，威尼斯的一些商人已经积累了不少财富。比如，829 年威尼斯总督的遗嘱提到他有一笔可观的财产（1 200 镑银）投资于海外商业冒险。[②]10 世纪晚期和 11 世纪初，一个伦巴德人说：威尼斯人"不耕地、不播种、不收获葡萄"，但是有钱购买他们需要的谷物和酒，并出售盐、香料和丝。可见，以捕鱼为业的居民慢慢转变成了一个以经商为生的商人阶层。这些土生土长的商人的贸易一般就在拜占庭、穆斯林和伦巴德居民之间展开。威尼斯这时已处在拜占庭的统治下，这很有助于它的发展。它的商人去君士坦丁堡做买卖，相当于在自己的国内经商，享有外国商人所没有的特权，如税收上的优惠，而外国人则需要得到通行证才能进入帝国境内。[③]威尼斯并非独一无二，意大利还有一些城市在当时也很有成就。9—10 世纪里，阿马尔菲（Amalfi）的商人与穆斯林地区的贸易"并没有中断"。996 年的一份文献表明，当时开罗约有 200 个来自阿马尔菲的商人，他们运来木材等造船材料，并从当地市场上"大量购买奢侈品"。[④]

与地中海上东西方贸易复苏的同时，欧洲北部则是北海贸易圈的形成和发展。罗马帝国后期，这里有过罗马帝国商人主导的贸易，比如把不列颠的粮食运往莱茵河一带的罗马军团。严格地讲，这时还不存在"北海贸易圈"。但大约在 8 世纪时，这个贸易圈开始初露端倪。如北海的鱼产品运往法国和德意志南部，佛兰德、弗里西

---

① 〔法〕福西耶主编：《剑桥插图中世纪史（350—950 年）》，陈志强等译，第 515 页。

② Robert S. Lopez, *The Commercial Revolution of the Middle Ages, 950–1350*, p. 63.

③ 〔英〕波斯坦等主编：《剑桥欧洲经济史》第二卷，钟和等译，第 271—272 页。

④ 〔荷兰〕布洛克曼等：《中世纪欧洲史》，乔修峰等译，第 181—182 页。

亚和英格兰的布被转运到斯堪的纳维亚和其他地方。这时期处于这些贸易的中心位置的是弗里西亚人，他们大体上以莱茵河三角洲为中心，往西可以到英格兰、法国西部，往东北则可到斯堪的纳维亚半岛和波罗的海。当时的一些史料提到北海贸易总会涉及弗里西亚人。斯堪的纳维亚半岛有自己的商人，但那儿的贸易一度也掌握在弗里西亚人手中。当然这种掌握不是垄断，而是中介性质。[①]

弗里西亚人在北海贸易圈的形成中起过很大作用。有人说，在莱茵河上的美因茨（Mainz）、沃尔姆斯（Worms），或在塞纳河边的圣丹尼（Saint-Denis）或在英格兰的伦敦和约克都能看到他们的身影。斯堪的纳维亚半岛上的里伯（Ribe）、日德兰半岛的海塔布和瑞典梅拉伦湖上的伯尔卡也是他们的基地。这一雏形的商业网说明："以莱茵河—莫桑河（Rhenish-Mosan）大河水系为基地的海上新商业区环绕着北海开始逐渐形成。"[②]

在 9 到 10 世纪里，挪威人或更广义上讲的斯堪的纳维亚人似乎在北海的贸易中起了更大的作用。挪威人的土地难以养活自己，所以他们必须在公海上谋生。他们既是渔夫，又是海盗或征服者和商人，属于我们通常讲的北欧海盗，即维京人（Vikings，也就是诺曼人）。但他们也是商人："当环境有利时，他们乐于作商人。当海域没有设防而城市又敞开时，他们就变为海盗。"[③]弗里西亚人的海上优势慢慢被他们所取代，贸易范围也扩大了，包括"西至格陵兰岛和北美海岸，东至博斯普鲁斯的广阔地区"。西方历史学家对这些海盗常有赞美之词，说他们在"西北欧和波罗的海之间架起了一座桥梁"，而且还深入东欧大陆，建立起"横穿东欧大陆的重要的陆上

---

① 〔英〕波斯坦等主编：《剑桥欧洲经济史》第二卷，钟和等译，第188—189页及其注释。按：弗里斯兰（Friesland）是今天荷兰沿北海海滨的一个省，是古代弗里西亚的一部分，古代弗里西亚或弗里斯亚（Frisia）还包括今天德国沿北海海滨的一些地方。弗里西亚的居民是日耳曼人的一支，称为"Frisians"，汉译有的译为"弗里斯兰人"，有的译为"弗里西亚人"。我认为后者的译法比较合适，本书中的引文在译名上作了相应调整。

② 〔法〕福西耶主编：《剑桥插图中世纪史（350—950年）》，陈志强等译，第516—517页。

③ 〔英〕格温·琼斯：《北欧海盗史》，刘村译，商务印书馆1991年版，第170页。按：近代早期西方走向世界各地的探险家和殖民主义者就继承了这种性格。

通道"。①公元882年这些海盗兼商人的一支瓦兰吉亚人（Varangians或Varyags）还在今乌克兰的首都基辅建立了俄罗斯最早的国家基辅罗斯。后来，诺曼人又在南意大利建立起自己的王国。

在地中海贸易圈和北海贸易圈形成的同时，这两个贸易圈之间的联系也在建立之中。开始时，这主要是从意大利的威尼斯经阿尔卑斯山的山口直达北海的商路。香槟集市如果没有这条商路，它的繁荣度和国际性都要大打折扣。这条商路的建立是南北双方共同"努力"的结果。查理大帝曾沿多瑙河到北部海滨建立起一系列的边境前哨，当地臣民可能通过这些前哨据点与斯拉夫人发生了贸易。随着日耳曼人往东扩张，这些前哨据点也不断往东移动。意大利的商人则努力通过阿尔卑斯山的山口把商品运往欧洲内陆。福西耶说道：到9世纪初，地中海和北海这两个贸易圈已经通过经阿尔卑斯山关口的陆路连接起来，"此时欧洲的经济中轴已经形成，地中海最活跃的地区在亚得里亚海域"。此后，威尼斯不断发展壮大。公元828年，通过为埃及海军提供造船用的木材，威尼斯商人还从亚历山大里亚偷走了使徒马可的遗骸，此后马可成为威尼斯城的保护者。883年，威尼斯开始铸造货币。②威尼斯与北海之间的联系也在发展。有人讲到，10世纪时"波兰人、俄罗斯人、土耳其人、穆斯林和犹太商人到布拉格去购买奴隶、毛皮、锡和其他欧洲物品，无疑也在那儿出售东方产品。"一位西班牙旅行家973年来到德国的美因茨，他在那儿竟然发现了来自印度的香料，有可能是由当地商人在意大利买来的。③这说明布拉格或美因茨等在当时承担了东西方商品交易地的作用。不过，这种路上贸易的费用很高、很不安全，但也不可少。

这就是中世纪早期形成的欧洲对外贸易的一个新架构的雏形，两大海上贸易区日益发展，它们通过陆地和海上联系的纽带也在形成之中。这种发展态势不是罗马帝国贸易形式的简单复苏，而是一

---

① 〔英〕波斯坦等主编：《剑桥欧洲经济史》第二卷，钟和等译，第191页。
② 〔法〕福西耶主编：《剑桥插图中世纪史（350—950年）》，陈志强等译，第517页。
③ 〔英〕波斯坦等主编：《剑桥欧洲经济史》第二卷，钟和等译，第269—270页。

种新的发展态势。首先，它是以新的生产关系为基础的，是为满足封建生产和生活的需要而发展起来的。其次，不管是地中海贸易圈还是北海贸易圈，那种仅由同一个帝国的商人阶层控制贸易的局面已经一去不复返了。在地中海至少存在着两个强大的帝国，一个是伊斯兰的阿拉伯帝国，另一个是拜占庭帝国或东罗马帝国，它们谁都控制不了地中海。这阶段后期西欧虽然孱弱，但西欧人已开始控制自己的海岸。地中海世界正在成为三大势力即阿拉伯人、拜占庭人和西欧人角逐的战场和商场，后来西欧商人渐渐取得优势。在北海，则有西欧人与东欧斯拉夫人的角逐，虽然在这种角逐中斯拉夫人长期处于下风。

上面介绍的两大贸易圈及其联系，主要限于 10 世纪末以前的情况，此后的发展将放在下文讨论。

第二章　"商业革命"与扩张

在农业和工商业发展的基础上，中世纪早期行将结束时，西欧开始进入扩张。其商业活动范围通过军事、政治或开发市场等手段不断扩大，在贸易技巧、经商手段上出现一系列重要创新并不断发展演变，这就是所谓的"中世纪的商业革命"。

"商业革命"与其他性质的扩张是同时进行的。商业发展本身是一种扩张，还有军事、政治、领土的扩张。"商业革命"与这些扩张几乎同时进行，相辅相成或互相促进。从地域上看，又可分为在欧洲各地（包括东欧）的扩张，在地中海上的扩张，往北非、西非沿岸和大西洋岛屿的扩张。扩张的方式有商业、武力或非武力，如发动十字军或派出传教士等。他们还往东欧殖民，在地中海东部和北非建立各种形式的殖民地和"租界"。14世纪开始，西欧人又逐渐展开对大西洋群岛的征服和殖民，并在15世纪后期形成了所谓的"大西洋地中海"。西方学者大都注意到了基督教西欧文明的扩张性。布洛克曼说："11世纪，西方各地普遍开始出现扩张之势"。[①]本内特也说："欧洲的扩张在11世纪时已经不是新鲜事了"；曾经"被围困的欧洲"已经演变成"膨胀中的欧洲"。因为就在几百年间，它不仅加强了"内部"的整合，即所谓"内部文化的同质化"，而且还通过对外征服与殖民，使西欧基督教世界的面积"几乎翻了

---

① 〔荷兰〕布洛克曼等：《中世纪欧洲史》，乔修峰等译，第181页。

一倍"。①

到中世纪末，西欧已经形成发动地理大发现的制度基础和积聚起相关的知识、技术和物质条件。这是一种有能力支撑世界扩张的体制，如果没有这种体制，西欧的扩张就可能像中世纪许多游牧民族的扩张一样，或者如我国的郑和航行一样，短暂地辉煌一时后就消失得无影无踪。

一、"中世纪的商业革命"

洛佩斯提出的所谓"中世纪的商业革命"，指的是从约950—1350年的400年间西欧商业贸易迅速发展，并在商业运行模式上出现一系列创新。我们先看看这一"革命"的概况。

"商业革命"概况

商业繁荣是社会走向相对安定，农业、手工业较快发展的产物，同时商品经济活动反过来也促进整个生产的发展。但是不是任何时代人类社会或其商业相对迅速的发展都可称之为革命呢？洛佩斯承认，从人猿分手以来，人类就在发展，新石器时代的发展速度远远快于旧石器时代，古代埃及、美索不达米亚和中国文明的进步又是其前的文明无法相比的，而且中世纪西欧商业发展的速度与近代工业革命相比也要远远慢得多，但为什么之前的那些快速发展都不称"革命"而单独称欧洲中世纪的商业繁荣为"革命"？他的依据是：中世纪以前的所有发展阶段都要碰到天花板，即使中世纪穆斯林的工商业也是这样，他们在扩张时期虽然向商人和手工业者展示了广阔的前景，但他们未能为城市带来自由和权力，而这是他们进一步发展所不可缺少的，结果在军事和土地贵族强有力的控制下，他们的商业发展动力消失了，失败了。在这段时期内，只有西欧，"在

---

① 〔美〕朱迪斯·M.本内特等：《欧洲中世纪史》，杨宁等译，上海社会科学院出版社2007年版，第233、242、231页。

历史上第一次成功地发展起一种低度发达的（underdeveloped）社会"，而且这种发展"大半是靠自己的努力"。其特点是：虽然增长速度不是很快，但它"完全是不可逆转的"，在"一千年间实际上为不间断的增长创造了不可替代的物质和道德条件，而且以不止一种方式仍与我们共存。"由此，他认为"欧洲的商业革命是一种独一无二的现象"，是中世纪经济的"伟大转折点"。[1]也就是说，洛佩斯认为，西欧中世纪盛期的商业繁荣，已经具有某种现代发展的特点，只有这种发展形式才能称之为"革命"。在其所参与编写的《剑桥欧洲经济史》第二卷中，洛佩斯关于这次商业革命有一个简洁而全面的说明：

> 从 10 世纪中期到 14 世纪中期，南欧的令人惊奇的经济生活浪潮在西方文明史中标志着一个巨大而不可逆转的转折的发生。这是一个漫长的把欧洲从不发达转变为充分发达的过程的第一个时期，它把人均生活水平提高到超过罗马顶峰的时期，财富分配也较以前更为平等。在最低的社会阶层，它解放了本国的基督教奴隶，也给予农奴政治上的权利。虽然矛盾但并非毫无逻辑的是，它在这里给了城市自治以力量，在那儿又加强了君主制下的统一。它影响法律和宗教、文学和艺术，促进了各个阶层的教育和交流，在它的极盛时期，它使它的一些商人在从英格兰到中国的整个欧亚大陆上有做生意的自由。
>
> ……这样就开始了 4 个世纪的农业增长。农业是基本的，是绝大部分人口的职业和收入的来源。但是单单它的进步难以打破在旧时建立起来的经济限制，除非经济发展的领导权从那些喜欢消费而不喜欢投资的人手中转到为了更大的利益而愿意推迟消费的人手中。商人没有必要比富有的地主更贪婪，但通常在追求财富的过程中更专一、更专业，商人成为可被恰当地

---

[1] Robert S. Lopez, *The Commercial Revolution of the Middle Ages, 950-1350*, pp. vii, viii, 57.

称为商业革命时代的催化剂。①

这段话可看成是他对中世纪西欧经济发展成就及商人或贸易在其中所起的作用的经典表述。

我们再来看看这一"革命"的大体情况。在洛佩斯之前，亨利·皮朗对此有过相当全面的介绍。皮朗认为地中海的东西方贸易中最重要的商品是来自东方的香料，直到中世纪晚期，香料的这种重要性始终未变。其基本历程是：阿拉伯和印度等地的商人把香料运到叙利亚，西方商人把香料从叙利亚运往意大利各个港口，再从这些港口转运往欧洲各地。输入欧洲的还有米、橘、杏、无花果、葡萄干、香粉、药剂，还有来自印度的苏木、洋红、明矾等染料。此外还有棉花、生丝及各种制成品，如大马士革的缎子、巴格达的神龛、摩苏尔的纱布、加沙的棉纱。英语中的长椅、市场、野菜、菠菜、茵陈蒿、橘子、壁橱、武库、壶、仓库、糖浆、线缎、箭笴豌豆、关税等名词，法语中的关税、港口、盐税、沥青、女衬衣、暗礁等词汇，均是通过意大利人从阿拉伯语转译过来的，说明它们开始时都来自东方。

西欧输出的主要有木料和武器，一段时间内威尼斯还输出奴隶，不久后纺织品成为主要输出品。最初是意大利织造的麻织品，从12世纪下半叶开始是在香槟集市上购买的佛兰德和法国北部生产的呢绒。在热那亚的发展过程中，"呢绒确实起着巨大的作用"。其留存下来的档案表明，在13世纪初叶以前，热那亚输出的呢绒制品来自西欧北部的阿拉斯（Arras）、里尔（Lille）、根特（Ghent）、伊普尔（Ypres）、杜埃（Douai）、亚眠（Amiens）、博韦（Beauvais）、康布雷（Cambrai）、图尔奈（Tournai）、普罗万（Provins）、蒙特勒伊（Montreuil）等地。13世纪以后意大利商人凭其雄厚的资本垄断了佛兰德往南方的出口。香槟集市衰落后，意大利的大商业公

---

① 〔英〕波斯坦等编：《剑桥欧洲经济史》第二卷，钟和等译，第275—276页。

司在布鲁日设立代办处，经办佛兰德和布拉班特出口的呢绒批发销售，发货时用铅质签条说明其价格和质量。佛罗伦萨商人订购大批未经最后整修的呢绒，放在自己的城市内加工整修，然后出口。随着穿过直布罗陀海峡的航线开通，14 世纪上半叶从欧洲北部到意大利的运输不再依赖陆上道路，布鲁日成为北部最重要的转运港口。布鲁日在北方的重要性是从 12 世纪开始的。这时德国的城市控制了北海和波罗的海的海上贸易，对"布鲁日的财富产生了极大的推动力"。也就是说，布鲁日成了西欧南北海上贸易的交汇点。从 13 世纪下半叶起，汉萨商人在布鲁日建立国外支行，直到中世纪末布鲁日"一直是他们在德国境外所占有的最重要的支行"。①

上面的叙述，可能除了个别细节，至今基本上仍是可信的。下面是皮朗对 13 世纪极盛时期西欧对外贸易的全景图式的描绘，这种描述在他的时代是开创性的：

> 13 世纪时期，从地中海到波罗的海、从大西洋到俄罗斯，整个欧洲都敞开着国际贸易的大门。国际贸易从在北方的尼德兰和在南方的意大利这两个中心，延展到海岸，由海岸再逐渐深入到大陆腹地，如果考虑到国际贸易所必需克服的一切困难：惨淡的销路、不完备的交通工具、普遍的不安全、缺乏组织的货币制度，就不能不佩服中世纪国际贸易的巨大成果……在国际贸易领域中的成就，只能归功于商人本身的精力、主动性与创造性。在这方面充当欧洲领袖的意大利人，无疑从拜占庭人和伊斯兰教徒那里学习了很多东西。拜占庭人和伊斯兰教徒的先进文明对意大利人的影响，与埃及、波斯对古代希腊的影响一样……他们建立了商业公会、组织了信用机构、恢复了货币，

---

① 以上均见〔比利时〕亨利·皮朗：《中世纪欧洲经济社会史》，乐文译，上海人民出版社 1984 年版，第 127—133 页。个别地名的翻译根据英文版改动过，以便更符合目前国内流行的译法。

并把他们的经济措施传播到北欧……。[①]

后来的杜比也有这么一幅全景图式的描述：

> 从西班牙到黑海沿岸，欧洲西北部的产品找到了新的销路。热那亚、比萨以及紧随其后的加泰罗尼亚及阿拉贡城市，都在马格里布海岸广设商栈。已有一些定期商队航行到亚历山大。从塞浦路斯到巴利阿里群岛，所有地中海岛屿很快都落入了基督徒手中，因为威尼斯改变了 1204 年第四次十字军的征途，在拜占庭的废墟上建立起一个殖民帝国，控制诸海峡并进入黑海。意大利诸城市在大量进口东方商品的同时，也注意发展自身的手工业，并派遣水手和商人前往新的市场。在 13 世纪中叶之前，配备艉柱舵和三角帆的热那亚船只已经在西班牙沿岸航行，它们在那里碰到了比斯开湾的水手，后者来自森通热和布列塔尼，其业务是向英国和佛兰德的港口转运铁、葡萄酒和盐，而与此同时，锡耶纳、阿斯蒂和卢卡的商人则同阿图瓦和佛兰德的呢绒商在巴黎到洛林之间的市场上会面了。[②]

这些描述不仅向我们展示了中世纪中期西欧对外贸易的盛况，及其外贸与其内部各国间贸易的关系，也使我们感受到了那时西欧商人的主动精神和创造能力。

如果说，上面的介绍都是宏观层次上的，下面我们介绍一个微观层次的例子，一个叫贝内代托·扎卡里亚（Benedetto Zaccaria，约 1235—1307）的热那亚人的故事。扎卡里亚是中世纪西欧特别是意大利城市里常见的那种身兼政客、军人、海盗的大商人。他是热那亚子爵的十个兄弟姐妹中的一个，该家族中大多数人都像他一样积极从事商业和政治，体现了当时意大利商业城市中贵族的生活

---

① 〔比利时〕亨利·皮朗：《中世纪欧洲经济社会史》，乐文译，第 143—144 页。
② 〔法〕乔治·杜比主编：《法国史》上卷，吕一民等译，第 396 页。

方式。他任过梅罗里亚（Meloria）的司令，热那亚人就是在这儿打败比萨的海军的。他在马尔扎莫萨（Marzamosa）指挥卡斯蒂利亚的海军打败摩洛哥人。他还用风趣的法语起草了对英格兰的"大陆封锁"计划，并帮助法国国王执行这个计划。他征服叙利亚的的黎波里（Tripoli），并目睹埃及重新收复这座城市，然后又有过组织妇女十字军收复它的念头。他还从事各种各样的海盗活动，在各地宫廷中执行过重要的秘密使命。在商业上，他从事香料、餐具、布匹、亚麻、毛皮、盐、谷物和其他商品的贸易，还从事外汇、公债股票（shares of public loans）和房地产投机。他与众不同的地方在于凭自己的政治和军事权力，从拜占庭皇帝那里得到两处采邑，并加以开发。一处是希俄斯（Chios）岛，另一处是今土耳其的福西亚（Phocaea）。希俄斯是当时世界上唯一生产黎凡特（Levant）人十分喜欢的乳香（mastic）的地方，年产值 16 000 热那亚镑。后来的资料表明，他把每年卖不掉的乳香毁掉，以免价格下降，这颇似近代早期荷兰人在香料群岛的做法。更重要的是福西亚的明矾矿的开采。这座矿山由他与他的一个兄弟共同拥有。明矾是染纺织品不可缺少的一种材料，福西亚的明矾是当时西欧人能得到的第二好的明矾。最好的处在小亚细亚北部的科洛尼亚（Koloneia）。但他玩弄政治阴谋竟使科洛尼亚的明矾从市场上消失，然后把科洛尼亚的明矾和他自己开采的明矾放在一起出口。有史料记载的第一次穿过直布罗陀海峡到英格兰的航行是他组织的。1307 年他去世前还在准备另一次商业冒险。[①]除了意大利，西欧中世纪其他国家都出现过一些类似的大商人。

关于"皮朗命题"

讨论中世纪的"商业革命"，就不能不说一下"皮朗命题"（Pirenne

---

① 〔英〕波斯坦等主编：《剑桥欧洲经济史》第二卷，钟和等译，第314—315页。"1277年一只热那亚人的平底大帆船可以说是首创地中海与佛兰德之间的海上直接通航。"见〔意〕奇波拉主编：《欧洲经济史》第一卷，徐璇等译，第227页。

Thesis），它指的是 20 世纪初皮朗就西欧中世纪城市和国际贸易在当时经济发展中的作用的观点，此后引起激烈争论。

众所周知，皮朗对中世纪西欧经济复苏和发展的研究具有重要意义，但他关于这种复苏和发展的动力的观点，即认为中世纪的商业从一开始就是在国际贸易的影响下发展起来的看法，"二战"后饱受诟病。西方有学者曾对其观点作过如下概括和评论：

> 早期中世纪的国际贸易极大地受到外部因素的影响，特别是战争和动乱。关于欧洲中世纪城市衰落和发展，是外部条件即国际贸易的衰落和发展造成的。地中海上的国际贸易，特别是与东方的贸易，在日耳曼人入侵后依然存在，所以墨洛温王朝时期城市生活继续存在。但 8 世纪初，国际贸易衰落了，因为阿拉伯人征服了西地中海，作为手工业和商业中心的城市不可避免地消失了。新的城市生活是在 10 世纪出现的，这里也是由于外部刺激，即贸易复兴导致城市的兴起。10 世纪的贸易复兴在皮朗眼中意义重大，他把它作为某种摆脱困境的因素，城市生活由此复兴。这主要表现在通过威尼斯和斯堪的纳维亚人的努力，恢复了与东方的长途贸易。斯堪的纳维亚人一旦从海盗转变为和平的商人，他们的航路也就转变成经商的航线。皮朗关于西欧在 10 世纪复兴的观点有一个前提，即此前的加洛林时期国际贸易完全中断了，而实际上在 8 和 9 世纪围绕着北海有一些国际贸易活动的迹象，其意义难以否定。但皮朗为了强调 8 世纪阿拉伯人的征服和北欧海盗的侵略造成地中海国际贸易的衰落，把这时期北海的贸易看成只不过是一种昙花一现的现象，而且它们也在 9 世纪中期维京人的海盗活动中被扼杀了。①

皮朗本人关于这个问题的论述可见于他已经译成中文的几本书：

---

① Adriaan Verhulst, "The Origins of Towns in the Low Countries and the Pirenne Thesis", *Past & Present*, No. 122, 1989, pp. 3-6.

《中世纪的城市》、《中世纪欧洲经济社会史》、《穆罕默德和查理曼》。他在这些书中提出的基本观点，王晋新曾作过如下概括："匈奴和日耳曼各个民族对罗马世界的冲击虽颠覆了西罗马帝国的统治，但是作为罗马世界的最基本的特性：地中海的统一性依旧存在着，并仍旧决定着当时西方社会的基本框架结构。而7世纪以后，来自阿拉伯—伊斯兰教狂飙般的扩张则对西方命运造成了根本性的改变。它使地中海世界被割裂为两大部分：即穆斯林所掌控的西地中海和由拜占庭所支配的东地中海。正是在这种局势的作用下，西方社会首次出现了由地中海向北方地区的转移，并蜗居在一种自给自足的经济状态之中，其后果就是墨洛温王朝的垮台和加洛林国家的兴起。由此，西方社会才进入了中世纪时代，新的西方文明方得以诞生。皮朗本人曾以'倘若没有穆罕默德，查理曼就根本是无法想象的'这种形象的表述作为自己学术主张的集中表达。"[①]换言之，没有穆斯林在中近东的扩张，西欧中世纪就不会是我们现在所了解的这个样子。

可见，所谓"皮朗命题"，从狭义上看涉及西欧中世纪城市兴起的动力，从广义上看涉及西欧中世纪文明（从而也是近现代文明）形成的原因。当然，把城市兴起或一种文明的形成看成是某种外力作用的结果，很多人觉得难以接受。所以马克垚先生说，这个观点"已为多数史学家所否定"。[②]但否定归否定，长期以来还是不断有人撰文重新讨论这个问题，西方和中国均不例外，这里引的王晋新的文章就是中国学者讨论这个问题的一个例子，为什么会这样？

皮朗提出的观点已经将近一个世纪了，在这个世纪中人类经历了两次世界大战和全球化进程，极大地扩大了自己的视野，历史学也取得了巨大进步。现在重新来审视他的观点，有的地方确实显得过于简单化了。仅从西欧对外贸易的角度看，当时的穆斯林国家并

---

　　① 王晋新："皮朗与'皮朗命题'——对西方文明形成时代的重新审视"，《世界历史》2008年第3期，第137页。

　　② 马克垚：《西欧封建经济形态研究》，人民出版社1985年版，第284页。

未有意对基督教西欧实行贸易封锁，西欧和地中海地区的海上交通和经济往来也并未完全中断。皮朗把欧洲中世纪城市的重新兴起都归之于外力即东西方贸易的刺激，中国学者特别不能接受，因为从内因论的观点看，东西地中海贸易的增长必须归之于封建化后西欧内部生产恢复和发展的需要。

但所有这些都不意味着皮朗的观点已经变得一无是处，长期的讨论表明他的观点总是在不断启发人们思考一些新的问题。比如，埃伦克勒茨在1972年曾提出，关于皮朗命题的争论至少有两个弱点：一个是皮朗观点的错误与否，很大程度上依赖于我们对中世纪早期近东穆斯林及其与欧洲的关系的理解，但研究这方面的穆斯林历史的学者很少有人就这个有争议的问题发表过自己的意见；另一个是近东引人注目的变化对西欧的影响虽然构成关于皮朗命题争论的主要问题，但从未有人提出过阿拉伯人的胜利对近东本身的经济状况有什么直接影响。由此，他认为今天有必要更多地关注中世纪早期近东经济发展的性质和影响。皮朗命题的争论者应该不是争论阿拉伯人征服后地中海上的贸易问题，而是应该考虑阿拉伯人征服前商业在地中海东方的地位。他还强调：皮朗命题争论中的某些问题，有可能通过研究阿拉伯征服者的经济政策来解决。[1] 可以想象，不管这种研究成果最终是否定或肯定皮朗的观点，它肯定有助于我们对那时地中海历史的整体理解。

此外，皮朗审视历史的方法也有可取之处。他从更大的范围看历史问题，从这个大范围内各种力量的互动，特别是各种经济力量的互动来看待一个地区的历史，给人以深刻的印象。他说："我力求把这个广阔的地区作为一个单独的整体来观察，这个地区的各个部分保持着经常的交通；换言之，我采取了一种国际的观点，我最关心的是提出我所描绘的现象的主要特征，而把这些现象在不同国

---

① Andrew S. Ehrenkreutz, "Another Orientalist's Remarks concerning the Pirenne Thesis", *Journal of the Economic and Social History of the Orient*, Vol. 15, No. 1/2, 1972, pp. 94, 104.

家或在同一国家的不同地区所具有的特殊形态降到附属的地位。"①
这种视野在当时是一种极新的也是对以后有重要影响的历史研究方
法。还有,充分肯定伊斯兰文明在西欧中世纪文明形成过程中的作用,
就其基本倾向来说也是对的。

关于皮朗命题对西欧中世纪学或对整个历史学的贡献,王晋新
强调指出:在思考那些对皮朗命题的批判性意见时,一是要注意在
这些批驳中"是否对皮朗学说的主张还有什么赞许肯定之处";二
是在考察、判定这些否定性批驳的学理价值和意义的同时,我们还
应该"对皮朗学说的学理价值作一番探讨,从学术发展的角度,评
判其是否对后世史学研究具有某种启发、引导的意义与功用"。②也
就是说,在否定皮朗的一些基本观点时,要重视吸取他的命题中的
一些合理之处;该命题的魅力在于不仅其中仍然有一些可取之处,
而且它还能不断引发人们对一些重大历史问题的思考。

即使是对他关于西欧中世纪贸易复苏的动力源的观点,也不能
一棍子打死。一些学者强调西欧的内驱力,强调欧洲内部农业、手
工业的发展及渐渐变得相对和平的环境使人们(特别是统治者和市
民)对东方奢侈品的需要不断增加,从而使东西方贸易不断发展。
这种观点无疑显得更为全面,但这里也有一个需求促进生产和生产
促进需求的关系问题,所以我们在强调内驱力时也不能完全否定贸
易促进消费的一面。特别是,我们不能想当然地认为有什么样的生
产水平(实际上是一个很抽象的概念)就有什么水平的市场和对外
贸易。简言之,在农业社会里,生产发展水平与市场和对外贸易水
平并非一种简单的对应关系。所以,在强调生产的决定作用时,不
能由此忽视或否定市场本身的反作用和相对独立的发展规律(关于
这个问题只要看一下中世纪中期以后西欧的一些地方,特别是在英
国,货币地租那么早就较普遍地发展起来就够了)。杜比曾讲到:

---

① 〔比利时〕亨利·皮朗:《中世纪欧洲经济社会史》,乐文译,"英译本序言"第1页。
② 王晋新:"皮朗与'皮朗命题'——对西方文明形成时代的重新审视",《世界历史》
2008年第3期,第138页。

1127 年后，意大利商人开始在佛兰德的市场上做生意，那时的贸易虽主要涉及高档奢侈品，如呢绒、金银制品、珠宝、珍宝、香料，但"这种贸易产生的反响是深刻的：它刺激了流通的发展"。这是因为封建主为了得到某种货物，把动乱年代贮存在家中或修道院中的贵金属或珠宝投入了市场，这些本来对经济只有潜在作用的贵金属由此被激活，成为刺激商品经济发展的重要力量。[①] 可见，单单用内部农业、手工业的发展来解释西欧中世纪贸易，特别是对外贸易的发展，也是不全面的，虽然这是基础。

二、在欧洲各地的扩张

10 世纪以前，基督教实际上并未占领整个欧洲，甚至也未占领整个西欧，它占领的主要是西欧的一些核心地区。10 世纪后西欧经济恢复和发展提速时，基督教开始扩张，某种意义上这种扩张是全方位进行的。

在西欧西部和南欧的扩张

中世纪早期，西欧的外围尚未基督教化，许多地区和种族"依然徘徊在这一进程之外"。他们中有控制意大利相当一部分地区的希腊人、统治着大部分西班牙的柏柏尔人（穆斯林），还有不列颠的盎格鲁-撒克逊人、分布相当广泛的凯尔特人和斯堪的纳维亚人。[②] 到中世纪中期前后，这些地区纷纷天主教化，意大利和西班牙是通过武力征服实现的，其他许多地区是通过诺曼人传播的。诺曼人接受天主教后，他们控制的广大地区也天主教化了。这些地方有弗里西亚、诺曼底、英格兰东部、斯塔拉斯克莱德（Strathclyde）的西英格兰王国、大部分爱尔兰、法罗、赫布里底、奥克尼和设得兰群岛、

---

① 〔法〕乔治·杜比主编：《法国史》上卷，吕一民等译，第 357 页。
② 〔法〕福西耶主编：《剑桥插图中世纪史（950—1250 年）》，李增洪等译，山东画报出版社 2008 年版，第 239 页。

冰岛，还有格陵兰的一些定居点。[①] 天主教控制的地区极大地扩大了，为其后进一步扩张打下基础。下面着重介绍一下这其中的两件大事。

第一，基督徒收复伊比利亚半岛。这里的"收复"，英语称为"Reconquest"，即"再征服"，以往我们曾音译为"列康吉斯达"运动。8世纪初阿拉伯人占领伊比利亚半岛后，半岛北部形成了一些基督教的小王国，各自抵抗阿拉伯人的北进企图，并试图收复被占领的领土。到11世纪各抵抗力量渐渐形成气候，"全基督教世界，特别是法国的骑士探险家们在11世纪时纷纷向西南进军，希望帮助那里的基督徒从伊斯兰手中'夺回'伊比利亚"。这就是通常所说的教皇发起的往西南的十字军，按照我们以往的理论，这种以收复失地为目的的战争有一定的正义性。1085年，半岛上各基督教王国中最大的卡斯蒂利亚（Castile或Castilla）王国占领了原由穆斯林占领的大城市托雷多（Toledo），不久该城即成为东方文化及由穆斯林所保存的古典文化传入西欧的重要基地。当然，在收复失地的整个过程中，基督教各派力量并非团结一致，一些"基督徒与穆斯林联合对付另一股基督徒的事也不少见。土地和胜利可比信仰重要多了"。在中世纪最强大的教皇英诺森三世在位时（1198—1216年），征服过程开始加速。他利用自己的权力和影响发动宗教战争，卡斯蒂利亚国王依靠从欧洲招募来的大批骑士，打败穆斯林军队，并于1236年收复穆斯林的安达卢斯王国曾经作为首都的科尔多瓦（Córdoba或Cordova）。大体上与此同时，半岛西边的葡萄牙稳健地往南推进，于1250年左右到达现在的葡萄牙南部边境。半岛东部的阿拉贡王国也在这段时间越过富饶的瓦伦西亚沿岸地区，收复马略卡（Majorca）等岛屿。到13世纪后期，伊比利亚半岛的主要收复工作已经完成，1264年后穆斯林在这个半岛的势力仅限于半岛南部的格拉纳达（Granada）。1492年西班牙最终征服这个小小的

①　〔美〕布莱恩·蒂尔尼等：《西欧中世纪史》（第六版），袁传伟译，北京大学出版社2011年版，第227页。

王国。① 正是在整个伊比利亚半岛全部光复的基础上，西班牙国王派出哥伦布率领的探险队，在这一年 10 月来到了美洲。

第二，诺曼人把拜占庭的势力逐出西西里和亚平宁半岛南部，并在这里建立王国，使意大利南部也天主教化。意大利南部长期以来处在拜占庭的控制下。皈依了天主教的诺曼人（Normans）很早就在意大利沿海一带活动，在伊比利亚、英国和法国的战场上及十字军中都有他们的身影。意大利一个编年史家曾这样描述他们："诺曼人很狡猾，还喜欢报复。雄辩和骗术似乎是他们祖传的伎俩。他们可以屈膝谄媚，但倘若没有法律限制，他们会沉溺于自己作恶多端的狂热天性。他们强烈渴望财富与权力，喜新厌旧，鄙视任何已经到手的东西，总是希望攫取更多。他们尚武好战，喜欢华服美饰，猎鹰袭兽。但是如果环境艰险，他们也以让人敬畏的耐力忍受各种恶劣的天气条件和军事生涯的困顿与艰辛。"他们的一个"伟大"成就是在南意大利建立诺曼王国。

1047 年，诺曼人一个团伙的头目罗伯特·吉斯卡尔（Robert Guiscard）来到亚平宁半岛南部，按照拜占庭著名历史学家安娜·科穆宁（Anna Comnena）公主的说法，吉斯卡尔"不会向世界上的任何人低头"。他在意大利掠夺村庄和抢劫路人，小有成就后开始征服战争，不久后成为当地诺曼人的领袖。1058 年他与伦巴德公主茜克尔盖塔（Sichelgaita）结婚，这是一桩政治婚姻。茜克尔盖塔与丈夫一样身材高大，威武勇猛，令人敬畏。1059 年吉斯卡尔与教皇签订条约，次年他率兵侵入穆斯林众多的西西里岛，战争持续了很多年；同时他还发动攻打亚平宁南部的拜占庭领地的战争。1071 年他占领拜占庭在意大利的主要港口巴里（Bari），然后回到西西里与他的弟弟罗杰一起，于 1072 年占领穆斯林的大都市巴勒莫（Palermo）。巴勒莫是穆斯林世界的中心城市之一，通向地中海的重要口岸，港口繁忙，占领这个城市相当于控制了这一带地中海上

---

① 〔美〕朱迪斯·M. 本内特等：《欧洲中世纪史》，杨宁等译，第 233—236 页。

的商业来往。在教皇支持下，1080年他还攻打过拜占庭帝国首都君士坦丁堡。安娜·科穆宁对这场战争有如此描述：在杜拉佐（Durazzo）战役中，诺曼人先是被拜占庭人打得节节败退，但茜克尔盖塔骑在战马上，出现在溃退的士兵面前，高举长矛，长发飘逸在头盔下面，大声吼叫道："你们还要退多远？都像个男人一样站直了，打回去！"感到羞愧的士兵们不再逃跑，回到战场，终于获胜而归。1130年教皇出席吉斯卡尔的侄子罗杰大帝（Roger the Great，1130—1154年在位）加冕为西西里国王的典礼，从此诺曼人对这块土地的统治合法化了。王国建都巴勒莫。[①]这个王国以后虽然几经易主，但其作为天主教世界的身份却从未动摇过。

向东、北欧的扩张及东西欧的分工开始形成

这里的东欧指易北河以东的欧洲，北欧指斯堪的纳维亚半岛和波罗的海国家。中世纪西欧人往东北扩张的结果，是把北欧纳入今天我们所说的西欧国家的范围；往东扩张的结果，是不仅把原来斯拉夫人居住的许多领土纳入西欧国家的范围，而且还往东欧全面渗透。到中世纪末，东欧成为西欧粮食和原料产地的趋势开始出现。也就是说，东西欧的分工开始出现。地理大发现后的东西方分工，只不过是当时形成的东西欧分工的扩大而已。

1. 使北欧东欧的大片地区和各个民族天主教化

首先是斯堪的纳维亚半岛接受了天主教，由此带动欧洲北部许多地区天主教化。大约在900年左右，一批居住在英格兰东部的丹麦人和诺曼底的维金人皈依天主教。10世纪下半叶和11世纪上半叶，丹麦、挪威、瑞典的国王先后皈依天主教。开始时，这三个王国均属不来梅大主教区管辖，但在1104、1152和1164年，丹麦、挪威和瑞典分别设立了自己的大主教区，可以想象天主教在这些地区的发展相当顺利。

---

① 〔美〕朱迪斯·M.本内特等：《欧洲中世纪史》，杨宁等译，第237—239页。

其次是波兰、波希米亚（Bohemia）、匈牙利和波罗的海三国的天主教化。波希米亚公爵在 894 年就接受了天主教，982 年这里产生了第一位捷克人出身的主教。10 世纪中后期，一位捷克的天主教公主嫁给波兰梅什科大公（Mieszko，960—992 年在位），接着这位大公接受了洗礼。公元 1000 年教皇批准在波兰设立独立的大主教区；这一年匈牙利国王斯蒂芬从教皇手中接过王冠，这个国家最终也成了天主教的国家。①

波罗的海三国接受天主教稍晚一些，而且主要是通过十字军的武力征服实现的。1198 年教皇英诺森三世授权建立往东北方向的十字军，反对欧洲东北方的异教徒，实际上是与东正教争夺波罗的海地区。圣剑兄弟骑士团（Brothers of the Sword，建立于 1201 年）和条顿骑士团（Order of Teutonic Knights，建立于 1190 年）在这一圣战中起了主导作用。十字军先后征服立窝尼亚人（Livonians）、瑟罗尼亚人（Selonians）、爱沙尼亚人、普鲁士人。13 世纪后期，波罗的海大部分部族都被纳入天主教统治的范围，但立陶宛的情况要复杂一些，因为这里的居民深受东正教影响。1386 年大公约盖拉（Jogaila）皈依天主教，从此立陶宛也成了天主教国家。②

第三，日耳曼人往东欧殖民。919 年，萨克森公爵捕鸟者亨利（Henry the Fowler）成为东法兰克王国国王，次年他把王国改名为德意志王国，称为亨利一世（Heinrich I，919—936 年在位）。不久后，亨利开始"夺取易北河和萨勒河以东当时由斯拉夫人居住的土地"。这是一项扩大封建领地和加强王权的政策，但其借口是必须使那里的居民"皈依基督教"。在德意志的历史上，930—980 年被称为"第一次向东方殖民"。殖民主义者为巩固自己的征服成果，在被占领的斯拉夫人土地上建立起坚固的城堡，其中著名的有迈森

① 以上见〔美〕布莱恩·蒂尔尼等：《西欧中世纪史》（第六版），袁传伟译，第228—230 页。

② 〔美〕奥康纳：《波罗的海三国史》，王加丰等译，中国大百科全书出版社 2009 年版，第13—18 页。

（Meissen）和勃兰登堡（Brandenburg）。①日耳曼人的东扩常常显示出"草根运动"的特点。一般是贵族打头，农民入迁，进展比较缓慢但持续不断、稳步推进："在1125—1350年，日耳曼人将其东部边境往北面和东面扩张了很多。"其结果是，有的斯拉夫人被同化，有的被驱逐；有时日耳曼封建主直接把斯拉夫人的村庄纳入自己的统治范围，或者通过在征服地区建立日耳曼人的定居点来巩固征服成果。②

这当中出现过一些"野心勃勃而又贪婪无度的诸侯王公"，最著名的有1130—1135年统治勃兰登堡的黑熊阿尔伯特（Albert the Bear）、狮子亨利（Henry the Lion）。后者在北方建立了吕贝克（Lübeck），在南方占领了卢萨提亚（Lusatia，1158年），还吞并西里西亚（1160年）和波美拉尼亚（1180年）。这一过程还常常与德意志人在波罗的海地区的扩张混合在一起，更多地体现出武装占领的血腥色彩："1208年，尤其是1231年后，修道院的僧兵、条顿骑士团的骑士接管波兰，并切断了它与波罗的海的所有联系。他们手执火把和剑，横扫格但斯克、普鲁士、库尔兰（Courland）和爱沙尼亚的广大地区，最远到达佩普斯湖（Lake Peipus）。"这一东扩趋势于1242年被诺夫哥罗德大公制止。③

可见，德意志人在东欧和北欧的扩张不仅是一个简单的移民过程，也是一个血腥的军事征服过程。往东的移民在1220年后的一段时间中达到顶峰，约在1300年时逐渐慢下来，但有一个例外，那就是在条顿骑士团的领地上。条顿骑士团是12世纪末在阿卡（Acre，又译阿克）建立的一支往东的十字军。1226年马佐维亚（Mazovia）的波兰公爵请求他们前来攻打不信教的普鲁士人，同年神圣罗马帝国皇帝腓特烈二世把东普鲁士赐给条顿骑士团团长，并封他为帝国王公，目的是让他使东普鲁士基督教化。1231年，赫尔曼·巴尔克

① 丁建弘：《德国通史》，上海社会科学院出版社2002年版，第24、27页。
② 〔美〕朱迪斯·M.本内特等：《欧洲中世纪史》，杨宁等译，第240—241页。
③ 〔法〕福西耶主编：《剑桥插图中世纪史（950—1250年）》，李增洪等译，第240页。

（Hermann Balke）带领十字军越过维斯瓦河，不久建立了柯尼斯堡等城市。到1309年，征服者基本上降服了原先不信教的普鲁士部落。此外，1202年另一支骑士团宝剑兄弟会来到拉脱维亚，建立了里加主教区。1237年他们与普鲁士的骑士团合并。在1280—1410年间，征服者建立了1 400个村庄和93座城市。在骑士团团长克尼普罗德的文里奇（Winrich of Kniprode，1351—1382）统治期间，条顿骑士团达到极盛。但其过度扩张引起周边国家的警觉。[1]1410年该骑士团在坦能贝格被波兰击败，从此一蹶不振。

2. 在东欧征服与殖民的历史作用

日耳曼人往东的扩张和殖民，扩大了西欧人的生存空间，并在东欧建立起可观的影响力。德意志人在易北河以东开拓的这些殖民地后来在德意志国家发展史上起了重要作用。西方曾有人指出："日耳曼人在中世纪的大事业，是日耳曼族征服斯拉夫族而向东扩展，从而使近代德意志增加了3/5的领土。"汤普逊由此认为中世纪有两个德意志：一个是古老的德意志，由属于古老日耳曼部族血统的人居住，保存了罗马和旧法兰克统治的文化传统，教会也已经扎根；另一个是后来从斯拉夫人那里征服过来的德意志，这个"新的东方的德意志按地理、种族和文化来说，是另一个世界"，其具体位置在易北河下游、萨勒河、腊伯河和莱塔河之外，是原来由斯拉夫人和马扎儿人居住的广大地区。[2]恩格斯也曾说过这样的话："德国的发展还有一点是极其特殊的，这就是：最终共同瓜分了整个德国的两个帝国组成部分，都不纯粹是德意志的，而是在被征服的斯拉夫人土地上建立的殖民地：奥地利是巴伐利亚的殖民地，勃兰登堡是萨克森的殖民地。"[3]

---

[1] 〔英〕巴勒克拉夫主编：《泰晤士世界历史地图集》，毛昭晰等译，第140页。

[2] 〔美〕汤普逊：《中世纪经济社会史（300—1300年）》下册，耿淡如译，商务印书馆1997年版，第102页。

[3] 《马克思恩格斯选集》第四卷，中共中央马克思恩格斯列宁斯大林著作编译局编译，人民出版社1995年版，第729页。

与扩大疆域同样重要或恐怕更重要的，是西欧对整个东欧的渗透及到中世纪末期东西欧之间开始出现某种近代性质的国际分工，这成为西欧资本主义萌芽向资本主义时代过渡的基本条件之一。

西欧的商人早在13世纪就开始来到波兰，但通常认为他们较大规模地进入波兰是在14、15世纪。14世纪初，西欧封建主义进入危机时期，这促使"纽伦堡、德意志和意大利商人转到贸易飞速发展的波兰"。纽伦堡人带来西欧的手工业品，如针、剪刀、小刀、布匹，投资于铅矿、银矿和盐矿。意大利人13世纪就已出现在西里西亚（Silesia）和小波兰（Little Poland），这是一些与佛罗伦萨、阿斯蒂（Asti）、卢卡（Lucca）等地的银行家有关的教皇的收税人。"随着波兰南部到黑海贸易路线的扩展，越来越多的佛罗伦萨人和威尼斯人、热那亚人访问波兰，甚至不断有人在那里定居。"除了贸易，他们投资于盐矿、铅矿。他们还在当地购置房地产。"佛罗伦萨、热那亚和威尼斯商人的流入是15世纪小波兰和俄罗斯西南部经济生活中的一个很重要的因素。"他们向这些地区出口意大利和黎凡特的商品，同时进口当地的胭脂虫红，立陶宛和俄罗斯北部的毛皮、羽毛和蜂蜡。[①]

西欧人从东欧进口的最重要的商品之一应该是粮食。意大利的城市很早就从地中海和黑海各地进口粮食。像热那亚这样的港口城市，与其翻山越岭从内地购买粮食肯定不如从海外运进粮食便宜。到中世纪晚期，西欧从波罗的海地区进口粮食快速增加，客观上造成了这一地区对西欧的某种形式的依附。也就是说，东欧生产粮食和农副产品，西欧生产手工业品的分工趋势开始浮现出来。

西欧的这种贸易态势是内部发展的要求。戴维·尼古拉斯说：13世纪时尼德兰的高速增长依赖于来自英国的原料——羊毛和意大利的市场，但13世纪末和14世纪初，英国和意大利都开始发展自己的呢绒制造业，所以一方面原料来源减少，另一方面在意大利市

---

① 〔英〕波斯坦等编：《剑桥欧洲经济史》第二卷，钟和等译，第468—470页。

场上的赢利也减少了。14世纪里，这种情况在继续。这时又增加一个新的因素：由于城市发展和人口增加，佛兰德自己的农村生产的农产品已无法满足城市的需求。结果一些城市发现，从德意志和法国北部进口粮食更加便宜也更加可靠。①向东欧要粮食和原材料，成为14世纪以后西欧城市发展的一种趋势。向东渗透的这个过程是逐步发展起来的。

首先成为西欧城市的粮食和原材料来源地的是普鲁士。14世纪末的资料表明，普鲁士向西欧的输出品中，先是木材然后是谷物开始增长。英格兰、尼德兰及稍后的葡萄牙对它的产品的需求在增加。15世纪初，英国和荷兰已与普鲁士保持着"紧密的联系"。在这两个国家所需要的商品中，除了木材，文献资料中提到谷物的次数也不断增加。普鲁士的地方贵族为了直接获得向荷兰人和英国人出口谷物的权利，相互间还展开了"血腥的屠杀"。最终，普鲁士的商人，特别是格但斯克的商人取得胜利，主导了这方面的出口权。但由于西欧对粮食的需求不断增加，人们的眼光进一步往东转移："14世纪末期，普鲁士城镇尤其是托伦和格但斯克从波兰进口森林产品和一部分谷物。"15世纪初，波兰与条顿骑士团之间的战争一度破坏了普鲁士的农业，有些年份甚至普鲁士人自己都缺乏粮食，所以"从波兰进口谷物成为不可或缺的补充"。于是普鲁士的经济与波兰的经济逐步联系起来了。到15世纪后半叶，"整个维斯杜拉河（Vistula，也译"维斯瓦河"）盆地都参与了格但斯克与波兰的谷物、木材和其他商品的贸易"。②

有一份研究成果提供了以下数字：1463年，沿维斯杜拉河运到格但斯克港口的谷物不超过690吨，但到1465年上升到5750吨。该研究者还认为这是最保守的估计。另一份研究则指出：1470—1475年，从格但斯克出口的谷物（主要是裸麦）的数字变化与上面

---

① David Nicholas, "Economic Reorientation and Social Change in Fourteenth Century Flanders", *Past & Present*, No. 70, 1976, pp. 28-29.

② 〔英〕波斯坦等编：《剑桥欧洲经济史》第二卷，钟和等译，第484—485页。

讲的类似，但15世纪末显著增加。到哥伦布发现美洲的1492年，这里出口的谷物超过2万吨，虽然这种增加与当地的粮食丰收有关，但也可以看出东欧向西欧输出粮食总的来说在不断增长。不过对波兰来说，15世纪末是它出口的顶峰。由于它自身对原材料的需求也在增长，特别是森林的毁坏和自身需求的增加，于是商人们进一步从波兰以东和以北寻找粮食和原材料，立陶宛和白俄罗斯遂成为波罗的海地区向西欧出口林产品的主要国家。与此同时，西欧输入东欧的商品也开始增长。除了传统的尼德兰和英格兰的布、盐和鲱鱼等，还有香料，它们是从安特卫普或阿姆斯特丹转运过来的。15世纪发生了波兰与立陶宛大公国结盟事件，这种政治形势也有助于东欧加速向西欧输出农副产品和原材料。因为这使"波兰、立陶宛、白俄罗斯和莫斯科的商人获得了一条直接通往西方市场的道路"，而且这正是"白俄罗斯和俄罗斯西北部和中部经济开始以一种前所未有的速度增长"的时候。[①]

总之，这时期，经济和政治条件都有助于强化西欧与东欧的联系。沃勒斯坦曾这样评价这种联系：西欧和东欧"这两个地区，变成了一个更复杂的单一的体系（即欧洲的世界经济体）中互相补充的组成部分。在这个体系中，东欧扮演为正在工业化的西方生产原料的角色……看一下波罗的海贸易的实质就足以证实这一点。从15世纪起，由东欧流入西欧的产品首先是大宗商品（谷物、木材，后来还有羊毛），虽然古老的出口商品毛皮和蜂蜡继续出口。而从西欧流入东欧的是纺织品（奢侈品和中档的都有）、盐、酒、丝绸。到15世纪末，荷兰已经依赖波罗的海的谷物，没有东欧的木材、大麻、沥青、动物脂，荷兰人和英国人的海运事业将不可想象。另一方面，小麦已经成了东欧最重要的出口产品，甚至出口到伊比利亚半岛和意大利。"[②]这就是东欧从15世纪末开始发展的农奴制"第二版"（或

① 〔英〕波斯坦等编：《剑桥欧洲经济史》第二卷，钟和等译，第486—487页。
② 〔美〕沃勒斯坦：《现代世界体系》第一卷，尤来寅等译，高等教育出版社1998年版，第104—105页。

"再版农奴制")的国际背景，也是东欧经济开始逐渐依附于西欧的写照。

三、在地中海东部和北非的扩张

中世纪西欧在地中海东部和北非的扩张，主要表现为往东的十字军运动和市场的扩展。这是对东方的一场掠夺和屠杀，给东地中海各地人民带来了极大的灾难，但西欧人由此在东地中海和北非建立起牢固的殖民据点，极大地扩大了自己的市场，对西欧后来的发展影响深远。

十字军东征

中世纪西欧曾向多个方向发动过多支十字军，其中最重要的是往东的十字军。在这场从 1095 年开始到 1291 年基本结束的十字军运动中，西欧成千上万类似乌合之众的贵族、农民、水手和商人们，响应教皇的号召，抛妻弃子，一次又一次地涌向东方的"圣地"，是什么东西在鼓舞他们这样做？只有从其文化扩张性的角度才能较好地解释这种现象。

1. 八次十字军东征

往东的十字军的缘起，表面上的原因并不复杂。1055 年信奉伊斯兰教的塞尔柱突厥人占领了巴格达，1071 年他们在亚美尼亚境内的曼齐克特（Manzikert）大败拜占庭军队，俘虏了皇帝罗曼努斯（Romanus）四世。同一年他们攻夺被伊斯兰教的法蒂玛王朝（al-Sulalah al-Fatimiyyah）占领的耶路撒冷。信奉伊斯兰教的塞尔柱人（Seljuks）的迅速崛起对拜占庭帝国构成极大的威胁，皇帝迈克尔七世（Michael Ⅶ，1067—1078 年在位）放下身份请求教皇格雷戈里七世（Gregory Ⅶ，1073—1085 年在位）帮助抵抗塞尔柱人。这位刚刚通过教会改革手握大权的教皇认为这是一个使希腊教会与拉丁教会重新合并的好机会，于 1074 年试图组织一支 5 万人的十字军，准备亲自率军前往东方，但由于授职权斗争爆发而使这一计划搁浅。不久，拜占庭皇帝亚历克修斯一世（Alexios I，1081—1118年在位）再次请求时任教皇的乌尔班二世（Ulban Ⅱ，1088—1099年在位）帮助。1095年3月，乌尔班二世在意大利北部召开宗教会议并接见亚历克修斯的特使，答应给予帮助。同年11月，教皇在法国南部城市克莱芒（Clermont）召开宗教会议，参加这次会议的约有200个大主教、主教和修道院院长。乌尔班还叫这些主教和修道院院长们把他们教区的大贵族带到举行会议的地方来，但来自阿维尼翁以外地区的世俗贵族并不多。教皇与众多大主教和主教们讨论有关教会的一些事务后，来到城外广场聚集着的教士和普通民众中，号召他们参加十字军东征。他的演说轰动了整个天主教世界，虽然当场并没有人把他的演说记录存档，后来一些人的回忆有互相冲突之处，但有一点是清楚的：这次布道是事先安排好的。乌尔班二世不仅想帮助拜占庭，还想解放耶路撒冷。他强调东方基督教徒的不幸，要求西方基督教徒为了向异教徒作战和拯救东方兄弟而停止自相残杀，忘记相互之间的仇恨，联合起来共同参加收复圣地的战争。听讲的人群情绪沸腾，高喊"上帝所愿"，响应他的号召。次年初，第一次东征的十字军（Crusade）从欧洲出发。这些十字军都在双肩之间缝上一个布十字架，作为标志，人们称之为十字军徽章。①

　　参加十字军的人中，就法国而言，不仅有许多普通百姓，如农民、城镇居民，还有妇女、儿童和老弱病残之人。1096年最先到达君士坦丁堡的就是这些"群众十字军"，这些类似于乌合之众的军队有许多死在路上，在渡过博斯普鲁斯海峡时几乎被塞尔柱人全部歼灭，只有少数人活着回来。1097年初主要由骑士组成的部队来到

---

①　David Luscombe et al. eds., *The New Cambridge Medieval History*, Vol. 4, Part 1, p. 534；〔法〕莫里松：《十字军东征》，冯棠译，商务印书馆2000年版，第16—17页。下面关于历次十字军的叙述，除专门注明外，主要参考〔美〕朱迪斯·M. 本内特等《欧洲中世纪史》，杨宁等译，第242—252页。

君士坦丁堡集合，大概有 2.5 万到 3 万人（也有的说有 10 万人），这在当时是一支庞大的队伍。1099 年十字军攻下耶路撒冷。一位基督徒曾这样写下这些十字军战士在攻占耶路撒冷时的暴行："如果你正好在那儿，尸体里流出的血可以淹没你的膝盖。还要我多说什么呢？没有一个人活下来。他们连女人和小孩都不放过。"有几千人留在那里，筑起高大的城堡（有的城堡保存至今，成为旅游胜地），其他的人回到家乡受到英雄般的欢迎。留在那里的十字军在地中海东岸一条狭长的土地上建立了四个小国家：埃德萨（Edessa）伯国、安条克（Antioch）公国、的黎波里（Tripoli）伯国和耶路撒冷王国。

在东方的这些十字军战士很快就腐化堕落，他们的横征暴敛激起当地居民的反抗，穆斯林着手逐步收复失地，欧洲于是兴起新一轮的十字军热潮。1147—1148 年间法国国王路易七世和神圣罗马帝国皇帝康拉德三世领导了第二次十字军东征。这次十字军损兵折将，没有什么收获。该世纪下半叶，埃及强盛起来，国王萨拉丁·尤素夫（Salah al-din Yusuf，1137—1193，习称"萨拉丁大帝"）轻而易举地收复了被十字军占领的大部分地方，并重新占领耶路撒冷。这一失败在西欧又点燃了远征的激情，1189—1193 年他们发起第三次十字军。这次十字军有点虎头蛇尾：开始时，欧洲中世纪三个显赫的君主神圣罗马帝国皇帝腓特烈·巴巴罗萨（Frederick Barbarossa，1152—1190 年在位）、法国国王菲利普二世（Philip II of Augustus，1180—1223 年在位）、英格兰国王狮心王理查一世（Richard I，the Lion-Hearted，1189—1199 年在位）亲自带兵前往。但不久腓特烈溺水而亡，他的军队大都回国去了；菲利普二世因与理查意见不合，也掉头回国；理查孤军奋战，虽重新夺回不少土地，但没能攻克耶路撒冷。在回国的路上，理查落入神圣罗马帝国新就职的皇帝之手，英格兰人支付了 10 万英镑赎金才把他赎回来。

中世纪最强大的教皇英诺森三世（Innocent III，1198—1216 年在位）在 1201—1204 年发动了第四次十字军。率领这次十字军的不是各国国王，而是各地领主。这次十字军最让人想象不到的是他们没有到圣地去打仗，而是洗劫拜占庭帝国首都君士坦丁堡。这些本来应该往东地中海去的十字军滞留在君士坦丁堡期间，趁这个帝国发生继承人纷争的机会，一举攻下这座金碧辉煌的城市，在城内烧杀抢劫和奸淫长达三天。领导这次十字军的佛兰德伯爵鲍德温九世（Baldwin Ⅸ）在这里成立拉丁帝国，自己做了皇帝。拜占庭帝国的残存人马被迫龟缩到北部的尼西亚（Nicaea），开始漫长的恢复故土的战争，直到 1261 年才收回这座名城，这是后话。吉本在著名的《罗马帝国衰亡史》中有一段话描述了这座名城的大教堂受劫的情况：

> ……已无人的教堂正在遭受着拉丁人出于派别的仇恨的亵渎。在把上面的珠宝全辦下以后，他们把圣餐杯当酒杯使用；他们用以大吃大喝和赌钱的桌子上铺满了耶稣和圣徒的画像；用于基督教礼仪的一些最神圣的物件也被他们任意用脚践踏。在圣索菲亚大教堂，为要得到上面的金穗，至圣所的大幔帐被撕扯下来；那里的堪称艺术精华的贵重的祭坛，也被砸成碎块，大伙分掉了。他们的骡马全满载着他们从门上和讲坛上扒下来的银制工艺品和镀金的雕刻；如果这些牲口因超载摔倒，毛躁的赶马人就会一刀刺死它们……①

此后，在 13 世纪里还有多次十字军东征。1212 年还出现了一次所谓的儿童十字军（不包括在通常认为重要的八次十字军东征之内），其依据是大人已经受到污染，不可救药，只有儿童是纯洁的，他们有可能收复主的领土。几千个男孩女孩漫无组织地聚集到南欧各个港口，他们相信地中海会干涸，可以走到圣地去。结果许多人

---

① 〔英〕爱德华·吉本：《罗马帝国衰亡史》下册，黄宜思等译，商务印书馆 1997 年版，第 523 页。

死于途中和海上，有的被卖为奴隶，也有的回了家（有的史学家对所谓的"儿童十字军"是否真正发生过存在疑问，因为它缺乏史料证据）。1217—1221 年发生了第五次十字军。第六次十字军发生在1228—1229 年，由神圣罗马帝国皇帝腓特烈二世率领（Frederick Ⅱ，1215—1250 年在位）。他未动干戈，与穆斯林签订协议，再次获得耶路撒冷。第七次十字军（1248—1254）和第八次十字军（1270），是法国国王路易九世（Louis Ⅸ，1226—1270 年在位，死后被教会赐为"圣"，称圣路易）领导的，进军目的地分别是埃及和突尼斯，但均遭失败：前一次他被埃及人捕获，法国政府花了许多金银才把他赎出来，在后一次征战中路易死于瘟疫。

从表面上看，西方人花费极大精力的往东的十字军似乎毫无"建树"。1291 年，他们失去在那里的最后一个据点阿卡，往东的十字军实际上划上了一个句号。虽然 14 世纪西欧人还组织过一些不成规模的往东的十字军，但未取得什么像样的成就。尽管如此，长期以来人们还是对十字军，主要是对往东的十字军，怀有极大的兴趣和若干迷惑：究竟是什么促使西方人在如此长的时间内保持那样一种热情，冒着如此之大的风险和代价来做这样一件似乎没有什么结果的事业？

2. 十字军东征的深层原因和后果

十字军的兴起，表面上看是由于在面临塞尔柱突厥人的威胁下，拜占庭皇帝向教皇求救而引发的。但就持续近 200 年的十字军运动本身来看，这至多不过是发起这场运动的一个借口罢了。我国的一些论述曾一度强调经济和政治动因，即在封建化完成后欧洲社会充满大量不安分的力量，西欧封建统治阶级急于把这些人引向东方，这样既有利于西欧内部的和平，又为这些不安分的力量找到一个发财的场所和机会，即所谓使祸水东流，客观上还有助于扩大基督教的地盘和影响。改革开放以来，有的学者开始强调宗教因素在其中的作用，高福进在 1994 年发表的文章在这方面有一定代表性。当然，强调宗教因素，是对过去认识的一种补充，不是对其加以否定，该文也说道："许多十字军战士不仅仅出于信仰和虔诚目的，而且还受着教会诱惑性的许诺的吸引，因而征服圣地的兴趣和决心也不是单纯地表现在一个方面（如朝圣）。"[①]

西方学者一般认为十字军是众多原因共同作用的结果。本内特他们提出："十字军远征聚合了当时的三大时代热潮：宗教、战争和贪欲。这三者缺一不可。如果没有基督教的理想主义，那就根本不会有十字军；然而，从异教徒手中解放耶路撒冷，使其重新对基督教朝圣者安全开放的梦想，若没有新土地上滚滚财富的诱惑，也不会如此诱人。"所以，十字军一方面是为了"效忠上帝"，另一方面是为了"大发横财"。[②]奥尼尔认为："许多因素聚集在一起创造了政治、社会、宗教和经济的环境，促使'十字军精神'在整个欧洲生根和传播。虽然十字军的激情周期性地冷却，但它在对发生在中东的事件作出反应时就会复活。"[③]作为神学家的威利斯顿·沃尔克写的《基督教会史》也持类似意见。他说："十字军战士无疑受对冒险的酷爱、对掠夺的热望、对扩张领土的渴求以及宗教上的仇视等世俗刺激的推动。但如果我们不同样明白地承认他们自认为自己所做的一切对他们的灵魂和基督都具有头等重要的意义，那我们就冤枉他们了。"他还分析说，强调经济影响的历史学家会看到970—1040年间约有48年是荒年，1085—1095年的情况甚至更坏，"人民普遍处境悲惨，社会一片动乱"。在这种情况下，"整个11世纪是宗教感情日益深刻的时期"，表现为隐修和禁欲，有强烈的"修来世"的意识，认为今生不幸，但可追求天堂至福。这种情感成为支持教会改革的重要力量，激励着教皇与皇帝作斗争。他还强调：教会改革运动搞得"最出色，同主张改革的教皇关系最密切的地区，如法国、洛林和意大利南部，也是征募十字军战士的主要地区。这一时代的虔诚信徒完全相信圣徒遗物和朝觐具有重大价值。"自君

---

①　高福进："试论第一次十字军东征的宗教原因"，《世界历史》1994年第2期，第47页。

②　〔美〕朱迪斯·M.本内特等：《欧洲中世纪史》，杨宁等译，第243页。

③　Michael J. O'Neal, *The Crusades: Almanac*, Detroit , New York etc. : UXL, 2004, p. 48.

士坦丁时代以来，耶稣的降生地一直是基督教徒朝觐的目的地。11世纪里，朝觐的人"超过以往任何时候"，但1071年后由于小亚细亚大部分地区落入塞尔柱土耳其人之手，圣地遭到"亵渎"，朝觐活动难以进行，这激起了西欧基督徒的宗教热情。1060—1090年诺曼人从穆斯林手中夺回西西里，伊比利亚半岛上的列康吉斯达"再征服"初见成效，这些都使"基督教能够驱逐伊斯兰教"这种情绪相当普遍地传播开来。[①]还有一些辅助性的因素也起过相当大的作用，如莫里松所提及的由于西方人信息不灵通，加上拜占庭大使大肆加以渲染，此外还有不少西方往东的朝圣者"陷于困境"的故事，这些都"构成了号召十字军东征的主要论据"。[②]可见，对像十字军这样一场持续近200年的运动，绝非一时心血来潮的产物，实际上，它的起因与后来的地理大发现有类似之处，强调其中任何一两种因素都是错误的。

我认为，当时西欧教会有能力在各地进行宣传并得到社会各阶层的响应，还有能力把表面上看来四分五裂的力量组织起来，使各阶层围绕一个目标奔向遥远的东方，这才是十字军发生的一个非常独特的原因，典型地体现了西欧中世纪文明的特色。对中世纪西方的贵族来说，特别是对那些因长子继承制而被剥夺继承权的非长子来说，抢劫发财的愿望什么时候都有，但主要只是在十字军运动中，及在后来的地理大发现的潮流中，他们才找到了往西欧以外地区抢劫发财的机会，所以抢劫是十字军的主要动因，但决非最主要的动因。总之，一方面是社会确实存在许多不安定因素，需要获取额外财富来转移这批人的骚乱，使祸水外流；但另一方面，教皇有这种力量和这种组织能力，还有那么多本来应该是势不两立的贵族和农民（一般而言，他们并非生活没有着落，因为封建化已经完成，新的生产关系开始建立起来，经过长期动乱后，大部分人的生活都已逐渐安

---

① 〔美〕威利斯顿·沃尔克：《基督教会史》，孙善玲等译，中国社会科学出版社1992年版，第277、276—277页。

② 〔法〕莫里松：《十字军东征》，冯棠译，第16页。

顿下来，否则新的生产关系的优越性就没有了）都乐于接受教皇的号召，为了一个共同的目标联合行动，这才是十字军的根本原因。对于西方文化的这种扩张本性，即把某种信念作为向外扩张的共同精神动力的习性，我们应有充分的估计。

关于十字军造成的后果，同样是一个很难达成共识的话题。初看之下，十字军发动者没有达到什么结果，除了造成双方大量伤亡和流血，可以说这是一场失败的征服战争。因为它"完全毁了拜占庭帝国"，造成第一次十字军的阿列克修斯本人也对自己在"1095年向西方求助追悔莫及"；而且这场延续几百年的战争"反倒加强了穆斯林在中东地区的势力"。但这场运动使西欧的政治势力暂时扩展到中东，同时它还在一定时间内强化了教皇的力量。①总的说来，十字军运动的后果是多方面的，历史学家关注更多的还是那些战争发动者预见不到的客观后果：

（1）十字军对东地中海穆斯林造成了极大的伤害和惨痛的记忆，其所造成的破坏和直接伤害比较容易为岁月的流逝所抹平，但记忆却是永恒的。直至今天，这两大宗教的信徒对这场战争仍记忆犹新，成为当今世界政治的一个特色。本·拉登于1998年宣布第一场"圣战"时，就指责美国向伊斯兰世界发起了一场十字军战争。后来在公布的一份录像中，他发誓要在世人面前重现撒拉丁的形象：手提利剑，异教徒的鲜血从剑锋滴滴下落的那种情景。"9·11"事件发生后，时任美国总统的布什告诉美国人民："这场反恐十字军战争是要花时间的。"后来白宫辟谣说这是口误，实际上不管是有意识还是无意识，都说明关于十字军的记忆在当代这两大宗教的许多信徒中根深蒂固。华盛顿美国大学伊斯兰研究中心主任阿卡巴·阿赫迈德说："十字军东征给我们创造了一个至今挥之不去的历史记忆，一个欧洲长期进攻的记忆。"②

---

① 〔美〕朱迪斯·M.本内特等：《欧洲中世纪史》，杨宁等译，第252页。

② 姜南："布什口误与十字军东征"，http://www.china.com.cn/chinese/WISI/219310. htm，原载《中国青年报》2002年10月21日。

（2）十字军东侵使西欧商人，特别是使意大利商人在一定程度上控制了地中海上的贸易，欧洲的商业及与之相关的产业和技巧发生重要变化，由此又促进了欧洲城市的发展和繁荣，造成有利于产生资本主义萌芽的条件。

（3）十字军东侵客观上使东西方经济文化交流增多，在一定程度上刺激了西方的文艺复兴。特别值得一提的是：十字军使西欧那些蛮族出身的贵族第一次见到了东方高度发达的农业文明，东方的富有和繁荣引发他们了解、学习、模仿和掠夺东方人的欲望。阿拉伯数字、代数、航海罗盘、火药和纸，大体上都是在这个时期传到西欧的，以马可·波罗为代表的一批西方人还因此而先后来到中国。这些都是人类文化交流史上前所未有的事业。

当然，这样讲恐怕有为十字军这种血腥的征服战争涂脂抹粉之嫌，因为即使没有十字军东征，东西方的交流也会增加，而且谁也无法确定对当时来说到底是战争还是和平更有利于交流。从当代看，当然是和平更有利于交流，那么古代是不是也这样呢？有学者指出：当时塞尔柱人已经造成了阿拉伯和拜占庭帝国的大动荡，从纯贸易的关系看，"意大利在地中海沿岸的优势早在1099年以前就已确立。"[①]也就是说，东西方贸易关系的强化不能归功于十字军。

但有两点客观后果是可以肯定的。一是这场运动保证了基督徒在地中海上的某种优势，这对他们以后的发展关系重大。福西耶说道："到1150年，当然也可以说到1200年，阻碍欧洲经济发展的双重束缚已松动了——穆斯林的海上掠夺不复发生，拜占庭的征税也消失了……地中海的征服对欧洲的发展至关重要，现在必须对此事实作进一步的研究。"[②]二是欧洲进行了第一次较大规模的殖民试验，取得了诸多殖民经验。汤普逊早已指出："从经济社会史的观点看来，十字军的利益和重要性，在于它是欧洲国家第一次向欧洲境外的扩

---

① 〔法〕德尼兹·加亚尔等：《欧洲史》，蔡鸿滨等译，海南出版社2000年版，第241页。
② 〔法〕福西耶主编：《剑桥插图中世纪史（950—1250年）》，李增洪等译，第261页。

展,是欧洲人在外国土地上和外国人民中最早一次向外殖民的试验,也是一次又庞大又复杂的商业冒险行动。关于这些方面,十字军在欧洲史上引入了一个新的运动。后来在地理大发现时期及其后,即在16、17、18和19世纪中,欧洲更大规模的殖民和商业的海外扩张,只不过是跟着十字军开始的运动之延续。"[1] 勒高夫也持有类似见解。他说:"在巴勒斯坦短暂的十字军统治时期,是欧洲殖民主义的最早范例,并且作为一个先例,对历史学家来说,它们充满了教训。"[2] 换言之,十字军运动对西方人来说是一次全面的殖民训练,这种训练不是几年或几十年,而是几百年,这为后来在全世界殖民经商提供了经验,包括他们在无力征服的城市建立租界的实践,都是在这时期形成的。某种意义上,以上两点可看成是十字军运动的最重要的后果。

向北非的扩张和渗透

在本章第一节中,我们已经讲到西欧人在东地中海(包括黑海)和北非扩张的一些情况,14世纪时他们在地中海和黑海的势力达到顶峰。随着土耳其的崛起、拜占庭势力的收缩和14世纪中期黑死病的折磨,他们在东方的影响开始收缩,1453年土耳其占领君士坦丁堡后则迅速下降。与此同时,为弥补在东地中海的损失,他们在北非的扩张和渗透渐渐加强起来。如同在东欧一样,中世纪后期西欧与北非之间初步形成了某种不平等的分工体系。

西欧商人关注北非,与他们对贵金属的需求特别有关。随着十字军东征和商业革命而来的,是贵金属的东流,加上工商业发展本身对货币的需求也在增加,欧洲货币材料短缺成为一个大问题,所以非洲的黄金生产格外受到欧洲人的关注。14世纪里,欧洲本身贵

---

[1] 〔美〕汤普逊:《中世纪经济社会史(300—1300年)》上册,耿淡如译,商务印书馆1997年版,第491页。

[2] 〔法〕勒高夫:《中世纪文明(400—1500年)》,徐家玲译,格致出版社2011年版,第68页。

金属的产量虽然有了增加，主要是在匈牙利，但消费增长和流往东方的速度更快，所以欧洲商人希望从非洲得到更多的黄金供应。他们从非洲获得黄金的方式多种多样。

一种是正常的贸易，有的贸易是通过西班牙进行的。西班牙的基督徒从 10 世纪末就已开始从非洲获取黄金。到 13 世纪这种贸易达到相当大的规模：同突尼斯和贝贾亚（Bejaia）的贸易，每年大概能分别给基督教徒带来 2 万—6 万和 1.2 万—2.4 万第纳尔的黄金。1377 年热那亚进口了价值 6.8 万第纳尔的黄金，大多是从西班牙运过来的。75 年后热那亚从同一渠道每年大约进口 4.5 万杜卡特黄金。在 15 世纪，加泰罗尼亚向马格里布的出口总值每年约为 40 万—50 万第纳尔，巴塞罗那每年收入约为 12 万第纳尔。

第二种是通过向非洲各地方政权提供某种"虚幻的保护"而获得贡赋，用黄金缴纳。早在 12 世纪，突尼斯国王就曾每年向西西里交纳 3.3 万拜占庭金币的"保护费"。14 世纪时伊弗里基亚曾重新纳贡，但数额不大，约 2 万第纳尔，而且是不定期的。1309 年为争取阿拉贡的支持，摩洛哥花费了 7 千第纳尔。格拉纳达每年转送给卡斯蒂利亚 1 万—4 万第纳尔（包括卡斯蒂利亚人通过军事胜利而强征的贡赋）。这一数额在 15 世纪有所下降，可能是因为格拉纳达所持有的黄金减少所致。

西欧人从非洲取得黄金的第三种办法，是向非洲或格拉纳达的政府出租舰队或军队。如 1313 年特莱姆森（Tlemcen）向阿拉贡租用 6 艘军舰，租金一年共 3.5 万第纳尔。1377 年，阿拉贡国王向格拉纳达提供带弓箭手的舰只，每月收租金 900 第纳尔。有人估计，从 13 世纪末起，阿拉贡国王以各种类似手段获得的这种收入超过王室岁入的 10%。[①]

最后一种方法是深入撒哈拉以南地区，直接获取黄金。这发生在较后的时期，因为要进入撒哈拉以南地区，首先得了解它的道

---

① 以上参考〔塞内加尔〕D. T. 尼昂主编：《非洲通史》第四卷，胡燕等译，中国对外翻译出版公司 1992 年版，第 529、531、532 页。

路。14 世纪时，欧洲人对非洲有了更多的了解。有些人根据一度统治西班牙的阿拉伯人的资料绘制出一幅幅关于非洲的地图，可以看出北回归线以北的非洲形状已经"绘制得相当精确"。1339 年安杰利诺·杜塞尔特（Angelino Dulcert）绘制的一幅地图使基督徒知道非洲确实有一个盛产黄金的地方。1375 年，加泰罗尼亚的犹太人克雷斯奎父子（Cresques）绘制出当时欧洲最完备也是最准确的世界海图——"加塔兰地图"（Catalan Atlas），它标明经过特莱姆森可以到达"黑人之乡"，即到达撒哈拉以南非洲黑人居住区。有人开始寻找这条通往黑人之乡的道路。但这方面有历史记载的最早尝试是 1447 年，这一年热那亚人安东尼奥·马尔凡特作了这种尝试，但没有任何结果。不过，这时期葡萄牙人在西非海岸的探险活动已经越过撒哈拉沙漠，来到沙漠以南地区，"黄金和从非洲内地掳掠来的奴隶"已成为这时期非洲向欧洲商人提供的最主要的商品。[①]

对非洲黄金的需求带动了非洲的黄金生产。先是北非沿海港口感到这种需求，然后是横穿撒哈拉的商路的南端即西苏丹的黄金集散地也感受到了。15 世纪上半叶和中叶葡萄牙人沿非洲西海岸南下来到撒哈拉后，这些黄金集散地也作出响应。有学者说：对黄金的增长的要求使西苏丹的经济活动极大地增加了，"来自尼日尔河上游的说曼德语（Mande）的商人采取了有力措施，企图使与南方产金区的贸易结构合理化"。后来，葡萄牙人发现在埃尔米纳（Elmina）地区的曼德商人渴望用奴隶交换葡萄牙人手中的火器，但教皇塞克斯塔斯四世（Sextus IV，1471—1484 在位）禁止这种买卖，因为担心这有助于加强穆斯林的力量。[②]

从以上欧洲人从非洲获得黄金的方式可以看出，中世纪后期非洲北部经济开始渐渐依附于欧洲，但对这种情况大多数北非的统

---

① 〔塞内加尔〕D. T. 尼昂主编：《非洲通史》第四卷，胡燕等译，第 523—524、529 页。

② Ivor Wilks, "A Medieval Trade-Route from the Niger to the Gulf of Guinea", *The Journal of African History*, Vol. 3, No. 2, 1962, pp. 337, 339.

治者都不以为然，因为经济上对他们有利，如对欧洲进口的货物征收 10% 的关税一项，就是一笔不菲的收入，有助于暂时维护统治。摩洛哥的马林王朝（Marinid Dynasty）仅同加泰罗尼亚一地的贸易，每年收入就有 6 000 第纳尔。15 世纪时突尼斯的哈夫斯王朝（Hafsid Dynasty）海关年收入约为 15 万第纳尔，即使减去为保护道路畅通而租用西欧的舰队或军队等的支出，其收入仍相当可观。①

欧洲对北非的渗透与欧洲城市间的竞争性体制有关，即各城市都致力于扩大市场和影响，许多城市在非洲各显神通，以获取最大利益。这当中，特别是热那亚与威尼斯的竞争最为突出。中世纪后期，威尼斯商人在与黎凡特的贸易中占有优势，他们在埃及和叙利亚购买来自亚洲的香料，运到欧洲高价出售。为了保持高利润，他们不愿进口太多的香料。在 15 世纪里，他们也向的黎波里和突尼斯出口玻璃制品、纺织品、铜和珊瑚，换回黄金。此外，他们还垄断着与东方（包括塞浦路斯和克里特）的糖的贸易，所以对非洲不是很感兴趣。但热那亚人与威尼斯人不同。他们实行薄利多销的策略，以便扩大销售量。他们还把船只租给穆斯林，用于在西班牙和埃及之间的运输。加泰罗尼亚人也这样做，但热那亚人租出的时间更长，规模更大。也就是说，非洲对热那亚人比对威尼斯人要重要得多，这种情况在君士坦丁堡被奥斯曼人攻占后显得更为迫切了，因为热那亚人失去了在那里的殖民地。当然，从 12 世纪以来，在非洲从事贸易和扩张的绝非热那亚一个城市，而是有一批城市。下面两幅图说明中世纪欧洲对非洲黄金的渴求情况及非洲对西欧商人的依赖；从欧洲城市与非洲城市签署的那么多的条约中，还可以看出欧洲各城市间的竞争与活力。②

---

① 〔塞内加尔〕D. T. 尼昂主编：《非洲通史》第四卷，胡燕等译，第 532 页。
② 〔塞内加尔〕D. T. 尼昂主编：《非洲通史》第四卷，胡燕等译，第 528 页。下面两个图分别见该书第 527、526 页，但经核对英文版原书，略有改动。

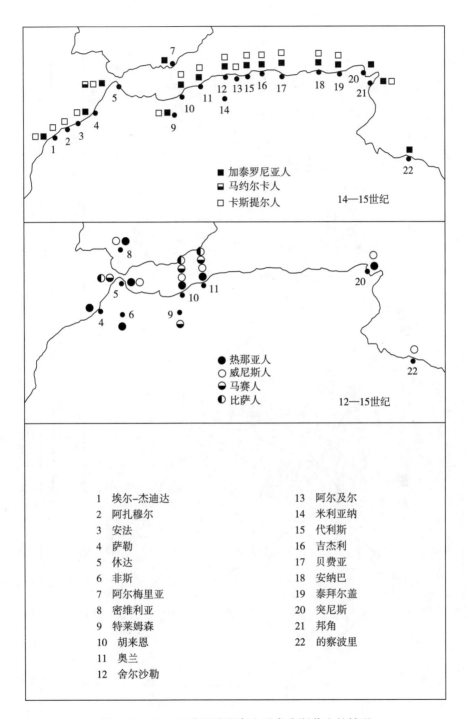

图 2-1 12—15 世纪欧洲商人寻求非洲黄金的情况

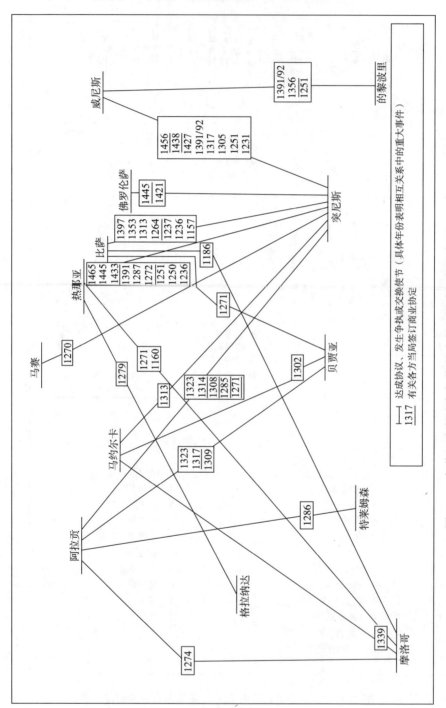

图 2-2 中世纪欧洲城市与非洲城市之间签订各种条约的情况

威尼斯

1391/92
1356
1251

的黎波里

1456
1438
1427
1391/92
1317
1305
1251
1231

佛罗伦萨

1445
1421

比萨

1397
1353
1313
1264
1237
1157

热那亚

1465
1445
1433
1391
1287
1272
1251
1250
1236

突尼斯

1186

马赛

1270

1271

1279

1271
1160

贝贾亚

1302

1313

1323
1314
1308
1285
1271

马约尔卡

1323
1317
1309

1271

阿拉贡

特莱姆森

1286

格拉纳达

1339

摩洛哥

1274

—— 达成协议、发生争执或交换使节（具体年份表明相互关系中的重大事件）

有关各方当局签订商业协定

——
1317

15世纪中后期，随着葡萄牙人从非洲撒哈拉以南地区获取奴隶，加上中世纪长期存在的从非洲内陆通过北非向欧洲输出的奴隶，奴隶贸易量增加很快，这种贸易与未来的三角贸易有十分相像之处，即都是欧洲输出手工业品，而非洲输出奴隶和原材料。

在西欧资本主义刚刚萌发之际，它的剥削和殖民对象还不是遥远的世界，而是离它最近因而也是它最熟悉的地方，特别是东欧和北非。

四、在大西洋上的扩张

进入大西洋，建立"大西洋地中海"（Atlantic Mediterranean）是中世纪后期西欧对外扩张殖民的重要建树，其对西欧未来发展的意义可能远远超过在东欧、黎凡特和北非的活动。所谓大西洋地中海，大体上指非洲西海岸、英吉利海峡两岸和非洲大西洋上的几个群岛——加那利、马德拉、亚速尔和佛得角群岛——之间的海面。西方有学者认为中世纪后期在这个范围内发展起来的贸易往来，等于开辟了又一个地中海，或者说是地中海贸易圈的延伸和放大，对西欧人通过海路向美洲和亚洲的扩张意义重大。

四大群岛的发现

大西洋上四个群岛，即加那利、马德拉、亚速尔和佛得角群岛的先后发现与殖民，是发现美洲的前奏和准备。从地图上可以看出，亚速尔群岛离美洲最近，它大体就处在西欧大陆西南端到美洲2/5航程的洋面上，也就是说，到了亚速尔群岛就等于从欧洲到美洲走了约2/5的路程。

四大群岛中欧洲人最早发现的是加那利群岛（Canary Islands），这个群岛古代就已为人所知，罗马人称之为幸运群岛。但中世纪的欧洲人重新发现它主要是14世纪的事情。要找到这个群岛，首先要具备走出直布罗陀海峡进入大西洋的能力。1291年，即十字军在东方失去最后一个据点阿卡的那一年，热那亚人维瓦尔第（Vivaldi）兄弟驾着两条船驶过古希腊人所说的赫拉克勒斯之柱（Pillars of Pillars of Hercules，即直布罗陀海峡）进入大西洋。文献留下了少数几个有关人员的名字，其中有一个出资人叫多利阿（Doria）。其目的是想通过大西洋到印度去，与后来哥伦布或迪亚士或达·伽马的目的基本上是一样的，但此后他们不知所终。当时还不具备进行这种探险的条件。尽管如此，还是不断有人跃跃欲试。加泰罗尼亚人和卡斯蒂利亚人收复马略卡（Majorca）岛后，就开始巩固与马格里布（Maghreb）最西端的特雷姆森的联系。上面讲到，1339年，马略卡人安杰利诺·杜塞尔特绘制的一幅地图表明：在撒哈拉的那一头，在一条河（即尼日尔河）的两岸，住着一个国王——马里之王（king of Mali 或 Rex Melli），那里盛产黄金。七年后，即在1346年8月10日，马略卡人豪梅·法雷尔（Jaume Ferrer）起锚驶出直布罗陀海峡，沿非洲西海岸南下，寻找这条可以得到黄金的水道，但同样不知所终。不过有人说他成功地通过了博哈多尔角，可能到达了塞内加尔或尼日尔河。① 加那利群岛及其他几个群岛的发现都是这样一种海上探险风气的产物。

加那利群岛，是西方人具有近代性质的第一个海外殖民地。它共有7 273平方公里，分布在东西400公里长南北200公里宽的洋面上。有人认为它是1312年热那亚人兰塞罗托·马罗塞洛（Lancellotto Malocello）重新发现的。它的一些岛屿最早出现在1339年安杰利诺·杜塞尔特的地图上。但也有人认为加那利群岛是在1341—1342年间发现的，这期间葡萄牙人和加泰罗尼亚人的两支探险队在这里会师。几年后，葡萄牙人、马略卡人、法兰西人、卡斯蒂利亚人、英格兰人、热那亚人和那不勒斯人都使用了这片所知甚少的水面。1344年路易斯·德·拉·塞尔达（Don Luis de la Cerda）代表卡斯蒂利亚第一次宣布拥有这个群岛。

---

① Pierre Chaunu, *European Expansion in the Later Middle Ages*, Amsterdam: North-Holland, 1979, pp. 82, 83-84. 下面另外三个群岛的发现，均参考该书第105—106、125页。

马德拉群岛（Madeira Islands）是四个群岛中最小的。该群岛中最大的马德拉岛有 800 平方公里，与其相比保卫着它的东面入口的几个小岛可以略而不计。欧洲人第一次碰到（严格地讲不是"发现"）这个群岛是在 13 世纪末。

亚速尔群岛（Azores）是四个群岛中最西边和最北边的，面积 4 000 平方公里，处在长 600 公里、宽 375 公里的一个长方形海面上，离葡萄牙西海岸约 1 800 公里。它们最初为人所知的时间大体上与加那利同时。有人认为阿方索四世（Alfonso Ⅳ）约在 1335 年和 1341 年派往加那利的远征队是最早看到它们的人，[①] 即它们是偶然被发现的。现存 1351 年的一幅地图已经有了它的一些岛屿的名字。肖努说，加那利群岛和亚速尔群岛几乎是同时发现的，这一事实在历史上很有意义，"它是海洋航行诞生的一种标志：最终海员们从沿着某条海岸线航行的习惯中解放出来了，现在他们敢于几个星期连续向着海洋上的一个点前进。"沿直线航行，从亚速尔的最西端到加那利的最东端，有 2 200 公里，整片洋面约有 200 万平方公里（肖努最初提出"大西洋地中海"时，指的就是这片水域）。结果是在 1320—1350 年间，西方基督徒所支配的水空间增加了三分之二个地中海。

四个群岛中，最晚发现的是佛得角群岛（Cape Verde Islands），这个群岛的某些岛屿最初是在葡萄牙的亨利王子在沿西非海岸往南探险的过程中发现的，发现者主要是意大利人安东尼奥·达·诺利（Antonio da Noli）和葡萄牙人迪奥戈·戈麦斯（Diogo Gomes），时间大概在 1458—1462 年间。也有一种说法是 1456 年威尼斯人卡达莫斯托（Alvise Cadamosto，1432—1488）发现了这个群岛的一些岛屿。这一发现把"大西洋地中海"扩展至热带地区。

葡萄牙人在非洲大西洋沿岸的探险

15 世纪上半叶，欧洲人开始把西非海岸纳入自己的活动范围。

---

① 也有人认为是在 1427 年发现的。见〔葡〕雅依梅·科尔特桑：《葡萄牙的发现》第二卷，王华峰等译，中国对外翻译出版公司 1997 年版，第 392 页。

这是从1415年或1419年开始的。1415年，葡萄牙国王若奥一世（João I，1385—1433年在位，"若奥"或译为"茹安""若昂"等，英语称为约翰一世）率军渡过直布罗陀海峡，占领北非的休达（Ceuta）城，通常认为这是中世纪晚期欧洲人往非洲扩张的开端，因为休达从此成为葡萄牙在非洲扩张的基地。

领导葡萄牙人往非洲西海岸探险和殖民的是葡萄牙国王若奥一世的第三个儿子，叫亨利（Henry，1394—1460，葡萄牙语为"恩里克"〔Henrique〕）。亨利参加了占领休达的战争，不久后他来到葡萄牙最南端的阿尔加维（Algarve）省担任总督，并大约从1419年或1420年起派出船队沿非洲西海岸南下探险。由于大风把船队吹离了航向，他的探险队发现了今马德拉群岛的一个岛屿。亨利随后宣布马德拉群岛归葡萄牙所有，并开始向马德拉群岛殖民。在随后的年代里，亨利不断派出船队，有的沿非洲西海岸南下，另一些则离开海岸向西南海洋深处航行，为的是发现更多的岛屿。马德拉的殖民点成了葡萄牙人远航探险的基地，探险的船队可以在这里落脚，获得粮食、淡水等物质供应，还可以修理船只。亨利王子1460年去世时，他的船队大约沿非洲西海岸走了4 000公里的航程，来到了塞拉利昂。这时期探险的规模都很小，每次探险一般是一艘船，两艘船的时候都很少。但其可贵之处是持续进行和实行一种有科学目的的考察，他要求船队把"新发现地区的地理概况和资源情况一一记录下来"。[①]

这时期在葡萄牙人的探险中，有几件重要的事情。一件是1434年越过博哈多尔角（Cape Bojador）。博哈多尔角在西撒哈拉约北纬26度的地方，15世纪初欧洲人画的非洲地图，只画到博哈多尔角以北为止，该角往南就是一片空白。在当时欧洲人的传说中，这是一个可怕的地方。亨利的同时代人，也是他的事业的歌颂者祖拉拉（Zurara）在《几内亚业绩编年史》中说，绕过博哈多尔角的命令给海员们带来巨大恐慌，因为"绕过了博哈多尔角之后，那里既

---

① 〔葡〕J. H. 萨拉依瓦：《葡萄牙简史》，李均报等译，澳门文化司署与花山文艺出版社1994年版，第128页。

没有人也没有任何村落；土地像利比亚的沙漠一样荒凉，那里没有水、没有树，也没有绿草；海面非常低，从地面上可以看到海深不过一个测量索的长度——2.2 米。海流是那样湍急，以致从这里通过的船只再也不能回来了。"甚至到了 16 世纪，船只经过这个海角时海员们依然需要加倍小心，因为加那利群岛的海流在那里猛烈地冲击着向南航行的帆船。葡萄牙 16 世纪初的一份航海教程中还这样说："需要在博哈多尔角以外 8 里格的海面上航行，而不应走别的路，因为博哈多尔角处非常危险，从这个海角向外有一个 4—5 里格宽、布满石块的大浅滩。由于事先不知道，已经在那里损失了一些帆船。"可见，越过博哈多尔角，也就是越过中世纪困扰着西欧人的最大的地理和心理障碍。此后，他们沿非洲西海岸往南的航行面临的困难可能更多、更大，但在心理上，他们开始树立能够在任何海洋上航行的观念。第二件重要的事情，是从 1441 年起，葡萄牙开始从撒哈拉以南非洲掠夺奴隶，并运往欧洲贩卖，黑奴成了葡萄牙人在非洲西海岸活动的重要刺激因素，他们的探险活动也开始变得有利可图起来。第三件事，是 1436 年葡萄牙建立了经西非沿海与西非内地黄金市场的直接联系。这一年，巴尔达亚（Baldaia）率领的一支远征军到达一条河上，该河被在北非从事黄金买卖的马略卡人称为欧罗河，即现在的塞内加尔河（Senegal River）。这意味着葡萄牙正努力通过非洲西海岸的河流深入非洲内地，进入苏丹黄金产地。[①]最后，亚速尔群岛的发现，也是这时期的一件大事。

随着奴隶买卖的展开，非洲黑人的悲惨命运也开始了。祖拉拉曾记下当年分配或买卖奴隶的惨状：

但是，当看到这样的场面时，不论你的心肠有多硬，难道不会刺伤你的怜悯心吗？！——一些人低下了头，以泪洗面，相互察看着脸色；另一些人则痛苦地呻吟着，望着天空发呆，

---

① 〔葡〕雅依梅·科尔特桑:《葡萄牙的发现》第二卷，王华峰等译，第 433、435—437 页。

或是朝天高声叫喊，像是向大自然的圣父乞求救助；还有一些人用手抓伤自己的脸，躺在地上；还有的人按当地的习惯以唱歌的方式表达自己的悲痛，尽管这些悲痛的话语难以理解，但表达了他的悲伤的程度是可以理解的。更令人伤心的事相继发生了，开始分俘虏时，为使每人分得的份额相等，须将子女同父母、妻子同丈夫、兄弟同兄弟分开。无论是朋友还是亲人都无济于事，每个人都落到命运把他带去的地方！

这时，亨利王子在扈从簇拥下，"骑在一匹高头大马上"，分到了属于他的1/5，即46个奴隶。但尽管祖拉拉写到这些黑奴的悲惨遭遇，实际上他和他的主子亨利都认为自己是在做一件上帝喜欢的事情，即他们是在"拯救"这些黑人。他这样描述那些已经生活在葡萄牙的黑人奴隶："无疑……这些人通过短时间的语言学习，就会马上成为基督教徒的。关于这段故事，我还要加上我在拉古什镇看到的情况。我在那里看到了年轻的男女俘虏，在这里出生的那些俘虏的儿子、孙子，他们都是如此忠厚、正直的基督徒，就像是基督教刚开始兴起时就接受洗礼的那些人世代传下来的后代。"①对于这些描写，我们一般只是用"伪善"来评价。其实我们还应该认识到：正是西方文化传统的这个特点，使他们能够冠冕堂皇或心安理得地打破人文主义的制约，走上大规模殖民掠夺和买卖奴隶的道路。

亨利无疑是开启地理大发现的关键人物，所以19世纪英国的一个历史学家称他为"航海家"亨利（Henry the Navigator），其实亨利本人并没有出过海，他只是随葡萄牙军队征服北非的休达等地时在海上航行过，当然他完全可以当之无愧地接受"航海家"的称号，因为非洲西海岸的探险活动是在他组织和指挥下进行的。

在西非海岸勘察、买卖奴隶和黄金，还有大西洋四大群岛的

---

① 〔葡〕雅依梅·科尔特桑：《葡萄牙的发现》第二卷，王华峰等译，第442—443页。

发现和殖民开发，这些都构成了大西洋地中海的核心要素。此外，通过亨利40多年的探险努力，葡萄牙成了欧洲的航海中心，建立起世界上一流的船队，拥有一流的造船和航海技术，此后一段时间内大批世界一流的探险家或航海家几乎都是葡萄牙培养出来的。

亨利去世后，葡萄牙在非洲西海岸的探索受国内政局的影响，时断时续，但总的来说是不断推进。1483年，迪奥戈·卡奥 (Diogo Cão) 到达刚果，1485年到达南纬22度线上。1487年底和次年初，巴托罗缪·迪亚士 (Bartholomeu Dias，约1450—1500) 绕过非洲好望角。到印度的海路基本上打通了。

在大西洋地中海上的殖民与殖民模式

1420年，亨利王子的两个下属登上被废弃的马德拉群岛，从事开发。1430年代亨利王子开始在加那利殖民，该群岛当时已成为葡萄牙往南探险的中转站。[①] 但殖民活动真正得到重视要到这个世纪的中期，所以有人提出：在马德拉的殖民并没有通常所想象的那么早，从现存史料看，1433年葡萄牙国王声称亨利正在马德拉殖民的话是讲早了。只是从1439年夏天开始，才出现真正在那里殖民的详细资料，而此前的各种说法都是模糊的、难以置信的。[②] 为什么会出现这种情况？埃尔布尔认为，这是葡萄牙人在非洲西海岸探险的最初动机造成的。他说：P. E. 拉塞尔（Russel）曾从15世纪中威尼斯商人兼探险家卡达莫斯托的报告推论出，亨利的早期探险实际上是让他的船只在摩洛哥海岸进行海盗活动的一种副产品。1433年的一份文献表明，国王享有所有海盗活动战利品的一定份额，而亨利可获得本来应该上交国王的战利品的1/5（quinto）。也就是说，海盗活动是各阶层或各重要人物皆有利可图的事业，也正是这些海盗劫掠，

---

① 〔美〕保罗·布特尔：《大西洋史》，刘明周译，东方出版中心2011年版，第43页。

② Felipe Fernández-Armesto, *Before Columbus, Exploration and Colonization from Mediterranean to the Atlantic, 1229–1492*, London: Macmillan Education 1987, p. 195.

使亨利的扈从有机会从远征北非沿岸中获利。又由于葡萄牙的其他贵族，包括亨利的哥哥，也对这种劫掠有浓厚兴趣，亨利只得让他的人越来越多地向非洲西海岸以南发展。15 世纪 30 和 40 年代的探险都属于这种性质。但在 15 世纪 30 年代，从非洲西海岸向南的推进并不顺利，特别是 1437 年远征北非丹吉尔（Tangier）失败了。这迫使亨利王子专注于此前他的追求中不重要的一面——向大西洋航行。大西洋对亨利的吸引力主要在于它可能是战利品和其他收入的来源，同时也可能成为他那支庞大的不安分的随从发泄精力和追求利益的一条出路。[①] 费尔南德斯—阿梅斯托也强调这一点：丹吉尔的失败，及来自加那利的使人气馁的消息（教皇把这个群岛判给西班牙人），迫使王子及其扈从为获取新的资源而寻找新的途径，殖民遂成为他们的共同追求。就是在这种背景下，1439 年 7 月，种子、羊群和移民来到了马德拉和亚速尔。[②] 在这两个群岛的真正意义上的殖民开发从此开始。

在大西洋岛屿的系统殖民开发到 1430 年代末才展开，还有两个重要原因。一个与葡萄牙的管理体制有关。葡萄牙最早获得的海外土地都由国王控制。马德拉的发现（再发现）者之一的若昂·贡萨尔维斯·扎尔科（João Gonçalves Zarco）按当时的习惯成为该岛的第一任首领，但他向移民分配土地的原则要由国王决定。国王杜阿特（Duarte）在 1433 年才把该岛的支配权赏赐给亨利王子，到这时亨利才有可能积极推动向该群岛的移民。但在最初十年里移民活动有些暗淡，因为他们生产的谷物、木材和染料并非十分有利可图。1444 年，摄政佩德罗（Pedro）免去分封给亨利的马德拉等岛屿的出口税，显然是迎合亨利的要求，亨利希望这些岛屿对移民更有吸引力。但要等到 1450 年代中期，即在亨利去世前的几年内，蔗糖生

① Ivana Elbl, "Man of His Time (and Peers): A New Look at Henry the Navigator", *Luso-Brazilian Review*, Vol. 28, No. 2 , 1991, pp. 79-80, 78.

② Felipe Fernández-Armesto, *Before Culumbus, Exploration and Colonization from Mediterranean to the Atlantic, 1229–1492*, p. 195.

产才使这些岛屿兴旺起来。向亚速尔的移民到 1440 年代才开始。另外，该群岛中有些岛屿是属于国王和佩德罗的，并非都封给亨利。即使是封给亨利管辖的岛屿，也并非都是亨利自己经营，而是把管辖它们的职位和可能的收入出售给那些愿意投资开发的人。[①]

另一个原因，是要使大西洋岛屿上的殖民有利可图，在当时来说必须引种甘蔗，但把这一在地中海生产的作物引入大西洋并不容易。布特尔说："大西洋地中海建立蔗糖经济不是一蹴而就的事情"，因为它一方面有一个从早期探险的"简单的掳掠袭击到商业活动"的过渡，另一方面有一个从种植谷物向种植甘蔗为主的过渡。在大西洋岛屿的殖民活动中最初引种的主要是小麦，因为粮食也是葡萄牙和热那亚人所缺乏的东西。直到 1455 年，威尼斯商人探险家卡达莫斯托还看到，马德拉主要生产的依然是小麦，小麦生产"在 1450 年到 1460 年达到了顶峰"。[②] 但在 1450 年代中期以后，大西洋岛屿开始走向繁荣，主要是通过种植甘蔗和马尔瓦西亚葡萄（Malvasia grape）来实现的。糖在当时是一种极其贵重的食品，但威尼斯人垄断着来自东方的糖的贸易，这种垄断还与他们在地中海东部岛屿上种植甘蔗结合起来。热那亚人希望在蔗糖贸易上与威尼斯人竞争，所以他们较早就在西西里岛开发甘蔗种植园。14 世纪末和 15 世纪初，热那亚人把甘蔗种植先是扩展到葡萄牙南端的阿尔加维，然后是大西洋群岛，包括几内亚湾的岛屿。到该世纪末，甘蔗种植成为这些岛屿经济的基础。马尔瓦西亚葡萄的传播也遵循了类似的进程。它产于威尼斯控制下的爱琴海，通过热那亚人在西西里的庄园而传到马德拉和加那利，在 15 世纪下半叶它已在这些岛屿上生根。[③]

对在大西洋岛屿上生产蔗糖大感兴趣的不仅有亨利及其扈从、

① Ivana Elbl, "Man of His Time (and Peers): A New Look at Henry the Navigator", *Luso-Brazilian Review*, Vol. 28, No. 2, 1991, p. 80.

② 〔美〕保罗·布特尔：《大西洋史》，刘明周译，第 43、49、43 页。

③ Felipe Fernández-Armesto, *Before Culumbus, Exploration and Colonization from Mediterranean to the Atlantic, 1229-1492*, p. 117.

热那亚商人，还有葡萄牙政府或国王本人。早在 15 世纪初，在阿尔加维种植甘蔗的热那亚人德帕尔马多次向国王抱怨，说他的甘蔗田遭受破坏，这说明当时葡萄牙南部已经在生产甘蔗。1404 年 1 月 16 日国王若奥一世在一封信中下令清查此事，因为这块土地是他交给德帕尔马耕种的。国王于 1403 年的一封信中还提及自己的一个甘蔗种植者阿内斯的去世。1409 年 5 月 8 日，国王又与德帕尔马及其两个儿子尼古劳·德帕尔马和弗朗西斯科·德帕尔马签署租约，向他们出租位于洛莱的一个菜园，让他们种植甘蔗。[①] 这些材料说明 15 世纪初，甘蔗种植已经受到葡萄牙当局的重视。同时它们还说明：不久后大西洋岛屿的殖民是各个阶层或政府与百姓共同推动的结果，与后来西方的殖民活动模式是一样的。

在大西洋岛屿上发展起来的殖民模式，与中世纪地中海岛屿上的殖民模式有所不同，它更接近于近代的殖民模式。费尔南德斯–阿梅斯托指出：14 世纪时直布罗陀以外的大西洋是西地中海世界的一种延伸，热那亚人及阿拉贡、葡萄牙的王室在非洲西北角一带港口活动，所使用的是传统的殖民活动方式；但在 15 世纪这方面发生剧烈变化，形成了"大西洋特有的"殖民特征。当然，他强调与其说从地中海移植过来的殖民经验中断了，不如说是传统的方法适应了新的环境条件。中世纪西欧人在地中海的殖民一般采用以下模式：建立城市，实行"贵族的"统治方式；建立"拉丁人居住区"和宿舍（funduks）；建立城堡和飞地，如加泰罗尼亚军团或拉丁帝国的贵族组成的十字军或雇佣军就是这样做的；控制当地的商业，如希俄斯（Chios）岛的热那亚人朱斯蒂尼亚尼（Giustiniani）或克里特岛的威尼斯的老爷（master）就是这样的商业征服者。简言之，这是接收并修改现有的经营和市场组织的模式，或征服现有的劳动力组织模式而加以利用。但 15 世纪初和 15 世纪中叶，在大西洋岛屿上形成的殖民模式，在性质上更像伊比利亚人在从穆斯林手中收复

---

① 〔葡〕雅依梅·科尔特桑：《葡萄牙的发现》第二卷，王华峰等译，第 294—295 页。

的土地上形成的移居模式。这种模式与后来在美洲某些地区的殖民模式一脉相承。到 15 世纪后半期,在佛得角群岛和西非几内亚湾岛屿上更形成了奴隶制种植园的经营方式,这更明确地预示了日后拉丁美洲殖民社会的一个重要特征。从这里也可以看到,尽管意大利人,主要是热那亚人,某种程度上还有马略卡人,他们的资本和经验对大西洋岛屿的开发很重要,但那里的殖民模式主要是伊比利亚基督教徒的创造,他们几乎不了解地中海的殖民经验。[①]

大西洋地中海上的贸易

前面我们曾着重介绍北海和地中海两个贸易圈,通过跨越阿尔卑斯山各关口的陆路通道则把这两个贸易圈连接起来,这主要是 13 世纪末以前的情况。实际上,欧洲的大西洋沿岸和北海一直都有贸易往来,即历史上存在着一条从北海到伊比利亚半岛,再到博哈多尔角以北的非洲西海岸的航线。另外,布特尔说:"沿着北非的海岸,规模庞大的大西洋近海航行从来没有停止。"它从古代就已经变得"非常重要"。10—13 世纪时,安达卢西亚(Andalusia)的水手在与马格里布的商业往来中推动着这一航线的发展,不久后他们就面临加利西亚(Galiza 或 Galicia)和葡萄牙水手的竞争。13 世纪初,特别是在 14 世纪里,"一些野心勃勃的新水手与新商人介入进来",其中最重要的是汉萨同盟和热那亚的商人和水手。汉萨同盟与热那亚"这两支最大的中世纪船队给大西洋航行添加了活力"。13 世纪中期,汉萨同盟竭力开拓北海到伊比利亚的商路,而热那亚人则于 1277 年首次穿过直布罗陀海峡进入大西洋,从那以后他们每年都有船只开往伦敦与布鲁日这样的城市。这意味着,13 世纪末,地中海和北海这两个贸易区的海上通道打通了。到 14 世纪初,汉萨同盟的船只到达里斯本。1415 年,一艘德国船只参加了葡萄牙攻克休达的

---

① Felipe Fernández-Armesto, *Before Culumbus, Exploration and Colonization from Mediterranean to the Atlantic, 1229−1492*, pp. 169-170.

战争。① 可以说，欧洲南北海上航路的开通，对欧洲整个市场体系的发展意义重大。

就在这多种因素的推动下，包括大西洋岛屿上甘蔗种植园的建立、非洲西海岸的奴隶和黄金贸易、地中海和北海两个传统商业圈在大西洋上的汇合与互相渗透，还有 15 世纪西欧经济和社会的变化等，使 15 世纪中或该世纪下半叶的大西洋贸易相对说来很繁荣，发生了某种根本性的变化。这当中虽然很难用贸易量来加以陈述，因为不存在那样详尽的资料，但从哥伦布在 1476 年后几年间的经历中可略窥一斑。这一年他所服务的商船在葡萄牙附近被海盗击沉，他得救后在里斯本定居。此后他到过冰岛，他在笔记中写到了那些带着货物来到冰岛的布里斯托尔（Bristol）的商人。他还曾接受热那亚一位雇主的委托夫马德拉准备购买约 6 000 磅蔗糖，这件事虽然因中间人违约而未能成功，而且还为此上了法庭，但足以证明哥伦布得到了富有的同胞的高度信任。因为把如此贵重的一桩买卖（1290 个金杜卡特）交给他做，显然他已不是一个普通的水手，而是一个年轻有为的商人。此后哥伦布乘船到过赤道。他在教皇庇护二世（Pius Ⅱ，1405—1464）著的《自然史》一书中还写下这样的批语："在赤道下面有最尊贵的葡萄牙国王建造的米纳城堡，我们曾看见过。"哥伦布的这些航行说明当时"大西洋地中海"的商贸活动的频繁。莫里森说，那时，"里斯本、亚速尔群岛、布里斯托尔港和冰岛之间海上贸易兴旺"。② 他还通过对里斯本港口的描述显示哥伦布出航美洲前"大西洋地中海"的兴盛：

> 当哥伦布到达里斯本定居的时候，葡萄牙的海洋事业显然已产生了最丰硕的成果。每年春天一队队悬三角帆的轻快帆船（专门为进行这种贸易而设计的船只）运来一袋一袋的马拉吉

---

① 〔美〕保罗·布特尔：《大西洋史》，刘明周译，第 38—39 页。
② 〔美〕莫里森：《哥伦布传》上卷，陈太先等译，商务印书馆 1995 年版，第 69、85、90、70 页。

圭塔胡椒、一捆一捆的象牙、一队一队的黑奴和一箱箱的金砂驶入塔古斯河（即特茹河）。到秋天，它们又满舱装着红帽、鹰铃、威尼斯念珠和各式各样用以换取黑人黄金的物品启碇南行，舱面上则载着马匹以便向黑人酋长换取过高价款。在沿岸各个码头和古老城镇的一些窄街小巷里，从冰岛到喀麦隆各地的语言都能听到。从斯堪的纳维亚、英格兰和佛兰德来的水手同西班牙人、热那亚人、摩尔人、柏柏尔人以及改变了信仰的黑人头目互相竞争。若奥通过位于商业广场上的他的宫殿窗口能够看到12个不同国家的船只紧紧拉着帆索在水势湍急的塔古斯河上行驶，从船上卸下来的香料使得王室成员鼻孔发痒，船上烤饼干的香味也使得王子的胃口大开。新的教堂和宫殿兴建起来了。意大利银行家和犹太钱商围着广场设立了许多办事处……①

在大西洋地中海的贸易中，蔗糖、奴隶等贸易具有重要地位。一种三角贸易的雏形开始出现，即从欧洲把一些手工业品运往西非，从西非把黑奴运往大西洋岛屿，特别是运往马德拉群岛，再从马德拉群岛把蔗糖运往欧洲。布特尔说："在15世纪的最后三年，马德拉群岛证明了自己在热带大西洋甘蔗种植园方面绝对的首创性。充满活力的贸易、奴隶的提供、控制出口与价格主导着这一经济。"此后的三个多世纪中，这一直是大西洋经济的主导形式。1498年，马德拉群岛的蔗糖出口达到1 700吨，成为佛兰德、意大利、葡萄牙、英格兰的主要蔗糖提供者，此外，它的蔗糖还运往法国和土耳其。这时群岛上有许多甘蔗种植园与80座制糖作坊，奴隶达到了2 000人。②

大西洋成了欧洲人殖民和经商活动的新舞台，西欧各国都有不少人在这里活动。比如，英国有学者指出，在15世纪，即使像布

---

① 〔美〕莫里森：《哥伦布传》上卷，陈太光等译，第79—80页。
② 〔美〕保罗·布特尔：《大西洋史》，刘明周译，第45、44页。

里斯托尔这样的港口（当时英格兰仅次于伦敦的港口）也已经与冰岛、加斯科尼（Gascony）、西班牙、葡萄牙、爱尔兰，而且很可能还与马德拉、加那利，有广泛的贸易联系。布里斯托尔的商人为了寻找新的航路，还向黎凡特派出商船。该世纪下半叶，有记载表明，他们还派出探险队在大西洋上寻找传说中的"巴西岛"（Isle of Brasil），时人认为这个岛处在爱尔兰以西的洋面上。① 从这里，我们也可感受到 15 世纪下半叶西欧整个社会有一种不安和骚动，一种发现新的岛屿和土地的冲动。地理大发现绝对不是某个国王或能人的创举，而是社会发展的某种需要的产物。这正是郑和的航行与哥伦布的航行的基本区别之一。

值得注意的还有，这时国际商人的合作开始具有某种"卡特尔"的性质。这是因为处在国际合作的主动地位的葡萄牙统治者深知：他们必须依靠他国的商业力量，特别是其销售网络，才能有效地开发大西洋。亨利王子的养子多姆·费尔南德王子在亨利去世后接管了马德拉岛，1461 年当岛民向他提出出口粮食的请求时，他"特别指定犹太人与热那亚人"购买该岛屿出产的葡萄酒、蔗糖、木材、面粉，他还给他们在那里租种土地的特权。他"希望通过殖民者与商人订立协议的方式为出口建立一种价格控制系统，而热那亚人在这些商人中举足轻重"。热那亚人竟然能使本来向地中海购买蔗糖的佛兰德人和意大利人转向马德拉，这位王子对他们非常佩服。他在一封讨论保持蔗糖价格的信中还建议建立"销售卡特尔"，以维持蔗糖的价格：

> 我已经向几个颇谙这类事务的专家寻求建议，我从中得出的结论是：如果不是因为船员与其他人向佛兰德与其他国家大规模输入食物，并且在这些地区以极不合理的价格进行销售，这样的价格下跌是不可能发生的。除了你我携起手来统合整个

---

① Geoffrey Jules Marcus, *The Conquest of the North Atlantic*, Woodbridge: The Boydell Press, 1980, p. 164.

蔗糖市场外,别无它策。我已经和里斯本的一些专业商人谈过话,他们认为我的计划是可行的。[①]

这封信不仅揭示了当时大西洋地中海贸易的一些情况及欧洲扩张的国际性质,而且还体现了当时一些统治者的经商头脑和市场意识。

---

① 〔美〕保罗·布特尔:《大西洋史》,刘明周译,第44—45页。

第三章　贸易手段的发展和创新

　　西欧中世纪形成的贸易手段、技巧或制度和组织，成为近代西欧在全世界进行殖民扩张的重要工具或方法，是西方中世纪文明的重要创新成果。当然，它们与古代希腊人、罗马人或同时代拜占庭人、阿拉伯人、犹太人的贸易手段和组织有某种继承关系，但这些手段或组织只有在中世纪的西欧人手中才形成体系，未来西方资本主义扩张就是在中世纪已形成的扩张手段的基础上发展起来的，不了解这些也就无从理解西欧何以能在 15 世纪末以后迅速建立起一整套能够在全球实施的殖民贸易制度。

　　以前一些著作认为封建社会是自给自足的经济，商业活动起的作用有限，形式也很简单。如果真是这样的话，是不会有资本主义发展起来的。马克垚先生指出："我国学界因为受苏联影响，原来大都认为封建经济是自然经济，但这和我国古代有发达的商品经济不相符。"[①]那种认为只要有了资本主义萌芽，与资本主义有关的一切，如市场、股份公司、商法等，都会自行产生的想法，至少显得有些天真。在欧洲资本主义起源过程中，这些经营技巧和经营机构的出现是资本主义萌芽及其向资本主义时代过渡的重要条件，所以从这些技巧和机构的形成过程，我们可更深刻地理解西方文明的特点。下面一段话说明了中世纪西欧经营方式的复杂性及其发展过程：

---

　　① 马克垚：《封建经济政治概论》，人民出版社 2010 年版，第 19 页。

　　……尤其在 14 世纪经商技巧经历了不断的进步、革新和实验。例如，已经为人们所知的汇票的雏形在 1350 年后被广泛使用。海上保险也是如此。商业簿记也到 1400 年才达到完全成熟，只要我们对诸如佩鲁齐公司和弗朗切斯科·达蒂尼（1410 年）的账户进行比较就可以很清楚地看出这个问题。1375 年后出现的另一个革新是合伙关系的缔结，有点像现代的控股公司。最后的例证是 1397 年建立的美第奇银行。所有这些新的商业习俗的基础确实都是在 12、13 世纪奠定的，只是当时它们未得到充分发展。也许我们可以得出这样的推论：随着黑死病而出现的衰落加剧了竞争，降低了利润率，促使商人改进方法、增加效率、减少花费，其结果是适者生存。也许重要的是，没有一家公司，甚至美第奇银行能达到著名的佩鲁齐和巴尔第公司的规模（这两个公司在黑死病爆发前不久破产）。[①]

这里所说的经营技巧和组织，有一些就是在香槟集市发展起来的，有些则是在远洋贸易中发展起来的，因为远洋贸易需要更多的资金，并承担着更大的风险，而商务活动的复杂化又要求记账手段变得更加科学。如果是一般性的地方贸易，那么比较原始的交易方法就足以对付，不可能形成那些与近代资本主义发展相关的手段。下面，我们分别介绍西欧中世纪发展起来的这种成体系的贸易手段，其中在继承中有创新，在综合中有新的发展。

一、"殖民地"和"租界"

在海外建立贸易据点，通过这些据点进行广泛的商业和殖民活动，是西欧中世纪商人一种重要的活动方式，这些据点后来渐渐发

---

　　① 〔英〕波斯坦等主编：《剑桥欧洲经济史》第三卷，周荣国等译，经济科学出版社 2002 年版，第 36 页。

89

展成类似于近代的殖民地和租界。当然，这种扩张方式在古希腊就已出现，但它在中世纪获得了新的意义，其规模、广泛性和活动的复杂性，是古代不能比拟的。

11世纪时，在第一次十字军东征前，意大利人已经在君士坦丁堡、安条克（Antioch）、耶路撒冷及可能在非洲某些港口建立了永久的居住地，或"据点"，这些居住地享有自治和免税特权。这大概是在拜占庭和穆斯林国家对外国人的定居限制逐渐取消的过程中建立起来的，但是自治和关税豁免肯定要经过正式批准，而且这种豁免的获得主要不是由于战争或战争威胁，而是通过和平协议。十字军东征开始后，此类据点迅速增加，一个13世纪的诗人写道："热那亚人是那么多，散居在世界各地——只要他们在哪里定居，就在哪里建立起另一个的热那亚"。意大利、法国南部、加泰罗尼亚和达尔马提亚（Dalmatia），甚至一些伦巴德和托斯卡纳（Tuscany）的内陆城市，也往海外移民，虽然规模不大。这些据点有一个发展过程。开始时，它们都很小，有时集中在一座大的建筑物内，称为fondaco。fondaco这个词来自阿拉伯语funduk，意思是"土地"或"庄园"，或是一群建筑物。从欧洲来的商人们在这里按自己国家的法律生活，由自己的官员管理。这似乎于两方面都有利，因为所在国认为让外国人住在一起，有利于监管。这种安排甚至在欧洲本身也有，如威尼斯人为德意志人建立了一个fondaco，而德意志南部的许多城镇则为外商提供住宿，以防止外来商人插手地方贸易。这种方法流行于西北非、穆斯林治下的西班牙和埃及。迟至15世纪，所有在亚历山大的天主教商人都必须在自己的fondaco里过夜，外面的门被上锁。但在十字军统治过的国家，此类贸易据点从一开始就由建筑物和小片的果树园和耕地组成，是一个有一定规模的区域。在拜占庭，意大利的殖民地也扩展得很快。12世纪晚期，有大约一万个威尼斯人在君士坦丁堡定居，第四次十字军后，这个数字还有极大增加。总的来说，此类据点的发展"在13世纪晚期和14世纪早期达到了顶峰"，那时"意大利的商人已经深深地侵入三大洲，开辟了新的路线并转向了殖民帝国主义。"①也就是说，有些定居点发展成了殖民地。

　　海外军事和商业扩张，总是伴随着殖民地或租界的建设。比如，1204 年对君士坦丁堡来说是一场浩劫，对西欧来说却是一个重要的"福音"。它不仅使西欧人通过抢劫获得大量财富，最重要的是"它使威尼斯在爱琴海获得了最宝贵的海岛并在每个重要海港获得重要的城区，而且它使黑海对这些拉丁商人开放。希腊的上层阶级和中产阶级留下的所有东西都被摧毁。"一个拜占庭历史学家叹息说："拉丁人不停地增加他们的赢利和他们在海上的权力，然而希腊人却越来越衰弱了。"14 世纪初，"在热那亚郊区比拉（Pera）完成的贸易量大约超过拜占庭首都的 15 倍"。君士坦丁堡成了西欧大中城市商人的淘金之地。来自马赛、蒙彼利埃（Montpellier）、纳尔榜、巴塞罗那、安科纳（Ancona）、佛罗伦萨和拉古萨（Ragusa）的商人都在这里建立殖民地，在这个城市活动的商人有的甚至来自西班牙、英格兰和德意志，而黑海海滨则"点缀着热那亚和威尼斯的殖民地"。②

　　殖民地的构成中，有的是海岛，如热那亚控制下的东地中海的希俄斯岛。占领航线上一个关键性的小岛，把它作为外贸基地，这种做法与后来葡萄牙人占领珠江口澳门的做法是一样的。占领希俄斯岛的过程也颇为特殊，说明当时西欧人占领殖民地的方式多种多样。约 1300 年前后，土耳其海盗和加泰罗尼亚海盗多次袭击这个属于拜占庭的小岛。热那亚人贝内代托·扎卡里亚向拜占庭皇帝安德罗尼科斯（Andronikos）提出建议，要求把这个岛拨给他管理，皇帝迟迟未答复。1304 年扎卡里亚擅自占领该岛，皇帝正忙于应对土耳其人的威胁，被迫把它作为封地交给扎卡里亚，期限为 10 年，无需交纳任何贡物，但城头上必须悬挂帝国国旗，10 年后把它交回帝

---

① 〔英〕波斯坦等主编：《剑桥欧洲经济史》第二卷，钟和等译，第 289—290 页。
② 同上书，第 293 页。

国。①但此后通过续约等手段，热那亚人断断续续地统治该岛许多年，它成为土耳其人征服君士坦丁堡以前热那亚人在东方的一个重要桥头堡。

先是在海外建立居住地或贸易据点，然后渐渐把它们发展成"殖民地"、"租界"，是西欧中世纪贸易扩张的一个重要特点，也是贸易手段的重要构成部分。未来的租界和殖民地就是从这种形式发展起来的。

二、汇票、保险及其他

1. 汇票。

汇票是在香槟集市发展起来的。皮朗说，每一次集市中，"在第一次发售时期以后，接着就是付款的时期"，这种支付不仅包括清理本届集市产生的债务，也清理以往集市结存的债务。正是这种活动，在 12 世纪以后"导致信用机构的设立"，成为汇票的起源。在开始时，汇票只是一种书面承诺："在结成债务的地方之外的某个地方，偿付一定数目的钱，用法律名词来说，汇票是'在指定地点可以兑现的字据'。签发汇票的人事实上负责在另一个地点向债权人或其代表付款（这是当时汇票的现行条款），有时签发汇票的人，通过自己的代表向债权人付款（这是当时汇票的附款）。"由于来到香槟集市的人非常多，大多数债务都可以在这里支付，不管债券是在什么地方签署的。13 世纪的香槟集市，实际上起了"萌芽的票据交换所的作用"。②基督教文明的独特之处还在于，通常被我们视为资本主义大敌的教会也在市场发展过程中起了不可忽视的作用。韦伯说道，当时的香槟是世界各地货币的汇集之地，所以它不仅是"兑换业的发祥地"，也是"清理债务，尤其是清偿教会债务的古典场

---

① William Miller, "The Zaccaria of Phocaea and Chios(1275-1329)", *The Journal of Hellenic Studies*, Vol. 31, 1911, p. 45.

② 〔比利时〕亨利·皮朗：《中世纪欧洲经济社会史》，乐文译，第 92 页。

所"。教会是当时的大财主，但它与世俗贵族不一样："俗世的权贵，如果不还债，在他所属的'市'内的商人事实上是毫无办法的。高级教士就全然不同了。如果失信，必会被他的上级大主教逐出教会。"这是因为大主教或教皇是竭力维持交易秩序的。如果不维持这种秩序，那么教皇在欧洲各地的收入就无法安然地运到罗马来。何况，教皇的财产征收甚至使用，很多都是委托意大利的银行家来进行的，保护这些银行家的利益，在很多情况下也就是保护教皇自己的利益。其结果，由于高级宗教阶层的信用具有某种特殊的可靠性，"大部分汇票都是开给高级教士的，这种汇票最迟要在总清算开始之前四天内兑付，违者即予以驱逐的处分。"总之，由高级教士签署的汇票是安全或比较安全的，当时没有其他机构能提供这样的权威性和信用。教会对市场秩序的维护，从而是对信用的维护，在这里充分体现出来了。

在中世纪，典型的汇票包括两份不一样的文件，其一称为"敞口信"（litera perta），是正式文书，作为外地付款的票据；其二称为"封口信"（litera clausa），相当于划汇单，是普通函件。后来"敞口信"逐渐消失，其功能归入"封口信"。这种汇票与近代的差别在什么地方？只在于"不能通过背书而流通"。这一功能要到 17 世纪才成立。[①]

2. 保险。

保险业的产生与远洋贸易特别有关，因为远洋贸易投资多、风险大，搞不好一次冒险就会导致倾家荡产。为了减少风险，意大利商人作出了一系列创新，如建立护航制度。保险公司的出现，正是这多种多样的尝试的结果。奇波拉主编的《欧洲经济史》有一段话说到了保险公司的起源："一个参加者或有时一个第三者要承担其他一个或几个人所冒风险的责任。这个办法适用于好几种实际情况：适用于控制权；适用于出卖尚在海上的货物，这种买卖要待货物上

---

① 以上见〔德〕马克斯·韦伯：《经济通史》，姚曾廙译，上海三联书店 2006 年版，第 139、163—164 页。

岸才生效，在未上岸前的风险由卖方承担（很像现代 C. I. F.——成本、保险、运费）；运用于包含很多风险的海上货款，如海上汇兑或保险货款、虚假出售或出售而保留赎回船舶及其货物的权利。这些做法便是后来由第三者举办的对船舶本身或船上的货物承保的海上保险的前身。"也就是说，保险公司的出现是长期探索海上贸易风险的结果。他还指出，这应该是热那亚人的创造，现在所知最早的一个例子发生在 1350 年，但热那亚人可能是通过模仿佛罗伦萨人的陆路保险而发展起来的。① 从这里又可知道，长途贸易使保险业的出现成为必要，也是因为它的风险比一般贸易要大得多。佛罗伦萨人在欧洲大陆的陆上贸易和金融活动中是首屈一指的，他们也是香槟集市上最重要的商人和银行家。

3. 公债、复式簿记及其他。

14 世纪中期，意大利出现了公债，"市民们因此成了国家的投资者"。还有"依照公债建立的公共当铺（monti di pietà），它们既借钱，也放贷，并支付固定的利息。佛罗伦萨甚至还设有"嫁妆基金"，投资人在女儿出嫁时可连本带利收回投入的钱。威尼斯是重要的海事保险中心。意大利保险业务的发展让人难以置信：在热那亚，丈夫甚至可以为妻子购买生育死亡险。②

复式簿记（double-entry）首先出现在意大利几个工商业最发达的城市，看来也与对外贸易和远洋贸易特别有关。关于它起源于哪个城市，历史学家是有争论的，但一般认为它大概在 1200—1350 年间产生于热那亚、佛罗伦萨和威尼斯这三个地方。③

此外，还有一系列使经营更便利的制度此时也纷纷形成，如商人可以使用各种代理人、代理机构、律师以至船舶的老板等，委托

---

① 〔意〕奇波拉主编：《欧洲经济史》第一卷，徐璇等译，第 256 页。

② 〔英〕彼得·伯克：《意大利文艺复兴时期的文化与社会》，刘君译，东方出版社 2007 年版，第 251—252 页。

③ Geofrey T. Mills, "Early Accounting in Northern Italy: The Role of Commercial Development and the Printing Press in the Expansion of Double-Entry from Genoa, Florence and Venice", *The Accounting Historians Journal*, Vol. 21, No. 1, 1994, p. 84.

他们办理运输、押送、照料和谈判自己的货物和收益事宜。与此相关的有一系列相配套的"高级技术"：社团组织、代理和通讯、付款的方法，及汇兑、信贷、银行业务和会计制度，等等。伯纳德指出："14世纪时这个趋势在大规模贸易组织中开始了一个真正的新时代"。他还强调以下两点："意大利是这些技术的发明者，也是这种技术的主要使用人"；"重要的商业和国际金融业的资本主义性质在14和15世纪时已是非常明显。"①

三、合伙经营

在各种经营方式中，合伙经营或合伙制（partnership）起过某种特殊的作用。古代希腊人、罗马人和中世纪的穆斯林、犹太人已经存在各种形式的合伙制，西欧人也熟悉这些制度，而且广泛应用于日常事务或经营。比如，热那亚1012年的一份合约是这样的：一对母子、某个乔万尼和某个已故的父亲的四个儿子构成三方，一起建一个磨坊；这对母子提供土地，获得预计的磨坊年收入的1/4和2只鸡及一些肋肉；另两方负责建造磨坊，包括导水渠、水槽及所需要的材料，还负责磨坊的运作和管理，并平分余下的收入。这份合约表明，"共同集中使用资源和计算收益的习惯最初不是在遥远的市场或长途贸易中形成的，而是起源于卑微的农业清偿的事务。"② 由于合伙制形式多种多样，有些形式不适用于远洋贸易，特别是那种只限于家庭成员（包括女婿）的或承担无限责任的合伙制。在中世纪中期，有两种比较适合当时海外贸易的合伙形式——代理契约(康孟达：commende)和合作契约（societas maris）发展起来。这是热那亚人的称呼，威尼斯人称为合伙关系（colleagueship）。

---

① 〔意〕奇波拉主编：《欧洲经济史》第一卷，徐璇等译，第249页。

② Steven A. Epstein, *Genoa and the Genoese, 958-1528*, Chapel Hill: University of North Carolina Press, 1996, p. 19.

代理契约一般由甲乙两方组成，一方是投资商或称留守商（stay-at-home party），但不参与经营，另一方是经营者，或称旅行商（traveling party）；前者把资本借给后者，后者必须在去海外某地一个来回的经营时间内按契约规定从事商业活动（在大部分早期的此类合同中，都具体说明旅行商使用资本的范围、航行目的地和买卖的商品种类）。留守商承担所有的资本风险，并有资格享受利润（大部分情况下是 3/4）；旅行商承担全部劳动力的付出风险，有权享有其余的利润。第三方与经营者发生业务上的纠纷时，无权向留守商提出任何要求，不管他是否知道留守商是谁。从表面上看，留守商无需亲自努力但获得大部分利润，人们可能会认为这是有钱人与贫穷的劳动者之间不平等的结合。但大多数情况都不是这样，因为一个人在某份契约中可能是留守商，而在另一份契约中又可能是旅行商。之所以这样，是因为这也是分散风险的一种重要手段：自己到某地经商时既接受他人或同僚的资本，又把自己的部分资本借给往另一个地方经商的同僚，这样，一个地方的失利有可能从另一个地方的经营中得到弥补。另外，这种制度不仅使有才华的穷人有希望通过经商发财，也使小有产者有一个投资的机会，即把自己的小额余钱借给大商人（有的大商人不排斥最小的借款人，以便增加自己的运营资本），从而有可能通过海外冒险获利。分配比例上看起来的不平等还可能与以下事实有关：留守商根本不知道旅行商在一次航行中到底花了多少成本或赚了多少利润，因为真正了解经营情况的只能是旅行商。在较早的相关契约中，一般要求旅行商用某种证据来证明他们支出的情况，但后来的契约往往是留守商作出保证：相信旅行商的报告，无需他发誓或提供证人。洛佩斯对这种制度有很高的评价，把它视作"中世纪最重要的一项创新"。他把康孟达看成当代股份公司在中世纪的"最早的先例"，认为它能吸引"所有阶层人民的任何大小的投资"，而且是"责任有限，并非一定要向股东提供详细的账本"。虽然一份康孟达契约只持续一次航行的时间，但只要双方满意，他们可以一次又一次地合作。①

合作契约与代理契约其实相差不大，只在于它的投资和分红略有区别。其差别在于：利润由合作双方平分，但旅行商需提供 1/3 资金，另外 2/3 由留守商提供。实际上，其利润分成与代理契约一样：1/4 归经营者（旅行商），另外 3/4 归资本；由于旅行商自身投资 1/3，所以最后实际上是双方平均分配利润。②

以上讲的是这时期欧洲人海上贸易的主要合作方式。在陆上贸易中，普通合伙关系和家庭成员的合伙关系"从来没有失去其重要性"。③ 就上述适合于远洋贸易的合伙制而言，它们不仅为没有能力亲自出外经营的投资者与有能力外出经营但缺乏资本的人提供了合作的机会，还为商人提供了防范经营风险的手段。从今天的角度看，这种关系虽然简单，但包含着未来股份公司的一些重要因素：

1. 所有权与经营权分离，使资本尽其用和人尽其才成为可能。12 世纪时一个叫安萨尔多·巴亚拉尔多的年轻人的故事很能说明这一点。1156 年他在父亲的安排下与一个叫英戈·达·沃尔塔的商人签订代理契约。他利用后者投资的 205 个热那亚镑，去普罗旺斯等地做了一趟生意，回来时赚了 74 镑。他由此获得其中 1/4，即 18 镑 10 先令。接着双方签订第二个委托契约，沃尔塔投资 254 镑资金，安萨尔多把刚分得的 18 镑 10 先令作为私人投资（与沃尔塔的投资无关）。这次航行共赚了 244 镑 15 先令 11 便士，其中 17 镑 9 先令 11 便士是巴亚拉尔多私人投资的收益，余下的 227 镑 6 先令利润中，他又分得 1/4，即 56 镑 16 先令 6 便士。通过这两次航行，巴亚拉尔多积累了不少财产。1158 年，双方第三次合作，到叙利亚、埃及等地做生意。这次签订了两份契约，一份是委托经营，另一份是海上合伙。两份合同的总资本有 478 镑，其中巴亚拉尔多投入 64 镑 8 先令 8 便士。这次航行结束时，巴亚拉尔多本利共获得 142 镑。经过

---

① Robert S. Lopez, *The Commercial Revolution of the Middle Ages, 950–1350*, pp. 76–77.

② 〔英〕波斯坦等主编：《剑桥欧洲经济史》第三卷，周荣国等译，第 41 页。

③ Robert S. Lopez, *The Commercial Revolution of the Middle Ages*, p. 74.

三次合作，巴亚拉尔多从一个一文不名的年轻人成了一个拥有一笔财产的人，而沃尔塔最初的投资也几乎增加了三倍。[①]

2. 把许多人手中持有的小额空闲资金（当然不排除很有钱的人）集中起来统一使用，使社会闲散资金获得集中使用的机会，资本开始具有社会性。现存"公证资料表明，各行各业的人经常把他们的存钱或其作坊产品投入海外冒险"。[②]热那亚留下的众多的合伙契约中，出资人往往是寡妇、孤儿、教士、修女、政府官员、公证人、工匠及其他无经商经历者或年老的商人。[③]由于投资者众多，且许多人只持有小额资金，所以，一个合伙经营契约往往涉及多个自然人，热那亚 1191 年为进行秋季航行而签订的 37 份契约中，涉及 80 多人的买卖，为 1203 年秋季航行而签订的 81 份契约涉及约 200 人，为 1205 年春季航行而签订的 132 份契约包括 300 多个投资人。[④]13 世纪时法国南部的资料表明，"当时很少有独自拥有一条船的船东"，往往是一个人只拥有一条船的 1/6 或 1/8。比如，"我们在一份合同书中看到三个马赛人转卖他们共有的'蜜蜂号'海船的 1/2，其中的 1/3 归一个名叫威廉·博雷尔的人所有，其余的归另外两个合伙人。"[⑤]

3. 体现出规避风险的特点和追求。规避风险是股份公司形成的基本原因之一，在上述合伙关系中，这种性质已很明显。首先，"投资者只负责有限责任：他们可能损失最初的投资，但仅此而已"，亏损的最大程度就是根据契约所提供的投资额。其次，有钱人或较殷实的投资者一般不把资本孤注一掷，而是签订多个合伙契约，分散投资风险。比如，"在热那亚，一位商人在出发前与不同地位的若干人同时缔结好几个代理和合作契约是很常见的。"互惠的代理

[①] 〔英〕波斯坦等主编：《剑桥欧洲经济史》第三卷，周荣国等译，第 42—43 页。

[②] John Day, *The Medieval Market Economy*, Oxford and New York: Basil Blackwell, 1987, p. 169.

[③] 〔英〕波斯坦等主编：《剑桥欧洲经济史》第三卷，周荣国等译，第 42 页。

[④] 〔美〕汤普逊：《中世纪晚期欧洲经济社会史》，徐家玲等译，商务印书馆 1996 年版，第 604 页。

[⑤] 〔法〕雷吉娜·佩尔努：《法国资产阶级史：从发端到近代》上册，康新文等译，上海译文出版社 1991 年版，第 88 页。

契约并非罕见，如一个出发去黎凡特的商人可能通过契约把货物委托给另一个出发去香槟的商人，反之亦然；"甚至还出现过旅行商与另一位搭乘同一船只前往同一目的地的商人签订代理契约的情况。"[①]威尼斯的总督泽诺（Ranieri Zeno）1268 年去世时，其总财产的一半是通过 132 份合伙经营契约而投资于海上贸易的，所投入的资金总计 22 935 里尔（Lire），占他个人总资产 38 848 里尔的59% 以上。他遗嘱中把许多遗产赠与亲戚及教堂、修道院，并要他们继续他的投资方式。[②]在莎士比亚的《威尼斯商人》中，我们还能读到"我的买卖上的成败，并不完全寄托在一艘船上"。

此外，灵活性也是合伙经营的优点，契约在一个来回航行后即失效，不会把投资者的资本套死在某种买卖中。当然，这种灵活性导致了合伙关系的不稳定或缺乏连续性。未来的股份公司是通过股票买卖来取得投资的灵活性和经营的连续性的。

四、公司和银行

公司和银行是西欧中世纪经营手段的重大创新，是成体系的贸易手段的基本组成部分。

1. 公司

公司是康孟达等基于契约的合伙关系进一步发展的产物。这里的公司是一个比较宽泛的概念，因为现代意义上的公司都是有限责任公司，而中世纪出现的公司最初是无限责任的，然后出现某些责任有限的因素，或出现责任有限和无限相结合的公司，真正的有限责任公司要到 17 世纪末才形成。

西方一些学者讨论公司的起源会追溯到远古时期。如马歇尔说："在迦勒底、埃及和腓尼基的历史中，即可以看到原始的银行和股

---

① 〔英〕波斯坦等主编：《剑桥欧洲经济史》第三卷，周荣国等译，第 44、42 页。
② G. Luzzatto, *An Economic History of Italy*, New York: Barnes and Noble, 1961, p. 119.

份贸易公司的痕迹。"① 洛佩斯在提到中世纪早期拜占庭人、阿拉伯人的合伙关系时，更强调 10 世纪以来在西欧出现的合伙关系的独特性。② 从股份公司起源的角度看，这些讨论是有价值的。

公司是商业和信贷规模扩大、商人从行商到坐商转变时的产物。欧洲中世纪商业公司的普遍出现是在 13 世纪末。1292 年巴黎平民税的税单上列出了 20 多家公司，这些公司来自意大利的锡耶纳、皮亚琴察（Piacenza）、佛罗伦萨、皮斯托亚（Pistoia）；此外还有十几家小公司。这些公司其实都是家庭公司，是家庭成员的"合伙经营"，或者说是合伙经营的一种比较固定的方式。当然它们通常都允许一些外来者作为合伙人加入公司，这些外来者的投资额有时相当大，但公司的核心通常是创立家族的成员。特别是，"这些家族无一例外地用家族名字作为公司名称"，如 14 世纪佛罗伦萨的巴尔第（Bardi）、佩鲁齐（Peruzzi），15 世纪意大利的美第奇、法国的雅克·科尔，15 世纪后期和 16 世纪上半叶德国的富格尔。向公司投资的外来者通常都接受家族集体的领导。《剑桥欧洲经济史》第三卷列出中世纪意大利城市很活跃的"大公司"名单，其中阿斯蒂（Asti）有 11 个，佛罗伦萨 37 个，热那亚 27 个，卢卡 21 个，米兰 10 个，皮亚琴察 17 个，比萨 34 个，皮斯托亚 8 个，普拉托 1 个，锡耶纳 16 个，威尼斯 17 个。③ 这些都是比较有名的公司，当然它们之间在大小上仍有很大区别。许多公司是在被视为封建主义危机的 14、15 世纪出现的。20 世纪上半叶皮朗就指出："14、15世纪最显著的现象之一就是大商业公司的迅速成长。每一个公司在大陆各地都有它的分店、代办人或代理处。"④ 显然，这是欧洲经济

---

① 〔英〕马歇尔：《货币、信用与商业》，叶元龙等译，商务印书馆 1996 年版，第 299 页。

② R. S. Lopez et. al., *Medieval Trade in the Mediterranean World*, New York: Columbia University Press, 1968, p. 174.

③ 〔英〕波斯坦等主编：《剑桥欧洲经济史》第三卷，周荣国等译，第 60、62—64 页。

④ 〔比利时〕亨利·皮朗：《中世纪欧洲经济社会史》，乐文译，第 190 页。类似见解还可参看：〔美〕坚尼·布鲁克尔著《文艺复兴时期的佛罗伦萨》，朱龙华译，生活·读书·新知三联书店 1985 年版，第 64 页；〔意〕奇波拉主编《欧洲经济史》第一卷，徐璇等译，第 249 页等。

进入转型期的一个重要现象。正如前面所提到的，大多数公司都采用了家庭公司的形式。公司的名称一般就来自大家族的姓，现在研究得比较多或现存材料比较多的是佛罗伦萨的公司。

从这些大公司管理的变化中可以清楚地看出中世纪公司的发展轨迹。在1350年前，佩鲁齐和巴尔第公司"仅仅是一个法律实体"，由设在佛罗伦萨的总部和西欧各地的分公司组成。理论上所有居住在佛罗伦萨的股东都可以参加经营，但"实际上生意是由大家信任的其中一个打理"，其职能相当于现代公司的总裁，而分公司一般由获得代理权的代理人管理（也会有股东派往外地任职经理的），其职责相当于分公司的经理，以工资为报酬。这种管理方式"非常死板"，佩鲁齐和巴尔第公司的破产显示出这种管理的弱点。黑死病后，一种似乎是新的公司形式在佛罗伦萨发展起来，其特点是"一种自治合伙关系的结合，一位股东负责一个分公司，但他们都受一个人的控制……不允许分公司经理对他的指令有丝毫背离。"1350年后"大多数佛罗伦萨公司都采取了同样的组织形式"，其中最典型的是1397年建立的美第奇（Medici）银行。[①]

公司或银行管理的变化也告诉我们中世纪的经营充满风险，所以当我们看到西欧中世纪经营管理的重要成就时，不要忘记这是不断适应现实变化的产物。为了转移或分散风险，经营人员，特别是大公司的管理层作出了巨大努力。布鲁克尔告诉我们："佛罗伦萨的企业经营史上时常出现发了大财的商人、银行家的名字，以及他们的发家史，从他们的经历看，人们似乎会觉得经营的成功来得非常容易，好像每一个佛罗伦萨人都有点石成金的本领。可是，资料却告诉我们，经营失利和企业倒闭仍是令人沮丧地经常出现。"即使是在15世纪，像14世纪40年代佩鲁齐和巴尔第那样的大企业倒闭的例子虽然未曾出现，但"法庭记录仍表明每年都有好几十位商人宣告破产"。造成破产的原因当然不限于经营决策的失误，很重

---

① 〔英〕波斯坦等主编：《剑桥欧洲经济史》第三卷，周荣国等译，第66页。

要的还有战争及各种天灾和人祸。有些原因今天看来已经不好理解：在 1375—1378 年佛罗伦萨人与教皇格列高利十一世（Gregori XI，1370—1378 年在位）战争期间，教皇宣布佛罗伦萨公民不受法律保护，结果在整个拉丁基督教世界佛罗伦萨人的财产随时可被人没收，其人身也随时有被监禁或被驱逐的危险。[1] 真是成也教皇，败也教皇。不过总的来说，教皇是意大利银行家最好的庇护人。这只要看看美第奇家族的历史就能知道，而且获得教皇的账户，为教皇提供金融服务，成为教皇税收和支付的代理人，从来都是佛罗伦萨大银行家的竞争目标。

家族公司实际上是一种比普通合伙制更复杂、更有持续性的经营组织，其基本特点是：

（1）它不纯粹是家族经营组织，而是以家族成员为基础，但酌量吸收一些与该家族亲近或甚至有某种利害关系的非家族成员参加。比如 15 世纪中，美第奇的银行职员以男系亲族（kinsman）为主，但也有"相当一部分是其他亲戚、邻居和朋友"，包括重用巴尔第家族的一些成员。[2] 在德国施瓦本地区邻近康斯坦茨湖的一个叫拉芬斯堡（Ravensburg）的小城市，曾出现过名闻欧洲的拉芬斯堡公司（1380—1530），"这家大商行由三个家族商行联合组成"。[3] 14 世纪时，佛罗伦萨仅次于巴尔第家族的佩鲁齐家族公司 1310 年总资本有 14.9 万镑，其中该家族成员占 7.9 万镑，外来人的资本是 7 万镑。1331 年公司重组时，外来资本超过半数，占总资本 9 万镑中的 5.25 万镑。佩鲁齐公司还鼓励合伙人投入额外资金，这些资金像借款一样，分红前先以 8% 的利息付款。此外，公司还向外来投资者以同样条

① 〔美〕布鲁克尔：《文艺复兴时期的佛罗伦萨》，朱龙华译，第 93、97 页。

② Dale Kent, *The Rise of the Medici Faction in Florence,1426-1434*,Oxford: Oxford University Press, 1978,p.72.

③ 〔法〕布罗代尔：《15 至 18 世纪的物质文明、经济和资本主义》第二卷，顾良译，生活·读书·新知三联书店 1993 年版，第 473 页。

件接受定期存款。①这颇似后来的股份公司发行公司债券的做法，付以固定的利息及债券到期后偿还本金是受到优先考虑的。

（2）公司成员承担无限责任，但为规避风险，公司进行多样化经营。布罗代尔说："从词源来看，公司（cum 共，panis 面包）本是父子、兄弟和其他亲戚紧密结合的家族合作形式，是分享面包，分担风险、资金和劳力的联合体。这种公司后来将称作无限责任公司，全体成员所负的连带责任原则上是无限的，也就是说，责任不以他们入股的份额为限，而要涉及他们的全部财产。"②承担无限责任，意味着它要求每个合伙者对公司的经营尽心尽责。这时，规避风险的方法有两种。一种是进行多样化经营，各公司以经商为主，但也从事手工业，甚至投资于矿山；银行业是大公司竞逐的目标，14—16 世纪上半叶最大的公司一般也是最有名的银行。这些公司在欧洲各地设子公司、代理商、支行。不过也有像拉芬斯堡这种始终专注于贸易的大商行。规避风险的另一种表现是，大家族的成员并不把所有的财产都投入自己的公司，而可能把相当一部分财产投入田产、房地产，或其他经营。

（3）出现了股份，利润按股分摊。把一定量的货币定为一份，投资者按"份"投资，即可以认购一份或若干份，这种做法产生于 14 世纪初的意大利。我们从佛罗伦萨阿尔伯蒂公司的活动中，可以清楚地看到"股份"的产生过程。14 世纪初，阿尔伯蒂公司共有三个投资人，是同胞兄弟阿尔伯托、内利、拉波。开初，公司的活动主要是从佛兰德一带购进半成品的呢绒，放在自己建立的作坊进行精加工，然后销往意大利和东方各国。公司在佛兰德、阿普利亚、威尼斯、米兰设有办事处。销往拜占庭、土耳其、叙利亚、埃及等地的呢绒主要经阿普利亚、威尼斯出口；销往瑞士、德国的则经米兰出口。1304 年 9 月 20 日到 1307 年 1 月 1 日，公司总资本是 4.1 万多弗罗林，阿尔伯托和拉波各投资 16 072 和 15 999 弗罗林，内

---

① 〔英〕波斯坦等主编：《剑桥欧洲经济史》第三卷，周荣国等译，第 64—65 页。
② 〔法〕布罗代尔：《15 至 18 世纪的物质文明、经济和资本主义》第二卷，顾良译，第 471 页。

利是 9293 弗罗林，但利润三人平均分配，这是因为内利是具体经管公司事务的。这里同样体现了合伙关系中劳力或技术（经营管理工作）入伙的做法，目的是把管理的好坏与收入的多寡结合起来。不久，公司有了新的发展，在继续进行加工生产时，还于 1319 年开设一间毛纺织作坊，直接从事生产，从国外贩来羊毛，在佛罗伦萨织成毛呢。同时，入股分红制也有了改变，股额变为固定，公司总资本分为 25股，每股 1 000 弗罗林，"并随时吸收股外资金，对兼任经理的股东，仍按例多给若干股"。[①]

从股额固定，按股分红这一点讲，阿尔伯蒂公司已与现代股份公司没有多大区别。股额固定显然是为了适应不同富裕程度人们的投资能力，即为了方便人们投资，同时也便于结算。

（4）延续性有了加强，但灵活性的取得仍以牺牲延续性为代价。与之前的康孟达等简单的合伙关系不同，"那种组合仅仅维持一趟经商冒险的时间"，家族公司的建立是为了"在一段特定的时间内从事不同种类的经营活动"。在这段时期结束时把公司解散，但通常一个新公司马上会组建起来，要么是同一批合伙人组成，要么增加一些新成员或减少老成员。[②]佩鲁齐公司在其主要活动期间(1275—1343 年)，曾于 1300、1308、1310、1312、1324、1331，1335 年进行重建。在两次重建之间，既不准任一人退出，也不准新伙伴加入。[③]拉芬施堡公司维持一个半世纪之久，"但它似乎每隔六年就改组一次"。[④]这里，公司的延续性主要靠家族的延续来保持，而家族成员的财产或其他关系的变动就靠不断的重组来调整。

2. 银行

中世纪的公司和银行业分不开，大公司通常也就是大银行，巴尔第、佩鲁齐、美第奇这些大公司也是当时最大的银行。但经营银

---

① 朱龙华："文艺复兴时期的佛罗伦萨企业"，《北京大学学报》1986 年第 2 期，第97—100 页。

② G.Luzzatto, *An Economic History of Italy*, p.120.

③ 〔英〕波斯坦等主编：《剑桥欧洲经济史》第三卷，周荣国等译，第 64 页。

④ 〔法〕布罗代尔：《15 至 18 世纪的物质文明、经济和资本主义》第二卷，顾良译，第 473 页。

行的风险与经营国际贸易的风险有所不同，银行的放债对象主要是各国政府或国王、教皇和权贵，这是它面临的最大风险。13世纪时，科伦大主教曾欠意大利银行家4万镑以上的债务，法国和英格兰的主教们也欠他们很多债。当时的大贵族，如佛兰德和香槟的伯爵也大笔向他们借款。此外，教皇，皇帝，那不勒斯、法国和英格兰的国王也向他们借款。这些银行家向法国国王查理四世的放贷一年就将近200万法郎，他们借给英格兰国王爱德华一世24万镑，借给爱德华三世40万镑以上。1340年后，爱德华三世欠他们的债务高达140万镑。由于银行家与最高统治者和权威有如此密切的关系，所以他们受到诸多特殊的保护。教皇、国王们都保护他们的利益不受侵犯，把各种特权和豁免赐给他们。[①]但尽管如此，银行家仍总是处于巨大的风险中，因为统治者并非总有能力偿还巨额债务。英王爱德华三世为了摆脱自己的狼狈处境，宣布破产。紧接着佛罗伦萨的巴尔第和佩鲁齐也破产了，这时英王爱德华三世欠它们的债务分别为90万和60万弗罗林，这些债务"价值一个王国"。稍后，"波蒂纳里（Portinari）对大胆查理、勃艮第的玛丽和麦克西米利安的贷款，造成布鲁日的美第奇银行分行清理停业，这种灾祸时有所闻。"银行向君主和教皇贷款是一个方面，商人们之间（也不排除与大贵族或君主）的借贷规模也相当可观。1268年去世的威尼斯总督泽诺约有遗产5万皮乔利里拉，贷款约占1/2。13世纪末，在英格兰的一家伦巴德公司的借款额达到1 100镑，而其全部资本只有1 400镑。1424年，一个叫威廉·林恩的羊毛商共有财产4 842镑，其中3 027镑属于未付的借款。在同一时期好几个加斯科尼商人的情况也与此类似。"信用方面的这种发展，要求银行业务的相应发展。"[②]中世纪西欧，特别是意大利，出现许多国际性的大银行家就不足为怪了。正是上述种种情况促使银行家们殚精竭虑，思考规避和分散风险的

---

① 〔法〕布瓦松纳：《中世纪欧洲生活和劳动（五至十五世纪）》，潘源来译，第172—173页。

② 〔意〕奇波拉主编：《欧洲经济史》第一卷，徐璇等译，第264、262—263页。

方法，从而导致银行业不断走向创新。

中世纪末，为适应新的经济形势，欧洲的银行业面临重大变革，其中最重要的就是"公共银行的出现（倒不如说是再现）"。在这一转折中，最早成立的三家公共银行分别是：1401 年巴塞罗那市政府成立的"交换所"，目的是打破犹太银行家对当地银行业的"准"垄断；第二家公共银行是几年后在法国的瓦朗斯成立的；第三家就是 1407 年热那亚创立的圣乔治银行，设在圣乔治大厦（Casa di San Giorgio）内，并因此而得名。圣乔治银行有时被称为具有近代性质的第一家银行，这与它成立的背景分不开。它是为了整顿该城市共和国的沉重债务而建立的，建立时承接了大批债权人的借款，把他们变成存款人，银行由于注入新的存款，使债权人可随时取回自己的借款或存款。这三家最早的公共银行中，巴塞罗那的"交换所"延续了三个世纪，热那亚的圣乔治银行延续了四个世纪。[①] 从热那亚在 16 世纪欧洲金融业的地位看，圣乔治银行无疑是这三家银行中最重要的。阿瑞基曾这样赞扬热那亚人：随着 1407 年圣乔治银行的建立，热那亚"创建了一个由私人债主控制国家财政的机构。在这方面，在差不多三个世纪之后英格兰银行成立之前，无论在效率方面还是在老练程度方面，这个机构都是无与伦比的。"他又说："15 世纪热那亚的资本主义是沿着一条与所有其他意大利的城市国家绝然不同的道路发展的。在不同程度上，以不同方式，米兰、威尼斯和佛罗伦萨的资本主义都朝着立国的方向，朝着日趋'死板的'资本积累战略和结构的方向发展。而热那亚的资本主义则是朝着市场的方向，朝着日趋'灵活的'积累战略和结构的方向发展。"[②]

3. 特许公司与有限责任公司的初步形成

中世纪后期，公司的组织形式出现新的变化，在西方近代扩张过程中的特许公司（chartered companies）开始出现，股份制也有新的发展，出现了雏形的有限责任公司。

---

① 〔法〕让·里瓦尔：《银行史》，陈淑仁译，商务印书馆 1997 年版，第 18—19 页。
② 〔意〕阿瑞基：《漫长的 20 世纪》，姚乃强等译，江苏人民出版社 2006 年版，第 136 页。

通常认为，热那亚的马奥那（Maona）是欧洲最初形态的特许公司，是一种由各种各样的合伙人组建成的"宏大而组织完善的公司"，一种接近现代股份公司的经营组织。它的一个最早的实例出现在 13 世纪。1234 年，北非的休达发生了一场"革命"，撒拉逊人消灭了当地热那亚人的政权。热那亚人要求苏丹赔偿，苏丹加以拒绝，于是热那亚政府集结一支 100 多艘船只的舰队进行威胁，苏丹被迫偿还一笔巨额赔款和全部战争费用。由于其时热那亚国库空虚，就把远征船队的所有船主和其他要求苏丹赔偿的人都组织成一个公司——马奥那，把债权人的出资情况全部登记下来，这当中可能还有让渡股份的情况。城市政府把所征服地区的使用物权抵押给这个马奥那，直到政府有能力偿还其成员的债务时为止。这就是现知最早的马奥那，但其更具体的经营管理情况不清楚。这种马奥那似乎有点像政府公债持有人的组织。14 世纪热那亚在塞浦路斯和科西嘉等地都组建过马奥那，但现在知道的比较清楚的是它在希俄斯组建的马奥那。

1346 年，热那亚政府组织一支舰队远征不久前被占领的希俄斯殖民地，舰队收复该岛后返回故乡时热那亚政府发现无力偿还舰队的巨额远征费用——203 000 热那亚镑。于是政府和远征参加者达成一项协议：远征参加方组建成一个马奥那公司，公司以热那亚的名义管理该岛 20 年，共和国政府以此清偿所欠的债务。在此期间，组成马奥那的 29 个参加者自行在该岛征税并垄断乳香贸易。虽然理论上热那亚政府派出的官员管理该岛的行政和司法，但贸易所产生的利润归这个特许公司所有。后来，该公司几经变迁，政府出于债务问题多次与公司延长协议。公司对这个岛的管理一直延续到 1566 年它被奥斯曼人占领为止。汤普逊认为："希俄斯岛热那亚人的统治是 16 世纪特许公司的先兆，它与东印度公司、西印度公司以及其他许多此类商业兼殖民组织简直别无二致。"[①]威廉·米勒也认为："这

---

① 〔美〕汤普逊：《中世纪晚期欧洲经济社会史》，徐家玲等译，第 606—611 页。

就是我们用现代的说法所称为特许公司的组织。"①

马奥那只是特许公司的一种形式，可称为股份型特许公司。当然，关于马奥那是不是股份公司是有争论的，因为它的资本已在征服中用掉，是虚拟的，不过把它看成股份公司的萌芽应该没有问题。

中世纪后期的特许公司还以另一种面目出现，即所谓的管理公司（regulated company）。两百多年前，亚当·斯密对管理公司作过界定："没有共同资本，凡具有相当资格的人，都可缴纳若干入伙金，加入组织，但各自的资本由各自经理，贸易危险，亦由各自负担，对于公司的义务，不过是遵守其规约罢了。"②管理公司是城市商人行会的一种演变形式。它与商人行会的区别在于：（1）城市商人行会限于本城市的商人，而管理公司则是跨出城墙的地区性的或全国性的商人组织；（2）它经政府或国王批准后垄断某一地区或某一行业的经营，而城市商人行会成员离开了自己的城墙后就没有这种垄断权力；（3）它有一些共同的资金，用于建立仓库、市场，设代办处，甚至护航、派出使者等。如马歇尔所讲的，他们有一个"共同的小钱包，但每个成员自负盈亏自己做生意"。③

管理公司有一个发展过程。最初，它只是垄断本城与附近城市间某项经营的商人之间的组织，然后它们获得国王的特许。英国的商人冒险家协会是这方面的一个典型。"商人冒险家"（Merchant Adventurers）的名称出现于13世纪后，指那些向欧洲大陆运销呢

---

① William Miller, "The Genoese in Chios, 1346-1566", *The English Historical Review*, Vol. 30, No. 119, 1915, p. 418.

② 〔英〕亚当·斯密：《国民财富的性质和原因的研究》下卷，郭大力、王亚南译，商务印书馆1974年版，第295页。该译本把"regulated company"译为"组合公司"。本书所引用的中文材料中还有其他译法：前引布罗代尔书译为"有规章公司"（第二卷第488页），库利舍尔的《欧洲近代经济史》译为"制约公会"（北京大学出版社1990年版，第320页），金德尔伯格的《西欧金融史》译为"协调公司"（中国金融出版社1991年版，第269页），奇波拉主编的《欧洲经济史》第一卷译为"管理公司"（第259页），但该书第二卷却又译成"契约公司"（第443页）。蒋孟引主编的《英国史》称为"规约公司"（中国社会科学出版社1988年版，第246页），豪斯赫尔的《近代经济史》译为"调节公司"（商务印书馆1987年版，第174页）。

③ A. Marshall, *Industry and Trade*, London: Macmillan, 1932, p. 36.

绒的英国人。[①]到 15 世纪初，这些英国商人已按自己出身的城市组成了各个贸易联合会。为减少各城市联合会间的竞争，一致对外，1407 年在尼德兰经营的这些商人组织起来，并从英国国王那儿得到特许证。此后，伦敦的商人企图以自己为主建立统一的组织，各地方城市的商人反对这种做法，联合起来与伦敦商人对抗。1496 年，亨利七世出于外交需要，授权伦敦的商人冒险家组织全国性的商人冒险家公司，该公司最终形成。加入公司的商人独立经营，但公司给船只发执照、确定运费、决定船队出航时间。为防备北海海盗，公司请政府舰队护航，费用来自对来往货物的征税。公司的工作还包括制订共同政策，采取措施保证最有利的贸易条件。在与国内外对手竞争中需要政府支持时，他们就与政府协商。[②]

总的说来，西欧中世纪中后期发展起来的家族公司、股份型或管理型的特许公司，都比较容易向后来的股份公司转化，因为初步的股份制已经建立起来。它们与后来的有限责任公司的差距，一是无限责任，二是还未出现专门买卖股票的证券交易所。但甚至就在这两个方面，中世纪后期也已经以某种方式发展起来。这主要表现在：

（1）有限责任开始得到法律承认。前面讲到，一些家族公司其实是有限和无限责任相结合的公司，即家族核心成员承担无限责任，而来自家族外的投资者实际上只承担投资额的责任。到 1408 年，"佛罗伦萨的立法承认有限公司，公司的普通合伙人不再承担无限责任，因此，参与的人数大量增加。"[③]这里，主要合伙人承担无限责任，一般的合伙人承担有限责任，这是否意味着雏形的两合公司的出现？此外，汤普逊还指出，1407 年热那亚成立的圣乔治公司是"羽翼丰

---

① 〔英〕克拉潘：《简明不列颠经济史：从最早时期到一七五〇年》，范定九等译，上海译文出版社 1980 年版，第 232 页。

② L. Bolton, *The Medieval English Economy, 1150-1500*, London: J. M. Dent , 1980, pp. 315-317.

③ 〔意〕奇波拉主编：《欧洲经济史》第一卷，徐璇等译，第 258 页。

满的有限公司"。① 这里，不管作者的语言是否有些夸张，我们都可以相信，有限的原则已多方面萌芽。

（2）证券交易所虽未出现，但公开的证券（包括股票）买卖已经发展起来。布罗代尔讲到，威尼斯很早就有公债券买卖，佛罗伦萨在 1328 年前也有过这种业务。在热那亚，则存在"抛售和收购圣乔治银行有价证券的活跃市场"，德意志在 15 世纪的莱比锡交易会上人们可以出售矿业股票。汉萨城市在 15 世纪有年金证券市场。维罗纳 1318 年的法规确认了期票交易。而法学家巴托罗缪·德·博斯科在 1428 年曾对热那亚的期票买卖提出异议。所有这些事实都证明："证券交易在地中海地区早已存在。"其与后来证券买卖的差别只在于，还未出现专门的证券交易所，证券的公开买卖或转让一般混合在商品交易会、交易所里进行："大商人以及许多中间人聚集在交易所，并在那里洽谈商品交易、汇兑、入股、海事保险等业务……交易所也是一个货币市场、金融市场和证券市场。"② 热那亚在远征希俄斯岛后成立的马奥那，很快就出现了股份转让的情况。到 1358 年，公司的股份集中到 8 个人手中，而且只有 1 人是最初的马奥那成员。1362 年，公司改组，由 12 个人控制该岛。这些人"试图对内部出售股份加以整顿。任何成员都不得把自己的股份卖给另一成员，以防止股份持有人减少到 12 人以下。不过，允许成员们经共和国总督同意后，把股份卖给商号以外的人。这 12 个人的股份，每份都平均分成 3 个'卡拉第'（karati），然后再把每份'卡拉第'分成 8 等份。"但此后这个马奥那的股份变动情况仍很频繁。③

就公司和股份制的角度看，15 和 16 世纪之交也是一个重要时期。此前，家族公司占主导地位，此后，特许公司变得重要起来。到 16、17 世纪之交，特许公司成为最重要的经营组织。与这种转变相一致，经营组织的创新地从意大利向北欧的英格兰、荷兰等地转移。

---

① 〔美〕汤普逊：《中世纪晚期欧洲经济社会史》，徐家玲等译，第 607 页。
② 〔法〕布罗代尔：《15 至 18 世纪的物质文明、经济和资本主义》第二卷，顾良译，第 87、86 页。
③ 〔美〕汤普逊：《中世纪晚期欧洲经济社会史》，徐家玲等译，第 609—610 页。

意大利在地中海世界发展起来的经营方式，下一阶段在北部欧洲各国将得到惊人的发展。

五、商业联盟

古代商人联合成商帮，在经营中互相帮助或合作，这在世界各地都存在过。但西欧中世纪商人之间的关系有两个很鲜明的特点：商人都以城市为单位，各城市的商人不仅互相竞争、互相拆台，甚至互相发动战争，如热那亚和威尼斯；各城市的商人因各种需要以地区或区域为基础进行联合或合作（附带说一下，中国古代不太存在城市之间的竞争甚或战争，商人是以出生地为基础组织起来的，如徽商）。西欧中世纪的商人联合主要表现为城市之间的联合（这里不包括城市内的各种联合，如行会），这为此后以民族国家为单位成立各种扩张组织提供了范例或基础，像英国的商人冒险家协会就成了近代管理型特许公司的先驱。

商业联盟的出现是中世纪西欧特定条件的产物，对相关的商人们来说，这也是减少风险、维持经营秩序和安全的需要。在法国，12 世纪时巴黎就成立了"内河商人同盟"。1210 年，鲁昂和巴黎的"内河商人"在王权支持下签订了"塞纳河商约"，还成立塞纳河沿岸商人联合会之类的组织。后来，塞纳河（Seine）上游和约纳河（Yonne）的勃艮第商人也加入了这个联合会。14 世纪时还出现了卢瓦尔河沿岸商人协会。[①] 在香槟集市全面走向繁荣的时候，即大约在 1230 年，佛兰德、香槟、皮卡第（Picardy）、埃诺（Hainault）等在集市上出售布匹的 17 个城镇还组成一个联盟。这是一个松散的联盟，它开会商谈事务，但没有首领，也不选举，"只是一个鼓励拥有呢布制造业的城镇间的某种团结的组织"。但它的生命力异常

---

① 〔苏〕柳勃林斯卡娅等：《法国史纲》，北京编译社译，生活·读书·新知三联书店 1978 年版，第 93 页。

顽强，在香槟集市衰落后长期存在，竟维持到 17 世纪。[①] 在王权衰弱和政治分裂的德意志，这方面的反映特别明显。当然，意大利同样政治分裂，但它的反应是另一种方式，即成立城市共和国的方式，并根据政治需要随时建立各种政治联盟，一个历史过程一旦基本完成，这种联盟即告结束。德意志曾出现过各种各样的城市联盟，但它与意大利不同之处在于，北海的贸易条件与地中海差别很大，而且皇帝和诸侯对城市生活仍有较大影响，他们总是千方百计阻碍或禁止城市联盟的建立。比如，1231 年皇帝禁止城市建立自治机构。此前的 1226 年，沃尔姆斯（Worms）与施佩耶尔（Speyer）、美因茨、法兰克福等城市建立的"阿尔卑斯山以北的第一个城市同盟"被解散，沃尔姆斯市民甚至不得不拆除他们自己建造的市政厅。1254 年德国还形成过巨大的莱茵同盟，不仅有许多城市参加，而且还有诸侯和贵族参加，无疑其目的都是为了王权失效时能够维护一定的秩序，但同盟很快就被"打碎"了。此后，没有建立过此类全国性的组织，比较有名的是为了贸易利益而建立的北德的汉萨城市同盟，及为了"抵抗邦君和贵族的侵犯"而于 1376 年和 1438 年建立的士瓦本城市同盟。[②] 这里专门介绍一下汉萨同盟。

汉萨同盟（Hanseatic League）是中世纪德意志最重要的城市同盟。就汉萨（Hanse）一词来说，其原意指"常常前往外国旅行的商人的联盟"。比如，伦敦的佛兰德人的"汉萨"，指的是佛兰德各城镇定期到英国经商的商人联盟。其作用是"为在外国土地上经营的商人提供集体保护，尽可能地维护贸易特权，并监督会员严格遵守已经生效的规则。"德国汉萨同盟的起源没有一个确切的时间。开始时它是一个与外国贸易的商人的公司（company）。在德意志人往东推进并在波罗的海沿岸斯拉夫人的土地上建立城市定居点后，由于德意志政府未能提供贸易安全保障，各地商人行会和城市间的

---

① 〔英〕波斯坦等主编：《剑桥欧洲经济史》第三卷，周荣国等译，第 112 页。

② 〔德〕赫伯特·格隆德曼等：《德意志史》第一卷下册，张载扬等译，商务印书馆 1999 年版，第 35、544 页。

联盟（associations）日益迫切地感到相互保障安全的必要性。1241年吕贝克（Lübeck）和汉堡（Hamburg）缔结了相互保护的协定，到 1259 年，科隆等城市加入了这种联合，吕贝克领导的汉萨同盟由此形成。从荷兰到波兰的港口和内地的城市也加入这个同盟，但同盟的主要成员依然是北部德意志的城市。1252—1253 年汉萨同盟获得在佛兰德经商的特权。1356 年同盟各城市举行了第一次代表大会，"正式建立汉萨同盟"，以吕贝克为中心。按照《剑桥欧洲经济史》的说法，这次会议的意义在于："汉萨同盟因此从商人行会转化为城镇联盟"。1370 年汉萨同盟通过战争迫使丹麦国王瓦尔德玛四世（Valdemar Ⅳ）接受《斯特拉尔松德条约》，并占领丹麦海峡一带的要塞，从此垄断了波罗的海与北海之间的贸易。1388 年同盟通过"有效封锁"，又"迫使富裕的布鲁日和尼德兰屈膝投降"，这时同盟势力达到顶峰。同盟长期维持着对波罗的海的贸易，但经受了一系列战争。1441 年它被荷兰人打败后走向衰落。到 16 世纪时，内部纷争，各民族国家及德意志内部各诸侯权力的增长，还有特权的消失等，都对同盟的团结发生影响。1669 年同盟召开最后一次会议，但它从未正式宣布解散过。[①]

有人认为，至今，汉萨同盟仍是中世纪欧洲"最迷人"的话题之一，很大程度上这与它的灵活性有关。这是一个无定形的组织，很难给它下一个明确的定义，只有"最广泛的定义才能传递一种有条理的印象"。当然它主要是低地德语（Low German）城镇和商人的一个商业组织，在波罗的海和北海地区活动，曾有多达 70 个大城市和 130 个小城市成为它的成员。然而，汉萨的成员是波动的，依时间和所规定的资格而定。汉萨让人感到迷惑的另一个问题是它的组织。比如，15 世纪的议事录本身指出：汉萨没有共同的创建条约

---

① 〔英〕波斯坦等主编：《剑桥欧洲经济史》第三卷，周荣国等译，第 93 页；Stephen Halliday, "The First Common Market", *History Today*, Vol. 59, Issue 7, 2009, pp.31-37；〔法〕布罗代尔：《15 至 18 世纪的物质文明、经济和资本主义》第三卷，施康强等译，生活·读书·新知三联书店 1993 年版，第 99、101 页。

（foundation treaty），没有法规，没有行政机构（直到 1556 年），没有武装，没有金库和印章。在汉萨商人和城镇代表大会（所谓的汉萨议会）上发布的各项规定是在局部地区实施的，实施这些规定还需通过各城市议会批准。然而汉萨在各地建立的分支机构却有十分清晰的组织结构，比如它在卑尔根（Bergen）、布鲁日、伦敦和诺夫哥罗德（Novgorod）的四个商站或贸易中心就是这样。这些商站的组织与汉萨本身不一致之处，在于它们有自己的印章、金库和经过选举的行政机构，拥有在有限的程度内使用军事力量的权力，还有权实施各种规则和惩罚违规者。①布罗代尔认为汉萨同盟既是"脆弱"的，又是"坚实"的。所谓"坚实"，指的是它的一些具体规定非常严格。比如，青年人在卑尔根的商站要经历十年的学徒训练，要学会各种语言及当地的商业实践技巧，特别是他们必须过独身生活。商站的一切事务由元老会和两个官吏处理，商人们必须住在商站里。②这是一个具有高度灵活性、广泛性而又有严格规定的组织，以适应各城市之间既互有矛盾冲突但又有共同追求的现实。

汉萨同盟在近代初期因各种原因而衰落，它在波罗的海和北海的贸易垄断地位被强大起来的荷兰和英格兰打破了，但它建立起来的"榜样"却有深远影响，特别是对英格兰。罗弗说道："尽管方法不同，英格兰政府的经济政策也或多或少地追求和意大利共和国或汉萨同盟同样的目标。在中世纪，其目标总是赢得运输业的控制权，获得及维护其优势地位。根据具体情况，这个目的通过优越的商业组织、武力或两者兼施的方式来实现。"③由此，我们不禁又想起近代欧洲对外贸易中的探险家、商人、海盗三位一体的活动方式。严密而广泛的组织性和高度的灵活性相结合，为共同的目标而不惜

---

① Justyna Wubs-Mrozewicz, "Rules of Inclusion, Rules of Exclusion: The Hanseatic *Kontor* in Bergen in the Late Middle Ages and its Normative Boundaries", *Germen History*, Vol. 29, No. 1, 2011, pp. 1-2.

② 〔法〕布罗代尔：《15 至 18 世纪的物质文明、经济和资本主义》第三卷，施康强、顾良译，第 99—100 页。

③ 〔英〕波斯坦等主编：《剑桥欧洲经济史》第三卷，周荣国等译，第 99 页。

使用任何手段，早期资本主义就是这样发展起来的。

六、商业教育

这里讲的商业教育是广义上的，包括家庭、学校和社会的商业教育，但不包括那些与商业密切相关的诸如法律、文字应用等方面的教育。限于笔者手中掌握的资料，这里只作一个极简单的介绍。

就家庭教育来看，美第奇家族的创始人留给后代的告诫非常有特色："不要表现的是在给人以劝告，但是要把你的意见在谈话中慎重地提出来。尽量不要到执政大厦去，除非是被要求到那里去，即使如此也仅仅做要求做的事，而即使得到了很多选票也决不要表现出任何骄傲……避免诉讼和政治争议，始终避开公众的视线。"[1]中国古代的商业家族也有自己的家教，但对待政治和政府的这种态度，只有在西欧中世纪的那种政治环境中才会出现。

意大利在 13 世纪时出现了商业算术（commercial arithmetic）的老师。现存文献中最早提到这种老师的是 1265 年博洛尼亚（Bologna）的文献。维罗纳（Verona）的政府在 1277 年决定任命一个教算术的教师，是所能看到的由政府任命的第一个这样的老师。1305 年威尼斯的文献上出现了使用算盘的非犹太人，随后公证人的档案证实这种世俗的算术教师的教学生涯可达 35—40 年。14 世纪基础教育学校迅速增长。当时意大利的学校有政府办的学校、教会办的学校，但大多数都是私立学校或称独立学校，在这种学校里，老师教的一般是拉丁语或本土语的文字和商业算术。[2]佛罗伦萨编年史家乔万尼·维兰尼（Giovanni Villani，1276—1348）告诉我们，1339 年前后，佛罗伦萨的识字教育已相当发达，将近 10% 的人口，即在约 9 万居民中有 8 000—10 000 个男女儿童在接受教育。孩子

---

① 〔英〕赫伯特：《美第奇家族兴亡史》，吴科平译，上海三联书店 2010 年版，第 23—24 页。

② Paul F. Grendler, "The Organization of Primary and Secondary Education in the Italian Renaissance", *The Catholic Historical Review*, Vol. 71, No. 2, 1985, pp. 187, 190.

的教育有两种选择：商业教育或文字教育。这些接受教育的儿童中，约有 1/4（1 000—1 200）的人前往 6 个学校学习算术和使用算盘（abacus），约有 1/8（550—600）的人到 4 个拉丁语学校学习语法和逻辑。①

布鲁克尔说，那时对一个想成为商人的青年来说，必须经历长期的学习和训练。首先是进文法学校掌握基本的读和写。到 10 岁时进入专教算术的学校学习分数算法、利息推算和记账。然后去某个商号里当学徒，担任各种杂役，熟悉买卖过程的各种复杂的细节。有一个叫多纳托·韦卢蒂（Donato Velluti，死于 1370 年）的佛罗伦萨人曾这样记述他儿子的学习和训练过程："我送他进了学校。他学会了读书，聪明能干，记性好又善于辞令，学业进步很快。于是我送他去学习算术，短时期他就精于此道。我就把他从学校叫回来而送进基奥雷·彼蒂的店铺，后来又送进曼尼特·阿米代的办事处……他被派去专管一本放债和信贷事务的账簿，居然能像 40 岁的人那样干得出色。"② 这段话简明扼要地叙述了一个年青商人的成长过程，是学校教育和实习相结合的一种教育方式。经过这样教育训练的年轻人会被送到佛罗伦萨公司在外地的某个办事处，在一个年老职员监督下承担代理商或帮办的工作。由此他渐渐成长为一个熟练的商人。

一些有经验的人写的商人手册，也是年轻商人获得经商经验的重要读物。此类小册子有些留存至今。一个叫弗朗西斯科·佩戈洛蒂（Francesco Pegolotti）的人写的商人手册，向我们展示了当时商人的经营范围之广阔、经营内容之复杂及经营者几乎无所不知的才华和智慧。他在 14 世纪初在巴尔第公司工作了 30 余年。当时这家公司的活动范围遍及地中海各地和莱茵河以西的中欧地区。作者向准备在这些地方经商的人提供了翔实的银钱价值表，及关于度量衡、关税、商货的表格和一般性的贸易和行市信息。书中提到的"钱币

---

① Charles T. Davis, "Education in Dante's Florence", *Speculum*, Vol. 40, No. 3, 1965, p.415.
② 〔美〕布鲁克尔：《文艺复兴时期的佛罗伦萨》，朱龙华译，第 85—86 页。

衡制种类之多、品目之杂，实难令人相信"。这些钱币在各个城市和各个地区之间传播，只有透彻了解关于它们的传播情况才能在这些地区做个真正的商人。佩戈洛蒂在书中举了288项近东贸易中的商品，包括茴香、龙涎香、锡、松脂等。他能"分文不差"地计算出从英格兰运送一袋羊毛到法国南部某个港口的费用。书中还有关于到中国的商路的叙述，说"根据曾走过这条路的商人们的情报，从塔纳（在高加索）通往中国的道路，无论日夜都很安全"。成功的商人总是懂得多种外语，清楚地了解各地的钱币、税收制度、度量衡及与其买卖特别有关的行情。他还必须在各地建立起众多的业务和人际关系。①

那时的远洋经商并不仅仅是做生意，还包括航海。这也是从事远洋经商的人必须学习的课程。当然，以航行为主还是以经商为主有时是有侧重的，但这不意味着两者互不相干。远洋航行不仅指航海技巧，还有制图等辅助性的科目。1476年哥伦布来到里斯本后的一段时间，他与弟弟就以制图为生。莫里森认为哥伦布就曾在热那亚的制图店铺里学习过此类工作，因为当时热那亚有一个"培养制图人才的著名学校。它供应了半个地中海所需航海指南图。"他们甚至能把葡萄牙人在西非的发现及时地标在海图上，当葡萄牙人需要这方面的地图时也要来找这个学校。②

在古代的商业活动中，商业的社会教育形式多种多样，做学徒是世界上普遍存在过的，欧洲也不例外。但在当时的欧洲，出现了从学校教育到实践教育的某种系统性的教育模式。还有，制图学校能够及时地把新发现或新了解的地理信息反映在自己的海图上，这里面存在着各方人士的某种程度的"合作"，而且这种"合作"几乎全部是商人、水手和相关专业人士之间的行为，这在其他古代文明中可能是不多见的。

---

① 〔美〕布鲁克尔：《文艺复兴时期的佛罗伦萨》，朱龙华译，第87—88页。
② 〔美〕莫里森：《哥伦布传》上卷，陈太先等译，第61页。

第四章　商法与重商传统

　　一定的法律制度是整个工商业活动得以正常展开的保障，或者说只有在一定的法律法规的约束和支持下，工商业活动才能正常、持久、"合理"地展开。这里的"合理"，指其能比较顺利地导向市场经济的萌发。当然，商法是某种商业习惯或商业精神的产物，而这种习惯或精神又是一定的历史文化传统的产物或组成部分。因此，西欧中世纪的商法必须联系它的历史文化传统来理解。

一、商法的形成

　　西欧在中世纪里形成了一系列保障工商业正常活动并有助于市场经济孕育的法律和法规。这些法规在开始时往往产生于工商业者的直接需要，但只有在政府支持、参与下才能使其正规化、系统化，成为城市政府或国家法律的一部分。

　　古代任何国家或地方（城市）的政府都会为辖区内的工商业活动制订各种法律和法规，但所制订的法律是否真的有助于工商业本身发展的需要，那是另一回事。西欧中世纪出现的各种相关法律和法规，相对说来能较好地适应工商业活动的客观需要，因为它们大多是工商业者自己制订的，并往往得到君主的支持和推广。这使相关法律更多地讲究效率和实用。

　　伯尔曼在《法律与革命》中以一整章的篇幅讨论中世纪西欧商法的形成，并称其为"新商法体系"。他说："近代西方商法的基

本概念和制度形成于 11 世纪晚期和 12 世纪"；就在这时期，"商
法在西方才第一次逐渐被人们看作是一种完整的、不断发展的体系，
看作是一种法律体系。"这样讲并不是否认它的历史联系，不是否
认罗马法对它的影响；因为罗马法文献"包含有适用于达成各种类
型契约的一整套高度复杂的规则，这些契约包括金钱借贷、财物借贷、
抵押、买卖、租赁、合伙和委任"。其商业习惯法包括公元前 300
年出现的《罗德岛海洋法》，还有"东地中海的商人发展起来的海
上贸易习惯"。但是，中世纪的经济生活与古代的大不一样，罗马
法"不足以应付在 11 世纪晚期和 12 世纪出现的各种国内和国际的
商业问题"。在政治分裂的情况下，最初的商法是由各个城市根据
遗传到自己手中的文献和现实经济生活需要创建的。也就是说，"商
法最初的发展在很大程度上……是由商人自身完成的。"这方面现
知最早的法典，是第一次十字军东征期间（1096—1099）意大利西
南海滨的阿马尔菲（Amalfi）共和国采用的《阿马尔菲表》（Tabula
Amalfitana），其权威性逐渐得到意大利各城市共和国的承认。另
一个重要的法典是《奥莱龙法（或案卷）》（Laws of Oléron）。奥
莱龙是法国西部大西洋上的一个岛屿，约在 1150 年，奥莱龙法院的
海事判决汇编被大西洋和北海各海港城镇（包括英国的海港城镇）
所采用。约 1350 年左右，《维斯比法》（Laws of Visby）也得到
波罗的海各国承认。维斯比是波罗的海果特兰岛上的一个港口，该
法大概来源于《奥莱龙法》。大约在同一时期，巴塞罗那的《海事
法典》渐渐被地中海各商业中心所接受。该法典部分基于该城早期
的相关汇编，部分基于意大利各城市的有关法规。以上讲的都是海
商法，与此同时，"一种支配陆上贸易的庞大的法律体系"也开始
建立起来，这就是各种内陆贸易所使用的商业法规，包括范围广大、
影响深远的国际性集市，如香槟集市所使用的法律。这方面的法律
也会涉及有关贸易的海事习惯。①

---

① 〔美〕伯尔曼：《法律与革命——西方法律传统的形成》，贺卫方等译，中国大百
科全书出版社 1993 年版，第 413、406、413—415 页。

以上讲的是中世纪最流行的一些商业法典或法规，其实许多城市都制订过自己的海商法或商法。仅以汉萨同盟为例，除《维斯比法》，还有《条顿骑士海洋法》、《东方商业航海法》、《但泽海洋法》、《吕贝克船舶法》等，对汉萨商人有影响或受汉萨商人影响的法典"有丹麦的、瑞典的、挪威的、英国的《海事法典黑皮书》、《布鲁日紫皮书》、《佛兰德海洋法》和其他法律汇编"。当然，上述法典并非都是单独创造，而是互相吸收。汤普逊认为汉萨同盟对国际法作出了重要贡献，因为：（1）它使各国承认了加强保护北欧商业的重要性；（2）影响了保护侨居国外的商人的措施的制订；（3）在尊重中立航运贸易的发展方面开了先河。他还说："英国航海法基本上是昔日汉萨同盟的海洋法。"①

以上各种各样的商法和海商法有六个特征：②

1. 客观性。商法中的各种权利和义务变得更加客观、准确，较少任意和模糊。其形成过程有一个"从习俗（行为模型）意义上的习惯到更为细致地加以界定的习惯法（行为规范）的运动"。此外，它们的客观性还体现在大力强调应该"公正裁决商事纠纷"。

2. 普遍性。11世纪晚期以后，商法所确定的各种权利和义务在各地的使用中变得更加统一、更加普遍，并较小差异，也较少歧视。这是因为那时的许多商业活动"都具有世界性或国际性"，那些规模巨大的集市贸易都是跨国贸易，各跨国贸易机构在欧洲各主要商业中心都设有常驻代表。虽然各地的城市或每个国家都有自己的商法，但"所有这些商法都不过是同一种类的各个分支而已"。

这种普遍性对外国商人来说是一种重要的保护措施，因为中世纪时期商人特别容易受到地方封建主的盘剥，包括商品在运输过程中遭受抢劫或被迫缴纳通行税。这种情况使"商人自己的法律的普遍化成为一个迫切需要解决的问题"。日益强大起来的中央政府也着手采取措施。比如，在《大宪章》（1215年）中可以找到这方面

---

① 〔美〕汤普逊：《中世纪晚期欧洲经济社会史》，徐家玲等译，第237、240页。
② 〔美〕伯尔曼：《法律与革命——西方法律传统的形成》，贺卫方等译，第415—433页。

早期的例子，它规定："所有商人为了买卖的目的可以安全地出入，逗留以及由陆路和水路通过英格兰，按照古老公正的习惯，他们可免交法律上的捐税。"这种措施不久后就扩大为公共当局协助执行的商事法院的诉讼程序。另外，世俗统治者还通过相互间的条约来保证商法的普遍性。比如，至少从12世纪开始，意大利的城市就达成各种双边条约，规定对方公民享有在己方境内定居、拥有财产、从事工业和贸易活动和诉诸法庭的自由。条约还规定设立公正的商人法庭，目的是"迅速裁决"条约双方公民的商事纠纷，裁决的依据是商事习惯。

3. 权利的互惠性。这是11世纪晚期和12世纪出现的"新商法体系的实质所在"。当然，互惠性是一切文明社会商业活动的基本性质，但西欧中世纪形成的商法的互惠性还涉及"公平交换"的因素。这又表现为两个方面：程序上的和实体上的。就前者来说，必须进行公平交换，即不存在强迫、欺诈或"其他滥用任何一方意愿或认识的行为"；就后者来说，"即使是自愿和故意参与的交换，也不得使任何一方承受与他所获得的利益极不相称的代价"，同时这种交换还不能损害第三方的利益或"一般的社会利益"。从更宽广的文化层面看，这种权利互惠性，不管是在其程序方面还是在实体方面，都蕴含在自11世纪晚期以来西方人对"权利"的理解中。

4. 商人参与裁判制：商事法院。当时的商事法院包括市场和集市法院、商人行会法院和城市法院、海事法院。商人行会法院和城市法院所管辖的不仅仅是商事案件，而且拥有极其广泛的商事司法权力。这类法院大都与领主或庄园的法院一样，是"非专业的社会共同体法院"，但它们有两个重要特点。一个是法官都来自商人自身，或选自市场和集市的商人，或由行会首脑或代表组成，城市商事法院的法官通常也由商人们选举的同行承担。另一个特点是强调快捷审判：

　　所有各种类型的商事法院的程序都具有迅速和非正式的特

性。时限幅度很窄：在集市法院中，审判应该在商人脚上的尘土未掉就完结；在海事法院中，审判应该"在潮汐之间"完结；在行会法院和城镇法院中，审判应该在"一天以内"完结。上诉常常是被禁止的。不仅专业法律家被排除于审理程序之外，而且专门的法律争论也引起反感。法庭应该"由衡平法支配……据此，每个人都将有机会去陈述他的事实……并尽其所能地表白"，以便为自己辩护。一个商业行会的一项有代表性的法规规定，商事案件"应该按照良心和公平原则去处理，在法律的细枝末节上争执是不适当的"。

以上两个特点是相辅相成的，因为只有商人自己参与解决商事纠纷，法庭才有可能作出快捷和比较公正的判决。

5.商法的整体性。这种整体性指的是："与商事关系相联系的各种权利和义务逐渐被自觉地看作是一种完整的法律体系商法的组成部分。"汇票和本票之类的商业票据及其转让、动产抵押权、留置权、破产法、提单和运输单据、海上借款或冒险借款、存在共有权的合伙关系、类似股份公司的联营（康孟达）等等行为，都按统一的精神和原则来处理。商法的整体性就体现为这些行为中的各种"原则、概念、规则和程序在结构上的一致性"。这些原则包括诚信原则和共同人格原则：前者的主要表现是"创立了各种新的信用手段"，即上面讲的各种票据、经营方式的使用；后者则特别表现在"创立了各种新型的商业联合体"，即像康孟达和马奥那那样的经营组织。

6.商法的发展性。商法的整体性及它结构上的统一性，与它的"有机发展"密切相关，所以随着商业活动的复杂化，欧洲各地的统治者，特别是城市统治者，不断推动商法的精细化。11世纪晚期公证人体系的出现，"也使商事习惯自觉地适应新的情况成为不可避免"，因为公证文件被看成具有契约义务的约束力。银行的总账簿和船舶契据登记簿也具有法律约束力。总之，"整个商法体系都处在一种演化的过程之中……这一过程表现为一种自主的发展。"

西欧中世纪商法的形成和发展意义重大。因为即使那时的城市拥有比较充分的工商业自主权，如果不存在某种支撑这种工商业活动的法律体系，也不可能出现市场经济的萌芽。资本主义只能产生于那种自主的工商业活动所需要的基本法律法规已经初步形成的地方。可以说，没有这种法律体系就没有地理大发现和世界市场的建立！它是商人与政府共同努力的结果，充分体现出中世纪西欧的商人和君主都渗透着商业精神。

二、重商传统的形成

政府与商人共同努力，促使工商业扩张，通常这被称为"重商"。重商是西欧中世纪一个基本的经济现象。商人们勇于排除任何障碍，开拓市场（城市的、大贵族的、国王的），政府则支持他们扩张，为他们营造扩张的氛围和条件，这些都可视为重商传统的表现。马克斯·韦伯曾这样赞扬欧洲中世纪商人的创造精神：

> 事实上，现代资本主义的一切特有的制度都不是归根于罗马法。无论出自私人债务或战争贷款的有息债券都起源于中世纪的法律，而在中世纪的法律中，德意志的法律观念也起了作用。同样，股票也起源于中世纪或现代的法律，在古代法律中还是陌生的。汇票也是这样，阿拉伯法、意大利法、德意志法和英国法都有助于汇票的发展。商业公司也是中世纪的产物，只有委托事业在古代是流行的。抵押，连同注册的保障、信托书以及代理权等也都起源于中世纪而不能追溯到古代。[1]

这段话不仅赞扬商人们的创造精神，还说明了中世纪各种复杂的经营方式与法律制度建设的关系，因此实际上也赞扬了欧洲中世纪在

---

① 〔德〕马克斯·韦伯：《经济通史》，姚曾廙译，第214页。

商业立法方面的努力。琼斯则这样赞扬中世纪西欧的君主们对商业的支持："中世纪的君主们非常努力地保护自己国家的商人免受国内混乱和外部的干扰,他们制止对外商进行报复的行为,从而有利于法律程序的发展。他们限制非当事人把失事船只和漂流货物据为己有的权利。他们着手担保盖有教皇、皇帝、国王、主教、市政当局的公章的商业协定。领主或统治者的支持减少了从事外贸的商人的某些危险。"① 有关的商业和海上航行的法规就是这样建立起来的。

中世纪西欧的君主们为什么重商?从一种比较简单或比较直接的观点看,重商政策是当时国王们解决财政困难的一个基本方法。国王们通常都很穷。在德国,皇帝经常陷入财政危机,总是想通过抵押帝国城市(直属皇帝的城市)来还债,因为帝国城市"构成了皇室财产最有价值的一部分",帝国城市不得不出钱为皇帝还债,以免自己被皇帝抵押掉。1311 年,尼德兰的罗伯特三世(Robert III)声称他不敢到法国去,因害怕那里的债主向他讨债。1433 年前后,英国政府年收入只有约 5.7 万镑,这一年政府欠大商人或大银行家的债就达 2 万镑,而到期未付的年金及其他拖欠的旧债估计有 8.8 万镑。② 卡斯蒂利亚的"国会"控制着税收,它的国王们穷得成了"他们臣民们嘴上的一个笑柄"。③ 中世纪西欧的君主们之所以"穷",是因为在封建化过程中,他们的收入只来自自己的领地,而领地收入本来只是维持君主一家的生活所需。但王室承担着政府职能,随着国家经济、政治生活的复杂化,王室办事人员(政府工作人员)和国家的军事行动及其规模都在增加,君主领地的收入难以满足这日益增加的开支。为解决这个问题,可供君主们选择的手段,要么是向臣民征税,要么是通过发展工商业和外贸来增加工商业和海关税收。在西欧封建社会的情况下,向臣民征收直接税有种种难度,

① E. L. Jones, *The European Miracle*, Cambridge: Cambridge University Press, 1981, p.89.
② 〔英〕波斯坦等主编:《剑桥欧洲经济史》第三卷,周荣国等译,第 438、428、404 页。
③ 〔意〕奇波拉主编:《欧洲经济史》第一卷,徐璇等译,第 276 页。

受到教俗大贵族强有力的抵制。中世纪西欧的教俗贵族总是坚持一条原则：事关众人的事情必须与众人商量。君主们只得通过召开等级会议的办法来征税，但让等级会议来批准税收也是非常不容易的事情。向工商业征税则比较可行，即使税率不变，只要工商业发展了，税收就会自行增加，特别是海关税。于是发展工商业和对外贸易几乎成为君主们增加收入的一种非常重要的手段，这就是中世纪西欧的国王们那么大力支持工商业和海外贸易的原因。他们为支持自己领土上的工商业发展，还不遗余力地招揽外国手工业者前来定居，招揽外国商人前来做生意，其目的都是为了通过增加收入以维护自己统治的稳定。

重大的政治军事活动需要巨额金钱，这成为君主们与银行家发生关系的直接诱因。国家需要银行家和商人的合作，银行家和大商人（那时银行家常常又是商人）于是大规模卷入国家财政活动，以至银行家大有控制政府经济活动的趋势。雅克·伯纳德不无夸张地说道："世界活动的指挥者不再是工业家和商人而是银行家，这个世界已经具有非常现代的模样了。"[1] 银行业与政府的这种关系产生了一系列连锁反应，特别是促使政府加强对银行业的扶植和利用，从而有助于银行业的发展和成熟。这就是韦伯说的："为了本身的用途而需要款项的政治当局，只能以贸易、关税和银行业务等各种垄断权的特准来换取现款。为了换取贷款，王公，或城市，把银行作为一种公共企业，并把这种特权作为一种垄断权来予以维持，或把它包给私人。"热那亚圣乔治银行和后来的英格兰银行都是这样。[2] 有必要强调一下的是，政府非常需要银行，但它并不"收编"银行，没有把银行变成自己的官僚机构，而只是把许多权利交给它，让它独立发展来满足政府的需要。换言之，银行基本上保持了独立经营者的地位，这种地位对资本主义经营体制来说是关键性的。

---

① 〔意〕奇波拉主编：《欧洲经济史》第一卷，徐璇等译，第 265—266 页。
② 〔德〕马克斯·韦伯：《经济通史》，姚曾廙译，第 163 页。

　　当然，政府与工商业者的这种依赖关系，有时也是很危险的，西欧各国历代国王不时地过度盘剥工商业者，常常借了钱也不归还，这时双方关系就可能破裂。蒂利说："在过去一千年的大部分时间里，欧洲的城市和国家持续发生着一系列危险的关系……城市及其资本家从管理国家的专家那里获取对商业和工业活动必不可少的带有胁迫性的保护"，但是他们有正当的理由担心政府干涉他们赚钱，特别是把他们的资源引向战争或支付战争费用。[①] 这种关系说明：统治者与工商业者的利益并非完全一致，"政府的倾向依其财政利益而定"，"商业贸易只有在其增长符合领主和君主的利益时才能受到保护，而商业贸易便常常由于这一原因而受到阻碍。"[②] 但有两方面原因使政府的"扶植"政策始终占上风。一是工商业者作为独立的经营者，拥有抵制国王额外要求的一些能力。他们在等级会议中有自己的代表，他们与教士、贵族的代表合作能在一定程度上控制或抵制国王的征税权，即使这种控制并非总是很成功。二是从总体上看，君主们也不愿对工商业采取杀鸡取蛋的方法，因为这方面的收入始终是他们可靠的、可增加的财政收入来源。正是这些原因，使工商业者、形成中的资产阶级在相当长的时间内甘愿在封建政府的羽翼下求发展。

　　总之，政府需要城市工商业的财政支持，但城市害怕政府的过度索取，而政府则害怕城市走向反抗，这使政府与城市工商业者间长期存在一种紧张关系。但总的说来，竭泽而渔并不符合国王们的长远利益，所以他们总是不断采取一些措施促进工商业发展。这些措施是商法形成的必要条件，因而也是走向市场经济的必要条件。

　　中世纪后期，随着城市的法律渐渐转变成国家的法律，或一些相对独立的城市自治体（公社）演变成城市共和国，商法从城市的

---

① 〔美〕查尔斯·蒂利：《强制、资本和欧洲国家（公元990—1992年）》，魏洪钟译，上海世纪出版集团2007年版，第64页。译文根据英文原文作了修改。

② 〔美〕诺斯等：《西方世界的兴起》，厉以平等译，第77页。

法律向国家的法律过渡，成为国家法律体系的一部分。内夫说道：各地方市场转变成统一的民族市场，就有必要由国家控制来取代地方管理；认为民族工业需要发展，国家应该保护民族工业，通过政府资助增强它的对外竞争力的思想也产生了；当某些经济管理的动机互相冲突时，更大范围的管理和控制对欧洲的每个国王来说就变得十分必要。① 只有政府介入，商法的覆盖面和规范性或统一性才能得到保证。安德森有一段话讨论了欧洲中世纪和近代初期商法发展的这一过程：

> 在中世纪，城镇经济中商品交换已经具备了相当的活力，法律在某些重要方面的表述比其罗马前辈更为先进：如最初的公司法和海事法。但城镇既无统一的法理框架又无具体程序，对于城市商业活动来说，罗马法的优越性不仅表现在其关于绝对产权的明确概念中，也表现在其平衡法的传统、关于证据的理性原则以及对专业法官的强调——习惯法庭通常没有这些优点。因此在文艺复兴时期的欧洲，接受罗马法是资本主义关系在城乡发展的标志：从经济上，它适应了商业、制造业资产阶级的根本利益。在德意志……最早采用罗马法的原动力出现在南部和西部的城镇中，因为那里的公诉人迫切需要援引更为明确、更加专业化的法律条文。不过，德意志诸侯也迅速采纳了这些法规……。②

以上分析表明，没有政府大力参与，市场机制的孕育和发展是不可能的。换言之，政府与工商业的这种合作关系的形成是商法形成最基本的条件之一，没有这种关系的出现，就不会有雏形的、现

---

① John U. Nef, *Industry and Government in France and England, 1540-1640*, New York: Russell & Russell, 1968, p. 12.

② 〔英〕佩里·安德森：《绝对主义国家的系谱》，刘北成等译，上海人民出版社2001年版，第12页。

代意义上的商法和市场经济的产生。从这个意义上我们可以说，西欧历史的独特性，就在于它在中世纪时形成了众多自治和半自治的城市，在于其统治者与工商业者的合作或在很大程度上互相依赖、互相促进的关系。其基础，是西欧式的封建制度。

第二编　扩张体制与世界市场的初步建立（15 世纪末至 16 世纪）

　　本编简略地叙述地理大发现（或称"新航路的开辟"）的三次标志性的航行，接着讨论西班牙和葡萄牙人如何通过殖民征服和远洋航行初步建立起世界市场，及它们如何受到西欧其他国家挑战的情况。此时，尽管看起来东方的中国和印度依然比西欧繁荣和强大，但实际上西欧已经开始确立自己作为某种世界中心的地位，因为世界市场基本上是在他们主导下运作的。

　　以上事件在人类历史上意义重大，通常被视为近代的开端，所以关于西欧人为什么会在这个时候着手开辟世界市场，历来是史家的重要话题之一。本编第三、第四两章专门讨论这个问题。笔者认为，西欧开辟世界市场虽然以一定的农业和工商业发展水平为基础，但在农业社会中要达到当时西欧的生产力发展水平实际上是比较容易的，难的是当生产力达到那样一种水平时就产生开辟世界市场的冲动。这只能从其特有的文化历史传统来说明。简言之，正是西欧中世纪文化的扩张性，导致了新航线的开辟和世界市场的初步建立。

第五章　三大航线的开通与世界性殖民活动的展开

　　15世纪末和16世纪初，西欧连续出现了三次有重要意义的航行，即1492年哥伦布"发现"或到达美洲，1497—1498年达·伽马经大西洋和好望角来到印度，1519—1522年间麦哲伦环球航行。我们通常称这些航行为"新航路的开辟"或开辟世界市场。

　　在中世纪和近代，西方人开辟世界市场不是一个和平的过程，而是以武力征服为先导，这是近代资本主义发展的一大特色。即使在对农业文明高度发达的东方还不具有武力优势的情况下，西方人在东方站稳脚跟某种程度上也是以武力为基础的，所以讲开辟世界市场，首先是讲他们如何征服。又由于殖民是征服的基本目的和经商的重要前提，所以它也是我们讨论的重点。征服、殖民、贸易三位一体，是早期资本主义发展的基本特征，舍此就没有资本主义。马克思把"世界市场的扩大"和"殖民制度"看成是"工场手工业时期的一般存在条件"，[①]这是根据资本主义的具体历史发展过程作出的概括。有些人想象在一种和平的条件下资本主义自行发展起来，世界历史上不存在这样的经验，因此这只能是一种自我安慰的想象而已，没有历史依据。

---

① 〔德〕马克思：《资本论》第一卷，人民出版社2004年版，第410页。

一、为输入商品而开辟三大航线

这里讲的三大航线是：从欧洲到美洲的航线，由哥伦布开通；由达·伽马开通的从欧洲经好望角到达印度，然后由葡萄牙其他航海家开通的从印度到中国和印度尼西亚香料群岛的航线；由麦哲伦等人开通的从美洲横渡太平洋到达菲律宾的航线。这三条航线的开通，与旧时已有的地中海航线和北海航线一起，构成了以西欧为中心的世界海上交通网，是世界市场初步建立的标志。国外的相关著作通常称这些航线的开通为"（地理）大发现"（Great Discoveries），当代中国人写的有关著作则常常称为"新航路的开辟"。不管使用什么称呼，其重要性都是得到公认的。

我们常常说新航路的开通开辟了世界市场，但似乎很少有人想到：西方人当时开辟世界市场不是为了出售商品，那时的东方人几乎不需要他们当时能生产的东西，但他们必须向东方人买东西。西方人在 15 世纪末和 16 世纪初开辟世界市场，不是为了"卖"而是为了"买"，反映出当时东西方经济关系的一种重要现实：西方人需要东方的商品而东方人(除了地中海东部)几乎不需要西方的商品。当时东西方的这种经济关系成为地理大发现的重要诱因，所以当我们讲"开辟世界市场"时，千万不要用今天企业寻找市场的概念来想象当年西方人开辟世界市场的冲动。[①]

哥伦布开辟到达美洲的航线

1492 年克里斯托弗·哥伦布（Christopher Columbus，1451—1506）发现美洲，这是人们熟知的故事。但我国一些书常把哥伦布与郑和相比，又说郑和的航行早了哥伦布多少年等等，一定程度上表现了对哥伦布航行的无知。

---

① 下面关于三大航线开通的叙述，除另外注明，主要参考拙著《西班牙葡萄牙帝国的兴衰》（三秦出版社 2005 年版）的相关章节。

　　1492 年 8 月 3 日清晨,哥伦布率三艘船只(与郑和率领的"宝船"相比是小船,西方有学者称之为"破船"①)从西班牙的帕洛斯(Palos)港出发。全部人员有 120 人,船员中有经验丰富的水手,也有临时从监狱里招来的罪犯。在探险航行中使用重刑犯是那时的一种习惯,因为大探险的死亡率很高,招募水手有难度,而对于犯人来说,如果能活着回来,就可以减免刑罚。开初的航程水手们很熟悉,那就是先航行到加那利,所以显得很轻松。8 月 25 日,他们来到大加那利岛的主要城市拉斯帕尔马斯(Las Palmas)休整和补充物质。9 月 6 日,他们出发往茫茫大海深处开去,真正的探险开始了。

　　哥伦布的航海日记告诉我们,为了稳定水手,他故意把航行的路程记得少一些,以便使大家觉得走的海路不是太长。9 月 14 日,水手们看见了一只海鸥和一只热带鸟。几天后进入了未知的马尾藻海。10 月初,水手们日益变得不安宁起来,但哥伦布写道:"他们再埋怨也无济于事,……因此必须前进,直到在上帝的佑助下抵达目的地。"②

　　10 月 9 日,成群的鸟儿掠过头顶向西南方向飞去。10 月 11 日,船员们看到洋面上漂浮着一根甘蔗和一根木棒,心情开始激动起来。哥伦布要求瞭望的船员特别注意,自己则在甲板上走来走去。晚上 10 点钟,他说他发现远方仿佛有一处闪烁的灯光。第二天凌晨,一个船员看到了月光下平坦的沙丘。这是巴哈马群岛中的一个岛屿,他把它称为圣萨尔瓦多。哥伦布宣布代表国王和王后占领这个岛,然后要求随从人员向他这位"印度"土地(他至死都认为自己发现了印度)的总督宣誓效忠,还要求公证人进行公证。很多土著围过来观看这一喜剧般的隆重场面。哥伦布在日记中这样写道:"在我看来,他们很贫穷。他们赤条条的就像母亲生下他们时的样子,连

---

①　〔德〕保罗·维尔纳·朗格:《哥伦布传》,张连瀛等译,新华出版社 1986 年版,第 61 页。

②　〔意〕哥伦布:《哥伦布航海日记》,孙家堃译,上海外语教育出版社 1987 年版,第 30 页。

女人也这样，虽然我只见到一个年轻的女孩，其他都是男青年，没有一个超过 30 岁的。他们长得很结实，身材魁梧，面貌英俊，他们的头发粗得像马尾一样，而且很短，前面留到眼眉之上，后面披着几束不曾剪过的长发缕。有的人身上染成黑色，他们本身的肤色像加那利人，不黑也不白，但有人涂成白色，还有人涂成红色或其他找得到的颜色。他们有的只涂脸，有的涂全身，有的只涂眼部，有的涂鼻子。他们不带武器，也不懂什么是武器，因为我让他们看我的剑时，他们由于无知，竟用手去抓剑刃而受了伤。他们没有铁……。"[①] 这是欧洲人对美洲印第安人的最初描述。

在随后的一些日子里，哥伦布到了古巴、海地等岛屿。他没有发现传说中的黄金和白银，只发现了吸烟的土著，烟是新大陆"送"给旧大陆的重要礼物之一。尽管所到之处，都是一些相当原始的居民，但哥伦布还是坚信他已经来到了心目中的印度、中国或日本。

哥伦布是热那亚人，但他是代表西班牙政府寻找去东方（印度或中国）的航路的，结果发现了美洲。关键问题是哥伦布要找印度或中国为什么往西面走，西班牙政府为什么会同意他这样做，它派他到东方去干什么？这里包含着对一个时代的理解。哥伦布西航的意图，我们通常说他是为了黄金或香料。这种说法已经包含这样的意思：哥伦布来东方不是为了销售西方多余的产品，而是为了购买或抢夺东方的东西。我们也可以看看哥伦布自己是怎么说的。

最能体现哥伦布西行目的的，是他开航前与西班牙政府签订的协议，由斐迪南（Ferdinand）国王和伊莎贝拉（Isabella）女王共同签字。以下是这份签于 1492 年 4 月 17 日的协议的基本内容：

（1）任命唐克里斯托弗·哥伦布为"他通过勤奋劳动行将发现或获得的"一切海岛和陆地的统帅，授予他的职衔及权利和特权将归他的后嗣和继承人永远享受。

---

① 张至善编译：《哥伦布首航美洲——历史文献与现实研究》，商务印书馆 1994 年版，第 17—18 页。

　　（2）任命唐克里斯托弗·哥伦布为他行将在所述海洋上发现或获得的陆地和海岛的副王和总督；对于每一个官职他可以提出三个候选人，由国王任选其一。

　　（3）在这些地区由生产、挖掘和交换得来的一切黄金、白银、珍珠、宝石、香料及其商品他都可以征收和保留十分之一，并且一概免税。

　　（4）任何涉及这些商品或产品的案件都由他或他的代理人以统帅身份进行裁定。

　　（5）他被赋予选择权：对驶往这些新属地的船只负担其总费用的八分之一；或收取其利润的八分之一。[①]

　　这些协议上的条款，是哥伦布是否愿意西航的"底线"。西班牙历史学家马达里亚加引哥伦布的同时代人拉斯·卡萨斯的话说："哥伦布对于任何条件都不想让步，而是顽固地坚持一言既出、驷马难追的那些要求。"由于西班牙国王开始时不接受这些条件，哥伦布就着手离开国王驻地，准备游说法国或英国的国王。但由于他在西班牙宫廷中的几个朋友向国王讲情，说明航行的意义与对国家的好处，才使国王回心转意，派代表与哥伦布签署了这份协议。[②]也就是说，如果国王不同意这些条款，哥伦布就不愿为西班牙效劳，而游说欧洲其他国王；他的西航，就是为了这些目标。这些条款涉及官职、贵族称号、现实经济利益，也就是荣誉和金钱，官职是确保荣誉和金钱的手段。我们通常说哥伦布去东方是为了黄金，从这里看无论如何经济利益并不放在最显赫的位置。当然也可以这样说：一个人要保有黄金，没有权力和地位（贵族身份）是不行的，所以权力和身份同样重要。哥伦布在发现美洲的过程中写下的《航海日记》

---

　　① 〔美〕莫里森：《哥伦布传》上卷，陈太先等译，第173—174页。最后一条指他有权投资1/8，或坐享他人投资收益的1/8。在当时投资海外探险是一项需要政府批准的权利。

　　② 〔西〕马达里亚加：《哥伦布评传》，朱伦译，中国社会科学出版社1991年版，第238—239页。

从某种程度上可以说最明确地反映了他的追求。在序言中，他述及这件事的缘由时有这样一段话："陛下命令我率领一支装备充裕的船队到印度各地去，并允诺给我重赏，赐我以'唐'的贵族称号，封我以海洋上的海军上将，并授权我为总督和终身统辖我在海洋中已经和将要发现或征服的岛屿及陆地。我的长子可以继承我的职位，并代代相传下去。"① 可见，哥伦布最看重的还是这些。

其实，哥伦布西航是受西班牙政府派遣的，所以更重要的还是搞清楚西班牙国王为什么要派哥伦布去探险，或者说他们想通过哥伦布的西航达到什么目标。黄金、香料等当然也是国王们希望得到的东西，但最重要的恐怕还是土地。哥伦布发现美洲后返程途中在亚速尔群岛附近遇到风暴，船只随时有葬身大海的危险，他用羊皮纸写了一封信，以便万一自己和舰队毁灭后发现美洲的事迹有可能留传下来。这封写给路易斯·德·圣安赫的长信的末尾是这样的：

> ……在 20 天中，从加那利群岛到达印度诸岛。我在该处找到众多的岛屿，居民无数。我为国王及王后陛下全部占领了它们，发布了宣言，并展示了王威的旗帜而没有遭到任何人的抵制。
> ……
> 最后，再说说在这次仓促的航行中完成了哪些事。国王和王后陛下将看到我能带给他们所需要的黄金，只要陛下给我少许援助就可办到；香料和棉花马上就可按陛下要求的数量装船运来，乳香也可以马上如数运来。到目前为止，这种药材只有希腊的希俄斯岛上才有……芦荟也可按陛下所需如数装运，至于奴隶，陛下所需可悉数满足……我自信已找到大黄和肉桂，还有我留下的人将找到成千上万别的有用的东西……
> ……基督教国家应该兴高采烈地举行盛大节日，隆重地感谢三位一体，为他们把这样多的人转化为我们的神圣信仰，也

---

① 张至善编译：《哥伦布首航美洲——历史文献与现实研究》，第 3—4 页。

为教会增添财富，它不仅对西班牙，而且对整个基督教徒都带来振奋和利益。[1]

这些话可以说是哥伦布向国王报告他这次西航成就的一个全面总结。他当然要挑国王喜欢听的东西说，所以把这看成是西班牙国王同意并资助他远航的目的也是合适的，那就是土地、居民、各种物质财富和基督教的传播。

其实，15 世纪后期，西班牙人忙于把摩尔人赶出国土，对大西洋并没有葡萄牙人那样热心，但不能因此说他们对大西洋不关心。与葡萄牙人一样，西班牙也是西欧大西洋上传统的航海民族。从 1425 年开始，这两个国家就为了加那利的主权问题不断发生摩擦，其中经过教皇多次调停。1479 年，两国最终签订阿尔卡索瓦斯（Alcáçovas）协定。该协定一方面肯定葡萄牙对非洲的贸易垄断权，另一方面肯定西班牙占有加那利群岛。它实际上也是最终确定了两个国家扩张的分工：葡萄牙向东，西班牙向西。1486 年，西班牙高层中流传着一封信，其中有这样一些话：我们的国王

> 不仅会征服格拉纳达王国，也会征服所有的非洲、非斯、突尼斯、摩洛哥、贝那马林（Benamarin）等王国……而且他还会征服耶路撒冷的圣殿……而且他将用他自己的手，在耶稣受难的山上升起阿拉贡的旗帜……而且他还将要成为罗马的皇帝……他将要使罗马人目瞪口呆三年，按照上帝的意志，他将要设立一个天使般的教皇……他不仅会成为皇帝，而且会成为全世界的君主。[2]

无论如何，这里赤裸裸地表达了扩张土地的欲望。所以对西班牙君主和哥伦布西航目的的理解，不应过分简单化。

---

[1]　张至善编译：《哥伦布首航美洲——历史文献与现实研究》，第 127、133 页。
[2]　〔英〕雷蒙德·卡尔：《西班牙史》，潘诚译，东方出版中心 2009 年版，第 85 页。

葡萄牙人开辟从大西洋通往香料群岛的航线

开辟从西欧经大西洋通往香料群岛的航线，是葡萄牙人从 1415 年后近一个世纪或一个多世纪努力的结果。在上一编中，我们简述过亨利王子的船队到达几内亚，及巴托洛缪·迪亚士于 1487 年末和次年初绕过好望角的事。迪亚士是在一场风暴中绕过好望角的。在接近好望角时出现了风暴，为躲避风暴迪亚士下令把船只往西南驶去，但不久遇到了强劲的西风，无意间把他们的船只推往东方，当他们重新看到陆地时，海岸线已经是东西向延伸。迪亚士感到他们已经来到了非洲南部海面。由此，迪亚士发现了绕过非洲南端的好办法：接近非洲南端时，避开从南面来的狂风和洋流，驶向西南大洋深处的西风带，再向东行驶。也就是在接近非洲南端时往西南绕一个大弯。迪亚士继续沿海岸向东北方向航行一段时间后，由于缺乏设施和食品，决定返航。这次航行他相当于新探索了约 2000 多公里的海岸线，发现了跨越好望角的航路。

葡萄牙开通到达印度的航线已是指日可待，但这一工作又拖了 10 年。期间葡萄牙国王还拒绝了哥伦布的游说，哥伦布往西航行到达印度的计划最初是献给葡萄牙国王的，只是在受到葡萄牙国王的拒绝后才转向西班牙。哥伦布发现美洲（当时都误以为印度），促使葡萄牙政府重新考虑往东方航行的价值。1497 年 7 月 8 日，瓦斯科·达·伽马 (Vasco da Gama，约 1469—1524) 受命率船队前往印度。这年 12 月 10 日，他们看到了当年迪亚士绕过好望角时在一条河的入海口立下的石柱。次年初，他们来到了现在莫桑比克境内的索法拉（Sofala），这是当时阿拉伯人势力深入非洲东海岸的最南端。他们沿非洲东岸继续往北航行，受到今天肯尼亚的马林迪（Malindi）苏丹的帮助，在他提供的向导的帮助下，船队横穿阿拉伯海，于 1498 年 5 月 20 日来到印度西海岸的卡利卡特（Calicut，又称科泽科德［Kozhikode］，中国古籍中称为古里）。这样，经过 80 多年的努力，葡萄牙终于开通了到达印度的航线。

1500 年 3 月，葡萄牙国王任命卡布拉尔（Cabral，1467—1520）率一支庞大船队再次前往印度，该船队有 13 艘船只，计1200 多名船员。这次航行的一个额外收获是发现了巴西。大概是在临近好望角时这个船队向西南方向绕的圈子太大，无意中来到了美洲。这年 9 月，卡布拉尔仍借助马林迪的阿拉伯领航员的帮助，也到达了卡利卡特。由于阿拉伯商人和宗教势力的阻挠，当地居民拒绝与他们做生意，而且还袭击上岸的葡萄牙人，约有 50 来个葡萄牙人被打死。卡布拉尔向这座城市开炮，放火烧了几十艘阿拉伯人的船只。1501 年 7 月底，卡布拉尔的船队回到葡萄牙。此次航行虽然损失了 6 条船和许多人员，但运回的香料价值相当于这次冒险支出的 2 倍，而且他们还发现了巴西，其中一艘一度被风吹散的船只还发现了马达加斯加岛。这次航行意味着葡萄牙开始打破阿拉伯人和威尼斯人对东西方贸易的垄断。

葡萄牙在印度站稳脚跟后，开始向马六甲（Malacca）进军。这是因为香料的主要产地在印度的东方，所以控制印度洋不意味着完全控制香料贸易，马六甲的香料贸易仍控制在阿拉伯人手中。要垄断香料贸易，必须设法占领马六甲。1508 年，葡萄牙国王批准了与马六甲建立商业联系的计划，派出洛佩斯·德·塞凯拉（Sequeira）率领的船队，希望从马六甲的苏丹那里获得贸易许可证。

马六甲（我国的文献称为"满剌加"）处于明代中国人所称的东洋和西洋之间。16 世纪初有一个意大利的旅行家对这里有过较详细的描述。这座城市是此前 80 年由中国人决定建造的，但城里的居民都是穆斯林；那里的人称印度人为西方人，而称其以东的中国人、爪哇人等为东方人。马六甲商业繁荣。这位意大利商人还写道："我确实相信来到这里的船要比去世界上任何其他地方的都多；尤其是，各种各样的调味香料都运到这里来……这里还有大量的檀香木和锡。"在他眼中，马六甲是"太平洋的门户及丁香和肉豆蔻的货仓"，而且"也是中国海运的终点"和"中华帝国的正式附庸"。[①]

塞凯拉 1509 年来到马六甲，但可能是阿拉伯商人从中作梗，马六甲苏丹对葡萄牙持敌视态度，塞凯拉的部分随员被杀。1511 年，印度副王阿尔布克尔克（Albuquerque，1453—1515，又译"亚伯奎"）亲自率舰队占领马六甲。此后 130 年间葡萄牙人一直统治着马六甲（1641 年被荷兰人占领），虽然附近的爪哇、柔佛和亚齐不断挑战葡萄牙的权威，但葡萄牙人在这里修筑了坚固的要塞，始终统治着东方航线上这个战略咽喉。

葡萄牙人下一步的扩张分两条路线展开，一条是瞄准香料群岛，在香料群岛获得根据地，另一条是开通去中国和日本的航线，并在这条航线上建立据点或中转站。

香料群岛，通常译为"摩鹿加"或"马鲁古"群岛（Moluccas），位于印度尼西亚东北部，赤道从中穿过，由大约 1000 个小岛组成。这里气候炎热，潮湿多雨，适于香料作物生长，是东方的主要香料产地，很早就有"香料群岛"的美名，首府是安汶（Ambon）。1511 年 11 月，阿尔布克尔克命令安东尼奥·德·阿布雷乌（Antonio de Abreu）率领 3 艘船前往摩鹿加群岛侦察。船队先后到达安汶和班达群岛，并在塞兰岛登陆。他们绘制了松巴哇、帝汶、安汶、塞兰等岛屿的地图。1520 年葡萄牙人占领小巽他群岛最东面盛产檀香的帝汶岛；1521 年通过取得特尔纳特（Ternate，又译"德那地"）岛统治者的信任，在那里修建了炮台等军事设施；1522 年葡萄牙人的舰队到达爪哇的巽他葛拉巴（雅加达）；1545 年他们又在万丹（Banten）建立贸易基地。万丹是当时向印度和中国输出胡椒的主要港口。葡萄牙人还同文莱苏丹缔约，取得通过苏禄群岛和苏拉威西（西里伯斯）海北部航线的航行权。1535 年，在特尔那特的葡萄牙人废黜了那里的国王塔巴里奇，并把他遣送到当时葡萄牙人在印度的大本营果阿（Goa）。在果阿他皈依基督教，把安汶岛送给自

---

① 〔英〕赫德逊：《欧洲与中国》，王遵仲等译，中华书局 1995 年版，第 170—171 页。

已的葡萄牙教父弗莱塔斯。1545 年他在回国途中死在马六甲。1562
年和 1564 年，安汶和特尔纳特两个岛屿先后变成葡萄牙的属地。这
样，葡萄牙人终于控制了东方的香料产地。

葡萄牙开通到达中国、日本的航线虽然不是太顺利，但也达到
了目标。在无法征服或恫吓中国的情况下，他们只能通过"合法的"
或非武力的手段达到通商目的。大约在 1513 年或 1514 年，葡萄牙
驻马六甲的总督派船长阿尔瓦雷斯（澳门人常译作欧维士）率船驶
往中国。在海外中国商人指引下，阿尔瓦雷斯驾船抵达广州附近海面。
表面上他以商人身份运送香料来广州销售，实际上是为了刺探广州
口岸的情况，但当地港口管理人员未允许他上岸。于是他溜上屯门
港隔岸的南头岛，按葡萄牙探险家的习惯，在这儿偷偷立了一块石碑，
上面刻有葡萄牙国王的标志，表明他们发现了新的土地。

葡萄牙国王曼努埃尔根据马六甲总督的报告，决定向中国派遣
正式使节，但葡萄牙使节在中国的活动极不顺利，几乎毫无所成。
国王任命费尔南·佩雷斯·安德拉德为船队指挥，使节由驻印度总
督选出，是时任马六甲总督手下的商务秘书皮雷士（Pires），他曾
写过《东方诸国记》，熟悉东方事务。但皮雷士的北京之行极不顺利。
嘉靖皇帝一登基就把葡萄牙人的中国翻译等处死，又把皮雷士逐出
北京。他到达广东时恰逢中葡在屯门发生军事冲突，于是被就地监禁，
后病死于狱中。

在还不具备征服中国的情况下，葡萄牙只得退而求其次，设法
找一种中国当局可以接受的办法与中国通商。他们在宁波和泉州建
立过居留地，但于 1545 年被逐出宁波，4 年后被逐出泉州。最后，
他们把活动地点放在澳门。自 1555 年起，他们得到允许可以在澳门
过冬，中国方面默认了他们在澳门的居留权。葡萄牙人来到日本有
一定的偶然性。1543 年，一艘从暹罗（泰国）到宁波的葡萄牙船只
在途中被风吹离航道，意外地来到了日本鹿儿岛县之南的种子岛。

西班牙人也随着葡萄牙人来到日本，日本西部地区的大名纷纷
成为他们的贸易伙伴。

西班牙人开辟从美洲经太平洋到亚洲的航线

开辟从墨西哥到菲律宾的航线，实际上是把哥伦布开辟的从西欧到美洲的航线和葡萄牙人开辟的经大西洋到亚洲的航线连接起来，虽然这一"环球"航线当时主要控制在西班牙和葡萄牙手中，但它的开通及沿着它形成的众多"支线"却是世界市场初步形成的基本标志。

从墨西哥到菲律宾的航线，也就是从美洲到亚洲的航线，最早为麦哲伦环球航行所开创。麦哲伦（Magellan，1480—1521）出生于葡萄牙一个没落贵族家庭，曾在宫廷当过少年侍卫，到过东方，参加过征服印度洋和马六甲的战斗。他向葡萄牙国王提出往西航行到达香料群岛的设想，未获批准，因为往西航行是西班牙的势力范围。于是他像哥伦布一样投奔西班牙，西班牙国王同意他的提议，并且也像对待哥伦布一样与他签署了相关协议。1519 年 9 月 20 日他率船从西班牙的塞维尔（Seville 或 Sevilla［塞维利亚］）出发，向巴西海岸驶去。探险队共有 5 条船，265 人。

次年 4 月，船队在南纬 19 度的圣胡利安湾（Puerto San Julian）过冬期间，麦哲伦平定了几艘船的船长和水手们的叛乱。他把一艘船的船长克萨达斩首，把平叛中已被打死的另一艘船的船长美多斯的尸体切成四块，把第三艘参与叛乱的船的船长，也是国王派到探险队的最高代表卡拉塔赫纳，及与他一起参加叛乱的一个神甫扔在荒无人烟的海岸上，其他的人得到赦免。接着船队继续出发，沿南美洲西海岸往南航行。

1520 年 10 月 21 日，他们发现了麦哲伦海峡。这条海峡全长 550 公里，港湾丛生、充满死湾，常常无法知道哪儿是真正的海道。麦哲伦的船队用了一个多月时间，驶出海峡，进入"南海"——太平洋，这时是 11 月 28 日。

在麦哲伦指挥下走出这条海峡的只有三艘船。他带着这三艘船先沿南美洲西海岸往北走，然后驶离海岸进入西北方向的大洋深处，

开始横渡太平洋的航行。他们在太平洋上航行了 3 个月 20 天，谁
也不曾想到太平洋有这么大，淡水和食品奇缺。饥饿的船员们用来
果腹的，是把锯末掺杂进长满虫子而有怪味的面包屑。最后，还吃
掉包在船的大横杆上的牛皮，这些牛皮本来是为了防止缆绳断裂而
包上去的，但那是船上唯一尚可用来充饥的东西。许多人患了坏血
病，牙床浮肿、出血，牙齿松动、脱落，全身浮肿，喉咙肿痛，严
重的全身渗血而死去。1521 年 3 月 6 日，他们终于看到了三个有人
居住的小岛，这些小岛中最大的大概就是今天的关岛。其居民皮肤
黝黑、身材高大、赤身裸体，但戴着棕榈叶编成的帽子。再往前航
行约 2000 公里后，麦哲伦的船队来到了菲律宾群岛。几天后，麦哲
伦带在身边的奴仆恩利克（是麦哲伦从东方带到欧洲去的）开始用
马来语与对面来船的水手喊话，麦哲伦明白，他们已经进入使用马
来语的世界了。也就是说，他们已经离香料群岛不远了。恩利克是
第一个完成环球航行的人。

　　1521 年 4 月，麦哲伦在菲律宾因卷入当地部落纷争而毙命。此后，
整个船队中只有维多利亚号载着 18 个疲惫不堪的船员回到西班牙，
这已是 1522 年 9 月 6 日，距他们离开塞维尔已经三年。这次航行用
实践证明地球是圆的，在科学上有重要意义。从经济角度看，他为
开辟从美洲到亚洲的航线，为西班牙人通过太平洋建立与香料群岛
的直接联系奠定了基础。当然，实现这一点还有一个过程。

　　1525 年 7 月，西班牙国王查理一世派出一支七艘船组成的新
的探险队，前往菲律宾。这次航行没有达到预想目的，探险队司令
洛阿萨（Loaisa）也死在太平洋上。稍后，即在前一支探险队尚在
太平洋上折腾时，国王又派出另一支探险队，但带队的卡波特把南
美的拉普拉塔河当成通往太平洋的麦哲伦海峡，在河区转了三年，
一无所获。于是西班牙国王把征服菲律宾的工作交给墨西哥，以便
省去从西班牙到南美洲的漫长航行。从墨西哥派出的第一支探险队
于 1527 年 10 月启程，他们的命运同样悲惨。有两艘船因暴风雨在
夏威夷附近海面沉没，但旗舰到达了棉兰老岛（Mindanao）。由于

与当地居民发生冲突，他们无法在该岛立足，想寻找回墨西哥的航道也没有成功。余下的队员后来向当地的葡萄牙人投降。1542年，查理一世又命令墨西哥组织一支新的远征队，由维拉洛博斯（Ruy López de Villalobos）率领，共有6艘船和400个士兵，其任务是在菲律宾建立据点，并寻找回到墨西哥的航道。但这支远征队也没有完成国王交给的任务，特别是他们无法找到从太平洋回墨西哥的航道。1546年，维拉洛博斯死于安汶岛，其残余人员经印度回到了西班牙。

1556年，西班牙国王菲利普二世（Philip II）即位。他决心要把太平洋变成"西班牙的内湖"，也就是把太平洋的两边都变成西班牙的殖民地。在他的命令下，墨西哥总督进行了十分扎实的准备工作，特别是在利用太平洋的季候风和海流上，充分总结了前几次失败的经验。整个准备工作前后花了五年时间。远征队共四艘船，380多人，由经验丰富的黎牙实比率领。

1564年11月，黎牙实比（Legazpi，1505—1572）率远征队从墨西哥出发，进入太平洋。黎牙实比是西班牙在菲律宾殖民的关键人物，他把自己的财产、精力、才干全部投入西班牙在菲律宾的殖民冒险事业，完成了西班牙国王梦寐以求的两项任务。一项是在菲律宾建立据点，他用软硬兼施的手段于1565年4月与宿务（Cebu）岛的土王图帕斯（Tupas）签订条约：（1）图帕斯及其岛民承认西班牙的统治权；（2）岛民向西班牙人进贡；（3）岛民接受西班牙人的保护权；（4）双方相互进行贸易。这其实是西班牙人把菲律宾沦为殖民地的开端。此后，又规定菲律宾人对西班牙人犯罪要追究，而西班牙人对菲律宾人犯罪却无相应的条款加以制约。不久后，他在菲律宾建立了一系列殖民点。另一项是寻找从太平洋返回美洲的海路，这是前面几次远征都未完成的难题。寻找这一航线的难点在于：太平洋的航道与海流有很大关系，从海流的走向看，从美洲到菲律宾主要有三条航道，而从菲律宾到美洲的主要航道只有一条，这就是沿太平洋中北部的"黑潮"（"日本暖流"）直达墨西哥。

"这条航道有温水、暖天气和季候风，较少受到暴风雨的袭击。"黎牙实比把寻找这样一条航道的希望寄托在远征队另一名重要成员乌达内塔（Urdaneta，1498—1568）身上，他有长期在太平洋上航行的经验。乌达内塔指挥圣彼得罗号经过艰苦探寻，终于找到了返回美洲的航路。他们先是向北偏东的方向航行，这样可以利用海流和季候风。当船只到达北纬37°—39°西向季候风地区后，便随着"黑潮"往回航行。1565年10月，他们回到了墨西哥的阿卡普尔科 (Acapulco)。墨西哥总督连续给黎牙实比送来支援队伍，使黎牙实比获得与葡萄牙人抗衡的力量。1569年初，他在宿务不远的班乃（Panay）岛建立了第二个殖民点。他灵活地使用怀柔和镇压相结合的手段，于1571年5—6月间征服马尼拉。[①]马尼拉从此成为西班牙在菲律宾殖民的中心。

西班牙人找到从太平洋回航美洲的海路，表明美洲到菲律宾的航线正式开通，意味着美洲与亚洲（特别是中国）的直达航线开始形成。这是15世纪末和16世纪时西方人开辟的第三条重要航线。值得特别提一下的是，这第三条重要航线，在开始时也是为了向西方或美洲殖民地输入中国的商品。

二、征服、殖民、传教全面展开

在开通三大航线的基础上，西欧人开始在全世界范围内进行军事征服、殖民和传教（文化扩张），中间夹杂着无数的海盗行径，这是近代西方人在全世界展开的第一波大规模扩张。

在世界范围内的征服

西方人在这第一波的世界性扩张中，还没有能力从军事上征服像印度、中国或中东一些农业文明高度发达的国家，所以，大规模

---

① 以上参考金应熙：《菲律宾史》，河南大学出版社1990年版，第98—112页。这里的西班牙国王查理（卡洛斯）一世，就是神圣罗马帝国皇帝查理五世。

的军事征服发生在那些远比他们落后的地区，如美洲或菲律宾，这些地区有的未进入文明社会，有的尚处于文明社会初期，没有能力抵御西方殖民主义者的杀戮和抢劫。

上面关于开辟三大航线过程的叙述，已经提及西方殖民主义者的一些征服行为，因为开辟新航线本身就是一种征服。不过，上面叙述的重点是开辟新航线，所提及的征服是在开辟新航线过程中发生的，这里我们着重介绍一下新航线开辟后的军事征服过程。

哥伦布后来几次往返美洲，到过很多地方。1504年，他第四次从美洲返回，并于两年后去世。在这前后，西班牙在美洲的殖民征服全面展开，先是在加勒比群岛，接着往大陆延伸。殖民者走到什么地方，那里就出现大批人被屠杀或因染上他们带来的疾病而死亡："巴哈马群岛在短短的12年间几乎没留下一个土著居民"，波多黎各和牙买加原有居民约60万人，到1542年时只剩下400人。海地岛原有25万人，古巴有30万人，"也统统被残杀殆尽"。[①]

在美洲大陆的探险和征服有几件大事。1513年9月巴尔沃亚（Balboa，1475—1519）率一批西班牙殖民者越过巴拿马地峡的丛林和山脉，看到了一望无际的太平洋，他称之为南海。这也是一次重要的发现。1517年西班牙人来到尤卡岛半岛，开始知道那里存在比加勒比高级得多的文明。1519年34岁的科尔特斯（Cortés，1485—1547）率领500多人在今天的韦拉克鲁斯附近登陆，在这里建立殖民点。阿兹特克（Aztec）的国王蒙特祖玛（Montesuma）派人送来许多礼物，希望他们离开这个地方。礼物中有两个车轮般的巨型圆盘，一个是金的，一个是银的。但科尔特斯说他来的目的是要与国王会谈。他利用当地一些渴望摆脱阿兹特克人统治的部落的帮助，获得关于其首都特诺奇蒂特兰（Tenochtitlán）的确切信息，并获得他们的军事援助。这时，蒙特祖玛却陷于犹豫不决之中，他弄不清这些西班牙人是神还是人。派人送上厚礼没有产生什么效果，

---

① 林被甸等：《拉丁美洲史》，人民出版社2010年版，第53页。以下关于征服美洲的内容，除另外注明，均见该书第54—61页。

他的一批术士和占卜者通过施展魔咒，得出的是不祥之兆。最终他向科尔特斯打开城门，科尔特斯在接受隆重的接待后突然拘禁了这位国王。

接着西班牙殖民者又袭击了在广场上做宗教仪式的阿兹特克人，引发民众起义，蒙特祖玛也死于战乱。1520年6月30日夜，西班牙人逃离特诺奇蒂特兰，在逃离过程中大半被击毙于石堤上或溺死于湖中，史称"悲伤之夜"。这年12月，科尔特斯重振旗鼓，再次攻打这座城市。由于阿兹特克人染上了西班牙人带来的天花，新国王也染病而亡。8月21日西班牙人冲破阿兹特克人的最后一道防线，占领了这座城市。

特诺奇蒂特兰是坐落在湖中的一座名城。西班牙的一位征服者对它有过详细描述。它有三条堤道与外面连接，堤道上每隔一段距离就有一座桥梁，既用于船只通行，又用于防御。湖上有"无数船只，有的运来粮食，有的运回各种商品"。城内矗立着像塔楼和城堡那样的"神庙和神堂，全粉刷得白晃晃的，令人赞叹不已"。城内的大广场上熙熙攘攘，叫卖声和其他嘈杂声"几里地以外都能听到"。该作者还说："我们兵士中有些人到过世界上许多地方，到过君士坦丁堡，走遍意大利和罗马；他们说，面积如此宽广、布局如此合理、人众如此之多、管理得如此井然有序的市场，他们尚未见到过。"[1]西班牙人摧毁这座城市后，在原址上建起了墨西哥城。

西班牙人在美洲的另一场重要征服战争发生在秘鲁。1531年，弗朗西斯科·皮萨罗（Francisco Pizarro，约1475—1541）率领180人和约30匹马向南美洲南部的印加帝国进军。这个帝国此时正处于多事之秋：天花的传入导致大量人口死亡，死亡者中有印加王瓦伊纳·卡帕克，由此引起了两个儿子争夺继承权的内战。皮萨罗就是在这种情况下往南推进的。途中他碰上了新任印加王阿塔瓦尔帕（Atahuallpa，约1502—1533）及护送他前往帝国首都库斯科

---

[1]　〔西〕卡斯蒂略：《征服新西班牙信史》上册，江禾等译，商务印书馆2018年版，第244页。

（Cuzco）的军队。皮萨罗邀请新任的印加王与他会面，并在会见之机突然把他抓俘。阿塔瓦尔帕希望用黄金来换取自由，各种金银宝藏从四面八方运来，共有 11 吨黄金和 2.6 万磅纯银。尽管如此，皮萨罗仍无意释放阿塔瓦尔帕，并于 1533 年 7 月将他处死，然后向库斯科进军。11 月 15 日他们进入库斯科城。在这儿，"西班牙人发现的财富远远超过阿塔瓦尔帕的赎金"。由于库斯科位于内地高原，不利于与西班牙的其他殖民区取得联系，所以 1535 年初，皮萨罗在沿海建立了利马城。印加王残存军事力量的反抗持续了很长一段时间。1541 年，皮萨罗死于内讧。又经过一段时间的混战，到该世纪中期西班牙在这里的统治才稳定下来。1572 年殖民军进入山区，逮捕了最后的印加王图帕克·阿马鲁，将其处死，印加人的抵抗终于结束。

科尔特斯征服阿兹特克和皮萨罗征服印加帝国，是西班牙在美洲的两场最重要的征服战争。至于其他地区的征服战争及西班牙人在菲律宾的征服活动，这里不再详述，仅说一下西班牙殖民主义者在征服美洲过程中的极端残忍和无耻。同时代人拉斯·卡萨斯这样描写这些殖民主义者在彻底征服阿兹特克前的一场屠杀：

> 西班牙人每到一地，总是先进行一次大屠杀，目的在于威慑那些驯服的羔羊。这次，他们把城区所有头人及其下属的地方头人及贵族，召进屋里，说是西班牙队长找他们谈话，以此圈套，西班牙人轻而易举地逮捕了应召而来的所有人，一点风声都未走漏。暴徒们令头人派五、六千人来为自己搬运货物，不久，五、六千人也应召而来，他们又把这些人关在庭院里。这些为西班牙人做苦工的印第安人的样子实在令人可怜，让人痛心：他们全都赤身裸体，只用一块兽皮遮羞，肩上背着一个小网兜，里面装着几块干粮。他们全都紧挤在庭院里，像驯服的羔羊跪在地上。武装的西班牙人把守大门，一切就绪之后，西班牙人便拔出利剑向羔羊刺去，一个都不放过。二、三天后，

一些浑身鲜血淋漓的印第安人从死人堆里活着逃了出来，他们向西班牙人流着泪乞求怜悯，请他们勿再杀人，但这些心狠手辣、没有一点良心的强盗又把这些印第安人剁成碎块。对那一百多名被捕的头人，队长下令将他们捆在柱子上活活烧死。一个头人，大概是那地方的国王，挣脱绳索与另外二三十人或四十人逃进一座他们称作"杜"的、外表很像一个城堡的大庙里进行了长时间的抵抗。由于手无寸铁，西班牙人根本不把他们放在眼里。后来，强盗们把大庙付之一炬，在烈火中挣扎的印第安人高声叫道："啊，歹毒的畜牲啊，我们怎么得罪了你们，为什么要屠杀我们？你们有本事到墨西哥城去吧，万能的首领蒙特苏马会给我们报仇的。"[①]

葡萄牙人在东方面对农业文明高度发达的社会，不可能像西班牙人那样成千上万地杀人，但他们的残忍手法完全一样。某种意义上，不采用屠杀和军事征服手段，他们也是无法在东方立足的，这特别表现在他们控制印度洋贸易的行动中。

1502年，达·伽马第二次率船前往印度。在印度西北沿海的坎纳诺尔（Kannur 或 Cannanore）袭击了一艘阿拉伯船只，船上有400名香客，他抢劫了他们的财物后把他们关进船舱，下令烧船，许多人从船舱中冲出来，他又下令向他们射击。这年10月底，他率船进攻卡利卡特。为了威吓当地民众，他把向他们供应鱼的38个渔民吊死在桅杆上，再向卡利卡特城开炮。晚上，他又命人取下吊死在桅杆上的人，把他们的头、手和脚砍下来，堆在一只小船上，在小船里放上一封信，说如果该城要反抗，全城居民的命运就与这些人一样。为了完全控制印度洋，葡萄牙派出阿尔梅达（Almeida，1450—1510）率领的强大舰队，以便彻底摧毁阿拉伯人与印度各港口的贸易。1505年阿尔梅达启程前往印度洋。不久，葡萄牙又派出

---

① 〔西〕巴托洛梅·德拉斯·卡萨斯：《西印度毁灭述略》，孙家堃译，商务印书馆1988年版，第39页。

阿尔布克尔克率领的舰队前往霍尔木兹（Hormuz）海峡，这支舰队抢劫和烧毁了海峡两岸的许多村庄，打死许多阿拉伯人和伊朗人，并割下所有被俘人员的鼻子。埃及人在威尼斯的帮助下建立了一支舰队，在印度洋上打败葡萄牙人的一支分舰队。1509 年阿尔梅达集中所有力量，在第乌（Diu）附近海面上打败阿拉伯人和印度人的联合舰队，全面控制了印度洋。[①] 在这次战斗中，葡萄牙方面出动 19 艘船只，1800 多个士兵，穆斯林方面有 2000 多艘船和 20 000 多个士兵。[②] 考虑到当时东西方之间武器的差异还不是很大，将士素质与内部是否团结一致成为胜负的关键因素。这种情况在后来的殖民战争中一再出现。

至于在香料群岛，葡萄牙人到来时那里的岛屿正处在国家形成过程中，葡萄牙人利用各部族或统治者之间的矛盾，纵横捭阖，不断拉拢一些势力，打击另一些势力，以便维护自己在输出香料上的垄断地位，由此渐渐站稳脚跟。

在美洲和菲律宾殖民

紧随征服而来的是殖民。16 世纪，西班牙人的殖民集中在加勒比群岛、中美洲、南美洲和菲律宾，葡萄牙人的殖民则集中在巴西和经大西洋到香料群岛沿线的一些商站或殖民据点。这里主要介绍一下美洲和菲律宾变成殖民地的情况。

1. 建立种植园和牧场

西班牙人到达美洲，一方面是抢劫，另一方面是考虑把美洲变成殖民地，特别是变成甘蔗种植园。早在 1493 年哥伦布第二次去美洲时，西班牙国王托付给他的就是一个庞大的船队，其中有母牛、绵羊、马匹、淘金者和种地的农民。同时代人拉斯·卡萨斯说，"在今日西印度群岛，所有源于卡斯蒂利亚的东西，都是这次远征带来

---

① 〔苏〕马吉多维奇：《世界探险史》，屈瑞等译，海南出版社 2006 年版，第 182—184 页。
② 〔美〕丽贝卡·斯蒂福夫：《达·伽马和其他葡萄牙探险家》，吕志士等译，世界知识出版社 1998 年版，第 125 页。

的种子。"此外，哥伦布带到美洲的还有甜橙、柠檬、枸橼、甜瓜和各种蔬菜的种子。[①] 大家都明白：可供抢劫的东西是有限的，征服初期的抢劫很快就会过去，而利用美洲的土地则是长期的。当然，美洲殖民地的发展有一个过程。对西班牙统治者来说，开始时主要是把大西洋地中海的甘蔗引入美洲，后来他们在美洲发现了巨大的金矿和银矿。

　　把美洲殖民地变成巨大的甘蔗种植园也需要时间，因为甘蔗种植在当时是一个高投资和高技术的产业。16 世纪初，海地岛出现最初的甘蔗种植园。1516 年，海地建立了第一家制糖厂，用几匹马（有时也有牛或奴隶）拉动榨糖汁的机器，这在当时算是现代化的设施。不久又出现了水力榨糖机。此类制糖厂投资很可观，1546 年写成的一本历史书说，每个水力制糖厂的投资是 10 000 到 12 000 金杜卡特，也有需要 15 000 个金杜卡特的，雇佣的工人从 80 到 120 个不等。种植甘蔗受到政府鼓励：开办糖厂的人可以从政府得到贷款，甘蔗园主的债务可以延期偿付，教会的十一税减半交纳，王国政府派出制糖专家前来指导，等等。由于利润高，人们争相种植甘蔗。糖厂从海地向牙买加、波多黎各等岛屿传播，然后从海岛向大陆发展。1531 年墨西哥有了 3 家水力制糖厂，生产最上等的糖，不久秘鲁也开始产糖。美洲逐渐成为世界上最重要的产糖地区。1542 年，海地出口的蔗糖达到 1200 英吨（每英吨约合 1016 公斤）。16 世纪下半叶，古巴的蔗糖出口平均每年达 460 英吨。16 世纪中，墨西哥开始出口蔗糖，秘鲁在 1560 年也开始向西班牙出口蔗糖。葡萄牙治下的巴西更是产糖大户。1584 年巴西的一则记载说，那里有 66 个种植园，年产糖 2230 英吨，使用了 40 艘船。蔗糖使美洲农业很早就走向单一作物制，这是因为蔗糖有利可图，人们渐渐放弃粮食生产，转而从国外进口粮食。[②]

---

① 〔西〕马达里亚加：《哥伦布评传》，朱伦译，第 359—360 页。

② 〔特立尼达和多巴哥〕埃里克·威廉斯：《加勒比地区史（1492—1969）》上册，辽宁大学经济系翻译组译，辽宁人民出版社 1976 年版，第 27—33 页。

西班牙人也在美洲种植一些其他作物，如棉花、可可、靛蓝、烟草和金鸡纳树等等。畜牧业也发展得很快，这是因为来到美洲的大部分殖民主义者都来自卡斯蒂利亚的高地，习惯上喜欢畜牧业，不喜欢农耕，而且大牲畜可以用于运输和耕种，马还可以用于作战，所以饲养家畜一开始就得到高度重视。在墨西哥城东北 70 多公里的托卢卡山谷，1535 年有人开始养牛，20 年后，整个谷地有 15 万头牛。其中有些牧场主一户就养了 15 000 头。①

葡萄牙国王若奥三世于 1534 年把整个巴西划分成很多块世袭的封地，赐给一些小贵族，受赐者必须靠自己的努力推动移民和开垦荒地。这项政策虽然遭到当地人的强烈反抗，但也有利于发挥个人的积极性。到 1548 年，葡萄牙人已在巴西沿海建立了 16 个定居的村镇，居民们大多靠经营种植园及与葡萄牙本土贸易为生，运出木材、糖、棉花和烟叶。就在这一年，葡萄牙开始在巴西建立总督制。②此后很长一段时间，巴西的甘蔗种植园迅速发展。关于当时甘蔗种植园的情况，法国著名历史学家布罗代尔曾有过描述，使这些种植园的概貌和种植园主的个性跃然纸上。甘蔗地以及甘蔗压榨机和有关器械 1550 年前后出现在巴西。这些制糖作坊看起来景象差不多：洼地里一汪积水，在沿海的河道中运输船来来往往，土路上木轮车吱吱嘎嘎地响。种植园的建筑由三部分组成，主人的住房（叫"大屋"），奴隶住的木棚和榨甘蔗的工棚。种植园主权力无比，耀武扬威："由于他行为佻达，不因女奴肤色而却步，家庭大得出奇。他称王称霸，言出法随，简直像在拉塞达埃蒙或在塔奎尼乌斯时代的罗马。"③

2. 开采金矿和银矿

西班牙和葡萄牙在美洲的殖民事业中，最重要的还是金银开采。

---

① 〔英〕埃尔顿编：《新编剑桥世界近代史》第 2 卷，中国社会科学院世界历史研究所组译，中国社会科学出版社 2003 年版，第 764—765 页。

② 〔葡〕萨拉依瓦：《葡萄牙简史》，李均报等译，第 151 页。

③ 〔法〕布罗代尔：《15 至 18 世纪的物质文明、经济和资本主义》第二卷，施康强译，第 283 页。

西班牙人来到美洲后，首先搜刮的是黄金。哥伦布发现美洲的第二天，就在日记中写道："吾密切注视，仔细观察可有黄金。果然他们中有些人在穿孔的鼻下挂有小块黄金。借助手势吾了解到，此岛以南有一王国拥有大量黄金。"①在后来的日记中，他多次讲到他发现或渴望发现黄金。在最初的抢劫和拐骗风潮过去后，殖民主义者在海岛上掀起淘金热。1500 年左右，据哥伦布讲，在海地岛上每人每天能采掘到 110 个甚至 250 个西班牙小金币。所采的黄金要按一定比例交给王室。西班牙王室从西印度获得的收入，1503 年共达 8 000 杜卡特，1509 年接近 59 000 杜卡特，1512 年大约 90 000 杜卡特，1518 年约 120 000 杜卡特。②考虑到墨西哥是 1519 年被征服的，所以上收入全部来自加勒比群岛。

海岛的黄金资源有限，采金活动很快向大陆延伸。16 世纪 30 年代，在中美洲的洪都拉斯和尼加拉瓜发现新的金矿，在今哥伦比亚的安蒂奥基亚（Antioquia）和波帕阳（Popayán）及墨西哥中部的科利马（Colima）和特万特佩克（Tehuantepec）都发现金矿。十年后在秘鲁南部的卡拉巴亚（Carabaya）和智利中部的金矿也开始开采。从 1500 年到 1650 年，新大陆共有 180 吨以上黄金运往欧洲。不过与银矿相比，美洲的金矿资源不算多。16 世纪 30 年代，墨西哥城附近发现银矿。16 世纪中期，金矿开采让位于银矿。这时，一系列大银矿陆续被发现：萨卡特卡斯（Zacatecas，1546 年）、瓜纳华托（Guanajuato，约 1550 年）、帕丘卡（Pachuca，1552 年）。在南美，皮萨罗兄弟于 1538 年开始开采白银，是在印加时代的老矿床上开采的。1545 年在上秘鲁（今玻利维亚）的波托西（Potosi）发现巨大的银矿。据说它是这样发现的：一个印第安人为放牧来到一座海拔 4000 多米的高山上，在一堆篝火旁边睡着了；当他一觉醒来时，突然看到篝火的余烬中射出道道银光。在发现一系列大银矿时，

---

① 〔意〕哥伦布：《哥伦布航海日记》，孙宝堃译，第 30 页。
② 〔特立尼达和多巴哥〕埃里克·威廉斯：《加勒比地区史（1492—1969）》上册，辽宁大学经济系翻译组译，第 24—26 页。

炼银技术也得到提高，发明了"汞齐法"，美洲的白银产量由此空前增长。[①]美洲金银被大量运往欧洲，通常认为造成了欧洲的价格革命。

3. 奴役土著的委托监护制和劳役分派制

种植园、牧场、金矿和银矿都需要大量劳动力，即使是殖民者拥有的种植普通农作物的土地，也需要有人耕种，所以奴役土著居民的委托监护制和米达制应运而生。这两种制度都是在总督制的殖民统治方式下产生的。

所谓"委托监护制"（encomienda），指政府把土地分给各个殖民者，与土地一起分给殖民者的还有若干印第安人，这些殖民者称为委托监护主，即从法律的意义上政府把这些印第安人"委托"给他们管理。一个委托监护主可以接受 300 个以下的印第安人，为他们采矿、耕种或照看牲口。理论上，委托监护主的权力或职责包括让这些印第安人为自己劳动、使他们皈依天主教并从军事上保护他们。但实际上，其中部分规定"极少有委托监护主会履行"，所以委托监护制其实是"奴隶制的一种形式"。这项制度是西班牙人在反阿拉伯人占领的过程中产生的，1499 年哥伦布把它引入美洲。1503 年西班牙国王向美洲派出首任总督奥万多（Ovando），他接受了这项制度，把它推广开来。其结果对西班牙人来说是解决了劳动力缺乏问题，而对印第安人来说是一项残酷的奴役制，造成他们大量死亡。仅伊斯帕尼奥拉（海地）的泰诺人（Taino），从 1492—1510 年间就从 30 万人下降到不足 5 万人。[②]该制度实质上与奴隶制相差无几，[③]也就是说，理论上西班牙政府不允许在美洲推行奴隶制，但从上引文字可以看出，当代学者普遍把这视为一种实际上的奴隶制，因为在委托监护制下，印第安人被分给殖民者，殖民者对他们几乎拥有任何权利。

---

① 林被甸等：《拉丁美洲史》，第 82—84 页。
② 〔美〕D. H. 菲格雷多等：《加勒比海地区史》，王卫东译，中国大百科全书出版社 2011 年版，第 27—28 页。
③ 〔英〕莱斯利·贝瑟尔主编：《剑桥拉丁美洲史》第一卷，林无畏等译，经济管理出版社 1995 年版，第 495 页。

西班牙殖民者也在菲律宾推广委托监护制（有的译为"赐封制度"）。黎牙实比任总督时开始推行，到 1591 年时已有这种监护地 267 处，总人数超过 66 万人。这种监护地实际上成了地方行政单位。监护主负责征收赋税、分派劳役，同时维护所监护土地内的法律与秩序，保护属民不受伤害等。实际上监护主"经常非刑拷打居民头目……头目不在则捕其妻女，以为人质"；他们还实行老弱和依附人口一并纳税的政策，"迫使许多属民因此不结婚，有些则杀死自己的儿女"。1595 年，马尼拉高等法院曾对监护主应收的税项作过某种限制。[①]但效果值得怀疑。

巨大的金银矿山需要大量劳动力，为解决这个问题，在新西班牙和秘鲁两大总督区都曾发展出一种劳役分派制。该制度是作为委托监护制的补充和替代品而出现的，1550 年它首先在新西班牙总督区建立。这一年西班牙国王指示新西班牙总督建立一种强制性的工资劳动力制度，理由是"国家有权强制其臣民为公众利益进行必要的劳动"。这里的必要劳动包括生产粮食，开采矿山，修建公共建筑如教堂、修道院、道路、驿站、港口、灌溉渠道、新市镇等。根据这个制度，监护区和非监护区的印第安成年男子都有义务轮流服役，但酋长、头人等除外。[②]这种强制性的劳役分派制直接造成了大量印第安人死亡。

在秘鲁，劳役分派制称为米达制（Mita），其所以这样称呼，是为了与征服前印加帝国实行的米达制联系起来，有利于在印第安人中推行。其创建者是秘鲁总督唐·弗朗西斯科·德·托莱多（Don Francisco de Toledo）。1572 年他指示安第斯高原城镇的酋长们派遣身体健壮的男子到波托西服役。后来根据劳动力的需求，必须派遣劳力的地区扩大了。每年有约 14 000 多人组成米达大军，到波托西后分成三班，工作一周，休息两周，工作时称为"当班米达"。另外，每年还有 22000 个米达劳工受征调到万卡韦利卡

---

① 金应熙主编：《菲律宾史》，第 134—135 页。
② 韩琦：《拉丁美洲经济制度史论》，中国社会科学出版社 1996 年版，第 42、45—46 页。

（Huancavelica）的水银矿区劳动。由于发给劳工的工资不够他们在矿区基本生活花费的一半，所以这些印第安人在2/3的"休息"时间里仍必须继续为矿山干活，才能维持基本生计，这时他们被称为"非当班米达"或自愿的"工资劳动者"。矿山劳动条件极其恶劣，工作繁重，林被甸和董经胜曾说道：

> 矿工整天在岩层上凿出的石阶或用绳索和木头扎成的陡梯上攀爬，黑暗中只能靠他前面那个人固定在前额上一支蜡烛的微弱光亮照明；弯弯曲曲的坑道，有的地方仅容一人爬行通过，而身上要背驮常常多达300磅的矿石。波托西矿井有的深达200米，一旦失足，性命难保。在冶炼厂的劳工，光着脚踩踏水银混合物，从事水银矿开采的，条件就更为恶劣。矿工们常常靠咀嚼可以麻醉神经的古柯叶来坚持工作。米达制使很多印第安人倾家荡产和家破人亡。有的在出征前，家人要先为他举行葬礼。[1]

征服过程中的屠杀、暴力奴役和西班牙人带来的疾病，造成印第安人人口锐减，利用黑人奴隶劳工遂成为殖民主义者的重要选择。16世纪中期以后，黑人奴隶制在美洲全面发展起来。

葡萄牙往东方的航线上，即在大西洋、印度洋和太平洋沿岸的战略要地，建立了许多殖民据点，由于这些殖民据点的主要功能不是生产，而是贸易或转运贸易，所以关于这些殖民点的管理情况，我们在这里就不涉及了。

在世界范围内传播天主教

基督教的扩张，有时是军事征服的先导，有时是在军事征服后巩固征服成果的重要手段，中世纪时是这样，近代也是这样。有学者指出：在美洲的殖民活动中，"西班牙以两种富于战斗性的行动

---

[1] 林被甸等：《拉丁美洲史》，第86—87页。

向前推进。一种是军事上的，一种是精神上的。两者都十分热衷于征服事业。前者的目的在于攫取权力，占领土地和掠夺财富；后者的主要目的则在于赢得基督信徒。两者是相互交织和相互帮助的⋯⋯彼此都依靠吸收对方的精汁而增强自己一方的力量。洞悉两者的相互关系，是了解西班牙殖民事业的最基本的钥匙。"① 传教活动是近代西方国家贸易扩张或资本主义扩张的重要辅助手段。达·伽马到达卡利卡特时，有人问他们来此何求，他的回答是"基督教徒和香料"。墨菲就此评论说："这真是对两个伊比利亚国家在海外的两大目标的简洁概括。"②

哥伦布第二次到美洲时，他的船上随行的就有 10 多个教士。1511 年经教皇批准的主教区在圣多明各等地正式成立。此后，天主教各个教派纷纷来到美洲，有圣方济各会、多明我会、奥古斯丁会和耶稣会等。这些教派来到美洲后，往往占领一大片土地，与土地上的劳动者建立起某种类似封建性的人身依附关系，印第安人实际上成了他们的奴隶或农奴，一切活动都受到教会的监督和管制。为了传教和宗教活动的需要，神甫们也向一些印第安人传授音乐、赞美诗和乐器演奏的技巧。每征服一个地区，总有大规模的洗礼。在墨西哥被征服的 15 年内，有 400 万以上的印第安人接受洗礼。有的教士一天之内要为 1500 个印第安人施行洗礼。到 1545 年，拉丁美洲出现圣多明各、墨西哥城和利马三个大主教区。各地都建立了许多修道院和寺院。16 世纪中，利马约有 26 500 名居民，其中约 1/10 是教士，城市中教堂林立，每隔三、四条街总有一个教堂。孩子一生下来便成为教徒，马上接受教会的洗礼。此后，接受教育、结婚到死亡，都受教会管辖，不接受这些安排的就是魔鬼、异端，后果不堪设想。但土著接受天主教，不意味着他们拥有与白人平等的地位。有些教士公然宣称印第安人是没有灵魂的动物，像野兽一样不能信仰基督教。直到 1537 年，教皇保罗三世才宣布印第安人具有理性，

---

① 转引自李春辉：《拉丁美洲史稿》上册，商务印书馆 1983 年版，第 102—103 页。
② 〔美〕罗兹·墨菲：《亚洲史》，黄磷译，海南出版社和三环出版社 2004 年版，第 332 页。

可以变为基督教徒。即使这样,不把印第安人当人的事还是屡屡发生。16世纪下半叶,曾有一个叫朗达的圣方济各会教士不仅焚毁印第安人的手稿,破坏他们的庙宇,而且把每一个有"背叛"嫌疑的印第安人打300皮鞭。受到他拷问过的印第安人有6330人之多,其中有157人当场被拷打致死。1569年,国王菲利普二世命令在殖民地建立宗教裁判所,进一步加重了印第安人的苦难。[①]

传播天主教并非纯用暴力手段,有时,那样做效果反而不佳。软硬兼施也是传教的重要方法。来菲律宾的传教士很注意学习当地语言,以便能与土著直接沟通,宣传教义。有一名耶稣会教士74天内就学会了比萨扬语。多明我会还专门组织泰加洛语的学习班。方济各会的教士认为,如果不学会当地语言,传教活动将无所作为。此外,传教士还以小恩小惠争取土著居民的好感。他们有时批评一些时弊,同时也使用一些医学知识为居民治病,使土著不再相信巫师,改信基督教。教会还十分重视儿童教育,创办免费学校,使天主教义在土著居民的下一代中潜移默化。这些福利措施也有助于缓和土著对殖民者的对抗心理。

天主教在西班牙殖民地的快速传播,还与教会拉拢土著上层有很大关系。1581年,来到马尼拉的首任主教萨拉萨尔(Salazar)一再坚持,只要不妨碍传教,西班牙当局应当保留原居民首领的合法权利。一些地方首领向传教士投诉地方殖民官吏胡作非为,损害他们的固有特权,传教士有时也帮助他们说话。萨拉萨尔主教还向西班牙国王上书,强烈谴责地方官员把一些地方首脑戴枷示众、迫害致死的做法。不少地方上层人士有感于教会为他们说话而皈依天主教,由此带动大批当地居民信教。传教从心灵上或文化上巩固了殖民征服的成果,19世纪时就曾有人对西班牙在菲律宾的统治作过这样的评价:"西班牙所以能够占领和保有菲律宾,以千数百士兵征服拥有50万人口的群岛,当时和后世都看到:这完全是由于宗教的

---

① 李春辉:《拉丁美洲史稿》上册,商务印书馆1983年版,第105—108页。

影响。"①

传教甚至改变了当地居民的生活方式和居住方式。比如，不论在美洲还是在菲律宾，都为了宗教活动而鼓励土著集中居住，结果"土著菲律宾人独立的具有血缘关系的社会或巴朗圭（barangay）社会，被改造为一种以一个西班牙教士居住的教堂为主要中心、周围簇拥着众多村子的居住区。"在这种村子中建有小教堂，教士偶尔会举行庆典活动，他不在时，会挑选出合适的菲律宾人来临时执行他的工作。②

在亚洲其他地方，葡萄牙人不得不对宗教信仰持比较宽容的态度，但这并不是说他们不想传教。葡萄牙人走到什么地方，那儿就出现天主教教士的影子，特别是耶稣会的成员，即使在日本也是这样。1543 年葡萄牙商人来到日本后，天主教也随即在日本传播。第一个进入日本的传教士是耶稣会士方济各·沙勿略（S. Francisco de Xavier，1506—1552），他受葡萄牙国王若奥三世派遣，以罗马教皇保罗三世使者的名义来到东方。1549 年他来到日本鹿儿岛，在山口建立传教基地。他在日本传教三年，发展了许多信徒。此后不断有传教士来到日本，日本的天主教徒发展很快。16 世纪 80 年代，日本的教堂多达 200 多处，有 15 万教徒，一些大名也先后入教。到该世纪 90 年代，教徒发展到 30 万，占当时日本人口的 1.3%，引起日本最高统治层的不安。此后，西班牙人、荷兰人、英国人纷纷东来，日本的天主教徒成为一支重要的政治势力，最终导致 17 世纪德川政府大举禁教，此是后话。③

印度的果阿既是葡萄牙在东方的经济、政治和军事中心，也是他们的宗教中心，耶稣会教士把它作为东方基督教的总部，一些葡萄牙的作家很喜欢把它比作罗马。天主教士在果阿兴办了许多规模

①　金应熙：《菲律宾史》，第 140—143 页。
②　〔新西兰〕尼古拉斯·塔林主编：《剑桥东南亚史》第 1 卷，贺圣达等译，云南人民出版社 2003 年版，第 436 页。
③　王金林：《简明日本古代史》，天津人民出版社 1984 年版，第 347—348 页。

不小的中等学校和高等学校，吸引东方各地的男女青年。1584 年举行开学典礼时，一份讲稿必须译成 16 种语言才能使出席大会的学生都听得懂。在这些学校执教的教士来自四面八方，有来自意大利的，也有来自德国的。从果阿派出的教士足迹遍及许多国家和地区，他们甚至在人迹罕至的西藏也建立了一所修道院。[①]众所周知，西方人在东方的传教最后不是很成功，但不能因此否定这些传教士作出的巨大努力。

天主教在世界各地的传教工作，有自己的一套理论，对使殖民合法化并巩固殖民成果起了不可估量的作用。早在 1556 年，在巴西的一个传教士就写文章为征服辩护，认为不征服就无法使印第安人改宗天主教。《剑桥拉丁美洲史》的作者指出，这使"士兵和传教士的勾结"合法化了，也就是军事征服与心灵征服的互相配合得到公认。传教士也为殖民开发辩护，如后来著名的耶稣会会士安东尼奥·维埃拉（António Vieira，1608—1697）就强调不殖民就不可能传道，殖民过程是"上帝总的计划的组成部分"。在他眼中，"西印度群岛的'发现'和'征服'是上帝本身的工作，而且是创造世界和基督来临之后在拯救史上发生的最伟大的事件。"[②]

由于这些教士的努力，经过宗教改革冲击的天主教迅速在世界各地扩大地盘，初步确立了现代世界宗教传播的格局，为西方人的殖民贸易和西方文化对世界的影响奠定了重要的思想文化基础。

---

① 〔葡〕萨拉依瓦：《葡萄牙简史》，李均报等译，第 144 页。
② 〔英〕莱斯利·贝瑟尔主编：《剑桥拉丁美洲史》第一卷，林无畏等译，第 524 页。

第六章　世界市场的建立与世界
经济发展新趋势

　　初步建立的世界市场是世界经济发展新趋势的主要表现。它有两个标志：世界主要贸易点之间有了直达航线；出现世界贸易中心。地理大发现前不存在世界贸易中心，那时的地中海只是周边地区的贸易中心，所以只是对欧洲人来说才有贸易中心从地中海转移到大西洋的问题。换言之，在地理大发现前，世界上只有地区的贸易中心，印度洋或南中国海也是这样的中心，但不存在统一的世界贸易中心。三大航线开通后，情况就不一样了，那以后的很长一段时间内大西洋可以说是世界贸易中心。

　　世界贸易中心与生产中心是有关联的。真正的世界贸易中心，其背后肯定有生产在支撑着，任何时代都是这样。我们前面曾讲到，西欧人是为了输入商品而开辟世界航线的，但三大航线开通后，特别是由于美洲的发现，美洲成了为西欧生产原材料和农副产品的基地，它对劳动力的需求又使非洲的黑人成为商品，西欧遂迅速成为手工业生产中心。尽管在新航路开通后相当长的时间内，中国和印度等东方各国都不怎么需要西欧的产品，西方人也还拿不出更好的商品来吸引东方人的注意，只得用他们的白银和黄金来换取东方商品，但世界贸易的主动权是在西方人手中而不在东方人手中。他们通过从东方购买西方人所需要的商品，并为欧洲、非洲和美洲供应手工业产品成为世界贸易中心，在此基础上他们致力于使自己成为世界生产中心。尽管这后一个中心的地位在很长时间内都未能为中国或印度等东方国家所承认或感知，但它通过控制世界贸易，特别是通过控制欧洲、非洲和美洲的贸易而迅速提高自己的生产能力，却是不争的事实。欧洲近代初期的科学技术和大规模的手工业生产，就是在这样的格局中发展起来的。

无论是世界贸易中心还是向世界生产中心的演变，都是在竞争中进行的。没有竞争，就没有近代世界市场的初步形成和发展。本章试图比较全面地介绍上述格局的形成，及欧洲致力于成为世界贸易和生产中心的过程。

一、16 世纪时西欧主导下的国际贸易

16 世纪的国际贸易开始时主要控制在西班牙和葡萄牙手中，主要表现是葡萄牙人掌握着西欧经大西洋往东方的航路，西班牙人掌握着大西洋与美洲的贸易，葡萄牙人与美洲巴西之间的贸易也发展得相当快。不久，威尼斯人很快恢复了通过地中海与东方的贸易，到该世纪中叶以后，西班牙和葡萄牙的控制受到英国、法国、荷兰的严重挑战，许多垄断措施名存实亡，特别是对远东的贸易。但西班牙人对美洲殖民地的控制，及对该世纪下半叶发展起来的美洲与亚洲贸易的控制长期存在。

葡萄牙控制下的东西方贸易

从非洲西海岸南下，绕过好望角，沿非洲东海岸往北航行到马林迪，然后横穿阿拉伯海到达印度，再从印度的果阿航行到马六甲，这是葡萄牙帝国东方航线的生命线。从马六甲往东北可到澳门和日本，往东可径直进入香料群岛。16 世纪的葡萄牙文献把莫桑比克和霍尔木兹到澳门和香料群岛的特尔纳特之间的所有据点统称为"印

度国家"（Estado da India），① 即葡萄牙在东方的海外领土。为了保护这条生命线，从西非到东非的海岸边，从印度西海岸到马六甲，从马六甲到澳门或香料群岛，葡萄牙人建立起一个个武装的商站或兵站。在西非，除了各大群岛上的一些重要岛屿，毛里塔尼亚海边的阿尔金（Arguim 或 Arguin）岛是葡萄牙人最早建立并一直起着重要作用的基地。在东非，1503 年葡萄牙人占领了桑给巴尔（Zanzibar），并在这里扩建码头、船坞、食品加工厂、机械修理厂等等。他们从非洲掠夺的象牙、黄金、玳瑁和香料，从中国购进的丝绸、茶叶和瓷器，从东南亚购进的香料，都从这里转手。这里曾是葡萄牙人货物的集散地和过往船只的后勤供应基地之一。

为了控制东方商路，葡萄牙分别在果阿、霍尔木兹和马六甲建立了 3 个海军基地。每年 3—4 月间，从里斯本派出一支舰队前往东非；9 月从东非随西南季风驶往印度。舰队包括两类船只：一种是货船，在东方装好货物之后，第二年便趁东北季风回国；另一种是军舰，补充印度洋上海军基地的舰队。果阿是葡萄牙在东方最重要的基地，集中了葡萄牙在东方的大部分军舰。果阿基地定期派出军舰在印度洋上巡逻。马六甲也有一支常驻舰队保证海峡以东航路的畅通。

在这整个航线中，印度洋是关键。葡萄牙人曾在这里发展起一种航行凭证制度。这一制度从达·伽马第二次来印度开始施行，不久后就正规化了。只有持葡萄牙发放的凭证的船只才允许在印度洋上航行，而申请这种凭证需要一定的费用，对无证行驶的船只，予以捕捉和没收。1518 年葡萄牙的印度总督又正式发布命令，所有不同时期发放的凭证都要汇编成册，以便随时可以查对；凭证由商站或堡垒的书记员制作，但须经商站领导人签署。不仅商船需要申请这种凭证，印度的任何船只要在印度洋上航行都必须申请。

所有这一切，主要还是为了垄断印度洋上的贸易，特别是香料贸易。当时的葡萄牙还没有太多的能力对亚洲国家实行更广泛的掠

---

① Malyn Newitt ed., *The First Portuguese Colonial Empire*, Exeter: University of Exeter, 1986, p. 37.

夺，他们设立武装据点的目的主要还是为了做生意。关于这一贸易
的基本过程和内容，20 世纪初，有人写过这样一段话："与欧洲的
贸易是［葡萄牙］王室的一项专利。每年，一支王家大帆船和大型
商船（galleons and carracks）组成的舰队从里斯本起航，船上装载
的大多是英格兰和佛兰德制造的毛织物、大红布料、水晶和玻璃器皿、
挂钟和葡萄牙的酒。在各个停靠的港口用这些货物换取其他物品。
船队从果阿航行到柯钦（Cochin），获取香料与宝石，从柯钦到马
六甲获取来自巽他群岛（Sunda）的香料和白檀。接着，在澳门把这
些物品换成丝绸，加上其他船货，运到日本换成金银块。这样，可得
到投资二三倍的利润。在澳门停留几个月后，船只装载着金银、丝绸、
麝香、珍珠、象牙和木头的雕刻品、漆器和陶瓷等等返回里斯本。"
东方贸易获利巨大，贸易权控制在国王手中，国王甚至把这作为他
奖励有功之臣的一种好办法：准许他们用一二艘大帆船去东方贸易，
把从东方运来的商品卖给里斯本商人，可以获得巨额利润。[①]

　　葡萄牙在东方的几个据点各有各的重要性。香料群岛中的特尔
纳特等地是获得香料的前哨。澳门是获得丝绸、瓷器等中国货物的
地方，也是往日本的必经之地。马六甲是太平洋和印度洋的交通咽喉，
葡萄牙人控制马六甲，不仅通过香料贸易获得高额利润，又可对进
入马六甲港口进行贸易的商船抽取高额关税，盘剥往来客商。凡不
来马六甲贸易的商船，葡萄牙人甚至不准其通过马六甲海峡。为避
开这种盘剥，商人们试图改航其他水道，来自中国的帆船也不敢再
在暹罗湾中的北大年（Changwat Pattani）以南冒险航行；但葡萄牙
人派出军舰跟踪，"把所有印度船舶全都烧毁并把所有企图从马六
甲溜走的印度船员沦为奴隶"。[②] 这是近代早期西方殖民主义国家垄
断贸易普遍使用的手段。

　　印度西海岸的果阿自 1510 年被阿尔布克尔克攻占后，一直是葡

① C. A. Montalto de Jesus, *Historic Macao*, Hongkong: Kelly & Walsh, 1902, pp. 53-54.
② 〔英〕理查德·温斯泰德：《马来亚史》上册，姚梓良译，商务印书馆 1974 年版，第 172 页。

萄牙人在东方的经济、政治、军事和宗教中心（葡萄牙人的占领一直持续到 1961 年）。葡萄牙人在这里修建起一幢幢文艺复兴时期的建筑，使它成为一座欧化的城市，中国人称之为"小西洋"。葡萄牙国王派出的果阿总督就是印度（大印度）总督，又称为副王，是葡萄牙国王在东方的代理人，代表国王领导莫桑比克、霍尔木兹、马斯喀特、锡兰、马六甲、帝汶和澳门等地的总督。作为葡萄牙人在东方的贸易中心，果阿拥有葡萄牙在东方最好的船舶制造和修理厂，最完备的军用物资储藏库和军械库。在这里，殖民当局鼓励葡萄牙男子与印度妇女结婚，这与他们在巴西实行的政策相似。结果这里出现了一批新的居民，他们讲葡萄牙语，信天主教（当然也有的信奉印度教），是联系葡萄牙人与印度人的桥梁。葡萄牙在这里的统治还有一个特色，那就是一般允许当地人保持原来的信仰，因为葡萄牙的国力毕竟有限。

葡萄牙人在东方的贸易，很大程度上是"转运"贸易。这里的"转运"有两个意思。一个是由于当时印度、中国或日本并不需要欧洲人的商品，他们从欧洲运出的商品必须经过多次转手，才能变成东方人需要的东西，最后才可能把大量中国产品或马鲁古的香料运回欧洲。另一个是他们有的商船只在东亚或南亚的港口间穿梭，与东西方贸易没有关系，通过这种转运贸易牟利。有学者说道：当时，东方对欧洲商品多不感兴趣，欧洲商品"没有多少市场，销量、销售额都很有限，在日本和东南亚都是滞销货，卖不出去"。1588年，一位荷兰人在旅行记里写道："日本人用白银交换中国生丝，葡萄牙商人从日本（用生丝等中国货）换得白银后，在中国购买黄金。他们也在中国购买丝绸和其他奢侈品，运回果阿。"[①]欧洲与东亚的贸易长期保持着这种特点，甚至在荷兰人或英国人取代葡萄牙人的地位后依然如此。格拉曼说："欧洲与亚洲进行的所有贸易的一个共同特征就是这些贸易都着重于进口。贸易的目的并不是要为欧洲

---

①　金文："明代后期海上丝路丝绸贸易主要国际市场与主要国际商船贩运数量考"，黄盛璋主编：《亚洲文明》第三集，安徽教育出版社 1995 年版，第 209 页。

产品开拓新市场，而是要向欧洲提供可以增加乐趣和美化装饰的商品——也就是……奢侈品。除了武器与弹药之外，可以被东方人接受的'商品'便是金银。"[1] 对中国来说，这种情况甚至一直持续到鸦片战争。

葡萄牙进行的东西方贸易的"转运"性质还表现在：它自己，包括它的首都里斯本，都不是欧洲真正的贸易中心，尽管新航路的开通为里斯本带来了全面繁荣，但它运出的欧洲工业品很多是欧洲其他国家制造的。葡萄牙自己没有多少像样的制造业，同时欧洲的市场网络也不掌握在它手中，而是掌握在意大利商人、德国商人或银行家手中。有人强调指出："从1494年起，东方的产品是通过葡萄牙人在安特卫普的代理店'发货'的。"1549年，贸易开始集中到里斯本，但依然要"通过普通的商业渠道到达安特卫普"，那里是当时全欧商业网的中心。同时，葡萄牙的殖民和贸易所需要的资本也仰仗那时的大银行家们。这些银行家，特别是像福格尔（Fugger）那样的银行家，"运用他们支配葡萄牙王室收入的权力来控制着贸易"。[2]

但不能因此否定贸易主动权掌握在葡萄牙人手中，一段时间里大部分东西方贸易是由他们来管理或运作的。这里，真实地体现了地理大发现和葡萄牙所控制的东西方贸易的"欧洲"性质，即这是整个西欧的扩张，尽管表面上看来葡萄牙控制着这种"发现"和贸易。

16 世纪的大西洋贸易

在16世纪，与美洲的贸易基本上控制在西班牙手中，但葡萄牙与巴西的贸易除外。西班牙政府出于"管理"的方便，与西属美洲的所有贸易来往都必须通过塞维利亚（塞维尔）来进行。关于这一贸易的概况，李春辉先生给我们作过一种全景图式的描述。

---

[1] 〔意〕奇波拉主编：《欧洲经济史》第二卷，贝昱等译，商务印书馆1988年版，第382—383页。

[2] 〔英〕G. R. 波特编：《新编剑桥世界近代史》第1卷，中国社会科学院世界历史研究所组译，中国社会科学出版社1988年版，第631页。

1503 年，西班牙国王在塞维利亚建立"商业局"，主管宗主国与殖民地的贸易事务。所有开往殖民地或由殖民地返回的船只、货物、乘客和全体船员都要经过商业局的严格审核和检查，并经其批准。商业局还负责征收关税，收存由殖民地运来的黄金、白银，以及负责改进航运等工作。商业局（1780 年撤销）理论上属于"印度等地事务委员会"，实际上它经管西班牙与整个殖民地的贸易和王室收入，所以地位十分重要，有些事情可以直接向王室请示。一切开往殖民地的船只必须从塞维利亚起航（1717 年后改为从加的斯［Cadiz］起航），到达殖民地后只许在韦拉克鲁斯、贝略港（Porto Bello，在今巴拿马境内，曾译为"波托贝略"）或卡塔赫纳（Cartagena）停泊。所有货物都必须由西班牙船只装运，为对付极其猖獗的海盗，船只必须结队航行，而且要在特定的时期航行。自 1543 年开始，正式采用"双船队制"，并用军舰护航。即所有开往美洲的船只都要组织起来，分为两个船队。第一个船队在 4、5 月间起航，开往韦拉克鲁斯，途中在波多黎各、海地、古巴停靠，所载的货物运往墨西哥、中美洲和加勒比海各岛屿。这个船队称为法洛塔（Flota）。第二个船队在 8、9 月间起航，开往卡塔赫纳，货物主要运销南美各地，再驶往贝略港。这个船队称为劳斯加莱阿内斯（Los Galeones）。这些船队同时运送殖民官员、士兵、教士、商人、马匹。船队一般有40—70 艘船，外加 6—8 艘护卫的军舰。它们到达目的地后，分别在韦拉克鲁斯附近的哈拉帕（Jalapa）和贝略港举行规模很大的集市。殖民政府为了举行这些集市，要经过长时间的筹备。来集市买卖的商人大多从很远的地方赶来。举行集市期间，广场上货物堆积如山，有从欧洲运来的各种纺织品、金属制品、军需品、奢侈品和其他日常用品，有来自殖民地各地的金银、糖、可可、靛蓝等土产。商人、伙计、官员、妇女、水手、骡夫等在市场上来来往往。在商场边搭起临时住房、店铺和仓库，住宿价格很高，赌博、斗鸡、酒店等都盛极一时。大小商人、贩卖商、零售商互相贸易，官员负责审批价格。整个集市有时持续达 40 天之久。在这种交易过程中，渐渐出现了一个土生白人和混血儿为主的中间阶层。两个船队在殖民地指定港口卸货并装上回航的货物后，要在哈瓦那会齐。次年3月，两个船队一起回到西班牙。这种制度约维持了两个世纪，但由于17世纪以后商业衰落，并非都是按这种规定进行。[①]

把一个没有任何贸易前景的大陆变成了一个巨大的市场，这就是西欧殖民主义的基本特点。在哥伦布首次航行美洲到秘鲁被征服的40年间，"从欧洲输出的主要货物是人"，即来到新大陆的移民。1600年前，至少有20万人或可能有30万人来到新大陆，"而且或许有1/3的人几乎全部是西班牙人"。这时期，西印度航线上运回欧洲的主要是黄金。有的是抢劫来的，有的是奴役印第安人从当地河流中淘选出来的。这种黄金生产大概"在1550年前一二年达到最高水平"。肖努估计，到秘鲁被征服，从西印度运往西班牙的黄金约有25—30吨。1540年前墨西哥生产了20吨黄金，秘鲁的产量可能类似。同一时期，从美洲运往欧洲的第二种重要货物是兽皮，"兽皮和皮革制品是16世纪一项重要的买卖，其用途之广泛超过今日"。西班牙多年来是欧洲的主要兽皮生产者之一，但皮革在西欧始终供应不足。运回欧洲的还有各种稀奇古怪的动植物和印第安文明的遗迹，如羽毛头饰、珍珠和没有破坏掉的手抄本等。16世纪中，大西洋贸易进入一个新的阶段，这时美洲大陆一些地区先后开始大规模开采银矿，形成人口稠密的核心地带。这方面墨西哥略为早一些，秘鲁则晚一些。白银的重要性在16世纪30年代开始显现，十年中运往西班牙的白银约有86吨，而黄金则刚刚超过15吨。1560年和1570年间混汞法（汞齐法）传入墨西哥，白银生产迅速增加。但大概在1575年后，秘鲁的白银生产超过墨西哥。整个16世纪，西班牙王室来自西印度的收入稳步增加，其收入种类有皇家五一税、印第安人的一些贡赋、营业税与货物税、一部分教会的什一税以及若干次要的关税和专利商品。该世纪最后十年的收入比16世纪60年

---

① 李春辉：《拉丁美洲史稿》上册，第97—99页。

代增加了 4 倍，"皇家的白银可能占总输入的 1/4 左右"。不过，西班牙也像葡萄牙一样，尽管生产了这么多的黄金和白银，但它不是欧洲的金融或商业中心，运往西班牙的白银大部分进入德意志和热那亚的银行家手中。到 1600 年，美洲运往西班牙的白银可能总共有 2.5 万吨。16 世纪 80 年代，运往西班牙的货物又增加了来自中国的丝绸和锦缎，这是经菲律宾运入新西班牙的，"量少但却很值钱"。①

与此同时，西属美洲各殖民地之间的贸易也开始发展，这主要是 16 世纪中叶以后出现的。比如，今厄瓜多尔的瓜亚基尔（Guayaquil）把木材和沥青运往秘鲁的卡亚俄（Callao），智利则运出小麦，危地马拉用可可（墨西哥印第安人的一项主食）换取墨西哥的布匹和白银。在加勒比地区，加拉加斯和哥斯达黎加等地有杂货贸易，有些属于专为西印度航线供应的粮食等必需品，韦拉克鲁斯和哈瓦那之间的贸易量也相当大。哈瓦那成为"重要的要塞和航线的港口，由墨西哥向其供应谷物、布匹、武器和补助。"②

葡萄牙与巴西的贸易也是大西洋贸易的重要组成部分。葡萄牙控制着大西洋上的马德拉群岛、佛得角群岛和亚速尔群岛，发现巴西后，这三大群岛不仅继续与葡萄牙本土发生频繁的贸易往来，而且还成了葡萄牙与巴西之间贸易的停靠站。1521 年葡萄牙人首次把甘蔗输入巴西，在那里建立甘蔗种植园。16 世纪中叶到 17 世纪中叶，巴西"提供了欧洲几乎全部的蔗糖"。到 1600 年，巴西蔗糖产量超过 6500 万磅，在 25 年内增长了 10 倍。这时，"蔗糖为葡萄牙带来的利润超过了与印度的贸易，住在巴西的欧洲人人均收入超过母国。"只是到后来，巴西的蔗糖才受到来自古巴的竞争。③巴恩斯也说："巴西的产品多年来约占葡萄牙出口贸易的 2/3。"④可见，巴西无论在葡萄牙的经济中还是在整个大西洋的贸易上，都扮演着重要角色。

---

① 〔英〕莱斯利·贝瑟尔主编：《剑桥拉丁美洲史》第一卷，林无畏等译，第 345、347、349—350、354、357 页。
② 〔英〕莱斯利·贝瑟尔主编：《剑桥拉丁美洲史》第一卷，林无畏等译，第 358 页。
③ 林被甸等：《拉丁美洲史》，第 88—89 页。
④ 〔美〕伯恩斯：《简明拉丁美洲史》，王宁坤译，湖南教育出版社 1989 年版，第 61 页。

关于 16 世纪大西洋的贸易量，以下数字可供我们参考。1506—1510 年间，西班牙的大西洋航线上出发与回程的航行有 225 次，一个世纪后的 1606—1610 年，这一数量为原先的 4 倍多，达到 965 次。这里还未顾及船只的大小：后来的船只比先前的要大。肖努估计，这一航线上 1511—1515 年商船总吨位为 2 万吨，1606—1610 年达到 27.5 万吨，几乎是原先的 14 倍。这一变化是逐渐发生的，又带有跳跃性，但不是到 16 世纪末才突然增加。比如，1506 年到 1550 年，运输的船只从 35 艘增加到 215 艘，总吨位从 0.33 万吨增加到 3.2 万吨。[①]

16 世纪里，大西洋贸易的另一个重要特点是三角贸易初步形成。所谓三角贸易，主要是大西洋周边三个大洲之间的贸易（关于其详细情况我们放在下一编讨论）。其大体过程是：伊比利亚半岛的商人把一些生活用品及一些装饰性的玻璃珠之类的小玩艺儿运到西非沿岸，用来交换黑人奴隶；从西非沿岸把黑人运到美洲，主要用于甘蔗种植园或矿山；从美洲把金银、牛皮、蔗糖等等运回欧洲。这里的关键是把非洲尚处在原始社会的黑人变为劳动力，也就是凭空把一种尚处于自给自足状态的人力变成商品，从而在三大洲之间建立起贸易往来。

1501 年，西班牙国王批准把黑人奴隶运进美洲。此后几年，陆续有不少黑人被运往美洲。这些黑人均来自欧洲，是葡萄牙人从西非沿岸运回欧洲做家仆的，但这样的黑人很有限，根本满足不了美洲对劳动力的需求，而且运进美洲的黑人不久后大都因不堪折磨而死亡。1511 年，西班牙国王甚至写信给伊斯帕尼奥拉（海地）的一个官员，说"我真不明白，这么多的黑人是怎样死去的"。1517 年，国王批准 8 年内直接从非洲向西属美洲输入 4 000 个黑人奴隶。1523 年国王再次下令向美洲运去 4 000 个黑奴，其中 1 500 个到海地，500 个到波多黎各，300 个去古巴，300 个到牙买加。1528 年古巴

---

① 〔美〕保罗·布特尔：《大西洋史》，刘明周译，第 75—76 页。

要求再增添 700 个。1528 年西班牙政府还与德国银行家签订协议，4 年内向加勒比海殖民地输送 4 000 个黑人奴隶。16 世纪中，殖民地对黑奴的需要激增。1552 年一年就向伊斯帕尼奥拉输送了 2 000 个。尽管如此，黑人奴隶在美洲还是供不应求，奴隶价格猛涨。有人估计，16 世纪里输入美洲的黑奴共有 12.5 万，其中西属美洲 7.5 万，葡属巴西 5 万。[①]

当然，三角贸易的全盛时期是在 17、18 世纪，在奴隶贸易和使用中起主要作用的也不再是西班牙人或葡萄牙人。贸易内容也有一定变化，如在 18 世纪里，火器也是运入非洲的主要商品。但 16 世纪是三角贸易的形成时期，西班牙人和葡萄牙人是这一贸易的主角。

美洲和亚洲的贸易

16 世纪末以后的 200 多年间，美洲和亚洲的贸易通常称为"马尼拉大帆船贸易"。所谓的马尼拉大帆船贸易，东起墨西哥的阿卡普尔科，西至菲律宾的马尼拉（开始时不在马尼拉），肇始于 1565 年。这一年大帆船圣彼得罗号由宿务运载肉桂前往墨西哥。这种贸易方式一直维持到 1815 年，对西班牙在菲律宾的统治意义重大。

这一航线是由菲律宾和美洲的西班牙统治者控制的。但严格地讲，这时期从美洲经太平洋到亚洲的贸易并不完全控制在西班牙人手中，因为菲律宾本身没有什么可以出口，其出口美洲的货物主要来自中国，而从中国到菲律宾的航线虽然不长，但不受控于西班牙人：葡萄牙不让西班牙人染指从澳门到马尼拉的航运，中国政府也不愿与西班牙建立正式贸易联系。

从贸易的商品看，马尼拉大帆船贸易基本上是中国产品与美洲金银的交换。比如，1574 年，两艘马尼拉大商帆驶往墨西哥，船上装载着中国绸缎 712 匹，棉布 11 300 匹，瓷器 22 300 件。这次航行"标志着马尼拉大商帆贸易的正式运行"。此后 240 年时间内，每年中

[①] 王加丰：《扩张体制与世界市场的开辟》，北京大学出版社 1999 年版，第 189—190 页。

国驶往马尼拉的帆船都在 20—60 艘之间。这些商品，一部分供应菲律宾的市场，其余的就运往美洲。从美洲市场的需求出发，在马尼拉大帆船运往美洲的船货中，"中国的丝织品和棉织品很快就跃居首位，并且一直保持到大商帆贸易的终结"。直到 18 世纪末，墨西哥从亚洲的进口总值中，中国丝绸等商品就占了 63％。一位西方学者由此指出："对于新西班牙（墨西哥）人民来说，大商帆就是中国之船，而马尼拉不过是中国与墨西哥之间的一个中转站。"此外，运往美洲的也有一些葡萄牙人经澳门运来的日本、印度的产品。从西班牙美洲运往马尼拉的则主要是白银，虽然也曾有过一些来自西班牙或欧洲其他国家的商品，但数目不大。有人统计过，开始时从美洲进入马尼拉的白银每年约 100 万比索，后来达 200 万或 300 万比索，有时高达 400 万比索。从 1571 年到 1821 年，美洲运抵马尼拉的白银有 4 亿比索，其中大部分（有的说是 1/2 或 1/4）经马尼拉转口中国。当时在菲律宾的西班牙人曾说过："中国商人几乎把自新西班牙运来的白银全部运走了。"一位西班牙海军上将则惊叹："中国国王能利用来自秘鲁的银条修建一座宫殿。"[1]可见，在 16 世纪时，资本主义的发展就已深深地影响了中国。

从澳门到马尼拉的运输，也渐渐成为在澳门的葡萄牙人的一种收入来源。据史料记载，1580 年来到马尼拉港口的船只中，除了 19 艘中国商船，还有 2 艘来自澳门的商船。此后澳门商船来到马尼拉就成为常态，澳门在葡萄牙世界贸易中的地位由此进一步提高，其航线也变得更加复杂。他们将中国的生丝和丝货等产品运往马尼拉，从那里换取西班牙人的白银，回到澳门后再到中国市场上换取更多的生丝和丝货等物，并将这些货物运往日本，换回贵金属与其他产品。[2]在菲律宾的西班牙人十分清楚控制澳门到马尼拉的航线的好处，

---

① 何芳川：《澳门与葡萄牙大商帆：葡萄牙与近代早期太平洋贸易网的形成》，北京大学出版社 1996 版，第 64—68 页。

② 何芳川：《澳门与葡萄牙大商帆：葡萄牙与近代早期太平洋贸易网的形成》，第 70 页。

他们"曾不断派船只前往澳门，企图直接控制菲律宾与澳门之间的贸易，进而插手对华对日贸易"。比如，1590年和1598年，西班牙人的船只曾抵达澳门，希望同澳门直接进行贸易，但都遭到拒绝，并因此而发生了冲突。①在当时，谁能直接得到中国的商品，谁就能赚大钱。

大帆船贸易也使马尼拉繁荣起来。到16世纪末，马尼拉已取代印度的果阿成为东方商业中心。1591年马尼拉人口达到34 000人，而在西班牙人占领前，这儿只有2 000人。马尼拉王城内街道齐整，房屋约有600间，总督府、高等法院、马尼拉大教堂等石头建筑逐渐取代了原来用竹子和棕榈叶盖的房子。王城周围出现了星罗棋布的居民点。②这里殖民地的发展，主要靠贸易，因为西班牙人真正移居到菲律宾的并不多。

二、欧洲各国对西葡霸权的挑战与争夺

葡萄牙对经大西洋到东方的航线的控制，西班牙对大西洋上欧洲与西属美洲贸易的控制，实际上都是相对的，因为它们面临着激烈挑战，欧洲其他国家绝不可能让它们安安稳稳地坐大。这种挑战是全方位的。所谓"全方位"，指的是：挑战地点无处不在，凡是西班牙人和葡萄牙人想加以控制的地方都必然有人向他们发出挑战；挑战手段无所不用其极，包括政府支持下的海盗行径。

英法等国对西班牙和葡萄牙瓜分世界的"教皇子午线"和萨拉戈萨（Zaragoza）条约嗤之以鼻。早在1496年，西班牙驻伦敦大使就向西班牙政府报告说，有个类似哥伦布的人向英格兰国王提出要像哥伦布那样出海探险。西班牙国王指示大使向英格兰国王提出警告，说这是对西班牙和葡萄牙合法权益的侵犯。但西班牙大使还来不及提出这个警告，英格兰国王亨利七世（Henry Ⅶ，1457—

---

① 何芳川：《太平洋贸易网500年》，河南人民出版社1998年版，第87页。
② 金应熙主编：《菲律宾史》，第153页。

1509）就已经向卡波特（Cabot）和他的三个儿子签发了许可证，批准他们"向一切地方和地区，向东海、西海和北海所有的海岸进行航驶……以便寻找、发现和考察一切海岛、陆地、国家，以及至今为基督教世界所不知的偶像崇拜者和非神论者的地区，不论后者现在居住在世界的什么地区。"[1]法国国王法兰西斯一世（弗朗索瓦一世，François Ⅰ，1494—1547）则说："太阳照耀我如同照耀别人一样，我倒很想看看在亚当的遗嘱中哪个条款剥夺了我分享天下的权利。"他还说，上帝创造了这些陆地并不是专给西班牙人的。[2]这些言行鲜明地体现了近代列强的行为准则。

东方航线上的竞争

挑战和竞争主要表现为传统的地中海航线依然富有生命力，也表现为各国在印度洋、太平洋、大西洋上展开全面角逐。欧洲其他国家在地中海上的活动往往与他们在印度洋和太平洋上的活动分不开。1509 年第乌海战后，葡萄牙建立了凭证件在印度洋上航行的制度。1515 年，威尼斯商人为了完成客户的订单，也曾被迫在里斯本购买胡椒。[3]但葡萄牙人要完全控制印度洋几乎是不可能的。有人说："经由黎凡特地区流入威尼斯的香料供应仍旧没有停止，虽然其规模并不大。"而且几年后，即 1518 年，"威尼斯的帆船再度出现在斯海尔德（Schelde）河上……1525—1527 年间，里昂市场上的香料有一半以上是经由通往法国的阿尔卑斯山区公路运入的黎凡特的香料。"到 16 世纪 30 年代，"威尼斯显然开始报复了……在安特卫普的市场上，黎凡特胡椒再次成为一个不可低估的因素。"在法国的波尔多、拉罗舍尔、鲁昂等城市中，"地中海胡椒与来自葡萄牙的大西洋胡椒展开了竞争"。实际上，地中海出现了多头竞

---

① 〔苏〕马吉多维奇：《世界探险史》，屈瑞等译，第 149—150 页。

② 〔特立尼达和多巴哥〕埃里克・威廉斯：《加勒比地区史（1492—1969）》上册，辽宁大学经济系翻译组译，第 98 页。

③ 〔英〕E. E. 里奇等主编：《剑桥欧洲经济史》第四卷，张锦冬等译，经济科学出版社 2003 年版，第 147 页。

争的景象，或者说，大西洋航线与地中海航线的竞争不再是威尼斯
与葡萄牙之间的竞争。奥斯曼帝国的西进促进了这种多头竞争现象
的出现：在威尼斯与奥斯曼帝国的战争中，法国趁机加强与奥斯曼
的联系，马赛的船舶获得进入黎凡特港口直接购买胡椒的权利。在
1537—1540 年威尼斯和奥斯曼的战争中，甚至连拉古萨（Ragusa）
这样的中间地区也获得了前所未有的机会：德国的商行从拉古萨往
亚历山大派遣代理商，也就是与东地中海取得直接联系。威尼斯对
地中海香料贸易的垄断也被打破了。对葡萄牙来说则面对着更多的
竞争者，到该世纪末，葡萄牙的大西洋航线也受到了威胁，"那些
新参加这场为欧洲提供胡椒的贸易竞争的商人更是双管齐下，既利
用大西洋，也不忽视地中海。为了购买胡椒，他们或绕道好望角，
或取道黎凡特。"[1] 这时，葡萄牙的垄断已显得有名无实，紧随着这
一竞争而成立的是英国东印度公司和荷兰东印度公司，它们是未来
在东方进行殖民和贸易活动的主人。

即使是在葡萄牙最强盛的 16 世纪，他们也不可能在较长时间内
有效地封锁印度洋，因为对浩瀚的印度洋来说他们的舰队太小、兵
力太少，连某些关键点也无法做到有效占领。特别是，出于对抗奥
斯曼帝国扩张的需要，葡萄牙也无法封锁波斯湾。加德纳和帕里说：
"他们没能占领香料贸易的关键点之一亚丁（Aden）。他们在索科
特拉（Socotra）岛建立的为时不长的基地不足以有效地封锁红海。"
他们不能充分利用霍尔木兹这个立足点，因为他们需要波斯人支持
自己共同对抗土耳其人，这样就不能与波斯人翻脸，不能封锁波斯湾。
于是，"印度洋的香料贸易——或者其相当大一部分——很快重新
进入它的老渠道"，也就是重新走经波斯湾到地中海的老路。在价
格和质量上，葡萄牙在竞争中都处在劣势。[2] 因为大西洋航线更长、
更危险，不仅运价高、风险大，而且漫长的运输过程也容易使香料
变质。

---

① 〔意〕奇波拉主编：《欧洲经济史》第二卷，贝昱等译，第 412—413 页。
② 〔英〕E.E.里奇等主编：《剑桥欧洲经济史》第四卷，张锦冬等译，第 148 页。

16 世纪末，荷兰、英格兰等国已不再满足于通过地中海重挫葡萄牙的霸权，而是直接在大西洋到印度洋的航线上向葡萄牙发起挑战。1595 年以后的七年中，荷兰有不下于 65 艘船舶来到东方。1603 年，葡萄牙的果阿议会在提交给国王的年报中说，荷兰人俘获了一艘从圣多美（St. Thome）航行到马六甲的货船，船上装有价值 30 万克鲁扎以上的货物，而且还夺取了三、四艘载运钱币到孟加拉的船，等等。该报告还讲到了当时马六甲的绝望情况："马六甲要塞已无粮食，也不能得到什么粮食，因为荷兰人阻止爪哇人运来。"它请求国王派遣一支舰队前来，而且这支舰队不能造访印度有关港口，否则可能被挪作他用。它强调"没有南方就没有印度"，要求把舰队直接派往马六甲。[①] 可见，这时葡萄牙人对东方的控制有点有名无实。

荷兰人来到东方，与葡萄牙的探险和殖民活动的国际性质分不开。一个叫扬·惠更·范·林索登（J. H. van Linschoten）的荷兰人曾乘一艘葡萄牙船来到果阿，在 1583—1589 年间为葡萄牙大主教工作。他回到荷兰后于 1595—1596 年发表《旅行记》，详细介绍他所了解的亚洲及如何到达亚洲的情况。荷兰人与英格兰人一样，也曾在 16 世纪开始寻找通过东北航道或西北航道到达亚洲的海路，但都没有成功，现在了解大西洋航线的情况后，就迫不及待地组织船队前往东方。他们的第一支船队利用林索登的航海说明，于 1595 年来到亚洲，接着他们又往东方派出一系列船队。1596 年，一支三条船和一艘快艇组成的荷兰船队来到印度尼西亚的万丹抛锚停泊。1601 年在万丹海岸这支舰队与葡萄牙舰队展开了一场战斗，取得决定性的胜利。在这场战斗中，葡萄牙人的船只和人员超过荷兰人，但他们的枪炮和船只的机动性都不如后者。后起的强国总是来势汹汹。17 世纪初，荷兰人在亚洲的船只已经超过葡萄牙人。[②]1641 年

---

① 〔英〕理查德·温斯泰德：《马来亚史》上册，姚梓良译，第 155—156 页。

② 〔美〕罗兹·墨菲：《亚洲史》，黄磷译，第 341 页；〔新西兰〕尼古拉斯·塔林主编：《剑桥东南亚史》第 1 卷，贺圣达等译，云南人民出版社 2003 年版，第 295 页。

他们夺取葡萄牙占据了 130 年的马六甲，这是后话。

　　紧随荷兰人来到东方的是英格兰人。林索登的《旅行记》出版后，很快被译成英文出版。此前，英国有两拨儿海盗进行了环球航行，即德雷克在 1577—1580 年间的航行，托马斯·卡文迪什（Thomas Cavendish）在 1586—1588 年的环球航行，他们都与西班牙人发生冲突，了解了大西洋和太平洋上航行的情况。在这两次环球航行之间的 1583 年，约翰·纽伯里（John Newbery）和拉尔夫·菲奇（Ralph Fitch）经地中海航行到叙利亚，走陆路到达波斯湾，再乘坐葡萄牙人的船只来到果阿，成为第一批来到印度的英国人。前者死于果阿，后者于 1591 年回到英国，也像林索登一样写了一本游记，"他关于亚洲财富的描写更加助长了英国人的胃口"。1588 年英国打败西班牙的无敌舰队后，举国狂欢，一股往全世界扩张的情绪随即迸发出来。1600 年英国成立的东印度公司就是这种情绪的结晶。[①] 不久后，法国人也来到印度，并在那里与英国人展开竞争，成为英国人的劲敌。

大西洋航线上的竞争

　　在大西洋上，向西班牙和葡萄牙发起挑战的首先是海盗或私掠船，这些海盗大都受到各自政府的支持。从 16 世纪初开始，法国诺曼底和布列塔尼的渔民就到纽芬兰浅滩捕鱼、捕鲸，捕鲸的渔船航行到接近美洲东北海岸的地方，有的还靠近新斯科舍（Nova Scotia）。16 世纪上半叶，"在偏南的美洲中部海岸附近出现的海盗都是法国人"，他们多次截击西班牙商船。法兰西斯一世为奖励这些海盗，给他们签发武装私掠船的通行证，还给他们提供资金，并通过这种方式"从中获得绝大部分利润"。这些海盗中最有名的是为法国服务的佛罗伦萨人乔瓦尼·达·维拉扎诺（Verrazano），"西班牙人对他的抢掠行为无不知晓"，称他为"胡安·弗罗林"（Juan Florín），因为他抢劫了科尔特斯在征服阿兹特克后从墨西哥派出的

---

　　① 〔美〕罗兹·墨菲：《亚洲史》，黄磷译，第 343—344 页。

驶往西班牙的第一批运金船，即两艘装载着从蒙特祖玛那里抢劫来的黄金和其他宝藏的运金船。当他把这些劫来的宝藏献给法国国王时，据说整个法国都为之惊动。维拉扎诺于1527年在大西洋上被西班牙俘获，并在塞维利亚的监狱中自杀。①

西班牙建立起护航制度后，海盗的一部分活动就转移到陆地上。陆地上的定居点难以设防，因为不知道海盗在什么地方出现。他们进入一个定居点后，把居民聚集到某座教堂里，索要财宝，总是折磨得直到你愿意把钱交出来为止。1555年，法国海盗雅克·德·索雷斯（Jacques de Sores）袭击哈瓦那，把它烧成灰烬。1573年，英国著名海盗弗朗西斯·德雷克（Francis Drake，约1540—1596）劫掠了巴拿马，给英国带回价值10万英镑的财物。1585年至1586年间他洗劫圣多明各，1587年他还攻击西班牙本土的加的斯，毁灭了西班牙的24艘军舰。②海盗构成了西班牙的一个劲敌。

德雷克是1588年打败西班牙无敌舰队的英国舰队的主要指挥官之一，也是继麦哲伦后世界上第二次进行环球航行的探险家，而且是第一个自始至终指挥一次环球航行的人，这是他执行女王政策打击西班牙的一种副产品。1577年他率领5条（后来减为3条）小船，秘密南下大西洋，神不知鬼不觉地穿过麦哲伦海峡，来到美洲西海岸。由于碰到大风，他们的船只被吹往南方，无意间他们发现火地岛的南面原来是海洋，而不是当时人们所想象的南部大陆。他们沿海岸往北行驶，西班牙人根本想象不到太平洋岸边也会出现敌人的船只，这里到处都不设防。一天入夜时，他们的船只来到利马港，混在西班牙人的十几艘船中，听到他们谈论说有一艘运金银的船两星期前已出发前往巴拿马。德雷克马上放弃此前所缴获的一只船，动身追赶前面那艘运金船。他们在圣弗朗西斯科角（Cape San Francisco）附近看到目标，该船船长误认为是西班牙的总督派人给他送信来了，于是改变航向，朝着德雷克的金鹿号开来。很快他船上的大批金银

---

① 〔苏〕马吉多维奇：《世界探险史》，屈瑞等译，第258—260页。
② 〔美〕D. H. 菲格雷多等：《加勒比海地区史》，王卫东译，第37、42页。

就成了德雷克的战利品。德雷克获得这些财物后，放掉该船，还给其船员们发放了礼物。做下这样惊天动地的事情，要从麦哲伦海峡回英国几乎不可能了，德雷克估计西班牙的舰队肯定会在海峡那边等着他。他铤而走险，索性走太平洋航线。1580 年 6 月他们绕过好望角，9 月回到英国普利茅斯。[①] 他带回 50 万英镑的战利品，相当于英格兰王室一年的收入。[②]

关于英国女王伊丽莎白一世资助或投资约翰·霍金斯（John Hawkins，1532—1595）、德雷克等大海盗的劫掠事业，并从中获得优厚收入，是共知的话题，反映了当时西欧各国挑战西班牙和葡萄牙海上霸权的一种斗争形式。16 世纪后期，对这两个海上霸主的正面挑战开始了。"首批重要的挑战者是荷兰人。16 世纪晚期荷兰是欧洲唯一有足够的海上力量在新大陆和东印度群岛向西班牙和葡萄牙挑战的国家。"这时的荷兰展开了反对西班牙统治的斗争，即我们通常说的"尼德兰资产阶级革命"，这种情况"更激励他们去发动进攻"。1590 年后，"当西印度航线首次出现紧张情况时，荷兰船只大量进入加勒比海，在海上进行海盗活动"。[③] 这时，荷兰人反抗西班牙统治的斗争实际上已经取得胜利，而 1588 年英国人打败无敌舰队又在相当程度上削弱了西班牙的海上力量，西欧其他国家在加勒比群岛和美洲大陆展开殖民贸易活动的条件开始具备。

在准备从正面向西班牙和葡萄牙霸权发起挑战的过程中，各国在思想意识上也经历了一个复杂的演变过程，值得我们注意。桑德斯讲到，在 16 世纪初，荷兰的作家、编辑或印刷商都颂扬西班牙冒险家和传教士的惊人业绩。然而到 1550 年代，对新世界的角逐导致关于它的叙述也发生变化。法国人和意大利人开始强调"新世界野蛮人的高贵"（noble savage of the New World），显示旧世界西班

---

① Walter James Harte, *Sir Francis Drake*, London : Society for Promoting Christian Knowledge, 1920, pp. 24-25；〔苏〕马吉多维奇：《世界探险史》，屈瑞等译，第 352—357 页。

② Mukherjee Ramkrishna, *The Rise and Fall of the East India Company*, Berlin: VEB Deutscher Verlag der Wissenschaften, 1958, p. 35.

③ 〔英〕莱斯利·贝瑟尔主编：《剑桥拉丁美洲史》第一卷，林无畏等译，第 366 页。

牙人的可耻行为；荷兰人则开始把新世界的印第安人描述成处于黄金时代的天真无邪的人，并把他们与贪婪的西班牙人相对照。在该世纪 60、70 年代，荷兰人还用西班牙人在新世界的专横来证明自己反抗西班牙人统治的合理性，说如果不反抗，他们的命运就会与美洲印第安人一样。他们还把西班牙派驻尼德兰的总督阿尔发（Alba）公爵看成征服者（conquistador）。有意思的是西班牙人自己也可能曾有过类似比拟，他们希望把尼德兰像西属美洲那样牢牢控制起来。到 1580 和 1590 年代，当有望与西班牙签订一份停战协定时，荷兰人从强调西班牙人的专制开始转到强调美洲的财富和潜在的价值。这种想象鼓舞着荷兰人来到新世界，与印第安人接触，而印第安人则被他们想象为像荷兰商人那样追求宗教自由的人。到 17 世纪第一个十年，那些希望继续与西班牙战争的荷兰人认为，把战争扩展到美洲能破坏西班牙来自美洲的用来镇压尼德兰人的资金，而且还能支持受压迫的美洲印第安人。这些荷兰人还认为土耳其人比天主教徒要好。到 1620 和 1630 年代，当荷兰人自己也从事殖民时，他们放弃了关于印第安人天真无邪的比喻，放弃了与他们建立联盟的想法。[①] 西方人做事都先有一整套理论，而且理论总是随着自己的需要不断变化，这里也不例外。

大约在 1587 年，巴西开始出现荷兰商人，他们用织物换糖。他们在贸易中所占的份额稳步上升。大约在 1595 年，他们来到大安的列斯群岛的港口。从 1598 年起，荷兰的盐商开始出现在委内瑞拉的库马纳（Cumaná）附近阿拉亚（Araya）环咸水湖一带，从事盐田开发。很多船只很快集中到这个原本荒凉的地方。按当地西班牙长官的说法，1600—1606 年间，每年都有约 120 艘外国船只来到他们省，其中大多都是平均载重量 300 吨左右的荷兰运盐船。除了运盐船，还有一些荷兰和英格兰的大商人向库马纳运来织物和金属器具，然后运走委内瑞拉的烟草和玛格丽塔（Margarita）珍珠。1606 年，

---

① James E. Sanders, "Creating the Early Atlantic World", *Renaissance Quarterly*, Vol. 56, No. 1, 2003, pp. 145-146.

特立尼达（Trinidad）岛上出现第一个荷兰人的奴隶。[①]17世纪初开始，英格兰人、法国人也纷纷来到美洲，他们虽然暂时还没有能力撼动西班牙（1580—1640年间葡萄牙合并于西班牙）对美洲大陆的控制，但纷纷先后在西印度群岛上安下身来，谋求进一步的发展。

三、欧洲开始成为世界经济发展中心

关于世界经济发展中心，首先有一个标准问题。如果按照弗朗克的标准，那么，直到19世纪，中国依然是世界的中心。他说："直到19世纪之前'中央之国'实际上是世界经济的某种中心"，因为只要"考察1800年以前的全球经济"，就能"发现中国在其中的'中心'地位和角色"。[②] 这里用的是经济总量的标准，即从当时看，中国的经济总量肯定超过西欧。其实当代西方一些著名学者都持有当时的中国经济比西欧更繁荣的观点。比如，巴勒克拉夫说："一直到伏尔泰时代，土耳其和中国仍是文明生活的榜样，欧洲人只能投以羡慕和尊敬的目光。"[③] 其实，只要看一下达·伽马到印度后去拜访印度土王时的窘相，[④] 就可知道当时东西方物质差异之巨大。

从美洲白银的流向也可以看出当时的东方，特别是中国，在世界经济中的地位。因为当时的中国不需要西方人的商品，而西方人需要中国和东方其他国家的商品，所以西方人只能用黄金和白银换取他们所需要的东西。美洲的白银通过各种渠道，通过马尼拉大帆船，通过葡萄牙人、荷兰人和英国人与东方的贸易而流向东方，这是人所共知的现实。

---

① 〔英〕E. E. 里奇等主编：《剑桥欧洲经济史》第四卷，张锦冬等译，第184页。

② 〔德〕弗兰克：《白银资本：重视经济全球化中的东方》，刘北成译，中央编译出版社2000年版，"中文版前言"第19页。

③ 〔英〕巴勒克拉夫主编：《泰晤士世界历史地图集》，毛昭晰等译，第153页。

④ 达·伽马到印度后，携带寒酸的礼物拜访卡利卡特的统治者，后者"认为达·伽马送给他的帽子、珊瑚珠和糖等礼物是对他的侮辱，因而拒绝合作"。见〔美〕珍妮特·波德尔等：《文明的脚步——影响世界的探险家》，陈慧颖译，中华书局2007年版，第18页。

但从另一个角度看，即从面向未来的制度和经济发展趋势的角度看，我们可以肯定地说，16 世纪以来中国已经落后于西方，因为当时中国已渐渐成为一个故步自封的国家。墨菲在论及葡萄牙和西班牙在东亚的活动时说道："中国人依然游离于西方人的这些海上和商业竞争之外，并对广州的欧洲商人采取不与接近的态度，甚至不允许他们进入广州城……。"[①]其实，18 世纪法国的伏尔泰就已经看到中国的弱处。他在《哲学辞典》中说："我们相当了解中国人现在还跟我们大约三百年前那时候一样，都是一些推理的外行。最有学问的中国人也就好像我们这里 15 世纪的一位熟读亚里士多德的学者。"他还强调，虽然中国人在道德、政治经济学、农业、生活必须的技艺等等方面达到了完美境地，但其余方面的知识，是西方人传授的，特别是，"在科学上中国人还处在我们 200 年前的阶段"。[②]

显然，不同的标准，会对当时的中西发展水平作出不同的评价。我们用的是后一种标准，因为这正是决定此后中国落后挨打的关键因素。也就是说，我们这里用的标准，是从长远发展的角度来看的。左右 16 世纪世界市场发展的是西方人，不是中国人。何芳川有一段话颇有道理：

> 然而，从实质上看，马尼拉大商帆贸易已不再是古代海上丝绸之路的量的延伸，而是在这一量的延伸的表面现象下，发生了质的变化。作为经济手段，马尼拉大商帆贸易已不再由中华帝国所控制，而是由西方殖民者所控制；它也不再为中华帝国的政治利益服务、即不再为旧有的华夷世界秩序服务，而是为西班牙殖民帝国服务。而且，即使从纯经济意义上讲，它也不再起集结西太平洋半环贸易网的作用和古代印度洋贸易网的

---

① 〔美〕罗兹·墨菲：《亚洲史》，黄磷译，第 334 页。
② 〔法〕伏尔泰：《哲学辞典》上册，王燕生译，商务印书馆 1991 年版，第 323、330 页。

后援作用，而是被纳入了近代殖民主义、资本主义的资本原始积累的经济体系，纳入了正在准备和形成中的资本主义世界市场了。从海洋贸易网的意义上讲，马尼拉大商帆所编织的，是以西班牙为主角的近代太平洋贸易网。中国的明清帝国，因为此时雄风尚在，所以仍居这一贸易体系中的重要角色，尚未像日后那样沦为纯粹的附庸。但它在古代海上贸易的主导地位，则正在逐步丧失。[1]

当时西方正在形成一种充满经济竞争性的制度，而中国或印度对此却茫无所知，或者说根本不懂。这一制度的特点是：由于缺乏向东方购买香料和丝绸等商品的金银，他们居然能把尚处于原始社会或刚刚进入文明社会但尚不知铁器为何物的美洲变成生产金银的矿山，又把处于原始社会的非洲黑人变成商品，变成美洲矿山的劳动者。简言之，不是因为欧洲的生产能力超越了中国才走向资本主义，而是他们在某些方面发展起一种带有竞争性的或原始资本主义的制度，他们凭着这种竞争性的制度慢慢积累起超越中国或印度的物质财富和技术手段。征服——殖民——贸易，这就是近代初期西方人在世界各地所做的事情，现代资本主义就是在这样的基础上发展起来的。

在欧洲向世界经济发展中心转变的同时，欧洲内部的经济格局也在发生重大调整，其基本特点是西北欧的荷兰和英格兰渐渐成为欧洲生产中心。经济中心归根结蒂需要生产来支撑，欧洲的生产中心支配世界之日，也就是欧洲的经济中心地位得到全世界公认之时，这发生在19世纪工业革命走向兴盛的时候，但为这个生产中心奠定基础的时期，则是在16世纪末和17世纪初。

三大航线开通后，随着伊比利亚两个国家远洋贸易的全面展开，西欧各国也不同程度得到好处。即使是法国这样深深扎根于农业的

---

[1]　何芳川：《澳门与葡萄牙大商帆：葡萄牙与近代早期太平洋贸易网的形成》，第69页。

国家，也受到地理大发现的刺激，商业迅速走向繁荣。它的"呢绒、亚麻布、丝绸、锦缎、地毯、花边、葡萄酒等产品……源源不断地输往西欧各国、地中海东部和美洲'新大陆'。"①按杜比他们的说法，在三大航线开通前，即在大西洋地中海的开辟过程中，法国就已从中获得不少好处。1475—1480年后，马德拉群岛和加那利群岛的糖和香料就开始通过诺曼底各个港口进入巴黎和里昂。波尔多、南特（Nantes）和鲁昂（Rouen）坐落在伊比利亚到欧洲的商业中心安特卫普的途中，所以它们"在国际贸易中占有一席之地"。从15世纪最后20年开始，这些港口城市的发展"一日千里，战争也只是使其暂时中断"。在这些港口从事贸易的船只数量大，而且船只的吨位也不断增加，甚至法国国王也对此感兴趣，专门命人造了"大路易斯"号（800吨）。南特还与西班牙大西洋岸边的毕尔巴鄂（Bilbao）建成商业同盟。法国人也参加了各种海外探险和贸易活动。1479年和1485年，布列塔尼的水手从马德拉群岛归来。1503年，勒博尔米埃·德·贡纳维尔（Gonneville）航行到了巴西。1506年翁弗勒尔（Honfleur）人向纽芬兰远航。这时期，法国人还在北非的阿加迪尔（Agadir）港装运蔗糖。1509年印第安人出现在鲁昂。②法国也是西班牙和葡萄牙海外事业的重要竞争者。

伊比利亚半岛的海外探险和贸易不是孤立的事业，所以它对西欧各国发生重要影响是正常的。实际上，伊比利亚半岛这两个国家的海外事业对欧洲各国的依赖程度远远超出一般人的想象。这种依赖主要表现在资金、制造业、市场网络三个方面，正是这种全面依赖说明伊比利亚半岛扩张的欧洲性质，同时也说明为什么西班牙和葡萄牙的优势地位很快就让位于欧洲其他国家。

哥伦布第一次西航的资金很能说明问题。按莫里森的研究，这次航行总花费是200万马拉维迪（maravedis），不包含工资。按哥伦布与西班牙政府的协议，哥伦布本人出资25万，借自他的朋

---

① 吕一民：《法国通史》，上海社会科学院出版社2002年版，第50页。

② 〔法〕乔治·杜比主编：《法国史》上卷，吕一民等译，第571页。

友和支持者，即在塞维利亚的佛罗伦萨银行家胡安诺托·贝拉尔迪（Berardi）或梅迪纳·塞利公爵。西班牙国王出资 140 万。另外 35 万是圣赫曼达德（Santa Hermandad）的司库桑坦海尔（Luis de Santangel）从他自己的账上或从阿拉贡国库预支的。圣赫曼达德是一支王家警卫队，拥有自己的金库，国王出的 140 万就借自它的金库。[①] 科克也说，作为圣赫曼达德的司库，桑坦海尔向王室提供了 140 万马拉维迪的贷款，此外，这位财政大臣还从自己的钱包中拿出 35 万马拉维迪，哥伦布自己也向热那亚的圣乔治银行借了 25 万，这样西班牙的君主们在精于计算的桑坦海尔的帮助下，促成了这样一个"不花费王室金库一个马拉维迪的独创性的计划"。[②] 什么是圣赫曼达德？它开始时是一个城市联盟，其目的是清除道路上的盗匪，反击敌视城镇的贵族，有时也反对王室本身。到伊莎贝拉（Isabella，1451—1504）女王时期它已具有政府机关的性质，但保留着它的民众性和代表性，有接受捐款（contributions）和任命各省初审官员的权力。[③] 这体现出西班牙国家形成过程中的特点，不可拿中国封建社会大一统的观点来看他们的国家机构和民间组织的关系。桑坦海尔既是国王的财政大臣，掌管王室金库，又是圣赫曼达德的司库。

　　如果我们再看一下以下关系，则更能感觉到当时西班牙王室与社会及与外国银行家的复杂而密切的联系。按照戴维森的分析，控制圣赫曼达德金库的银行家是犹太人亚伯拉罕·西尼尔（Abraham Senior），但他与王室打交道则通过桑坦海尔和另一个热那亚银行家弗朗西斯科·皮内罗（Pinelo，又称皮内利 [Pinelli]，是哥伦布的朋友，也是圣赫曼达德的司库）来进行。这位西尼尔不是一个等闲之人，他曾与一个叫阿隆索·德·卡布雷拉（Alonso de Cabrera）的犹太人改宗者在伊莎贝拉与斐迪南（Ferdinand，1452—1516）

---

① 〔美〕莫里森：《哥伦布传》上册，陈太先等译，第 172 页。

② Peter O. Koch, *To the Ends of the Earth: The Age of the European Explorers*, Jefferson, North Carolina and London: McFarland & Company, Inc., Publishers, 2003, p. 98.

③ Charles H. McCarthy, "Columbus and the Santa Hermandad in 1492", *The Catholic Historical Review*, Vol. 1, No. 1, 1915, p. 46.

的秘密联姻安排中起过作用，因为伊莎贝拉的兄弟国王恩里克
（Enrique）四世是竭力反对这桩婚事的。西尼尔是圣赫曼达德的司
库，也是斐迪南国王的首要资金来源。[①]这里，外国银行家、王室、
大商人、民间组织（圣赫曼达德）领袖等等的相互关系令人眼花缭乱。
戴维森在该著作的同一页里还谈到，西班牙最后攻克穆斯林的首府
格拉纳达所需的资金是向另一位犹太银行家借的。总之，伊比利亚
国家从事探险和殖民的资金大部分来自西欧其他国家，这是学术界
的共识。德意志和热那亚银行家起了特别重要的作用，当然热那亚
人在这里活动的历史更为悠久。有人讲到，在伊比利亚半岛，热那
亚人无处不在。比如，"1528年法律确认的28个热那亚贵族世家中，
在16世纪的塞维利亚就有21个。"[②]还有人讲到，西班牙征服美洲
的秘鲁和智利，其经济上的支持来自新西班牙，也就是用殖民地的
收入来支撑殖民支出。而向那些有利可图的殖民事业提供资金的人
中，"热那亚人与德国人处于主要的也是核心的地位"。[③]至于在短
时间内看不到回报的征服，则需要着眼于长远的政府来解决。

我们前面曾讲到葡萄牙运往东方的商品，大多并非他们自己制
造，而是来自其他国家，这种情况西班牙比它要好一些。在16世纪
中期以前，西班牙自身大体上还有能力向美洲输出"大量本国制成
品"，包括家具、铁器、粗布和精制布、地方食品和特色工艺品。
它向美洲输出的商品中还有本国的农副产品，包括卡斯蒂利亚和安
达卢西亚生产的谷物、酒和油，这些"都是殖民者所最向往的"。
但由于美洲的需求太大，西班牙很快感到力不从心，所以在该世纪
里，向美洲输出的商品中有许多来自其他国家。情况甚至发展到"塞
维利亚贸易法庭的商人中有很多人已经是热那亚或荷兰银行家和商
号的傀儡"。[④]也就是说，随着美洲市场的开发，西班牙的工商业、

---

① Miles H. Davidson, *Columbus Then and Now: A Life Reexamined*, Norman: University of
Oklahoma Press, 1997, pp. 169-170.

② 〔英〕莱斯利·贝瑟尔主编：《剑桥拉丁美洲史》第一卷，林无畏等译，第340页。

③ 〔美〕保罗·布特尔：《大西洋史》，刘明周译，第75页。

④ 〔英〕莱斯利·贝瑟尔主编：《剑桥拉丁美洲史》第一卷，林无畏等译，第356、355页。

农业也一度达到高度繁荣，但它本身的供给能力毕竟有限，所以欧洲其他国家的产品开始以各种方式进入美洲市场。到 16 世纪末，荷兰和英格兰在生产上的优势开始显现出来。

欧洲其他国家进入美洲市场通常有两种方法，一种是"贴牌"，另一种是走私。当然，某种意义上，"贴牌"也是走私。比如，有人估计，1545 年时西班牙的制造业主手中都持有六年工作量的订单，这些订单来自韦拉克鲁斯、卡塔赫纳等美洲各地。为满足市场需求，商人们只得求助于其他国家的制造商。虽然西班牙的法律禁止西班牙以外国家与西属殖民地直接来往，但外国产品完全可以通过西班牙商人或以西班牙商人的名义进入美洲市场，这相当于今天的"贴牌"生产。有人认为，这是拿破仑大陆封锁前历史上"最重要的走私制度"。还有学者认为，16 世纪下半叶西班牙的垄断贸易制度就已经崩溃，因为殖民地进口产品的 9/10 来自西班牙以外的国家。与这同时发展起来的是走私贸易。殖民地的走私贸易长期以来是殖民管理的难点。我们知道，美国独立战争也与七年战争后英国加强控制美洲的走私贸易分不开。就西属美洲而言，到 17 世纪时，走私贸易甚至形成了"独自的政治体系"，法国、荷兰和英国在与西班牙斗争时都利用了这一点。情况甚至发展到这种程度："上至英国国王、法国国王，下至美洲沿岸的关税吏、马德里的西印度参议官、西班牙领美洲副王等，所有的人都参与了向西班牙殖民地走私的活动。"①

总之，西班牙，更不用说葡萄牙，在资金、制造业及在欧洲的市场网络上都全面依赖欧洲其他国家或地区。这体现了这两个国家对外扩张的欧洲性质，但也表明这两个国家没有能力全面利用自己的殖民成果。只有通过市场扩张而成为制造业中心的国家才有可能在未来的竞争中居于前列。由于种种原因，特别是由于 16 世纪下半叶开始的价格革命对欧洲南部的打击更大，所以意大利和法国都没

---

① 王加丰：《扩张体制与世界市场的开辟——地理大发现新论》，第 225 页。

能成为这样的生产中心，这个中心的地位最终转向西北欧的荷兰和英格兰。这样，到 16 世纪末和 17 世纪初，西欧的世界贸易中心的地位已经很明显，而西欧的生产中心则开始定位于西北欧。未来的欧洲或世界的发展就是从这种态势出发的。但在 16 世纪里，德国和意大利银行家的资金仍然在伊比利亚国家拥有举足轻重的地位。

第七章　文化传统与世界市场的开辟

15 世纪末和 16 世纪，欧洲人在经济上处于相对落后状态的情况下，致力于开通世界上的主要航线，进行大规模的殖民掠夺，初步建立起世界市场，为什么会这样？本书第一编已经有相当篇幅讨论西方中世纪的历史文化传统问题，本章着重从地理大发现的角度，从西欧从封建主义向资本主义过渡的角度，看看这一传统在该重大历史事件中如何发生作用，以便对它有一个更深入的认识。这里的基本观点是：（1）正由于西欧在中世纪里形成了某种扩张性的体制或制度，才于 15 世纪末在其经济发展水平尚比较落后的情况下开始向世界扩张；（2）这种扩张性的体制，实际上是一种原始的市场体制，或者说是一种原始的市场导向的制度，是西欧在中世纪里慢慢孕育出来的；（3）在 14、15 世纪西欧民族国家开始形成的过程中，早期（形成中的）资产阶级和封建统治阶级出于共同的需要开始向外扩张；（4）就是这种联合扩张使西欧在资本主义发展尚非常有限的情况下就出现强劲的扩张势头，其基本表现就是地理大发现及随后的殖民运动和远洋贸易。

一、"地理大发现"是资本主义与封建主义的双重扩张

"地理大发现"（Great Discoveries）通常认为是西欧从中世纪向近代过渡，也就是从封建社会向资本主义社会过渡的"界标"，从这一意义上讲，它的资本主义性质是无需讨论的。但封建主义向

资本主义过渡，绝不是一个纯粹的新社会从一个纯粹的旧社会里突然"冒"出来，否则现代资本主义产生的历史将会变得无法理解。地理大发现并非纯粹的资本主义扩张，而是一场资本主义与封建主义的联合扩张，无论从扩张的力量、扩张者的追求和扩张的精神支柱上看都是这样。可以说，如果不凭借封建统治阶级的支持和领导，15世纪末和16世纪的西欧绝不会出现地理大发现。

联合扩张格局的形成与大扩张

"地理大发现"是在长期的扩张尝试中逐步发展起来的，绝非哥伦布在一夜之间开创出来的事业；而且，哥伦布本人就是在这样一种氛围中成长起来的航海家。这一过程大体可分三个阶段。从这三个阶段中可以看到，各阶级、各阶层卷入扩张是"大发现"得以进行的基本条件，而且"大发现"的技术条件大半也是随着社会条件的成熟而成熟起来的。

第一阶段：走向"大发现"的尝试阶段（约从13世纪后期到14世纪末）。这一阶段与后来地理大发现关系较大的有几个事件，主要有1277年热那亚人的一艘平底大帆船"首创"地中海与佛兰德之间的海上直接通航，1291年热那亚维瓦尔迪兄弟的两艘船只驶出直布罗陀海峡企图到印度去，但后来下落不明，这可说是西方人经大西洋寻找到东方的航路的最初尝试。从13世纪末到14世纪40年代，大西洋上马德拉、加那利和亚速尔群岛先后被发现，并在一定程度上为西欧人所熟悉。1346年马略卡人豪梅·法雷尔出大西洋到达博哈多尔角附近，据说到过尼日尔，但后来不知所终。

这时期西欧人在大西洋上的活动有以下特点：

1. 参与的阶层和动机相对单一，主要是市民（商人），特别是意大利的热那亚人，其目的是冒险经商（包括买进生活必需品和粮食）。国王们虽曾对此表现过某种关注，但具有偶然性。

2. 从建立地中海和北海之间的直接海上联系到企图通过大西洋寻找印度，说明西欧中世纪城市特有的扩张性。但这时它们的扩张还面临着两方面的障碍。

就社会方面说，统治阶级和封建政府尚未对扩张表现出很大的兴趣，即使商人本身，意大利的一些商人，特别是加泰罗尼亚的商人也是"非常满足于与北非的已有关系而不愿去大西洋冒更大的风险"。就技术方面说，主要还有三个方面的问题。一是造船技术，意大利人用于地中海航行的船只不适宜在大西洋上航行，而西南欧沿海居民用于大西洋的船只又显得简陋。要在大西洋上远航，需要"把大西洋的造船航海技术与地中海的知识、技能和商业技巧结合起来"。①比如，"为了能绕过大西洋上可怕的博哈多尔角，除了横帆之外，船上还需要安装地中海上使用的三角帆"。②二是航海上，指南针的传入虽已解决了导航问题，但若没有较好的地图和海图，"指南针的用场是有限的"。这时西方人掌握的天文地理知识，尚未越出知识分子阶层与从事现实航海的人们相结合。三是武器上，这时期西方人也未占优势。

第二阶段："大发现"的发动阶段（约1400—1460年）。这阶段最令人注目的事件，是"航海家"亨利领导下沿大西洋西非海岸南下的探险活动。1460年亨利去世时，他的船队已来到塞拉利昂，往大西洋的扩张成为一项持续进行的有利可图的事业，西方人由此渐渐具备了后来航行到美洲和印度的能力。这一阶段与前一阶段有一些很不相同的特征：

1. 海外殖民事业的开始。西欧人对海外资源的要求迫切起来，采取了三项有重要后果的行动。（1）开始在大西洋岛屿上殖民。对加那利的殖民开始于1402年，此后是圣港岛、马德拉、亚速尔。这些殖民岛屿主要生产蔗糖，其次是酒、谷物等；（2）从非洲西海岸向南越过马格里布地区，与撒哈拉以南的黑非洲建立直接联系，从那儿购买"谷物、黄金、奴隶"等商品；③（3）出于殖民活动的需要，

①　Pierre Chaunu, *European Expansion in the Later Middle Ages*, pp. 85, 84.

②　〔意〕奇波拉主编：《欧洲经济史》第二卷，徐璇等译，第199页。

③　Pierre Chaunu, *European Expansion in the Later Middle Ages*, pp. 85, 106-107, 108.

葡萄牙人开始在海外建立堡垒，第一个堡垒是 1443 年在阿尔金建立的。

2.封建统治阶级——国王、贵族、教会以某种方式介入扩张，大大改变了前一阶段以商人、普通水手为主的局面。1402 年在大西洋上建立第一块殖民地的是一伙诺曼和法国贵族。贵族广泛地参加了探险和殖民活动。

特别值得注意的是探险已不再是个别人自发性的行动，而是在一定的权力支持、领导下的有计划、有组织并有许多人共同从事和相互支持的一项持续不断的运动。诚然，"航海家"亨利并不是葡萄牙国王，但他是一个拥有封地的王子，他充分利用自己的权力和财力，创办航海学校培养人才，一次次派遣船队深入大西洋探险。实际上，他对探险"提供了某种国家支配的方式……他的积极贡献是不可估量的"。卡斯蒂利亚也渐渐卷入扩张。1449 年它宣布承认葡萄牙在西非的垄断权，但这种承认是暂时的。教廷也介入了扩张。1442、1443 年教皇两次肯定葡萄牙在非洲西海岸活动的合法性。[①]1454 年教皇尼古拉五世把"侵入、征服和统治所有尚处于基督的敌人撒拉逊人 (Saracen) 或异教徒统治之下的国家的权利"授予葡萄牙国王阿方索，他还声明：这种权利是"完全而绝对的"，所以"所有虔诚的基督教徒未经这位阿方索国王及其继承人的允许，决不可侵犯他们的专有权"。[②]知识分子则或传播天文地理知识（如法国红衣主教和宇宙学家皮埃尔·戴利［D'Ailly］1410 年写的《世界的样子》），或聚集在亨利王子的航海学校里从事教学和研究来介入扩张。

上述力量介入扩张的结果，是初步形成了各阶级、阶层联合扩张的格局。这种联合扩张不是简单的结合，而是根据各自的特长而有不同的分工。商人主要出钱，贵族、水手冲锋陷阵，知识分子提供各种专业知识并总结实践的成果，教会和人文主义者则提供精神、信仰上的支持。

---

① Pierre Chaunu, *European Expansion in the Later Middle Ages*, pp. 120, 106, 111, 120.

② 〔美〕斯塔夫里阿诺斯：《全球通史，1500 年以后的世界》，吴象婴等译，上海社会科学院出版社 1992 年版，第 139 页。

在这一阶段，西方人在航海技术上还实现了两项突破：

（1）地中海和大西洋的航海技术开始结合起来。1441年首次出现了一种新型船——轻快帆船。[①] 这种帆船"稳定性能好，速度快"。[②] 当然，它要承担远洋航行的任务，还须继续改进。这种改进是在15世纪80、90年代完成的。[③]

（2）在武器上开始取得优势。火器的出现是军事史上的一个转折点，只拥有铁制武器的落后民族从此再也不可能战胜先进民族了。14世纪20年代西方出现大炮并很快得到改进。1371年卡斯蒂利亚的帆船在欧洲首先在船舷上安装大炮。[④]15世纪中，"欧洲的大型战舰多数已安装了火炮"。15世纪末，"人们开始在战舰的舷侧钻了许多用于射击的炮孔，这预示了新的舷炮的出现。这种'舷炮'代表着未来"。[⑤] 这是欧洲人对军事上强大、农业文明高度发达的亚洲国家的一个"决定性的有利条件"。[⑥] 没有这种优势，人数处于劣势的欧洲人不仅无法打败印度洋上的阿拉伯和印度的联合舰队，也很难战胜大西洋两岸的土著民族。

第三阶段：走向全面扩张阶段（15世纪最后三四十年）。这阶段引人注目的发展趋势，除了上面已涉及的技术上的成就，最重要的是：

1. 封建政府全面介入扩张。亨利王子死后，葡萄牙政府正式接过探险殖民的组织领导工作。从1462年开始，该工作的领导权从亨利的小宫廷转入里斯本政府手中。[⑦]1474年国王阿方索五世授权儿子（后来的若奥二世）主管这一工作。1476年葡萄牙与西班牙之间发生一场战争，几年后的和约规定，葡萄牙拥有亚速尔、佛得

---

① Pierre Chaunu, *European Expansion in the Later Middle Ages*, p.120.
② 〔德〕保罗·维尔纳·朗格：《哥伦布传》，张连瀛等译，第58页。
③ Pierre Chaunu, *European Expansion in the Later Middle Ages*, pp.112, 129.
④ 〔德〕保罗·维尔纳·朗格：《哥伦布传》，张连瀛等译，第38页。
⑤ 〔意〕奇波拉主编：《欧洲经济史》第二卷，徐璇等译，第202页。
⑥ 〔美〕斯塔夫里阿诺斯：《全球通史，1500年以后的世界》，吴象婴等译，第25页。
⑦ Pierre Chaunu, *European Expansion in the Later Middle Ages*, p.126.

角、非洲西海岸，而西班牙则获得加那利。加那利不久后成为哥伦布"发现"美洲和西班牙向美洲殖民的中转站。1481年葡萄牙国王若奥二世继位后着手加强在非洲的要塞，兴建新的城堡，派出船队到达刚果河口，接着到达西南非洲的克罗斯角。考虑到海路遥远，他还派出探险队从陆路去查证埃塞俄比亚和印度的具体位置。他还就是否能通过往西航行到达东方的问题，与意大利的托斯卡内利（Toscanelli，1397—1482）商量，并可能向西派出过探险的船队。[①]政府的大力介入是大扩张格局全面形成的标志。

2. 远航的理论知识与实践紧密结合起来，这大体上发生在"15世纪最后1/3个世纪"[②]。在哥伦布身上，我们可以看到专业的、通俗的、古代的及同时代人的各种天文地理著作及那一时代的航海成就对他的影响。没有这种影响，他甚至不会萌发西航的念头。

3. 明确地把到达印度或中国、日本作为航海探险的目标。直到亨利去世时，往非洲的航行都"与亚洲没有多大关系"。[③]只是在他死后，经大西洋与亚洲取得直接联系的想法才成为西方人的热门话题。这见之于葡萄牙国王从陆路向印度派出使团，见之于托斯卡内利给葡萄牙国王的信，见之于哥伦布的苦苦追求，也见之于卡波特的行动。通常认为卡波特往西航行到达印度的想法与哥伦布没有关系。

地理大发现的社会条件、技术条件至此全部成熟。1492年哥伦布到达美洲，1497年达·伽马到达印度。世界进入了一个新的时代。下面，我们进一步从参加者、领导者和组织者、资金来源三个方面分析一下"大发现"的性质。

扩张力量的两重性

第一，"大发现"的直接参与者。主要有三部分人：贵族、商人、水手（农民、渔民和手工业者）。

---

① 〔英〕G. R. 波特编：《新编剑桥世界近代史》第1卷，中国社会科学院世界历史研究所组译，第595—597页。

② Pierre Chaunu, *European Expansion in the Later Middle Ages*, p. 63.

③ Ibid., p. 85.

　　商人是探险队中一个相当活跃的阶层。亨利王子的船长中出现过奴隶贩子第奥古·科米什，发现佛得角群岛的是威尼斯商人探险家卡达莫斯托。①西班牙帕洛斯的平松（Pinzón）兄弟则是参与哥伦布首航美洲的关键人物。不过总的说来，商人在探险队中并不占重要成分，他们的作用主要表现在出资建立探险队上。

　　水手是直接参与大探险人数最多的一个阶层，他们中有一些人出类拔萃，在大探险中担任了重要职务。发现刚果河河口的迪奥戈·卡奥早期生平鲜为人所知，因自己的发现而受封为贵族，可能出身于普通水手。这个阶层还产生了哥伦布、卡波特这些伟大的人物。不过他们早已不是一般的水手。卡波特大概是"海员和商人"。②哥伦布也早已是一名"年轻的热那亚羊毛商"。③他到葡萄牙后，与已故的葡萄牙圣港岛总督的女儿结婚，则更非一般人所能攀比。在那个时代，水手、海盗、商人（还有贵族）的身份常常是混合在一起的。

　　在直接的探险和殖民活动中，担任领导职务最多的应该是贵族，特别是小贵族。15世纪初发现马德拉的是葡萄牙的2个贵族。1434年领导绕过博哈多尔角的吉尔·阿内斯，当时人记载说他是小贵族。绕过好望角的巴托罗缪·迪亚士是王室侍卫。首次到达印度的达·伽马，发现巴西并继达·伽马后第二次来到印度的卡布拉尔都是"宫廷官员"。美洲方面，除哥伦布首次航行贵族较少外，其后在美洲进行发现和殖民的贵族比比皆是："发现"太平洋的巴尔沃亚是小贵族，征服墨西哥的科尔特斯、首次进行环球航行的麦哲伦都是小贵族，征服秘鲁的皮萨罗是贵族的私生子。④

　　第二，"大发现"的组织者和领导者。一般可分三种：

　　1. 政府。西班牙、葡萄牙历次重大探险殖民活动一般是由政府或殖民政府组织的。

---

① 〔苏〕马吉多维奇：《世界探险史》，屈瑞等译，第93页。

② 同上书，第149页。

③ 〔西〕马达里亚加：《哥伦布评传》，朱伦译，第68页。

④ 吉尔·阿内斯，见 Pierre Chaunu, *European Expansion in the Later Middle Ages*，第118页；此外，见〔苏〕马吉多维奇：《世界探险史》，屈瑞等译，第115、223、233、275、260、244页。

2. 个人或个人的组织，以商人为主，但也有贵族和官员。卡波特的两次探险是布里斯托尔的商人组织的；1500 年发现拉布拉多的是葡萄牙在亚速尔的一个封侯，行前经过国王批准。[①] 此外，拉美殖民官员和种植园主卷入的一些探险殖民活动有时也有公私难分的情况。

3. 介于上述两者之间一种公私结合的方式。早期的如 1469 年里斯本富商费尔南·戈麦斯（Fernão Gomes）与政府签订使用几内亚海岸的契约，每年付给国王一大笔钱，并得自己出资往南探索 100 葡萄牙海里的海岸。[②] 后来的特许公司可看成是这种形式的发展。

以上三种方式中，最重要的当然是第一种。不仅因为它在数量上占有绝对优势，还因为最重大的活动只有政府才能组织起来。哥伦布、达·伽马、麦哲伦领导的人类历史上三次最重大的航行，毫无例外都是政府组织的。第二种方式一般也要经过政府批准（英国、荷兰有所不同，但也与城市当局的支持分不开）。政府的批准不仅仅是形式，它意味着国家的保护与支持，特别是军事、外交上的支持，及发现成果归于国家。至于第三种方式，实际上是政府出面组织的一种比较灵活的方式。

政府的这种作用，说明"大发现"、大扩张的主动权牢牢掌握在封建统治者手里。就掌握对外活动的大权这一点来说，中国也是一样的。所不同的是，一个支持并参与扩张，一个不是这样，结果自 16 世纪以来，人数不多的西方人在东南亚打败了人数众多的华人。

第三，"大发现"的资金来源。相应于组织者和领导者，"大发现"的资金来源也大体上可分为三类：政府出资、私人出资或合资、公私结合。

三种投资方式中，何种更为重要？初看起来不易确定，但若从最重大的探险殖民活动来看，唱主角的还是政府。

迪亚士绕过好望角，达·伽马到达印度，麦哲伦环球航行，全是政府出资。哥伦布向美洲首次航行的费用，本编第二章已经讨论过，有多种来源，但主要还是政府出资，占总支出 225 万马拉维迪中的

---

① 〔苏〕马吉多维奇：《世界探险史》，屈瑞等译，第 149、151、152 页。
② 〔德〕保罗·维尔纳·朗格：《哥伦布传》，张连瀛等译，第 10—11 页。

165 万（包括 25 万工资），尽管政府的钱主要是向商界借来的，另外 60 万来自个人（哥伦布及其商人朋友，其中部分可能借自阿拉贡的国库）。[①]

再看几次重要的殖民活动，葡萄牙在东方建立殖民据点，特别是 1509 年印度洋上的第乌海战，无疑都是政府出资。西班牙人在美洲的殖民活动资金，其来源较为复杂。科尔特斯首次向墨西哥进发时船只是古巴殖民政府提供的，招募士兵等费用来自他抵押自己财产所获得的现金。皮萨罗第一次从巴拿马向南美进发时的资金，来自一个叫"长剑与财主"的"股份公司"，股东中有富裕的天主教神甫、巴拿马总督和皮萨罗自己。[②] 上述资金不管来自何人，无疑大都来自殖民掠夺，与贵族特别有关。

当然，在我们肯定政府在出资上的主导作用时，必须特别注意西欧在征服世界过程中出资问题上的灵活性。英格兰和荷兰的许多探险事业都是商人出资。即使是西班牙和葡萄牙，在其探险的初期及在征服美洲和菲律宾的过程中，也是这样。那时候，冒险和出资是政府的一种权利，但在政府缺乏精力和资本时，民间已经存在的便捷的集资方式和习惯就会发生作用，这些出资人不仅有商人，也有贵族。坎波斯说：对像征服加那利并在那儿殖民这样一项不确定的事业，政府处在一个"令人羡慕的位置"，它所做的只是"分配受益者必须靠自己的努力获取的那些好处"。换言之，政府只是批准冒险家的冒险事业，并分享这种事业可能得到的好处，冒险家连冒险费用都得自己承担。政府有时也似乎提供一点实在的东西，比如在一份早期的协定中，王室宣布放弃武器、设备、粮食、家畜、饮料的出口税。这些都是远征所需的东西，但如果没有远征就没有此类商品的"出口"，所以国王实际上并没有提供什么。[③]

---

① 〔美〕莫里森：《哥伦布传》上册，陈太先等译，第 172 页。

② 〔苏〕马吉多维奇：《世界探险史》，屈瑞等译，第 212、225 页。

③ Carlos-Alberto Campos, "The Atlantic Islands and the Development of Southern Castile at the Turn of the Fifteenth Century", *The International History Review*, Vol. 9, No. 2, 1987, p. 175.

可见，资本主义发展导致了地理大发现，这种说法仅在以下意义上才是正确的：没有初期资本主义的发展和商人们的扩张要求，就没有地理大发现。但必须看到，没有国王和政府的支持及贵族的参与，包括他们的投资，同样也不会在 15 世纪末出现地理大发现。根据前面的分析，我们把理由概括如下：

1. 商人有很强的扩张愿望并介入各种扩张活动，但他们在探险殖民的组织领导和参与上都不占最主要的地位。在资金上，仅在以下意义上他们才是最主要的提供者：把大笔钱财借给政府。出资其实是一种权利，政府控制投资，是为了控制投资的收益和所占领的海外领土。

2. 商人一般只是在预见到直接有利可图时才会热心于探险。沃勒斯坦曾指出，"伊比利亚探险的最初动机很可能主要来自贵族的利益"，较谨慎的商人只是在商业网建立起来后才变得热衷起来。[①]所以与其说商人发起探险，不如说他们接过了探险成果。重大的探险殖民活动类似于投资基础研究或基础设施，周期长，效益一时不明显。葡萄牙开辟到印度的航路花了 80 多年，单个的商人或商人组织既没有这种能力，也不会乐意去干。但正是这类重大的海外探险事业，而不是零敲碎打的活动，决定着整个事件的后果。国家的作用在这里得到了充分体现。

3. 重大的探险殖民活动不仅花费浩大，而且牵涉到复杂的组织技术问题，商人或商人组织靠自己很难做到。费奇在讲到亨利王子时说道："亨利的事业中新的特点是，它受到一个统一国家的统治者的支持，并有周密的和系统的计划和指挥。由亨利开始并在他死后继续下去的葡萄牙人勘探非洲的航行，不是一些孤立的向不知道的地方前进的冒险行为。这些航行被安排为一种精心设计的计划的一部分，每次航行的结果和经验都经过仔细研究，并且跟阿拉伯和其他来源的资料比较，使得每一次新的探险队出发时，都比前一次

---

① 〔美〕沃勒斯坦：《现代世界体系》第一卷，尤来寅等译，第 35 页。

拥有更好的资料和更好的配备，以便完成它的任务。"① 那时，只有国家才有能力或有兴趣这样做。

4. 探险和殖民是靠暴力强制推行的事业，以军人为职业的贵族是战争的骨干，没有他们参与，不会有真正的扩张。

"地理大发现"是形成中的资产阶级与封建统治阶级的联合扩张，缺乏任一方都不会有"地理大发现"。当代西方学者一般都十分重视国家在其中的作用。斯塔夫里阿诺斯说：新生的民族国家"在调动从事海外冒险事业所必需的人力物力资源方面是必不可少的。早期探险者虽然绝大多数是意大利航海冒险家，但他们的资助者都是新兴的民族君主国，而不是他们的家乡、微不足道的城邦，这一点决非偶然"。② 肖努也说：国家需要有钱人的贷款，但"另一方面，如果没有国家帮助，私人资本主义会非常弱小以至无力发动伟大的非洲探险"。③

追求的两重性

"地理大发现"时期西方人的追求与其参加者一样，同样具有两重性。如果说经商和黄金属于资本主义的追求（也不能绝对化），那么以下几个方面就主要属于封建主义的追求。

第一，土地。国王们在疯狂地追求土地。哥伦布首航美洲回国时途经葡萄牙，葡萄牙国王对卡斯蒂利亚是否有权占有已发现的领土提出疑问，并很快决定派人率一支舰队"驶往那块地方"。西班牙国王事前给予哥伦布种种特权，是以所发现土地归王室为前提的。他在得知葡萄牙国王的动向后，一面动员海军力量，一面运用外交手段向葡萄牙提出强烈抗议，并借用教皇的精神权威来交涉；另一方面还"一刻不停地准备让哥伦布返回那个刚发现的帝国去"。④ 1494

---

① 〔英〕J. D. 费奇：《西非简史》，于珺译，上海人民出版社1977年，第102页。

② 〔美〕斯塔夫里阿诺斯：《全球通史，1500年以前的世界》，吴象婴等译，上海社会科学出版社1988年版，第467页。

③ Pierre Chaunu, *European Expansion in the Later Middle Ages*, p.269.

④ 〔西〕马达里亚加：《哥伦布评传》，朱伦译，第326—327页。

年葡萄牙与西班牙开始瓜分世界势力范围,签订《托德西利亚斯条约》
（Treaty of Tordesillas）后，国王曼努埃尔就"迫不及待地自己采
用了'对埃塞俄比亚、阿拉伯、波斯和印度进行征服、通航和通商
之王'的称号"。①

西班牙君主对土地的追求也反映在哥伦布的态度中。1492年10
月17日，他在航海日记上写道："请二位陛下相信，此岛乃世上土
地最肥沃、地势最平坦、景致最优美、气候最宜人的地方。"11月
27日他写道："君主陛下，臣可以肯定，凡土地如此富庶之地，定
能创造无数财富。"②

哥伦布第二次去美洲时，冷静的国王们建议他带20个农民和一
个精通水渠建设的人去发现可耕地，还建议骑兵带上母马；又要他
们带上种子、葡萄藤、甘蔗。马达里亚加就此说道："国王们没有
忘记金子，但这在促使他们做出这些指示的思想中已不是主导因素。
指示中的主要话题是农业和商业。"他又说："有许多材料证明……
尽管国王们非常关注控制金子，不使它落入许多经手人手里，但他
们并不特别注重大发现的物质成果。对于他们来说，在印度群岛事
业中感到最大欣慰和愉快的事情，是为王室获得了领土这个光辉。"
用同时代人的话来说，国王最关心的是"皇家领地将得到扩大"。③

国王们追求土地一定程度上反映了整个社会的追求。葡萄牙在
大西洋岛屿上最初的殖民地就是封给贵族的。哥伦布为首次西航征
募水手时，有一位曾参加探险的人不仅鼓励哥伦布、平松去冒险，
并且还为其宣传，"鼓舞人们，公开告诉他们应参加这次航行，说
他们将会有机会发现一块富饶的土地"。④

为取得土地，以罗尔丹（Francisco Roldán，1462—1502）为首
的一批小贵族和平民还在殖民地举行规模相当大的起义。起义的普

---

① 〔英〕G. R. 波特编：《新编剑桥世界近代史》第1卷，中国社会科学院世界历史研
究所组译，第600页。

② 〔意〕哥伦布：《哥伦布航海日记》，孙家堃译，第39、76页。

③ 〔西〕马达里亚加：《哥伦布评传》，朱伦译，第340、401—402页，及401页注。

④ Samuel Eliot Morison ed., *Journals and other Documents on the Life and Voyages of
Christopher Columbus*, New York: The Heritage Press 1963, p.24.

遍性,按哥伦布一位心腹写给哥伦布的信的说法,除了哥伦布的亲信,所有其他的人都值得怀疑。罗尔丹主张把土地和劳动力(印第安人)分给移民,这就把哥伦布带到美洲的大部分人都吸引过去了,这些人大都是"平民阶级"。[①]罗尔丹的人"几周里增加至千人",哥伦布没有办法,只得与之妥协,同意"分给每一个被赦免的罗尔丹叛乱者一块采地……和耕种这些土地所需数目的劳动力"。[②]奴役印第安人的委托监护制由此产生。

第二,荣誉。荣誉是贵族和想成为贵族的人追求的重要目标之一。哥伦布与国王签订的协议首先就规定:他将成为所发现岛屿和陆地的海军上将,并要"永远世世代代继承下去";其次,他要当副王和大总督;第三是他在一切贸易中获得 1/10 的收益;最后他有权获得一切远征活动的 1/8 的股份,并由此享有 1/8 的收益。这里,荣誉、土地、地位放在第一位,其次才是财富。马达里亚加说:"认为哥伦布的主要目标是追求物质利益,那就难免错了……哥伦布的用心不在商品和钱上,而是在这两样东西给他这位有身份的人所带来的权力和荣誉上。"同时代人拉斯·卡萨斯也这样说到哥伦布:"首先,他要求人们尊重他,使他成为佩带金马刺的骑士。"[③]在哥伦布的追求中,荣誉确实占有重要位置。

追求荣誉是中世纪西欧骑士精神的核心表现。骑士精神把冒险与得到爱情(贵妇人的爱)、荣誉紧密结合起来。中世纪的骑士文学,大都摆脱不了历经许多艰险,终于战胜基督的敌人,并由此得到爱情和荣誉的褒白。那种对长期离乡背井、抛妻弃子的漫游、历险、战争生活的描写,说明了封建贵族的嗜好。随着阿拉伯人渐被赶出伊比利亚半岛,那种把大西洋作为扩张对象的宣传也出现了。15 世纪上半叶,卡斯蒂利亚出现了一篇文章,赞美一位在战争和爱情上从不失败的骑士,说他所经历的各次最大的战争均是在海上打的。

---

① 〔西〕马达里亚加:《哥伦布评传》,朱伦译,第 440、442 页。
② 〔德〕保罗·维尔纳·朗格:《哥伦布传》,张连瀛等译,第 205、210 页。
③ 〔西〕马达里亚加:《哥伦布评传》,朱伦译,第 248—249、120—121、148 页。

赢得战争被视为最大的善，是终生最大的荣耀。费尔南德斯—阿梅斯托就此说道："卡斯蒂利亚海外帝国的兴起……有许多东西要归于骑士的价值观及骑士故事的影响。"[①]亨利王子在占领北非的休达及发起在西非海岸的探险时，就"极大地受到骑士传统的影响"。[②]

第三，宗教。11 世纪末开始的十字军就是以宗教的名义（解放耶路撒冷）进行的一场大规模的侵略战争。15 世纪里，信仰伊斯兰教的奥斯曼帝国迅速崛起，对西方基督教构成极大威胁。君士坦丁堡沦陷后，基督教向东发展的可能性变得微乎其微，而且连本身的生存都似乎成为问题。在这种情况下，宗教狂热或十字军精神在 15 世纪中期后的西欧出现复兴之势。它与葡萄牙人在非洲西海岸的活动相结合，构成地理大发现的重要动力之一。

实际上，在整个中世纪中期和后期，基督教与伊斯兰教在东地中海和欧洲西南的伊比利亚半岛都处于武力冲突中，其中关于东方基督教王国的故事也一直在西方流传。据说 1170 年，来自东方的一封信送到罗马教皇和拜占庭皇帝的手中，写信人自称是位于东方某地的一个强盛的基督教王国的统治者，叫普雷斯特·约翰（Prester John），要求教皇支持他与异教徒的战争。在西方的传说中这个基督教王国的地理位置并不确定，大致在非洲东部的某个地方。詹姆斯他们说："在马可·波罗时代，普雷斯特·约翰是和中国的聂斯脱利派（景教）基督教徒联想在一起的"，但到 1340 年，普雷斯特·约翰王国的位置已从亚洲移到埃塞俄比亚。与他建立联系也就成为 15 世纪葡萄牙人航海的目标之一。15 世纪下半叶葡萄牙政府确实曾向埃塞俄比亚派出过大使。[③]在基督教徒眼中，十字军（这里指在伊比利亚半岛向摩尔人进攻的十字军）从把穆斯林赶出半岛到南下西非

---

① Felipe Fernández-Armesto, *Before Culumbus, Exploration and Colonization from Mediterranean to the Atlantic, 1229-1492*, London: Macmillan Education 1987, pp.221-222.

② Ivana Elbl, "Man of His Time (and Peers): A New Look at Henry the Navigator", *Luso-Brazilian Review*, Vol. 28, No. 2, 1991, p. 84.

③ 〔美〕普雷斯顿·詹姆斯等：《地理学思想史》（增订本），李旭旦译，商务印书馆 1989 年版，第 83 页。

的扩张是一个自然的过程。

15 世纪初，亨利王子着手组织船队向西非海岸南下探险，教皇任命他为骑士团团长，该骑士团拨出大量钱财供他用于在西非的探险和传教，这种支持与对十字军的支持具有同样的性质。当时的历史记载通常把亨利说成是亚瑟王般的人物，身边围绕着魔法师般的（Merlinesque）宇宙志学者与冒险的骑士和扈从。他们为履行骑士和基督徒的使命而乘风破浪，不顾黑暗的大海上种种超自然的恐怖，为信仰而战斗，并发现了一个个异乡的岛屿。阿尔梅斯托说，"亨利当然怀有这种自我感觉"。今存据说是他写的两份备忘录，是关于倡议远征以反对丹吉尔（Tangier）和马拉加（Málaga）的摩尔人的，充分体现出骑士的形象。其所关心的"不是战争的各种实际情况，而是各种伟大业绩的光彩"，与不信教者的战争被看成比与反对基督徒的战争更光荣。[1] 在纪念地理大发现 500 周年前后，我国学者写过一系列文章，讨论这个问题，可资参考。[2]

不仅上述三个方面的追求主要是封建主义的，就是对文献中经常提到的寻求黄金也要作具体分析。

1. 黄金一词并非专指用作货币的贵金属，而是泛指财富。掠夺、经商、获得地产等都可以称为得到黄金。那时代流行的一个说法是，"金子就是值金子的东西"。哥伦布筹备第三次去美洲时，他的下属从美洲带回 300 名奴隶，他就向国王报告说他带来了"金子"。国王听到报告后就取消了原定给他的远航经费，要哥伦布用自己的"金子"（奴隶）筹备远航。[3] 达·伽马到印度后说的第一句话不是寻找黄金，而是说寻找基督教徒和香料。[4]

2. 追求黄金也不一定就是追求资本主义。一方面，追求贵金属

---

[1]　Felipe Fernández-Armesto, *Before Culumbus, Exploration and Colonization from Mediterranean to the Atlantic, 1229-1492*, p. 186.

[2]　可参看吴长春："新航路开辟的宗教动因"，《史学月刊》1989 年第 1 期；斐培、李在芹："新大陆发现的宗教因素"，《世界历史》1990 年第 2 期。

[3]　〔西〕马达里亚加：《哥伦布评传》，朱伦译，第 425 页。

[4]　〔美〕斯塔夫里阿诺斯：《全球通史，1500 年以前的世界》，吴象婴等译，第 470 页。

某种意义上也是前资本主义社会的一般现象。因为自私有制产生以来，求金欲就产生了，这里的"金"就是货币材料或货币本身。另一方面，西欧中世纪自城市兴起以来一直缺乏贵金属。《剑桥欧洲经济史》说道："必须牢牢记住的是，从 11 世纪到 15 世纪整个时期，贵金属的供应似乎一直未能跟上货币需求增长的步伐……不管从长远来看，还是从短期来看，中世纪社会都一直受到货币短缺的威胁"。所以，中世纪各国的权力机构反复坚持的"极其重要的一项政策，就是控制贵金属的贸易"。[①] 从这一情况看，与其把追求黄金看成追求资本主义，不如说西欧封建社会的特殊结构更易产生资本主义。

一般说来，在"地理大发现"时期，黄金、土地、各种动产和不动产、贸易、甚至宗教常可互相通用，如哥伦布就拥有"把宗教、经济、政治、军事甚至卫生等问题相互搅和在一起的错综复杂的思想"。[②] 今天看来性质截然不同的东西竟能和谐地混合起来，正是这场运动的特殊之处。掠夺黄金、宝石和其他财富是所有的扩张者都热衷的。此外，国王们特别关心占有领土，扩大版图；商人们特别关心做生意；传教士特别关心传教；上层贵族和上层传教士特别关心在殖民地捞取官职和教职；小贵族和普通百姓则特别关心获得一块土地，成为种植园主或自耕农。这些行为尽管"和平共处"、互相补充，但从本质上看并不一样，追求领土、耕地、传教都是封建性的。

精神支柱的两重性

"地理大发现"这样长期而艰苦卓绝的活动，没有深刻和长期持续的精神依托是不可能进行的。这一时期的精神信念也具有两重

---

① 〔英〕波斯坦等主编：《剑桥欧洲经济史》第三卷，周荣国等译，第 349 页。

② 〔西〕马达里亚加：《哥伦布评传》，朱伦译，第 293 页。这里的"卫生"，指哥伦布在 1492 年 11 月 27 日的日记中说的，"普天之下，再找不到其他地方，土地这般肥沃，空气这般清新，河水这般丰盈而不像几内亚河流那样于人有害。我们应颂扬上帝，至今还没有一个水手因病卧床，就连感冒头疼的人都没有……"见张至善编译：《哥伦布首航美洲》，第 53 页。

性，兼有人文主义的理想、热情与基督教的理想、热情相结合的特点。

第一，人文主义的理想与热情。这又可分为：

1.宣扬人的个性，主张人的价值、人的权利，为达到目的而不择手段。这从一个方面培养了一代代冒险家和殖民主义者。

2.宣传、普及自然科学知识和技术成就，总结同时代人的实践成果。地球是圆的观念，有关的海图和地图都通过人文主义者之手传向民间。他们还利用群众熟悉的旧形式宣传新思想，如15世纪中艺术家们用各项最新发明把当时普遍认为"七德"中最伟大的"克制"的肖像武装起来，让她头戴机械时钟，右手拿着眼镜，脚踩塔式风车，①热烈地表达了技术至上的思想。

3.追求知识、追求新奇事物。仅在与探险有关的问题上，人文主义者密切追踪探险队的活动，及时把探险成果反映在自己的海图、地图上。同时他们又发挥丰富的想象力，激励人们去从事新的发现。如1448年一份地图表明，作者不仅及时地在地图上反映了新的探险成果，还在地图上画上想象的岛屿，并肯定地表明大西洋上赤道过去1500英里的地方有一个"真正的岛屿"。这种做法几乎成了当时制图的习惯，鼓励着人们去寻找那些未知的诱人的岛屿。②

第二，基督教的理想与热情。基督教自称是普世教会，凡有人类的地方就该有基督教。基督教的理想是扩张的凝结剂，使各种各样的世俗要求罩上神圣的光圈，不管是往东走的达·伽马还是往西走的哥伦布，都把宗教目标和现实目标糅合在一起，无法区分。传播基督教成了探险家们强大的精神来源之一。就以哥伦布而言，他自认为"注定要履行为基督之敌和世界末日到来而做准备的许多预言"。按照哥伦布的推断，这些事件离他们并不远。1985年时瓦茨指出，西方还几乎没有人注意到哥伦布个性的精神方面，他的个性赖以发展起来的宗教和文化环境，及其可能对他产生西航想法的影响。他

---

① 〔意〕奇波拉主编：《欧洲经济史》第一卷，徐璇等译，第134—135页。

② Felipe Fernández-Armesto, *Before Culumbus, Exploration and Colonization from Mediterranean to the Atlantic, 1229-1492*, pp.247-248.

强调："哥伦布关于世界末日的想象，及他注定要在这些将预示时间尽头的事件的展开中发挥独特作用的想象，是他历次航行的重要刺激因素。"[1] 这种说法是有道理的。

教会还从以下方面具体支持、引导着探险和殖民活动：

1. 从理论上批准探险、殖民活动。早在 1340 年代初，欧洲思想界在了解加那利群岛上土著人的情况后爆发了争论，争论的焦点是该如何对待那些还不知道上帝的原始居民。1344 年教皇克莱芒六世宣布基督徒有权使加那利人皈依基督，殖民侵略行为由此合法化。那时，"卡斯蒂利亚和葡萄牙都依赖于教皇批准它们对大西洋的征服，使之合法化"，所以这实际上是欧洲人占领大西洋岛屿及后来对全世界进行大规模征服的理论基础。[2]

2. 调解殖民征服中产生的内部冲突。整个中世纪，教会都担任着某种仲裁人的角色，在欧洲人的海外扩张中也是这样。前面提及，1454 年教皇在承认葡萄牙拥有在西非的主权时，强调指出这种权力是绝对的。哥伦布发现美洲后，西班牙和葡萄牙间的势力范围问题变得尖锐起来，仅 1493—1501 年间，教皇亚历山大六世就颁布了六道《亚历山大通谕》，调解这两个国家海外活动中产生的矛盾。其中最主要的是 1493 年 6 月 28 日的《划界通谕》。[3] 1529 年教皇再次为这两个国家划分世界势力范围。

3. 从宗教的角度提供某种科学的观点。从哥伦布西航思想的形成中，我们看到了这方面的重要影响。从现存史料看，"证明哥伦布大胆冒险思想正确性的第一份资料"，是法国红衣主教皮埃尔·戴利 1410 年写的《世界的样子》。哥伦布与其弟弟在这本书及教皇庇护二世写的《自然史》上作过 2000 多处眉批，许多眉批用不同的墨

---

① Pauline Moffitt Watts, "Prophecy and Discovery: On the Spiritual Origins of Christopher Columbus's 'Enterprise of the Indies'", *The American Historical Review*, Vol. 90, No. 1, 1985, p. 74.

② Felipe Fernández-Armesto, *Before Culumbus, Exploration and Colonization from Mediterranean to the Atlantic, 1229-1492*, p. 243. 具体经过见本章第三节。

③ 〔英〕G. R. 波特编：《新编剑桥世界近代史》第 1 卷，中国社会科学院世界历史研究所组译，第 111 页。

水写成，表明他们长期研究过这两部书。《世界的样子》把欧亚大陆说成东西向延伸的长长的陆地，而两大洲之间的海，即欧洲以西和亚洲以东的水域，是狭窄而"短小的"。[①]哥伦布首次西航前反复计算了这片水域的距离，他进行计算的主要依据，也是古代宗教文献上讲的：地球上 1/7 是水，6/7 是陆地。

基督教对"大发现"的支持是无所不在的，上自精微缥缈的宗教哲理，下至对每个具体事件的干预。不经教会批准的事情会步履维艰，而它的支持则赋予人们的行动以合法性、神圣感和正义感。15 世纪 40 年代初，亨利王子在西非海岸的活动进入关键时刻，葡萄牙向教廷派出基督骑士团的骑士费尔南·洛佩斯·德阿泽维多前往罗马请求支持。教皇承认葡萄牙在非洲沿岸的发现事业，并承认它占领大西洋岛屿的权利。根据同时代葡萄牙历史学家祖拉拉的说法，"教皇犹金四世根据 1442 年 12 月 19 日的训谕，免除了所有在基督骑士团的旗帜下为反对摩尔人的新事业服务的基督徒的全部罪过"。[②]哥伦布西航也是这样，"他的大多数保护人是教权派分子"。西班牙红衣主教和头号大臣，具有第三国王之称的德门多斯也称哥伦布的打算值得好好考虑，说他的意图与圣经并不矛盾。[③]教会的支持是哥伦布在谋求国王支持前必须解决的问题。

在地理大发现初期，教会的精神支持具有压倒性的意义。看到地理大发现时期精神支柱的两重性，有利于深入认识西方传统文化的特点。

为什么要提出两重性问题

上面我们讨论了"地理大发现"的参与者、组织者、支持者及他们的追求和精神支柱都存在两重性的问题，提出这个问题有什么

---

① 〔德〕保罗·维尔纳·朗格：《哥伦布传》，张连瀛等译，第 23—24 页。
② 〔葡〕雅依梅·科尔特桑：《葡萄牙的发现》第 2 卷，王华峰等译，中国对外翻译出版公司 1997 年版，第 438 页。
③ 〔德〕保罗·维尔纳·朗格：《哥伦布传》，张连瀛等译，第 44、39 页。

意义？通常我们说"地理大发现"是资本主义扩张，就它所包含着的新因素所具有的生命力，及这种新因素所代表的历史发展方向而言，这样定性是正确的，或者就西欧本身的历史发展来看，也看不到这样定性有什么不妥。但若从比较史或世界史的观点看，这种带有简单化的定性会暴露自己的缺陷，它不能回答东方（特别是中国）的资本主义萌芽为什么不走向大扩张的问题。分析起来，它的缺陷有以下几个方面：

1. 不能说明封建统治阶级在"地理大发现"中的作用。这点我们已在上面详细讨论过了。

2. 不能全面说明封建统治阶级与资本主义起源的关系。西欧的封建统治阶级，特别是封建政府对早期资本主义的支持、保护、参与是一种非常重要的现象，它不仅表现为国家在政治、军事上采取各项措施，而且表现为经济上的直接介入，表现为封建统治阶级、封建政府追求自身利益的经济行为。马克思曾把封建社会比作孕育资本主义的母胎，可惜我们往往是在很抽象的意义上，即仅在封建社会生产力发展水平使资本主义产生成为可能这一意义上，来理解这一比喻。实际上，封建统治阶级与工商业、与资本主义萌芽的互相依赖关系，是资本主义萌芽能否向工场手工业时代过渡的指示器和先决条件之一。凡是这种关系没有发展起来的地方，都不可能有这种过渡。

与上述缺陷有关的是，我们往往较多地从斗争的角度，来理解早期资本主义与封建统治阶级的关系。即使对 16—18 世纪之间的君主专制制度，我们一般也只强调它的调停作用，而忽视了专制君主的"调停"所以能够成立，是因为贵族与资产阶级在现实生活中存在着广泛的依赖与合作。对资产阶级而言，这种合作很大程度上及在很长时间内不是不得已的、勉强的，而是自觉自愿的。

新生的资产阶级与旧的封建统治阶级的合作不仅是资本主义萌芽向工场手工业时代过渡的必备条件，也是第二批现代化国家进入起飞的必备条件。德国、俄国、日本都是这样。同样，这种合作对资产阶级来说也决不是勉强的。这里当然不是否认早期资本主义发展中新旧两个阶级的矛盾与斗争，但正是它们的合作构成了现代化的起点。中国在近代的失败，依我看不在 1840 年的鸦片战争（日本也有过 1854 年的被迫开国），而在于那以后未形成像日本那样的新旧两个阶级的合作，其标志是戊戌变法的流产。

3. 不利于认识"地理大发现"在资本主义起源中的地位。通常对"地理大发现"的看法，导源于两个没有经过详细证明的前提：（1）农业、手工业发展到一定程度会自行产生扩大市场的要求；（2）这种要求会自行转变为开辟市场的具体行动。这两点成了各种资本主义起源理论不言自明的前提，从这一观点看"地理大发现"，它只是在农业、手工业促动下开辟市场的表现，是应农业、手工业发展的要求自然而然产生的。这种说法，从社会发展史的角度看是可以的，但在以下的意义上，是片面的或不恰当的。因为：

（1）认为封建农业和手工业的发展会自行产生扩大市场的要求，并且这种要求的力量会强大到足以自行激发起"地理大发现"，这是用现代商业与产业的关系来看前资本主义的这种关系。本书第四编第十二章将专门讨论马克思对这个问题的看法，那就是：资本主义的产生过程，从产业与商业的角度看，是由商业支配产业向产业支配商业的过渡。结合历史过程看，直到产业革命，商业一直在支配着产业。不是产业在自发地开辟市场，而是市场在不断促使产业的发展。诚然，产业本身会有某种开辟市场的冲动，但在近代工业建立以前，这种冲动是很软弱的，像"地理大发现"这样的大扩张，一定程度上是在那些农业、手工业发展之外的社会力量的协助下，才得以发生的。

（2）人类历史上的重大突破往往是一般历史发展规律与特殊发展规律相结合的产物。农业的发生不是由于传统的采集、狩猎经济高度发展，而是这种经济碰到了困难。资本主义的产生虽以农业、手工业达到一定水平为基础，但在某种意义上它也不是封建农业、手工业高度发展的结果，因为传统农业文明高度发展的东方并没有进入资本主义。西方资本主义是在出现萌芽的情况下，在15世纪着手进行地理扩张，通过几百年商业资本主义的发展，把商业对产业的支配和促进推进到最高限度，才过渡到产业支配商业的现代社会的。

现代资本主义，是在商业或商人在封建统治阶级的大力支持、直接介入下，通过"地理大发现"建立起世界市场，在近300年时间中不断促使工场手工业的发展，才最终导向产业革命而建立起来的；商人或封建政府开辟市场的努力，只是部分地与农业、手工业发展本身的促动有关，而部分地或主要地是出于追求他们自己的利益。换言之，主要不是农业、手工业的发展在促使他们开辟市场，而是他们为了自己的利益而通过开辟市场来促使手工工场发展。

4. 忽视"地理大发现"的双重性不利于认识西欧中世纪历史的独特性。专注于农业、手工业的发展情况，强调商业的被动性，并往往用"受商品经济或资本主义萌芽的影响"来解释贵族、国王们的行为（"影响说"有时成为泛泛而谈、无所不包）使得西欧中世纪一些重要现象没有得到应有重视。

总的说来，这里不是要否定资本主义产生以一定的经济和商业发展水平为基础，但关键是这种一定的经济和商业发展水平促进资本主义产生的机制尚有待深入研究，而且如果过于偏重于这一点，会无法说明欧洲资本主义的产生过程。下面我们将继续讨论这个问题的其他方面。

二、中世纪形成的扩张体制与地理大发现

深入认识地理大发现的深厚背景，才能真正理解地理大发现，也才能真正了解中西封建社会历史文化的差异。15和16世纪里，伊比利亚半岛上两个国家那么热衷于到遥远的海外去开辟殖民地，与整个西欧各种力量的推动分不开，是因为西欧初步形成了对外进行资本主义性质的扩张体制。可以说，在封建社会里，一个国家或

地区要达到一定的农业、手工业和商业发展水平，还是比较容易的，古代的中国、印度等许多国家和地区都曾达到过；而要形成这样一种扩张体制，则是很难的，它只产生于中世纪晚期的西欧。这与文化传统有关。地理大发现前夕，西欧社会的一个特点，就是整个社会都在追求扩张，这在伊比利亚半岛特别明显。

整个社会追求扩张

15世纪以来伊比利亚国家的航海有一个基本特点，那就是航海成为举国一致的追求，绝不是少数几个人的活动。与同一个世纪的中国相比，从表面上看，郑和的船队那么有气派，参加的人那么多，但真正关注航海的中国人并不多，那只是皇帝或他的几个大臣的一时需要而已；而葡萄牙和西班牙的航海，看起来船很小，人也很少，但他们的航海却是朝野上下都在关注，都在追求的事业。在15、16世纪建立帝国的过程中，这两个国家几乎所有的社会阶层都卷入了扩张的行列。上一节我们讲到了当时人们的种种追求，包括土地、荣誉、金钱、宗教等，这里我们进一步看看各个阶层的具体追求。

一般说来，国王们是非常喜欢扩张的，因为这不仅扩大他们的领土，而且还因为这是他们解决国内冲突的一种好办法。也就是说，扩张是使祸水外流的最好办法，使社会的不满找到一条发泄的通道，可以稳定自己的统治。另外，通过扩张而与海外发展通商，也是西欧中世纪国王们的共同追求，因为这能为他们带来土地和财富。国王们对远方的国家总是充满好奇心。16世纪初，葡萄牙国王想建立一条从海上通往中国的道路，即建立所谓的海上丝绸之路。1508年4月葡萄牙国王给其派往马六甲的使臣塞凯拉（Sequeira）的命令中有这样一段话：

> 汝须问中国人何时来马六甲或其贸易之地，来自何方，其来远否，贸易何物，每年到此有若干艘船，其船有何模样，是否于本年内回国，有无商行在马六甲，或其他各国。彼等为懦夫，

抑或战士，有无武器或炮兵及所穿何种衣服，其身躯是否伟大，及关于彼等之一切情形，彼等是基督教抑或异教徒，其国是否大国，是否只有一王，有无回教徒等其他民族不守其法律及信仰者杂居其中，假如彼等不是基督教徒，则彼等究竟崇拜或信仰何物，遵守何种习惯，国境伸张至何处，与何国人邻近。[1]

当时的中国皇帝如果看到这封信，一定会感到非常奇怪。三大航线开通后，教皇两次调解西班牙与葡萄牙的冲突，先是帮助它们划定教皇子午线（1494 年），后来又帮助它们签署《萨拉哥萨条约》（Treaty of Saragossa，1529 年），从中都可看到国王们热衷于扩大自己的领土和势力范围，而英国国王和法国国王不承认这些条约，同样显示了这种心情。

贵族也非常喜欢扩张，因为这不仅给他们带来更多的土地和财富，而且给他们带来更多的抢劫、掠夺的机会。西欧中世纪大多数地区实行长子继承制，贵族的家产只由长子继承，其他儿子一到成年，就必须自谋出路。这些贵族家庭出身的孩子大都没有劳动习惯，因为贵族的职业就是打仗，做一名军人是他们的普遍选择，通过从军而获得一笔财富是他们的最大梦想。但要通过当兵发财，他们就必须有一个在战争中抢劫掠夺的机会。西班牙的光复战争基本结束后，到国外去打仗和掠夺成为他们的狂热追求。当然，掠夺有一定的危险性，也不一定都能发财；但即使没抢到什么东西，获得一块属于自己的土地却不会太难，比在国内弄到土地要容易得多。

最早试图在大西洋上获得异乡土地的是葡萄牙人，因为葡萄牙的光复战争结束得比较早。1415 年葡萄牙军队渡过直布罗陀海峡占领北非的休达，这不是纯粹的政府行为，而是背后有贵族的推动，贵族希望借此得到海外土地。1418 年，"航海家"亨利主导的海外探险刚刚开始，王子属下的两个贵族就向他要求一个"提高他们

---

① 〔英〕C. R. 博克塞："明末清初华人出洋考（1500—1750）"，载朱杰勤译：《中外关系史译丛》，海洋出版社 1984 年版，第 92 页。

地位的机会"。什么是"提高地位的机会"？那就是征服、占领海外土地。亨利王子满足他们要求的方法是：吩咐他们准备船只去反对摩尔人，寻找几内亚的土地。他们顶着逆风往南行驶，结果发现了离葡萄牙南端不远的圣港岛。他们在这个岛上作了一番考察，然后回来向亨利汇报。在亨利的鼓励下，他们伙同亨利属下的另一个贵族带着各种家畜来到岛上。由于所带的兔子繁殖太快，把种上的庄稼都吃掉了，1420年他们才不得不转移到马德拉岛殖民。[①] 在马德拉岛上，移民们搭起窝棚，开垦荒地，在本来荆棘丛生的荒岛上种植小麦、甘蔗和葡萄。甘蔗在那时是昂贵的奢侈品，这里的蔗糖一度远近闻名。这些小屋很快发展成村镇，丰沙尔和马什科两个岛1451年领取了地方行政法证书。1455年它们开始向葡萄牙和北非出口产品。到1481年，该群岛的发展已有相当规模。这一年葡萄牙召开的议会上有人讲到，过去的一年有20艘外国船只载着食糖离开马德拉群岛。到1500年，岛上的居民大约有2万人。[②]

在西班牙和葡萄牙的海外扩张过程中，领头的基本上是贵族，特别是小贵族。小贵族在这两个国家的海外扩张中扮演了特殊的角色。16世纪初，西班牙派往美洲殖民地的一个总督赴任时，"大约有一万个'没有工作'的贵族愿意不领取任何报酬与他一起出海航行，但是被派去的仅有1500人"。[③] 这些人可说是这10 000个贵族中的精英。对国王来说，尽可能地把这些无所事事的贵族输往海外是最好不过的事情。

国王为贵族找到"发财致富"的道路，而贵族为国王带来荣誉和土地。1513年，巴尔沃亚越过巴拿马地峡，发现了太平洋。当海潮来临时，他站在海水中，高高地举起卡斯蒂利亚的国旗庄严宣布："我已经为卡斯蒂利亚国王占领了南部的这些海洋、陆地、海岸、港湾和岛屿，占领了这里的一切……如果某个国王或领袖，某个基

---

① 王加丰：《扩张体制与世界市场的开辟——地理大发现新论》，第93—94页。

② 〔葡〕萨拉依瓦：《葡萄牙简史》，李均报等译，第127页。

③ 〔苏〕马吉多维奇：《世界探险史》，屈瑞等译，第189页。

督教徒或撒拉逊人对这些陆地和海洋提出主权要求，那么我将以现在和过去的卡斯蒂利亚国王的名义以武力相争，并与其进行战斗。卡斯蒂利亚国王对印度的这些地区拥有主权和统治权。对从北极到南极的海岛、南大陆、北大陆和它们的海洋，以及赤道的两侧，不论是巨蟹座和摩羯座的内外地域……现今和今后永远拥有主权，直到世界还存在，直到对一切濒于死亡的世代进行可怕的审判为止。"[①]这里，同样体现了当时西欧的国王们对扩大领土的渴望。

商人天生要求扩大市场，扩大贸易量。哥伦布在首航美洲前，已是一个成功的商人，他的三条船中，至少有两条船的船长是船主，即商人。这两个船主是一对兄弟，习惯上称为平松兄弟。这次航行中贵族不多，有其特殊原因。主要是这时西班牙刚刚统一，国王正在处理大量战争善后事务，主要心思还未放在海外扩张上。只是在哥伦布的反复请求下，国王夫妇才抱着试试看的态度，勉强给他提供了一定的物资，凡事让哥伦布自己去处理。国王没有给哥伦布提供太多的资金，特别是，国王夫妇认为帕洛斯城在统一战争中有罪过，他们就罚这座城市为哥伦布提供船只。这座城市不敢违抗国王夫妇的命令，但又不甘心拿出那么多的钱让哥伦布冒险，故只提供了两条"破船"。好在这里的著名船主平松家族很支持哥伦布的探险，哥伦布才马马虎虎凑起了探险所需的物资。简言之，哥伦布第一次远航时，西班牙刚刚统一，贵族尚未完全从光复战争的兴奋点上转移过来，所以商人在这次探险中起了某种主导作用。

商人的作用当然不限于这一次发现，他们与扩张的关系很密切。当贵族参与海外扩张时，他们紧跟在贵族后面；当贵族因某种原因专注于国内纷争时，他们有时会独立承担起往外扩张的责任。1469年，葡萄牙政府无暇顾及非洲西海岸的探险，这时国王就把探险的权力承包给里斯本一个叫费尔南·戈麦斯的大商人。五年间，戈麦斯赚了大笔财富，同时又圆满地完成了契约规定的任务，为国王增

_____

[①] 〔苏〕马吉多维奇：《世界探险史》，屈瑞等译，第189页。当时仍沿袭哥伦布的错误，认为美洲是印度；巨蟹座和摩羯座，指能看到这两个星座的附近地区。

加了许多土地，双方皆大欢喜。意大利的商人对伊比利亚半岛探险事业的兴趣，稍后的英国商人和荷兰商人对寻找东北通道和西北通道的兴趣，都说明商人在地理大发现中的重要作用。

教会对探险和殖民事业的支持，也就是对西欧人近代走向世界的支持，某种意义上，至少在其初期，具有决定性的作用。这对我们中国人来说有些难以理解，因为按照传统的理论，作为封建统治者的教会怎么会支持近代资本主义的扩张呢！我们前面已经讲到，在西班牙和葡萄牙因扩张引发的冲突中，教皇起了协调的重要作用。在征服殖民地的人心方面，天主教无论在美洲还是在菲律宾都发挥关键性的影响。实际上，西欧大扩张中的每一个重大步骤，特别是大扩张发动时期的每一个重要行动，都与教会的批准和支持分不开。

扩张是天主教的基本属性，从诞生以来它几乎一直都在扩张。就从伊比利亚半岛看，整个光复运动是西欧中世纪十字军运动的一个重要组成部分。在中国人写的世界史中，讲到欧洲中世纪的十字军一般只讲往东的十字军，这就是从1096年开始的十字军东征，其目的地主要是地中海东部的耶路撒冷，打击对象是这时控制了耶路撒冷的穆斯林。在第一编中我们曾指出，中世纪西欧的十字军有多个方向，往西南伊比利亚半岛的十字军同样十分重要。以往我们一般把西班牙和葡萄牙的复国看成一场民族解放战争，所以不再强调它与十字军的联系。但实际上这场战争也是中世纪天主教会大力支持的重要事业，是在十字军的名义下进行的。

西方基督教或天主教热衷于扩张，与它的基本教义有关系。它主张：凡是有人的地方都应该有基督教。在中世纪里，它一直强调圣战，显示了十足的进取心和侵略性。但13世纪后期以来，基督教在东方的力量不断萎缩，此后，随着奥斯曼帝国的兴起，特别是1453年君士坦丁堡被攻克并被改名为伊斯坦布尔后，地中海东部基本上成了伊斯兰教的天下。鉴于这种局面，教皇在强调反击奥斯曼帝国的西侵时，日益把眼光转向伊比利亚半岛和北非、西非，这些地方是基督教可能的新的扩张方向。1415年葡萄牙侵占北非休达，其中也包含着教会的扩张野心。向北非进军前葡萄牙王后的忏悔神父奥里亚克被任命为摩洛哥主教，另一个叫梅内泽斯的教士被任命为迦太基主教。一些史书早已指出，征服休达是在征服伊斯兰的旗帜下进行的。

亨利王子在西非海岸的探险很快引起了教皇的注意。1418—1420 年间，教皇马丁五世任命亨利王子为葡萄牙基督骑士团团长，教皇把这个团体交给他，是因为教皇认为非洲探险是伊比利亚半岛光复运动的继续，也即往西南的十字军的继续。亨利掌握了这个团体，意味着从此他可以使用这个团体的财产从事探险，也就是说他基本上解决了初期探险的资金问题，这在当时是一笔很大的费用。

即使是哥伦布发现美洲，也是一种首先获取教会支持的行为。没有教会的赞许，哥伦布就无法往西航行。西班牙的宗教界曾对哥伦布的西航计划抱有成见，这是政府未能及时批准他西航的一个基本原因，但西班牙的红衣主教，王国的头号大臣德门多斯支持他，这我们在前面已经说到过。德门多斯在西班牙有第三国王（前两个为斐迪南和伊莎贝拉夫妇）之称，是宗教界的代表，他说没有问题，对哥伦布的各种成见就被一扫而光。其实，哥伦布的大多数保护人都是教权派分子，这是人所共知的事实。这里，也可看到哥伦布不单单是一个航海家，同时也是一个深谙世事的人。

总的来说，当时社会上下都支持并参与扩张，不光是伊比利亚半岛的普通百姓，西欧各地的百姓也是这样。普通百姓实际上是大扩张的基本力量，因为水手和移民主要是由他们组成的。老百姓支持扩张，有一点是与贵族一样的，就是希望获得属于自己的土地。对穷苦百姓来说，往外扩张的好处首先是有助于填饱肚子。此外，不少普通百姓也追求发财，特别是在那个因海外探险而激发起来的充满"希望"的年代。

许多外国人早就在伊比利亚活动，特别是意大利的商人。比如，威尼斯商人卡达莫斯托（*Cadamosto*）和热那亚人乌索迪马莱（Usodimare）在葡萄牙开办了对非贸易的股份公司。1455 年，他们得到亨利王子的批准，派出两艘船前往非洲西海岸探险。这两艘船曾到达冈比亚河口，带回一大批奴隶。次年，他们重新出发，在布朗角以外的海区遇到风暴，他们的船被推到西北方向遥远的海区，结果发现了佛得角群岛。他记载说，在这里的一个岛上，"鸟自己会落到人的手上"。显然，这儿的鸟尚未见过人类。几年后，另一个叫安东尼奥·戴诺利的热那亚人再次考察了佛得角群岛。[①] 欧洲其他国家或地区的普通百姓也热衷于伊比利亚半岛的探险事业。麦哲伦环球航行的人员来自十几个国家和地区：葡萄牙人有37个，意大利人30多个，法国人19个。此外，还有佛兰德人、德国人、西西里人、英国人、马来人、黑人、摩尔人、马德拉人，还有亚速尔和加那利的土人。来自西班牙的人中有的是塞维利亚人，有的是比斯开湾人。这样一种探险队的组成方式，在当时是司空见惯的。早在1341年，有一支探险队向加那利远征，由三条船组成，其中两条是葡萄牙国王提供的，船员来自佛罗伦萨、热那亚、卡斯蒂利亚和西班牙的其他地区。两个领队，一个是热那亚人，另一个是佛罗伦萨人，有人把这称之为"欧洲国家派出的第一支官方探险队"。[②]

为什么大家都关心扩张？

　　为什么大家都关心扩张？这是一个看起来很难回答但其实又可说是并不太复杂的问题，可以用人们经常使用的蛋糕的比喻来说明。假设一批人拥有一块蛋糕，如果其中某一个或某几个掌权的成员拥有尽可能多地占有这块蛋糕的权利，这时，即使其他人可能处于严重饥饿之中，也很难形成大家共同设法再做一块蛋糕的努力。分不到蛋糕或分到一点点蛋糕的人往往是社会中的弱者，仅靠他们自己一般没有能力再去弄一块蛋糕，至多也只是离开群体到外面谋生，个别人或许有机会发财，但大多数人只能弄点残羹冷炙充饥。15世

---

　　① 〔苏〕马吉多维奇：《世界探险史》，屈瑞等译，第93—94页。关于佛得角群岛的发现有争论，见本书第一编第二章的另一种说法。

　　② 王加丰：《扩张体制与世界市场的开辟——地理大发现新论》，第105、67页。

纪以来，中国有不少人跑到南洋谋生，但由于统治者不支持或者极力反对，他们对南洋的开发根本不可能形成统一的力量。但如果每个人获得蛋糕的权利是受到约束的，他们之间任何人都不享有绝对的权力，那么在大家都感到不满足的情况下，他们就很可能形成合力，设法获取另一块蛋糕以便大家都得到满足，伊比利亚半岛的扩张就属于这种情况。

欧洲中世纪的阶级关系有一个与中国封建社会不太一样的特点，那就是各阶级或阶层之间的权利与义务比较固定，统治阶级不能随便加重下属的负担，也不能随便加强对普通百姓的压榨。如果这样的话，他们会受到强有力的抵制和反抗，这种抵制和反抗是合乎封建法律的行为，如英格兰 1215 年的大宪章事件。在这种情况下，各国内部的利益和权利相对平衡，任何阶级或阶层要获得额外的好处，很难靠压榨另外的阶级或阶层来获得，比较可行的是通过往外扩张来解决。葡萄牙在光复运动过程中，由于经常打仗，经济入不敷出，资源短缺，社会关系紧张。为占领新的领土，1336 年前政府就曾组织过对加那利群岛的远征。欧洲 15 世纪开始的对外扩张也是出于这种情况。葡萄牙历史学家萨拉依瓦提出，"扩张运动是由于国内找不到有理想报酬的机会而引起的一场向国外迁移的运动"。他还说道：

> 15 世纪初，国内条件为扩张创造了大好时机，虽然葡萄牙社会充满着矛盾，但是扩张符合各个社会阶级的利益。对于人民来说，扩张主要是一种移民形式，对他们来说扩张和移民意义相同：追求较好的生活条件和摆脱压迫制度。这种压迫是十分沉重的，老百姓总想逃脱这种压迫，寻找新的土地……对于教士和贵族来说，扩张意味着传播基督教和占领土地；传播基督教和占领土地是为上帝和国王效劳的形式，是赢得相应的报酬如俸禄、封地、官职的形式，而这些机遇在葡萄牙这个狭小的宗主国里是越来越难得的。对于商人来说，扩张意味着生意前景兴隆，意味着他们可以在产地购买原料和高价

转卖。对于国王来说，扩张是提高威望的机会，使贵族们有事可干，更重要的是可以开辟新的财源，特别是在国王收入大幅度下降的时刻。[①]

总之，扩张是解决国内矛盾的一种好办法。不扩张，大家都不舒服，都不宽裕；如果扩张，大家都可能得到好处，都可能得到某种满足。只有这样看问题，才能理解为什么扩张成了葡萄牙上下一致追求的一项大事，每个人都想从扩张中得到好处。这也说明了为什么葡萄牙的海外扩张政策对葡萄牙生活的各个方面产生如此深刻的影响。在葡萄牙，其他许多计划都不过是昙花一现，持续时间不超过一代人，唯独扩张成了一种持久的活动，至少是从15世纪以来的几百年间一直是国家主导性的行为。其实，整个西欧的情况都是这样。

导向并支撑地理大发现的制度因素

大家追求扩张，而且这种扩张是持续几百年接连不断的运动，那就说明这不是一种偶然的或出于某种临时需要而出现的短暂行为，而是一种具有深厚的制度和追求支撑着的事业。这里专门讨论一下导向并支撑地理大发现的各种制度因素。

1. 城市间和国家间都存在相当激烈的竞争

西欧中世纪有一个突出的现象，就是各国、各地区或各城市之间在经济上存在比较激烈的"竞争"，这当然还不是现代意义上的竞争，因为常常伴随着暴力，但在某些方面已经与今天的竞争没有太大区别。最典型的可能是各地城市之间的竞争。竞争的对象，主要是市场、原料及对商路的控制。在王权缺乏的德国，各城市在钩心斗角、互相攻讦的同时，又常常结成集团，以便维护自己的共同利益；在意大利，尽管同样缺乏中央权力，但各主要城市出于扩大

---

① 〔葡〕萨拉依瓦：《葡萄牙简史》，李均报等译，第124—125页。

实力的需要，渐渐通过兼并周边小城市，发展成规模较大的城市共和国或公国。这些竞争关系培养了商人和手工业者的冒险和扩张精神，使西欧中世纪的社会充满活力。中世纪后期，国家间的竞争开始出现。从地理大发现的角度看，首先是伊比利亚半岛上两个国家的竞争，比如对大西洋岛屿的竞争；稍后是荷兰、英国、法国与伊比利亚国家的竞争。地理大发现，就是在这两种竞争中开始的。简单点说，意大利城市之间的竞争，特别是热那亚在与威尼斯争夺地中海市场的失败，成为它把自己的资金与精力转向伊比利亚半岛的重要原因；西班牙与葡萄牙的竞争，特别是哥伦布第一次航抵美洲的经过，成为促使葡萄牙最终派出直达印度的探险队的直接动力。此后，这两个国家为争夺势力范围的斗争又促使它们更加关注探险和殖民，而欧洲其他国家的介入则把这整个运动一浪又一浪地推向高潮。

关于地理大发现原因的传统解释是：西方人需要东方的香料和其他商品；中世纪东西方的主要商路有三条，一条是经过中亚的陆路，另两条是水路，分别从印度洋经波斯湾或经红海到达地中海；中世纪后期，由于蒙古帝国的崩溃和奥斯曼帝国的兴起，中亚的商路受到破坏，运往西欧的货物减少，于是西方人另觅新航路。以上说法有站不住脚的地方：中亚的商路被破坏，但另两条水路依然完好，为什么不可以从这两条水路多运些香料和其他商品？是不是因为阿拉伯人控制了与东方的贸易，意大利商人想通过开辟新航路来建立与东方的直接贸易联系，以便赚取更多的利润？这样讲没有依据。因为如果是这样的话，开辟新航路的应该是那些从事东方贸易的意大利商人，但事实不是这样。自十字军运动以来，就是阿拉伯商人把西方所需要的商品运到地中海东岸，然后由意大利人运回西欧。这样做，意大利商人并非无利可图，而是利润颇为丰厚，所以他们并没有其他"非分"之想。

斯塔夫里阿诺斯这样解释这个问题："随着蒙古帝国的崩溃，中亚的局面变得非常混乱，1340 年以后，北部的商路实际上已堵塞。

此后，大部分产品汇集到那里以前受控于穆斯林商人的南部的海路，顺海路运往各地。"他还强调：中世纪后期，"十分重要的香料贸易并没有受到什么影响。意大利人继续在地中海东部诸国的各个港口与阿拉伯商人相会，收取欧洲公众所需要的种种商品。"但关键问题是：意大利人和阿拉伯人虽然称心如意，"其他欧洲人则大为不满，因为他们热切地寻找能直接抵达东方的途径，以分享这笔厚利。这就解释了为什么在中世纪后期会出现许许多多为突破或绕过将欧洲人限制在地中海地区的穆斯林屏障而制订的计划。"[①] 也就是说，阿拉伯人、意大利人垄断了香料贸易，欧洲其他国家的人不满意，要另辟蹊径，自己到东方去贩运香料。这里，斯塔夫里阿诺斯也有一点讲得不够准确：垄断东方香料贸易的只是意大利的威尼斯人，其他地方的意大利人也是不满意的，特别是热那亚人、佛罗伦萨人，所以为了与威尼斯竞争，他们的资本和人才就转往伊比利亚半岛，从那里开辟新的航线。葡萄牙和西班牙的探险若没有这些资本和人才，其结果和进度都很难想象。后来，德国、英国、法国、荷兰的许多人才和资本也加入海外探险事业，其中有些是加入葡萄牙和西班牙的殖民冒险，而像开辟东北航道和西北航道的努力则是他们自己独立进行的。

葡萄牙和西班牙的扩张，一定程度上是西欧各城市和各国间竞争的一种后果，这种竞争造成整个西欧往外扩张。

2. 灵活的用人制度

人才跨国界流动，几乎没有任何障碍，这是葡萄牙和西班牙探险和殖民过程中非常显著的一个特点。他们在使用人才上不拘一格，灵活多样。总体上讲，伊比利亚半岛的政治家和百姓都不忌讳异国人来为他们服务，甚至给予很大的权力，委以重任。哥伦布是意大利热那亚人，在葡萄牙成长为一个伟大的航海家，但最终是为西班牙服务。麦哲伦是葡萄牙人，但他也是通过为西班牙服务来完成环

---

① 〔美〕斯塔夫里阿诺斯：《全球通史，1500 年以后的世界》，吴象婴等译，第51—52、32—33 页。

球航行伟业的。《新编剑桥世界近代史》第一卷颇有意思地讲到，那时的探险家，就同雇佣兵、各种工匠一样，可以为任何愿意使用他们的人服务。比如，卡波特是为英国国王服务的威尼斯人（一说热那亚人），1497 年他在英国国王亨利七世支持下到达加拿大纽芬兰；热那亚人哥伦布如果不为西班牙服务，也会甘心情愿地为英国、法国或葡萄牙效劳。还有不少我们不太熟悉的名字：佛罗伦萨人维雷扎诺（Verezzano）携带法国国旗去美洲大陆；在一个稍后的时期，伦敦人亨利·哈德逊（Henry Hudson）受荷兰东印度公司雇佣，于 1608 年从阿姆斯特丹启程去北美探险；稍后，英国哈德逊湾公司（Hudson's Bay Company）的成立归功于两个法裔加拿大人——"醋栗先生"梅达尔·舒阿尔（Medard Chouart, sieur des Groseillers）和皮埃尔·埃斯普里·拉迪松（Pierre Esprit Radisson）。[①]

3. 灵活的投资制度

探险资金来源多种多样，保证了探险的进行。这种灵活性，表现在两个方面：一个是灵活地运用民间资本，另一个是灵活地运用国际资本。里斯本商人费尔南·戈麦斯一段时间里承包了非洲西海岸的经商和探险，是葡萄牙政府灵活运用民间资本的例子；哥伦布第一次航行的资金来源，是国内资金和国外资金、政府资金和民间资金相结合的著名例子。葡萄牙的亨利王子在他有生之年不断派出探险队，其资金来源五花八门：他自己封地的收入；葡萄牙骑士团的收入；在非洲西海岸和大西洋岛屿上的殖民和贸易的收入，奴隶贸易等是这方面收入的重要形式；来自各个阶层的捐赠或入股，如研究亨利的历史学家祖拉拉所说的，探险队使用的大部分船只都属于其他贵族、教会人士、军事团体、马德拉的殖民领袖、个体船主及其他王子。在殖民收入中，还有一种封建性的收入。如 1452 年，"航海家"亨利与一个岛屿的封臣签订了一份契约，该封臣建立一个加工甘蔗的水力作坊，1/3 的收入归亨利。

---

① 〔英〕C. R. 波特编：《新编剑桥世界近代史》第 1 卷，中国社会科学院世界历史研究所组译，第 626 页。

　　灵活运用国际资本的例子很多，那么多的意大利人为葡萄牙和西班牙政府服务，而且不少人身居要职，足以说明这一点。在殖民过程中，甚至出现了"自费"或"自负盈亏"的殖民征服方式，这种殖民方式也要通过国王批准或下命令才能进行，因为在那时，征服是一项只有国王才享有的权利。我们曾讲到科尔特斯征服墨西哥和皮萨罗征服印加帝国的资金来源，随着殖民的深入和殖民收入的增加，16世纪后期，要求"自费"探险、殖民的人不断增加。1595年原新加里西亚长官的儿子唐·胡安·德·奥尼亚特（Don Juan de Oñate）向驻墨西哥城的副王唐·路易斯·德·贝拉斯科（Don Luis de Velasco）提出请求，说他父亲在职期间花了自己的大笔财产用于征服、绥靖这个王国，现在他要继承父志，用他自己的钱去征服新墨西哥。他提出了几点条件，其中第一条就是："每件必要的装备和供应……都由我承担，所使用的士兵的花费无需陛下支付任何薪俸"。这里，他所要的仅仅是"征服权"，只要国王批准他去征服就行了。皇帝或国王本人也非常乐于用这种方式来实现征服。1569年8月14日，西班牙皇帝菲利普二世给菲律宾总督黎牙实比写信，命令他："你被授权而且你必须以我们的名义但以你自己的花费对上述拉德罗内斯岛屿进行勘查和殖民。"在同一天，皇帝又写了另一封信，他这样安慰黎牙实比："考虑到你在菲律宾付出的费用及你在拉德罗内斯岛屿上的活动将要承受的花费，我曾考虑永远授予你和你的子孙后代拉德罗内斯行政长官称号。"①

　　4. 分配殖民成果的制度

　　要使各个阶层都对海外扩张感兴趣，还有一个基本前提是各个阶层都能从海外扩张中获得一份好处；如果扩张的好处只归其中某些人或某个阶层占有，那另外的人或阶层很快会退出扩张行动，或对此类活动失去兴趣或持反对态度。确定任何冒险事业或投机事业的分配方法，在该事业有所收益时使每一个参与该事业的人都获得

---

　　①　王加丰：《扩张体制与世界市场的开辟——地理大发现新论》，第88—89、215—216页。

相应的一份收入，这在探险殖民过程中发生了巨大作用。一种需要千百万人从事的事业，只靠精神鼓励是永远不够的，使每一个参与其事的人都能预见到自己的行为可能带来的收益，才有真正持续不衰的扩张动力。在这种情况下，遭受难以想象的折磨，甚至牺牲自己的生命都会心甘情愿。

　　值得注意的是，那些从事殖民征服的人中有不少是亡命之徒，但他们在分配掠夺物时一般也能坚持习惯上公认的分配方式，特别是他们不敢欺骗远在万里之外的国王，或至少是不敢明目张胆地欺骗，说明为习惯所认可的分配方式已相当稳固地建立起来了。当然，在具体实践中这些亡命之徒会耍各种各样的花招，但对已成为习惯的分配形式却从不敢公然加以蔑视。科尔特斯的一个下属这样记录了这位征服者分配从阿兹特克人那里勒索来的巨额黄金的过程。开始时，大部分军官要求马上分掉阿兹特克人送来的三堆黄金，但科尔特斯不同意。大家都非常关心这些黄金的去向，他们发现三堆黄金一天天在减少，甚至剩下的尚不足原来的1/3。由此这些征服者对科尔特斯及其最亲近的人产生了怀疑，科尔特斯没有办法，只好同意把三堆黄金都分掉。他抽出总数的1/5献给国王，另外1/5归他自己。然后，科尔特斯要求扣除他在古巴装备探险队所耗费的资金，同时归还贝拉斯克斯（古巴总督）提供的但被损坏的船只，扣除付给韦拉克鲁斯70人驻军的薪饷，同时还要补偿损失的两匹马的费用等等。接着是在参与征服的人之间进行分配：首先是两个神职人员，然后是军官们，接着是上层士兵——骑兵、火枪手和弩手，他们得的是双份；最后是普通士兵，按人头计算，每人一份，实际上这一份已所得无几。记下这一分配过程的士兵埋怨说：每人一份，"这一份是这样少，以至许多人都不愿意去领取，不领取的份子又落到科尔特斯的腰包里了……当然，我们当时只能沉默不言——向谁去告发这种欺诈行为，向谁去要求正义呢？"[①] 科尔特斯的分配

---

　　① 〔苏〕马吉多维奇：《世界探险史》，屈瑞等译，第215页。

虽有欺诈成分，但越是上层的拿得越多，体现了风险与承担责任相等的原则，也是一种巨大的刺激，促使许多无名之辈敢于领导冒险行动。

也有因分赃不均而引发冲突的。皮萨罗征服印加王国时掠夺了大量黄金，他能很诚实地把其中的1/5送到西班牙交给国王，但他未能在同伙间平心静气地分配余下的部分。主要原因是他的老伙伴阿尔马格罗（Almagro，1475—1538）因为到达卡哈马卡（Cajamarca）晚了几个月，皮萨罗分给他的黄金少了一些，因而与皮萨罗发生冲突。结果是征服印加王国的大部分殖民主义者头目都在持续的内讧中丧生，包括阿尔马格罗、皮萨罗的两个兄弟及皮萨罗本人。在西班牙人征服美洲的过程中，类似的冲突可能很多，但这并不妨碍西班牙人最终征服美洲，因为归根结底这种分配掠夺物的制度是有其巨大的刺激作用的。每个参与征服的人都将得到一份利益这一总的原则，总体上是在起作用的。

5. 比较发达的契约关系

灵活运用各界人才或国外人才、民间资本或国际资本，都需要一个前提，那就是一定的契约信用关系的形成。中世纪晚期以来契约的使用在西欧已十分流行，说明它在契约信用制度的建立上达到了较高水平。我们曾提及的戈麦斯、卡波特等的经商与探险，无不是通过与政府签订契约来实行的，而且这些契约都是某个政府与自己的商人或与某个外国人签署的，从封建社会的角度看签约双方的地位是不对等的，但契约是符合双方利益的，因而是双方乐于签订的。1455年卡达莫斯托往非洲西海岸和大西洋岛屿探险，出航前他与亨利王子签订的协定是这样的：如果卡达莫斯托自己装备船只和货物去探险，回来后必须把收入的1/4交给亨利王子；如果亨利王子提供船只而由卡达莫斯托自费准备船货，则利润由双方平均分享；如果卡达莫斯托毫无收获，则亨利王子承担全部费用。亨利王子还向他保证，这种航行一定能获得大笔利润，而且一个威尼斯人若真的赚了钱，王子会非常高兴，会给他特别的好处。^①至晚从 15 世纪开始，一个国家的领导人与另一个国家的商人订立此类契约的例子，已经成为习惯性的行为。

16 世纪初，葡萄牙发现巴西后，暂时还没有能力开发巴西，遂于 1502 年把开发巴西的权力暂时承包给以诺罗尼亚（Noronha）为首的一批商人。承包的条件大致与 40 多年前政府与戈麦斯的承包合同差不多：诺罗尼亚他们在三年内垄断对巴西的贸易，第一年无需向国王交纳费用，第二年交纳利润的 1/6，第三年交纳利润的 1/4；商人们同意每年派出 6 艘船去探测 300 里格（约 1200 海里）的海岸线，及建立一个设防的商站或代理商行。此后几年在履行该合同的过程中，双方都相当满意。三年期满后，国王不再出租这一特权，而改由国家领导和管理。^②在所有此类契约中，最有名的例子应该是 1492 年 4 月 17 日哥伦布与西班牙国王签订的条约，我们在上一节作过介绍。据同时代人（包括哥伦布自己的儿子）说，开始时西班牙国王不同意哥伦布出航，问题在于哥伦布要价太高，而哥伦布则不愿降格以求。^③后来经下属提议，国王夫妇才同意了这些条件。

一种契约信用制度已牢固地建立起来。在一个国家的君臣间，或一个国家的统治者与另一个国家的居民间都根据契约行事，双方对对方遵守契约有充分的信任，这是文化发展到一定水平的产物。这里也体现了契约制的本质，即这是一种合理的或者说是根据自由协商原则来确定的交易制度或分配风险的制度。

上述因素构成了地理大发现时期的扩张体制，地理大发现，或者说西欧中世纪向近代的过渡，就是建立在这样的扩张体制上。如果不形成这样一种制度，那么即使有什么重要的军事冒险或扩张，也是不可持续的，因为不存在一种支撑这种扩张持续进行的制度和文化。中世纪里只有西欧才形成了这样一种扩张体制，使它有能力

---

① E. Prestage, *The Portuguese Pioneers*, London: A. & C. Black, 1933, p. 95.

② Leslie Bethell ed., *Colonial Brazil*, Cambridge: Cambridge University Press 1987. pp. 7-8.

③ 〔美〕莫里森：《哥伦布传》上卷，陈太先等译，第 168 页。

在资本主义有一定萌芽的情况下，发动像地理大发现这样的事业，从而迅速控制世界发展的制高点。

在这一扩张体制背后，是一整套相关的信用制度和法律制度。我们在第一编第三、第四两章已经专门讨论过，这里不再重复。某种程度上我们可以说，地理大发现就是这套制度发展到一定程度的产物。

三、从加那利的征服看殖民理论和扩张体制的形成

加那利群岛（Canary Islands，西班牙语为 Islas Canarias 或 Archipielago Canario），是西非西部大西洋上四大群岛之一，[①] 是这四个群岛中最早被殖民的岛屿，因而是西方人具有近代性质的第一个海外殖民地。当然，在这之前，中世纪的西欧人已经在地中海上有了一些殖民地或殖民据点，但只是在对加那利的征服和殖民中才比较系统地表现出近代的殖民特征。所以这个过程在近代西欧的扩张史上具有特殊意义，因为它是他们的第一块海外殖民地，在这个群岛上发生的事情曾经在相当长的时间内引起欧洲多个国家和许多重要人士的关注，促使他们争论并作出自己的结论。这些争论初步形成了近代西欧人的殖民理论。了解西方人征服这个群岛及相关殖民理论的发生过程，我们能对欧洲中世纪的扩张传统和扩张观念，对欧洲人未来在美洲的征服和殖民有更深刻的了解。

所谓殖民理论，指的是西欧人关于他们为什么有权侵略、征服非基督教徒或不信教者所持有的土地，并对他们进行统治和殖民的理论，同时也涉及谁将有权批准这个工作，是教皇还是世俗统治者，

---

① 加那利群岛由七个主要岛屿构成，分成两个岛群，兰萨罗特（Lanzarote）、富埃特文图拉（Fuerteventura）及其他 6 个小岛组成东岛群，特内里费（Tenerife）、大加那利（Gran Canaria）、拉帕尔马（La Palma）、拉戈梅拉（La Gomera）、费罗（Ferro）组成西岛群。其最东面的岛屿距西非大陆海岸 108 公里，整个群岛总面积 7000 多平方公里，2007 年的人口是 2025951 人。见 "Canary Islands"，http://www.britannica.com/EBchecked/topic/92159/Canary-Islands。

或在这个事业中他们各自的权力是什么等等的争论。这一理论的初步出现，既是欧洲中世纪扩张实践的产物，又极大地促进了西欧人的海外扩张。前面我们曾讲到地理大发现的精神支撑问题，提出没有一种强大的精神支柱，这么一场持续几百年的运动是难以进行的，但那里主要限于总体性的介绍，这里拟讨论支撑着西方人四百年的殖民理论的初步形成问题，从中可看到这种理论从一开始就不是凭某个人的一时冲动，而且经过许多人反复讨论的产物。

欧洲人认识和征服加那利群岛的几个阶段

古代欧洲人已经知道或造访过加那利群岛。罗杰·比奇洛·梅里曼说，"加那利各岛屿的存在古代人大都知道。"荷马诗歌就把这些岛屿看成是处于已知的世界与极乐世界（Elysian Fields）之间的屏障，是幸运者的居住之处，所以其古代的名称是极乐（幸运）群岛（Insulae Fortunatae）。① 大约在公元前80年，罗马人也发现了马德拉群岛和加那利群岛，他们将后者称为"幸运群岛"，因为那儿"气候温和，资源丰富"。② 罗马人还通过当时的毛里塔尼亚（Mauritania）国王朱巴（Juba）二世了解加那利群岛的情况，这位国王讲述了他约于公元前40年远征该群岛的经过。普鲁塔克（Plutarch）和老普林尼（Pliny the Elder）的书中都有关于这个群岛的记载。中世纪里，999年阿拉伯人曾登上大加那利岛，与当地土人进行贸易。③ 还有一种说法是，中世纪最早提到加那利的是阿拉伯的地理学家爱德里奚(Edrisi)，1154年他在西西里国王罗杰（Roger）的宫廷讲述关于西班牙和非洲的情况，包括一些摩尔人冒

---

① Roger Bigelow Merriman, *The Rise of the Spanish Empire in the Old World and in the New*, New York: The Macmillan Company 1918, Vol. 1, p. 142.

② 〔法〕保罗·佩迪什：《古代希腊人的地理学》，蔡宗夏译，商务印书馆1983年版，第106页。

③ "Canary Islands", http://www.britannica.com/EBchecked/topic/92159/Canary-Islands。关于普鲁塔克在这方面的描述，见 (Loeb Classical Library) *Plutarch's Lives* (in eleven volumes), with an English Translation by Bernadotte Perrin, Harvard University Press 1959, pp.21-23；关于老普林尼在这方面的叙述，见 Pliny, *Nat. Hist.*,lib. 6, cap. 37。

险家从里斯本到达一些岛屿上的故事，他所说的这些岛屿与我们所知道的加那利群岛非常相似。[①]

　　13世纪末和14世纪上半叶，西欧进入了通常所说的封建主义危机时期，出现了某种转折性的变化。早期文艺复兴兴起的同时，一些冒险家开始对大西洋上的岛屿发生兴趣，对加那利群岛进行探险和征服的第一波浪潮开始了。热那亚、马略卡、葡萄牙和法国的海员可能在这个时期到过加那利群岛上的一些岛屿。从彼特拉克留下的文字中，从几幅同时代的热那亚人、威尼斯人和加泰罗尼亚人的地图上，显示出热那亚的海员到过该群岛东端的兰萨罗特岛（Lanzarote）。接着是1341年葡萄牙国王阿方索四世（Affonso IV）向加那利群岛派出远征队，薄伽丘曾描述过这件事。远征军主要由葡萄牙人和卡斯蒂利亚人组成，其次是佛罗伦萨人和热那亚人，指挥官（pilot）是热那亚人。这次航行未导致往岛上殖民，但人们由此知道了关于该群岛及其居民关切人（Guanches）的许多情况，这也是葡萄牙和西班牙这两个从事海上冒险的国家日后一系列争端的起源。[②]关于这件事的意义，葡萄牙人中流行这样的评价：1341年远征没给葡萄牙带来什么好处，因为后来卡斯蒂利亚控制了这些岛屿，不过这是"第一次由一个欧洲国家派出的官方探险队来进行的"探险，[③]颇具深意。1344年10月，教皇克莱芒六世授予卡斯蒂利亚王室的一个成员和法国海军上将（admiral）路易斯·德·拉·塞尔达（Luis de la Cerda，这次行动中他代表西班牙）为加那利的领主，直属教皇，加那利成了教皇的一块封地。对此葡萄牙人曾抗议过，但几乎没有引起太大关注，由此西班牙对该群岛的所有权实际上建立起来了。此后直到该世纪末，对该群岛的征服、开发和基督教化

---

　　①　Roger Bigelow Merriman, *The Rise of the Spanish Empire in the Old World and in the New*, Vol. 1, p. 143.

　　②　Ibid., p. 144.

　　③　"The Age of Discovery, How Portugal Started Globalization," http://www.golisbon.com/culture/age-of-discovery.html.

主要是西班牙人的事情。①

征服加那利并在那儿进行殖民的第二波浪潮出现在 1402 年。这是因为"虽然克莱芒六世把加那利群岛授予路易斯·德·拉·塞尔达，但直到 15 世纪初，欧洲人才开始认真关注占领这些岛屿的事情。"②这一年法国人让·德·贝当古（Jean de Bethencourt）和加迪菲·德·拉·萨莱（Gadifer de La Salle）代表卡斯蒂利亚率远征军来到加那利，两人都具有海上冒险的本能，都参加过 1390 年热那亚人反对突尼斯人的远征，都热衷于从事某种新鲜的冒险事业。他们于 5 月初动身，7月在兰萨罗特岛建立了堡垒。③关于这次征服的最原始的史料，是同时代人皮埃尔·邦蒂耶等人写下的《加那利的征服和皈依》。这次远征的目的，按该书的说法，是"去察看和探测那儿所有的土地，征服各个岛屿，使那里的人民信仰基督教。"④

对加那利群岛进行征服和殖民的第三波浪潮出现在 1479 年前后。经过长期争执，1479 年葡萄牙与西班牙签订《阿尔卡索瓦斯—托莱多协定》（Treaty of Alcáçovas-Toledo），1481 年教皇批准了该条约。加那利群岛正式归于西班牙，葡萄牙则正式拥有马德拉、佛得角和亚速尔三个群岛及在非洲西海岸进行探险和殖民的权利。其实此前两年，卡斯蒂利亚已声明有权征服大加那利等岛屿，并派出由胡安·雷洪（Juan Rejón）率领的远征队。1478 年胡安·雷洪在大加那利岛建立了拉斯帕尔马斯（Las Palmas）城，是西班牙人在海外建立的第一座城市。1480 年斐迪南和伊莎贝拉任命彼得

① Roger Bigelow Merriman, *The Rise of the Spanish Empire in the Old World and in the New*, Vol. 1, pp. 144-145.

② James Muldoon, *Popes, Lawyers, and Infidels*, Liverpool: Liverpool University Press 1979, p. 120.

③ Roger Bigelow Merriman, *The Rise of the Spanish Empire in the Old World and in the New*, Vol. 1, p. 145.

④ Pierre Bontier, Jean le Verrier, *The Canarian, or, Book of The Conquest and Conversion of the Canarians in the Year 1402 by Messire Jean de Bethencourt, Kt*, Translated and Edited by Richard Henry Major, F.S.A., ETC., London: Printed for the Hakluyt Society, 1872, p.4.

罗·德·维拉（Pedro de Vera）接管加那利群岛的统治权。^①该群岛的殖民化迅速进行。1492年，哥伦布首次向美洲进发，他在进入尚无人知晓的大西洋的深处前，就是在这儿进行补给的。也就是说15世纪末，加那利群岛成了西班牙在大西洋上的基地及不久后往美洲探险、殖民的桥头堡。

近代殖民理论的初步形成

多方面力量和势力长期卷入加那利群岛的征服，仅凭这一点就可想象这是一个复杂的征服过程，也是一个在西欧有一定影响的事件。它的征服与殖民大体上与西方人殖民理论的初步形成相一致，对此我们也就不会感到奇怪了。

1. 最初的征服理论

中世纪西欧虽然生产落后，政治上极度分裂，其文化却充满活力，显著特点之一就是经常对自己的一些重大行为争论不休。随着十字军运动的展开，13世纪时神学家和宗教法学者开始讨论为什么要发动与穆斯林的战争及如何对待不信教者（infidel）的问题。他们根据文化传统中关于正义战争与非正义战争的观点来为十字军运动辩护。那时所说的不信教者主要指地中海世界的穆斯林，一定意义上也指东欧的斯拉夫人和鞑靼人。基督教在这个问题上的基本方针，教皇英诺森四世（1243—1254）有过较全面的阐述。他泛泛地承认，按照自然法，不信教者可以合法地拥有财产，选择他们自己的统治者行使统治权。但他的主张中有自相矛盾的成分：如果不信教者虐待基督徒，教皇可以剥夺他们的统治权和司法权；虽然不应该强制不信教者接受基督教，但可以废黜那些阻碍基督教传教士传道的不信教者的统治者。^②该主张所显示出的矛盾可以这样解释：13

---

① Eyda M. Merediz, *Refracted Images: The Canary Islands Through a New World Lens; Transatlantic Readings*, Tempe: Arizona Center for Medieval and Renaissance Studies, 2004, pp. 19-20.

② Joseph F. O'Callaghan, "Castile, Portugal, and the Canary Islands: Claims and Counterclaims, 1344-1479", *Viator*, Volume 24, 1993, pp. 287-288.

世纪的教皇虽然狂妄，但力量还是比较有限，他还不可能提出让全世界都接受基督教的要求。

此后，一些重要的教会人士不时就这个问题发表意见，在对待英诺森四世的遗产上渐渐发生分化。即在强调不信教者有自主权的同时，开始更多地强调教皇有权剥夺他们的统治权和司法权。塞古西亚的亨利（Henry of Segusia，即奥斯蒂亚的红衣主教，又称霍斯特西斯，死于 1271 年）虽同意英诺森四世关于不应强制不信教者接受基督教的主张，但又强调由于基督的到来，不信教者已经失去了曾拥有的主权和司法权。这些权利只属于基督，作为基督代表的教皇有权统治基督徒和不信教者，可以在任何时候干预后者的事务。其他的神学家和宗教法学者，如托马斯·阿奎那（死于 1274 年）和奥尔德拉图斯·德·彭特（Oldratus de Pointe，死于 1335 年），都进一步推进了这一讨论。罗马的贾尔斯（Giles of Rome，死于1336年）还发展起一种极端的理论，论证不信教者的一切所有权（dominium），即政治权力和对财产的权利，都属于教皇，教皇可以剥夺任何异教徒声称拥有的任何权利。[1] 以上探讨可看成是欧洲人的殖民理论形成的酝酿阶段或第一阶段。

2. 发现加那利群岛后征服理论的变化

1340 年代初，加那利群岛的加那利人（关切人 [Guanche]）的发现或再发现在欧洲思想界引起极大震动，中世纪西欧人殖民理论的形成也由此进入实质性的阶段。这不仅因为关切人是此前欧洲人所不知道的一支人类，而且还因为关切人并不对欧洲的基督徒构成任何威胁。也就是说他们与穆斯林或斯拉夫人不一样，所以诸如收复圣地或反对伊斯兰威胁的战争是正义战争之类的理由现在都用不上了："他们是和平的不信教者，显然不是基督徒合法入侵的对象。"[2]

---

[1] Joseph F. O'Callaghan, "Castile, Portugal, and the Canary Islands: Claims and Counterclaims, 1344-1479", *Viator*, Volume 24, 1993, pp. 288.

[2] James Muldoon, *Popes, Lawyers, and Infidels*, Liverpool: Liverpool University Press 1979, p. 90.

要对加那利群岛进行征服和殖民应该寻找其他依据，这是不久后西班牙和葡萄牙进行海外殖民都面临的一个共同问题，必须加以解决，否则海外活动会变得名不正又言不顺。对该问题的争论作出裁决的是教皇克莱芒六世（Clement Ⅵ，1342—1352）。

克莱芒六世深受人文主义影响，但在对待加那利人的问题上，他与人文主义者不一样，不能像有的历史学家那样把他看成是一个人文主义的教皇："他是以一个宗教法规学者的眼光来看加那利人的。他的兴趣放在由发现他们而提出来的重要司法问题上，试图根据既定的正义和非正义战争的教会法来论证诸如以下之类的问题：征服他们是否合法，由异教徒行使主权是否合理，或在较次要的程度上强制他们皈依是否合适。"1344 年 11 月 15 日，他在授予路易斯·德·拉·塞尔达为"幸运之王"（Prince of Fortune）时，"第一次试图……整理所有已知的有助于使反对不信教的原始人的战争合法化的论点"。①

克莱芒六世的论断从当时关于战争的一般观点出发，因为如何对待加那利人的争论，是当时基督教思想家关于正义战争与非正义战争的讨论的一部分。那时的思想家主要依赖传统的奥古斯丁的分析，其大意是：战争必须由某种合法的权力来宣布，发动战争是为了恢复被篡夺的财产或领地或为了保卫自由不受侵犯；战争的原因必须是正义的、真实的，而敌人方面应该是恶意的、邪恶的。但克莱芒六世不是简单地重复先人的或同时代神学家的意见，而是有自己的创造。他的基本观点是：

（1）强调与不信教者（infidels）的战争是正义战争。他在给爱德华三世的一封信中明确指出，反对以下各种坏人的战争是有功劳的：亵渎神明的人、鄙视"基督教的荣耀"的人、使忠实的信徒流血或渴望他们混乱和被消灭的人。这些本来是对伊斯兰的责难，但在这位教皇的心目中大概已经延伸到了加那利人，他称

---

① Felipe Fernández-Armesto, *Before Columbus: Exploration And Colonisation From The Mediterranean To The Atlantic, 1229-1492*, p. 231.

加那利人为"基督教信仰的敌人",是对相邻的基督教各民族的一个威胁。[①]

（2）强调不信教者因其异教信仰和道德低下，可以加以征服。他论证说，"没有美德就没有统治权"，而异教徒不可能拥有关于"美德的想象"。他试图得出这样的结论："异教徒因其异教信仰，其主权应该加以没收。"克莱芒六世的信件还建议说："基督徒有权入侵不信教者的社会，就因为它们是不信教者的社会。"其含义是：正如教会之外不存在拯救，所以教会之外也不存在合法的政治权威。[②]

（3）一个违背自然法的社会是无效的，可以使其政体丧失主权。这里克莱芒使用了 13 世纪时教令讲解员（decretalists）争论时的观点，霍斯特西斯（Hostiensis）是这方面一个重要斗士。根据该观点，亵渎神明和偶像崇拜都被认为是反自然的，而克莱芒处理加那利人的依据就是加那利人的偶像崇拜。[③]

可以说，克莱芒的论述集当时教会内各有关观点之大成，充分体现了基督教的扩张性。他提出的这些论点在此后"一个世纪中支配着教皇对待不信教者社会的政策"。[④]

在世俗的资料中也可发现类似论点，目的都是为了征服和奴役"不信教者"，其理论依据也是极其粗浅的自然法。比如，1352 年，阿拉贡的彼得罗四世（Pedro IV）在一份授予传教士的航行特许中，使用了之前发给那些自称为征服者的特许状使用的措辞：加那利人过着"完全是乡下人的、野兽一样的生活"，他们"的确在没有法律的情况下生活"。[⑤]描述他们的"野蛮状态"，以便为自己找到征

---

① Felipe Fernández-Armesto, *Before Columbus: Exploration And Colonisation From The Mediterranean To The Atlantic, 1229-1492*, p. 231.

② James Muldoon, *Canon Law, the Expansion of Europe, and World Order*, Farnham: Ashgate/ Variorum, 1998, p. v, 188.

③ Felipe Fernández-Armesto, *Before Columbus: Exploration And Colonisation From The Mediterranean To The Atlantic, 1229-1492*, p. 232.

④ James Muldoon, *Popes, Lawyers, and Infidels*, p. 91.

⑤ Felipe Fernández-Armesto, *Before Columbus: Exploration And Colonisation From The Mediterranean To The Atlantic, 1229-1492*, p. 233.

服的借口。

3. 在 15 世纪的殖民浪潮中殖民理论显示出近代的特征

15 世纪初,当向加那利群岛掀起新一波殖民浪潮时,即对加那利群岛及大西洋上其他群岛的征服和殖民先后展开时,西欧的殖民理论开始形成。其特点是:

(1)越来越强调有权征服不信教者的思想,并渐渐走向某种极端,即使理论上加以某些限制,但实践上越来越失去控制。约翰·威克利夫(约 1328—1384)虽然后来被教廷定为异端,但在对待不信教者的问题上是一个重要的极端派。他提出:任何不处在恩典之中的人都不能正当地行使所有权。这虽然能说明剥夺不信教者的合理性,但也威胁着有罪的基督教的统治者,由于这个原因,15 世纪初的康士坦茨(Constance)会议禁止了这种说教。此后,宗教法学者都倾向于回到教皇英诺森四世的立场,因为他们害怕被指控为异端,所以避开霍斯特西斯的极端立场。[①]其实这种极端的立场也不符合实际,不符合中世纪晚期和近代早期从事殖民的各国统治者的要求。因为在现实生活中不可能全部剥夺非基督教徒的所有权,而且过分强调教皇权力对世俗统治者也是不利的,国王们也不希望进入殖民地的传教士的权力凌驾于王室官员之上。不过,在实践中,殖民主义者一般都把有权征服土著居民的理论推到极端。

(2)关于有权征服不信教者的问题与不信教者的权利问题更密切地结合起来了。上一次(1340 年代)是"发现"或"再发现"这个群岛的时期,欧洲人与加那利土人的相遇第一次有了正式的记载,而这次是正式殖民的开始,所以关于不信教者的权利问题变得尖锐起来。一方面需要绝对肯定殖民主义者的权利,但另一方面如果完全忽略被殖民者的权利,就不可能建立起真正的殖民地,也不会有真正的皈依者,因为无法无天的殖民主义者很快会把土著消灭干净,他们也不会再听命于宗主国的君主。关于这个问题的最典型

---

① Joseph F. O'Callaghan, "Castile, Portugal, and the Canary Islands: Claims and Counterclaims, 1344-1479", *Viator*, Volume 24, 1993, p. 288.

的材料是葡萄牙国王杜阿特（Duarte，1433—1438）与教皇尤金四世（Eugenius IV，1431—1447）的信件："尤金四世和杜阿特之间的交流表达了此后两个世纪间关于不信教者的权利之争的基本要点。教皇、宗教法学者、神学家、哲学家，当然还有基督教的世俗统治者，都开始关心欧洲人追求、发现新领土并进行征服的正义性。"在这种争论中，基本的观点有三种：教皇声称自己要为每个人的灵魂承担普遍责任；形形色色的基督教世俗统治者主张有权占领不信教者的土地；法学家的观点是不信教者拥有所有权（dominium），这成为平衡前面两种意见的第三种力量。但法学家关于不信教者的权利的理论很苍白，因为世俗统治者及其法律顾问很容易在他们所创造出来的正义战争的范畴内找到理由，为自己的海外征服辩护。比如，加那利人生活的原始状态就可以用来作为征服他们的理由：通过征服提高他们的文明状态，使他们有能力接受福音的信息；土人的天性凶猛，需要使用武力保护进入他们的土地的传教士，等等。[1] 这一争论此后一直没有停止，16 世纪里西班牙君主禁止在美洲建立奴隶制或封建制，拉斯·卡萨斯为美洲土著的权利奔走呼号，都是这方面的表现。

一定程度上，关注土著的权利，对统治者来说主要不是一个人道的问题，而是涉及统治阶级之间的权利分配。只有强调被殖民者是国王的臣民，才能有效地防止封建割据。这是关注土著权利问题的复杂性所在。

（3）尖锐地提出了征服的最高裁决权在谁手中的问题，并通过实践作出了回答。征服的领导者和裁判者是教皇还是国王，或者两者各有什么权力？这既是一个理论问题，又是一个实践问题。随着王权的增强，教皇不再是西欧人从事海外探险、殖民的最高权威，由国王主导的全面殖民格局由此基本形成。15 世纪初对加那利群岛进行殖民的贝当古不再像其前的塞尔达那样是教皇的封臣，而

---

① James Muldoon, *Popes, Lawyers, and Infidels*, p.129.

是卡斯蒂利亚国王的封臣。随之而来的是，"争论的要点转向了教权和王权对大西洋岛屿的权利"问题，由此引发了教皇至上主义者（papists）与反教皇至上主义者（anti-papists）的斗争。梅雷迪兹就此说道："该群岛成了教皇至上主义者和反教皇至上主义者辩论的肥沃土壤。后者视这为一个机会，划分罗马教廷对这些岛屿可以行使的权力范围。"教皇至上主义者认为，任何异端或不信教者的国家都不能合法地拥有完全的所有权，所以作为这个世界上唯一的真正的皇帝——教皇有权处置它们，以便创建一个唯一可能的联盟，把所有的基督教徒都结合在一起。相反，反教皇至上主义者发展起一种主权理论，否定教皇至上主义者的信仰者的集合体（congregatio fidelium）理论，否定教皇至上主义者加给精神权力的那种政治的、世俗的权力。最极端的反教皇至上主义者还否定教皇有权干预任何合法存在的人类社会，不管他们的信仰是什么。[①]这一斗争主要是通过实践而得到解决的：教皇组织十字军的时代已经一去不复返了，欧洲各君主国正在成长之中，国王是地理大发现的组织者和领导者，他们在处置殖民地的问题上无疑占了上风。

这一阶段还有其他特点，如葡萄牙对非洲西海岸的探险于1415年后开始展开，关于如何对待加那利人的问题变得更复杂和更加迫切；再如随着大发现的展开，西班牙和葡萄牙对大西洋岛屿的争论也激烈起来。这些争论的背后都涉及一系列殖民理论问题。

15世纪末，随着美洲的发现及达·伽马到达印度，西方殖民事业进入一个新的阶段，其殖民理论也进一步得到发展，但其基本观点是在14、15世纪对加那利群岛征服和殖民的过程中提出来的。随着教皇权力的相对衰退，根据自然法的一面越来越得到强调，一直到19世纪下半叶的社会达尔文主义，西方人的殖民理论所依据的主要还是自然法的某种延伸。

---

① Eyda M. Merediz, *Refracted Images: The Canary Islands Through a New World Lens; Transatlantic Readings*, p. 14.

从加那利群岛的征服和殖民看近代扩张体制的形成

与近代殖民理论的初步形成相一致的是西欧近代扩张体制的初步形成。所谓西欧近代的扩张体制，就是国王（政府）领导，贵族打头阵，教会提供精神上的支撑并对各扩张力量进行协调，众多水手或农民或手工业者为扩张主力的联合扩张格局；还包括扩张成本的征集和分配扩张所获利益的制度的形成，没有这样一种制度整个扩张就会趋于瘫痪。这一扩张格局的出现是西欧中世纪社会内部逐渐演变的结果，而加那利群岛的征服和殖民则见证了这一演变过程。比如，探险和殖民的分配制度在不久后亨利王子的探险中变得越来越平常，但其根源在贝当古的活动中已经可以看到：卡斯蒂利亚国王为支持贝当古颁布了 道命令，规定所有从该群岛输入卡斯蒂利亚的商品，贝当古都拥有其 1/5，用实物或用货币都一样。[①] 半个多世纪后，哥伦布与西班牙君主签订的协议中就有类似规定。[②]

这里特别想谈一下的是它还清晰地体现出国王、贵族和教会在扩张中各自领导作用的形成过程。也就是说，这三者在大发现中是有某种分工的，这一分工是经过斗争逐渐形成的（这在上面近代殖民理论的初步形成中可以看到）。

西欧在中世纪中期的十字军运动中，起主导作用的是教皇，这当中出现了几个著名的骑士团，都是直属教皇的军事组织，是十字军运动的核心力量。14 世纪里，这种情况开始发生变化。1340 年代重新发现加那利群岛，是葡萄牙世俗统治者主动派船队进行的。1344 年路易斯·德·拉·塞尔达的远征，虽然出征前受到教皇的封赐，但远征是他主动向教皇提出来的，不是教皇向他发出号召的结果。在 15 世纪初对加那利群岛的征服中我们看到王权的主动性进一

---

① Pierre Bontier, Jean le Verrier, *The Canarian, or, Book of The Conquest and Conversion of the Canarians in the Year 1402 by Messire Jean de Bethencourt, Kt*, pp. 112-113.

② 在所发现的地区，"由生产、挖掘和交换得来的一切黄金、白银、珍珠、宝石、香料及其商品他都可以征收和保留十分之一，并且一概免税。"见〔美〕莫里森：《哥伦布传》上册，陈太先等译，第 173 页。

步增强了。征服者贝当古使整个加那利群岛臣服于卡斯蒂利亚国王，国王则宣布贝当古是该群岛的领主，不经他同意任何人不得进入该群岛。1404 年贝当古与邦蒂埃就权力问题发生争执，两人分乘自己的船只回卡斯蒂利亚向国王汇报，请求国王裁决。最后国王表示支持贝当古，不相信邦蒂埃的申诉。后者于是回到法国，再未在加那利出现。在这件事情中，可看到国王在探险活动中的领导作用日益彰显。探险者的命运完全控制在国王手中：当邦蒂埃赶回西班牙准备向国王告状时，贝当古担心邦蒂埃抢先告状造成于己不利的影响，所以他也匆匆忙忙离开加那利赶往西班牙。在赢得国王的确定支持后，他又马上回到加那利，因为邦蒂埃还有一些人留在加那利，包括他的私生子，贝当古怕这些人破坏他的事业。①

中世纪后期西欧人的海外扩张，国王的作用超过了教皇。所以马尔登说，教皇不可能不支持对加那利的征服，因为即使他不支持，征服照样也可能发生，而如果他采取支持的态度，则教会也可以得到好处。教皇克莱芒六世大概就是基于这种观点，才把加那利作为教皇的封地，以便"在对这些岛屿的管理中确保发挥教皇的某种作用"。②当然，王权在这方面的主导作用，在一定时间内并不意味着教皇作用的衰退，这只是西欧中世纪晚期海外扩张格局形成过程中某种分工的形成。随着世俗统治者越来越深地卷入海外扩张，他们之间的矛盾也日益增长，于是教皇的另一种作用开始得到强化，这就是他在世俗统治者中起某种重要的协调作用。所以，征服加那利群岛首先是贵族、国王与教皇合作的产物，当然其背后的推动力量则是城市或商人、普通农民或水手等。1479 年后，加那利群岛正式并入西班牙，西班牙最终成为发现和征服美洲的主力，加那利群岛也由此成了西班牙帝国兴起的重要基地。15 世纪后期以来，西班牙与葡萄牙的历次冲突，均求救于教皇裁决，教皇的作用于此可见一斑。

---

① Pierre Bontier, Jean le Verrier, *The Canarian, or, Book of The Conquest and Conversion of the Canarians in the Year 1402 by Messire Jean de Bethencourt, Kt*, pp. 112, 122, 140.

② James Muldoon, *Popes, Lawyers, and Infidels*, p. 91.

第八章　中世纪城市与欧洲的扩张

上一章我们着重讨论了地理大发现的背景，讨论这样一种扩张体制是如何产生的。本章想从更广泛的角度讨论一下这一扩张的重要承担者之一城市与中世纪以来欧洲扩张的关系，讨论它在资本主义起源中的作用。也就是从城市的角度，进一步探讨一下以地理大发现为基本标志的西欧资本主义起源的历史文化背景。

一、中世纪城市与资本主义起源

城市是贸易的中心或集结地，中世纪欧洲贸易和殖民扩张很大程度上也就是城市的扩张。即使在十字军运动中，意大利的城市也在其中发挥了某种独特的作用，而尾随十字军军事征服进入殖民地的，除了贵族和各类农民（大多是农奴）组成的普通战士，一般就是来自欧洲各地的商人。所以，了解城市与欧洲往外扩张的关系，也是认识基督教文化扩张性的一条基本途径。到 14、15 世纪时，西欧城市在以下三个方面的作用是无法取代的：开辟世界市场；酝酿具有近代特征的商业网；实行城乡结合，发挥各自优势，促进资本主义的产生。

开辟世界市场

在 14、15 世纪，西欧人同时在波罗的海、地中海、大西洋上活动。从长远看，在大西洋上的贸易最有前途。但就这两个世纪来说，在北欧、东欧、中东的商业活动却很有意义，东欧的粮食和原料开始源源不断输入西欧，东西欧发展上的差异开始出现。我们在第一编第二章比较详细地讨论过西欧在周边地区的扩张过程，从中可看到与资本主义起源的一些关键性的变化都已开始出现。到15世纪末，通过哥伦布到达美洲和达·伽马到达印度，上述变化进入一个新的阶段。在这些重大变化中，城市起了什么作用？如果说，农奴制瓦解、乡村工业的产生是14、15世纪西欧农村发展的总趋势，那么，开辟世界市场是这两个世纪西欧城市的基本走向之一。

当然，关于城市在资本主义起源中的作用，学术界曾经有过争论。19世纪以来，城市一直被认为是资本主义起源的核心力量。但1929年后西方学术界开始用"封建主义危机"来描述14、15世纪封建经济面临的困难，"二战"后一些学者又把危机与否定城市与资本主义起源的关系结合起来，他们高度评价这时期乡村手工业兴起的意义，不提甚至否定城市在新的经济力量兴起中的作用。比如，博尔顿提到的一种比较极端的意见是这样的：这时农村从城市抽身出来，对城市的货物、服务的需求减少；呢布出口的增加在量上和价值上都不足以弥补羊毛出口的急剧下降；英国商业中另一大宗商品酒的出口也因百年战争的挫折及最终失去加斯科尼（Gascony，即加斯科涅）而受到很大打击；大部分城市常发生瘟疫，经济困难，城市寡头统治，腐败成风，贸易和工业下降，少数人残酷剥削多数人。结果是有事业心、有抱负的人离开城市，呢布工业的复兴本质上成了农村的现象；工商业的衰落又使城市陷入财政困难之中，付不起捐税；人去房空，教堂无人使用，城区面积缩小，杂草丛生，有的城市甚至连街道上也长满了野草。[①] 这里讲的是英国，我们也可把它看成持这种极端意见的人对这两个世纪西欧城市的看法。该看法的致命伤是：随着地理大发现而来的商业资本主义时代以世界市场初步建立为标志，世界市场不是乡村工业本身能够创造出来的；即使那些在农村推行包买制谋取

---

① J. L. Bolton, *The Medieval English Economy 1150-1500*, London: J. M. Dent, 1980, pp. 246-247.

暴利的商人也没这种能力，这些包买商总是依赖伦敦的商人才能把货物从英国运出去，更不用说开辟到美洲、亚洲的航线。而如果没有这些航线，15 世纪末和 16 世纪初就不会初步形成世界市场。

这时期西欧农村出现的深刻变化是欧洲资本主义起源的重要前提。但是：第一，城市是一个社会里工商业活动的主要承担者，开辟市场应该首先是城市的要求，即使开辟市场的压力来自农村，也要通过市民的积极活动而不是消极应付才能获得结果；第二，重视开辟市场，是西欧中世纪城市的一个基本特征，这种努力在整个中世纪都不曾衰微过。《剑桥欧洲经济史》曾这样赞扬说：

> 有大量证据表明，城镇在努力将竞争者赶出旧市场的同时也在全力以赴开辟新市场，在对抗商业对手的同时也在努力同因地理或道德顾虑、技术不足或组织不完备而构成的障碍作斗争。13 世纪初，威尼斯在第四次十字军东征中通过派遣办事员进入亚美尼亚山脉、穿过叙利亚北部的大草原和从黑海港口进入蒙古内陆而获得了成功。在 13 世纪后期，个人靠勇气穿越海洋和沙漠，开辟到波斯、印度和中国的道路的行动很快得到了意大利各大城市的集体支持。当时对同异教徒做贸易的愤怒一次次地被搁置在一边，因为城镇急于向基督教欧洲的南部和东部开拓市场，并同来自东方的车队建立联系……城镇同异教徒的贸易来往始终没有断绝。[①]

需要"垄断"一定的市场来维护自己的生存与发展，这是中世纪西欧城市与同时代中国城市很不相同的地方。14、15 世纪是西欧城市行会走向封闭和城市保护主义盛行的时代，一般认为这是行会或城市失去进步性的反映；但我们应该看到，这同时也是生产力发展、市场有限、各城市间"竞争"尖锐化的反映。行会组织墨守成规，

---

① 〔英〕波斯坦等主编：《剑桥欧洲经济史》第三卷，周荣国等译，第 144 页。

是当时总的经济形势造成的，所以有人说："在产生行会的城镇环境中，不加入行会的业主也表现平平。不管是否加入行会，所有能够筹集到资金的个人都通过经营百货来分散他们的利益风险，并通过购买土地保障资金安全。"①但是，在出现市场或发展前景的情况下，一般就会有打破行会限制的力量涌现出来。正是在通常认为行会走向封闭的14、15世纪里，一些城市的市民酝酿并发起或积极参与了伟大的探险活动。

此外，很重要的是，我们还应看到，开辟世界市场的工作，主要不是后来城乡工场手工业发达（英国的工场手工业要到16世纪下半叶才逐渐赢得自己的地位）的西欧北部地区承担的，而是由向资本主义过渡中最终似乎起作用不大的西欧南部地区完成的。这在一定程度上体现了资本主义起源中的某种分工。

14、15世纪里，西欧城市开辟市场大体上有两个方向，一个方向是北欧、东欧、中东，另一个方向是大西洋。从未来的发展看，前一个方向主要是解决现实问题，即解决当时需要推销商品、输入粮食和部分原料的（如木材）的问题。比如，阿什多曾专门讨论过15世纪里西欧的纺织品、肥皂、纸张向近东进军的情况。②后一个方向则为向资本主义时代过渡打下了基础。通过大西洋来获得新的发展机遇及相关的技术手段，是在14、15世纪的长时期努力中逐渐明确、完善起来的。

寻找、控制新的市场、交通线、航线，可以看成是这两个世纪西欧城市发展的总趋势。在这总趋势下，各类城市不同程度地存在着争夺市场的斗争，这种斗争与其他因素结合形成了西欧向外扩张的压力。这一趋势（与之相应的是市场机制的孕育等）与乡村工业的发展（与之相应的是包买制的推行、农业专业化生产等），是西欧向资本主义过渡前夕经济领域里直接导向资本主义的两种最重要

---

① 〔英〕波斯坦等主编：《剑桥欧洲经济史》第三卷，周荣国等译，第235页。

② E. Ashtor, *East-West Trade in the Medieval Mediterranean*, London: Variorum 1986, pp.578-586.

的发展趋势。这两种趋势有统一的社会背景，又有相对独立性，但绝不应该把这理解为一个农村带动城市发展的问题。

城市盛衰与近代特征的商业网的形成

中世纪后期，西欧确实有一些城市出现不同程度的衰落，但若从这种现象中匆忙得出结论说城市对资本主义起源贡献不大，那肯定是不恰当的。为了深入探讨这时期城市盛衰与资本主义起源的关系及城市在其中的作用，我们得认真探讨一下有关城市盛衰的一些问题。

这时期的城市衰落其实是相对的。比如，因黑死病、战争（特别是百年战争）造成人口减少，并由此造成产品、贸易量减少，这本质上不能看成是城市衰落，也不应看成是城市缺乏生命力的表现，因为在战争中农村也同样出现人口减少、生产荒芜等情况，实际上人均消费量或人均贸易额不一定减少。再如，某种产品减少，某种商品出口量的减少，不一定意味着城市总产量或总贸易额的减少，这可能与城市从单一生产转向多种生产，与单一商品贸易转向多种商品贸易有关。尼古拉斯讲到，尼德兰城市从未真正失去繁荣，因为它们找到了新的各种有利可图的方向。[1] 还有，该如何看待新兴的城镇？是否继续把它们看成农村，使之与古老的工商业中心相对立？有人曾这样讲到英国中世纪后期的城市：如果说那些新兴的贸易中心是繁荣的，那就应该说，不是城市重要性的降低，而是这种重要性的转移。[2] 经济中心（地方的、地区的、民族的、国际的）的转移是一种正常现象，不能用新中心的兴起而贬低旧中心的地位和作用；新中心的兴起是这时期西欧经济全面重组的表现，说明城市在经济转型中不可或缺的意义，并非仅仅是"农村的变化"这么一种原因所能讲清楚的。所以，新的城市一旦兴起，就不应再把其视为农村，它已成为城市的一

---

[1] David Nicholas, "Economic Reorientation and Social Change in Fourteenth-Century Flanders", *Past & Present*, No. 70, 1976, p. 29.

[2] R. Schlatter ed., *Recent Views on British History ,Essays on Historical Writing Since 1966*, New Brunswick, N.J.: Rutgers University Press, 1984, p.42.

部分。对城市衰落问题持谨慎态度的也大有人在。J. A. F. 汤姆森说道：在整个中世纪，市民们"在民族经济中发挥着很大作用。海外贸易主要是他们在进行……英国中世纪晚期城市情况的总的概括无论如何是危险的，每个城市都有自己的历史，每个城市的状况都可能不一样"。[①]我认为，与其泛泛地讨论这时期城市是否盛衰，不如仔细考察一下这时期城市的盛衰说明了什么。

1. 这一时期西欧的城市其实是有盛有衰，这里说的盛，不仅指一批小城镇的兴起，也指一些古老的城市继续发展壮大或曾一度繁荣。如南德意志的奥格斯堡、纽伦堡，伊比利亚半岛上的塞维利亚、里斯本，还有像布鲁日这些古老的中心，都是这样。伯纳德说："布鲁日的公民在 14 世纪放弃了航海和海上贸易，让外国人（他们的进取心最初是布鲁日人唤起的）干这些事业。远远超过佛兰德的旧集市，布鲁日这个'北方威尼斯'本身就是非常重要的地区性和全国性的市场，此时成为真正的'世界市场'，甚至超过威尼斯所曾起过的作用"。[②]

此外，如巴黎、伦敦这样的城市发展也很快（这里我们仅关心其在经济上的成就），后者特别引人注目。"在 14、15 世纪里，它的经济资源的增长比这个国家大部分其他地区的增长都更为显著"。根据 1337 年人头税统计，伦敦比当时英国最大的省一级的中心城市布里斯托尔、约克多 3 倍，约为考文垂的 5 倍，诺里奇的 6 倍。1520 年的税收统计却说明，伦敦已比诺里奇富 10 倍，比布里斯托尔富 15 倍以上。从 1334—1515 年，伦敦绝对意义上的财富增加了 15 倍，从占全国财富 2% 上升到 8.9%。[③]

2. 各城市的盛衰有前有后，很难有一个统一的时间标准。之所以提出这个问题，是因为尽管一些著名城市在 16、17 世纪衰落了，但在 14、15 世纪时仍是欣欣向荣的。看不到这一点，就会形成以下

---

①　J. A. F. Thomson, *The Transformation of Medieval England 1370-1529*, London: Longman, 1983, p.47.

②　〔意〕奇波拉主编：《欧洲经济史》第一卷，徐璇等译，第 241 页。

③　J.A.F.Thomson, *The Transformation of Medieval England 1370-1529*, p.48.

印象：在资本主义起源前夜，旧中心普遍衰落。像前面提到的布鲁日，它的中心地位是 16 世纪时才让位于安特卫普的。意大利的城市也是这种情况。正是在 14、15 世纪里，威尼斯这样的城市共和国发展成拥有广阔属地的"国家"。这就是布罗代尔说的："意大利的大城市通过削弱小城市而加强自己"的时期。1423 年后，威尼斯的财政收入约 75 万—80 万杜加（Ducat，也译"杜卡特"），与西班牙"平起平坐"，与英格兰不相上下，法国却只有约 100 万杜加。这里，75 万—80 万杜加仅是威尼斯市政当局的收入，它的海外收入还有 37.6 万杜加，所属的威尼西亚共和国收入有 46.4 万杜加。这时威尼斯的人口，包括威尼斯本身、其海外属地和威尼西亚共和国，约 150 万，同时期法国人口约 1500 万。双方人均收入相差如此悬殊，表明"城邦比领土国家有着极大的优越性（按：这当然是就某特定条件讲的），并且使人想到资本集中在城市少数人手中究竟意味着什么"。[①]换言之，没有这种财富集中（这是城市共和国体制造成的），威尼斯就可能无力在西欧和地中海各地进行各种经营革新和殖民活动的尝试。这些尝试后来为葡萄牙人、西班牙人、荷兰人、英国人所继承和发挥。意大利其他城市如佛罗伦萨也在 14、15 世纪达到自己的顶点，为资本主义的经营管理方式和资本主义文明的萌芽发展作出了自己的贡献。特别值得一提的是，热那亚最辉煌的时期是在地理大发现以后。

在弄清楚上述二点的基础上，我们可进而讨论这时期城市兴衰的决定因素是什么，城市兴衰与欧洲走向全面扩张或向资本主义过渡的关系如何。西欧中世纪后期的城市兴衰，特别与以下因素有关：

1. 城市所属地区的经济发展条件。14 世纪后期南部德意志的经济发展既使新的城镇兴起，也使老城市繁荣。15 世纪末和 16 世纪初的地理大发现则使经济重心西移，意大利城市、汉萨城市的衰落很大程度上与此有关。热那亚在 16 世纪后期和 17 世纪初之所以在西欧金融界享有统治地位，主要是因为一方面它有能力集中意大利

---

① 〔法〕布罗代尔：《15 至 18 世纪的物质文明、经济和资本主义》第三卷，施康强等译，第 119—121 页。

的财富，另一方面它把这些集中起来的钱大力投入西班牙在美洲的活动，使从美洲运输金银的船只大量来到热那亚，"数量之多令人难以相信"，甚至热那亚竟然有能力"左右欧洲"。① 如果这时期热那亚把全副精力投入意大利本土或某个与国际重要商路关系不大的地方，那肯定不会有引人注目的结果。这里讲的城市所属地区的经济发展条件，虽包括是否有乡村工业等情况，但更重要的恐怕还是是否处在国际的或全国的经济中心或交通枢纽，及是否拥有当时生产力发展水平所需要的自然资源等条件。如英国的莱斯特（Leicester），诺丁汉（Nottingham）等城市，是因为羊毛贸易减少而衰落的。②

2. 城市如何对待变化了的经济发展条件。13、14 世纪之交，西欧社会经济发生重大转折，出现了许多新情况。按《剑桥欧洲经济史》的说法，这时出现了四种新的需求：（1）上层阶级追求各种新式的艺术品、纺织品，用于装饰或衣着；（2）国王或诸侯不时需要通过市场为军队购买装备；（3）社会地位较低的群体货币收入增加，对食物、纺织品的需求增加；（4）他们对纺织品和其他消费品的需求也增加了。③ 一般说来传统行会只能满足第一种需求，其余的只能靠较灵活的行会或非行会的手工业者（包括农村工业）来满足。所以，城市在这种新的经济形势下采取什么态度，对兴衰关系重大。而城市是否能适应历史潮流，又取决于它是否拥有太多的特权，因为特权较少的行会，其规章往往有很大的伸缩性和灵活性。

行会的守旧性导致一些城市衰落和作为整体的城市在这时期是否仍具有强盛的生命力，这是两回事。这不仅因为行会规章较灵活的城市有可能继续繁荣，而且也因为某个城市里的一些行业甚至某个行业作出新的努力，就有可能在一定的程度内遏制整个城市的衰落。比如，"鲁昂的织布商在 1480 年时诉说，由于近几年中的磨坊建

---

① 〔法〕布罗代尔：《15 至 18 世纪的物质文明、经济和资本主义》第三卷，施康强等译，第 178、175 页。

② J. L. Bolton, *The Medieval English Economy 1150-1500*, pp.249-250.

③ 〔英〕波斯坦等主编：《剑桥欧洲经济史》第三卷，周荣国等译，第 234 页。

造，已经使 500 人无工作可做，同时又因为有人把粗制滥造的劣等织品投入市场，破坏了对布匹的需求。但是米凯尔·莫拉特调查了这种诉苦，却发现有充分证据，表明磨坊建设和其他的企业家活动，在若干年中使城市内外纺织业和其他一些工业的总就业人数有稳步增加；其他工业中包括新兴的激动人心的印书业。唯一遭受困难的只有一小批拒绝所有革新的人。"①这则材料表明，现存关于城市衰落的材料与当年某些享有特权而墨守成规的行会很有关系，因为它们拥有一定的话语权，有关它们的文献留下来相对比较多，但不一定反映城市变化的全貌。

3. 在正在酝酿的近代性质的国际、国内商业网中的地位，恐怕是决定这时期城市兴衰的最重要因素。因为如果我们真正把 14、15 世纪看成封建主义衰落和资本主义萌芽的时期，那我们就得承认，这是一个近代特征的商业网的酝酿时期，没有这方面的酝酿，就可能没有商业资本主义时代（16—18 世纪）的到来，因为商业资本主义时代的商业网不能凭空产生，而是在 14、15 世纪一系列深刻的经济、社会、政治变革的基础上形成的。由于早期资本主义阶段商业占有压倒一切的地位，所以 14、15 世纪商业网的酝酿也应该具有特殊的意义。这一商业网通过地理大发现而成为现实，它以大西洋为中心，一边伸向世界各地，一边深入西欧各国，特别是深入各个城乡生产中心。

这一商业网的枢纽，往往是新兴民族国家的首都或中心城市，如里斯本、塞维利亚、伦敦、安特卫普等，它们国家其前的大城市与它们相比简直不成比例。这一商业网的酝酿过程，我们可从以下这段话中看出来："随着西地中海逐渐与东地中海贸易相脱节，随着威尼斯的优势地位转化为垄断，意大利的部分工商界在热那亚和佛罗伦萨的推动下，逐渐转向西方的巴塞罗那，尤其转向巴伦西亚、摩洛哥沿海、塞维利亚和里斯本。"里斯本就是在这种情况下转变成国际商埠的。②

① 〔意〕奇波拉主编：《欧洲经济史》第一卷，徐璇等译，第 209—210 页。
② 〔法〕布罗代尔：《15 至 18 世纪的物质文明、经济和资本主义》第三卷，施康强等译，第 145 页。

可以说，西欧各国各地区都逐渐对这一发展趋势作出调整，并形成了自己的中心，力争成为国际的或国家的商业网中的"大亨"。伦敦在这段时间异乎寻常的增长既以国内经济活动量的增加为基础，又与它逐渐发展成全国的乃至世界的工商业中心相一致。1424—1425 年，伦敦出口的呢布占全国呢布出口量的 46%；1474—1475 年，已接近约 72%；1524—1525 年更增加到 81.75%。羊毛出口也是这样：1374—1375 年和 1424—1425 年间伦敦占全国羊毛出口量的 40%—50%，1474—1475 年超过 50%，1524—1525 年达到 66%。其他商品如盐，14 世纪后期伦敦进口的盐占全国盐进口量的 13.5%—15%，这时，埃克塞特、雅茅斯（Yarmouth）的盐进口量也占同样的比例，但到 15 世纪末，伦敦已占 71%。[①]

似乎有一种意见，认为伦敦的这种发展是靠了它作为首都的地位及它享有种种特权，这有一定的道理。但我们看这个问题应该重实际而不重形式。第一，个别特大的工商业中心的形成，是近代经济开始发展的标志，没有这种特大的城市发挥龙头作用，形成巨大的辐射力，就不会有近代经济发展所需的国际、国内商业网和金融中心。第二，西欧的君主专制制度及其交给市民的各种特权，在一定时期内正是资本主义得以萌发、壮大的必备条件。西欧中世纪的市民享有的各种特权不仅让他们能够聚敛钱财，同时也让他们拥有按自己的要求发展经济的权利，这种权利在向资本主义过渡时期，在 16—18 世纪的商业资本主义时期均发生过重要作用。总之，只有出现这种特大的中心城市，城市才具有雄厚的经济、政治甚至军事能力，及具有对人才、资金的巨大吸引力，使他（它）们从四面八方汇合在一起发挥综合作用，在开辟世界市场、征服异族的过程中作出无法取代的"贡献"。地中海时期的威尼斯、佛罗伦萨等城市共和国某种程度上也起过类似作用。

这种具有近代特征的、以个别特大城市为龙头的商业网的形成

---

① J. A. F. Thomson, *The Transformation of Medieval England 1370-1529*, pp.60, 62.

过程，必然要引起一些城市的兴衰，即个别城市的超常发展在一定时期内，必然要以一些旧的中心或城市的停滞或衰落为代价，因为它们的发展速度大大快于整体的发展速度，其迅速发展部分地是以吸收其他城市的资金、人才、贸易活动为基础的。就英国来说，"供应伦敦需要的所有东西，意味着它利用日益扩大的腹地"；"伦敦的成功及其经济重要性不可否定，但这种成功本身影响了约克、布里斯托尔、赫尔（Hull）、波士顿和其他城市的命运"。①同样的道理，考文垂（Coventry）的繁荣部分地以牺牲附近的瓦韦克（Warwick）为代价，布里斯托尔则吸收了巴斯的呢布贸易，"主要的中心经常靠牺牲较弱的邻居"而恢复发展。②但大城市总需要有自己的卫星城镇，需要有一批层次较低的中心以构成完整的商业网。昂利·比兰纳曾说："尼德兰是安特卫普的郊区"。③即使像在意大利那样各城市激烈争斗的地区，大城市在征服周围小城市后，也不是把它们消灭，而是让它们为自己服务。这就是说，不能把"大吃小"绝对化。

中小城镇是否能保持原有繁荣，是否会有新的城镇取而代之，除了取决于前面讲的各种原因外，很重要的还在于以下情况：随着经济发展，交通条件改善，运输速度加快，城市网络中的一些次要点会被淘汰，而在其他地方会兴起一些新的点。布罗代尔说："甚至毋需改变交通路线，只要速度加快，有些站头就会被越过，失去作用，因而衰落消亡"。当然这些"点"之间也有一个互相竞争的问题。布罗代尔还说，在地理大发现前，经济变化"把城市网络的次要点拖得精疲力尽，而主要点却从中得益"。随着世界市场的开辟，各主要点组成了世界性的市场网络，"于是这一以大欺小的活动重新开始"。④

4.政治发展情况也对城市兴衰起某种决定作用。早期资本主义

---

① J. L. Bolton, *The Medieval English Economy 1150-1500*, pp. 254, 267.

② P. Abrams and E. A. Wrigley eds., *Towns in Societies,* Cambridge; Cambridge University Press, 1978, p.167.

③ 〔法〕布罗代尔：《15至18世纪的物质文明、经济和资本主义》第一卷，顾良等译，生活·读书·新知三联书店1992年版，第599页。

④ 〔法〕布罗代尔：《15至18世纪的物质文明、经济和资本主义》第一卷，顾良等译，第601—602页。

需要专制制度的扶持，这已是老生常谈。佛兰德一定程度的衰落与此有关。思拉普曾这样假设说："假使城市内部和城市与乡村之间的社会关系不是因为治理不恰当和英法的干涉而如此恶化，同时，假设勃艮第人统一周围领地并以布鲁日为其首府的努力能很快实现的话，那么佛莱芒人也许能把商业资金转入广泛组织较低级制造业之用，这些制造业可以采用非英国产的羊毛，以更快速的周转来弥补较低的价格。"[①] 这样讲是有道理的。

以上各点虽不能说是决定这时期城市兴衰的全部原因，但它们对理解城市与资本主义起源的关系很重要。也许可以说，西欧中世纪后期的城市盛衰，主要是这两个世纪里全欧商业网重组造成的，这种重组是欧洲酝酿着向世界扩张的一种准备工作，其最重要的表现是欧洲的资金和人才开始向西部转移，大西洋到北海两岸的一些城市，也包括西非和大西洋岛屿上的一些港口开始迅速成长。没有这种转移和新发展，就不会有地理大发现。

城乡相互作用与过渡条件的成熟

说城市在开辟世界市场上有相对独立的作用，不是说地理大发现是靠城市本身的力量完成的。可以说，地理大发现或西欧从封建主义向资本主义的过渡都是在城乡相互作用中完成的。乡村工业的发展及其中资本主义生产关系的产生（包买制），也是在城乡相互作用的基础上进行的。这主要表现在：

1. 许多商人、行东、帮工甚至学徒从城里跑到农村组织或从事生产。乡村工业的发展与这些人的到来分不开，包买制更是属于资本较雄厚的商人的专利。这些人虽成了村民，但其经营技巧和手艺是城市给他们的，而且商人的大本营总是在商品集散地或港口（一般都是城市）。几百年间，这种流动不断发生，从反面证明城市不断吸收并培训了农村劳动力，只不过在某些时期吸收数可能不如流出数。

---

① 〔意〕奇波拉主编：《欧洲经济史》第一卷，徐璇等译，第207页。

2. 乡村工业的充分发展需要国内外贸易，特别是国外贸易的发展。原工业化（proto-industrialization）论者指出：“在许多地区，对外贸易不仅是原工业化的‘侍女’，而且还确实是‘增长的发动机’”；“在英国及大陆上那些乡村工业最早发展起来的地区，都严重依赖于出口”。[①] 对外贸易条件的改善，绝非有了某种乡村工业就会自发进行，因为在初步开辟世界市场的过程中，即使是英国的大商人也是贡献甚微。

与原工业化密切相关的农业生产专业化也是城乡相互作用的产物。克里德特看到：“商品性农业只能在高度城市化的地区才能发展起来”，因为只有大城市或一系列城市的集中需求，才能“诱使自给自足的农户份地走上专业化的道路”。[②]

实际上，向资本主义过渡前夕的重要发展特征就是乡村工业发展与开辟市场，特别是与开辟世界市场互相配合，与之相应的是城乡联系进一步加强。这种加强主要表现在：

1. 乡村手工业发展的地区崛起一批小城镇。希尔顿指出，15 世纪晚期英国再次出现小城镇兴起浪潮，这些小城镇是作为“工业化的村庄”而发展起来的。其产生的原因是存在市场机会，乡村手工业的发展，一些城市经济收缩使匠师们向乡村转移等。东盎格利亚（East Anglia）、米德兰（Midland）首先出现这样的小城镇。[③] 希尔顿还这样描绘这些小城镇：尽管规模小，但它们与农村不同而具有大中城市的特征，即居民们所压倒一切关注的是商业和制造业，每星期一次的市场成了他们生活的中心。当然，它们主要是为周围村庄提供服务。[④] 可见，这些小城镇的基本功能就是把手工业、农业

---

① P. Kriedte et al., *Industrialization Before Industrialization*, Cambridge: Cambridge University Press, 1981, p. 34.

② Ibid., p.27.

③ R. Hilton, *Class Conflict and the Crisis of Feudalism, Essays in Medieval Social History*, London: Hambledon Press, 1985, p.175.

④ R. Hilton, *The English Peasantry in the Later Middle Ages*, Oxford: Oxford University Press, 1979, p.85.

与商业，把农村与城市联结起来。它们既是地方交易的中心，又是大中城市商业网的末端。

中世纪晚期，南部德意志、北部法国、阿拉贡等地都不同程度地兴起这种小城镇。佛兰德一些原来繁荣的手工业中心的衰落也伴随着小城镇的扩张，特别是在库特赖（Courtrai）周围地区，在利斯（Lys）河和曼德尔（Mandel）河谷。库特赖的市场上，15世纪早期亚麻布的价值增加了十倍，从低地国家南部向英国出口的亚麻布的价值也以类似比例增加。[①]

2. 一系列殖民方式的形成。当西欧与东欧及与其他地区的分工开始发展时，西欧的城市开始把控制、剥削周边农村的方法应用于落后地区，特别是非西欧地区，并加以系统发挥。某种程度上我们可以说，随着农奴制瓦解、雇佣劳动和专制制度的发展，中世纪西欧的城乡对立在向西欧与非西欧地区的对立转变。中世纪西欧城市互相竞争、战争、嫉妒，垄断尽可能多的市场，控制和剥削农村等等行为，多布称之为"城市殖民主义"。[②]大体从14世纪开始，一些城市开始把这种"城市殖民主义"与旧的奴隶制、农奴制结合起来，渐形成近代殖民主义的各种榨取方法。其中有：

（1）奴隶制。威尼斯人最早在地中海岛屿上使用奴隶生产蔗糖，他们在克里特、马耳他等岛屿上都辟有奴隶制的蔗糖种植园。"跟随着蔗糖而来的是奴隶制"。15世纪上半叶，葡萄牙人把蔗糖生产与奴隶制引入大西洋岛屿。随着美洲的发现，奴隶制种植园又漂洋过海在美洲，特别是在中美洲首先推广开来。奴隶买卖从主要用于家内到主要用于种植园的变化早已发生："在美洲发现前，奴隶贸易方面最重要的变化已经开始"。

（2）面向市场的"强制的商品性农作物劳动制度"。这种生产

[①]　David Nicholas, "Economic Reorientation and Social Change in Fourteenth-Century Flanders", *Past & Present*, No. 70, 1976, p.11.

[②]　M. Dobb, *Studies in the Development of Capitalism*, London : Routledge & Kegan Paul, 1947, p.95.

方式类似农奴制，但与农奴制的基本区别在于为市场而生产，是14世纪时威尼斯人首先在地中海的克里特等地发展起来的。后来演变成东欧的"再版农奴制"和拉丁美洲的委托监护制等形式。

（3）"国际债务抵偿制"。这是沃勒斯坦对下述实践的称呼：商人事先向生产者提供款项，生产者在收获后向商人交货。这样，货物不再在地方市场出售就直接到达远方的商人手中，发达地区（西欧）商人得以绕过不发达地区（先是东欧和西欧的一些地区，后来是非西欧世界）的土著商人，直接控制远地的生产者，并最终摧毁了当地的商人。这种做法是晚期中世纪时汉萨商人对挪威渔民、猎人的使用中完善起来的，后来里加、格但斯克的商人把其用于东欧的边远地区。此外，图卢兹、热那亚的商人也知道这种应用。①

（4）在遥远的他国建立"租界"、殖民地等殖民方法，主要也是城市的"创举"。这些我们已经在第一编第三章作过讨论，从中我们可以看到近代殖民地治外法权、租界等的起源。

3.各种具有近代特征的经营方式、经营机构和管理手段的形成，如银行、股票、抵押、商业公司、委托书、代理权等，还有相关的法律体系，都是在中世纪中后期先后形成的。这些，我们也已经在第一编第三章讨论过。

以上各点，从直接的层面看，城市无疑起了更大的作用，当然总的来说都是城乡相互作用的产物。附带说一下，打破行会封闭性，也是城乡综合作用的结果。

商业资本主义时代的城市走向

从城市在地理大发现后的表现，也可看到它们在西欧走向全面扩张过程中的作用。因为不可能设想那些被一些人看成被动的、没有生气的城市，怎么可能在地理大发现后突然变得生气勃勃起来。这里，我们把时间拉长一些，着重看看西欧城市在进入商业资本主

① 以上见〔美〕沃勒斯坦：《现代世界体系》第一卷，尤来寅等译，第100和141页注71、102—103、122页。

义后的情况：地理大发现前的城市发展趋势在更广泛的范围内表现出来，如开拓殖民地和市场、进行商业战争；前一阶段尚潜在的发展趋势这时也明朗化了，并表现出新的特征。以下几个方面在这一时期非常引人注目：

1. 城市发展中心渐渐从西欧南部转向北部，同时东欧的城市，亚非拉的许多城市先后不同程度地依附于西欧的城市。

2. 随着世界性商业网的建立，商业触角一方面日益伸向世界各地，一方面伸入各国内部较偏僻的农村和山区，中心城市或特大城市的作用越来越突出。布罗代尔这样讲到阿姆斯特丹："1701 年的一本旅行指南谈到，港内的 8000 条船，'樯桅林立，遮天蔽日'……此外，如果你读《阿姆斯特丹新闻报》，你可以得知有几百条船向阿姆斯特丹驶来，并了解到它们的名称和航线。"阿姆斯特丹的繁荣首先是市场的繁荣，它"汇集、储存、出售和倒卖全世界的货物"。金融业的发展与市场发展互相促进："荷兰人其实是整个欧洲的信贷商人，这也正是他们繁荣兴旺的最大秘密。"[1]

伦敦在这一时期得到了更为惊人的发展。1600 年时它的人口约 20 万，1650 年约 40 万，该世纪末达到 57.5 万，1750 年 67.5 万，1800 年 90 万。1650 年时它大约集中了全国 7% 的人口，1750 年是 11%。人口发展首先是因为商业的发展。1700 年时伦敦有 1/4 人口的生计直接依赖于港口贸易活动。[2]

上述两座城市当然属个别特大型城市，这时期其他城市依然有盛有衰，但总体上城市规模在扩大，或者说早期城市化过程已经开始。有人估计，从 1520 年到 1700 年，住在大城市（1520 年时 4000 居民以上，1700 年时 5000 居民以上）里的居民占总人口的比例从 6% 上升到 15%。[3]

---

① 〔法〕布罗代尔：《15 至 18 世纪的物质文明、经济和资本主义》第三卷，施康强等译，第 195、260、266 页。

② P. Abrams and E. A. Wrigley eds., *Towns in Societies*, pp. 215, 216, 234.

③ P. M. Hohenberg and L. H. Lees, *The Making of Urban Europe 1000-1950*, Cambridge, Massachusetts: Harvard University Press, 1985, p. 111.

3. 许多手工业城市达到高度繁荣，越来越多的商品运往国外。荷兰虽然不是产业革命的发动者，但它的城市手工业在这一时期非常有名，"莱顿（Leiden）、哈勒姆（Haarlem）、德尔夫特的工业欣欣向荣，布里尔（Brill）和鹿特丹（Rotterdam）以造船业见长"。①霍恩伯格说："1500—1800年间，城市作为大规模工业品生产者的作用大半被主张原工业化发展的学者忽视了。而实际上，在所有早期现代的城市里，制造业都是一种重要活动，出口行业是其中很大一部分城市增长的强有力的发动机。"法国的里昂是丝织业的主要中心，亚眠（Amiens）、布维（Beauvais）是毛纺织中心；德国纽伦堡的工匠制造出钟、铃、盔甲等几百种出口产品；许多英国城市17世纪时因纺织业而闻名，其中有诺里奇（Norwich）和里兹。伯明翰和舍菲尔德（Sheffield）的金属行业这时也已扎实地建立起来。②

从下面的表中可以看到：（1）这时英国各大都市的居民都在增加（仅纽卡斯尔略有例外），只不过有的增加非常快，有的缓慢；（2）一些工业革命后成为工业中心的城市这时已崭露头角。

表 8-1　1600—1801 年英国城市排名榜的变化 ③

（单位：人）

1600 年		1750 年		1801 年	
名次	居民	名次	居民	名次	居民
1. 伦敦	250 000	1. 伦敦	675 000	1. 伦敦	960 000
2. 诺里奇	15 000	2. 布里斯托尔	50 000	2. 曼彻斯特	84 000
3. 约克	12 000	3. 诺里奇	36 000	3. 利物浦	78 000
4. 布里斯托尔	12 000	4. 纽卡斯尔	29 000	4. 伯明翰	74 000
5. 纽卡斯尔	10 000	5. 伯明翰	23 700	5. 布里斯托尔	64 000
6. 埃克斯特	9 000	6. 利物浦	22 000	6. 里兹	53 000
		7. 埃克斯特	16 000	8. 诺里奇	37 000
		16. 约克	11 400	14. 纽卡斯尔	28 000
				15. 埃克斯特	17 000
				16. 约克	16 000

---

① 〔法〕布罗代尔：《15至18世纪的物质文明、经济和资本主义》第三卷，施康强等译，第196页。

② P. M. Hohenberg and L. H. Lees, *The Making of Urban Europe 1000-1950*, p. 125.

③ P. Abrams and E. A. Wrigley eds., *Towns in Societies*, p.247.

4. 城市生产进一步专业化。前面讲到的里昂的丝织、伯明翰的金属制造就属这种情况。到 1600 年，英格兰、威尔士 1/3 的城市集中于生产某一特定产品。[①]

当然，这时期的城市发展有其阴暗面，对其正面作用也存在否定性的见解。18 世纪时，迅速发展的城市显得秩序混乱，生活条件恶劣，死亡率很高，导致农村向它大量移民，一些农村人口减少，经济衰微。整个 17 世纪，政府一直企图制止伦敦的膨胀。1783 年有人把伦敦称为"怪物"。当代西方一些学者认为，前工业时代的城市是寄生的，不是促进而是抑制了经济发展。这一论点的理论依据是：先有工业化才有城市化，而工业化是从农村开始的。[②] 按照这种逻辑，英国的工业化是英国农村自己的事情，它不需要城市和商人去开辟欧洲的甚至世界的市场，整个英国都变成农村，没有城市，工业化就会顺利得多！

只抓住整个发展链条中的一个环节，进而割断它与其他环节的联系，是不能解决问题的。城市与农村发展互为因果的关系无处不在，大量例子可以信手拈来，任何极端的立场都会说不清这种因果关系。比如，有人指出，英国布里斯托尔和利物浦出现了放弃生产专营商业的趋势，不是因为它们守旧，而在于其勇于开拓。开始时，出于商业扩张的需要，为了保证得到大量货物满足外运的需求，它们不仅在城内也在城外发展工业，还在内地大量投资，发展生产和改善交通条件。但随着商业的发展，到后来因只能承担商业的任务而导致了自己生产的衰落。[③] 所以，从资本主义发展的角度看，它们的功劳不可埋没，20 世纪初，保尔·芒图就已指出："在所有的英国各郡中，兰开夏（Lancashire）堪称为大工业的发祥地，它的发展首先是依赖利物浦及其商业的发展"。[④] 城市间的互动，城乡间的互动，是良性

---

① P. M. Hohenberg and L. H. Lees, *The Making of Urban Europe 1000-1950*, p. 109.

② P. Abrams and E. A. Wrigley eds., *Towns in Societies*, pp.245-246, 271, 249, 250.

③ Ibid., pp.266-267.

④ 〔法〕保尔·芒图：《十八世纪产业革命》，杨人楩等译，商务印书馆 1983 年版，第 84 页。

发展的反映。布罗代尔曾以两种口吻论及城乡关系。在讲到 18 世纪英国农业用铁量的增加导致从瑞典、俄国进口铁时，他以不容置疑的口吻反问道："这难道不是因为英国冶金业本身的生产能力不足以满足要求，而增长的要求大部分来自农业吗？难道不是因为跃进的农业走到了工业化的前面吗？"但就在说这话的略前一点，在针对 1650 年左右人口压力放松、麦价下跌、农业产量和生产率却提高的"怪现象"时，他又解释道：这是因为"随着城市的发展以及伦敦的欣欣向荣，对肉类的需求大大增加"，使人们大力发展畜牧业，牲畜提供的肥料反过来又提高了轮种的粮食作物的产量，使农业形成了"良性循环"。在另一个地方，他还说："重要的是，只要农村与城市相接触，不用太久，农村就会朝商品化方向发展，在一定程度上城市化，并像城市一样依靠外来物品生活。"[①]

产业革命是在各主要生产部门和各关键技术领域相互贯通，同时发动的结果，任何单方面的变革或孤立的发展都不会造成工业革命。这样的社会条件是经过几百年的商业资本主义及城乡复杂的相互作用下才形成的。

重新研究城市与资本主义起源的关系的意义

农业是前工业文明社会里最重要的生产部门，在人类历史的这一阶段中，农业在各个方面都直接、间接地起某种决定性作用。从这个角度说，城市起源、文明起源及资本主义起源都可归因于农业的发展。

但资本主义起源与上述其他起源的关键不同在于：尽管封建社会的工商业是农业生产的辅助成分，但资本主义是通过封建社会里商品经济的发展而产生的，它从一种社会经济的辅助成分发展成另一种社会经济的主导成分，城市、市民或商人必然要发挥独特的作用。19 世纪以来，西方学术界把西欧中世纪城市看成封建社会的飞地、

---

① 〔法〕布罗代尔：《15 至 18 世纪的物质文明、经济和资本主义》第三卷，施康强等译，第 653、649、190 页。

资本主义的摇篮。但第二次世界大战后，这种显得有些简单化的观点受到许多学者的怀疑，他们把注意力从城市转向农村，从而大大拓宽了资本主义起源的研究领域，为关注这一问题的人们打开了一个全新的世界。但在这一转变过程中，城市在资本主义起源中的作用不可避免地变得模糊起来，它的一些重要功能被有意无意地忽略了，结果一系列新的问题无法得到说明。比如，封建社会里生产率的提高是否必然促进市场机制的孕育？乡村工业品都卖到什么地方去了？它能自行开辟市场甚至自行开辟世界市场吗？世界市场是如何开辟出来的？

把城市降到太低的地位，会连农业本身的发展都讲不清楚。比如，英国乡村工业（这里指原工业化）生产的产品是否仅由乡村居民自己来消费？呢布出口迅速增加说明了什么问题？其中商人或城市起了什么作用？20 世纪 70 年代以来西方学术界一度颇引人注目的原工业化理论（proto-industrialization）在强调乡村工业时又强调国际市场的作用，原因盖在于此。因为没有市场就不会有乡村工业的发展。不过两种强调有时显得不够协调。正如休斯敦和斯内尔指出的，"原工业化理论有太多的不一致之处"。他们还进而说道："在农业改良，地区市场的一体化和工厂制度的发展中，城市发展的促进作用可能比原工业化的促进作用更大。"①

一般说来，城市和农村是封建社会的两个基本组成部分，离开任何一方，封建经济的运行都不可能进行。城市的发展水平和特点，很大程度上体现了封建经济的发展水平和特点。资本主义起源前夕的商品经济发展水平，主要通过城市的活动体现出来。忽视城市在其中的作用，会妨碍我们认识城市或商业的发展方式与资本主义的关系。所以，仅从这一点看，研究资本主义起源时就有必要把农村和城市结合起来考察。更重要的是，各个前工业的文明社会中，商业或市场的发展方式是有区别的，研究西欧资本主义起源时期的城

---

① Rab Houston and K. D. M. Snell, "Proto-industrialization? Cottage Industry, Social Change and Industrialization", *The Historical Journal*, Vol. 27, No. 2, 1984, pp. 491, 492.

市和市场的演变情况，不仅对加深资本主义起源的认识，而且对加深非西欧国家历史的认识（如中国的资本主义萌芽问题）也是很有意义的。这里指的是可能存在这样的情况：根据马克思关于前资本主义生产的产品变成商品依赖于商业的原理（见本书第四编第十二章），由于城市过分政治化等原因，其商业与开辟市场的功能未能得到充分发挥，生产会受到压制，而这种压制如果不通过比较一般是看不出来的，历史学家最多只能看到一些关于市场不畅的描述资料。

吉尔伯特·罗兹曼曾这样讲到中国封建社会后期城市市场的发展情况："中国每个中心市场伴有 4 个小的、标准的定期集市，这一比率远远超过其他国家，只有俄国接近这一高比率。这个数值之高，意味着在中国商品没有像其他国家那样，大量运到标准的集市之外。商人们也并没有通过贩运大量商品到高一级的集市而对低税率予以适当的补偿。当地基本的集市内部购买力比外部的需求吸引了相对更多的货物。"这里作者用了某种量的概念，说明当时中国地方市场十分发达但高一级市场不发达的问题。我们如何理解这种情况的原因？这是否意味着明清时代的中国，缺乏的不是剩余产品或商品，也不缺乏大城市，但恰恰缺乏像伦敦那样的或者像鸦片战争后上海那样的、具有相当经济辐射力的工商业中心？当然，这只是从城市的角度来提出这类问题的。罗兹曼还讲到，甚至到了"19 世纪初，全世界居民在 50 万人或以上的 10 个城市中，就有 6 个在中国……如此之多的大城市却没有一种高水平的都市化，或者一个是明显的都市。"[①]需知，没有广泛的国内外贸易，是不可能出现这样的都市的，在早期资本主义发展中，国际贸易对这种都市的形成特别重要。忽视中国封建社会的，特别是明清城市的发展特点，就不能全面说明中国资本主义萌而不发的问题。

西欧中世纪后期也出现了需求限制生产的情况，14、15 世纪盛行一时的城市保护主义及城乡间的斗争都反映了这一点。有人曾就

---

① 〔美〕吉尔伯特·罗兹曼主编：《中国的现代化》，陶骅等译，上海人民出版社 1989 年版，第 211、205 页。

15 世纪佛罗伦萨的纺织业说道："如果当时扩大生产规模能获得什么好处的话，美第奇家族早就这样做了。"[①]但西欧的独特之处在于，在生产能力受到抑制的情况下，各方面的相互作用，特别是城乡关系与城市间的竞争或斗争，形成巨大的压力，促使一部分人投身于开辟市场的活动，最终通过世界市场的开辟和发展使资本主义萌芽向资本主义时代过渡。

我们甚至可以说：生产能力达到某种程度相对说来是比较容易的，而要从中发展起一种内外扩张的体制，则恐怕远为困难得多。或者说，对资本主义起源来说，农业发展到一定水平是非常重要的，但一定的经济体制，或市场经济的初步发轫也许更重要。这一体制的主要表现，正如我们前面已讨论过的，是城乡的结合及共同向外扩张。关于为什么会出现这样的体制，及该体制形成与社会经济结构的关系等问题，这里仅提出两点：

1. 城市有权力并有能力及时承担起开辟市场或世界市场的任务，是地理大发现或资本主义起源的关键条件之一。封建主义向资本主义过渡前后，市场开辟具有特别重要的意义，因为在这个时期，广大群众的购买力仍十分有限。比如，纺织业是农业社会最重要的工业部门，但这个部门成为商品的产品主要还是其中的奢侈品（呢绒、丝绸），即使是中档产品也非一般百姓所能承受。英国产业革命中唱主角的棉纺织业，只是到 18 世纪上半叶才兴起。这个世纪的初期，英国上层阶级所喜爱的还是来自东方的印花布。布罗代尔说道："当时作为工业品出现的纺织品绝大多数还是奢侈品。即使质量中等的产品也价格昂贵，农民宁肯自己制造，购买时也总要精打细算……只是随着英国工业的兴起，特别是 18 世纪末棉布业的发达，普通百姓才终于下决心购买纺织品。"[②]在这种情况下，市场的扩张对手工业发展关系极大，因为在人均消费量很有限的情况下，只有广阔的

---

① 〔意〕奇波拉主编：《欧洲经济史》第一卷，徐璇等译，第 209 页。
② 〔法〕布罗代尔：《15 至 18 世纪的物质文明、经济和资本主义》第二卷，顾良译，第 328 页。

市场才能使工场手工业建立和发展起来。马克思关于工场手工业依赖于世界市场的见解，未得到我国学术界的充分认识或肯定，我认为这种依赖是无需置疑的。

2. 自耕农、工商业者能把较多的剩余收入保留在自己手中，也是资本主义起源的关键条件之一。小农的分化不是导致地主大规模兼并土地，而是大批中等收入或中下等收入者之间的激烈"竞争"，导致农业耕作进步、乡村工业的兴起等。这种发展方式以一定的市场存在为前提，当然，农业活动本身又不断促使市场扩大。

上述两方面的结合，某种意义上，也就是城乡的结合。所以，可以说，资本主义起源的关键在于城乡职能的充分发挥，或在于形成这样一种能使城乡职能充分发挥的体制。忽视城市在资本主义起源中的作用，就说不清楚新的发展体制的形成，说不清楚资本主义起源本身。

二、从热那亚的发展看中世纪城市的扩张

上面我们从总的角度探讨了西欧中世纪城市与地理大发现或与资本主义产生的关系，这里我们专门选一个有一定代表性的城市，看看西欧中世纪的城市是如何生存、发展和扩张的。

说起西欧中世纪有代表性的城市，中国人比较熟悉的当然是伦敦和巴黎或威尼斯和佛罗伦萨。其实伦敦和巴黎作为国家首都虽然政治地位很高，但比较起来，就整个欧洲来说，在中世纪大部分时间里其经济活动并不占最重要的地位；威尼斯和佛罗伦萨固然是中世纪欧洲经济最活跃的少数几个城市之一，但这里还是选择热那亚作为讨论的对象，因为在中世纪和近代初期的经济活动中它同样名列于这少数几个城市之中。在中国读者心目中它或许不如威尼斯和佛罗伦萨那样有名，主要因为它在文艺上，特别是在文艺复兴中，缺乏建树，而中国读者心中的威尼斯和佛罗伦萨的形象，相当程度上与它们在文艺复兴中的成就分不开（威尼斯的名气与莎士比亚的戏剧、马可·波罗的游记及其作为当代重要旅游目的地也很有关系）。

实际上在中世纪和近代初期的经济活动中，热那亚的创造性在某些方面恐怕要超过当时欧洲所有的城市，特别是金融业。

　　热那亚地处亚平宁半岛西北角，面临利古里亚海（Ligurian Sea）热那亚湾，古代即有居民点，罗马帝国晚期受到破坏。中世纪早期热那亚重建，逐渐发展成地中海上最有名的两个国际贸易港口之一，与威尼斯齐名。爱泼斯坦说过，热那亚在中世纪兴起的原因令人好奇，因为它的市民曾拥有的东西如此之少，却曾取得那样重要的成就，这对那些想实现类似的经济发展的现代国家有极大的吸引力。[1]

　　热那亚曾取得的成就与它所处的地理位置和那时代的整个环境分不开，但它的非凡努力和创造性劳动也非常重要。我们先看看它是如何一次又一次地抓住发展机会的。

抓住发展机遇

　　中世纪热那亚的发展史上，有过三次重要的发展机会，它毫不犹豫地抓住这些机会并充分利用了这些机会，这在中世纪意大利诸城市中并不多见。

　　第一次机会发生在9世纪中期到11世纪末，基本内容是积累资本、劫掠撒拉逊人、建立起海盗兼商人的船队，然后在第一次十字军中崭露头角。934—935年，热那亚受到来自北非的穆斯林的洗劫。但热那亚人没有气馁，就在这一年他们开始建造船只保护海岸，接着很快建起城堡和城墙。[2] 950—1100年，热那亚发展军事力量，由防御转入进攻。1016年他们在教皇本笃八世（Benedict Ⅷ）的支持下联合比萨人把撒拉逊人赶出撒丁尼亚。1088年在教皇维克托三世（Victor Ⅲ）的指导下，热那亚与其他城市成功地攻打了地中海北非的马哈迪亚（Mahdiyya）的埃米尔。这些战争已带有劫掠性质，

---

　　① 　Steven A. Epstein, *Genoa and the Genoese, 958-1528*, Chapel Hill: University of North Carolina Press, 1996, pp. 13-16.

　　② 　Robert W. Carden, *City of Genoa*, London: Methuen & Co., 1908, p. 3.

他们放弃马哈迪亚时带走了 30 万个金币。① 这些海盗行径是热那亚人积累最初的资本的重要手段，这很大程度上使热那亚在第一次十字军期间有能力派出一支相当强大的舰队参加远征。

1097 年，只有约一万人口的热那亚派出 1200 个战斗人员参加东征，在参加十字军的意大利诸城市中这是一支比较强大的力量。他们主要参加了攻打安条克（Antioch）的战斗，1098 年 6 月十字军攻下这座城市后，主帅博赫蒙德（Bohemund）把安条克的圣乔万尼（San Giovanni）教堂、一个货栈及其他一些房子授予热那亚人。这成了热那亚人在东方得到的最早的殖民地。1100 年，热那亚又往东方派出约 3 000 人的舰队，次年安条克的新统治者唐克雷德（Tancred）又授予他们一些新的特权。② 热那亚人在十字军中的影响不仅极大地促进了它在圣地的商业活动，也促进了它在埃及、拜占庭、马格里布（Maghrib）和西班牙的活动。与此同时，热那亚人的活动范围还往西欧内陆延伸。从约 12 世纪开始，热那亚人直接掌握了前往香槟集市和黎凡特的路线。③ 热那亚人抓住了第一次十字军提供的机会，使自己迅速崛起。

第二次机会出现在 1204 年第四次十字军以后，热那亚趁威尼斯与拜占庭帝国交恶之机，使自己在拜占庭帝国的影响超过威尼斯，一度在某种程度上控制了西欧与东地中海、黑海的贸易。1261 年拜占庭皇帝迈克尔八世（Machael Ⅷ）收复君士坦丁堡，出于利用热那亚海军的需要，他与热那亚签订了《尼姆费翁条约》（Treaty of Nymphaeum）。该条约第一次使热那亚在黎凡特的据点获得法律上的正式地位（locus standi）。有人指出："还从未有一个拉丁的共同体与一个希腊的统治者做过一项比这更好的交易，因为所有的有利条件都在热那亚方面。"通过这个条约，热那亚可以在安尼亚

---

① Quentin Van Doosselaere, *Commercial Agreements and Social Dynamics in Medieval Genoa*, Cambridge: Cambridge University Press, 2009, p. 30.

② Steven A. Epstein, *Genoa and the Genoese, 958–1528*, pp. 29-30.

③ André Vauchez et al. eds., *Encyclopedia of the Middle Ages*, Cambridge: James Clarke & Co., 2000, Vol. 2, p. 592.

（Anaea）、希俄斯、莱博斯（Lesbos）设定居点并有权设领事。皇帝还把士麦那（Smyrna，即伊兹密尔）授予热那亚人，答应他们可以在他治下的任何领土上经商，并保证他将不允许热那亚的敌人进入他的土地，而他要求的回报只是：如果帝国需要，热那亚必须提供一支50艘船组成的舰队。[1]当然，几年后，拜占庭皇帝再次允许威尼斯人穿过海峡，但威尼斯人已不可能再支配这里的贸易了，因为热那亚已经牢牢确立了自己在黑海的地位。[2]

　　接着，热那亚开始向自己的巅峰时期发展。它到处出击，到处都得到丰厚的回报。洛佩斯说："13世纪下半叶，热那亚向所有的方向出击。他们第一个得到了卡斯蒂利亚和葡萄牙重新征服伊比利亚南部带来的商业红利，第一个建立了通过直布罗陀海峡到伦敦和布尔日的海上直达航线，第一个打开了欧洲与波斯和俄罗斯南部这些蒙古人的西部国家的贸易通道，第一次即使不是在时间上最早也是在数量上最多地把这种贸易延长到中国的东部海岸。"热那亚人甚至成为波兰和匈牙利的盐矿的承包商，要不是奥斯曼帝国兴起打断这个过程，他们应该还有更好的将来。[3]

　　经济霸权从来都与军事霸权分不开。这时期热那亚在军事上接连打败它的竞争对手。1284年热那亚在梅洛里亚（Meloria）岛打败比萨，1298年又在达尔马提亚地区的库尔佐拉岛（Dalmatian island of Curzola）打败威尼斯。14世纪初热那亚在地中海上的商业网达到顶峰：在黑海上有卡法（Caffa）和克里米亚这样的立足点，在君士坦丁堡控制着佩拉（Pera，即加拉塔 [Calata]），在爱琴海上占有希俄斯岛和米蒂利尼（Mytilene），在西方的加的斯（Cadiz）、塞维利亚（Seville）、里斯本、布鲁日、安特卫普、伦敦和南安普顿

---

[1]　William Miller, "The Zaccaria of Phocaea and Chios(1275-1329)", *The Journal of Hellenic Studies*, Vol. 31, 1911, p. 42.

[2]　Robert S. Lopez, *Medieval Trade in the Mediterranean World, Illustrative Documents*, New York and London: Columbia University Press, 1968, p. 127.

[3]　Robert S. Lopez, "Market Expansion: The Case of Genoa", *The Journal of Economic History*, Vol. 24, No. 4, 1964, pp. 449, 458.

（Southampton）它都站定了脚跟。热那亚人还是银行家、船主、未知土地的发现者。比如，从 1291 年驶出直布罗陀海峡进入大西洋的维瓦尔第兄弟到 15 世纪后期的哥伦布，都是这样的发现者。[①] 热那亚人创造的财富也在这时达到顶峰。根据现存资料，其从海上进出口并经过征税的商品价值从 1274 年到 1293 年增加了四倍以上。有人估计，1293 年热那亚的海上出口商品价值达到最大，几乎是汉萨同盟最重要的城市吕贝克（Lübeck）1368 年海上出口商品价值（也是它在这方面达到最高的一年）的十倍。[②]1309—1313 年间，皇帝亨利七世以主教代理（vicar general）的身份向意大利城市征收的税费中，热那亚每年上交 4 万金弗洛林，而它后面的威尼斯和米兰则各交纳 29 760 和 28 880 个金弗洛林。也就是说，这时的热那亚"完全可以说是欧洲最富有地区的最富有的城市"。[③] 这就是中世纪的热那亚抓住它的第二次发展机会的结果。

第三次机会出现在 15 和 16 世纪。奥斯曼帝国在 15 世纪兴起后，热那亚逐渐失去在东方的殖民地，只留下希俄斯，但它在这个世纪里完成了一个重要的转折，即从着重往东发展到着重往西发展，从而在 16 世纪进入新一轮发展的高峰。

14 世纪末以来热那亚遇到了诸多不幸，如 1379 年在基奥贾（Chioggia）战争中败于威尼斯，威尼斯人重新控制了往东的航线；1396 年后热那亚失去独立，先后受法国等外来势力的统治。尽管如此，它抓住了西部提供的机会，成功地完成往西发展的转型。按布罗代尔的说法，在 1557—1627 年间，"热那亚的商人兼银行家通过操纵资金和信贷，主宰欧洲范围内的支付和清账"，由此迎来了一个"热那亚时代"。这时，热那亚人到处投资："直到 18 世纪，热那亚的资本只有一半留在市内；剩下的一半由于在当地没有合适

---

① André Vauchez et al. eds., *Encyclopedia of the Middle Ages*, Vol. 2, pp. 592-593.

② Robert S. Lopez, *Medieval Trade in the Mediterranean World, Illustrative Documents*, p. 70.

③ Quentin Van Doosselaere, *Commercial Agreements and Social Dynamics in Medieval Genoa*, p. 62.

的投资场所，便在世界各地流动。"① 实际上，热那亚是当时"全球化"的有力推动者。

要在奥斯曼帝国兴起的过程中继续保持商业帝国的地位，从着重往东发展到着重往西发展，绝非易事，而热那亚却在相对短的时间内完成了这种转变。洛佩斯因此说道："热那亚商业只有通过一个彻底的重新导向才能避免一场全面灾难的打击。而如果我们考虑到当时不存在一个集中的计划，就可想象热那亚的这一重新导向的速度是完成得多么惊人和设计得多么好。"② 热那亚人是如何完成这一转型的？

1. 向北非扩张。十字军运动以来，热那亚人在黎凡特活动的同时，就已在埃及展开一系列活动，此后几百年间这种活动一直在进行。中世纪后期，对北非贸易在热那亚的对外贸易中日益重要，因为它能向热那亚提供两种重要资源——珊瑚和黄金，它们能使热那亚更有效地平衡自己的贸易。非洲向热那亚展现的第一个黄金国（Eldorado）是在塞内加尔的某个地方，热那亚人致力于向那里进发，收集任何达到其外围地区的黄金。他们还在非洲寻找梅勒吉塔（meleghetta），这是一种低劣的胡椒替代品。③

2. 更重要的是向伊比利亚和大西洋沿岸和岛屿发展。热那亚的资本与商人很早就在伊比利亚各重要港口流动，它们与当地统治者的关系众所周知。但 15 世纪后期，这一进程加速了，向伊比利亚发展的最终目的是使大西洋北部欧洲诸国和大西洋岛屿、西非海岸之间建立起贸易联系。13 世纪末热那亚人开通穿过直布罗陀海峡到达北海的航线后，14 世纪以来他们以各种方式积极卷入葡萄牙人在大西洋岛屿和大西洋沿岸的探险和开发。15 世纪后期这种活动加速进行。在大西洋岛屿，吸引热那亚人的首先是蔗糖，其次是葡萄和奴隶。

① 〔法〕布罗代尔：《15 至 18 世纪的物质文明、经济和资本主义》第三卷，施康强等译，第 165、171 页。

② Robert S. Lopez, "Market Expansion: The Case of Genoa", *The Journal of Economic History*, Vol. 24, No. 4, 1964, p. 458.

③ Ibid., p. 459.

此外，热那亚人还乐于把钱借给伊比利亚的国王、贵族、"资产阶级"和农夫。下面是热那亚人在15世纪后期加强在伊比利亚扩张的情况：约1450年左右，热那亚还"只是勉强控制着该地区的经济生活"，当时在那里的托斯卡纳（Toscana）人人数更多，而加泰罗尼亚人也很有影响；但到1503年，一个威尼斯大使有些夸张地报告说"有1/3的热那亚人住在西班牙"，他还充满妒忌地评论了那里的热那亚人富有的情况。这种发展态势在当地也引起了非议。1459年，里斯本的议会请求国王驱逐热那亚人，理由是热那亚人拿了葡萄牙的钱但没有带来任何收益。当代葡萄牙的一位历史学家也强调当时马德拉的葡萄牙蔗糖农场主的困境，说他们的生计依赖于"那些控制着供货渠道的体系和运往欧洲市场的通道的人手中"。不过洛佩斯指出：在很大程度上这个问题的产生是由于热那亚人是外国人，因为生产者与市场代理人的争吵是一个永恒的话题；实际上，"在14世纪里发起伟大的葡萄牙的航海运动的正是这些热那亚的船长"，所以葡萄牙人"所缺乏的不是保护，而是一种务实的头脑"。[1]

总之，在奥斯曼人支配着东地中海的情况下，热那亚人开辟西方市场，强化在西地中海和大西洋岛屿上的活动，并迅速适应了那里的新形势。热那亚人不仅深入所有有利可图的西方贸易，而且他们日益卷入当地的金融活动。在16世纪的第一个25年里，随着美洲贸易的发展，许多热那亚人的银行在那里建立起来。甚至在15世纪末，热那亚的金融家就已经卷入法国和西班牙的王家财政，向大多数基督教和天主教的君主贷款。[2]

这第三次机会使热那亚积累起在16世纪中"不露声色地统治欧洲"的能力和物质基础。布罗代尔这样叙述当年热那亚的盛况："从1570年起，装满成箱里亚尔或银条的帆桨船大批来到热那亚，数量

---

[1] Robert S. Lopez, "Market Expansion: The Case of Genoa", *The Journal of Economic History*, Vol. 24, No. 4, 1964, pp. 461, 460.

[2] Thomas Allison Kirk, *Genoa and the Sea, Policy and Power in an Early Modern Maritime Republic, 1559-1684*, Baltimore and London: The Johns Hopkins University Press, 2005, p. 16.

之多令人难以置信，它们无疑是一种统治工具。热那亚因此得以左右欧洲的全部财富。"热那亚人取得这样的地位，得力于他们向西发展的成功，他们对伊比利亚半岛的渗透程度，无孔不入。布罗代尔还说："我们不能忘记，银行家的成功是以热那亚城本身为依托……这些大银行家为国王出谋划策，通力合作……这些人在马德里被称为'商界巨头'，他们人数不多，约20来人，至多在30人上下。除他们以外，在他们的下面，必须想象另有几百、几千名大小不等的热那亚商人，包括普通的店员、铺主、中间商和经销人。他们遍布热那亚城以及意大利和西西里的其他城市。深深扎根在西班牙的国土上，扎根在该国经济的各个层次，无论在塞维利亚或格拉纳达。若说这些商人在西班牙形成国中之国，那也未免夸大。但热那亚人的体系于15世纪业已建立，并且寿命很长：直到18世纪末，热那亚人在加的斯的营业额与英国、荷兰或法国同殖民地的贸易额不相上下。这个事实往往被人们忽略了。"[①]这最后一句话也向我们表明：我们常常说的意大利城市的衰落，时间定得太早了。

　　能在面临发展机遇时牢牢地把它抓住，即使在今天这都是很难做到的，但中世纪时的热那亚在尚无现代意义上的预测和政府统一领导的条件下，就能做到这一点，他们靠的是什么？靠的是他们的性格、精神和制度。

科学和开拓精神

　　有不少学者对中世纪热那亚人的性格感兴趣。比如，洛佩斯把中世纪热那亚人的精神归结为四点：（1）强烈地不容忍教会干预实际事务的宗教感；（2）"不可压抑的个人主义"；（3）"抱成一团的家族心理"；（4）"吸收成功的或有前途的新来者的习性"。爱泼斯坦则强调热那亚人的个人主义精神最明显地反映在他们"不

---

　　① 〔法〕布罗代尔：《15至18世纪的物质文明、经济和资本主义》第三卷，施康强等译，第173、175、178—179页。

愿互相合作"。① 可以说，尽管中世纪的热那亚人在许多方面与那个时代的意大利或欧洲的商人是一样的，但他们的科学和开拓精神非常突出、可贵。虽然中世纪还没有现代意义上的"科学"概念，但从下面对中世纪热那亚人的精神的分析中可以看出，他们的追求和行为是科学的。

1. 充分利用各种机会，既在内陆转悠，又在海上航行。这是热那亚人与意大利其他城市共和国不一样的地方。比如，威尼斯人成群结队地从事航海活动，远至北京，但很少开放他们的后门，除了允许来自内陆各城市的顾客进出。佛罗伦萨人骑马走遍每一个西欧的城市，并与格陵兰和摩洛哥建立了联系，但是他们的船只相对说来很少。热那亚人既骑马，又航海，当然他们更喜欢航海，因为航海更便宜。②

2. 热那亚人几乎没有意识形态的成见，只要业务需要，什么都可以加以协调。在那个基督教"万流归宗"的时代，这也是热那亚人与同时代的意大利其他一些城市共和国很不一样的地方。热那亚不存在宗教纠纷，"热那亚人对所有形式的异端都惊人地无动于衷。在古代和中世纪几乎不存在任何宗教异议的迹象。"③ 当然，这样对待宗教，是说明热那亚人缺乏深刻的思想和文化，还是说明他们为了共和国的发展能自觉地做到把宗教争端放在一边？这个问题有待作进一步考察。

3. 同样，热那亚人也没有任何种族偏见，只要业务需要，什么种族的人都可以合作，并大胆地加以吸收或委托他们办事。对移民的宽容是热那亚人的一个突出特点：外国人如果接受一个市民的义务和特权，就会被收容为行会学徒，受雇为船员，欢迎他们成为生意上的伙伴并立即成为归化的居民。在热那亚人的殖民地里，允许

---

① Steven A. Epstein, *Genoa and the Genoese, 958-1528*, p. xv.

② Robert S. Lopez, "Market Expansion: The Case of Genoa", *The Journal of Economic History*, Vol. 24, No. 4, 1964, p. 449.

③ Steven A. Epstein, *Genoa and the Genoese, 958-1528*, p. 13.

许多希腊人、亚美尼亚人、鞑靼人和其他异族和不同宗教信仰的人成为市民；而在国内，他们可以做到既做个好天主教徒又可以忽视异端，不理睬不信教者的存在。他们用撒拉丁（Saladin，埃及君主的名字）、海屯（Hethum，亚美尼亚国王的名字）、旭烈兀（Hulagu）这些怪异的名字来命名最优秀的世系的孩子。他们用普罗旺斯语写情诗；设立特别法庭审理友好的穆斯林控告（未经热那亚政府允许的）热那亚海盗劫掠他们造成的损失。这些似乎很古怪的习俗与开放社会的种种倾向是一致的。[1]

4. 个人有充分发挥主动性和创造性的机会。舍东方而取西方，几乎与政府的统一领导无关，而是个人充分发挥主动性的结果，因为政府从来不会对此类事情进行统一的安排或指导。像 15 世纪末和 16 世纪初的哥伦布、卡波特这样的人，他们分别为西班牙和英格兰服务，也完全出于个人的选择。

5. 对利益分配之事非常慎重，也比较科学。比如，热那亚参加第一次十字军，回国前在安条克的圣西蒙（Saint Simeon）港口对战利品作出如下处理：总战利品中先留下 1/10（大概给教会），又留下 1/5（大概给城市政府），其余的分给大家。得到最多的是执政（consul）、舵手和"优秀者"(better men)。其余的在所有参加者中平均分配。据编年史作者、也是该次十字军的参加者卡法罗（Caffaro）的叙述，参与这次分配的有 8 000 人，每人分到 45 个普瓦图苏（sou of Poitou）和 2 磅胡椒。[2] 这种习惯一直保持下来，并不断得到完善。后来，哥伦布与西班牙国王通过谈判、签订协定，详细规定各自的义务与权利，才正式扬帆出海寻找"印度"，表明他们在处理利益分配上非常小心细致。这种做法虽属当时欧洲的习惯，但热那亚人是这方面的模范。

6. 不承认任何基于血统的特权，充满平等精神。从城市公社产

---

[1]　Robert S. Lopez, "Market Expansion: The Case of Genoa", *The Journal of Economic History*, Vol. 24, No. 4, 1964, p. 447.

[2]　Steven A. Epstein, *Genoa and the Genoese, 958-1528*, p. 31.

生以来，法律就不承认任何出生带来的特权，不理睬"贵族"这个
词本身固有的意思。当然这不是说他们不知道贵族，而是贵族转变
成了生意人。14世纪的一则命令要求把贵族（noblemen）排除于公
职之外。热那亚有一个不正式的用语bonitas，表示热那亚的上层阶
级，意思是好的或可靠的市民。不承认基于血统的特权，不意味着
不承认任何特权。在当时的热那亚，基于收入的身份差异非常明显，
税收对穷人的伤害很厉害，但热那亚总是给一些勇敢的或有进取心
的穷人留有机会。洛佩斯说，最卑微的水手和小贩仍然有足够的机
会提高自己的收入，任何有冒险精神的年轻人都很容易得到贷款。
主人借钱给他的仆人，仆人借钱给他的主人，未成年人、妇女、教
士和农夫都积极卷入商业和借贷。直到15世纪时，由于信贷变得困
难起来，机会也减少了，热那亚人的这种特点及其市场导向才开始
受到侵蚀。[①]

7. 处处都体现出创造精神，不断探索或充实一套又一套的经营
方法或手段。中世纪热那亚在这方面走在欧洲最前列的，是它的圣
乔治银行和称为马奥那的股份公司组织，我们在第一编已经讨论过。
除了这些，热那亚在其他领域也有不凡的表现。比如，中世纪最重
要的经营方法之一是合伙制。这种制度来源于传统，它在罗马帝国
晚期已经流行，中世纪在意大利各商业城市中广泛使用。但即使是
这些大家广泛使用的方法，热那亚人也应用得非常有特色。汤普逊
说："在欧洲合伙制的发端史中，热那亚的影响十分突出。"[②] 还有
复式簿记，是大概在1200—1350年间在热那亚、佛罗伦萨和威尼
斯这三个地方产生的。此外，海上运输保险要么是热那亚人发明的，
要么至少热那亚是最重要的流传使用的中心。第一次提到航海图的
是热那亚人，而且几个世纪中这都是热那亚人的特产，虽然马略卡
人很快就享有这种技艺。热那亚人设计的一种叫塔里塔（tarita）的

---

① Robert S. Lopez, "Market Expansion: The Case of Genoa", *The Journal of Economic History*, Vol. 24, No. 4, 1964, p. 448.

② 〔美〕汤普逊：《中世纪晚期欧洲经济社会史》，徐家玲等译，第603页。

船，把划桨的平底大船的速度与帆船的某种宽阔的空间结合起来，赢得了人们的高度赞赏。还有一件事使希腊人和法兰西人都感到惊讶：只有热那亚人能在隆冬航行，由此使他们的船只的使用率提高一倍。[1]

热那亚能适应时代的需要建立起圣乔治这样的公共银行，与中世纪时它在货币金融领域走在欧洲或意大利的前列分不开。就货币而言，12 世纪末到 13 世纪初，威尼斯推行一种一定面额的银币，以满足日益发展的贸易对大面额硬币的需要。1252 年佛罗伦萨发行一种金币（后来称为"弗罗林"[florin]），价值为一里拉（20 索尔多，或 240 迪纳里厄斯），其意义在于"镑、先令和便士这个卡洛林王朝的记账体系，在 452 年之后第一次实实在在地分别以金、银和贱金属的形式体现到流通中的硬币上。这种形式，不列颠即使在 19 世纪和 20 世纪初期还在采用"。而热那亚其实在 1252 年初已经在使用一种称为杰诺维诺（genovino）的金币了，比佛罗伦萨发行弗罗林还要早。[2]

为商业扩张服务的政治体制

一个城市或国家的扩张，必然会有一种相应的制度，一种如格雷夫所说的，能"提供经济扩张所必须的海军的、军事的和商业的基础设施"的政治制度。[3] 这种制度的本质是什么？

从表面上看，中世纪的热那亚与同时代意大利大多数城市共和国一样，总是动荡不安。那么，动荡是不是热那亚取得经济成就的一个基本原因呢？这要从两方面来看。一方面，我们所说的动荡指的是什么？就是那种"吵吵嚷嚷"吗？还是指那种大规模内乱？马

---

① Robert S. Lopez, "Market Expansion: The Case of Genoa", *The Journal of Economic History*, Vol. 24, No. 4, 1964, p. 450.

② 〔英〕约翰·F. 乔恩：《货币史》，李广乾译，商务印书馆 2002 年版，第 51、53 页。

③ Avner Greif, "Political Organizations, Social Structure, and Institutional Success: Reflections From Genoa and Venice During the Commercial Revolution", *Journal of Institutional and Theoretical Economics* (JITE), Vol. 151, No. 4, 1995, p. 734.

基雅维里是充分肯定一定程度的纷争对共和国的生命力具有重要意义的。他认为："所有有利于政治自由的法律，都是来自他们的相互倾轧。"他把这看成是城邦自由的表现，因为"城邦只有处在自由之中才能政通人和，国富民强"。[①]但"党派"的背后是利益集团或家族集团的冲突，这种冲突极易失控；一旦失控，则会导致全面内讧。在这种情况下，一个城市共和国的生命力同样会受到严重摧残；所以，一定的纷争并非坏事，但纷争失控则会酿成大祸。那么，中世纪热那亚取得辉煌成就的制度因素到底在哪里？从其制度的有利方面看，有以下几点值得我们注意：

1. 热那亚是一个以商人为主导力量建立起来的城市共和国，它的一切政策的出发点和归宿都以商人的需要为转移。不仅热那亚是这样，中世纪意大利各主要城市共和国都有这个特点。洛佩斯曾断言："在 12 世纪里，意大利各个公社本质上都是商人的政府，由商人建立并为商人服务，因而它们是商业革命的理想舞台。"[②]当然，我们也要注意：为维护整个城市的生存和发展，有时也需要某种整体的考虑，并非什么情况下都只以商人的利益为归依，而且这里还有一个商人的眼前利益和长远利益的关系问题。所以，在这些商业共和国中，12、13 世纪时商业利益的绝对优势有时也是要受到限制的："当商业利益和保持经济稳定的努力发生冲突时，总是后者占上风；与供应政策、稳定物价政策、控制贵金属供应的政策比较而言，商业政策总是处于次要的位置。"[③]不过，这并不妨碍商人控制的城市政策总是处处显示出有利于城市商业的发展和扩张，封建主进入城市后要想受到尊重，只能自己变成商人或者为城市的商业利益出谋划策，否则他们就要被城市的主流边缘化。

2. 总体而言，商人的政权总是尽可能制约权力的集中和滥用、

---

① 〔英〕昆廷·斯金那：《马基雅维里》，王锐生等译，工人出版社 1985 年版，第 128、103 页。

② Robert S. Lopez, *The Commercial Revolution of the Middle Ages, 950–1350*, p. 70.

③ 〔英〕波斯坦等主编：《剑桥欧洲经济史》第三卷，周荣国等译，第 353 页。

维持法律的公正并在作出重要决策时做到民意的集中。根据前述卡法罗的记载，大概在1087—1099年间热那亚建立了公社（compagna，或译"宣誓的市民联合会"），公社设一个执政（consul）。1102年公社重建，选出4个执政。此后直到1122年都是2—4年重建一次，执政的任期为一年。卡法罗本人于1122年任执政，此后到1149年共任过五次以上。有一份1143年执政使用的概要（brief）传了下来，它"部分地是热那亚法律的一份摘要"，部分地是说明"执政的职责"。其基本内容，首先是要求执政们不要损害城市的荣誉，"这在中世纪的欧洲是某种新的东西"，也不要损害教会收入和教会的荣誉。概要还要求执政们向市民提供同样公正的服务。在和平时期执政们最费力的一项工作是做法官。其次，概要向执政们说明进入公社政权意味着什么，他们有什么权利等。他们必须两人一起工作，任何一个单独的执政都无权迫使某个人宣誓，执政中有异议，实行大多数通过的原则。执政们无权征集军队或发动战争或提出征收新税，这些事务需要经过市议会（council）大多数成员的同意（关于这种议会的性质不得而知，很可能是一种咨询性的委员会）。执政们还保证要他们自己的妻子宣誓：她们决不接受可能与执政职位有关的任何多于三个罗马金币（solidi）的礼物。[1]

为了约束行政官的权力，热那亚还一再缩短执政的任期。如1122年市议会通过法案，要求执政每年选举一次，任期不能像以前那样长。大主教奥托（Otto)和12世纪德国编年史作者都明确指出：意大利城市中缩短执政的执政期是为了防止由一个家族占据统治地位，"每年换届"是出于对执政因贪恋权力而"跨越界限"的担心。统治者之间，或者说大家族之间的合作是城市团结的重要基础。1099年后，热那亚的政治、行政和军事首领由四位到八位公社执政担任，他们都由"议会公开选出"，是热那亚人的全权代表。有证据表明，这些选出的执政是热那亚不同家族的代表，通过执政职位

---

[1]　Steven A. Epstein, *Genoa and the Genoese, 958-1528*, pp. 33-37.

进行合作。①

热那亚在军事上和商业上的发展态势及其相对安定的局面，日益受到教皇的注意。1133 年教皇英诺森二世在热那亚设立大主教职位，使热那亚处于与比萨和米兰同样的地位。教皇还把科西嘉交给热那亚，作为封地，后者每年向教皇上交一镑金子，热那亚由此巩固了在科西嘉的地位。②

3. 在协调经常失效的基础上，为抑制内部冲突，热那亚人大胆地采用了一种新制度：选用外来人当总督，协调各方进行合作。1194 年，热那亚废除执政职位，建立了另一种政治体制——主要行政官制（podesteria）。格雷夫说："这种政治体制的核心是主要行政官（podesta）"，他是军事首领、法官和行政官，任期相对较短，通常为一年，聘请非热那亚人担任；在行政官制下，"很长一段时间里热那亚的政治保持相对稳定，经济快速增长"。政治史学家对主要行政官如何能实现热那亚内部的相对团结很感兴趣，研究热那亚的著名历史学家瓦伊塔尔（Vito Vitale）认为：主要行政官仅仅是一位行政官，他的制度化反映了专业化管理的需要和限制执政间相互竞争的意愿。③ 这种制度在一定时间内是有效的，可以减少内部冲突，使城市达到相对团结。

4. 努力追求一种灵活并尽量避免内讧的城市管理制度。这方面热那亚有过多种尝试，最引人入胜的是把圣乔治银行作为一个国家机构来使用的史无前例的做法。有人说，热那亚历史的主要"神秘之处"，是圣乔治银行作为热那亚的一个有效运转的公共机构。尽管它周围政治动乱肆虐，但它始终岿然不动。还有人论证说：它在当时的热那亚是"唯一真正的权力中心"，"一个国中之国"，"在意大利或其他地方还没有一个共和国能从政治结构中把如此之多的

① 〔美〕阿弗纳·格雷夫："后中世纪热那亚自我强制的政治体制与经济增长"，毛娜译，《经济社会体制比较》2001 年第 2 期，第 36、29 页。

② Steven A. Epstein, *Genoa and the Genoese, 958-1528*, p. 46.

③ 〔美〕阿弗纳·格雷夫："后中世纪热那亚自我强制的政治体制与经济增长"，毛娜译，《经济社会体制比较》2001 年第 2 期，第 27 页。

权力吸收到一个能使自身永存的股东委员会中来"。① 这家银行的权力非常大，城市政府的大部分收入都由它管理，而它开始时只是一个政府债权人的联合会。热那亚的总督在该银行的管理中不起任何作用，未经银行官员或其理事会的同意，他无法接近银行的资金。② 这不是我们通常想象意义上的银行。

圣乔治银行不仅管理政府收入，还管理国家的领土："可能甚至比圣乔治大楼的财政影响力更大的是它对许多热那亚领土的政治管理，这些领土处在地中海和利古里亚的某些地方。"这就是它被称为"国中之国"的依据。马基雅维里曾讲道：公社曾把"从属于热那亚统治的很大一部分土地和城市置于圣乔治的管理之下……公社政府不以任何方式牵涉其中"。为什么这个城市共和国把领土交给圣乔治银行管理？通常认为这是因为圣乔治银行手中拥有资源，公社不可能征集相当的资源来保卫这些领土。或者说，这些领土交给它管理是因为公社政府没有能力保卫它们或拥有它所需要的财力和物力，而圣乔治银行对这些领土的有效保卫和管理则证明它是一个具有优越性的组织。但更重要的也许是：这可以防止热那亚的大家族对这些土地的蚕食，这些大家族的成员希望把共和国的领土变成私人领地。所以，把许多土地交给圣乔治银行管理，是摆脱大家族成员把它们变成私人领地及由此导致的冲突的一种方法。③ 银行承担了政府的职能，但它又是银行，热那亚人根据时局需要创造了这样一种机构，一定程度上维护了领土的完整和稳定。

热那亚政府管理的灵活性还有多种表现，如允许人们公开反对各种议会或政务会（councils）通过的决策。如果对某次政务会的决策的批评相当广泛和强烈，那么就可能召开另一次政务会来考虑有

① Christine Shaw, "Principles and Practice in the Civic Government of Fifteenth-Century Genoa", *Renaissance Quarterly*, Vol. 58, No. 1, 2005, p. 57.

② Christine Shaw, "Counsel and Consent in Fifteenth-Century Genoa", *The English Historical Review*, Vol. 116, No. 468, 2001, p. 835.

③ Christine Shaw, "Principles and Practice in the Civic Government of Fifteenth-Century Genoa", *Renaissance Quarterly*, Vol. 58, No. 1, 2005, pp. 60-61.

关问题。分歧、派别都被接受为政治生活的一部分。有人说，热那亚人感到没有必要维护表面的统一。各种政务会很少会因为利益团体之间的争论而解散，更不用说派别斗争了。这些政务会由固定比例的黑白党（韦尔夫派和吉伯林派）成员、贵族和民众（popolari）构成，他们有能力通过讨论作出关于公共事务的决定。这方面部分要归功于总督的努力及他控制与会者的激情的能力。这些会议总是设法对某个问题作出一些尽可能少地受到反对的决议。[1]

热那亚通过各种努力，曾在中世纪相当长的时间内维护了相对团结所需要的合作。当然，它的制度也是有缺点的。公社早期，热那亚就碰到过各种问题，一段时间内由于内部斗争而在对外扩张上无所作为，落在邻居比萨后面。[2]近代初期，热那亚一度失去自己的独立地位。这虽然与敌人过分强大有关，但也与它的政治制度上的缺陷有关，导致它一再发生内讧。但总的说来，热那亚人在中世纪和近代初期的成功，很大程度上得力于他们的制度。冯·杜塞拉尔说道："早期中世纪的商业网，如弗里西亚人（Frisans）、犹太人或马格里布商人的商业网，在组织上有一个根深蒂固的习惯，即倾向于限制自己利用日益增长的地中海商业的能力。正是热那亚人的多种价值观和通过灵活而公正的伙伴关系从整个居民中吸收各种资源的能力，推动了这座城市的兴起。"[3]可见，尽管有各种缺陷，但至少在中世纪和近代初期，热那亚人的制度总体上是成功的，他们所迸发出来的创造力，至今仍使不少学者赞叹不已。

---

[1] Christine Shaw, "Counsel and Consent in Fifteenth-Century Genoa", *The English Historical Review*, Vol. 116, No. 468, 2001, p. 862.

[2] 〔美〕阿弗纳·格雷夫："后中世纪热那亚自我强制的政治体制与经济增长"，毛娜译，《经济社会体制比较》2001年第2期，第34—35页。

[3] Quentin Van Doosselaere, *Commercial Agreements and Social Dynamics in Medieval Genoa*, p. 26.

第三编　为输出商品而争霸
（16 世纪至 18 世纪）[①]

地理大发现或新航路开通后的三百年间，即 16 到 18 世纪，我们习惯上称之为商业资本主义时代或工场手工业时代。

这时期一个最重要的特点，就是西欧各大国都在为了输出商品而争霸。世界范围内的商业战争和争霸战争，是这时期西欧最重要的经济政治现象之一，其理论依据是重商主义。在这个过程中，"三角贸易"是最重要的贸易形式，奴隶是最重要的商品或最重要的商品之一，远洋贸易和殖民掠夺是商业战争的主战场，而特许公司是履行重商主义使命的主要载体。诚然，工业化后欧洲各国依然为了

---

① 上一编我们把时间范围定在 15 世纪末和 16 世纪或 17 世纪初，本章又把 16 世纪作为开端，这是不是重叠了？上一编讨论的是世界市场的初步形成，把世界市场初步形成的时间定在 16 世纪末或 17 世纪初是合理的，因为到那时带有一定竞争性的世界市场才真正开始出现。本编把开端的时间定在 16 世纪，是因为 17、18 世纪的发展在许多方面只是 15 世纪末以来发生的一系列事件的全面展开，所以本章虽然着重讲述 17、18 世纪的情况，但也不时地需要回顾 16 世纪的一些事件，以便理清这些事件的来龙去脉及其发展趋势。这种情况在本编和下一编之间也存在，例如，关于 18 世纪末开始的工业革命所引发的变化，我们就放到下一编讨论了。由于欧洲许多国家的工业革命发生相对比较晚，19 世纪初大多数国家工业革命刚刚开始或尚未真正开始，发展特点与其前三百年间类似，所以本章一些地方的叙述也涉及 19 世纪上半叶的事件。实际上，即使最早发生工业革命的英国，其东印度公司也要到 19 世纪中期才解散，奴隶买卖和奴隶制的废除，也发生在 19 世纪上半叶。旧的东西退出历史舞台是一个很长的过程，历史分期是相对的。

输出商品而不断发生战争或纯粹的商战，但已不再采用像特许公司那样的扩张方式，而且不久后资本输出也变得越来越重要，所以工业革命前后商业冲突的形式和性质是有区别的。与这种变化相一致的是强国的理论也发生变化，那就是自由贸易理论的兴起。

总的说来，商业资本主义时代为工业革命准备了物质、制度和精神等方面的条件。但这里特别要提一下的是，在该时期西欧发展起了超越亚洲国家的科技水平和武器系统，这是通过内部几百年的竞争、冲突与战争而实现的。科技发展固然有自己相对独立的轨迹，但它与武器的发展自古以来就密切相关，就近代早期来说，物理学或力学等率先发展，其中一个原因就是制造枪支、大炮或计算子弹或炮弹射程和飞行轨迹的需要。在那些对改进武器没有强烈需求的地方，自然科学也不会朝着这些方面发展。"船坚炮利"是东方人对西方人在工业革命后拥有的舰船和武器装备制造能力的描述，实际上不能把它全部归结为工业革命的产物，其相关基础知识、某些制作工艺及相关技术，是在几百年的商业战争中渐渐发展起来的。工业革命时代的新型枪支和大炮，不是在工业革命中突然冒出来的，而是以以往的各种旧枪炮为基础。

第九章　对外贸易与国家兴衰

近代西欧的发展基于欧洲经济社会本身的发展，但在这三个世纪里，一个欧洲国家在远洋贸易中的地位是国家强弱的基本标志。凡在远洋贸易中占统治地位或主导地位的国家，一定是当时欧洲最强大的国家或最强大的国家之一。

世界贸易的主导力量并非天赐，要靠参与竞争来实现，这种竞争往往表现为商业冲突和商业战争。这三百年中欧洲国家间的许多战争都是商业战争，欧洲各主要国家或多或少都介入了这些战争；有的战争看起来似乎与商业无关或没有直接联系，但实际上并非如此。有能力在商业战争中胜出的国家，一般说来总是当时欧洲最强大、资本主义发展得最好的国家。商业，特别是远洋贸易在近代早期欧洲资本主义发展中的作用，从这里可窥一斑。下面先从这时期最重要的国际贸易——三角贸易和奴隶贸易说起。

一、贸易和三角贸易

这时期的贸易集中于几个主要的贸易区，各贸易区的商品各有特色，但最重要的商品是奴隶，因而最重要的贸易方式是三角贸易。

主要贸易区、重要航线和商品

16—18世纪间，欧洲内部和欧洲与世界各地的贸易联系日益密切，但其主要贸易活动集中在三个贸易区和几条重要航线上。前者指地中海贸易区、欧洲大西洋两岸—北海—波罗的海贸易区和中世纪末开始形成的大西洋贸易区；后者指欧洲经大西洋或依然经地中海到东方的航线，欧洲与美洲之间的大西洋航线及美洲经太平洋到亚洲的航线。这些贸易区和航线互相连接、互相渗透，但也有某种相对的独立性。欧洲内陆贸易通过无数的大道和河流也日益紧密地联系在一起。内陆贸易与海上贸易密切相连，可以说，"将贸易明确地分为陆上贸易部分和海上贸易部分是很抽象的。在现实世界中，陆上交通和水上交通是混合在一起的。江河作为海港的补给线特别重要。"① 三大贸易区的主要商品各有特色。地中海贸易的主要货物是谷物，还有盐、腌制品（咸鱼）、油、葡萄酒、干酪、葡萄干和糖。谷物一般是地区性调剂，但地中海盆地的西部地区的谷物供应经常不足，因此，"确保从其他地区运送谷物到这里，几乎成了这个地区持续性的有时甚至是紧迫性的问题。"原料也构成地中海贸易相当大的一部分：意大利的服装制品依赖西班牙的优质羊毛；墨西拿是生丝贸易中心之一；西班牙是皮毛生产大国，它的著名的皮革制造业"不仅用光了本国生产的全部皮毛，而且需要从其他地区进口"；矿物贸易中，有铜、锡、铅，"由于青铜大炮应用的增多，铜成为最重要的远途贸易商品之一"。此外，威尼斯的玻璃器皿、中国和波斯的丝绸、印度的印花布和宝石，在这里都很畅销。16 世纪下半叶开始，"地中海区域在一些最基本的需求上越来越表现出对外界的依赖性"，特别是谷物供应。这种情况先是在西部地区出现，并渐渐向东部扩展，最后一直延伸到君士坦丁堡。其原因，主要是人口增加，结果是北欧和波罗的海的谷物不断运入这个地区，运送谷物的船队主要是荷兰人的，也有英国人的，它们也运来北海的鲱鱼。另外，从俄国和美洲运入西班牙和意大利的皮毛也越来越多。②

---

① 〔英〕里奇等主编：《剑桥欧洲经济史》第五卷，高德步等译，经济科学出版社2002年版，第 209 页。

② 〔英〕里奇等主编：《剑桥欧洲经济史》第五卷，高德步等译，第 201—202 页；〔意〕奇波拉主编：《欧洲经济史》第二卷，贝昱等译，商务印书馆 1988 年版，第 375 页。

从直布罗陀海峡到波罗的海是另一个重要的贸易区，沿两岸有许多河流入口和港口，港口对港口的贸易十分兴旺。这里的主要贸易货物是生活用品，如谷物、盐、葡萄酒和羊毛。其中盐显得特别重要，特别是在 16 世纪里，盐运往北海和波罗的海沿岸，谷物则从北欧运往伊比利亚半岛等地。"谷物贸易与捕鱼业是 17 世纪荷兰宏伟的贸易大厦的基石……到了 17 世纪末，法国与北欧之间所有的贸易运输以及英国的绝大部分贸易运输都掌握在荷兰人手中。"这种贸易的实质是西欧的手工业品与东欧的粮食和原材料的交换。松德海峡的通行税征收记录表明，1497—1660 年，进入或驶出松德海峡的船只有 40 万艘以上；1661—1783 年，过往船只超过 52 万艘。在前一阶段的 40 万艘以上船只中，荷兰的占了近 60%，后一阶段的 52 万艘船只中荷兰占 35.5%。前一阶段输往西部的小麦和黑麦达到 460 万拉斯特（last，1 拉斯特约等于 80 蒲式耳），后一阶段有 470 万拉斯特。在前一阶段，70% 的黑麦和 63.5% 的小麦是从但泽出口的，可见但泽在东欧向西欧输出粮食中的重要性。[1]从这些数字还可看出，15 世纪末以来，西欧对东欧的粮食需求是比较稳定的。

这两个贸易区在直布罗陀海峡相交，在这里相交的还有重要性迅速超越它们的大西洋贸易区。大西洋贸易的商品与上述两个传统贸易区的很不一样，因为其主要商品是奴隶、贵金属和热带种植园产品，是大规模移民和殖民的结果。从美洲运往欧洲的有木材、糖、烟草和棉花，纽芬兰的鳕鱼、北美的皮毛。"糖和烟草像茶一样，在 17 世纪时由昂贵的奢侈品变为大众消费的商品。"17 世纪后期，这两种商品在荷兰和英国发展成转口贸易（entrepôt trade）。这样，"殖民地商品的再出口在对外贸易中所占的份额稳定增长。"在 1700 年前后，英格兰的对外贸易发生重要变化："数百年来第一次摆脱了对纺织品出口的单方面依赖，使其出口建立在对殖民地提供更广泛的商品和再出口殖民地商品的基础上。"[2]

---

① 〔意〕奇波拉主编：《欧洲经济史》第二卷，徐璇等译，第 378、394—395 页。
② 〔英〕里奇等主编：《剑桥欧洲经济史》第五卷，高德步等译，第 205 页。

在与亚洲的贸易中，欧洲人主要是输出金银，此外还有一些武器和弹药。进口的货物中，16世纪时最重要的是香料，17世纪时种类更多样化。由于欧洲人饮食习惯的变化，肉类消费下降，香料的作用也下降了。印度东部的纺织品取代了香料的地位，成为"欧洲进口商品中占据支配地位的商品"，占1700年前后荷兰东印度公司进口额的40%以上。到18世纪20、30年代，咖啡和茶，尤其是后者，"在欧洲非常受欢迎"，它们约占1740年前后荷兰东印度公司进口额的25%。这时，"茶不再是药剂师货架上的贵重药品，而是成为流行的饮料。"①

在欧洲的市场上，随着生产发展和技术的提高，这几百年间总的来说是商品越来越丰富，并形成日益激烈的竞争：

> 来自海外的商品和欧洲商品，在欧洲的主要市场上相互竞争。诸如来自爪哇、孟加拉、马德拉、圣多美岛、巴西、西印度群岛和地中海地区的糖；热带、亚热带和温带的烟草；中国、波斯和意大利的丝绸；日本、匈牙利、瑞典和西印度群岛的铜；亚洲的香料和美洲的香料；莫卡（Mocca）、爪哇和西印度群岛的咖啡。我们选择的一些地点的商业和价格，在很多情况下表现出相同的波动，良好的观测来源于英吉利海峡来往于波罗的海的航运、经由塞维利亚往来的与新大陆的交易、里斯本或菲律宾马尼拉的统计数据，由此我们可以了解当时的国际贸易情况。……欧洲市场的价格趋势确实表现出欧洲市场交易的规律性，即沿着一个构造精细的贸易路线网络前进，然后形成一个全欧洲的再分配体系。安特卫普、阿姆斯特丹、伦敦和汉堡是这个体系的一些最重要的中心。萌芽中的国际分工开始形成，正如英国经济学家达德利·诺斯于1691年写的那样，"整个世界都参与贸易，就像一个国家或民族，其中国家就像个人一样

---

① 〔英〕里奇等主编：《剑桥欧洲经济史》第五卷，高德步等译，第204页。

行事"。①

贸易和市场的这种发展趋势，既是经济社会发生深刻变化的反映，也是欧洲经济可能发生重大变化的前兆。

三角贸易

16—18 世纪，欧洲人主导下的这三百年的国际贸易中，最重要的贸易方式是所谓的三角贸易（triangular trade 或 triangle trade）。三角贸易与大西洋贸易特别有关，或者说与奴隶贸易特别有关，但随着相关文献的积累和研究的深入，这个概念本身已经变得非常复杂，有必要予以梳理。

有各种形式的三角贸易，其中最主要的一种指欧洲、非洲和美洲之间的贸易，奴隶是这种贸易的主要商品。当然，仅有奴隶买卖，三角贸易是不可能运转的，中世纪地中海上一些地方长期存在奴隶市场，黑人奴隶也来自非洲，由于那时欧洲人购买奴隶主要用于家仆，所以这种贸易的影响不大。三角贸易之所以有如此大的影响，是因为它是三大洲主要商品之间的交换，其买卖的商品除了奴隶，还有欧洲的手工业品和美洲的农副产物。某种意义上可以说：没有三角贸易，就没有现代资本主义；没有奴隶，就没有三角贸易，但若没有欧洲的手工业品和美洲的种植园，就不会有奴隶贸易。

关于欧洲—非洲—美洲之间的三角贸易，利物浦（曾是英国两个最重要的贩奴城市之一，另一个是布里斯托尔）博物馆的网站对此有如下介绍：

> 商人从欧洲港口出发到达非洲西海岸。那儿他们用货物交换黑人，把他们装上船。
> 航行跨越大西洋，名为中段航程（Middle Passage）。通常

---

① 〔英〕里奇等主编：《剑桥欧洲经济史》第五卷，高德步等译，第 207 页。

需要 6 到 8 周时间。一旦到达美洲，那些在航程中活下来的非洲人就被从船上卸下来出售，并被作为奴隶来役使。

然后，船只返回欧洲，装载着诸如蔗糖、咖啡、烟草、稻米等商品，后来还有棉花，这些都是奴隶们生产的。

涉及三个大陆的三角贸易由此完成。欧洲的资本、非洲的劳动力和美洲的土地和资源相结合，为欧洲提供了市场。

美洲的殖民主义者，特别是巴西的，也直接前往非洲收购奴隶，不走三角贸易的全过程。这种贸易在 1800 年后增加了。[①]

这种三角贸易的起始地是欧洲各港口城市。从这些港口城市出航的船只一般装运哪些货物呢？ 1704 年 4 月一艘载重 300 吨的船只从法国南特（Nantes）启航前往非洲，其装货单上列出的商品有：大量织物（包括印度棉布和斜纹塔夫绸）、铜制器皿、锡盒锡罐、铁条、带鞘的刀、帽子、玻璃制品、假水晶、火药、手枪、步枪，还有烧酒，等等。南特是法国从事贩卖黑奴的最大港口，这时期从英国的利物浦和荷兰的阿姆斯特丹出发前往非洲的船只，所装载的货物大体上与此类似（不过在较早时期，葡萄牙人运往非洲的商品与此有些差别，那时他们不敢往非洲运送武器和烧酒）。这些船只到了非洲后，就甩卖掉这些货物，买回黑人。在欧洲人的"开辟市场"的努力下，非洲的一些地方市场兴旺发达，"市场和交易会上人山人海"，货币体系虽然原始，但也"不失为称手的工具"。非洲处于比欧洲文明低的发展阶段，欧洲人运来的货物成为他们的高级商品，特别是武器更是他们中的一些部落"捕猎"其他部族的重要工具，深受当时一些非洲人的"欢迎"。接着，这些贩奴船只从非洲满载黑人启航前往美洲，在那儿出售奴隶。最后，从美洲运回欧洲的是市场上很抢手的食物和原料。一个贸易来回，三次买卖，如果不出意外，每趟都可赚取大笔钱财。布罗代尔就此说道，"在

---

① "The trade triangle"，http://www.liverpoolmuseums.org.uk/ism/slavery/triangle.aspx.

非洲海岸起锚的任何船只——不管是葡萄牙的、荷兰的还是英国的或法国的——全都从事三角贸易。某条英国船前往牙买加卖掉黑奴后，返回英国时携带食糖、咖啡、靛蓝和棉花，然后又朝非洲航行。所有黑奴船大体上都照此办理。在三角形的每一顶端全都有利可得，历次所得加起来便是每一循环的总利润。"①

　　以上是最主要的三角贸易形式，当然，驶往非洲的船只并非全部都要驶往美洲，欧洲人除了在非洲购买奴隶，也购买黄金、象牙等商品，这些货物无需转道美洲，但它与上述三角贸易的关系十分密切。与之有密切关系的还有西欧与美洲的直接贸易，因为美洲对欧洲工业品的需求很大，必须从欧洲直接运送过去。

　　还有其他几种三角贸易。中国学者主编的《美国研究词典》中"三角贸易"条目的释义是："北美殖民地时期的一种贸易形式，又称'绕圈子'贸易。旨在保持与宗主国英国的贸易平衡和满足本身的经济需要。出现于17世纪40年代，繁荣于18世纪中期。美国独立后逐渐消失。"这里说的是北美殖民地的或美国人的三角贸易。它又有几种具体形式。比如，一种是从波士顿或纽波特出发，把朗姆酒、布匹、肥皂等运往非洲西海岸，换取奴隶、香料、象牙，然后把这些东西运至西印度群岛，换成糖蜜、盐、染料、大米等返回出发地。另一种是北美殖民地的商船把鱼、烟草或木材运往伊比利亚、直布罗陀或地中海等地的港口，换取欧洲商品运往西印度群岛，再换取糖蜜、糖、白银或货币回到北美。这些贸易不仅有助于平衡北美各殖民地与英国贸易的不平衡，而且还使这些殖民地积累了"巨额私人资本，对以后美国经济的发展具有重大价值"。②简言之，这里存在两种"三角贸易"：北美—非洲—西印度群岛，北美—欧洲—西印度群岛。这种以北美为中心的三角贸易，可看成是以西欧为中心的三角贸易的一个亚种。从这里还可以看出，西印度群岛虽然面

---

　　①〔法〕布罗代尔：《15至18世纪的物质文明、经济和资本主义》第三卷，施康强等译，第504页。

　　②刘绪贻等主编：《美国研究词典》，中国社会科学出版社2002年版，第768—769页。

积不大，但在早期资本主义经济发展中地位十分重要。

另有一种贸易是北欧、北美和南欧之间的贸易，与奴隶贸易无直接联系，实际上是北欧地区用制造品交换北美的鱼类、肉类、木材和谷物，再用这些产品交换欧洲南部的葡萄酒和水果，也被称为三角贸易。[①]

法国人在东非也曾发展起一种"三角贸易"，是法国人 18 世纪在印度洋上的马斯克林群岛（Mascarene Islands）开辟热带作物种植园后开始的，其基本路线是：从法国起航的船只装载工业品前往西非和东非的莫桑比克等地，用所装载的工业品换取奴隶，再把奴隶运入马斯克林群岛，然后装上那里的热带产品，回到法国。[②]

我国学者还讲到了一种范围更大的三角贸易，即"当时存在于欧、亚、美三洲之间的……繁荣的'三角贸易'"。其内容或过程大体如下：欧洲人向美洲输出欧洲的工业品，及其用工业品从非洲换来的黑人奴隶，在美洲换成白银，然后通过各种渠道（大西洋航线、地中海航线或太平洋航线）把这些白银运往亚洲，换取亚洲的生丝、绸缎、棉布、瓷器、茶叶、香料、胡椒等，再运回欧洲。在这种三角贸易中，"亚洲居于顶点地位"，而东南亚贸易区则是"亚洲最繁盛的市场"，它北连远东、东通拉美、西接南亚，有人称之为"世界商业的中心"。聚集在那里的有阿拉伯人、波斯人、印度人、爪哇人、马来人、印度支那人、欧洲人、日本人和中国人，他们相互之间进行频繁的贸易往来，但最活跃的是欧洲人（西班牙人、葡萄牙人、荷兰人和英国人），因为他们"争相控制亚洲市场和垄断东西方海上航路"。[③]在这一贸易中，中国拥有最雄厚的经济力量，但左右这种贸易的是西方人。

这种三角贸易几乎囊括当时欧洲人主导的大部分国际贸易，它

---

① 〔意〕奇波拉主编：《欧洲经济史》第二卷，徐璇等译，第 385 页。

② 艾周昌等：《非洲通史·近代卷》，华东师范大学出版社 1995 年版，第 47 页。

③ 薛国中："15—17 世纪中国在东西方海上贸易中的地位"，载吴于廑主编：《十五十六世纪东西方历史初学集续编》，武汉大学出版社 1990 年版，第 311—312 页。

与奴隶贸易直接或间接相联系。不过，在严格的意义上，前面讲的欧洲、非洲和美洲之间的三角贸易是最根本的，我们通常讲的三角贸易指的就是这一种，因为奴隶贸易主要发生在这种三角贸易中，其他的三角贸易形式要么与此相关，要么是它的派生形式。为什么我们特别强调与奴隶买卖直接有关的三角贸易呢？这是因为有了奴隶买卖，美洲的种植园和矿山才能得到开发（印第安人无法承受欧洲人的奴役[1]），欧洲与美洲间的频繁往来及荷兰人、英国人的大规模转运贸易才成为可能。欧洲人通过把黑人变为奴隶运到美洲，把从传统眼光看几乎没有什么市场前景的非洲和美洲变成庞大的市场，从而为自己的产品找到广阔的出路；他们又通过与非洲和美洲的贸易，不断提高自己的生产能力和生产水平，完成了从为输入而开辟世界市场（达·伽马和哥伦布的探险，都不是为了输出，而是为了输入）到为输出而开辟世界市场的转变，积蓄起发动产业革命的力量。最后，它通过产业革命真正成为世界生产的中心。所有这一切都是在把非洲黑人变成商品后才有可能，我们特别强调奴隶贸易的历史作用，原因盖在于此。

二、奴隶贸易

奴隶贩子把黑人奴隶经撒哈拉大沙漠带到北非，再向欧洲或西亚等地输出，在中世纪里一直存在，这些奴隶贩子一般是阿拉伯人或北非人。本书所说的奴隶贸易，主要指近代以来（15世纪中期到19世纪）欧洲人从非洲向其他地区（主要是向美洲，其次是向欧洲人在大西洋和印度洋诸岛屿上的殖民地）输出奴隶的行为，也包括这一时期阿拉伯奴隶贩子继续往非洲大陆以外地区贩卖奴隶的行为。

---

[1]　"西班牙人发现：印第安人不适宜于繁重的田间劳动，一个黑人奴隶顶得上四个印第安人。"见艾周昌等：《非洲通史·近代卷》，第27页。

奴隶贸易的三个阶段

根据艾周昌等人的分法，从 15 到 19 世纪，非洲的奴隶贸易大体上可分为三个阶段。

第一阶段从 15 世纪中叶至 17 世纪上半叶。1441 年，葡萄牙一支探险队在非洲西海岸博哈多尔角以南抓获了一批非洲黑人，带回里斯本出售，这是西欧人直接劫掠、买卖非洲黑奴的开端。此后半个多世纪内，葡萄牙人不断把黑人奴隶运回欧洲，或做家仆，或从事田间劳动。1450—1500 年，"葡萄牙在非洲捕获的奴隶总数是 15 万人"。[①]

1501 年，伊斯帕尼奥拉运入第一批黑奴，是从葡萄牙运过来的，这是把黑奴运进美洲的开端。1518 年，第一艘来自非洲的贩奴船到达西印度。与此同时，西班牙建立了向美洲输入黑人奴隶的"制度"：1513 年开始，出售进口黑人许可证成为西班牙政府收入的一个来源。1528 年西班牙政府正式颁发名为"阿西恩托"（Assiento）的贩奴特许状，此后为取得这种特许状就成为各国争夺的目标。延续 400 年的奴隶贸易模式由此形成。

到 1540 年，西属美洲殖民地"每年运进的黑奴可能已达 1 万人"。16 世纪，根据"教皇子午线"，从非洲输出奴隶的控制权在葡萄牙人手中。这时葡萄牙的贩奴活动主要集中在两个地区。一个在从佛得角到塞拉利昂沿海一带的上几内亚，一些原先居住在佛得角群岛的欧洲人也陆续移居到这一带沿海，或甚至沿冈比亚河溯河而上建立了许多小据点，从事贩奴和其他商业活动。另一个是刚果河河口及其以南地区。这时葡萄牙与刚果王国建立了联系，许多葡萄牙的传教士、教师、工匠，包括裁缝、鞋匠、泥瓦匠、制砖工等，受到刚果国王阿方索的邀请来到刚果，但他们都卷入奴隶买卖。

---

① 艾周昌等：《非洲通史·近代卷》，第 26 页；联合国教科文组织：《十五至十九世纪非洲的奴隶贸易：联合国教科文组织召开的专家会议报告和文件》，黎念等译，中国对外翻译出版公司 1984 年版，第 123、125 页。

1526 年，这位刚果国王给葡萄牙国王写信诉苦说："这个国家每个角落都有许多商人，他们将毁灭这个国家。人们每天在遭受奴役和劫掠，甚至贵族和王族成员也不能幸免。"

这时期葡萄牙的贩奴基地是圣多美（São Tomé），它也是葡萄牙产蔗糖的基地，是 16 世纪上半叶欧洲人蔗糖的主要来源地。黑奴运到这里后，一部分就在当地甘蔗园里劳动，其余的运往其他大西洋岛屿或葡萄牙本土，后来则直接运往美洲。16 世纪中叶圣多美成为"非洲向美洲贩运黑奴的主要转运站"，1530—1560 年其繁荣也达到顶点。有人估计，在整个奴隶买卖期间，圣多美曾运进过 10 万名奴隶。1576 年葡萄牙人在罗安达（Luanda）湾建立圣米格尔堡，作为贩卖奴隶的基地，从此来自刚果河以南的黑奴直接从这里运往美洲，不再经圣多美转运。这样，到 16 世纪最后 25 年，"从非洲直接向西印度诸岛及美洲大陆输出奴隶的南大西洋贸易体系已经确立起来"。向欧洲和大西洋岛屿输出的奴隶仅占整个奴隶输出的 17%，1600 年后输往欧洲的黑奴最终大部分也是输往美洲的。16 世纪末到 17 世纪初，非洲输出奴隶的地区迅速转向刚果和安哥拉地区。这是因为葡萄牙人通过军事行动、直接掠夺或与非洲人贸易，获得了新的奴隶来源，另外也是由于圣多美的蔗糖受巴西的竞争而开始衰落，减少了对劳动力的需求。①

对葡萄牙和西班牙垄断奴隶贸易的挑战也随之出现，这方面相当活跃的是海盗。1526—1550 年法国人出现在加勒比海，他们除了袭击和抢劫，也从事贸易，包括"黑色黄金"（黑奴）贸易，为西属美洲殖民地供应劳动力。不久英国人也来到非洲。1551 年一位伦敦的船主把船只派到萨非和阿加迪尔。几年后莫斯科公司的商人支持与巴巴利海岸（Barbary Coast）和几内亚地区的贸易，他们除了进口奴隶，也进口黄金和象牙。1553 年托马斯·温德姆（Thomas Wyndham，死于 1554 年）来到埃尔米纳（Elmina）海

---

① 以上见艾周昌等：《非洲通史·近代卷》，第 34、28—30 页。

岸。接着，像约翰·霍金斯（John Hawkins，1532—1595）这样的大海盗也来到非洲。[①]霍金斯在这个世纪的60年代曾三次到几内亚从事贩奴活动。葡萄牙为了维护自己的垄断权，派出舰队保护本国商船，同时在塞内冈比亚（Senegambia）、塞拉利昂、黄金海岸、刚果和安哥拉等地建起堡垒或商站，葡萄牙的商船本身也大都配备武装。1580—1640年间葡萄牙合并于西班牙，这时荷兰成为垄断西非输出黑奴的最重要的竞争者。虽然这时葡萄牙已经放弃王室垄断，改为私人承包经营，但葡萄牙人不是荷兰的股份公司的对手。1634年荷兰占领加勒比海的库拉索（Curacao）岛，把它作为向美洲输入奴隶的据点。接着荷兰蚕食葡萄牙在非洲的势力，1637年从葡萄牙手中夺取埃尔米纳，垄断了西非的奴隶贸易和其他活动。在其全盛时期，荷兰在非洲西海岸共有18个据点，圣多美岛也落入荷兰手中。葡萄牙的势力被逐出西非后，向赤道以南发展，专门经营安哥拉和莫桑比克与巴西的贩奴活动，仍然在贩奴中有重要地位。[②]

在这个阶段，非洲的奴隶贸易，前期是葡萄牙占据垄断地位，到17世纪初荷兰人开始起主导作用，但伊比利亚国家仍然有重要影响。布特尔说道："只是在17世纪，两个新的大西洋国家——荷兰与英国——才宣称自己在欧洲经济中扮演了更重要的角色"，但不管怎么说，这两个国家"仍然严重依赖塞维利亚"。[③]

第二阶段从17世纪中叶至19世纪初。17世纪中叶以后，美洲对非洲黑奴的需求不断增加，此后多种经济和政治因素使西班牙和葡萄牙失去贩奴权，更多的国家介入这方面的买卖，把黑人贩运到美洲因而变得越来越方便，这种情况一直持续到1807年英国公开禁止奴隶贸易。这个阶段的奴隶贩运，有这么几个特点：

第一，奴隶贸易的主导力量从荷兰人转到英国人和法国人手中。

① 〔美〕保罗·布特尔：《大西洋史》，刘明周译，第91—93页。
② 艾周昌等：《非洲通史·近代卷》，第34—35页。
③ 〔美〕保罗·布特尔：《大西洋史》，刘明周译，第88页。

英国在 17 世纪初就组建了专门从事非洲贸易和探险的公司，但英国人大规模经营奴隶贸易是从 1672 年皇家非洲公司成立后开始的，这时荷兰已开始衰落。该公司获准在 1000 年（到 2672 年）内垄断从布兰科角到好望角之间的土地和贸易，它提出的目标是黄金、白银和黑人。它以西非黄金海岸为中心，先后在那里建立了 17 个居留地。后来黄金海岸在一般人心目中成为非洲黑奴买卖的代名词，就由于英国人把它作为非洲皇家公司的首府，是英国人在非洲最强大的据点。1672—1713 年，这家公司驶往非洲的船只有 500 艘以上，所装载的货物价值 150 万英镑，其共向西印度种植园贩卖了 10 万个奴隶。法国全面卷入奴隶贸易的时间比较晚，到 17 世纪后期它才建立一系列相关的公司。1664 年成立的西印度公司和 1672 年成立的塞内加尔公司，时间都不长。后来在法国奴隶贸易中真正起作用的是 1685 年成立的几内亚公司、1696 年成立的皇家塞内加尔公司、1698 年成立的皇家圣多明各公司。但要到 18 世纪，法国的贩奴活动才达到可观的规模。此外，欧洲其他国家在这时期也卷入了贩奴活动，如勃兰登堡人、丹麦人、瑞典人、热那亚人等。丹麦和瑞典都组建过西印度公司或非洲公司，但影响不大。[①]

英国人正式取代荷兰人在贩奴中的地位有一个标志，那就是 1713 年和 1714 年欧洲各国签订的结束西班牙王位继承战争的《乌特勒支条约》（Treaty of Utrecht）和《拉斯塔特条约》（Treaty of Rastatt）。该条约"就垄断殖民地奴隶贸易向英国让步"，允许英国人进行奴隶贸易，由此"开启了英国人大规模走私贸易的先河"，[②] 荷兰人则"退出了政治舞台"。[③] 也就是说，英国人从此正式主导了奴隶贸易。当然，一直到七年战争（1756—1763），这个世纪是英法争霸的世纪，所以法国人在奴隶贸易上也起了很大作用。此外，

---

① 艾周昌等：《非洲通史·近代卷》，第 36—37 页。
② 〔英〕雷蒙德·卡尔：《西班牙史》，潘诚译，东方出版中心 2009 年版，第 168 页。
③ 〔美〕R. R. 帕尔默等：《近现代世界史》上卷，孙福生等译，商务印书馆 1992 年版，第 323 页。

欧洲其他国家也在其中分一杯羹。

第二，这个阶段的奴隶贸易方式有一个从"垄断"向"自由"的转变过程。17世纪末是转变时期，这时虽然"明文规定奴隶贸易只归垄断公司经营"，但从事走私的奴隶贩子数量逐年增加，他们从非洲运出的奴隶数量"往往比公司的还要多"。这说明，公司垄断奴隶贸易的制度已经不再适应奴隶贸易的需求。到18世纪，这一买卖进入了"所谓自由贸易的时代，这时有数百条奴隶船从欧洲各国，从西印度群岛，从美国开向非洲海岸。"①

第三，奴隶贸易量迅速增加。其原因是：

（1）欧洲国家的殖民活动开始全面、深入展开，对劳动力的需求不断增加。16世纪末和17世纪初，荷兰人、英国人和法国人等都来到美洲，在进行初步的商贸活动并逐渐站稳脚跟后，他们在美洲的殖民活动也开始了。1625年，英国第一批移民来到巴巴多斯，先是种植烟草、棉花、蓝靛，1641年开始引种甘蔗。此后甘蔗种植迅速在背风群岛（Leeward Islands）和牙买加、安提瓜等岛屿推广。英国把甘蔗引进英属西印度群岛20年后，伦敦从殖民地种植园的进口总值中蔗糖进口占将近一半，超过了烟草。到17和18世纪之交，牙买加的种植园渐渐取代一度享有"西印度糖岛之母"的巴巴多斯，运进黑奴的数量也超过巴巴多斯，奴隶与白人的比例是10比1。在法属西印度群岛的瓜德罗普岛，1635年后先是引种烟草，然后是甘蔗、咖啡等热带作物。17世纪下半叶的50年间，非洲大西洋沿岸卖给欧洲人的奴隶数量超过此前二百年的总和。18世纪是西印度群岛奴隶制种植园的黄金时代，奴隶贸易最为活跃，在欧洲各主要国家的经济中享有重要地位。②

（2）17世纪里，北美的奴隶制也开始发展。大约在1619年，第一批黑人劳工出现在弗吉尼亚。由于北美种植园经济不发达，到

---

① 〔苏〕阿勃拉莫娃：《非洲——四百年的奴隶贸易》，陈士林等译，商务印书馆1983年版，第51页。

② 艾周昌等：《非洲通史·近代卷》，第31页。

1660 年弗吉尼亚也只有 950 个黑人。但此后增加较快，到 1700 年已经有了 16 390 人。1661 年巴巴多斯出现一部完整的奴隶法典，次年弗吉尼亚通过一项法令，规定白人男子与黑人妇女的后代，其身份随母亲。此后类似的规定不断完善，1705 年弗吉尼亚当局把有关规定编纂成一部完整的奴隶法典，一直通用到 19 世纪。[①]

（3）欧洲人的生活习惯发生变化，咖啡成为欧洲人的主要饮料，蔗糖的消费量激增，造成对热带作物需求的增长，促进了美洲奴隶制种植园的发展。殖民活动在广度和深度上的发展与欧洲人生活习惯的变化，是一种联动的关系。因为欧洲的（特别是荷兰和英国的）工业品要寻找出路，或者说要满足美洲殖民地和三角贸易的需要，导致手工工场的发展，而手工工场主和工人及其家属的增加，又促进对各种食品、原材料和工业品的需求。美洲的食品和原料因而更多地输入欧洲，而欧洲的工业品也更多地流入美洲。这种双向流动有一个基础性的条件：美洲奴隶制种植园的增加和种植园中的劳动力的增加。可见，黑奴的增加是早期资本主义发展的一个重要趋势。

（4）种植园主只顾牟利而不顾奴隶死活也是对奴隶需求增加的一个重要原因。运进美洲的奴隶的死亡率极高，"有些地方，黑人从事过度劳动，只要七年就耗尽了生命"。也就是说，每隔七年黑人的劳动力就要更新一次。另外，由于奴隶价格相对便宜，奴隶主一般都不愿意奴隶生育子女。不少种植园主都承认："购买比繁殖更便宜。"许多种植园中儿童很少，奴隶死亡率往往超过出生率。圣文森特（Saint Vincent）岛有一年出生的黑人是 2656 个，而死亡的却有 4 205 人。[②] 英国废奴主义者威廉·福克斯 1792 年告诉英国人说，每一磅蔗糖中都包含着两盎司人肉。"根据一次详细的计算，人们估计，一个每星期食用五磅食糖的家庭，如果一年零九个月不

---

①　李剑鸣：《美国通史》第 1 卷，人民出版社 2002 年版，第 207、209、213—214 页。
②　艾周昌等：《非洲通史·近代卷》，第 32—33 页。

吃糖，就可以有一个黑人免受奴役并免遭杀害。"[1]

第四，非洲输出奴隶的地域不断扩大，不仅在大西洋上从西非往南部扩展，而且印度洋上的东非也成了奴隶的重要输出地，这与对奴隶需求的增加是一致的。1644 年，葡萄牙开始从莫桑比克把奴隶运往巴西。此后，有一些来自西印度群岛和北美的船只也来到东非大陆和马达加斯加岛贩运奴隶。18 世纪后期，由于法国在印度洋上的马斯克林群岛开拓热带作物种植园，使东非的贩奴更加活跃起来，一些黑人被运往这个群岛劳动，当然，运往美洲的仍不在少数。1742—1806 年间运进南美拉普拉塔（La Plata）河地区的奴隶有 40% 来自东南非洲。不过，总的说来，在 17 和 18 世纪，黄金海岸和奴隶海岸（贝宁湾）是"重要的奴隶输出地区，也是欧洲人贸易据点最密集的地区"。[2]

第三阶段从 19 世纪初至 1890 年。这个阶段的开端有两个重大事件。一件是 1807 年和 1808 年英美两国先后宣布禁止奴隶贸易；另一件是工业革命在英国和美国及欧洲大陆其他国家先后展开，对棉花的需求量激增，美国南部的奴隶制种植园迅速发展，并不断向西部扩张，引起美国对奴隶劳动力的需求也迅速增长，美国关于禁止奴隶买卖的法案化为乌有。美国内战爆发后，奴隶贸易急剧减少，但要到 1890 年的布鲁塞尔会议上，西方各国才最终作出废除奴隶贸易的决议。

这一阶段奴隶贸易主要以走私的方式进行，名义上英国派军舰在大西洋上巡航，打击奴隶贸易走私，但偌大的大西洋，区区几条军舰根本挡不住被奴隶贸易走私的高额利润所驱使的疯狂冒险。这时期，特别是在美国内战爆发前的几十年间，奴隶私贩船数量庞大。18 世纪末，由于美国南部种植园的烟草变得无利可图，美国的奴隶制出现衰落。但 19 世纪初，随着欧洲对美国棉花的要求激增，奴隶

---

① 〔特立尼达和多巴哥〕艾里克·威廉斯：《资本主义与奴隶制度》，陆志宝等译，北京师范大学出版社 1982 年版，第 177 页。

② 艾周昌等：《非洲通史·近代卷》，第 44—45、42 页。

制在美国起死回生，并进入空前繁荣。虽然美国国会早已禁止国际奴隶贸易的法令，但很快成为一纸空文。美国的奴隶制不属本书讨论范围，但它的奴隶劳动几乎是为欧洲或大英帝国的纺织业而存在的，所以我们必须注意资本主义世界的这种联系。《美国通史》有一段话讲到当时美国棉花在资本主义世界中的地位：

> 内战前，美国南部出口的棉花占世界棉花供应的 3/4。英国、欧洲大陆和美国北部的棉纺织业嗷嗷待哺，主要依靠美国南部提供原棉。1859 年至 1860 年度，南部棉花供应英国 2 344 000 包，供应欧洲大陆 1 069 000 包，供应美国为 943 000 包。由于棉花的地位和作用如此不凡，南部奴隶主阶级便有恃无恐，不可一世。1858 年，南卡罗来纳的詹姆斯·哈蒙德参议员曾在参议院狂妄地叫道："如果不供应棉花，将会发生什么情况呢……英国就会人仰马翻，除（美国）南部以外的整个文明世界也将随之倾覆。不，你们不敢向棉花宣战。世界上没有谁敢向它宣战。棉花就是大王。"种植园主所控制的南部因此有"棉花王国"之称。[①]

这个奴隶主的代言人讲的其实是事实，只是说得有些嚣张。马克思在美国内战爆发前 15 年就曾说过类似的话：

> 奴隶制使殖民地具有了价值，殖民地造成了世界贸易，而世界贸易则是大机器工业的必不可少的条件，在买卖黑奴以前，殖民地给予旧大陆的产品很少，没有显著地改变世界的面貌。可是，奴隶制是一个极为重要的经济范畴。没有奴隶制，北美这个最进步的国家就会变成宗法式的国家。只要从世界地图上抹去北美，结果就会出现混乱状态，就会出现贸易和现代文明的彻底衰落。但是，让奴隶制消失，那就等于从世界地图上把

---

① 张友伦主编：《美国通史》第 2 卷，人民出版社 2002 年版，第 334 页。

美国抹去。[①]

这时期，除了北美，西班牙治下的古巴及葡萄牙治下的巴西等地也对奴隶有极大的需求。古巴蔗糖生产 19 世纪时出现大跃进，对劳动力的需求也随之空前增长。19 世纪有 60 多万奴隶被输入西属美洲，其中有 55 万来到古巴。此外，法属加勒比共获得约 10 万个奴隶，而葡属巴西幅员辽阔，这时期输入的奴隶有 114.5 万，后者大部分来自东非的莫桑比克。[②]

奴隶贸易的过程

我们可以从 18 世纪欧洲最著名的贩奴城市布里斯托尔、利物浦或南特，看看贩卖奴隶的具体过程。

1. 贩奴船的投资。奴隶贸易的第一步，是需要有人投资于贩奴船、船上的各种装备、雇佣水手和运往非洲西海岸用于交换黑人的工业品。投资贩奴的人除了通常所说的大奴隶商人，还有许多普通市民。威廉斯说："在 1685 年，布里斯托尔的店主几乎没有人不在开往弗吉尼亚或安的列斯的船上搞点投机买卖的。甚至于牧师们也开口就谈生意经。因此当地人讽刺说，布里斯托尔的货船不归商人所有，而属普通工匠所有。"当年布里斯托尔的贩奴盛况，相当于我们现在常说的"全民经商"，也就是"全民贩奴"。下面这个数字可看出贩奴给这个城市带来的繁荣：1634 年，布里斯托尔的关税为 10 000 英镑，到 1785 年上升为 334 000 英镑。1745—1775 年，一艘 60 吨位以上的货船需付的码头停泊费涨了一倍。[③]

利物浦是 18 世纪后期英国也是欧洲的最重要的贩奴城市。当时利物浦有一位史学家把奴隶贸易称作"迷人的非洲流星"，这一称

---

① 《马克思恩格斯选集》第四卷，中共中央马克思恩格斯列宁斯大林著作编译局编译，人民出版社 1995 年版，第 538 页。

② 〔美〕埃里克·沃尔夫：《欧洲与没有历史的人民》，赵丙祥等译，上海人民出版社 2006 年版，第 239 页。

③ 〔特立尼达和多巴哥〕艾里克·威廉斯：《资本主义与奴隶制度》，陆志宝等译，第 57 页。

呼后来广泛流行。与布里斯托尔一样，利物浦的奴隶贸易大部分为大奴隶商垄断，但普通市民参与之广泛，今天已经很难想象。这个城市的许多律师、布商、杂货商、理发师和裁缝都卷入奴隶买卖。为适应小百姓参与的需要，装备贩奴船的股份"一再重新分配，有的人拥有 1/8 股，另一个人拥有 1/15 股，第三个人可能仅拥有 1/32 股"，等等。有人说，"几乎每个利物浦的市民都成了商人。他们中拿不出一大捆货物者就拿出一小箱……几乎各个阶层的人对几内亚的买卖都兴趣浓厚。这真是一股浪潮，无怪乎利物浦的小船多如牛毛。"[①]法国的贩奴城市也是这样："当时在波尔多和圣马洛，特别是在南特，所有船主都是黑奴贩子。南特的整个商业资产阶级上层都是靠贩卖黑奴致富的。"法国一个奴隶贩子还把自己的贩奴船取名为"伏尔泰"号、"卢梭"号和"社会契约"号，[②]说明这些奴隶贩子深受启蒙思想家的影响。

2. 在非洲购买奴隶。[③]在欧洲市场上采购商品、运往非洲，在非洲市场上出售商品并购买奴隶，这些过程中最复杂的是购买和装运奴隶的过程。

奴隶一般由非洲内陆商人贩运到沿海，再由沿海商人转卖给欧洲人。在这过程中，从非洲内地到沿海形成了专门的贩奴通道。非洲的奴隶商贩和欧洲奴隶贩子的交易，不同地区及不同时期有着不同的体制，大体上有三种：（1）殖民者直接掠夺的体制，如葡萄牙在安哥拉的做法；（2）非洲沿海中央集权的国家王室垄断贸易的体制，如黄金海岸、贝宁湾；（3）商人经营的体制，其典型的有西非的比夫拉（Biafra）湾、东非阿拉伯人经营的贩奴活动。上面三种贩奴体制中，第一种是欧洲人控制的，第二种是非洲地方政权控制的，

①　〔特立尼达和多巴哥〕艾里克·威廉斯：《资本主义与奴隶制度》，陆志宝等译，第 35—36 页。

②　〔法〕雷吉娜·佩尔努：《法国资产阶级史》下册，康新文等译，上海译文出版社 1991 年版，第 198—199 页。

③　参考艾周昌等：《非洲通史·近代卷》，第 40、42—43 页；〔苏〕阿勃拉莫娃：《非洲——四百年的奴隶贸易》，陈士林等译，第 106—111 页。

第三种相当于"自由买卖",随时随地交易,当然也会形成一些比较固定的交易模式。

这当中,又有"堡垒贸易"、"船上贸易"等具体交易方式。所谓"堡垒贸易",指把收购来的奴隶关在堡垒或商站或奴隶屯集站里,有时关押奴隶的地方甚至就设在河边,等待贩奴船前来装运。在英国人的一些堡垒中,专门用来关押奴隶的地方有的可容纳1000个奴隶,有的可关100个或者150个奴隶。18世纪时黄金海岸沿海有25个石头构筑的堡垒,每个堡垒的间隔距离平均只有10英里。此外,还有许多设防与不设防的商站。该世纪后半期,西非沿海和各条河流上出现了"无数"奴隶屯集站,许多小代理商主持着这些屯集站的奴隶贸易。18世纪末欧洲人在西非沿岸有40个商站,其中30个在黄金海岸。这里的奴隶买卖按照当时官员规定的条件进行:内地的穆斯林商人把奴隶等商品运到沿海,出售给沿海商人,购买欧洲运来的货物返回内地,再由沿海商人把奴隶出售给欧洲人。沿海非洲人的各个中央政权经常为了奴隶贸易的控制权而展开激烈冲突。

所谓"船上贸易",指贩奴船停在泊地,或像在贝宁湾、塞拉利昂河附近等地,贩奴船沿河溯流而上,非洲人直接把奴隶用小船送过来。这种做法本来是打破特许公司垄断贸易的一种方式,18世纪普遍流行开来,特别是在欧洲人的堡垒或商站较少的地方。船上贸易费时较多,购买300—400个奴隶通常要花3—5个月或更长时间,因为这种贸易方式往往是欧洲人的船只靠岸后,出售奴隶的非洲人才开始抓人。所以,首批买进的奴隶要在船上待数月之久,增加了死亡率,但奴隶贩子在购买时会特别注意挑选体格强壮的黑人。居住在今尼日利亚克罗斯河(Cross River)下游的埃菲克(Efik)人的一个部落酋长留下了一本日记,记录了他出售奴隶的一些事实,这里仅引四则:

> 1785年1月21日。天气晴朗,清晨五点我去萨瓦奇船长那里取货,这些商品所要交换的奴隶我随后给他送去。
>
> 1785年1月28日。天气晴朗。清晨六时左右,我在自己

的地段上干了一会儿活。下午两点，我们两个人到了斯梅尔船长的船上，给他带去三个奴隶。他把奴隶押走，我们便回家了。

1785 年 1 月 30 日。清晨六时，还未起雾。我准备到自己的地里干活，但这时汤姆·阿加和约翰·阿加来了，我们就出发去抓奴隶。

1785 年 2 月 14 日。清晨五时左右，浓密的晨雾尚未消散，我划着装着山药的小船从布斯塔姆过来。我用一千个山药换了萨瓦奇船长的一百块长方铜条。午夜，布朗船长的单桅帆船装了 430 名奴隶开走了。

前后不到一个月的时间里，这位酋长分别与好几个贩奴船长做生意。

3. 奴隶的抓捕。[1] 在奴隶贸易的早期阶段，非洲的酋长们只是把手中掌握的奴隶、战俘等，出售给欧洲人。17 世纪中后期，随着殖民地对奴隶需求量的增加，"欧美的奴隶贩子巧妙地迫使非洲人把自己的同胞劫掠为奴隶"。这里的"巧妙地"，指的当然是高价或高回报的诱惑，使一些与西方人接近的酋长或部落成为西方人的代理人，不择手段地获取黑人，把他们卖给西方来的奴隶贩子。这时，非洲各部族之间的矛盾成为欧洲人获得奴隶的一个重要来源，强势部族往往凭武力抢劫弱势部族的黑人为奴。所谓强势也是相对的，往往是因为他们与欧洲人接近，可以从欧洲人手中获得枪支等先进武器，尚处于原始社会的内陆部落根本不是他们的对手。当时曾有人谈到，"只要非洲人宣布他们要袭击自己的某个邻族，他们就随时能够从欧洲人的堡垒和商站中得到火药、子弹和武器。抓获的俘虏由提供武器弹药的欧洲人买下。"

收买奴隶的船只停靠在海岸边，向紧靠海岸的村庄居民提供军火，然后在岸边游弋，等待他们押解黑人回来出售。所造成的情况是：谁向欧洲人提供奴隶最多，谁得到的武器和从欧洲来的其他商品也

---

① 参考〔苏〕阿勃拉莫娃：《非洲——四百年的奴隶贸易》，陈士林等译，第 95—98、102、98—99 页。

就最多，谁也就变得最强大、过得最好。这样，大约从 18 世纪第二个 25 年开始，除了通过通常的部落冲突抓获奴隶，从事奴隶贩卖的酋长们开始向自己的邻族发起进攻，但进攻前先与欧洲来的商人商量好各种条件，如需要多少奴隶，男的多少或女的多少，什么样的年纪等等，有点类似于我们现在的订单买卖。强势部落抓捕其他部落黑人的方法，一是派武装部队包围邻近村庄，把能出售的人全部捕获；二是点火焚烧对方的村庄，自己埋伏在周围，捕获从大火中逃出来的人们，老人、病人、儿童则就地杀死。由于俘获奴隶的活动日益向内地延伸，也由于"突然袭击"更为有效，后一种方法更多地发生在内陆，因为内陆的部落尚不知道外部世界发生的事情。"到18 世纪中叶，除部族之间的战争外，这些远征已成了最广泛的'捕捉'奴隶的方式。"

随着奴隶市场的变化，即某个具体交换奴隶的地点从一个地方转移到另一个地方，有些捕捉奴隶的部落由于市场转往他处也成了被捕捉的对象。与此同时，另一种获得奴隶的方式也发展起来，那就是劫掠，以往那种只有把俘虏或犯罪的人出售为奴的习惯被破坏了，有钱有势的酋长或国王开始有计划地随便找个理由，如巫术罪，捕获本族人出售。这种做法又慢慢"普及"到民间，每个人都可以

把任何人，无论是本族的，还是外族的，只要是能够抓到的以及只要是奴隶贩子要买的，全部作为奴隶出售。任何人都可以干这种事，任何一个非洲人都可以捕捉任何其他非洲人，并把他卖给白人以换取自己喜欢的商品。关键只是要去捕捉奴隶，而不是让别人把自己捉住。因而，从 18 世纪下半期起，奴隶贸易已不再是特定的人，如酋长、商人等所拥有的特权。人们躲在森林里和道路旁，就像猎人埋伏起来狩猎野兽那样，等候着手无寸铁的过路行人。另外一些人则藏在稻田旁边，捕捉前来看地和赶鸟的人。还有些人躲在水源附近，守候着前来喝水和打水的人。在河边浓密的草丛中，"猎人们"藏匿着准备猎获

疏忽大意的渔民。但是更常见的是这些人躲藏在乡村小径两旁
高高的草丛中。见有行人来，他们便猛扑过去，抓起来带走。
这种现象经常发生，尤其是当岸边停泊着奴隶船的时候……

这应当不是夸大之词，美国内战爆发前的北方也在一定程度上出现
过这种情况。其所造成的非洲社会内部分裂，多长时间也难以弥合！

4. 往美洲的航程。在"正常"的情况下，跨大西洋的航程，即
三角贸易中的"中段航程"，对奴隶们来说是另一场噩梦。为了增
加装载奴隶的数量，船上每个奴隶只占极小的空间。我们从有关文
献上可以经常看到这样的记载："一艘 90 吨的船竟运载 390 名奴隶，
或 100 吨的船运载 414 名奴隶。"一条 25 吨的帆船居然要装载 70
名奴隶，一条仅 11 吨的帆船也要装载 30 个奴隶。船上每个奴隶分
得的空间只有约 168 厘米长、40.6 厘米宽。有人作过如下描述："他
们一个挤着一个，就像书架上排列的书本一样。"每两个奴隶右腿
对左腿、右手对左手地锁在一起。如果船上还有空余的地方，还会
装上牲口。在这样的情况下，奴隶死亡率很高。造成死亡的还有虐待、
传染病等，传染病又与旅途漫长、食物和饮水不洁、拥挤有关。①

1788 年，当英国掀起废除奴隶贸易的浪潮时，英国议会通过一
项"改善"奴隶运输条件的决议，规定船上奴隶所占的空间应该有：
男人，长 183 厘米、宽 40.5 厘米（根据英寸换算，下同）；妇女，
长 177.5 厘米、宽 40.5 厘米；男孩，长 152.5 厘米、宽 35 厘米；女
孩，长 137 厘米、宽 30.5 厘米。这就是奴隶们享受的"改善"后的
跨大西洋旅途的空间条件。特别是当时奴隶船船舱高度通常不超过
68 厘米，奴隶们无法坐起来。这样的条件还算是官方的规定，奴隶
们在船上的实际处境比这更加糟糕。当时大西洋上正常情况下的航
海条件就不好，天气闷热，食物容易腐烂或饮水常常极度缺乏，痢疾、
疟疾、天花、红眼病流行。死者和重病的都被扔进大海。1783 年，

---

① 〔特立尼达和多巴哥〕艾里克·威廉斯：《资本主义与奴隶制度》，陆志宝等译，
第 33—34 页。

英国奴隶船船长下令把 132 个奴隶扔进大海，因为淡水已经用完。当时英国有了保险制度，其规定是这样的：如果奴隶因干渴致死，责任在船主；如果把奴隶扔到海里（以防止他们起义、威胁船只安全等理由），则由保险公司承担责任。根据官方资料，17 世纪到 18 世纪初，跨大西洋航行的奴隶死亡率为 27%，但高达 50% 或以上也是常有之事。另外，为了让奴隶保持活力，船主也会逼迫奴隶戴着镣铐到甲板上"跳舞"。①

奴隶的脱逃、反抗和暴动不时地发生。脱逃主要发生在装上远洋船以前，而反抗通常发生在大西洋的航途中。1776 年英国的"希望"号贩奴船刚驶离黄金海岸，奴隶们便纷纷跳海，28 个男子和 2 个女子溺亡。奴隶反抗的方式多种多样，有绝食自杀的，有发起暴动的。1722 年，一艘装载着 300 个奴隶的贩奴船从向风海岸（Windward Coast）动身，在大西洋上航行 10 天后，奴隶们趁船长走近的机会，用锁链和吃饭的大碗把他砸死，然后与船上的水手搏斗。这次暴动中，有 80 个非洲人死亡。此后，其余的奴隶还曾两次企图占领船只。船到牙买加后，种植园主都不敢购买。②

5. 在美洲出售奴隶。到达美洲有关港口后，奴隶贩子有时并不急于出售奴隶，而是要让他们休息一下，"还供应他们最好的吃食"，为的是让他们恢复体力和精神，以便在市场上更容易出手。黑奴船上的医生还设法"掩饰或遮盖黑奴的生理缺陷"。③总之，既然奴隶是商品，那就在一切方面都要把他们当作商品来处理。出售奴隶时，奴隶贩子"很少要现钱"，通常是让种植园主用分期付款的方式购买，或直接用奴隶换取他们的产品，如糖、香料，或是接收在宗主国支付的收据。④

种植园主向奴隶贩子购买奴隶时，也有许多"学问"。比如他

---

① 〔苏〕阿勃拉莫娃：《非洲——四百年的奴隶贸易》，陈士林等译，第 113—115 页。
② 艾周昌等：《非洲通史·近代卷》，第 53 页。
③ 〔法〕雷吉娜·佩尔努：《法国资产阶级史》下册，康新文等译，第 201 页。
④ 〔苏〕阿勃拉莫娃：《非洲——四百年的奴隶贸易》，陈士林等译，第 117 页。

们十分注意奴隶的来源地，有的地方的黑奴被认为很会干活，而有的地方则不是："来自安哥拉的黑奴一钱不值；来自黄金海岸的科罗曼人或阿散蒂人（Ashanti）干活出色，但是反抗性太强。塞内加尔的曼丁哥人惯会偷东西；尼日利亚的伊博人十分腼腆和消沉；达荷美的波波人或怀达人则很驯从听话。"利物浦的一个商人嘱咐为他购买奴隶的代理人，要他留神不要买进肚子肿胀的奴隶和白痴，以及"瘦腿蜘蛛似的黑人"。西印度的一位诗人说，"奴隶贩子察看和挑选那些舌头要红的、胸肩要宽的和腹部扁平的奴隶。"尼维斯（Nevis）岛的一个监工告诫说："要买年轻的奴隶，那些成年家伙，没有养成干活习惯，难以驯服。要训练年轻的，否则他们笨得什么都干不了。"[1]

卖掉奴隶，装上美洲的产品，然后起航回国。这就是三角贸易的一个完整的航程。

奴隶贸易对非洲的影响等几个问题

关于四百年的奴隶贸易的研究，有一些争论异常激烈的问题，因为这常常与感情和偏见混杂在一起。下面介绍几个主要问题：

1. 四百年的奴隶贸易对非洲的影响。它中断了非洲正常的经济社会发展过程，加剧了它的社会分裂，极大地加深了各部族、阶层之间的敌对和仇恨。仅仅从欧洲奴隶贩子输入非洲的枪支数量，就可以想象它对那些尚处于原始社会或刚刚向文明社会转变的社会的破坏有多大：到 1730 年，西非每年枪支进口量达到 18 万支；1750到 1807 年间，每年运入的枪支都在 28.3 万到 39.4 万支之间。[2]武装的发展程度是与文明的发展程度相匹配的，否则它会引起更大的灾难。假如一个原始社会的部落掌握了生化武器，那么现代人关于禁止使用生化武器的公约对他们是不会有约束力的。用现代武器抓捕原始居民，那是多么惨烈的事情！当然，奴隶贸易也导致非洲经

---

[1] 〔特立尼达和多巴哥〕艾里克·威廉斯：《资本主义与奴隶制度》，陈志宝等译，第36页。

[2] 〔美〕埃里克·沃尔夫：《欧洲与没有历史的人民》，赵丙祥等译，第250页。

济发生一些重要变化，包括把欧洲和美洲的一些作物引入非洲。

2. 关于奴隶贸易的利润。这个问题与非洲因奴隶贸易损失的人口一样，也是众说纷纭。有一点是可以肯定的：总体上它是一项十分有利可图的贸易，否则不会有这么多人趋之若鹜地从事这种比一般远洋贸易更具危险性的工作。

有人认为，个人商贩的利润高达300%。1700年，英国皇家非洲公司预期奴隶贸易的收益是一比四，而私人奴隶贩子的预期收益是一比六。有人估计，18世纪奴隶贸易的年利润达24%。但另一种说法是，1769—1800年间这种收益是8%—13%。当然，由于风暴或奴隶暴动等不可预测的原因，因贩奴而破产的人也不在少数。奴隶贩子的支出，除了购买奴隶的钱，要向非洲当地政权支付各种税费、雇佣当地的劳动力，还有运输途中船员和奴隶甚至船只本身的损失等，"但是，不管怎么说，奴隶贸易肯定是有利可图的"。这也是同时代人的基本看法。英国的重商主义者马拉奇·波斯特斯华特（Malachy Postlethwayt，1707？—1767）就说："黑人贸易以及从中产生的自然结果，可以被看作是能给这个国家带来财富及海上霸权的一个永不枯竭的源泉。"[1]

3. 奴隶贸易与后来列强在非洲建立殖民统治的关系。奴隶贸易其实是西方国家在非洲殖民的初步尝试，郑家馨指出："当殖民占领时期到来时，西方殖民主义者迅速而熟稔地制订出几套卓有成效的'间接统治制度'和'直接统治制度'，使整套殖民统治制度迅速走向成熟阶段，其中奥秘之一需要到奴隶贸易时期去寻找。"[2]也就是说，奴隶贸易时期西方奴隶贩子与非洲上层人物打交道及在他们之间进行纵横捭阖的一套手法，构成了未来殖民统治制度的前身。

4. 关于奴隶贸易的"道德问题"。西方一些学者对这个问题大伤脑筋或讳莫如深，常常避谈或有意无意地掩饰这方面的问题。美国还有学者强调：参与奴隶贸易的不光是西方人，也"严重地依赖

---

① 〔美〕埃里克·沃尔夫：《欧洲与没有历史的人民》，赵丙祥等译，第236页。
② 郑家馨主编：《殖民主义史·非洲卷》，北京大学出版社2000年版，第207页。

非洲人的参与"，没有他们的配合，奴隶贸易是不可能进行的，这才是关于奴隶贸易的完整的故事。[①]在整个奴隶贸易中，西方殖民主义者亲自抓捕的非洲黑人应该只占很小一部分，绝大部分奴隶都是非洲人自己抓来卖给西方人的。但如果欧洲人不跑到非洲去，如果他们在美洲或在其他地方的种植园没有对劳动力的强烈需求，那么非洲的奴隶买卖依然会像中世纪那样是一种影响不太大的、非洲传统的经济和社会可以承受的事情。所以从道德的角度看，讲非洲人的参与并不能减轻西方人的"责任"。

总的说来，奴隶贸易对非洲的经济社会和人口的正常发展造成了旷古未闻、无法弥补的伤害，也使非洲的经济发生某些重要变化。但关于它对非洲的全面影响，这里不深入加以讨论了，因为这不是本书的任务。关于它对欧洲或对西方资本主义发展的影响，将在本编第十一章展开讨论，因为从17、18世纪整个世界贸易的角度观察大西洋奴隶贸易，会更加清楚地看到其对资本主义发展或工业革命的影响。

三、关于15—19世纪非洲奴隶贸易的数量

从15世纪中期到19世纪后期这四百多年的奴隶贸易中，到底有多少非洲黑人被运出非洲，有多少活着到达运送的目的地（即海上运输的死亡率是多少），有多少黑人在被抓捕、运送并被卖给欧洲贩奴船的过程中死亡（捕获、关押及卖给欧洲奴隶贩子过程的死亡率），还有各输出地和各接收地占总输出或总接收量的比例，所输出黑奴的男、女、儿童的比例，年龄段的比例等，都是研究奴隶贸易总量或非洲损失的人口总量的重要课题。

关于死亡率，一般认为仅大西洋上的死亡率就有15%—25%，至于在捕捉过程和从内地押往贩奴船上的过程中被打死、病死或因有病或年老而被遗弃的，已无法计算。杜波依斯（Du Bois，1868—

---

① Sheldon M. Stern, "The Atlantic Slave Trade—The Full Story", *Academic Questions*, Vol. 18, No. 3, 2005, p. 23.

1963）认为，每一个运到新世界的奴隶都要牺牲 5 个人，所以整个奴隶贸易时期非洲实际损失人口达 1 亿人。杜加斯认为远不止这个数字，非洲损失的人口应在 1.5 亿。[①]实际上，在捕捉和运输过程中，到底死了多少黑人，根本无法计算。研究的重点是到底有多少黑人被输入美洲殖民地，或输入美洲和欧洲人的其他殖民地（如印度洋上的岛屿）的黑人到底有多少，这方面有多种研究成果，下面略作介绍和归纳。

国外学者的研究和估算

这里的"国外学者"主要指欧洲、非洲和美洲的学者，所谓估算是指在一定的研究基础上进行猜测性的分析和统计。西方学者对奴隶贸易的研究很早就已展开，但往往与政论相联系。如早在 1839 年，托马斯·福韦尔·巴克斯顿就出版了《非洲奴隶贸易》，在书的开头他说道："每年有 15 万以上的人被运出非洲，跨越大西洋并被卖为奴隶。"[②]最早估算四百年间的奴隶贸易量并在几代人中持续发生影响的，是美国的政论家邓巴（Dunbar），1861 年 4 月他在《墨西哥报》上发表文章，把 1500 年到 1850 年分为八个时间段，分别估计了每个时间段运入美洲的奴隶人数，共计 13 887 500 人。他还认为这是一个偏低的数字。[③]后来非裔美国学者杜波依斯在这个数字的基础上提出自己的估计，认为在 16 世纪约有 90 万黑人被运入美洲，17 世纪有 275 万，18 世纪有 700 万，19 世纪有 400 万以上，总共在 1 500 万。接着他说：至少有 1 000 万是肯定的，又由于整个输出过程（捕捉、内陆运输和海上运输）的死亡率极高（每 6 人中便有 5 人死亡），所以仅运往美洲的黑人就会使非洲减少 6 000 万人口。另外，穆斯林商人从事的奴隶贸易也使非洲损失了类似数量的人口，

---

① 艾周昌等：《非洲通史·近代卷》，第 49 页。

② Thomas Fowell Buxton, *African Slave Trade*, Cambridge: Cambridge University Press, 2010, p. 1.

③ Philip D. Curtin, *The Atlantic Slave Trade, A Census*, Madison, Milwaukee and London: The University of Wisconsin Press, 1969, p. 7.

所以"保守"的估计,整个奴隶贸易共使非洲损失了一亿人口。[①]

1936年,人口统计学家库辛斯基在《人口流动》中提出大西洋奴隶贸易的数字为1 500万,"与杜波依斯的完全相同",可能是直接引用杜波依斯的估计,但未说明数字来源或依据。这个数字后来为各国学者所采纳,在20世纪50、60年代"成为被广泛沿用的数字"。即使有的人认为该数字太过保守,并把它定为2 500万人,但也是以该数字为基础来估算的。也有一些学者通过自己的局部研究而提出大西洋奴隶贸易的数量,定为2 000万、800万、350万—550万的都有,相差极大。[②]

"二战"后关于这方面的研究有两本书值得高度重视。1969年,威斯康星大学的菲利普 D. 柯廷出版《大西洋奴隶贸易统计》,他根据许多档案资料作出新的统计,把奴隶贸易过程分为1451—1600、1601—1700、1701—1810、1811—1870四个时间段,又把美洲接收奴隶的地区划分为英属北美、西属美洲、英属加勒比、法属加勒比、荷属加勒比、丹麦属加勒比、巴西、旧世界(包括欧洲、圣多美、大西洋岛屿)等几个大区,一些大区又分为若干小区。最后他得出的结论是:1451—1870年间从非洲输入美洲的奴隶有956.61万。[③] 这仅指运入美洲的奴隶数字,不包括捕捉、从非洲内陆运往海边及在大西洋转运过程中的死亡数。如果以海上运输15%的死亡率计算,即从非洲运出的奴隶总数约为1 100万人。该书出版后获得高度评价,柯廷去世时有人在一篇纪念他的文章中这样说道:"它是在那些对某个特定主题的历史研究成果中,一出版就在其前后划出一条分水岭的罕见的著作之一。"[④] 该书还被认为是对非洲奴隶贸

---

① W.E.B. Du Bois, *The Negro*, New York: Holt, 1915, p. 93. 见 http://www.sacred-texts.com/afr/dbn/dbn11.htm。

② 舒运国:"外国学者有关奴隶贸易的若干数字统计",《世界史研究动态》1991年第5期,第20—21页。

③ Philip D. Curtin, *The Atlantic Slave Trade, A Census*, p. 268.

④ Joe Corry, David Henige, et al., "PHILIP D. CURTIN (1922-2009)", *History in Africa*, Vol. 36, 2009, p. 7.

易问题进行"科学"研究的开始。让－米歇尔·德沃说："虽然贩卖黑奴的历史在世界发展中起着重要作用，直到 1930 年以前，却从未有人对它进行过科学的研究，甚至在那以后也很少有著作或文章论及这个问题。"他还强调柯廷所依据的资料"并非全部有档案可查。然而，这一数字的特点是确立了一个与感情问题无涉的科学的标准"。①

这一成果引发了研究这一课题的激情和热烈的争论，为尽可能弄清楚 1500 年后从非洲输出的奴隶数量及其他相关问题，学者们作出了"无数的努力"。②1978 年联合国在海地举行关于奴隶贸易的专家讨论会，会后（1979 年）出版的《十五至十九世纪非洲的奴隶贸易：联合国教科文组织召开的专家会议报告和文件》是这方面研究的另一本重要著作。这次会议的总结报告根据会议提交的论文和讨论情况，提出了两个数字：一部分人认为在 10 世纪到 19 世纪，从黑非洲往美洲、欧洲和亚洲输出的奴隶总数应在 1 500 万—3 000 万人之间；另一部分人则认为，如果把捕获奴隶、在非洲内地的运输和漂洋过海时的死亡都考虑进去，估计非洲总共损失的人口有 2 亿 1 千万。③

这两个数字表明，专家们普遍认为柯廷的估计数字偏低。联合国教科文组织编写出版的《非洲通史》第五卷（1992 年出版）提出："1976 年以来的研究所显示的进行修正的方式和数量表明，对柯廷的整体数字做提高 40% 修正，会使估计数更接近于大西洋贸易的真实数量。用这一方法对柯廷的世界奴隶贸易大约 1 100 万人（按：这里应指从非洲运出的奴隶数）的总数做一修正，总人数为大约 1 540

---

① 〔法〕让－米歇尔·德沃："18 世纪欧洲的奴隶贸易"，黄育馥译，《第欧根尼》1999 年第 2 期，第 38、39 页。

② David Richardson, "Across the Desert and the Sea: Trans-Saharan and Atlantic Slavery, 1500-1900", *The Historical Journal*, Vol. 38, No. 1, 1995, p. 196.

③ 联合国教科文组织：《十五至十九世纪非洲的奴隶贸易：联合国教科文组织召开的专家会议报告和文件》，黎念等译，中国对外翻译出版公司 1984 年版，第 213 页。

万人。"①像布罗代尔这样的西方学者，所采用的这方面的数字是：16世纪为90万人、17世纪为375万、18世纪为700万—800万、19世纪为400万。这样，四百年间非洲共向美洲提供了1 565万—1 665万黑人奴隶。②

印度洋奴隶贸易从古代一直持续到20世纪，比大西洋奴隶贸易的历史悠久得多，但关于1451年至1870年奴隶贸易的总数量，专家们得出的结论相差很大，"估计为100万至500万"的都有。关于海上运输死亡率的情况是："18世纪末和19世纪初，印度洋上的死亡百分比，因行程远近不同，出入很大。从西非运至马斯克林群岛途中的死亡约占25％，由东非海岸运出约占21％，由马达加斯加运出约占12％。"③

《非洲通史》第五卷的作者认为，雷蒙·莫尼和拉尔夫·奥斯丁的研究达到了一定的可信度。莫尼的结论是，1400—1900年跨越撒哈拉、红海和印度洋的奴隶贸易数总共1000万人。奥斯丁的结论是：1500—1890年从这些渠道输出的奴隶有685.6万人，其中跨越撒哈拉的有395.6万，跨越红海和印度洋的有290万。该卷作者还说，"奥斯丁的估计更可靠一些"，由此他得出16—19世纪非洲共向外输出奴隶约2200万的结论。④即通过撒哈拉、红海和印度洋输出近700万（685.6万），通过大西洋输出1 500万以上。

中国学者的研究和认识

我国的世界史研究起步晚，对这个问题至今仍谈不上真正的（使用原始档案的）研究，主要还是处在评价或介绍国外学者有关结论的阶段。

---

① 〔肯尼亚〕奥戈特主编：《非洲通史》第五卷，李安山等译，中国对外翻译出版公司2001年版，第62页。

② 〔法〕布罗代尔：《15至18世纪的物质文明、经济和资本主义》第三卷，施康强等译，第505页。

③ 联合国教科文组织：《十五至十九世纪非洲的奴隶贸易：联合国教科文组织召开的专家会议报告和文件》，第214、213页。

④ 〔肯尼亚〕奥戈特主编：《非洲通史》第五卷，第62—63页。

　　"文革"前和"文革"中，我国学术界大体上都接受了杜波依斯关于奴隶贸易使非洲丧失一亿人口的估计，改革开放初期编写的一些世界史教材依然沿用此说。[①]但国外学者新的研究成果也引起了一些人的注意，一些新编的教科书在讲到非洲因奴隶贸易而损失的人口时，开始引用一些新的研究成果。比如，当前许多高校采用的吴于廑、齐世荣任总主编的《世界史》教材的相关部分，在采用以往 1 亿人的说法时，又指出"还有的认为是 2.1 亿人"。[②]

　　改革开放以来还陆续有一些学者介绍过国外这方面的研究成果。1984 年，吴秉真在《世界历史》第 4 期上发表《非洲奴隶贸易四百年始末》，介绍了杜波依斯、柯廷和 1978 年海地会议提出的一些主要数据。舒运国的《外国学者有关奴隶贸易的若干数字统计》(《世界史研究动态》1991 年第 5 期)是对这个问题介绍得最详细的一篇文章，不仅列举了邓巴、杜波依斯、柯廷和海地会议提出的主要数据，介绍其他许多学者或其他相关著作对这个问题的看法，还专门介绍了印度洋奴隶贸易的数量和海上运输的死亡率等问题的研究情况，引用的材料和观点相当丰富。我国非洲史学者全力编写的《非洲通史》(1995 年出版)的相关部分则综合了国内外的研究成果，代表了当时我国学者对这个问题的看法，这里介绍如下：

　　关于运入美洲的奴隶的数量，长期以来历史学家多倾向于两种估计。一种意见以邓巴、杜波依斯、费奇、戴维逊等为代表，主张运入各殖民地的黑奴有 1 500 万人左右；另一种意见以 A. G. 霍普金斯为代表，认为有 1 500 万—2 000 万人。还有一些学者估计的数字与此相差很大：法国的皮埃尔·肖努估计整个大西洋奴隶贸易的数量是 800 万，唐纳德·维德纳估计运进美洲的奴隶只有 350 万—550 万人。

　　① 参见周一良、吴于廑主编：《世界通史·近代部分》(上册)，人民出版社 1962 年版，第 472 页；樊亢等主编：《外国经济史·近代部分》下册，人民出版社 1965 年版，第 325 页；北京大学历史系《简明世界史》编写组：《简明世界史·近代部分》，人民出版社 1974 年版，第 163 页；刘祚昌等主编：《世界史·近代史》(下)，人民出版社 1984 年版，第 98 页。

　　② 吴于廑、齐世荣主编：《世界史·近代史编》(第二版)下卷，高等教育出版社 2001 年版，第 219 页。

以上都是指大西洋奴隶贸易中运入美洲各殖民地的数字。还有人认为从 10 世纪至 19 世纪非洲运到各接收地的奴隶共有 1 500 万—3 000 万人。柯廷作了"迄今为止最为系统详尽的"研究，他提出 1451—1870 年间从非洲运往欧洲和美洲的奴隶有 9 566 100 人。如果加上海运途中约 15% 的死亡率，那么这段时间从非洲运出的人口共有 1 100 万左右。但柯廷的数字尽管具体到个位，由于许多历史资料已经消失，也只能是一个参考，而且其统计的数字可能偏低。说其偏低的理由是：（1）15—17 世纪葡萄牙和荷兰先后成为最大的贩奴国，这两个国家留下来的贩奴材料相当少；（2）18 世纪中期以前英国很少有关于奴隶贸易的报道，但绝对不能证明这时期英国没有参与奴隶贸易；（3）在整个奴隶贸易期间都有大量走私贸易存在，这些走私贸易是不可能有记载的。关于奴隶贸易的死亡率，通常的意见是大西洋上运输奴隶的死亡率是 15%—25%，至于在捕捉和从非洲内地押往贩奴船的过程中被打死、病死或因有病或年老而被遗弃的，已无法计算。综合以上因素，非洲因奴隶贸易而损失的总人数，有人认为远不止杜波依斯所估计的 1 亿人，而应在 1.5 亿，还有人认为应为 2.1 亿。[①]

附带说一下，以上国内著述所依据的资料，大多是国外 20 世纪 80 年代以前出版或发表的。

20 世纪末以来国外关于大西洋奴隶贸易量的研究

1978 年海地会议以来，国外学者对奴隶贸易展开了更全面深入的研究，联合国教科文组织继续推动这一工作，1994 年还发起了一个长达 10 年之久的题为"蓄奴之路"的研究项目。学者们发掘了大量档案，建立了共享的跨大西洋奴隶贸易研究大型数据库，并在众多个案和中观研究的基础上重新提出各种概括性的数字。这里仅就笔者所了解的关于大西洋奴隶贸易的各种数据略作介绍。

---

① 艾周昌等：《非洲通史·近代卷》，第 47—49 页。

20 世纪末，法国的让－米歇尔·德沃在一篇文章中说道："目前，人们估计被贩卖的奴隶应在 950 万到 1 550 万之间，谁也不知道是否将会有一天人们能在准确的数字上达成一致。"他又说："据估计，被运往大西洋彼岸的非洲人达 1 169.8 万人，不过每运到一名奴隶，就可能有五至六名死在去往非洲海岸的路上或者后来死在横渡大西洋的途中。但是到底有多少人呢？7 000 万受害者？或者更多？"[①]从这口气中可以看出，这些数据都是估算的，但应该是综合当时的研究成果后作出的。

2000 年保罗·洛夫乔伊（Paul Lovejoy）在一本书中指出，在1450—1867 年间，非洲输出的奴隶有 11 313 000 人（起航时的人数）。几年后，他在一个网站上介绍大西洋奴隶贸易的文章中，使用了这个数字，其详细情况如下：

表 9-1　从非洲输出的奴隶：大西洋上的迁移[②]

时期（年）	可识别的非洲人沦为奴隶的数量（人）	百分比（%）
1450—1600	409 000	3.6
1601—1700	1 348 000	11.9
1701—1800	6 090 000	53.8
1801—1867	3 466 000	30.6
已知全部人数	11 313 000	

这篇文章还载有多个表，分别标明不同时期奴隶的起航地、女性的比例、儿童的比例、海上航行的死亡率、到达美洲各目的地的奴隶人数比例等。

2003 年，约翰尼斯·波斯特马出版《大西洋奴隶贸易》，下面是他使用的一个表：

---

① 〔法〕让－米歇尔·德沃："18 世纪欧洲的奴隶贸易"，黄育馥译，《第欧根尼》1999 年第 2 期，第 39 页。

② Paul E. Lovejoy, "The 'Middle Passage': The Enforced Migration of Africans across the Atlantic"（http://bernard.pitzer.edu/~hfairchi/pdf/Blacks/MiddlePassage.pdf.），来自作者的著作 Transformations in Slavery: A History of Slavery in Africa(2nd ed.), Cambridge: Cambridge University Press, 2000, p. 19。

表 9-2　非洲输出的奴隶，按从事奴隶贩卖的国家排列

（单位：千人）①

时期 （年）	不列颠	法国	西班牙	尼德兰	美国和英属加勒比	丹麦	葡萄牙和巴西	所有国家	年交易量
1519—1600	2.0						264.1	266.1	3.3
1601—1650	23.0			39.9			439.5	502.4	4.1
1651—1675	115.2	5.9		59.5		0.2	53.7	234.5	9.4
1676—1700	243.3	34.1		97.4		15.4	161.1	551.3	22.1
1701—1725	380.9	106.3		74.5	11.0	16.7	378.3	967.7	38.7
1726—1750	490.5	253.9		76.4	44.5	7.6	405.6	1 278.5	51.2
1751—1775	859.1	321.5	1.0	118.2	89.1	13.4	472.9	1 875.2	75.0
1776—1800	741.3	419.5	8.6	34.2	54.3	30.4	626.2	1 914.5	76.6
1801—1825	257.0	217.9	204.8	1.3	81.1	10.5	871.6	1 644.2	65.8
1826—1850		94.1	279.2				1 247.7	1 621.0	64.8
1851—1867		3.2	23.4				154.2	180.8	10.6
合计	3 112.3	1 456.4	517	501.4	280	94.2	5 074.9	11 036.2	30.4
百分比（%）	28.2	13.2	4.7	4.5	2.5	0.9	46	100	

① Johannes Postma, *The Atlantic Slave Trade*, Westport: Greenwood Press, 2003, p. 36. 作者注明：该表的数字来自 David Eltis, "The Volume and Structure of the Transatlantic Slave Trade Reassessment", *William and Mary Quarterly*, Vol. 58, No. 1, 2001, 但关于尼德兰的数字根据他自己的研究作过调整。

作者说明，表 9-2 是根据剑桥大学出版社数据库的资料概括和统计分析的结果，该数据库当时已经识别了 26 000 次贩奴航行，以此为基础，他加上未发现具体材料的此类航行还有 10 000 次左右，最后得出这些数字。作者还说明，本表的数字不包括柯廷的数字中运往欧洲和非洲大西洋岛屿的 17.5 万（大多发生在 15 世纪后半叶和 16 世纪初）。由此，他把自己得出的数字与柯廷的数字作了比较，结论是："一些学者认为柯廷的数字太低，但随着越来越多的数据的搜集，新的估算与这个数字差别很小。"① 即他的数字与柯廷的数字只相差 20 多万人：他的数字是 1519 年至 1867 年间运出非洲的奴隶有 1 103.62 万（见表 9-2），加上大部分为此前运入欧洲和非洲大西洋岛屿的 17.5 万，总数为 1 121.22 万；柯廷的数字是 1451—1870 年运入目的地的奴隶有 956.61 万，若加上海上运输 15% 的死亡率，即为运出非洲的人数，约为 1 100 万。

这个表也显示了近几十年来奴隶贸易研究的一种趋势，即搞清大西洋奴隶贸易的全过程，其高峰期，从事奴隶贸易的国家共有哪些，各在这一贸易中起什么作用，及各自从事奴隶贸易的兴衰过程等。该书的另外几个表同样表达了学者们的各种研究趋势，如奴隶的来源（从非洲什么地方起航）及奴隶的去向（运往美洲的什么地方），各占什么比例。有 50% 多的奴隶本来是散居在非洲大西洋沿岸的，并在塞内加尔和喀麦隆之间的海岸被运走。有 18.5% 或 200 多万人是在贝宁湾（奴隶海岸）运出去的。比夫拉（Biafra）湾是西非奴隶外运的第二大港口，有 150 多万人从这里被运走，从黄金海岸运走的则有 100 多万。奴隶海岸从奴隶贸易早期到 19 世纪初一直在输出奴隶；而黄金海岸直到约 1700 年主要还是一个黄金输出地区，此后由于黄金枯竭且殖民地对奴隶的需求增加，它才成为输送奴隶的主要港口。比夫拉湾要到 18 世纪奴隶贸易进入高峰期才成为输出奴隶的重要地区。从塞内加尔到象牙海岸一带的海岸输出的奴隶相对较少，塞内冈比亚

---

① Johannes Postma, *The Atlantic Slave Trade*, pp. 35-36.

（Senegambia）到美洲的航线较短，本来是应该受到青睐的，但至今尚不清楚出于什么原因，从这里输出的奴隶还不到大西洋奴隶贸易总数的 10%。约 44% 或近 500 万奴隶来源于非洲中部大西洋沿岸（west central Africa），包括现在的安哥拉、刚果河和喀麦隆之间的地区。来自东南非的奴隶也在大西洋奴隶贸易中占有一席之地，来自今天的莫桑比克、坦桑尼亚的奴隶被运往美洲的有 484 500 人，占总数的 4.4%。奴隶贸易的目的地也是研究的重要内容，该书"表 9-3"就列了 16 个目的地，其中一个是非洲本身，其余全是美洲，其中人数最多的是巴西东南部，接收了 2 017 900 人，占总数 21.1%。[①]

2008 年美国的丽莎·A. 琳赛出版《海上囚徒：奴隶贸易四百年》一书，该书中文版译者在《译后记》中说，这是一本由"资深非洲史专家"撰写的关于奴隶贸易的"通俗著作"，所以它虽然没有很多注释，但其学术性是不容置疑的。琳赛在书中说："据修订的奴隶贸易数据库，最新估计是：大约 1250 万非洲俘虏从非洲上船，1080 万人活着抵达美洲。两个数字之差就是中途死亡的人数。大约 1/3 俘虏是女人，28% 是儿童。"这其中约 640 万人是 1700—1800 年间上船的，仅 18 世纪后半叶就有 400 万，占总数近 1/3。此前的二百年间，运到美洲的约有 210 万，而 1808 年英国禁止奴隶贸易后仍有 300 多万非洲奴隶被运往美洲。[②]

2010 年戴维·埃尔蒂斯等人出版《大西洋奴隶贸易地图集》，提出 1501—1867 年跨大西洋贸易共有 12 521 000 人被输出非洲。[③] 如果加上此前葡萄牙运入欧洲和大西洋岛屿的 15 万人，也可把这个数字与柯廷的数字（加上 15% 死亡率）进行比较。该书充分利用了

---

① Johannes Postma, *The Atlantic Slave Trade*, pp. 38-41.

② 〔美〕丽莎·A. 琳赛：《海上囚徒：奴隶贸易四百年》，杨志译，中国人民大学出版社 2014 年版，第 256、4—5 页。按：这里提供的被运出非洲和到达美洲的奴隶数字之差，可算出，海上运输的奴隶死亡率为 13.6%。

③ David Eltis and David Richardson, *Atlas of the Transatlantic Slave Trade*, New Haven and London: Yale University Press, 2010, pp. xvii,19. 转引自 Suzanne Schwarz, "Extending the African Names Database: New Evidence from Sierra Leone", *African Economic History*, Vol. 38, 2010, p. 156。

经过近 20 年建设的跨大西洋奴隶贸易数据库（Trans-Atlantic Slave Trade Database）的资料，即 1500—1900 年间有文献记录的 34 934 次跨大西洋贩奴航行的信息，他们认为这个数字很可能包括了这时期全部贩奴航行量的 80%。全书有 189 幅提供相关信息的地图，这些地图含有的信息和作者的解释包括奴隶的来源地、航行目的地、出发时间、海上死亡率及其在不同时期的变化、船上奴隶起义的次数和地点等等。[①]

跨印度洋和跨撒哈拉的奴隶贸易量

印度洋上的奴隶贸易比大西洋奴隶贸易远为古老，不久前艾伦还说："拉森提醒我们，跨越撒哈拉和印度洋的非洲奴隶的数量不仅可能超过被从大西洋运出去的人数，而且这些不通过大西洋的生意远远要比大西洋奴隶贸易古老得多。"[②] 但实际上，研究印度洋奴隶贸易的深广度远不及大西洋。海地会议以来，这方面的工作虽然已经大有长进，但与大西洋奴隶贸易的研究相比，依然相当逊色，下面我们想主要通过艾伦提供的两个表介绍一下这方面的研究情况。

表 9-3　1500—1850 年间印度洋上欧洲人奴隶贸易量最低限度的估计[③]

欧 洲	1500—1599 年	1600—1699 年	1700—1799 年	1800—1850 年	合计
葡萄牙人	12 500—25 000	12 500—25 000	12 500—25 000	4 375—8 750	41 875—83 750
荷兰人	—	26 967—39 967	14 653—24 153	2 345	43 965—66 465
英国人	—	1 012—1 016	9 513—11 523	—	10 525—12 539
法国人	—	500	165 057—185 071	169 379—198 469	334 936—384 040
合计	12 500—25 000	40 979—66 483	201 273—245 747	176 099—209 564	431 301—546 794

① Nicolas van de Walle, "Review of *Atlas of the Transatlantic Slave Trade*", *Foreign Affairs*, Vol. 90, No. 2, 2011, pp. 189-190.

② Richard B. Allen, "The Constant Demand of the French: The Mascarene Slave Trade and the Worlds of the Indian Ocean and Atlantic during the Eighteenth and Nineteenth Centuries", *The Journal of African History*, Vol. 49, No. 1, 2008, p. 68. 拉森的文章见 "African diasporas and the Atlantic'", in Jorge Canizares-Esguerra and Erik R. Seeman (eds.), *The Atlantic in Global History, 1500-2000*, Upper Saddle River, NJ: Pearson Prentice Hall, 2007, pp. 129-147。

③ Richard B. Allen, "Satisfying the 'Want for Labouring People': European Slave Trading in the Indian Ocean,1500-1850", *Journal of World History*, Vol. 21, No. 1, 2010, p. 64.

按照表9-3，这三百五十年间印度洋上由欧洲人进行的最低限度的奴隶贸易量是431 301到546 794人。作者说明，这是些被西方贩奴者从莫桑比克、斯瓦希里海岸、马达加斯加、印度、锡兰和东南亚（注意：这里表明有的奴隶来自亚洲）运往印度洋盆地各地的奴隶，但不包括被欧洲人运到美洲去的奴隶，也不包括阿拉伯人或穆斯林商人、东非土著商人在印度洋上进行的奴隶贸易。作者还说，这里虽然用了两个最低限度的数字，但后一个数字即546 794人恐怕是更准确的最低限度的数字，而且完全有理由相信实际数字可能大大超过547 000人。[①]

要了解这期间印度洋奴隶贸易更完整的面貌，必须与下表结合起来看。

表9-4 1500—1850年间东非的奴隶贸易[②]

时期（年）	输出总数（人）	欧洲人输出的数量（人）	欧洲人输出量占总数的百分比（%）
1500—1600	100 000	12 500—20 000	12.5—20.0
1600—1700	100 000	15 600—23 100	15.6—23.1
1700—1800	400 000	219 900—256 000	55.0—64.0
1800—1850	340 100—371 800	176 100—207 800	51.8—55.9
合计	940 100—971 800	424 100—506 900	45.1—52.2

表9-4表明，1500—1850年，从东非输出的奴隶总数在940 100到971 800之间，其中有45.1%—52.2%，即424 100到506 900人是由欧洲人输出的，另外的是由阿拉伯人和东非土著商人等输出的。不过要注意两点。第一，这里的"输出"，是指黑人离开原居住地而言的，因为其中有小部分奴隶是被输入诸如好望角等西方人在非

---

① Richard B. Allen, "Satisfying the 'Want for Labouring People': European Slave Trading in the Indian Ocean,1500-1850", *Journal of World History*, Vol. 21, No. 1, 2010, pp.60-61.

② Ibid., p. 68.

洲的殖民地。第二，这里的数字不包括从东非输往美洲的奴隶，而只包括那些被输往西方人在印度洋周边、南亚、东南亚的殖民地的黑人。从东非输往美洲的奴隶也不少，如 1670—1830 年法国人从东非输往大西洋的奴隶就有 336 120 至 388 260 人，仅 1811 年后就有 386 000 个莫桑比克人被欧洲人输往美洲。[①] 一般而言，输往美洲的人数已经包括在大西洋奴隶贸易的人数内（比较前面波斯特马讲的，几百年的奴隶贸易中东南非输往美洲的有 484 500 人，占输往美洲的奴隶总数的 4.4%）。但我们必须记住：就印度洋奴隶贸易的总量而言，应该包括三部分人：欧洲人输往开普及其以东各殖民地的奴隶；欧洲人输往美洲的奴隶；阿拉伯人、东非土著商人和印度人从东非输出的奴隶。可见，印度洋奴隶贸易及其数量计算是相当复杂的，有必须注意以下几点：

1. 东非的土著居民和阿拉伯人也是重要的奴隶贩子，他们把奴隶从东非输往马达加斯加、中东（阿拉伯半岛和波斯湾）和南亚。印度商人资本卷入东非奴隶贸易的规模也相当可观。[②] 这方面的研究有待于各有关国家历史学家的共同努力。

2. 贩奴船的航线十分灵活："在非洲西部海岸装上奴隶的西方人的船只不仅前往新世界，也前往好望角、马斯克林群岛、印度和印度尼西亚群岛（按：理论上这部分奴隶应该计入印度洋的奴隶贸易量，虽然绝对数字可能不大）。同样，从欧洲来的装运马达加斯加人、东非人和印度人奴隶的船只不仅横跨印度洋各地，也前往加勒比或美洲的某个地方。"[③]

3. 奴隶的来源地也很复杂，上面已经提到印度洋周边被买卖的

---

① Richard B. Allen, "Satisfying the 'Want for Labouring People': European Slave Trading in the Indian Ocean,1500-1850", *Journal of World History*, Vol. 21, No. 1, 2010,第 67 页的表和第 68 页。

② Richard B. Allen, "The Constant Demand of the French: The Mascarene Slave Trade and the Worlds of the Indian Ocean and Atlantic during the Eighteenth and Nineteenth Centuries", *The Journal of African History*, Vol. 49, No. 1, 2008, pp. 71-72.

③ Richard B. Allen, "Satisfying the 'Want for Labouring People': European Slave Trading in the Indian Ocean,1500-1850", *Journal of World History,* Vol. 21, No. 1, 2010, p. 66.

奴隶有的并非来自非洲，"非洲不是印度洋盆地奴隶劳动力的唯一来源，奴隶流向非洲大陆，如同从非洲大陆流出一样。从 16 世纪到 19 世纪，印度和东南亚经广阔的印度洋世界输出了几万奴隶，即使不是十几万。同时，波斯湾不仅仅是一个输入非洲奴隶的目的地，也是一个转运点，从这里一些奴隶被再次出口到马斯克林群岛、印度、东南亚及更远的地方。"南亚和东南亚本来就存在奴隶贸易，这种贸易在西方人到来前就已经存在，如尼亚斯岛（Nias）的奴隶被卖到苏门答腊西海岸。西方人到来后，此种买卖一度更加盛行，有人估计，1620—1830 年巴厘（Bali）及其附近岛屿输出的奴隶至少有 10 万。[①]

4. 19 世纪中期，即在奴隶贸易被禁止后，印度洋上还明显存在类似奴隶买卖的现象：从东非沿岸和马达加斯加征募"被解放"的奴隶和"自由的"契约劳工（engagés），把他们运到留尼汪等地的种植园劳动，而且数量不菲。这种劳动力贸易几乎与旧的奴隶贸易没有什么区别，只是名义不一样。比如，在 1848—1861 年间，约有 34 000 个东非和马达加斯加的这种"契约劳工"来到留尼汪。[②]

最后我们看一下跨撒哈拉（陆路）的奴隶贸易数量。一千多年间，跨撒哈拉的贸易（黄金、奴隶等）曾是马格里布经济的支柱。近代以来，穿越这一沙漠地带的贸易约向北非马格里布或地中海边的其他目的地交付了几百万黑人奴隶。下面的表格是三位学者对跨撒哈拉奴隶贸易数量的估计。莫尼和奥斯汀的估计前面已经提及，注意前面提及的数字包括印度洋和红海，这里只指跨撒哈拉的奴隶贸易量，赖特的数字反映了新的研究成果。

[①]　Richard B. Allen, "Satisfying the 'Want for Labouring People': European Slave Trading in the Indian Ocean,1500-1850", *Journal of World History,* Vol. 21, No. 1, 2010, pp. 48, 57.

[②]　Ibid., p. 72.

表 9-5 三位学者估计的跨撒哈拉的奴隶贸易量：年平均数和总数 [1]

（单位：人）

时期（年）	莫尼（Mauny）	奥斯汀（Austen）	赖特（Wright）
1500—1599	2 000	5 500	6 000
1600—1699	2 000	7 100	7 000
1700—1799	2 000	6 000	7 000
1800—1899	2 000	6 450	6 000
1900 年以来	—	—	几百
年平均数	2 000	6 263	6 500
小计	8 000 000	2 505 000	2 600 000
合计（750—1500）	5 700 000	4 320 000	3 450 000
总计	13 700 000	6 825 000	6 050 000
年平均数（650—1900）	10 960	5 460	4 840

按照这个表，750—1500 年，跨撒哈拉的奴隶贸易量是 570 万或 432 万或 345 万；这里，我们更感兴趣的是 1500—1899 年从撒哈拉运到马格里布和埃及的奴隶数量，是 800 万或 250.5 万或 260 万。按赖特的解释，表格中所有的数字都是估算而来，是有一定根据的猜测。但从最近的研究成果来看，三个数字中，莫尼的估计偏高，后两个数字可能较为可取。

四、商业战争

某种形式的商业战争在中世纪就已广泛存在。意大利各城市之间一直存在着这种或那种冲突，有的表现为相当规模的海战，如热那亚人与威尼斯人之间为争夺市场和商业机会的战争。北欧也是这样，如 1441 年荷兰人打败汉萨同盟，后者从此走向衰落。但在

---

[1] John Wright, *The Trans-Saharan Slave*, London and New York: Routledge, 2007, p. 168. 作者讨论关于这些数字是否可取的看法，见该书第 167 页。所引莫尼和奥斯汀的材料，分别来自：Mauny, *Les siècle obscurs de l'Afrique noire*, Paris: Fayard, 1970, pp. 240-241; Austen, "The Trans-Saharan Slave Trade: A Tentative Census", in Gemery and Hogendorn eds., *The Uncommon Market*, New York: Academic Press, 1979, p. 66。

16—18 世纪间，欧洲国家为了海外商业利益而进行的商业冲突和商业战争一浪高过一浪，在不同时期有不同的特点，绝非中世纪的那些冲突可以相比；战争性质也发生变化，因为它与民族国家的形成纠结在一起。也就是说，这时期各国间的冲突更为复杂，有的是商业冲突，有的是领土纠纷，有的是随着近代民族形成而发生的要求民族独立的战争，还有的是随着宗教改革而来的两大教派的冲突；而在具体的冲突与战争中，各种因素往往兼而有之，商业因素总是纠缠其中，而且起着越来越大的作用。比如震动整个欧洲的三十年战争（1618—1648），开始时看起来主要是两大教派的冲突，但实际上各国都有自己的国家利益的考虑，正是这些情况造成它的种种复杂性，使得解决这场战争的和约建立了第一个国际关系体系。解决冲突的方式，除了战争，有时也通过谈判和妥协。

15 世纪后期到 16 世纪初，商业冲突主要在西班牙和葡萄牙之间展开。15 世纪后期，由于这两个国家在大西洋上的活动日益频繁，对大西洋岛屿的争夺变得尖锐起来。1479 年，它们签订阿尔卡索瓦斯（Alcáçovas）协定，葡萄牙的阿方索五世放弃了对加那利的要求，而阿拉贡的斐迪南和卡斯蒂利亚的伊莎贝拉则承认葡萄牙对非洲的权利。[①]这一条约确立了此后这两个国家扩张的格局：葡萄牙向东，西班牙向西。后来因美洲的发现和环球航行而签订的"教皇子午线"和《萨拉哥萨条约》，都是继续用协商办法解决两国冲突的例子。

16 世纪的许多时间里，欧洲的商业战争主要表现为各个国家觊觎葡萄牙和西班牙垄断大西洋贸易和东西方贸易的斗争，斗争形式主要是海盗、私掠船、抢劫、大规模走私等。英国国王和法国国王都不承认西班牙和葡萄牙瓜分世界的规定，因为他们都想扩大自己的领土和商业利益。到 16 世纪末，荷兰、英国、法国等开始正面挑战伊比利亚国家的垄断。承担这一挑战任务的是各国新成立的特许

---

① Joseph F. O'Callaghan, "Castile, Portugal, and the Canary Islands: Claims and Counterclaims, 1344-1479", *Viator*, 24, 1993, p. 307.

公司，如西印度公司或东印度公司。

17世纪荷兰人取得某种程度的霸主地位，它似乎没有经历过一场较大规模的战争。按布罗代尔的说法，这是因为"荷兰在其统治初期行事谨慎，并不招摇"。他们开始扩张时，"故意小心翼翼，避免招惹是非，因而没有任何耸人听闻之事可言"。但要扩张，在那个年代，一定程度的战争或冲突是不可避免的。1600年，荷兰人来到日本九州，1601、1604、1607年还数次试图绕过澳门的葡萄牙人直接去广州经商。1603年他们来到锡兰（今斯里兰卡），1605年第一次攻打马六甲失败。1605年他们攻下葡萄牙人在马鲁古的安汶的炮台，安汶成为荷兰东印度公司的第一个据点。1610年荷兰人攻取特尔纳特岛。1622年他们攻打澳门失败。1638年日本驱逐了葡萄牙人，从西方来的人中他们只接受荷兰人（此后日本人的"新"学问被称为"兰学"）。1641年荷兰人占领马六甲。到1682年，亚齐王国、望加锡、万丹先后归附。1658—1661年荷兰人成了锡兰的主人，1665年他们又占领印度的柯钦。①荷兰在东方的霸主地位就是这样点点滴滴建立起来的。这其中有众多的冲突，但没有大规模的战争。

17世纪最重要的或者说最明确地为了商业利益而进行的战争，恐怕是该世纪中后期英国与荷兰的战争。1650、1651和1660年，英国议会通过一系列法案，总称"航海条例"，这些条例是针对荷兰的，因为当时荷兰拥有世界上最大的商船队，控制着当时大部分海上贸易。条例规定：非经英国政府允许，外国商人不得与英国殖民地通商；欧洲以外地方的商品必须用英国船只运入；欧洲货物须用英国商船或原商品出产国的船只运入英国港口和殖民地；运入英国的鱼类须为英国渔船所捕，而且只有英国船只才可运送出口的鱼类。出入英国或英国殖民地的商品必须用英国船只运输。②这些规定

① 〔法〕布罗代尔：《15至18世纪的物质文明、经济和资本主义》第三卷，施康强等译，第229、230、232、234—235页。
② 周一良等主编：《世界通史·近代部分》上册，人民出版社1962年版，第24页。

给"荷兰贸易带来沉重打击"，导致这两个国家走向战争，史称英荷战争，第一次战争发生在 1552—1554 年。战争中，英国完全控制了英吉利海峡，荷兰商人甚至"无法在海峡露面"。英国人俘获了 1400 艘荷兰船只，包括 120 艘军舰；英国的军舰则增加到 140 艘。克伦威尔的国务秘书说，这些军舰"比我们以往任何时候所拥有的军舰都好"。1554 年 4 月两国签订条约，荷兰承认英国对海峡的控制，放弃修改航海条例的要求，答应赔偿英国商人在东方遭受的损失。[①]

然而这份条约未能解决两国的冲突。1665—1667 年发生了第二次英荷战争。根据结束第二次英荷战争的《布雷达条约》（Treaty of Breda），《航海条例》作了些微修改，通过莱茵河和斯海尔德（Scheldt，或译"些耳德"）河的货物可以用荷兰船只运入英国。英国人作出这一让步，与荷兰军队成功突袭英国的查塔姆（Chatham）海军基地有关。条约还规定荷兰把新阿姆斯特丹（纽约）交给英国，英国则把苏里南归还给荷兰。此后，1672—1674 年又发生了第三次英荷战争，但《航海条例》一直沿用到 1849 年。[②]

在那个宗教在国民生活和国际政治中仍具有特殊意义的时代，荷兰与英国的战争看来似乎有些不可思议。我们知道，不久后，在 1688 年的"光荣革命"中，荷兰的执政还来到英国，执掌英国政府，但《航海条例》的有关规定并没有发生变化。可见，在国际关系中欧洲一些国家已经把商业利益置于最重要的位置来考虑。克伦威尔的传记作者查尔斯·弗思说道："这两个新教共和国似乎生来就应该进行联盟。英国曾帮助荷兰获得自由，荷兰曾被逃亡的清教徒当作避难的地方。但自 1642 年，由于王朝和商业的原因，使得这两国疏远起来。"[③]在第二次世界大战中任英国首相的温斯顿·丘吉尔也在自己的书中指出："荷兰人控制着波罗的海贸易和东印度群岛的

---

① 〔英〕查尔斯·弗思：《克伦威尔传》，王觉非等译，商务印书馆 2002 年版，第 311—312 页。

② 〔美〕马克·T. 胡克：《荷兰史》，黄毅翔译，东方出版中心 2009 年版，第 99—100 页。

③ 〔英〕查尔斯·弗思：《克伦威尔传》，王觉非等译，第 264 页。

香料贸易,并且垄断了鲱鱼的捕捞。长期议会同荷兰竞争,结果同这个信奉新教的姐妹共和国开始了英国历史上首次主要由于经济原因而进行的战争。"①

进入18世纪后,商业战争的规模扩大了,而且变得更加激烈,这是因为商业或贸易的发展进入了一个新的时期。《新编剑桥世界近代史》第7卷有一段话向我们作了鸟瞰式的介绍:

在1760年之前的半个世纪中,国际贸易量取得了可谓革命性的增长。同时,各主要贸易国家的相对重要性,也发生了变化。贸易的增长一定程度上是由于技术的进步,但是18世纪前半叶国际贸易量所以有惊人的增长,其主要原因还是在于欧洲各国与美洲、非洲和亚洲各殖民地之间贸易的迅猛扩大。殖民地产品的再出口在英国、法国和荷兰的贸易中成为一个非常重要的部分……大西洋的贸易,尤其是与加勒比群岛的贸易,在18世纪上半叶受到了欧洲各国的极大重视,因而自然地就要成为在这个地区拥有殖民地的欧洲四大强国之间不断发生摩擦的原因。其他的一些从事非常重要的贸易活动的地区是印度,东南亚又次之……18世纪后期国际贸易的又一特点是,法国和英国为争夺商业和殖民的优势展开了激烈的斗争。这种斗争不仅在美洲和亚洲发生,而且也在地中海以及北欧和中欧地区的贸易中展开。对北欧和中欧的贸易当时在法英两国的出口货物中,仍占很大的数量……②

殖民和贸易的重要变化,使商业战争的规模和强度也发生了重要变化。1701—1714年的西班牙王位继承战争,其一个重要特点,

---

① 〔英〕温斯顿·丘吉尔:《英语国家史略》上册,薛力敏等译,新华出版社1985年版,第695页。

② 〔英〕林赛编:《新编剑桥世界近代史》第7卷,中国社会科学院世界历史研究所组译,中国社会科学出版社1999年版,第1—2页。

是各主要参战国开始广泛动用来自殖民地的资源。

　　战争的起因是西班牙国王查理（西班牙语卡洛斯）二世去世，没有子嗣，法国的波旁王朝和奥地利的哈布斯堡王朝都有权继承西班牙的王位，因为他的两个姐妹分别嫁给了法国国王路易十四和奥地利的皇帝利奥波德一世。老国王生前立有遗嘱，把王位传给法国国王路易十四之孙安茹公爵菲利普，但规定法、西不得合并。王朝联姻导致了十分复杂的继承关系。实际上，不仅查理二世自己的两个姐妹分别嫁给了法国国王和奥地利的皇帝，他的两个姑姑（即他的父亲菲利普四世的两个姐妹）也是分别嫁给路易十四的父亲路易十三和利奥波德一世的父亲斐迪南三世的。这样，似乎法国与奥地利势均力敌，都有权继承西班牙王位，但伏尔泰说，"法国的王太子对德意志皇帝的儿子们拥有较大的优势"，[①]因为两代法国国王娶的是两代西班牙国王的长女，而其两代次女则都嫁往奥地利方面。西欧的王位继承制度一般是这样的：如果有多位王子，那么长子首先有继承权；如果没有儿子，则长女首先拥有继承权。从这一点看，查理二世把王位传给路易十四的儿子，本来无可厚非。但奥地利皇帝利奥波德一世想让自己的次子查理大公继承西班牙王位，而英国、荷兰等也不能容忍法国称霸欧洲大陆，更害怕法国兼并西班牙后将取得西班牙的广袤的海外殖民地，所以它们都竭力阻止这一继承的发生，遂与奥地利站在一起。按照杜比他们的分析，英国、荷兰之所以迫不及待地组建反法同盟，还因为路易十四这时犯下错误：他让别人感到西班牙似乎变成了法国的卫星国。特别是，他还迫使西班牙把向新大陆贩运黑奴的垄断权转让给法国的几内亚公司，这"立即引起'海上强国'的敌视"，并着手组建同盟。[②]从这里也可看到，在封建继承权的背后，商业因素起着某种关键性的作用。

　　1713 年和 1714 年战争各方分别签订《乌特勒支条约》和《拉斯塔特条约》，共达成 14 项协定。主要涉及两大事实。一个是路易

---

① 〔法〕伏尔泰：《路易十四时代》，吴模信等译，商务印书馆 1982 年版，第 223—224 页。
② 〔法〕杜比主编：《法国史》上卷，吕一民等译，第 733 页。

十四的孙子保住了西班牙的王位，但他必须把尼德兰和其先王在意大利的所有领地，包括米兰和那不勒斯，交给奥地利。另一个事实是英国人获得可观的利益：商业经营权方面，获得向西班牙美洲输送黑奴的垄断权，西班牙的殖民地向英国人开放；领土方面，获得米诺卡岛（Minorca，地中海西部巴利阿里［Baleares］群岛的第二大岛）和直布罗陀，还从法国人手中获得美洲的纽芬兰、阿卡迪亚（Acadia）、哈得孙湾和产糖的圣克里斯托夫（St. Christopher's）岛。该条约表明，路易十四深知自己能力有限，不可能同时保住殖民地和欧洲大陆的利益，因而"终于被迫在这两条行动路线之间作出选择"，即通过在海外利益上向英国作出让步，以便"保住他在大陆上努力的成果"。杜比还进一步分析说，这场战争既是王朝战争，也是民族战争，但它也与"经济方面的因素"有关，那就是为了海上和美洲的利益。这一特点在此前的奥格斯堡同盟战争（1689—1697）中已经表现出来。[①] 近代欧洲的战争表面上看来往往是王朝战争或封建战争，但都与近代民族形成有关，而民族形成的过程又都与领土争端，市场、殖民地和海外贸易的争端有关，直到19世纪都是这样。

西班牙王位继承战争的结果表明，英国将得到更快和更大的发展，因为它已在英法争霸中获得更多优势。1756—1763年七年战争爆发，这是一场决定英法一个多世纪争霸胜负的战争，结果法国彻底失败，而英国则成为名副其实的霸主，特别是在海洋上。这也是第一次真正的世界大战，因为它的参加国众多，主战场虽在欧洲，但战争也在美洲和亚洲展开，是一场同时在三大洲进行的战争。

从战争的直接原因看，它与1740—1748年的奥地利王位继承战争有关。虽然1748年各参战国签订了和约，但或明或暗的军事行动似乎没有真正停止过。同时它也与英法在北美和印度的冲突有关，这些冲突早在进行，而且愈演愈烈，双方都有当地土著支持，而且

---

① 〔法〕杜比主编：《法国史》上卷，吕一民等译，第736页。

双方的"本国政府几乎无法控制那些参加战斗的部队"。因为"双方国内的'爱国游说团'都催逼政府支持殖民者，并认为正在进行的是一场根本的斗争，不只是争夺俄亥俄和密西西比河流域，而且是争夺加拿大、加勒比、印度甚至整个欧洲以外的世界。"① 双方的殖民者都为战争做好了"充分"准备，并积极参战。比如，华盛顿于 1753 年奉命率一支军队参加与法国人的战争，次年在匹兹堡附近被法国士兵俘虏，不过在作出某种保证后法军就让他们体面地离开了。②

七年战争的两大阵营，一个主要由法国、奥地利、俄国构成，另一个主要由英国、普鲁士构成。帕尔默等人认为："七年战争是法国和大不列颠间长期冲突的一个阶段。它同独霸日益发展的世界经济、控制殖民地和支配海洋都有着密切的关系。"③ 林赛则指出，推动这场战争的有两大原因：法国和英国在"殖民地和贸易方面"的矛盾；奥地利和普鲁士"争夺西里西亚和最后为争夺东欧的霸权"。1756 年 5 月英国对法国宣战，8 月普鲁士弗里德里希二世（Friedrich II 或 Frederick II，1740—1786 年在位，又译"腓特烈大帝"）入侵萨克森，战争正式爆发。这场战争"不过是英法在世界范围内斗争的一个部分"。欧洲是主战场，英国人出钱，而刚刚崛起的普鲁士则顽强地抗击着法国、奥地利和俄国三个大国。此外，战争也在美洲和亚洲殖民地展开，特别是在北美、加勒比和印度。英国在海洋上拥有绝对优势，它通过封锁海上运输，不仅使法国难以运进急需的物资，而且也无法向海外投送兵员和装备。当然，从表面上看，这场战争似乎"没有使欧洲的领土发生多大变化"。因为结束战争的《巴黎和约》规定英国放弃从法国手中获得的某些殖民地，而法国则放弃在欧洲大陆新占领的领土，这样就大体

---

① 〔美〕保罗·肯尼迪：《大国的兴衰》，梁于华等译，世界知识出版社 1990 年版，第 136 页。

② 〔美〕华盛顿·欧文：《华盛顿传》，王强译，中国华侨出版社 2006 年版，第 23 页。

③ 〔美〕帕尔默等：《近现代世界史》上卷，孙福生等译，第 343 页。

上恢复了"战前状态"。[①]

不过，英国实际上是这场战争的最大赢家，而法国则几乎变成了一个二流国家，因为它在殖民地败得太惨了。1758年英国在北美先后占领法国人的路易斯堡和杜肯堡（匹兹堡），次年7月把英属殖民地的北部边界推进到五大湖区，同年9月占领魁北克，1760年蒙特利尔的法军向英军投降，法国人在北美的抵抗至此结束。在加勒比地区，英军于1759年攻取瓜德罗普岛，1761年占领马提尼克岛。在印度，英法的力量本来不相上下，但英国人在克来武（Robert Clive，1725—1774）的指挥下，1757年他通过收买孟加拉的统帅，以900英军和2000土著军队在加尔各答北面不远的普拉西（Plassey）打败孟加拉的7万大军，征服了孟加拉。接着他使用孟加拉的资源于1760年打败在海德拉巴的文迪瓦什（Wandiwash）的法军，次年1月又夺取法国人在印度的基地本地治里（Pondicherry）。法国的海外殖民地几乎全军覆没。前面讲的恢复"战前状态"主要指欧洲而言，根据和约，法国从英国人手中收回的殖民地非常有限。和约的下述规定告诉了我们这一点：法国把加拿大及其所有属地、布雷顿角和圣劳伦斯河及海湾中的其他所有岛屿和沿岸地带都割让给英国；英国同意法国臣民可以在纽芬兰岛的那一部分海岸和圣劳伦斯湾捕鱼，把圣皮埃尔和密克隆两岛让与法国作为法国渔民的避风之地，但不得在上面驻军设防；法国把密西西比河以东全部属地割给英国，但不包括新奥尔良；英国占有西印度群岛中的格林纳达、圣文森特、多米尼加和多巴哥，但把瓜德罗普、马提尼克和圣卢西亚等归还法国；法国放弃自1749年以来占领的印度的一切土地，保持少数几处商站但不得设防或驻军。这里还不包括英国从西班牙手中拿到的好处。[②]

七年战争后，法国相对衰落，不久后西方世界接连发生一系列

---

① 〔英〕林赛编：《新编剑桥世界近代史》第7卷，中国社会科学院世界历史研究所组译，第25、588、613页。

② 方连庆等主编：《国际关系史（近代卷）》上册，北京大学出版社2006年版，第32—33页。

重大事件：英国开始产业革命，美国掀起独立战争，法国爆发大革命。欧洲各国的战争和冲突的经济色彩越来越明显，宗教色彩则慢慢淡出视野。麦迪森在论及 1700—1820 年英国卷入上述一系列战争时说："英国之所以卷入这些冲突，在很大程度上是它对全球商业霸权地位的追求。"[①]商业战争是近代以来西欧各国冲突的基本内容，当然，所有的冲突和战争都以"爱国"的名义进行，说明商业利益是在民族国家的架构内实现的，所以在这段时期，对商业利益的追求越强烈，民族意识也就越明确。

五、远洋贸易兴衰就是国家兴衰

那时，远洋贸易对国家兴衰所起的作用，现在已经很难想象。布罗代尔说："远程贸易在商业资本主义诞生过程中无疑起着头等重要的作用，并且长期是商业资本主义的基干活动。今天要证实这个普通的道理，却颇费唇舌，因为许多历史学家往往异口同声地反对它，虽然理由有的站得住，有的难以成立。"[②]这是因为一些学者总是站在自己的时代看问题，根据自己时代的好恶来评判历史的现象。

远洋贸易的兴衰是国家强弱的一面镜子

16 世纪时，控制海洋（传统商路地中海、北海除外）的西班牙和葡萄牙建立起自己的帝国。葡萄牙国家不大，在欧洲没有称霸的能力，但在这个世纪的大部分时间里，西班牙可说是欧洲最强大的国家，特别是 1519 年神圣罗马帝国皇帝查理五世（Charles V，1500—1558，作为西班牙国王，称卡洛斯一世）通过继承意大利和德意志的领地上台后，这个帝国几乎从三面把法国包围起来了。它的强大一方面表现为傲视法国和英国，更重要的恐怕还是它作为

---

① 〔英〕麦迪森：《世界经济千年史》，伍晓鹰等译，北京大学出版社 2003 年版，第 87 页。

② 〔法〕布罗代尔：《15 至 18 世纪的物质文明、经济和资本主义》第二卷，顾良译，第 432 页。

欧洲基督教国家的领袖，承担起抗衡处于巅峰状态的奥斯曼帝国的任务。如果西班牙帝国不是在中欧和地中海上同时抗击奥斯曼人，可能很难把奥斯曼帝国的势力限制在中欧以东地区和地中海东部。1571年在希腊勒班陀（Lepanto）湾的海战，是一场决定性的战役，西班牙与威尼斯共和国、教皇国的海军大败奥斯曼帝国海军，从此奥斯曼帝国的海上势力再也无法向西延伸。

17世纪开始，西班牙已经没有能力在加勒比海地区和北美禁止欧洲其他国家的渗透。荷兰人、英国人、法国人都在加勒比和北美建立了殖民地（纽约最初称新阿姆斯特丹，是荷兰人建立的）。西班牙和葡萄牙人只求守住已有的殖民地，对其他地区的争夺力不从心。此后，西属殖民地还是过于庞大，无形中有一个默认走私及在奴隶贸易上利用其他国家的贩运能力或有条件地向其他国家开放的过程。葡萄牙由于国力弱小，从一开始就不得不在某种程度上依赖荷兰人和英国人："早在16世纪，巨大的商业广场不是在葡萄牙，而是在荷兰。当时，荷兰人是葡萄牙的重要贸易伙伴，他们运走葡萄牙的盐、葡萄酒和巴西的糖，去换取工业产品、奶酪、铜和布匹。他们也加入了贩运奴隶的贸易。"在17世纪里，葡萄牙又"被迫"与英国合作，给予他们各种特权，"这些特权实质上代表着允许其他国家参与葡萄牙殖民体系开发的收益权"。[①] 也就是说，荷兰人和英国人也先后加入葡萄牙的贩奴贸易，与葡萄牙一起分享葡萄牙殖民地的收益。西属殖民地也有类似的过程。西班牙王位继承战争后，英国取得每年往西属美洲输入一定数量的奴隶的权利。在北美，1664年，英国的约克公爵占领荷兰人的"新阿姆斯特丹"，把它改名为纽约（新约克），为日后华尔街的孕育奠定了地理基础。这也是一个殖民帝国衰落和另一个殖民帝国正在上升的标志。

在往东的航线上，马六甲和开普的获得与易手，集中体现了葡萄牙、荷兰和英国的盛衰交替过程。葡萄牙是1511年占领马六甲的，

---

① 〔巴西〕博勒斯·福斯托：《巴西简明史》，刘焕卿译，社会科学文献出版社2006年版，第20—21页。

1641 年荷兰人取代葡萄牙的地位，成为马六甲的新主人。关于这个取代过程，我们在当代西方人写的书中已经很难看到了。不过马克思在《资本论》关于资本原始积累的一章中对此有过这样的描述："荷兰人为了霸占马六甲，曾向葡萄牙的总督行贿。1641 年总督允许他们进城。他们为了对支付 21 875 镑贿款进行'节欲'，立即到总督住宅把他杀了。"① 荷兰人用这种无耻的方法占领了马六甲，只是想减少攻占的成本而已，因为到这时他们实际上已经有能力夺取并统治这个地方，葡萄牙已经没有讨价还价的能力了。

南部非洲的开普（Cape）一带，由于开始时没有什么商业价值，其土著也不对东方航线构成威胁，葡萄牙人未在这里设过据点。1652 年荷兰东印度公司决定在这里设立一个中转站，为过往船只提供或补充粮食、肉类或淡水等，后来以提供肉用牲畜闻名，这使它慢慢发展成一个殖民地。1658 年开普开始从安哥拉输入奴隶。有一位研究南非经济史的学者讲过这样的话："每当停泊在开普港的船舶增多，殖民者土地扩张的规模和速度就进一步扩大和加快。"但到 18 世纪末，荷兰东印度公司已经充满危机，开普殖民地也处于风雨飘摇之中。1781 年荷兰东印度公司向英国宣战，原因是英国船队干涉它的船队，此时正值美国独立战争，一些中立国的船队向反英的北美输送给养引起英国不满，造成关系紧张。战争的结果是许多荷兰商船被捕获或击沉。1778 年荷兰东印度公司欠债 750 万荷兰盾，1790 年增加到 8 100 万。而开普的总督范德赫拉夫（van de Graaff，1785—1791 在位）的腐败也达到最惊人的地步：供他个人使用的马就有 124 匹，马车约有 12 辆。开普的收入仅够这个殖民地支出的 1/5。1715 年法国占领了荷兰人 1578 年就占领的毛里求斯岛，1806 年，英国人正式占领开普殖民地。②

凡强大起来的欧洲国家，必定要占领海外贸易和重要航线上的

---

① 〔德〕马克思：《资本论》第一卷，人民出版社 2004 年版，第 862 页。
② 〔法〕路易·约斯：《南非史》，史陵山译，商务印书馆 1973 年版，第 46、52、89 页；艾周昌等：《非洲通史·近代卷》，第 75、66 页。

关键据点和关键殖民地，这是近代资本主义的发展逻辑。欧美国家进入帝国主义阶段后也是这样。1898年，当美国走上世界历史舞台时，它通过与西班牙的战争（美西战争）一举打败西班牙，西班牙拱手把波多黎各、关岛和菲律宾让给美国，古巴实际上处于美国控制之下。至此美国的环球航线基本形成（包括此前占领的夏威夷），在该航线上，一些关键性的战略要地都落入美国手中。

看一下不同时期欧洲驶往东方航线上各国的航船数量，就大体上可以知道西欧各国的盛衰过程。

表 9-6　1500—1800 年欧洲国家船只抵达亚洲的数量[①]

国别	1500—1599	1600—1700	1701—1800
葡萄牙	705	371	196
荷兰	65（16 世纪 90 年代）	1 770	2 950
英格兰		811	1 865
法国		155	1 300
其他		54	350
合计	770	3 161	6 661

我们在前面（第二编第六章）介绍过 16 世纪西欧各国对西班牙和葡萄牙的挑战。这种挑战和扩张，都是举国一致的追求，特别是贵族和商人阶层或资产阶级的共同追求。

16 世纪时法国、荷兰、英国都还没有与西班牙叫板的力量，就采取蚕食的政策：不承认教皇子午线，不承认西班牙和葡萄牙独占海洋利益，通过海盗行径、私掠或独立开拓殖民地等方法，扩疆拓土，获取利益。当时人对海外活动的痴迷，现在已经很难想象，以至于后人对此觉得难以理解。伊丽莎白一世时代的政治家，威廉·塞西尔爵士 1562 年对西班牙驻英大使说："教皇无权划分世界，也无权把国土随便送给他所喜欢的人。"伊丽莎白本人则宣布："海上和空气为全世界人共同享用，海洋不归属于任何民族或任何个

---

① 〔英〕麦迪森：《世界经济千年史》，伍晓鹰等译，第 54 页。

人。"这些国家的特点都是举国关心扩张。英国的哈克卢特（Richard Hakluyt，约1553—1616）在1589年出版《英格兰民族主要的航海、旅行、交通和地理发现》，在前言中他写道："现在正是我们起锚、扬帆、离开这波涛汹涌、霜雾迷蒙的北海，以最快速度向非洲西岸和（西）印度群岛之间明亮而平静的令人心旷神怡的大西洋驶去的时候了，西班牙人、葡萄牙人在那里已经作了多次愉快的、成功的、幸福的航行。"他的结论是："现在是我们英国人可以和西班牙人、葡萄牙人在尚未发现的美洲地区和其他地区分享利益（只要我们自己愿意）的时候了"；海外扩张"将使我们获得欧洲、非洲、亚洲的一切商品，将为我们所有衰退了的行业补足需要"。他编撰了《主要的航海》一书，用以激励自己的同胞。1584年他还把《论建立西方殖民地》一书献给伊丽莎白一世女王。威廉斯认为，他对英国人的思想和英殖民帝国发展的影响，"比所有和他同时代的人合在一起的影响还要大"。因为其前的德雷克等，主要关心的还是夺取西班牙的黄金，但在他的影响下，"帝国主义取代了海盗活动，农业代替了黄金，重商主义接替了金银通货主义"。[①]这样看来，这个哈克卢特对大英帝国的意义，颇像19世纪后期马汉对美国称霸全球的意义。

如果看看法国"太阳王"路易十四的财政大臣柯尔贝尔如何热衷于创办特许公司，我们会更深刻地领会当时那些政治家的追求绝对不是心血来潮之举。柯尔贝尔从1661年起先后担任和兼任财政和贸易总管、海军总军需官、建筑和贸易总监、财政总监，一直到1683年去世，他都是法国炙手可热的人物。1664年他创办贸易委员会，并说服国王更加重视贸易。他写道："国王已经承认，只有通过贸易途径，才能给人民带来富足。"他先是通过各种手段鼓励国内贸易，如从政策上支持已有的交易会、减少关税和道路通行税、颁布法律为商人们之间处理公司所有权和破产等程序提供法律依据，

---

① 〔特立尼达和多巴哥〕埃里克·威廉斯：《加勒比地区史（1492—1969）》上册，辽宁大学经济系翻译组译，第99—100、107—109页。

然后全力以赴发展对外贸易。他的基本思想就是：只有成立大公司，法国商人才能在海外站稳脚跟。在他支持下先后成立的公司（有的是短命的）有：东印度公司和西印度公司（均为 1664 年）、北方公司（1669 年）、东方公司（1670 年）、塞内加尔公司（1673 年）等，后者主要经营奴隶贸易。他还下令收编敦刻尔克的所有海盗船长，把他们组编成王家海军。到 1677 年，这支海军拥有 300 艘战船。[①]法国有许多公司持续时间都不长，在柯尔贝尔以前法国人就已组建过许多公司，这些公司的业绩似乎也不如英国的或荷兰的那样突出，但它们在推进法国的海外利益上，是不可替代的。

在当时欧洲统治者的眼中，海外扩张主要还是为了扩大领土和贸易，领土必须为殖民开发和贸易服务，否则就没有价值。当然，征服初期的抢劫也是他们所喜欢的，但那毕竟是短时间内的事情，而且可劫掠的东西往往十分有限，像英国人在印度孟加拉获取那么多浮财的情况毕竟不多。即使在那里，英国人最终也必须很快转向殖民与贸易。海外贸易是增加国力的基本手段，这就是当时盛行一时的重商主义信条，柯尔贝尔是重商主义最著名的思想家和实践者之一。他说道："只有黄金和白银才能给国家带来富足和各种必需物。哪个国家的国民所开办的工业吸引黄金和白银的数量越多，这个国家也就越富有。"他还说："只有当一个国家拥有大量金钱时，才会比其他国家更加伟大和强盛。"[②]

为什么贸易，特别是远洋贸易会成为一个国家是否具有力量的表现，甚至被视为是一个国家的力量超越其他国家的标志？道理应该不复杂：现代资本主义在其诞生时起，就建立在世界分工的基础上，而世界分工赖以进行的基本手段，就是贸易。没有世界贸易就没有世界分工，也就没有资本主义的产生和发展，这是现代世界与过去世界的基本差别。当然，世界分工在中世纪时也以某种方式存在，如沃勒斯坦所说的："13 世纪和 14 世纪，葡萄牙是一个主要为佛

---

① 〔法〕雷吉娜·佩尔努：《法国资产阶级史》下册，康新文等译，第 116—117、122—129 页。
② 同上书，第 115—116 页。

兰德生产初级产品的国家，如同英国为汉萨而生产。"但近代以来的世界分工是在更大的规模上发生的，从而有了不同的性质："16世纪时所不同的是，一个初级产品市场围绕着一个大的世界经济体而存在。"①东方贸易和大西洋上的三角贸易，构成了这个经济体的基本架构，这是在人类历史上从未出现过的。这样一种局面的形成，说明只有那些驾驭这个经济架构的力量才是这个经济体的主导者，所以世界贸易的主导力量必然是资本主义发展的主导力量。

远洋贸易兴衰启示录

前面，我们讨论了远洋贸易兴衰和国家兴衰的关系，叙述了16世纪以来三百多年间欧洲各国的重要商业冲突和商业战争，着重介绍17世纪英国颁布"航海条例"、18世纪初西班牙王位继承战争和18世纪中的七年战争。这些事件集中反映了欧洲各主要国家的兴衰过程。这里我们想讨论一下远洋贸易兴衰的原因，由于它与国家兴衰问题很难分开，所以我们在讨论时也不过分刻意留意这种区分。另外，这时期远洋贸易的兴衰也就是海外殖民活动的兴衰，所以我们在讨论这个问题时，往往也带有殖民活动兴衰的意思。

金德尔伯格在讲到西班牙衰落的原因时引了许多学者的意见。大体上分这么几类：（1）"没有在海上竞争的能力"，即没有制海权；（2）意识形态上的因素，指整个社会风气不仅"蔑视劳动和迷恋贵族地位"（按：与恩格斯讲的古代罗马帝国的自由人因鄙视劳动而使帝国陷入绝境的观点接近），丧失了"乐观向上的精神和适应能力"；（3）大肆实行宗教迫害、排斥外族人、驱逐非基督教徒，甚至对热那亚人也怀有"极度仇恨"；（4）过急地卷入战争，即16世纪查理五世的帝国成了抗击奥斯曼帝国西扩的基本力量，而法国等则通过与奥斯曼帝国拉关系来削弱西班牙的力量；（5）战争花费浩大，加上价格革命，造成金融危机和通货膨胀；（6）封建残余猖獗，如

---

① 〔美〕沃勒斯坦：《现代世界体系》第一卷，尤来寅等译，第105页。

行会的封闭性，牧羊主的特权破坏正常的农业生产。[①] 以前，苏联和我们的史学在讨论西班牙衰落的原因时，还强调西班牙人不重视生产，只顾殖民，使自己丧失生产能力，手工业趋于萎缩等。

上述原因中既有主观的也有客观的，既有内在的也有外在的因素。实际上，就贸易盛衰的原因来说，每一个国家都各有各的原因，但又有一些共同的特点。

1. 政府是否重视。政府是否重视或大力扶持，是一个国家远洋贸易是否兴盛的决定因素。如果说，在西欧国家之间相比这一点不太明显的话，因为它们都非常重视这一点，那么与东方的中国相比就非常明显了。

笔者未研究过中国人下南洋的开始时间与规模，但 16 世纪以来下南洋谋生的人明显增多是肯定的，这与西方殖民者需要中国的货物和中国的劳动力有关（这里不涉及中国国内的原因）。某种程度上可以说，南洋的真正开发者是中国人，但中国人是在西方殖民者的"领导"下开发南洋的，不多的几个西方人"领导"成千上万的中国人开发南洋，为什么情况会这样？因为西方人虽然不多，但他们代表自己的国家，拥有武装和监狱，当然也拥有从事贸易的商业和运输能力。我们知道，如果没有政府的支持，他们的商业力量要在东方立足是不太可能的。所以归根结蒂，西方人的力量来自他们的政府、商人和社会各界的合作，这种合作形成了他们的扩张体制，是早期资本主义发展的基本条件。下面中国学者的一席话，可让我们了解在东南亚的西方殖民者是如何利用中国人开发和发展他们的殖民地的：

> 一方面千方百计地诱骗中国商人和劳动者到他们的殖民地去，以增加他们占领区的人口，另一方面又极力进行控制、虐待、奴役，以使中国航海贸易势力屈服于他们的统治。他们通

---

① 〔美〕金德尔伯格：《世界经济霸权，1500—1990》，高祖贵译，商务印书馆 2003 年版，第 127 页。

过对南洋主要航道和主要产品贸易的垄断，对中国商船征收高额关税，进行敲诈勒索和海盗掠夺，使中国商人失去了航海贸易的自由和安全……荷兰东印度公司不准中国商人到摩鹿加群岛贩卖中国商品，也不准中国商人把银钱、香料从摩鹿加群岛运出，"违者得查封其船只与货物，并予以没收"。他们还……向华侨征收名目繁多的苛捐杂税。马尼拉的华侨每人每年要交居留税 64 里尔，贡赋税 5 里尔，房屋税 12 里尔。荷兰人向华侨征收的有人头税、屠宰税、赌博税、烟酒税、渔税等。华侨被指定在一定地区内居住，没有行动自由。更有甚者，这些殖民强盗竟对华侨进行惨无人道的大屠杀。在马尼拉，仅 1603 年、1639 年、1662 年，就有近五万华侨惨遭西班牙人杀害……为摆脱对中国商人的依靠，西欧殖民主义者还利用他们占据的澳门和台湾，直接控制了相当大一部分的中国进出口贸易……在西欧航海贸易势力的这些限制、摧残与打击下，中国的航海贸易势力尽管在数量上和局部地区仍有很大发展，但在性质和西太平洋航海贸易的总体上，却由优势变成了劣势，由掌握主导权的独立力量变成了受控于人的附属力量，开始沿着下降的趋势发展。

总之，西方殖民主义者对待为他们开发殖民地的中国人，是需要时让你前去为他们服务，感到有威胁时就挑动土著加入屠杀华人的大军。几百年间中国人在南洋的命运，集中体现了政府在对外扩张过程中的作用。所以，上引文的作者杨翰球强调指出："国家政权对待航海贸易的态度，对于航海贸易的发展具有非常重要的作用。"①

2.统治阶级的追求。从西欧各国看，远洋贸易的衰落与该国统治阶级的追求发生变化有关。也就是说，当其远洋贸易衰落的时候，

---

① 吴于廑主编：《十五十六世纪东西方历史初学集》（第 2 版），武汉大学出版社 2005 年版，第 303—304、305 页。

也就是该国的统治阶级失去斗志、追求享乐的时候。这个阶级不仅变得不愿有所作为，还形成封建性的利益群体，阻碍任何可能威胁他们利益的新生力量的壮大。西方人写的各种书籍，在讨论意大利人或西班牙人、葡萄牙人或荷兰人海上力量的衰落时，无不强调他们的上层阶级的奢侈和毫无意志、缺乏追求，并往往对科学持敌视态度。总之，他们的统治阶级慢慢变得有点像中国封建社会末期的统治阶级。阿兰·佩雷菲特说："意大利的贵族和资产阶级，同法国、西班牙和葡萄牙的一样，都放弃了生产活动。它们把自己累积起来的成果浪费在欧洲最盛大的节日欢庆上。'到威尼斯过狂欢节'，伏尔泰时代的国王们把这句话当做出游的借口来用。还有艺术呢？从此以后，它就像摘下来的花朵一样，在一个时期内，它还发出鲜艳的光彩，但是已经得不到养分的供应了。"他还引用相关研究成果指出衰落地区对科学的态度也发生了变化："从 800 年到 1600 年，意大利提供了西方 25% 到 40% 的科学发现和技术革新。突然，从 1600 年，这个喷泉开始干涸了。而从 1726 年到我们今天，意大利所占的比重只有 2%—4%。"有的人甚至转向反科学的立场，如在意大利南部，"愚民政策的拥护者反对科学和自由意志，认为这是魔鬼的产物"。在他的笔下，18 世纪以来的奥地利就像中国的晚清一样："神权秩序的法衣束缚着国家。社会的每一个阶级都局限于它的既得权益内。国家严格地分为等级；革新受到打击，人民分成集团，互不通气，他们受到压抑，只靠外力推动：首先是反宗教改革，然后是意大利的巴洛克，然后是法国或德国的影响。"整个社会的旧秩序没有多大变化，而官僚主义的控制却越来越紧。农民占人口的 9/10，他们的劳动只是为了满足"朝廷贵族挥霍浪费和国家开支之需"。如果说首都还有一点生气，那是因为这个国家"剩下来的一点点劲头汇集于首都"的缘故。①

荷兰也是这样。西班牙王位继承战争结束后，荷兰的贵族实行"和

① 〔法〕阿兰·佩雷菲特：《官僚主义的弊害》，孟鞠如等译，商务印书馆 1981 年版，第 188—190 页。

平主义方针，陆军和海军被忽视和弱化"，黄金时代的军事冒险家渐渐消失，新一代的统治者失去了前辈的追求，他们的目标是"保持现状"。结果是，在这个国家陷入"工业瘫痪"时，"统治阶级继续着奢华的生活方式，紧握着权力不放"。①布罗代尔把荷兰人在创业时期与享受时期的生活作了一个鲜明的比较，十分值得我们深思。他说在荷兰全盛时期，阿姆斯特丹的富人长期"装穷藏富"，而且"表演得相当真诚自然"。1701年的一份文献说，"不论官员的地位多么尊荣，却不摆任何排场，市长出门也总是轻装简从，丝毫不比他属下的市民更加引人注目。"1672年有人惊奇地发现：荷兰省的总督约翰·德·维特与"最普通的市民"没有什么区别。在17世纪的"黄金时代"，富人住宅区并无阔绰的门面，"室内几乎不摆昂贵的家具"。但后来的发展是官员退出商界，奢侈蔓延开来。到18世纪时，有钱人只顾追求生活，对他们来说贸易已经退到次要地位，"过剩资金脱离商业，转而投入年金、金融和信贷方面"。特别可怕的是，"这些食利者富豪逐渐形成对外封闭的集团，并更加与社会相脱离。"②这几乎是西班牙、葡萄牙或意大利衰落时期的共同现象。

3. 地理环境。许多著作在论及荷兰为什么不带头走向工业革命时，都强调荷兰缺乏工业革命所需要的煤和铁，这相当于肯定地理环境或地理位置是国家兴衰的一个重要原因。

像英国这样的国家，其崛起不能说与其地理位置没有关系。它的岛国地位使它有比较多的机会发展海上力量，但不一定要保持一支能与法国或奥地利抗衡的陆军。荷兰的衰落与它必须既重视海上

---

① 〔美〕马克·T.胡克：《荷兰史》，黄毅翔译，第101页。

② 〔法〕布罗代尔：《15至18世纪的物质文明、经济和资本主义》第三卷，施康强等译，第214—215页。关于荷兰的衰落，还有一些客观的原因。比如，谷物运输原本是荷兰航运业的支柱之一，但17世纪下半叶，西欧的人口开始稳定下来，且农产品的产量开始提高，连英国也成了谷物出口国，西欧对东欧粮食的需求（一般通过波罗的海和北海运输）减少，谷物运输的衰落对"荷兰商业界的经济生活产生了重大影响，这种衰退所造成的损失是其他各行业的繁荣所无法弥补的。"见〔意〕奇波拉主编：《欧洲经济史》第二卷，徐璇等译，第379页。

又重视陆上的军事战略不无关系，因为它处在欧洲大陆，与强国为邻，但它太小了，人口太少了，既不可能长期保持一支能在海上与英国竞争的海军，也不可能建立起一支能长期与法国或奥地利抗衡的陆军。近代或现代的历史都告诉我们，没有一支强大的军队，得不到有效保护的商业或远洋贸易必然要萎缩。下面的表格告诉我们，身处大陆的荷兰自觉或不自觉地频繁卷入许多战争，在这种情况下即使它有铁和煤，也未必有能力发动工业革命。

表 9-7　1560—1815 年荷兰卷入的军事冲突 [1]

为了独立而与西班牙的战争	为商业利益与英格兰的战争	为权力均衡、领土和宗教而进行的战争
16 世纪 60 年代—1609 年	1652—1654	1618—1648：三十年战争
1621—1648	1665—1667	1688—1697：奥格斯堡联盟战争
	1672—1674	1701—1713：西班牙王位继承战争
	1780—1783	1756—1763：七年战争
		1795—1815：法国大革命的战争和拿破仑战争

　　众所周知，16 世纪欧洲的价格革命加速了南欧国家的衰落，某种意义上这也是一个地理位置问题。16 世纪美洲输入欧洲的金银与欧洲"价格革命"的关系，自上世纪 20 年代末和 30 年代初美国学者汉密尔顿伯爵（Earl J. Hamilton）发表有关系列论文以来，学术界对此一直争论不休。争论的焦点是：16 世纪欧洲的价格革命或价格上升到底是美洲金银输入引起的还是欧洲内部发展（如资本主义发展导致的经济活动增加）造成的，美洲金银在欧洲 16 世纪的价格上升中到底起了什么作用或欧洲早期资本主义的发展是如何促进价

---

　　[1]　〔英〕麦迪森：《世界经济千年史》，伍晓鹰等译，第 73 页。

格上升的，等等。^① 这里不拟卷入这种讨论，但我想以下事实应该是没有大的异议的：16 世纪的欧洲确实存在价格较快上涨的过程；欧洲价格的上涨虽然在 15 世纪后期就已开始，但那时还是处于"酝酿时期"，^② 所以价格全面上扬无疑是 16 世纪的事情，在这个过程中美洲金银无疑起了较大作用或很大作用；在价格革命造成的通货膨胀中，如同今天的通货膨胀一样，涨得最快的肯定是食物。

与我们这里讨论的地理位置问题很有关系的一个事实是：16 世纪欧洲的价格革命表现出一个从南往北发展的过程，因为美洲金银先进入欧洲南部，再缓慢向欧洲北部渗透，所以价格的迅速上涨是先南部、后北部。这个过程对南欧国家手工业的打击非常大，因为价格的提高，特别是食物价格的提高，还有原材料的价格上涨，使得欧洲南部国家的产品价格较早上升，一度敌不过未受价格革命影响的欧洲北部国家的竞争，这成为加速伊比利亚国家、意大利衰落的一个重要因素。它对法国的影响也大于对欧洲北部国家的影响，因为当时法国南部的马赛、里昂是法国的经济中心，它们较早受到了价格革命的影响。

4. 先发展劣势。我们习惯于讲先发展优势，其实先发展也是有劣势的，在近代初期尤其如此。

先发展劣势的表现多种多样，有些原因我们平常很少会想到。比如，沃勒斯坦引用多人的研究成果说明：在 16 世纪的价格革命中，工资通常跟不上价格（特别是食物价格）的上涨，成为资本原始积累的重要手段之一，而工人则陷入十分悲惨的境地；但在意大利和尼德兰这些古老的工业中心，情况稍为好一些，因为工人比较有组织，力量相对比较强大，而且"资本主义的道德观"也已经有所发展。其结果是较高的工人工资使这些地区的产品失去竞争力。他说道：

---

① 也有人不承认有过价格上涨，而是认为美洲金银的输入"阻止了价格下跌"。卡洛·奇波拉还认为对 16 世纪的金融结构来说，真正有意义的不是价格上涨而是利息率的下降（〔美〕沃勒斯坦：《现代世界体系》第一卷，尤来寅等译，第 89 页）。但即使这些意见，也不否认美洲金银对西欧 16 世纪的经济演变过程起了重要作用。

② 〔英〕E. E. 里奇等主编：《剑桥欧洲经济史》第四卷，张锦冬等译，第 360 页。

"恰恰就是工人们的'力量'和资本主义道德观"的进展，使"意大利北部和佛兰德这两个地区的城市走向衰落。它们不再是16世纪的工业中心，为那些终于要成功的新来者让开了道路，即让路于荷兰与英国，在较小的程度上还有法国。"① 这是因为大众化产品失去竞争力后，意大利的商人或手工工场主只得放弃普通商品的生产，专门生产高档商品,这样他们的产品才有可能与新兴工业国家竞争，因为从技术上讲后者还不具备生产高档商品或奢侈品的能力。但当时高档商品的消费群体不大，所以这些城市的生产规模有限，只能缓慢走上衰落的道路（这里讲的"劣势"是就其与经济发展的关系而言的，不涉及"道德"评价）。

前面我们讲到奢侈风气和各种陋习，特别是轻视劳动等等，成为西班牙、葡萄牙和意大利衰落的重要原因，其实这些也是先发展劣势的表现。各种陋习与其发展方式有关，如西班牙人轻视劳动，很大程度上是其长期来以征服、掠夺和殖民为生,并以其为荣造成的。简言之，一定的发展方式，既促成其兴起，到一定的时候又促使其衰落。由此产生的一个问题是如何评价这种先发展劣势：是根据现代人的标准，还是从那个时代的历史环境来理解？

西班牙征服美洲为西欧资本主义发展带来了大量金银，但也为自己的国家带来了灾难性的后果。西班牙人在一定程度上丧失了生产能力并鄙视劳动，以掠夺和殖民为荣，对此我们常常指责其不关心生产，没有把来自美洲的财富转化成生产资本。这种指责是合理的吗？在当时的世界上，有可能这样做吗？如果谁都做不到，因为人类还不知道需要这么做，不可能预见到这会导致自己的衰落，那为什么要这样苛求西班牙人呢？这种苛求不是反历史的吗？下表表明，西班牙和葡萄牙在三百年间向欧洲运进了如此之多的金银，这是他们对资本主义发展作出的巨大贡献。

---

① 〔美〕沃勒斯坦：《现代世界体系》第一卷，尤来寅等译，第93页。

表 9-8 1500—1800 年从美洲运到欧洲的金银数量[1]

（单位：吨）

年　代	金	银
1500—1600	150	7 500
1600—1700	158	26 168
1700—1800	1 400	39 157
1500—1800 合计	2 708*	72 825

* 引者按：原文如此，应为 1708。

　　从当时的历史条件看，可以弄到这么多的金银，放弃生产等等是很正常的现象，人总是趋利的，特别是在那个时代。所以，如果说美洲殖民是资本主义发展不可或缺的一个环节，那么总需要有人来做这个工作；而在那个资本主义尚十分幼小而封建制度或"封建残余"依然十分强盛的时代，做这个工作的民族一般也都会落入西班牙的窘态。不仅西班牙、葡萄牙是这样，荷兰也是这样，某种程度上 19 世纪后期大英帝国的相对衰落难道不也是这样吗？我们常说的"英国病"，其实就是那时的英国人没有懂得这个道理。如果这样看问题，那么西班牙人的衰落是不能用今天的标准来加以指责的。

　　资本主义不是一杠子插到底发展起来的，而是分成不同的发展阶段，每个阶段都有一个或几个代表，但凡在这个阶段起"代表"作用的都会不同程度地患上某种"病"，使它或它们衰落，五百多年的资本主义史难道不就是这样发展过来的吗？促使它或它们发展的原因，也就是使它或它们衰落的原因！所谓先发展劣势，此之谓也。

　　当代发达国家在工人工资或福利普遍提高后，都通过科技进步来维持自己的领先地位。但在前工业社会，还不存在这样发展的可能性，除了传统的制造工艺，生产技术总体上相差不大。此时再加上还不懂得现代竞争的道理，即在尚十分强盛的情况下必须未雨绸缪，尽早应对下一场竞争，那么由此造成的社会风气败坏、陋习盛行，走向衰落，都是一种必然现象。

---

　　[1] 〔英〕麦迪森：《世界经济千年史》，伍晓鹰等译，第 55 页。

5. 制度因素。近代西欧各国的贸易兴衰或国家兴衰，还有一些更深层次的原因，像保罗·肯尼迪等学者就强调财政制度在英法争霸中对英国胜出的重要作用。可以从七年战争来看这个问题。

七年战争中，英国是大赢家。其实它的胜利主要在海上，在欧洲大陆总体上讲它是失败的。它之所以在海上赢得胜利，通常认为是因为它控制了海洋。其实那个时代的海军，用的是木制的军舰，制造技术还不是那么复杂，大家造出来的军舰都差不多，海军的差别主要是在训练上。所以如果法国有钱造军舰，英国要把海洋封死也不那么容易。比如，七年战争仅仅过去十几年，法国人就有能力（开始时还只是依靠民间的力量）打破英国人对大西洋的封锁而大力支持美国人的独立战争。再如，19 世纪上半叶英国的军舰在大西洋上游弋，禁止贩卖奴隶，奴隶贩子照样把几百万奴隶送到美洲。所以，七年战争法国的失败，可以转到另一个问题上来：法国比英国大，人口比英国多，资源比英国本土更丰富，为什么它征集不起英国那么多的钱来打仗？中国人对这样的问题似乎很熟悉，因为偌大的中国在小小的日本面前败得一塌糊涂，所以已经习惯了小国打败大国这样的命题。但实际上这两件事不能相提并论，因为当时法国的科技和军队装备与英国相比并不落后，至少不会落后太多，不是 20 世纪上半叶中国与日本之间那种武装或科技上极不对称的关系。

在《大国的兴衰》中，保罗·肯尼迪说道：在一百多年的英法争霸中，英国最终胜出，这首先是因为法国"没有适当的公共财政制度"。他还引用 18 世纪上半叶英国的乔治·贝克莱主教的话说：信贷是"英国胜过法国的主要优势"。[①] 也就是说，这种看法其实是 18 世纪中后期一些"当事人"的意见。除了贝克莱，还有一个叫伊萨克·品托的人在 1771 年时也说过：英国在决定英法争霸的七年战争中获胜，是英国公债政策的胜利；而法国的失败，在于它的信贷组织不完善。还有一个叫托马斯·莫蒂默的人在 1769 年也表达过类

---

① 〔美〕保罗·肯尼迪：《大国的兴衰》，梁于华等译，第 102 页。

似见解。布罗代尔就此说道："公债正是英国胜利的重要原因。当英国需要用钱的时刻，公债筹集巨款归它调拨……当时确有少数人心明眼亮，懂得这一貌似危险的游戏有效地动员了英国的力量，提供了可怕的作战武器。"[①]

英国人这种具有优势的财政制度是如何产生的？布罗代尔在同一本书中指出，其原因不仅仅在于英国经济的上升势头、不列颠市场的形成和扩张等，它还得力于"一系列特殊的机遇，正是这些机遇推动英国在自己并不始终意识到的情况下走上现代化的道路"。他分析说：英国成功的关键是它的国债制度，而国债制度的长期推行并得到人民支持，甚至得到外国银行家或商人的支持，有一个基本前提是稳定。当然，在推行一项稳定的国债制度的前后，英国也曾经历过许多考验。在1688年光荣革命前，英国就有国债制度，但主要是短期借款，利息很高，而且付息不按期，还本更不准时，有时借新债还旧债。1672年国王查理二世曾颁布一个法令，宣布暂时不归还银行家们借出的本金，而且停止偿付利息，这使英国国债的声誉陷入谷底。光荣革命后，从荷兰来到英国的奥兰治的威廉极端缺乏资金。其政府先后尝试了养老储金会、终身年金、彩票等制度，但最后真正能使他获得长期借款的就是新的国债制度。他为了使债主放心，于1692年"实行长期借款"（甚至还有"永久"借款的提法），并于1694年创办英格兰银行。其特点是利息准时偿付，不容违约，债款由议会保证还本，这相当于我们现在的政府担保制度。但有意思的是，这一制度开始时普遍不看好，在大半个世纪里不管是英国人还是外国人大都对其持批判和讥讽态度。因为国债制度有助于大资本的投机行为，而且也有很大的无法偿还的风险。著名的文学家笛福在1720年就曾怀念以前的制度，说那时"没有欺诈、股票投机、彩票、公债、年金，没有人购买海军债券和公共安全债券，没有国库券在市面上流通"，他认为这可使整个王国的资金都投入

[①] 〔法〕布罗代尔：《15至18世纪的物质文明、经济和资本主义》第三卷，施康强等译，第433页。

到商品流通中去。从 1688 年到 1815 年，英国在战时的借款一般占开支的 1/3 以上。对这项政策，连大卫·休谟也不看好，1750 年他说道："不必未卜先知，就能猜出即将发生的灾难。两者必居其一：不是国家毁了公共信贷，就是公共信贷毁了国家。"保罗·肯尼迪因此指出："整个 18 世纪中，许多英国评论家都因为国债的规模及其可能发生的后果而发抖。"但英国的国债制度最终没有导致英国财政破产，而是奇迹般地形成了良性互动：由于"国家开支大大增长，海军订货使铁、木材、棉布和其他货物的需要大大增加，持续不断，造成一种'反馈圈'，推动了英国工业生产发展，并刺激了一系列的技术突破，使英国比法国又多了一个优势。"[①] 最终，国土面积和居民数量都无法与法国相比的英国靠这种制度聚集了战争所需要的金钱，打败法国。

英国能产生这样一种财政制度与建立了资本主义制度有关，但也并非完全如此，因为它不仅借鉴了历史上的经验，还借鉴了荷兰的经验。历史上英国实行过多种财政政策，14 世纪时国王爱德华三世也曾宣布过财政破产，由此赖掉向意大利银行家借来的大量款项，成为当时佛罗伦萨最大的银行家破产的一个重要因素（这为美第奇家族的崛起提供了空间）。[②] 没有先前的各种尝试及其正反面的教训，就可能不会有后来的财政政策选择。另外，奥兰治的威廉来自荷兰，他对金融和信贷方面见多识广，在决定财政政策时参考荷兰的经验应该是他的工作思路。布罗代尔说道："一直要等到 18 世纪最后几十年，英国公债的优越性才为世人公认。"[③] 在这大半个世纪中，威廉及其以后的几代国王和政府主要领导人始终坚持这项既定的国策，需要极大的自信和远见。须知，即使是在资产阶级掌权的情况下（当时还是大资产阶级和大贵族联合掌权），要决定并执行一项有深远

① 〔法〕布罗代尔：《15 至 18 世纪的物质文明、经济和资本主义》第三卷，施康强等译，第 430—433 页；〔美〕保罗·肯尼迪：《大国的兴衰》，梁于华等译，第 102 页。
② 〔英〕波斯坦等主编：《剑桥欧洲经济史》第三卷，周荣国等译，第 391、395—396 页。
③ 〔法〕布罗代尔：《15 至 18 世纪的物质文明、经济和资本主义》第三卷，施康强等译，第 433 页。

意义的改革，也绝不是一件容易的事情。

该决策后来还成了英国吸收欧洲剩余资本的根本措施，这也许是出于决策者意料之外的，当然它也可能是威廉所着眼的目标。马克思在《资本论》第一卷关于资本原始积累的一章中讲到了这一点："国际信用制度常常隐藏着这个或那个国家原始积累的源泉之一。例如，由于没落的威尼斯以巨额货币贷给荷兰，威尼斯的劫掠制度的卑鄙行径就成为荷兰资本财富的这种隐蔽的基础。荷兰和英国的关系也是这样……荷兰在1701—1776年时期的主要营业之一就是贷放巨额资本，特别是贷给它的强大竞争者英国。"[①] 总之，英国的国债制度不仅能最大限度地把英国公民的财产动员起来，还能最大限度地吸收来自国外的资本，从而为与法国的争霸战争提供财政保证。

反观法国（更不用说西班牙），其财政制度长期以来非常混乱，正如保罗·肯尼迪说的：法国的公共财政制度不完善，从中世纪以来，这个国家只有一种"松懈的和杂乱无章的组织"，致使"纳税人的钱大部分落入私人之手"。而在18世纪，"英国已经发展起一种由国会控制的公共财政，使英国在争夺霸权的斗争中得到许多优势"[②]。这里的差别往往被归结为资本主义英国与封建法国的差别，并非不无道理；但还是应该看到，这时期弗里德里希二世治下的普鲁士却与英国接近，它有一套高效率的财政制度，要不它根本支撑不了七年战争，尽管有英国的援助。

以上是从不同角度来看近代以来国家和贸易兴衰的原因，其实际情况比我们一般想象的要复杂；或者说任何单一的原因都无法说明这种兴衰。

---

① 〔德〕马克思：《资本论》第一卷，人民出版社2004年版，第866页。
② 〔美〕保罗·肯尼迪：《大国的兴衰》，梁于华等译，第103页。

第十章　重商主义与特许公司

重商主义是 16—18 世纪西方国家的主要经济理论和经济政策的出发点，而特许公司是这时期从事殖民和世界贸易的主要工具或机构，我们习惯上称之为殖民公司，是执行重商主义政策最得力的工具。这些特许公司或多或少是以股份制原则组织起来的，并慢慢向现代意义上的有限责任公司演变。可以说，没有重商主义和特许公司，就不会有近代欧洲国家的殖民、贩奴和远洋贸易活动。它们的产生和消亡，见证了整个商业资本主义时代的历史。

一、重商主义

像任何重要的思想一样，重商主义（Mercantilism）也具有多种多样的含义和解释。有一个很简洁的定义是这样的：它是"17—18世纪末盛行于欧洲的经济理论，主张通过鼓励产品出口和原料进口、以及限制产品进口等办法使国家获得富强"。[1] 其开始的时间，通常认为是 16 世纪，比如，马格努松就把 16—17 世纪看成是西班牙重商主义的第一阶段。[2] 其基本内容，讲得通俗一点，就是把金银（贵金属或硬通币）看成国家财富的主要表现，主张通过贸易获得尽可

---

① 〔英〕杰拉尔德·豪厄特：《世界历史辞典》（简本），马加瑞等译，商务印书馆1988 年版，第 238 页。

② 〔瑞典〕马格努松主编：《重商主义经济学》，王根蓓等译，上海财经大学出版社2001 年版，第 24—25 页。

能多的金银，而要达到这个目的就需要多卖少买。这是一种直接与国际贸易相关的经济思想，反映了那时人们的追求。

重商主义是一种贸易富国的理论，格拉曼说："当时的人们普遍认为世界财富的总量是既定的，而诸如海关法与航海法所体现出的商业政策的目标，就是为各自的国家尽量夺取财富。"他还说："许多事例证明，贸易——首先是对外贸易——对于一个国家的繁荣来说在当时被认为是至关重要的，而财富则被认为是一种最基本的实力，正如实力是获取财富的基本手段一样。"①重商主义是在近代早期欧洲民族国家兴起，各强国都在攫取殖民势力范围，各国竞争渐趋激烈的产物，同时它也反映了商人在国家经济和政治生活中的地位。重商主义的基本主张，布鲁有过较为详细和简明的介绍，共有七点：

1. 金银是最佳的财富形式。重商主义者把"一国的财富等同于该国所拥有的金和银的数量"，"贸易顺差就意味着可以获得更多的硬通货"。早期重商主义者甚至认为"贵金属是惟一值得追求的财富形式"，并"把金银作为获取权力和财富的途径"。

2. 主张尽一切手段追求民族国家的最大利益。由于不可能使所有的国家都做到出口大于进口，所以一个国家要扩大出口和积累财富，必然要"以邻国为代价"。法国的蒙田在1580年说："一个人的获得即为另一个人的损失……在别人没有损失的情况下不可能获得任何额外的利益。"基于这样的认识，当时人们都主张自己的国家应该获得更多的殖民地，成为世界贸易的主导力量，以武力打败敌人，以便在竞争中立于不败之地。

3. 对本国不能生产的进口原材料免征关税，对本国能够生产的制成品和原材料进行保护，严格限制原材料出口。

4. 大力推行各项殖民政策，垄断殖民地的贸易，使殖民地永远依附于宗主国。至于宗主国的发展给殖民地带来的一些好处，只不

---

① 〔意〕奇波拉主编：《欧洲经济史》第二卷，徐璇等译，第365页。

过是宗主国对殖民地的剥削政策的"一个偶然的副产品"。

5.反对妨碍商品流通的各种国内通行费、税收和其他种种限制，实际上是反对形形色色的妨碍国内工商业发展和流通的封建税费。有一个极端的例子大体能说明当时欧洲此类税费的消极作用：1685年，把60块木板从萨克森运到汉堡，向沿途税卡交纳的通行费相当于54块木板的价钱。

6.主张建立一个强大的中央政府，以便全面贯彻重商主义的各项政策。

7.认为人口众多和人们努力工作，是一个国家强大的基础。这一方面可以提供优秀的士兵和劳动者，另一方面他们又会接受较低的工资而努力劳动，以便增强商品的竞争力，使更多的黄金流入自己的国家。[①]

重商主义的代表人物来自各个行业，文人、官员、商人都有。布鲁在自己的教材中着重列出了四个人：托马斯·孟（Thomas Mun，1571—1641），商人，曾任英国东印度公司董事，著有《论英国与东印度的贸易》、《英国得自对外贸易的财富》；查尔斯·达维南特（Charles D'avenant，1657—1714），议会议员，一生中大部分时间都在英国政府部门任职，著有《论英国的公共收入与贸易》、《论东印度贸易》等多种著作；让·巴蒂斯特·柯尔贝尔（Jean-Baptiste Colbert，1619—1683），法国路易十四时代的财政总监，最著名的实践的重商主义者；威廉·配第（William Petty，1623—1687），英国古典政治经济学的创始人，所提出的一些重商主义新观点为后来的古典经济学提供了思想来源。要全面认识重商主义，有几点需要注意：

1.它在不同的国家会有一些不同的表现。比如，像法国这样封建主义传统特别强大的国家，其重商主义的封建色彩特别浓厚，政府对贸易垄断的支持往往过度严厉，有时成为纯粹保护既得利益者

---

① 〔美〕斯坦利·L.布鲁：《经济思想史》（第六版），焦国华等译，机械工业出版社2003年版，第12—13页。

的工具。1686 年到 1759 年，在法国"生产、进口和使用印花布都是被禁止的。在冲突中死亡的人和执行这一法令所处死的估计约有 16 000 人，而更多的人则被发配充当海员。"1666—1730 年法国颁布的法规中，仅涉及纺织品方面的就多达七卷，创新受到严重压制。①

2. 一般说来，不要过分夸大重商主义的垄断性，不要以一些极端的例子对它形成片面的看法。罗尔说道：对国家的普遍干预，不是没有人怀疑，"早在 1550 年，约翰·梅松爵士就曾有力地表示过怀疑。在以后的 150 年间，这些怀疑日益增多，最后变成了急风暴雨式的抗议。重商主义者们也并非不知道社会利益和个人利益之间存在分歧；后期重商主义者所持的自由贸易的态度说明了这一点。"②国内也有学者指出："长期以来，重商主义是一个含混不清的概念。就其本质而言，重商主义是商业资本主义时期关于国家与市场经济关系的学说，也是国家与市场经济关系互动的一种实践。重商主义包括重商主义思想和重商主义政策两个层面。无论是重商主义思想还是重商主义政策，都有两个面相，一个是国家干预，一个是自由贸易，缺一不可。"③

3. 从要求国家干预的角度看，重商主义不是历史上某个特定时代的思想，而是各个历史时期都有的经济思潮。马格努松说：某种意义上，"重商主义是一种旨在获得国内经济增长的有关经济保护的意识形态——它并非只可应用于前亚当·斯密时代，正如我们所看到的，在 19 世纪可看到一种对英国古典政治经济学所倡导的自由贸易信仰的强烈反对的复兴。"④他主编的《重商主义经济学》，全书就分为两大部分："古典重商主义"和"现代重商主义"。

4. 重商主义者在不同时期的主张，或其主张在不同的时期，是有变化的。李新宽博士指出，从英国重商主义的几个阶段来看，"每

① 〔美〕斯坦利·L.布鲁：《经济思想史》（第六版），焦国华等译，第 15 页。
② 〔英〕埃里克·罗尔：《经济思想史》，陆元诚译，商务印书馆 1981 年版，第 63 页。
③ 李新宽："重商主义概念辨析"，《东北师大学报》2009 年第 4 期，第 137 页。
④ 〔瑞典〕马格努松主编：《重商主义经济学》，"重商主义：为中文版而作"，第 3 页。

个阶段都有自己的特点和政策重心"。比如，从斯图亚特王朝到光荣革命期间，"反对国家干预和控制的呼声日益高涨，如特许公司的垄断权就受到了持续不断的攻击，出现了重商主义自由贸易学说，主张发挥市场机制的作用，并且开始影响国家政策。"[1]

二、特许公司

特许公司（Chartered company）最初出现于中世纪后期的意大利，到 19 世纪初逐渐退出历史舞台，是有限责任公司全面兴起前近代西方最重要的经营组织形式。

"特许公司"的概念

西方学者所说的特许公司我们有时称为殖民公司，其主要活动是从事殖民和贸易。"特许"是从其法律地位而言的，即它是投资人或股票持有者成立的商业组织，经过国王或政府特别批准，拥有相关的批准书或特许状，特许状详细载明该公司的活动范围和内容，常常兼有某种政府的职能。《简明不列颠百科全书》是这样介绍这种公司的："它由一国的行政当局授予特许状，享有一定的权利（或特权），也担负一定的义务。特许状中规定了这些权利（或特权）、义务及行使权利、义务的地区范围。一般，特许状还授予公司在其经营范围内享有独占权。"[2]我们曾讨论过的马奥那就是一种早期的特许公司。西方一个数据库中的"荷兰和英国的特许公司"条目对此作了较详细的介绍：

　　　特许公司是一些享有政府授予的特权的商业组织，这些特

---

① 李新宽："论英国重商主义政策的阶段性演进"，《世界历史》2008 年第 5 期，第 75 页。

② 《简明不列颠百科全书》编辑部编译：《简明不列颠百科全书》，中国大百科全书出版社 1985 年版，第 7 卷"特许公司"条目。

权通常用一份皇室特许状加以概述。在16—19世纪间，欧洲的大部分特许公司都是商人创建的，在英格兰、苏格兰、荷兰共和国、西班牙、葡萄牙、法国及其他地方的都一样。大部分特许公司都是投资者组织起来的，他们谋求充分利用某个特定的贸易范围的各种商业机会，这种贸易范围通常是这个世界的某个特定的部分。该现象反映了16世纪以来欧洲与非洲、美洲和亚洲的贸易的增长，有许多特许公司在世界上的这些地区专门从事商业和其他经济活动。在许多情况下，公司和授与它们特许状的政府之间的这种密切关系，反映了16—18世纪间知识分子关于经济活动和国家权力的性质的盛行观念。事实上，这些人认为：全球的财富和资源是有限的，国家的影响力依赖于它们尽可能多地控制世界贸易和资源的能力。这些观念被概括为"重商主义"这个术语。这时期允许各公司创建的特许状，总是想帮助国家以损害竞争对手为代价来获得和控制贸易和资源。总的来说，特许状都授予公司垄断特定范围的商业经营权（诸如英国东印度公司垄断与印度和亚洲的贸易），所以特许公司变成了帝国扩张和控制的机构。在那些较后建立的特许公司中，如不列颠南非公司（British South Africa Company），特许公司的这种特征在重商主义消失后还存在……特许公司的主要投资人和管理者对授予其特许状的政府拥有相当大的政治影响力。在某些情况下，这种影响力的产生是因为特许公司向政府提供货币融资的重要性（比如，英国东印度公司在17、18世纪的情况），在其他情况下是因为公司在推动榨取海外殖民地各种基本资源中的重要性。所以，特许公司既是商业组织，又是政治的和帝国的实体。①

这段话，十分清楚地说明了特许公司的形成及其历史作用或地位。

---

① Tony Webster, "British and Dutch Chartered Companies," http://www.oxfordbibliographies. com/view/document/obo-9780199730414/obo-9780199730414-0099.xml.

它不是我们一般所理解的贸易公司。在做生意时，它是商业公司，其从业人员是生意人；但在从事殖民活动或开拓海外市场时，它们代表自己的国家，可以在殖民地建立政府和征税，拥有自己的军队甚至舰队、法庭和监狱。世界历史上的这样一种组织是在中世纪后期形成的。

特许公司的演变

我们在第一编第三章介绍过中世纪后期发展起来的两种特许公司：管理公司（regulated company）和合股公司或股份公司（joint-stock company）。[①]15 世纪末以来，这两类特许公司都得到了长足的发展。西班牙、葡萄牙的公司一般为管理公司，英国、荷兰或法国的公司则较为复杂，但以股份公司为主。

成立公司时采用哪种公司方式，一般视其经营环境为转移。管理公司由商人组成，参加的商人自负盈亏，但各人的经营受到一套严格的共同规则的约束，其活动被限制在一定的范围之内。其活动的一个必要前提是所从事贸易的地区相对安全。西班牙、葡萄牙的公司一般为管理公司，是因为政府主导的探险和殖民为商人们提供了这样一个环境；英国商人冒险家的主要活动地区是欧洲大陆，也是经营活动相对比较安全的地方。但 16 世纪以来，由于各国掀起海外殖民经商的热潮，由此造成的风险越来越大，在欧洲其他国家的政府尚未像西班牙或葡萄牙那样全面介入海外扩张的时候，海外探险和殖民的成本和风险很大，个别商人的资本不足以应对这种事业，在中世纪已初露端倪的合股公司于是渐渐得到当时人的青睐。英国东印度公司一开始就是一个合股公司，亦即公司的资本由参加利润分红的股东提供。不过根据具体情况，英国后来成立的特许公司中依然有管理公司，如 1577 年成立的西班牙公司和 1579 年成立的东

---

① 以下参阅美国不列颠百科全书公司编著：《不列颠百科全书》（国际中文版）第四卷，中国大百科全书出版社不列颠百科全书编辑部编译，中国大百科全书出版社 1999 年版，第 78—79 页。

陆公司（从事波罗的海沿岸贸易）。

管理公司与股份公司长期并存，其区别也是相对的，但总的来说股份公司渐渐成为主流。有时它们互相变换身份，比如，1555 年成立的股份型特许公司莫斯科公司，1622、1669 年两度变成管理型公司；黎凡特公司 1605 年由股份型公司变为管理型公司，非洲公司则于 1750 年由管理型公司改成股份型公司。有时管理公司又可看成股份公司的前身，因为管理公司提供了跨城市、跨地区的全国性的组织方式，非常适合向股份公司过渡。英国东印度公司就是从商人冒险家派生出来的。1581 年他们决定派人了解亚洲的情况。1599 年在商人冒险家的直接领导下，成立了一个谋求去远东贸易的组织，并向女王请求特许状。次年经女王批准，英国东印度公司于是正式成立。[①]

里奇等一些学者认为，地理大发现前出现的最适合后来殖民公司模式的组织是法国人建立的："在稍早于地理大发现的时期，是法国发展了最接近于从事海外贸易的大型公司的模式。"1453 年英法百年战争结束，法国的中央权力迅速加强。路易十一世治下时（1461—1483）法国早期的专制制度开始发展，他致力于发展海外贸易，建立了法兰西—热那亚公司，接着又建立纯属于法国人的两家公司，"他亲自为它们提供船只和资金，并保证它们在地中海的港口中拥有一个立足点。"但有意思的是法国商人反对贸易垄断权，所以这些公司垄断地中海的贸易未曾实现。此后，"法国人的活动鲜明地以国家干预和国家授权的垄断作为标志（同时也是以各有关商人的反对作为标志）。"[②] 这体现了法国特许公司的发展特点。在1590—1789 年间法国建立过 70 多家特许公司。

在曾存在过的各种特许公司中，一般都以贸易为主或贸易和殖民并重，但也有以殖民为主的，如英国以北美为活动目标的几家公

---

① R. Mukherjee, *The Rise and Fall of the East India Company*, Berlin: VEB Deutscher Verlag der Wissenschaften, 1958, pp. 24-27.

② 〔英〕E. E. 里奇等主编：《剑桥欧洲经济史》第四卷，张锦冬等译，第 202—203 页。

司中，哈得孙湾公司（Hudson's company）是致力于贸易的，但伦敦公司、普利茅斯公司、马萨诸塞湾公司都是直接从事殖民的。[①]

由于近代特许公司一般从中世纪的特许公司或相关机构发展而来，所以它们在许多方面与传统有密切联系，特别是往往把国内的封建制度搬到了殖民地。法国在加拿大的殖民地很大程度上是按照"封建庄园的体制来进行组织的"。甚至到了18世纪，路易斯安那公司仍根据国王批准，建立公爵、侯爵、伯爵、男爵领地。英国人也是这样。瓦尔特·罗利赫（Walter Raleigh）在弗吉尼亚建立采邑，南卡罗来纳和北卡罗来纳也是"封建地区"。[②]

17世纪初，"欧洲扩张发生了一个决定性的转变"。主要标志是各国都成立各种特许公司，其中最有名的是英国的东印度公司（1600年成立）和荷兰的东印度公司（1602年成立）。这些公司与各国的殖民扩张密切相关。到该世纪末，"欧洲国家向其他大陆的扩张开始产生出更为重要和结合得更为紧密的组织。"葡萄牙失去了霍尔木兹和马六甲，但它扩展了在美洲大陆的势力，在非洲则加强了对安哥拉和莫桑比克的控制。西班牙继续占领着美洲庞大的殖民地和菲律宾。英国在北美大西洋沿岸的殖民地不断扩展，在哈得孙湾站住了脚跟，还占领了安的列斯群岛的几个岛屿，英国人已经把殖民地看成英国财富的一个"主要部分"。1652年荷兰占领好望角，在从波斯湾到新加坡的沿岸获得了一连串的保护地，并或多或少地统治着印度尼西亚的许多地区。法国人在加拿大牢牢定居下来，并沿着密西西比河推进到路易斯安那，占领了安的列斯的部分岛屿。法国人还开始进入非洲和印度。北欧各国也在非洲、美洲和亚洲展开殖民活动。[③]

16和18世纪，特许公司或殖民公司是欧洲各国在世界各地进行扩张的最重要的组织。它虽然具有垄断性，但有一定的灵活性，

---

① 美国不列颠百科全书公司编著：《不列颠百科全书》（国际中文版）第四卷，第79页。
② 〔英〕E.E.里奇等主编：《剑桥欧洲经济史》第四卷，张锦冬等译，第206页。
③ 同上书，第212、213页。

拥有多种功能，发挥哪种功能要视具体情况而定。比如在美洲和非洲，它们首先要发挥征服和殖民的功能，而在亚洲的印度等地，则首先是贸易功能。但不管在什么地方，这只是一个主次的问题，因为即使在亚洲，它也不能"不问政治"。如英国和法国的东印度公司，它们在印度的一个个"商站"也是需要设防的。而且这种情况到18世纪开始发生变化，主要表现为着手发动全面征服印度的战争。1757年英国东印度公司在英国政府支持下发动普拉西战役，占领孟加拉，开始了把庞大的印度沦为殖民地的过程。此后，这家公司渐渐显露出某种不适应性，即它管理的问题太多，实际上已经成为英殖民帝国在印度的殖民统治机构。它的政、经不分暴露出诸多弊病，如办事效率低下、腐败丛生等。但这不是说，殖民公司很快就会退出历史舞台，英国东印度公司彻底完成历史使命要到1858年。

关于对经营方式变化有着重要意义的股份制的发展，主要是通过特许公司的发展来实现的，这一点将放在下一节讨论。

特许公司与政府

前面引文中曾讲到，特许公司不仅是商业组织，而且还是"政治的和帝国的实体"。在通过授权而垄断殖民贸易的地区，特许公司往往代表政府行事。政府把自己的部分权力授予特许公司，让其在海外代表国家行事，这是殖民贸易的一种需要。如果欧洲人以普通商人的身份前往欧洲以外地方经商或殖民，他们将难以生存。因为他们不仅要与当地土著打交道，还得与欧洲其他国家的殖民者竞争，这种竞争往往是武装冲突。所以，即使是一些未经政府授权的探险和殖民活动，殖民者也会自我武装起来，必要时使用征税或司法等国家权力，以便获取当地资源，支撑自己的殖民活动或维持战争费用。欧洲各国国王非常清楚这种情况，所以他们派出探险队时都作出类似的规定，即把国家的某些权力赋予这些探险队。"特许权使公司具有一种非常真实的自主权"，这既是与所经商或所殖民地区的地方势力打交道的需要，又是与欧洲其他国家的殖民者打交道的需要。殖民者需要用堡垒来保卫自己的基地，必须武装自己、训练士兵、装备战船、拉拢其他力量并与他们结成同盟，由此他们必须卷入各种复杂的地方政治关系中。出于管理殖民地的需要，他们必须向自己殖民地区的本国公民行使司法权，然后把这种司法权逐步扩展到所管辖区域的土著。总之，很长时间内，公司的海外领导同时承担着政府外派官员的职能："公司的据点的头领（主要任务是经济方面）发展成为拥有广泛权力的行政长官，但仍然是公司所任命的人员；军队官员也是如此，即使其官职是政府所正式授予的，他们也仍是公司的人员。"[1]

特许公司需要拥有某些国家权力，否则它就无法在海外立足；但后来随着正式的殖民制度的建立，以贸易为主的殖民公司应付乏力，宗主国的政府又不得不把殖民政府的权力收归自己掌握。从英国东印度公司的简史中，可清楚地看到这个过程。该公司成立时的初衷是为了与荷兰人争夺亚洲的香料。但 1623 年英国商人在安汶（Amboina）岛被荷兰人杀害后，公司承认自己在印度尼西亚的失败，转而专心致志经营印度。在 17 世纪的印度，公司面对来自多方面的挑战，既有来自莫卧儿帝国的，也有来自英国的私商的，后者被称为闯入者（interlopers）。1698 年一些人还成立了一个公司，也拥有国王授予的特许权，与之竞争，但在各方协调下这两个公司于 1708 年合并。这时，公司已在印度的马德拉斯（Madras）、孟买（Bombay）和加尔各答（Calcutta）三个地方建立了据点。随着莫卧儿帝国的衰落，公司不断通过介入地方事务来保护和扩张自己的利益，但法国人开始成为他们最重要的敌人。1757—1760 年（此时正是决定英法争霸结果的七年战争期间）公司彻底战胜了在印度的法国人。1757 年英国人又在普拉西大败孟加拉的军队。1765 年通过的一项条约规定孟加拉由从英国派出的总督管理，英国从此正式控制了孟加拉，这意味着公司的贸易工作与政府外派的殖民行政

---

① 〔英〕E. E. 里奇等主编：《剑桥欧洲经济史》第四卷，张锦冬等译，第 225 页。

官员的职责出现某种分离。此后几十年间英国逐渐征服整个印度，英国政府也越来越多地直接介入了印度事务。[①]19 世纪中期，英国取消东印度公司，那是水到渠成的事情。

对于政府来说，把特权授予公司是一本万利的事情。它不需要付出什么，相反，它可向获得特许权的商人征税，这种税与其他公司交的税性质上是一样的，就是关税和各种规定的税收。另外，特许权的授予是有时限的，当需要延长特权时，公司又得向国家交一笔钱，续签特许状，作为它在海外继续拥有贸易垄断权和殖民统治权的代价。在国王眼中，海外冒险还不只是增加收入的事情，因为它还扩大了国王的影响和国家的地盘，提高了他的威望。

特许公司与竞争

特许公司是垄断性的，但我们也不用过分强调这一点，因为它的垄断并不严密，也不可能严密，所以实际上存在一定的开放性和竞争性。

首先，各种特许公司并不是封闭性的。比如，管理公司总是"对任何想加入它的人开放；而且只缴纳加入费即可，可以是亲属推荐，也可以不是"。在合股公司中"也可以看到同样的情况"。在荷兰，"从一开始就确定所有联省的公民都可以成为（东印度）公司的成员"。在法国，亨利四世（Henry IV，1589—1610 年在位）时代和后来柯尔贝尔（Colbert，1619—1683）建立的公司，"一般都向所有人开放"，其条件只是在其派往美洲或非洲的第一艘船回国后认捐一年或 18 个月或 3 年的资本。这里只是一种资本量的限制，而不存在任何其他关于出身或地域的限制。[②]

其次，从竞争的角度看，特许公司总是面临激烈的国内和国际的竞争。所谓垄断，只是一个国家的政府授予其对海外某个地区的

---

① "East India Company, British"，*Columbia Electronic Encyclopedia*, 6th Edition, http://search.ebscohost.com/.

② 〔英〕E. E. 里奇等主编：《剑桥欧洲经济史》第四卷，张锦冬等译，第 229 页。

殖民贸易权，这种权利其他国家并不承认。比如，欧洲各国都曾建立过东印度公司，这些东印度公司理论上的垄断范围大体上是一样的，一般都指印度及其以东地区，所以各国的东印度公司之间存在着激烈的竞争，法国与英国的东印度公司在印度的竞争就多次以兵戎相见，异常激烈。

就国内方面看，总有不少商人既不愿意加入公司也不想购买公司股票，而是想自己直接到公司所垄断的地区做生意，有的殖民地的商人也不顾公司禁令，自己直接与宗主国或其他国家做生意，这些行为通常被看作"走私"。这种走私的规模往往很大，看看以下史实就能知道：1763 年七年战争结束后英国政府加强对北美走私贸易的管理，直接导致了美国独立战争的爆发。

国际竞争和国内（包括殖民地内部）竞争，有时会导致制度的创新（仅仅指其有利于竞争而言）。这里仅举一个英国与荷兰争夺非洲的例子。18 世纪后期，英国人在西非占了上风。这一方面是因为在总体上这时期荷兰已经衰落，没有能力与英国抗衡，但另一方面也是因为英国在非洲的贸易管理方法更富竞争力。这里涉及的是西方人开辟世界市场后始终未能有效解决的一个难题：建立特许公司有其无法避免的必要性，但总有一些个体商人要闯入已授权给特许公司的范围经商，或叫走私。由此造成的问题是：政府或殖民公司每年为了"治安"或防备海盗要拿出很大一笔钱来维护航行安全，而走私商人却在无形中享受这种保护而无需交纳任何捐税。结果是走私猖獗，而政府的收入却不足以弥补维护或保护航线的费用。1570 年，葡萄牙政府因为收入太少，拿不出足够的钱来组织舰队，放弃对东方贸易的垄断，"开始将那里的生意出租给一些商人"。[①]后来的殖民主义国家都碰到了这个问题。荷兰的西印度公司理论上一直保持着对西非贸易的垄断权，但实际上 18 世纪时已经有越来越多的荷兰私商在那儿经营，与公司进行"非法"竞争，其实质是"不

---

① 〔葡〕萨拉依瓦：《葡萄牙简史》，李均报等译，第 157 页。

公平"竞争。公司的衰落遂不可避免，而公司的衰落意味着荷兰在西非整体竞争力的下降。英国在这方面的措施比较灵活。他们先是给个别商人发放许可证，最后于1750年正式解散垄断非洲贸易的"皇家非洲公司"，组建"西非贸易商人公司"，伦敦以外的城市如利物浦、布里斯托尔的商人都可以入伙并参加管理。新的公司"本身不从事贸易，而专门掌管怎样一般地推进英国在西非的商业利益，特别是怎样维持英国的堡垒，关于这方面的费用由议会每年给予公司一笔拨款。"这时奴隶贸易正扩张到黄金海岸以东地带，英国人认识到独立商人的活动将极有利于扩大英国的贸易，才作出了这些新的决定。①17世纪后期，在远洋贸易上英国渐渐取代荷兰人曾有过的地位，这与它的远洋贸易政策比较灵活分不开：虽由贸易公司垄断，但又网开一面，把个体私商纳入统一的管理中来，让他们合法经商，又要他们承担相应的义务。威廉斯就此说道："17世纪的最后十几年，经济潮流已完全不利于垄断了。1672年波罗的海地区的贸易突然打开，东方公司的垄断权也被打破。1688年的光荣革命和放逐詹姆士二世的一个重要成果，是促进了自由贸易原则的产生。1698年皇家非洲公司丧失了垄断权利，奴隶贸易自由被确认为英国人天经地义的基本权利。同年，伦敦商人冒险家协会的布料出口垄断权被褫夺。一年以后，又废除了莫斯科公司的垄断仅，对俄贸易改为自由贸易。"②也就是说，早在亚当·斯密提出自由贸易原则前一百年，英国的远洋贸易政策在某些地区或某些方面就已显得十分灵活，这是我们在评价特许公司的历史作用时应该注意到的。

国内的竞争还通过其他方面表现出来。比如，在英国，东印度公司成立及获得相关特权后，约克、赫尔（Hull）、纽卡斯尔、埃克塞特、南安普顿（Southampton）、布里斯顿（Briston）都有习惯性的"反对情绪"。普利茅斯公司（Plymouth Company）和纽芬

---

① 〔英〕费奇：《西非简史》，于珺译，上海：上海人民出版社，1977年版，第148—149页。

② 〔特立尼达和多巴哥〕艾里克·威廉斯：《资本主义与奴隶制度》，陆志宝等译，第30—31页。

兰公司（Newfoundland Company）的建立，也是这种反对情绪的一种产物，"显示出地方势力在英国仍长期起作用"。法国也是这样："海峡沿岸和大西洋沿岸的港口经常反对国王所授出的特权，并时有成功，特别是反对内陆城市（如里昂）在公司里拥有独立议事会的重大特权"。^①这可看成是中世纪城市竞争的继续，在有些情况下产生了好的结果，如普利茅斯公司和纽芬兰公司的建立就促进了英国在北美的殖民活动。

近代以来的几百年间，如何处理好垄断与竞争的关系是一个事关国家兴衰的重要课题，18世纪后期和19世纪上半叶人们虽然是在反对重商主义的语境下参与讨论的，但从今天的角度看，这个问题比当时人想象的要复杂。在近代早期，不在一定程度上实施"垄断"是不行的，但纯粹的"垄断"肯定也是不行的。有条件地垄断与及时调整垄断政策，这是在竞争中胜出的关键之一。当然，并不是所有的特许公司都能处理好这方面的关系，英国的特许公司可说是做得最好的。

特许公司的历史地位

关于殖民公司在早期资本主义发展史上的作用，学者们一般都予以高度肯定。就英国而言，尽管自中世纪以来它与欧洲大陆的贸易量一直相当可观，但在1700年，有1/3的进口货物来自北美、西印度群岛和东方。这些进口货物及其在18世纪的增长使英国成了"一个世界货物的集散地"。早在1954年，拉尔夫·戴维斯（Ralph Davis）就曾问过这样的问题："远程贸易的扩张为什么成为可能？"多年来，经济史学家对这个问题提出了许多解释，包括市场供应和需求方面变化、运输和技术创新、商业的整体组织。最后一个因素引起了极大的关注，"因为外贸的增长与特许贸易公司的兴起时间上相一致"，同时还伴随着如黎凡特公司和东陆公司（Levant and

---

① 〔英〕E. E. 里奇等主编：《剑桥欧洲经济史》第四卷，张锦冬等译，第205页。

Eastland companies）等曾控制着欧洲贸易的古老的"管理公司"的衰落。戴维斯认为英国特许公司对英国的海外贸易作出了"很大"贡献。查尔斯·威尔逊（Charles Wilson）评价更高："如果没有那些只有这种股份公司才能调动起来的资源，在这个阶段，要在那些遥远而动荡的土地上实施贸易扩张将是不可能的。"但有一种同样激烈的观点认为，这些公司只不过是一些垄断了各种寻租的特许权的企业。早在18世纪后期，亚当·斯密就已经论证过这种观点，他认为如果没有垄断地位，这些公司就不可能在面临个体商人的竞争中生存下来。[①]

　　我不太同意后一种观点，因为这是非历史的：不能因为一种政策后来变得不合理就把它在鼎盛时期的合理性也否定掉。资本主义什么时候离得开垄断？其对垄断的使用只不过是或多或少、或明或暗而已。我们应该想想：为什么16、17世纪西欧国家那么多人要成立那么多的特许公司，难道他们都是傻瓜，就后来的批评者才是聪明人！亚当·斯密出于他时代的需要，对特许公司总体上持否定态度，这可以理解，但当代学者再持这种态度，至少是糊涂。实际上，这里也不是糊涂，而是当代西方部分学者出于否认奴隶贸易、海外殖民贸易与英国工业革命资本积累的关系的需要，他们这样做既能掩饰他们国家的发展与东方国家的灾难的关系，同时又可为当代的新自由主义辩护。所以，以下评价是比较公允的："特许公司的组建在制度演变过程中是一个必要的环节，正是由它产生了后来的资本主义及其国际关系网；特许公司的垄断为一些国家吞并殖民地并将其并入帝国版图铺平了道路。"[②]

　　特许公司的作用是多方面的，有些方面很难用经济来衡量。伽士特拉说：荷兰东印度公司在17、18世纪里雇有3万余员工，而当

[①]　Ann M. Carlos and Stephen Nicholas, "Agency Problems in Early Chartered Companies: The Case of the Hudson's Bay Company", *The Journal of Economic History*, Vol. 50, No. 4, 1990, pp. 853-854.

[②]　〔英〕E. E. 里奇等主编：《剑桥欧洲经济史》第四卷，张锦冬等译，第203页。

时荷兰的总人口不过 200 万；在两个世纪中，曾将 100 万人从欧洲送往亚洲。[①]这一事实充分体现了特许公司对一个国家的深刻影响。正因为特许公司的活动不仅仅限于贸易，所以评价它也不能仅看它的经济作用。1830 年，当英国议会讨论东印度公司特许状续签问题时，有人就说过这样的话：人们只从贸易利益的角度来讨论这个问题，然而每一个不偏袒的观察家都明白，还需要考虑与此相关的许多问题，包括不列颠国家的安全。他还指出，把各种重要的利益调和、统一起来，是一个明智的、公正的立法机构的职责。[②]这句话的意思是说，议会不能只从经济角度看问题，对像东印度公司这样的机构，还必须从政治或国家利益等角度加以衡量。殖民统治当然要承担一定的"责任"和"损失"，但从中得到的种种经济、政治乃至军事的好处，却往往被一些人所忽视。

关于特许公司与股份制或与有限责任公司形成的关系，将放在下面讨论。

三、有限责任公司的形成和发展

近代股份公司，严格意义上指的是有限责任公司，它是西方文明的一项伟大创造，是市场经济的最重要的载体之一，没有它可以说就没有真正的市场经济。第一编第三章讨论过股份制在中世纪的发展和演变，上一节又着重讨论了特许公司的活动及其与早期资本主义发展的关系，这里想专门讨论一下 16 和 17 世纪广义上的股份公司演变成现代意义上的有限责任公司的过程。这种公司的雏形虽然在中世纪已经出现，如我们讨论过的马奥那那样的组织；但此类公司在欧洲更多地出现或更接近严格意义上的有限责任公司，是在

---

① 〔荷兰〕伽士特拉：《荷兰东印度公司》，倪文君译，东方出版中心 2011 年版，《中译本前言》第 1 页。

② O'Brien William Smith, "Considerations relative to the renewal of the East-India Company's Charter", *Knowsley Pamphlet Collection*, 1830, "Preface".

16世纪以后，英国和荷兰的东印度公司是这方面最重要的代表。

有限责任公司在很长时间里只存在于那些高风险、高投入（远洋贸易）或需要大量资本（矿山、铁路）的行业，到了19世纪的工业革命，特别是在19世纪后期的第二次工业革命，这种经营组织形式在西方得到普遍采用。它在16—18世纪的发展为未来的全面推广奠定了基础。

有限责任公司的概念

在具体讨论有限责任公司的形成前，得先了解一下它的概念。

当代的有限责任公司，在我们的日常生活中就称为股份公司，其实股份公司就其本意来说，包括无限责任和有限责任两种。《中国大百科全书·经济学》第一卷"股份公司"条目的释义是："通过发行股票的形式，把分散的货币资本集中起来而经营的企业。它必须得到政府的批准，获得许可证方能成立。它是法人团体，享有法人的权利与义务。"该条目接着又说："在资本主义国家，股份公司通常分为无限公司和有限公司两种。"应该承认，这一定义是很规范的，足以说明当代股份公司的存在情况。但若用来讨论它的起源和早期发展问题，则会出现以下问题：

1. 该释义仅讲到"发行股票"，未说明是公开发行还是内部发行。在西欧中世纪和近代早期出现的股份公司，股票先是内部发行，然后才是外部发行，前者的产生比后者要早1至2个世纪。西方学者一般是很重视这个区分的，如布罗代尔说："法律史学家认为，只有当股票不仅可以转让，而且可以在市场上议价出售时，才谈得上真正的股份公司。"[①]

2. 历史上，如股票的外部发行和内部发行一样，无限公司与有限公司也不是同时出现的，前者要早得多。何况无限公司与一般的合伙制很难区分。我们许多有关著作讲股份公司起源于17或18世纪，

---

① 〔法〕布罗代尔：《15至18世纪的物质文明、经济和资本主义》第二卷，顾良译，第477页。

实际上指的是有限责任公司的形成。

股份公司一词在英语里有两种称呼：joint stock company 和 corporation，前一称呼盛行于 17—19 世纪，当代已流行后一种。《不列颠百科全书》、《新帕尔格雷夫经济学大辞典》这些著名工具书都已只设后一条目。《美国百科全书》两个都设，但认为 joint stock company 是处于"合伙关系"和 corporation 之间但接近于后者的形式，这里不拟讨论两种称呼的区别而仅想说明，这里讲的股份公司或有限责任公司，指的是 joint stock company，其特点是：

1. 成立经国王或政府批准（相当于后来向政府有关部门登记注册）。

2. 公司通过发行股票征集资金，持股人可通过证券交易机构公开自由地买卖股票。

3. 公司的经营形成以董事长为首的决策、监督机构（董事会）与以总经理为首的执行机构的分工。

4. 对公司债务，股东就其股额范围内负其责任。如 18 世纪时亚当·斯密所说的："股份公司在营业上的亏空，各股东不过就其股份范围内，负其责任。"[①]

以上四个方面，就构成本节所指的股份公司的定义，这有助于我们探讨它的形成。

17 世纪末有限责任公司的形成

16、17 世纪，在新形势的刺激下，西欧的工商业经营组织经历了很大变化，近代性质的股份公司由此形成。所谓新的形势，指的是地理大发现后西欧的发展条件出现的巨大变化，直接到美洲和亚洲的贸易获利前景诱人但路途遥远、风险巨大，需要一定的规模、进行集体行动和大量投资。但发展条件的变化并未马上造成经营组织的创新。在 16 世纪大部分时间里，这些新条件只是促成中

---

① 〔英〕亚当·斯密：《国民财富的性质和原因的研究》下卷，郭大力等译，第 302—303 页。

世纪后期形成的家族公司达到巅峰状态，出现了奥格斯堡的富格尔（Fugger）、韦尔瑟（Welser）这些"规模之庞大使其他商人和公众舆论感到害怕"的家族公司。缺乏创新的主要原因在于：直接面对并控制这些新条件的伊比利亚国家政府权力过分集中，"西班牙国家强制推行了'西印度事务院'、'贸易商行'和'印度之路'"。在政府的严格控制下，商人们只能"随遇而安"。[①] 只有像在英国、荷兰这样的国家中，商人有更多的主动权，当他们直接面对新的贸易条件时，经营组织才会发生某种决定性的变化。这已是16世纪中期或16世纪末的事情了。到17世纪，特许公司在意大利以北的国家较多地出现、全面发展，近代最早的一批股份公司开始形成。

英国与荷兰是这方面成就最大的国家。可以说，1500年前，意大利人是经营制度的创新者；此后英国人、荷兰人取代了意大利人成为新的制度创新者。当然，它们是在意大利人的成就的基础上进行创新的。这方面，英国人更为突出。

在英国，15世纪末和16世纪上半叶，出现了管理型特许公司。16世纪中后期，随着地理大发现对英国影响的增大，股份型特许公司开始出现。最初的股份公司是在管理公司或在中世纪的合股经营的传统上发展起来的。克拉潘说，在中世纪商人的联合冒险事业中，在英格兰的商船业和矿业的惯例中，都可看到股份公司的萌芽，如许多人共同投资某一事业，享有1/2、1/8，直至1/64的所有权。英格兰的第一个以合股形式进行贸易的特许公司是"莫斯科公司"。它实际上成立于1553年，这一年一批商人进行了"航行白海的冒险尝试"。[②]

在理论分析中，股份公司的产生是一个重大的创新，但在当时人的感觉中不是这样。从管理公司向股份公司转变是一个"很小的"变化，是人们"几乎没有觉察到"的商业和工业发展的一种很平常

---

①　〔法〕布罗代尔：《15至18世纪的物质文明、经济和资本主义》第二卷，顾良译，第184、482页。

②　〔英〕克拉潘：《简明不列颠经济史：从最早时期到一七五〇年》，范定九等译，上海译文出版社1980年版，第363—364页。

的过程。^①莫斯科公司于 1555 年经政府批准正式成立。但英国最典型的股份公司是 1600 年成立的东印度公司。到 1688 年光荣革命时，英国（包括苏格兰）已有 24 家股份型公司。所有这些公司都经国王或政府特许，拥有某种垄断特权。1688 年光荣革命后，英国的经营组织创新又进入一个新阶段，非特许垄断的股份公司成批出现，仅 1692—1695 年间，就成立了各种股份公司 150 家。^②这种股份公司私立化的热潮在不久后的南海泡沫中受到有力的遏制，这方面新一轮的发展潮流要到产业革命中才重新开始，并要到 19 世纪中才达到新的突破。

如果按照前面关于股份公司定义的四个方面来衡量，真正意义上的有限责任公司要出现在 17 世纪末。我们先看看这四种因素的发展情况：

1. 股份制的发展。1553—1555 年成立的莫斯科公司虽然是近代英国第一家股份公司，不下于 200 个投资者提供了约 6000 英镑资金，许多贵族、枢密院官员和其他高级官员成了投资者，其余的是富商，^③但它与此后以股份制名义建立的许多特许公司都还不是永久性的公司，经常重组，每次重组时投资额重新认定。

1602 年成立的荷兰东印度公司是第一家"永久性股份公司"。^④另外，有人认为，近代的"'股份'、'股东'一词是 1610 年荷兰东印度公司在号召向该公司投资的布告中第一次使用的。预约者得到这个公司的一个股份……1616 年，在丹麦和瑞典，该词开始同以往使用的'拥有部分'一词并行使用。在法国，17 世纪中叶'股份'才取代以往使用的'拥有部分'和'分配'一词。"^⑤

① William Robert Scott, *The Constitution and Finance of English, Scottish and Irish Joint-stock Companies to 1720*, vol. one, Cambridge: Cambridge University Press, 1912, p. 13.
② 〔法〕布罗代尔：《15 至 18 世纪的物质文明、经济和资本主义》第二卷，顾良译，第 491—492 页。
③ K.R.Andrews,*Trade,Plunder and Settlement,Maritime Enterprise and the Genesis of the British Empire*, *1480-1630*, Cambridge: Cambridge University Press, 1984, p.64.
④ 〔美〕金德尔伯格：《西欧金融史》，徐子健等译，中国金融出版社 1991 年版，第 270 页。
⑤ 〔英〕库利舍尔：《欧洲近代经济史》，石军等译，北京大学出版社 1990 年版，第 325 页。

英国东印度公司常被看成股份公司的典型，我国一些书把它称为第一家股份公司，但从 1600 年成立到 1612 年，它与管理公司区别还不大。亚当·斯密曾指出，1612 年以前，这家公司"只有船舶是共有的，贸易资本还是各个人的，仿佛是以一种合组（按：管理）公司的形式在进行贸易"。[①] 共同的投资只持续一个来回，每次船队回来后都重新组织投资。[②] 此后所有资本才集中起来，组织成年限不长的股份公司。1613—1616 年组成第一个股份公司，总资本 42.9 万英镑。1617—1632 年组成第二个股份公司，总资本 162.9 万英镑。[③] 这些资本均不是永久资本，年限到时，就把本利全部分掉，然后重新认购重组。此后，公司成员才把全部或部分资金留在公司内，用作下次航行，一种"普通股份"由此产生。到 1657 年，公司确立了一种"新的普通股份"制度，这时，"它的财务制度才完全具备一个近代的形式"。但还要到 1661 年才形成每年分配一次红利的习惯。[④] 公司的资金一般以 50 英镑为一股，这方面各公司差别很大。17 世纪 20 年代弗吉尼亚公司的股票单位是 12 英镑 10 先令，而 17 世纪荷兰各公司的股票单位一般为 3000 弗罗林（约合 300 英镑）。[⑤]

贸易不是这时期唯一出现股份公司的部门。凡需大量资本的部门就可能用股份的办法来征集资金。16 世纪中，英国"紧随着德国的实践，在银矿、铜矿和铅矿中，同时在铁和黄铜制造业中采用了股份公司形式"。[⑥]1569 年，英国皇家采矿公司"再度号召其股东将每人的股本增加到 850 镑"。这时，公司由 24 股股份组成，但其中有许多股分成了小股，"一股分成八小股并非罕见"。不管整股还是整股再分出来的小股，都可以转让。但"让股"时，每个人都

---

① 〔英〕亚当·斯密：《国民财富的性质和原因的研究》下卷，郭大力等译，第 307—308 页。

② P. Lawson, *The East India Company, A History*, London: Longman 1993, p. 21.

③ R. Mukherjee, *The Rise and Fall of the East India Company*, Berlin: Deutscher Verlag der Wissenschaften, 1958, p. 69.

④ 〔英〕克拉潘：《简明不列颠经济史：从最早时期到一七五〇年》，范定九等译，第 366 页。

⑤ 〔意〕奇波拉主编：《欧洲经济史》第二卷，徐璇等译，第 477 页。

⑥ 〔英〕E. E. 里奇等主编：《剑桥欧洲经济史》第五卷，高德步等译，第 400 页。

必须亲自到公司总部处理。

2. 股票的公开买卖与证券交易所的产生。股票的转让、买卖早已出现。这种转让和买卖可以在商品交易所进行，但除了国债，公司股票易手最终还得靠当事人亲自去公司总部办理。17 世纪初，公司永久资本的出现和股票易手的增多，直接促进了证券交易所的出现。这首先是从荷兰东印度公司开始的。该公司刚成立时规定投资人可随时撤资。但随着一些资本投向房屋、船只等固定资产，随时撤资的办法行不通了。1612 年公司规定，要兑现该公司的股票必须拿到交易所去公开出售。英国的公司在 1623 年也仿效了这一做法。另外，公司需增资时为了不必过分依赖原有股东，"英国东印度公司最早开始扩大发行具有固定票面价值的股票"。①

专门的证券交易所，就在这种种因素的作用下建立起来。17 世纪中，阿姆斯特丹出现了"正式的股票交易市场"。它通常被看成"第一家证券交易所"，其特点是交易的"数额大"、"有流动性，公开性和投机性"。英国这方面的发展比荷兰要晚。17 世纪 30 年代，"伦敦的证券与股票贸易已经发展起来"。1657 年后，英国东印度公司的股票开始在伦敦的公司总部里买卖，随后是在伦敦的交易所里买卖。自 1695 年起，皇家交易所已开始买卖公债券及东印度公司和英格兰银行的股票。1698—1700 年间，"证券交易所从场地狭小的皇家交易所搬到对面著名的交易所街"。在 1690 年代，伦敦还出现了两种登载某些主要股票价格的刊物。②至于欧洲其他国家，这方面的发展要到 18 世纪以后。总之，在 17 世纪的荷兰和英国，我们可以看到证券交易先是混合在商品交易所里，然后再独立的过程。

3. 有限责任原则的发展。16 世纪，特别是在 17 世纪里，有限责任的原则虽然仍不够明晰，但已从多个方面进一步表现出来。

两合公司的发展是这方面最明确的例子。一个公司的合伙人

---

① 以上参考〔意〕奇波拉主编《欧洲经济史》第二卷，徐璇等译，第 477 页。

② 以上主要参考〔意〕奇波拉主编《欧洲经济史》第二卷，徐璇等译，第 478—479 页；前引〔法〕布罗代尔书第二卷，第 86—87、93 页；及前引 P. Lawson 书，第 21 页。

中，一部分人（往往是具体经营者）承担无限责任，一部分人（往往是普通投资者）承担有限责任，这就是两合公司。1408 年佛罗伦萨立法规定公司的一部分合伙人不再承担无限责任，这实际上已具有两合公司的性质。16 世纪初，"两合制在佛罗伦萨的发展最引人注目"，已知的第一个契约签订于 1532 年 5 月 8 日，"它使志在扩张的当地资本家能够参与一系列近似今天的'控投'之类的活动"。两合公司大约从 17 世纪开始在意大利以北的西欧大陆流传。其中法国是这方面最早作出明确规定的国家。比如，它在 1673 年的一则法令中说道："两合公司合伙人的责任以其出资额为限。"①

英国的法律不准建立两合公司。但 17 世纪上半叶，类似两合公司的实践已经开始。按克拉潘的说法，1625 年后的一段长时间里，生意普遍萧条，"也许这次萧条导致了有限公司微弱的开端。水产商行于 1633—1634 年曾受到损失。在请求增加资本时，它保证新加入的资本不负担以往的损失。莫斯基托岛贸易公司对投资一千英镑的人保证，在任何情况下不再使他们增加资本。"②也是在这 17世纪 30 年代，英国一些公司"还产生了一种特殊的股票，这种股票将持股人对公司的责任限制在股票的票面价值之内"。③1694 年成立的英格兰银行，规定其所发行的可兑换现金的票据的发行额"不得超过资本总额。如果超过了，股东就有承担银行债务的责任。"这一规定使得"股东的责任仍然限于他们股份的数目，像一个现代公司一样。"④让人感兴趣的是股份型特许公司的责任问题。18 世纪后期，亚当·斯密讲到股份公司的股东只负有限责任。⑤19 世纪中，约翰·穆勒说："所谓特许公司指的是这样一种合股公司，其股东根据国王的特许状或议会的特别法令，免负超过其出资额的债务责

①　〔法〕布罗代尔：《15 至 18 世纪的物质文明、经济和资本主义》第二卷，顾良译，第 475、476 页。

②　〔英〕克拉潘：《简明不列颠经济史：从最早时期到一七五〇年》，范定九等译，第 369 页。

③　〔意〕奇波拉主编：《欧洲经济史》第二卷，徐璇等译，第 478 页。

④　〔英〕克拉潘：《简明不列颠经济史：从最早时期到一七五〇年》，范定九等译，第 379 页。

⑤　〔英〕亚当·斯密：《国民财富的性质和原因的研究》下卷，郭大力等译，第 302—303 页。

任"。① 这就是说，从法律上讲，英国的特许公司是有限责任公司。
但不是所有国家的特许公司都是有限责任的公司，英国也不是最早
明确规定特许公司为有限责任的国家："荷兰东印度公司、瑞典、
丹麦公司的特许证中，还没有规定有限责任。有限责任的原理首先
在法国提出。"②

　　总的说来，这时期有限责任的意义还比较小，在很大程度上还
只是一个实践的问题。像荷兰东印度公司其实是个准政府的组织，
其盈亏与政府的海外政策息息相关。后来它变成殖民王国，股东们
根本不可能为它承担无限责任。当 18 世纪末它在拿破仑战争中被解
散时，它欠下的巨额债务是由政府负责的。另一方面，像英国东印
度公司，它成立的最初 12 年间，股东们每次出航前认购股份，一个
航程结束后把本利全分掉。在这种情况下，即使没有有限的规定，
股东的责任一般也是有限的，因为开往东方的船队的花费一般不会
超过认购的总资本。所以只有当出现永久资本时，有限责任才显得
重要起来。正如洛森讲的，1657 年后，东印度公司才可以自视为具
有了今天大部分公司所具有的那种共享风险、有限责任的公司。③

　　4. 董事会的出现。大的股份型特许公司一般都设立董事会。法
国的特许公司官办色彩很浓，所以公司领导类似一个政府机构。英
国东印度公司的管理机构最典型：公司的最高权力机构是业主委员
会，它任命一个 24 人的理事会负责公司具体管理工作。该理事会分
成几个分委员会，各自负责特定事务，共同在一个"行政长官"和
一个"副行政长官"的领导下工作。④ 现代大公司作为决策机构的董事
会与以总经理为首的具体管理班子的分工基本形成，洛森说道："东
印度公司所以是现代的，与其说是它的投资实践，不如说是它的领

　　① 〔英〕约翰·穆勒：《政治经济学原理及其在社会哲学上的若干应用》下卷，胡企
林等译，商务印书馆 1991 年版，第 486 页。
　　② 〔英〕库利舍尔：《欧洲近代经济史》，石军等译，第 324 页。
　　③ P. Lawson, *The East India Company, A History*, p. 42.
　　④ 〔英〕E. E. 里奇等主编：《剑桥欧洲经济史》第四卷，张锦冬等译，第 234 页。

导组织。"①

　　以上四方面的发展说明，严格意义上的股份公司，即近代有限责任公司，是在 17 世纪产生的。当然，上面几个方面要同时集于一身才能算是严格意义上的股份公司。最早明确规定有限责任的是法国，但法国在 17 世纪还没有证券交易所。如果我们不过分坚持有限责任这一点，那么 17 世纪第一个 10 年后荷兰东印度公司可算是股份公司了。如果我们不过分坚持股票一定要在证券交易所出售，那么 17 世纪中期英国东印度公司已经是股份公司；如果一定要坚持这一点，那么只有到 17 世纪末英国出现证券交易所时它才算是股份公司。

　　我国有学者强调："不应当把 15—18 世纪的特许公司与现代的股份公司相提并论，因为它深深地打上了时代的烙印，留下了强烈的历史特征。"②注意到这一点是对的，因为尽管 17 世纪末，英国的东印度公司已经基本上具备现代有限责任公司的各个特征，但其与政府无形中融为一体的关系，享有种种特权，有点类似于当代政经合一的垄断型企业，与现代有限责任公司相差甚大。西方也有学者强调特许公司由政府给以垄断特权，因而"并不是真正的自由市场风险企业"。不过，加上这一标准的话也不改变股份公司产生于 17 世纪末的事实。因为 1688 年后，英国出现了一股成立股份公司的热潮，特许的与不特许的都有。所以，同一个作者说道："直到股份公司完成私立化后，他们才真正成为今天公司的先驱。在 17 世纪末叶，英国商人发现他们不必费心去获取一张特许状也能建立一家风险事业公司。他们完全模仿那些持有皇家或议会特许状的公司的结构。这使他们能够建立股份公司，从而利用自由转让股份来吸引投资者。"③

---

　　①　P. Lawson, *The East India Company, A History*, p.22.

　　②　何顺果："特许公司——西方推行'重商主义'的急先锋"，《世界历史》2007 年第 1 期，第 51 页。

　　③　〔英〕约翰·伊特韦尔等编：《新帕尔格雷夫经济学大辞典》第一卷，陈岱孙主持翻译，经济科学出版社 1992 年版，第 731 页。

有限责任公司形成的文化背景

上面，我们讨论了 16—17 世纪有限责任公司（简称股份公司）的形成过程。这里我们讨论一下它产生的背景，或者说它为什么会产生在这个时期的西欧。

或许有人认为，股份公司的产生是经营组织的一个自然演变过程，提出"为什么"是多此一举。但若我们稍微横向比较一下，马上会觉得提出这个问题非常有必要：简单的合伙关系，某种程度上是中世纪西欧人在地中海上向阿拉伯人、拜占庭人学来的。但到 14 世纪，西欧人的家族公司就已超过他们的老师。即使 17 世纪时奥斯曼帝国的大商行（也可称为家族公司），其出资人的本金最多只能在亲戚朋友间转让，根本不可能发展到在商品交易会或在商品交易所公开转让的程度，而 15 世纪的意大利人已做到了这一点。至于 16、17 世纪西欧人发展起近代性质的股份公司，东方各文明民族在这方面更显得望尘莫及。为什么落后的西方在大约六百年间就由简单合伙制发展到股份公司，而东方的经营组织却长期没有较大变化的问题，与资本主义为什么起源于西方而不是农业文明高度发达的东方一样，耐人寻味。所以，如同资本主义起源问题一样，股份公司的起源不能光看经济原因，还必须看到其背后深厚的文化传统因素。大体说来，这些因素主要有：

第一，以契约为基础的非家族的联合及这种联合拥有法人地位的传统。家族在西欧中世纪社会生活中同样有重要意义，但真正体现西方中世纪文明特色的是相当流行的各种非家族的联合，其主要表现是行会及其各种演变形式如公会，还有类似行会的各种非家族的组合。西方学者一般认为股份公司与行会有着不可分割的联系，因为行会拥有后来股份公司的一些基本特点：非家族的联合，法人团体，垄断一方的贸易，等等。克拉潘就曾这样讲到行会及其演变形式公会与股份公司的关系："股份公司发端于 16 世纪以前而在 16 世纪才首次出现。它和基尔特（行会）有些联系，因商人基尔特和其他基尔特有时曾作过集体采购，如同作为股份公司的采购单位一样。在成立法人组织时，商业公会可以保有财产，也可以有图记。公会传给股份公司一种旨在垄断的方针"。① 像意大利的那些家族公司允许主要合伙人以外的人投资，也体现了股份公司的某些因素。

管理公司也可认为是股份公司的前身，虽然它后来与股份公司长期并存，并有时互相变换身份。管理公司作为股份公司前身的作用在于：它提供了跨城市、跨地区的全国性的组织方式，它经政府批准垄断与某一地方的贸易，并拥有一些共同财产。英国东印度公司就是从商人冒险家协会派生出来的。1581 年商人冒险家们决定派人了解亚洲的情况。1599 年在商人冒险家协会直接领导下，成立了一个谋求去远东发展贸易的协会，并由该协会向女王请求特许状。次年经女王批准，英国东印度公司正式成立。②

在城市共和国，特许公司往往直接从城市商人行会发展而来，如热那亚的马奥那。这是因为城市共和国是在主要城市兼并周边小城市和农村后形成的，其商人行会没有经过大的组织变动（至多只是吸收了小城市里的一些商人），就统治了整个城市共和国的对外贸易。

以上向股份公司演变的种种组织，均是建立在契约关系上的各种非家族的联合形式，契约关系是家族关系淡化后人们因经济活动的需要而发生各种联合的纽带。西欧中世纪的契约关系已有相当程度的发展，行会等只是其中主要表现之一。从大处讲，表现为市民通过宣誓建立城市公社或实行城市自治；从小处讲，行会内外还有许多种非家族的联合组织，如兄弟会等。20 世纪初，桑巴特在讲到这些组织时说道："中古时代的互信会、友谊会、忠信会和同盟会诚然与资本主义丝毫没有关系，但它们建立时所依据的原则与计划，

---

① 〔英〕克拉潘：《简明不列颠经济史：从最早时期到一七五〇年》，范定九等译，第 363 页。关于行会演变为公会，国内已有人作过较系统的论述，见金志霖：《英国行会史》，上海社会科学院出版社 1996 年版。

② R. Mukherjee, *The Rise and Fall of the East India Company*, pp. 24-27.

表现得很适宜于引入资本主义的经济形态。"这些原则是：（1）这种联合不是亲属的、邻居的，也不是同职业的，而是生疏的人的契约性的联合，是一种"人为"的联合，而不像家庭那样是"天然"的联合；（2）这种"人为"的联合完全出于确定的经济目标，不受各种非经济因素的牵制，所以包含着经营独立的萌芽；（3）这种联合还包含着生产力，特别是生产手段，任意集合的可能性。[①]

10 世纪时出现的各种合伙制以契约为基础，"没有互相信赖的精神和生意上的诚实感为前提"，各种合伙契约"就不可能存在"。[②]契约关系不仅用来处理非家庭成员间的经济关系，作为处理人与人之间经济关系的一般原则，它也普遍流行于家族成员之间，中世纪意大利的那些家族企业在家庭成员中也实行股份入股的形式。

特别值得注意的是：契约关系甚至已在君臣、君民之间流行。中世纪城市自治权的获得，某种程度上是城市与国王或大封建主的一种契约，特许状上规定了双方的权利与义务。国债制度很早就发展起来，也是基于政府与臣民间的契约关系。中世纪后期，随着商人越出城墙求发展，君主与个人间的契约日益增多，本书已多次提到这方面的例子。

第二，股份公司产生的另一个非常重要的条件，是中世纪形成的政府与商人的密切合作关系，也就是所谓的"重商"。这意味着在商业经营上，政府与民间两方面的积极性都有可能得到充分发挥。这种合作可细分为以下几个方面：

（1）双方都想达到某一经济目标。

（2）在行动中双方密切合作，发挥各自特长。政府的作用是对从事海外贸易的商人进行保护、支持，甚至授与某种国家权力，在国内则协调各商人集团的利益，使其避免自相残杀般的竞争，一致

---

① 〔德〕桑巴特：《现代资本主义》第 2 卷第 1 分册，李季译，商务印书馆 1939 年版，第 76—77 页。

② C. Cipolla, *Before the Industrial Revolution, European Society and Economy, 1000-1700*, London: Methuen, 1976, p.186.

对外；商人们则发挥自己的经商、冒险才能，占领遥远的市场。

（3）在长期的合作中双方之间形成了一定的分享扩张利益的制度，通过占领远方市场，双方均感到有所得，不致因一方的利益压倒另一方而使其失去冒险兴趣。从各特许公司成立的历史可以看到，没有政府的积极介入，这些公司即使建立起来，也可能因风险太大而难以发展。

第三，股份公司产生的第三个客观前提是远洋冒险的发展。16、17世纪时最典型的股份公司存在于特许公司中，这不是一种偶然现象。特许公司从事遥远的海外贸易和殖民活动，不用股份制的方式，很难筹集起那么多的资金，很少有人会把很多财产押在这风险极大的事业上。远程贸易或海外贸易是股份公司的催生剂。在16、17世纪，"大型股份公司是海外贸易的工具"。[①]商人们"从便利和安全两方面考虑，作出了合股的安排。这种冒险事业对于任何少数人来说，负担未免太大，因此，一个人数相当多的集团同意每人投资一部分，各人分担一份风险。"[②]从亚当·斯密以来，西方许多学者都认为"股份公司是为适应需要长期占用大量资金的'远距离贸易'而产生的"。[③]

以上几个方面是股份公司产生的基本前提。还有一个需要回答的问题是，这些条件西欧各国不同程度皆具备，但为什么股份公司最终主要还是产生于西北欧的荷兰和英国？这里，股份公司的起源问题再次与资本主义起源问题或多或少联系起来了。布罗代尔曾论及促使这类公司出现的三个基本条件：强有力的政府的支持；拥有资本、银行、信贷和顾客；拥有远方的市场。我们可以据此来分析这个问题。

1.意大利城市国家不统一，城市国家不足以承担民族国家的重任，加上地理大发现后以威尼斯为首的一批意大利城市仍以地中

---

① 〔意〕奇波拉主编：《欧洲经济史》第二卷，徐璇等译，第444页。
② 〔英〕克拉潘：《简明不列颠经济史：从最早时期到一七五〇年》，范定九等译，第363页。
③ 〔美〕金德尔伯格：《西欧金融史》，徐子健等译，第269页。

海上的传统活动为主，所以布罗代尔讲的第一和第三个条件它都不具备。

2. 西班牙和葡萄牙具备第一和第三个条件，第二个条件的不足可由意大利、德意志的商业资本来弥补。但在它们那儿，这三个条件间的关系并不平衡。或者说在伊比利亚，国家的作用被过分推崇，扼杀了商人的主动性，商人只能随遇而安。法国的情况与西班牙类似，虽然没有西班牙那么严厉，但政府还是管得过多，特许公司缺乏生气，人们不愿投资。像法国东印度公司，"它的成立和改组都由政府随意决定，它处在政府的控制之下，好像脱离开国内的生活，悬在半空之中"。在这种情况下，公司管理"不免接连不断地落在一些无能之辈手里"。无疑，这些无能之辈来自有权有势的王室宠臣，有经营能力的商人对此只能望洋兴叹。所以尽管法国在某些方面走在前列，如它是意大利以北国家最早明确规定两合公司合法的国家，但它建立的特许公司相对说来不太成功。

3. 只有三种条件皆具备，并且三者保持某种平衡的地方，股份公司才比较顺利地发展起来。在荷兰和英国，国家对特许公司给以行政、外交和军事上的大力支持，但政府除了授以特权，使其拥有部分国家权力（在外让其代表国家机关）、向其收取一定税金外，很少直接插手公司的具体活动。这种灵活性是股份公司发展的生命线。后来荷兰的公司不敌英国公司的竞争，在管理上讲，也是由于荷兰的公司墨守成规；"1688 年革命后的英国公司比荷兰公司更加自由，因为荷兰公司为以往的成就背了包袱。"①

国家大力支持并进行宏观管理，在微观上则让公司尽可能地保有主动性，为它创造赢利的条件但不过多干预具体事务。简言之，两种积极性的充分发挥及双方均感到有所得，这也是股份公司得以发生、发展的关键因素。

---

① 以上见〔法〕布罗代尔：《15 至 18 世纪的物质文明、经济和资本主义》第二卷，顾良译，第 483—484 页。

股份公司的发展及特点

股份公司的进一步发展，使它扩展到所有的行业，把各阶层的居民卷入进来，这要到19世纪后期才实现。前面讲到，1688年革命后，英国的股份公司大有风起云涌之感，仅1692—1695年，就成立了各种股份公司150家。但这股浪潮在1720年的南海泡沫中遭到灭顶之灾。此后二百多年间，它缓慢发展，大体上保持原有的活动领域。这就产生了这样的问题：为什么这几百年中股份公司的组织形式只限于对资金需求大、风险高的行业，而不能在其他行业中普遍推行开来？如果只强调这时期企业规模都很小，所以不需要有限责任公司这样的经营组织形式，不是很有说服力，因为当代的小企业都普遍采用了这种方式。所以，较有说服力的理由是监管及其相关的一些问题没有解决。

进展是悄悄进行的。南海泡沫反映了公司发展面临的诸多问题，股份公司的全面推广还需要一系列新的前提。这些前提中除了近代机器大工业的出现这一根本性的物质条件外，其中最主要的有两条。一条是国家对公司的监管能力。如何使有限责任公司能自觉地在有能力偿还自己债务的基础上经营，这需要国家制订相应法规，使公司经营情况有一定的透明度，使与之有业务往来的客户及买卖其股票的股民都可根据公司经营业绩作出自己的决定，这对股份公司发展具有关键性的意义。否则，公司破产造成的社会震荡将是灾难性的。另一条是，如何使公司的经营者们能像对待自己的资本那样经营整个公司的资产。亚当·斯密认为这一点难以解决。但大半个世纪后，英国却在这方面积累了相当丰富的经验。1848年穆勒驳斥说，"亚当·斯密对正确的原则加以夸张"，不足为据。他指出："有很多方式可以使雇员的利益同公司的盈亏或多或少地密切相关联"。穆勒说这个话的前四年（1844年）英国政府颁布了《合作股份公司法》。尽管如此，穆勒还是承认，"在这方面，英国的制度还是很不完善。"① 可见，股份公司的成长环境是长期培育的结果，它需要有更完善的信用条件、更高明的监管水平或更好的监管手段。换言之，股份公司是人类工商业文明发展到一定程度的产物。没有这种发展，就没有它的全面推广，也没有真正意义上的现代社会。

现代股份公司还有一个重要的特点：长期以来它是资本主义社会主导性的经营方式。希法亭说过："不理解股份公司的胜利及这种胜利的原因，就根本不能理解"资本主义的发展。② 这似乎曾在我们眼中形成一种定论，即它是资本主义特有的经营组织方式。但在改革开放中我们放弃了这种观念，这不仅因为它是在封建社会里产生的，而且还因为我们看到了它的另一方面的性质，即它又是在与私人资本相对立的基础上发展起来的。马克思曾这样讲到股份公司："那种本身建立在社会生产方式的基础上并以生产资料和劳动力的社会集中为前提的资本，在这里直接取得了社会资本（即那些直接联合起来的个人的资本）的形式，而与私人资本相对立，并且它的企业也表现为社会企业，而与私人企业相对立。这是作为私人财产的资本在资本主义生产方式本身范围内的扬弃。"马克思还说："在股份公司内，职能已经同资本所有权相分离，因而劳动也已经完全同生产资料的所有权和剩余劳动的所有权相分离。资本主义生产极度发展的这个结果，是资本再转化为生产者的财产所必需的过渡点，不过这种财产不再是各个互相分离的生产者的私有财产，而是联合起来的生产者的财产，即直接的社会财产。" ③ 在马克思的时代，还不存在现代化或现代经济发展是否有资本主义和社会主义等多途径的问题。但上面的论述已足以使我们得出结论：股份公司是现代经济的基本经营组织方式，它与所有制或生产方式没有特定的联系。

---

① 〔英〕约翰·穆勒：《政治经济学原理及其在社会哲学上的若干应用》，赵荣潜、胡企林等译，上卷第 163—164 页，下卷第 485 页。

② 〔奥〕希法亭：《金融资本——资本主义最新发展的研究》，福民等译，商务印书馆 1994 年版，第 105 页。

③ 〔德〕马克思：《资本论》第三卷，人民出版社 2004 年版，第 494—495 页。

第十一章　殖民掠夺、世界贸易与 18 世纪末的经济巨变

18 世纪后期或到该世纪末，欧美国家经过早期资本主义几百年的发展，通过殖民掠夺和世界贸易的长期积累，包括资本、技术和经验或技巧的积累，在经济和政治领域出现了突破性的发展，有的称之为大西洋革命，有的称之为经济和政治的双元革命。经济革命指英国工业革命；政治革命指法国大革命（"大西洋革命"的概念包括美国独立战争等政治事件）。这些革命的发生或爆发，是欧美早期资本主义几百年的发展而导向总突破的产物，其结果是进入一个全新的时代——工业社会，即在经济上建立起近代机器大工业生产，在政治上建立起现代西方三权分立的资产阶级制度。[1]

本章着重讨论奴隶贸易对欧美资本主义发展的影响，介绍西方学者对这种影响的争论，并提出我们的一些看法。当然，这几百年间西欧人在东方的殖民活动及其控制下的与东方（这里主要指西方

---

[1]　必须指出，法国大革命是经济发展到一定程度，在经济走向繁荣的过程中遇到暂时困难而爆发的，不是经济全面凋落才引发革命。李宏图在"封建权利与大革命的爆发"中说了这种情况："在我们通常的理解中，一谈到革命总是和经济危机、人民民不聊生等直接联系起来，中国历代的农民起义的悲惨境况就是典型，由此所形成的革命原因的表象就是，革命总是在经济危机中爆发。而对于法国大革命来说，问题正好相反，它不是爆发于经济危机，恰恰相反，它是出现在经济繁荣之中。从 18 世纪 30 年代到 1770 年，法国经济一直是快速而稳定增长，农业收成良好，人口增长，海外贸易也在发展。特别是与广大农民相联系的农业一直处于很好的发展状态。如果说有危机的话，那也是国家的财政危机和周期性的经济波动，而不是整个国家的经济危机。"见《文汇报》2012 年 7 月 9 日，第 11 版。

传统上指的"远东")的贸易，同样在资本主义发展中起重要作用，毕竟欧洲国家建立的那么多的特许公司中，最有名的两个（荷兰东印度公司和英国东印度公司）都是从事东方贸易的，其作用与以奴隶贸易为主的大西洋贸易是一样的，所以本章也讨论所有这些类型的贸易（也括欧洲各国之间的贸易）对西方资本主义发展的推动作用，及其在什么条件下起这种作用。最后我们将谈谈资本主义精神问题。

一、关于威廉斯命题的争论

奴隶贸易与欧美资本主义发展的关系，在西方学者中是一个分歧颇大或普遍被贬低的问题。虽然总的说来，"二战"后，西方许多学者已经能够比较客观地看待他们的殖民扩张史，承认他们祖先的行为有不光彩或可耻的一面，但世界近代史上几乎没有一个重大话题像奴隶贸易与资本主义的关系那样，把政治、道德和学术如此紧密地纠缠在一起。可以说，从这个问题中可以最清楚地看出，大多数西方学者对他们祖先的批评是比较有限的。

威廉斯的两个观点

在 17 和 18 世纪，奴隶制是一个受到学术界和商界高度关注的话题。如威廉·伍德在 1718 年所说的，奴隶贸易是"万流之源"。几年之后，波斯特斯华特把奴隶贸易看成是"一切事物的首要原则和基础，也是引起机器运转的主要发条"。18 世纪时怀特费尔德在鼓吹废除乔治亚宪章中关于禁止奴隶制的条款时又强调："事情很明白，没有黑奴，热带国家根本无法开发。"[①]

废奴运动兴起以后，加上自由贸易论的传播，西方人对废奴主义者多有研究，但对奴隶制与欧美资本主义发展的关系则似乎讳莫如深，很少有人提及。按照理查森的说法，过去关注过这个问题

_____

① 〔特立尼达和多巴哥〕艾里克·威廉斯：《资本主义与奴隶制度》，陆志宝等译，第 48、41 页。

的只有马克思、霍布森（Hobson），然后是新英格兰的 L. J. 格林（Greene），后者于 1942 年出版了《殖民地新英格兰的黑人》（*The Negro in Colonial New England*）。[1]此外，曾任艾里克·威廉斯的指导老师的加勒比学者 C. 詹姆斯（James）1938 年在一本论及海地革命的著作中指出："奴隶贸易与奴隶制乃法国革命之经济基础。"还有拉加兹（L. Lagatz）在 1928 年时已认识到了奴隶制的经济意义。[2]但第一个系统研究这个问题的，是曾任特立尼达和多巴哥总理的艾里克·威廉斯，他于 1944 年出版博士学位论文《资本主义与奴隶制度》，全面论述了奴隶贸易和奴隶制种植园与英国工业资本主义发展的关系。这本书出版后一段时间不被主流的学术界看好，否定性的意见颇多。威廉斯在书中提出了一系列观点，这里着重介绍其中两点，间或也补充一些其他方面的资料，以资证明。

1. 奴隶贸易促进了英国商业资本主义的繁荣。1709 年到 1787 年期间，从事外贸的英国海运船只增长四倍；但其中开往非洲的船只增加了 12 倍，吨位增长 11 倍。18 世纪大部分时间里，英国工业革命的主要城市之一的利物浦的发展就是贩奴的发展。它的第一艘贩奴船开往非洲是在 1709 年，而到该世纪末它已经成为欧洲最大的贩奴港口。1730 年，利物浦仅有 15 艘运奴船，1771 年时它的运奴船增加了六倍。1795 年利物浦的奴隶贸易占英国全部奴隶贸易的 5/8，占全欧洲奴隶贸易总额的 3/7。在英国两大著名的贩奴城市中，利物浦是后起之秀。在 18 世纪前 3/4 个世纪中称雄奴隶贸易的是布里斯托尔，奴隶买卖和食糖贸易使它成了英国第二大城市。该市的一位分析家曾这样写过："这个城市里没有一块砖不渗透着奴隶的鲜血。豪华的宅邸，奢侈的生活，穿着制服的仆役所需用的钱财都是靠布里斯托尔商人买卖那些痛苦呻吟着的奴隶赚来的……市民

---

[1]　David Richardson, "Across the Desert and the Sea: Trans-Saharan and Atlantic Slavery, 1500-1900", *The Historical Journal*, Vol. 38, No. 1, 1995, p. 202.

[2]　李安山："资本主义与奴隶制度——50 年西方史学论争述评"，《世界历史》1996 年第 3 期，第 77 页。

们像孩子一样天真，他们并不觉得买卖这种活商品有什么罪恶，只觉得它有利可图。"18世纪末，英国出现了反对奴隶贸易的声音，1789年该城成立了一个反对废除奴隶贸易的委员会，委员会的委员大多是大商人和政府官吏。[①]

威廉斯引用英国重商主义者达维南特的著作来说明英国得自海外活动的巨大收入。达维南特指出：大体上自1688年后，"贸易使我国的资本每年增加200万镑"。其中，殖民地贸易带来60万英镑，殖民地商品再出口12万英镑；欧洲、非洲和地中海东岸的贸易60万英镑；东印度贸易50万英镑，东印度商品的再出口18万英镑。1773年，英国全部贸易的15%是与西印度进行的，14%是与美洲大陆进行的。[②]也就是说，即使到了美国独立战争前夕，这时北美经济已经有了相当的发展，但在英国的贸易体制中，小小的西印度比整个北美大陆还重要。

其实，法国也是这样，西印度群岛成为当时法国重要的财富来源地。18世纪50年代法属伊斯帕尼奥拉的圣多明各（Santo Domingo）每年生产61 000吨蔗糖，英属牙买加每年生产36 000吨。到该世纪80年代，圣多明各成为"世界上最富有的殖民地"，它拥有46万奴隶和加勒比海地区最大的甘蔗种植园，甘蔗种植园的数量超过800个。它的优势在于土壤肥沃，其产量是牙买加的两倍，而生产成本不到牙买加的1/5。18世纪末圣多明各生产的蔗糖占世界总产量的30%，法国对外贸易的40%产自殖民地。这里的市场每年吸引了1500艘船来到太子港。圣多明各不仅与法国贸易，也与美洲其他殖民地进行贸易，买进酒、咸肉等食品和亚麻布、服装等工业品。[③]

---

① 〔特立尼达和多巴哥〕艾里克・威廉斯：《资本主义与奴隶制度》，陆志宝等译，第54—55、32—33、57页。

② 〔英〕达维南特：《论英国的公共收入与贸易》，朱洑等译，商务印书馆1995年版，第242页；〔特立尼达和多巴哥〕艾里克・威廉斯：《资本主义与奴隶制度》，陆志宝等译，第50页。

③ 〔美〕D. H. 菲格雷多：《加勒比海地区史》，王卫东译，第74—75页。

2. 奴隶贸易与工业革命的关系，不仅要看它在为工业革命提供资金中的作用，还要看它对工场手工业的发展和近代大工业产生的促进作用。当代西方一些学者在评价奴隶贸易与工业革命的关系时，往往只看到前一点，不看或几乎不考虑后一点。看看下面威廉斯的这段话，我们就会对奴隶贸易与工业革命的关系，或与欧洲本土市场和城市的发展，或与工业革命前农民脱离乡土的关系，有着更深刻的理解：

> 乔赛亚·蔡尔德（Josiah Child）爵士估计，在西印度群岛，一个英国人"领着十个黑奴干活，连他们吃穿和开销的费用都算在内，在英国可以为四个白人提供就业机会"。根据达维南特的估计，西印度群岛的一个人，不管是白人或是黑人，创造的财富等于英国七个人创造的财富。另一个作家认为，群岛上的每户人家能使五个海员得到工作，并使更多的工人就业，厂主办厂，商人经商。他还认为那里的每个白人每年给英国带来了十个英镑的纯利润，相当于国内一个白人的 20 倍。威廉·伍德（William Wood）计算出每人每年只要提供七个先令的利润就足以使国家富强起来，而海外殖民地的一个白人每年提供的利润却超过七英镑。达尔比·托马斯（Dalby Thomas）爵士走得更远，他说甘蔗园里每个雇工的价值是英国雇工的 130 倍。皮特曼（Pitman）教授估计，1775 年英国的西印度种植园价值 5000 万英镑，到了 1788 年，甘蔗种植园主自己把这个数字提高到 7000 万英镑。到 1798 年皮特计算每年来自西印度种植园的收入为 400 万英镑，而来自其他地方的收入只有 100 万英镑。①

威廉斯还讨论了英国工业革命中最著名的工业城市曼彻斯特与

---

① 〔特立尼达和多巴哥〕艾里克·威廉斯：《资本主义与奴隶制度》，陆志宝等译，第 49 页。

非洲和美洲殖民地贸易的关系。他说，根据英国枢密院 1788 年的估计，"曼彻斯特每年出口非洲的商品价值为 200 000 英镑，其中单单卖给黑人的商品就值 180 000 英镑。制造这些出口商品意味着要投资 300 000 英镑，并使 180 000 名男女和儿童都能就业……除非洲贸易之外，曼彻斯特于 1788 年还为西印度的贸易提供了每年价值超过 300 000 英镑的工业品，这又使数千人获得了就业机会。"[①]

上述威廉斯的观点以扎实的材料为支撑，但后来一些批评者认为他的材料有问题。比如，有人说他夸大了奴隶贸易的利润，因为："第一，威廉斯使用的资料主要是一些观察家的报告，而这些非正式报告又主要集中在利物浦贸易，颇具片面性。其次，威廉斯对一些商人的报告未加批判就使用，使其资料缺乏说服力。"[②]他使用的某些史料经过严格考证后可能有一定程度的片面性或夸张性，这是可能的，这方面的一些研究成果不能完全予以否定。但从一些支持威廉斯的研究成果看，总的来说他的材料和结论基本上是经得起检验的，倒是那种尽量抹杀这些材料的价值的意图值得我们注意。下面的争论能说明这一点。

西方学者的有关争论

"二战"后，在非殖民化浪潮中欧美学术界开始关注奴隶贸易问题，20 世纪 60 年代后期出现了一批研究奴隶贸易及与其相关问题的著作。但着重关注奴隶贸易与欧美资本主义发展关系的研究，则是最近的事情。1990 年，威廉·达里蒂还这样说："很奇怪，在专门研究 18 世纪英国工业革命的来源和原因的历史学家的评论中，仍然看不到大西洋奴隶贸易的作用。这种奇怪的现象与那些 18 世纪战略家的观点形成鲜明对照，他们在工业革命前夕，极为重视贸易和殖民地的种植园，把其作为英国经济进步的极重要的工

---

① 〔特立尼达和多巴哥〕艾里克·威廉斯：《资本主义与奴隶制度》，陆志宝等译，第 66 页。
② 李安山："资本主义与奴隶制度——50 年西方史学论争述评"，《世界历史》1996年第 3 期，第 79 页。

具。"这些战略家中最重要的是乔舒亚·吉（Joshua Gee）和马拉奇·波斯特斯华特，他们曾被大英帝国的一位历史学家描述成 18 世纪不列颠的主要"代言人"，或"刻画成某种制造业主的帝国主义（manufacturers' imperialism）的重商主义者"。这两个人都把非洲奴隶运入美洲放在英国扩张的种种必要条件的核心地位。为了使这样一种"制造业主的帝国主义"获得成功，他们都认为不列颠有必要扩大贸易和维护西印度的发展。针对这种"忽视"，达里蒂解释道，研究工业革命的历史学家往往把不列颠卷入大西洋奴隶贸易看成是一个肤浅的道德问题，这种贸易"在他们编织的关于工业革命起源的种种故事中不起什么作用"。比如，在弗拉德（Floud）和麦克洛斯基（McCloskey）1981 年主编的关于 1700 年以来不列颠经济史的论文集中，没有一篇文章是单独讨论加勒比或北美奴隶制和英国工业革命是否存在某种重要联系的问题的。尼古拉斯·克拉夫茨（Nicholas Crafts）、杰弗里·威廉森（Jeffrey Williamson）、乔尔·莫库尔（Joel Mokyr）1987 年发表在《经济史探索》（*Explorations in Economic History*）关于英国工业革命专刊上的三篇文章，甚至没有提到艾里克·威廉斯在《资本主义和奴隶制度》中提出的假定：不列颠工业资本主义的发展与大西洋奴隶贸易有紧密联系。稍早出版的"新"经济史的史学家们撰写的关于工业革命的著名论文集，只是主编莫库尔有一句话提到了威廉斯的假定。在讨论不列颠工业最初的资金来源时，莫库尔对威廉斯的论点不屑一顾："尽管一些古怪的机制曾被提出来解决这个问题，诸如威廉斯的……命题，他把'原初的积累'归之于奴隶贸易产生的利润，这个难题似乎有点夸大了，因为在工业革命的早期阶段，建立一个最小规模的工厂所需要的固定成本是有限的，可以通过工匠阶层的利润积累来获得资金。"这里，威廉斯的论点被缩减成"处理一个'夸张的'问题的'古怪的机制'"。[1] 可见，即使到了达里蒂发表这篇文章的 1990 年，

---

[1]　William Darity, "British Industry and the West Indies Plantations", *Social Science History*, Vol. 14, No. 1, 1990, pp. 118-119. 按：本部分的介绍，在括号中写明页码的，均来自该文。

欧美有关学者中虽然有的人偶尔涉及了威廉斯的观点，但大都予以否定，甚至觉得不值得一提。

到 1995 年时，情况有了某些变化。理查森写道："奴隶贸易及其与西方资本主义兴起的关系是近来历史辩论中争议最多的领域之一。"这一争论集中于奴隶贸易的人数、工业化与废奴运动的关系（包括废除奴隶制是否有利于或不利于工业化）、1860 年前奴隶贸易与大西洋世界经济发展的关系等。后一个问题又分为两个方面：来自美洲特别是加勒比地区奴隶制种植园的利润与资本积累、不列颠工业增长的关系；奴隶制和所谓的美国内战前南方滞后的关系。这两个问题一般是分开讨论的，但潜伏在它们后面的是另一个"同样令人感兴趣"的问题：尽管奴隶制有助于跨大西洋商业的扩张，为什么在 18 和 19 世纪里大西洋世界不实行奴隶制的地区走在工业化的最前列。① 但关注归关注，大多数学者对威廉斯的论点的否定性看法没有太大变化。当然，从所提出的问题看，人们对这个问题的认识确实是深化了。可以说，除去意识形态的或讳言自己祖先历史上的罪恶等原因，这些学者所以否定或不支持威廉斯的观点，其最主要的理由就是来自奴隶贸易和西印度种植园的利润在工业革命的资本构成中贡献甚少，几乎可以不计（他们普遍忽视或贬低上面讲的奴隶贸易对欧洲手工工场和农业劳动力向其他行业转移的促进作用）。

T. S. 阿什顿在分析英国 1760—1830 年间的工业革命时说：不列颠的"进出口贸易绝大部分都是与大陆进行的，特别是与不列颠最近的那些国家进行的。与此相比，与印度、西印度和北美的贸易不重要，与非洲的贸易无足轻重"。这种见解令人震惊，因为仅仅在 1761—1807 年间，仅仅英国的奴隶贩子就把 150 万以上的奴隶从非洲海岸运到了美洲。达里蒂就此问道："研究工业革命的经济史学家在奴隶贸易和奴隶制的问题上保持缄默，这是出于什么原因？

---

① David Richardson, "Across the Desert and the Sea: Trans-Saharan and Atlantic Slavery, 1500-1900", *The Historical Journal*, Vol. 38, No. 1, 1995, pp. 195, 201.

曾经存在着一个保持缄默的协定吗？或者他们对忽视威廉斯的假定有一种正常的理智的基础吗？"接着他回答说，礼貌一点的解释是：研究工业革命的历史学家不提及奴隶贸易和奴隶制种植园在工业中起主要作用的论点，有一个正当的理由，即现代经济史学家已经详细、深思熟虑地考虑过威廉斯的假定，但发现它是不够格的。这些经济史学家认为："对英国工业化的进程来说，与殖民地种植园及与非洲沿岸地区的贸易只不过起了一个女仆的作用，而且是一个次要的女仆——作用如此轻微，几乎可以忽略。"比如，莫库尔在 1985 年时说道："在整个工业革命时期，对外贸易的扩张极大地快于产量的扩张。在 1700 年和 1800 年间，对外贸易的数量增长了 6 倍……总体上它比产量和人口增长快得多。或许这导致许多历史学家得出结论：国外市场对不列颠的工业增长来说是必不可少的。实际上并不是这样……"。看到这种话，我想读者们一定会感到奇怪：资本主义与世界市场的发展是分不开的，可是这些学者为了贬低奴隶贸易的历史作用，竟然连国外市场的作用也否定掉。能够设想没有国外市场的工业革命吗？！

反对威廉斯的意见中最有代表性的是恩格尔曼的"小比率"（small ratios）的观点。1972 年他发表《18 世纪奴隶贸易和英国资本的形成：评威廉斯命题》的文章，讨论奴隶贸易的利润与英国工业投资的关系。其结论是：1688—1770 年奴隶贸易对英国资本形成的贡献大约在 2.4% 到 10.8% 之间，取其常数则为 5%；所以，18 世纪的奴隶贸易不可能成为英国资本形成的主要因素。[1] 由此他认为 18 世纪的若干年中，奴隶贸易的利润在不列颠工业化的资本中所占的比例是太小了，以至于忽略不计也没有什么关系。把恩格尔曼的小比率论点应用到工业革命时期并出色地加以发挥的是帕特里克·奥布赖恩（Patrick O'Brien），他在 1982 年写的一篇文章中试

---

[1]　Stanley L. Engerman, "The Slave Trade and British Capital Formation in the Eighteenth Century: A Comment on the Williams Thesis", *The Business History Review*, Vol. 46, No. 4, 1972, p. 440.

图不再考虑与整个边缘地区（亚洲、非洲和美洲）贸易对欧洲经济发展的重要性。他逐一排列了外贸在 18 世纪欧洲全部经济活动中的各种数字，以此表明这些数字太小，贸易不可能承担诸如某种经济扩张的关键性发动机之类的重要角色。他的意思是：如果从 18 世纪以来世界的其他部分不曾存在，很可能欧洲的经济发展也会进行，它主要地是一种内部的事情。奥布赖恩还指出：到 1790 年代，西欧和"现代世界体系"的边缘地区之间的商品流动可能占出口的 20% 和进口的 25%。欧洲国家的大部分贸易都是欧洲各国之间的贸易；1780—1790 年欧洲各国的出口总量约占欧洲国民生产总值的 4%，可能有不到 1% 输往非洲、亚洲、拉丁美洲、加勒比地区和美国南部的种植园，相应的进口数略大一些。他认为这些都是小数字。①

否定威廉斯命题的第二个理由是：奴隶贸易是一种高度竞争性的产业，所以只能挣得"正常的"利润。由此他们得出结论：由于不存在超常的利润，所以英国工业革命前或工业革命时期的财富积累中，奴隶贸易不可能扮演一种关键角色。

赞同威廉斯的观点的主要是一些左派学者、拉美学者或研究非洲的学者。他们的基本观点是：（1）西欧，特别是不列颠，总体上的长期增长，只有放在全球的视野下分析才有意义；（2）1750 年后约三个世纪的国际经济扩张产生了超出一般的利润，这些利润日益更加集中于某些核心国家的资本家手中；（3）他们的投资对西欧的资本积累作出了"伟大的"贡献，到 18 世纪末这个地区已经被置于一条经济增长的道路上，这条道路把这个世界的其他部分（边缘和半边缘地区）都置于低度发展（under-development）状态；（4）此外，来自与边缘地区贸易（通过专业化和关键的进口货物特别是金银来进行）的各种副产品和外部效应促使西欧以各种决定性

---

① Patrick O'Brien, "European Economic Development: The Contribution of the Periphery", *The Economic History Review*, New Series, Vol. 35, No. 1, 1982, p. 4.

的方式实现经济增长。[①] 这四点是左派们的对手奥布赖恩的概括，我认为这一概括还是比较客观的，虽然不一定全面，但从中可看到左派的观点已不再是当年威廉斯观点的简单延伸，而是结合了世界体系的思想。

赞同威廉斯观点的学者还对上述"小比率"等观点进行了回击，一方面是从具体数字的角度，另一方面也从宏观经济发展的角度。

首先，达里蒂等人从各种角度对恩格尔曼的估计数字提出质疑。他们指出：第一，恩格尔曼认为夸大的那些估计奴隶贸易利润的数字，实际上只限于不列颠奴隶贸易的利润，既不包括不列颠西印度殖民地种植园体系的整个收益，也不包括西印度贸易的整个收益；第二，从最近关于奴隶贸易利润的一系列研究成果看，还不能确定上述估计是否都是夸大的；第三，恩格尔曼的百分比从绝对数字上看是小的，但从历史的或相对的意义来看是不是真的小，还不能确定。这后一点的意思是：有些看起来不大的数字，在历史上发挥的作用很大。

其次，他们指出，亚当·斯密和李嘉图虽然是反对重商主义的，但实际上他们对欧洲的海外贸易都持十分肯定的态度，而且他们不仅仅只看利润，还看其他方面。亚当·斯密强调作为增长意向的市场扩展的作用，因为市场对劳动分工有积极影响。换言之，从斯密的理论中能看到殖民制度的重要性。所以达里蒂说道：尽管斯密讨厌英国对美洲殖民地的商业垄断，尽管他在道德上憎恶奴隶制度，尽管他实际上相信奴隶劳动内在地比工资劳动更昂贵，但斯密还是把殖民地看成不列颠的一种重要的经济优势。好到什么程度？斯密认为它超过对殖民地贸易的过度控制所造成的净损失。他说道："我们必须细心分别殖民地贸易的影响及殖民地贸易独占的影响。前者总是而且必然是有利的；后者总是而且必然是有害的。但因为前者

---

① Patrick O'Brien, "European Economic Development: The Contribution of the Periphery", *The Economic History Review*, New Series, Vol. 35, No. 1, 1982, p. 3.

是那么有利，所以，即使殖民地贸易被独占，而独占又是那么有害，就全体说，殖民地贸易，仍是有利，而且大大有利。不过，设若没有独占，其有利程度就要大得多。"[①]达里蒂接着指出：几乎不用怀疑，1934 年费伊（Fay）的看法是合适的，他把亚当·斯密说成"一个帝国主义者，他转向国际主义是出于对殖民地美洲的喜爱"。斯密并不反对开发殖民地。如果殖民地的生产得不到足够的自由劳动力，他也不可能真正反对使用奴隶劳动。从斯密的理论和观点看，殖民地商业的重要性不全靠计算贸易份额、进出口比率或诸如此类的方法来评价，而是还要看殖民地市场对有效需求增长的积极贡献，因为有效需求的增长是支撑经济"进步"的动力。在斯密的经济学中，技术进步和增长的关系依赖于生产者的期望，即生产者认为存在一个他的制造品将日益增长的市场，这才是技术进步的关键。

第三，国外市场的发展对生产率的提高有极重要的促进作用。不列颠工业革命的主要特征不是可利用的各种生产要素的增长，而是可利用的各种生产要素的生产率的增长，这个观点已经受到很多人的关注。尽管尼古拉斯·克拉夫茨怀疑工业革命时期生产率增长的幅度，但大部分当代经济史家都把 18 世纪后期不列颠技术变化置于优先地位。用麦克洛斯基的话说就是："从 1780 年到 1860 年不列颠吃下了一顿巨大的免费午餐。""但是什么东西在推动着这样一种高速度的技术变化？"达里蒂指出：在斯密看来，这就是市场的扩大，它促进了更有效的劳动力组织和新的机器的发展。美洲殖民地在支撑"市场扩展"方面能起一种突出作用。菲莉丝·迪恩（Phyllis Deane）在 1965 年出版的《第一次工业革命》（*The First Industrial Revolution*）中，对工业革命作出了极像斯密这一观点的解读。由于大陆对不列颠产品需求的增长前景存在各种严重限制，西印度群岛和北美的发展是关键性的。迪恩特别强调不列颠的殖民

---

① 〔英〕亚当·斯密：《国民财富的性质和原因的研究》下卷，郭大力等译，第 178 页。

地产品向欧洲其他地方的重新出口。她说："到 1790 年代欧洲吸收了 80% 到 90% 的不列颠再出口的货物，而西印度群岛和远东大约提供了不列颠进口货物的一半"，以满足迅速扩大的"欧洲对各种不可能在温带生产的商品的需求"。迪恩还驳斥了奥布赖恩关于西欧最重要的贸易伙伴是波罗的海地区的看法，她说：对不列颠来说，与这个地区不可能出现大量贸易，特别是在没有热带产品再出口的情况下更是这样。

达里蒂还指出，大卫·李嘉图的经济学从不同的途径也得出关于殖民地具有潜在重要性的结论。李嘉图认为一个国家越先进，它必然会更接近永恒的零度经济增长的那一天，这种接近停滞的状态是由利润率长期下降引起的，而利润率下降又归因于随经济增长而产生的租金和劳动力价格的上涨。他说："工资不跌落，利润率就绝不会提高；而工资则除非它用来购买的各种必需品的价格跌落，否则绝不会持久地跌落。"如果可以从国外得到比在国内更便宜的谷物，国内的工资按黄金的价格来说就能下降，但不会相应地降低劳动者的生活水平，只要当劳动者消费的主要还是谷物时都是这样。而国内工资的减少意味着国内利润率的上升，因而是对重新积累的一种刺激。[①]这里，李嘉图是从一个很有意思的角度来谈论世界市场的发展对国内生产的促进作用的。

二、对外贸易、殖民扩张与资本主义

上面的讨论表明，关于奴隶制与资本主义的关系，既是一个科学问题，也是一场情感或道德感问题。从科学研究的角度看，上面谈到的一些问题有待继续深入探讨，但我们有必要从更广泛的角度来看这种关系。这就是 16—18 世纪西欧国家的商业或海外贸易与工场手工业发展、工业革命兴起的关系，这涉及以下几个方面：

---

① 〔英〕李嘉图：《政治经济学及赋税原理》，郭大力等译，商务印书馆 1962 年版，第 111—112 页。

1. 资本主义起源和发展的内外因关系问题

在支持或反对威廉斯命题的论战中，有这样一个现象：威廉斯派或支持他的人着重强调奴隶贸易或西印度种植园等如何促进了西欧的发展，特别是促进英国工业的发展，而反对派则强调所有这些贸易的收入相对于整个国民经济来说，是很小的一部分，工业革命的资金主要来自国内积累，所以殖民掠夺对工业革命所需的资本积累意义不大。这里可能存在如何计算的问题，同时也有意识形态方面的原因。

还有一种反对意见看起来似乎很宽泛，但很扎实：在不存在合适的社会政治结构和制度安排的情况下，来自奴隶制的利润，不管是来自本土的还是国外的，都不太可能在不列颠和美国造成工业资本主义。[①] 持这种意见的人一般并不否定 1500 年以来西欧的重商主义促进了殖民主义和奴隶制，也不否定 19 世纪的工业资本主义有助于支撑非洲和美洲某些地区的奴隶制。

类似的讨论或观点也见之于其他一些著作，这些著作的作者很可能与威廉斯的命题无关，但是提出或讨论了资本主义发展的内因问题。如法国的佩雷菲特说："为什么美国在美洲大陆的霸权在拉丁美洲造成不发达，而在加拿大却造成超级发达呢？"他的回答是："一种经济之所以成为殖民化，只是因为它是可以殖民化的缘故。"他还这样解释南北美洲的差异："南方和北方有着同样出色的天然资源，而且南方显然动作得更早，但是为什么同一个大陆的两部分却出现这样巨大的差距呢？无疑地，在 19 世纪 20 年代，拉丁美洲的殖民地比北面的 13 个州只落后半个世纪，它们要摆脱两个宗主国的枷锁，高呼'自由！'，但是，他们仿效美国只限于在政治独立上，而没有扩展到社会组织方面，个人自治方面和各种思想准则方面。征服者的后代和教会仍旧是社会的主人、社会仍然是分为等级的，同以往一样，服从于教条主义的秩序，同样地，倾向于在固步自封

---

① David Richardson, "Across the Desert and the Sea: Trans-Saharan and Atlantic Slavery, 1500-1900", *The Historical Journal*, Vol. 38, No. 1, p. 204.

的专政和革命专政之间，左右摇摆。"①阿兰·佩雷菲特的这些观点这里不想作过多讨论，因为一个国家或地区是不是沦为殖民地，取决于很多因素，不过他的基本观点是可以接受的。但这里的问题是：不能把资本主义的内源性与世界市场对立起来，不能因此而否定或忽视世界市场对资本主义发展的作用；资本主义就是通过世界市场发展起来的，决不能说没有世界市场欧洲也会自行发展起资本主义，因为历史没有提供这样的证明。世界市场和资本是资本主义发展的载体，只有国内市场是绝不会有真正的资本主义的。如果不是这样来认识问题，就不可能真正认识资本主义及其发展史。如果世界市场和殖民地在资本主义发展中不起什么作用，那么现代欧洲人的祖先几百年前费尽千辛万苦跑到世界各地去干什么，那么多人横死他乡但依然有那么多人前赴后继走出去，他们都是疯子吗？我觉得我们还是看看马克思是怎么理解的。在《资本论》中他说道：

> 在 16 世纪和 17 世纪，由于地理上的发现而在商业上发生的并迅速促进了商人资本发展的大革命，是促使封建生产方式向资本主义生产方式过渡的一个主要因素。世界市场的突然扩大，流通商品种类的倍增，欧洲各国竭力想占有亚洲产品和美洲宝藏的竞争热，殖民制度，——所有这一切对打破生产的封建束缚起了重大的作用。但现代生产方式，在它的最初时期，即工场手工业时期，只是在它的各种条件在中世纪内已经形成的地方，才得到了发展……资本主义以前的、民族的生产方式具有的内部的坚固性和结构，对于商业的解体作用造成了多大的障碍，这从英国人同印度和中国的交往中可以明显地看出来。②

可见，一个国家或地区是不是沦为殖民地或成为资本主义发展的核心，是与该国的"内部结构"分不开的。当然，马克思这里讲到的

① 〔法〕阿兰·佩雷菲特：《官僚主义的弊害》，孟鞠如等译，第 186、187 页。
② 〔德〕马克思：《资本论》第三卷，人民出版社 2004 年版，第 371—372 页。

印度和中国，是非常特殊的例子。比如，在中世纪的大多数时间里东欧与西欧的"内部结构"相差其实不大，但到中世纪末，东欧对西欧的依附性开始表现出来。再如中日两国，开始时似乎相差不是太大，但结果是一个沦为半殖民地和半封建的社会，而另一个则通过改革走上了资本主义道路。这说明，由于外部环境的差别，内部结构中不大的差别会导致结果的巨大差异。从这个角度看，上述佩雷菲特他们的意见虽然有其正确性，但不能完全用它来解释每一个具体的国家或地区的命运。正是鉴于资本主义产生的复杂性，马克思在同一个地方又讲道："世界市场本身形成这个生产方式的基础。另一方面，这个生产方式所固有的以越来越大的规模进行生产的必要性，促使世界市场不断扩大……。"马克思还在另一个地方指出：在真正的工场手工业时代，殖民制度"起着决定性作用"。[①] 任何只强调马克思这两方面观点中的一个方面而忽视或否定另一个方面，都是错误的。也就是说，如果不存在这样一种"内部结构"或制度，也就不存在 15 世纪以来的那种大探险及那种相对于以往而言的大规模的远洋贸易、大规模的海外殖民和史无前例的奴隶贸易；没有一定的世界市场和由此培育起来的一整套制度和思想意识，也就不会有未来的工业革命。两者相辅相成，如果一方不存在，另一方也不存在。

附带说一下，绝不要把这里讲的"内部结构"看成完全是一种经济因素。不管是历史上还是现实世界中，通过政府强有力的改革措施能够强烈地改变"内部结构"或"经济结构"，此类例子比比皆是。在前两编中，我们强调历史文化传统对西欧往外扩张的作用，原因盖在于此。

2. 五百多年来西方资本主义的接力式发展问题

这里指的是：意大利是欧洲最早发展起有一定规模的资本主义或资本主义萌芽的地区，最早进行扩张的是葡萄牙和西班牙，最早

---

① 〔德〕马克思：《资本论》第一卷，人民出版社 2004 年版，第 864 页。

在世界商业中取得重要影响的是荷兰，但这些国家或地区在工业革命到来时都已经相对衰落，我们能否因此下结论说：意大利的那些城市共和国、伊比利亚国家和荷兰的殖民收入与资本主义最终都没有关系？就英国而言，它的工场手工业最发达的地区是在英格兰南部或西南部，英国工业革命的大本营是英格兰北部，当北部的约克郡等地成为英国的工业中心时，其西南部也走向相对衰落了。据此，我们是否也可以说：16 到 18 世纪的奴隶贸易和殖民地的奴隶种植园的利润与工业革命没有什么关系，因为那些海外贸易的利润大多与工场手工业发生联系，三角贸易中的工业品主要来自那里的手工工场？简言之，我们能否说：手工工场的充分发展与工业革命没有关系？

实际上，这里的问题是：如果没有意大利或伊比利亚国家开拓世界市场，英国自己本身能开创工业革命所需要的全部条件吗？或者说，如果英国没有西南部充分发达的工场手工业，英格兰北部的近代大工业是否能横空出世？这虽然是一个假设，但这个假设不是一般的假设，不是"如果没有拿破仑，法国大革命将会如何走向"这样的问题（这个问题普列汉诺夫已经有过出色的论述）。亚当·斯密讲到近代机器大工业产生的前提是分工，而充分的分工是工场手工业在长期发展过程中完善起来的。《国富论》一开始就举了一个18 世纪著名的分工例子，那就是扣针生产分18 道工序，由18 个"专门工人"操作。接着他指出，分工的发展"受市场广狭的限制"。[①]也可以说，没有广阔的市场，就不会有细密的分工；按我们以往的政治经济学或历史教科书的解释，没有这样细密的分工，就不可能发明机器。从这样的观点看问题，才能充分体现欧洲资本主义起源的"接力式"的特点，它不是由某个国家完成的，也不是由某个国家中的某个地区来完成的，而是通过一系列的国家或地区的接力式的发展来完成。每个相关的国家或地区都为其作出一份努力，每一"棒"的接力都有其不可替代性；但每一个进程都有其自身不可避

---

① 〔英〕亚当·斯密：《国民财富的性质和原因的研究》上卷，郭大力等译，第6、16页。

免的缺陷。如果这种"接力"在某个过程中断了，那么资本主义是不会真正发展起来的。就英国而言，它在很大程度上是靠了西班牙人和葡萄牙人开辟的世界市场，它在 16 世纪后期迅速崛起就与美洲殖民地向它提供的广阔市场分不开，但严格地讲这个市场不是它自己开发出来的，它只是在这个市场开发出来后才设法"挤"进去的。如果这个世界市场需要英国人自己去开辟……那么英国人是不是会陷入西班牙那样的命运呢？

我这里说的"接力"的过程，马克思有过如下论述："原始积累的不同因素，多少是按时间顺序特别分配在西班牙、葡萄牙、荷兰、法国和英国。在英国，这些因素在 17 世纪末系统地综合为殖民制度、国债制度、现代税收制度和保护关税制度。"也就是说，这些东西并非都是英国自己的独创成果，而是借鉴了其他国家的经验，然后有所创新。① 马克思还曾谈及威尼斯在没落时把资本贷给荷兰、荷兰在没落时把资本贷给英国。我们可设想一下：如果这些资本的转移（还有经商和殖民的经验和法规）都不存在，那么后起国家的发展将会怎样？我认为，这些都说明了欧洲资本主义产生过程的接力式的性质。

总之，不能因为意大利、西班牙、葡萄牙、荷兰、法国在后来相对衰落了，或者不能因为英格兰西南部后来不是工业革命的中心，就否定这些国家或英格兰西南部在资本主义总进程中有过的贡献和地位。后一个发展阶段总是否定前一个阶段的某些东西，甚至是重要的东西，但没有前一阶段打下的基础，后一阶段是无法产生的。

3. 世界贸易和世界市场发展对资本主义和工业化的多方面作用

世界贸易（其中最主要的是奴隶贸易及由其带动的相关贸易）与世界市场的发展对资本主义和工业化具有多方面的作用，仅仅根据其利润收益或对国民生产总值或国内生产总值的"贡献"来衡量，远远不能真正认识它的全部意义。上面已经涉及这个问题，谈了它

① 〔德〕马克思：《资本论》第一卷，第 861 页。此外，还可参看本编第九章关于"先发展劣势"问题的讨论。

对生产率提高的促进作用，及亚当·斯密和李嘉图对世界市场和殖民地的作用的观点，等等。这里再谈几点看法。

（1）世界贸易有助于以西欧为核心的世界分工体系的形成。这一分工体系的基本特点是使殖民地和暂时未成为殖民地的东方一些国家和地区依附于西方。西欧作为核心地区，越来越多地生产工业品，而其殖民地和世界上其他地区则向西欧供应西欧人需要的农副产品和奢侈品。西欧人操纵着整个分工体系的发展，而利润，包括殖民地的利润，人才和生产技术则不断聚集到核心地区，使核心地区慢慢积聚起工业革命的力量和条件。伊尼科里指出：在美洲，西欧人控制了贸易、财政、运输和制造业，它的生产主要是为了满足西欧对热带作物和工业原料的需要，这种分工使美洲处于不利地位；但仅仅分工还不能充分解释为什么南美洲如此不发达的问题。他认为重要的是："主要经营大农场农业的地区也就是最大量地利用'外来生产因素'的地区"，这才是关键性的。因为南美洲的投资者主要来自外部，其生产收入中"有很大一部分都汇到海外去了"，这一点在西印度群岛特别突出。这种情况再加上在世界分工中处于不利地位，所以那里独立进行"内部发展"的余地很小，没有能力在国际市场上与他人竞争。[①] 这也可看成是美国南方与加勒比地区命运不同的一个原因。

（2）世界贸易的需要催生了股份公司与政府权力的结合，也就是政府权力与私人资本的结合。政府介入私人资本开辟远洋贸易的努力，这是近代早期西方资本主义发展的基本形式。西方学者中似乎存在一种矛盾现象：研究中世纪晚期和近代早期的学者都充分肯定这种结合的意义，而深受"自由贸易"学说影响的学者却一般不太看好这种结合。在这个问题上存在的另一个矛盾现象是：重商主义时代的人都高度重视海外拓展、殖民和远洋贸易等活动，但当代一些学者（主要是持有新自由主义观点的学者）却对他们祖先那么

---

① 联合国教科文组织：《十五至十九世纪非洲的奴隶贸易：联合国教科文组织召开的专家会议报告和文件》，第 61 页。

看重的事情几乎不屑一顾，似乎那时代的人都犯了错误。在这个问题上，我认为同时代人应该最有发言权。当时西欧各国封建君主千方百计介入海外扩张，出于远洋贸易的需要，促使政府与私人资本更紧密地结合起来，成为16—18世纪这三百年间西方资本主义扩张最基本的形式。《剑桥欧洲经济史》因此说道："公司所掌握的势力以及它们进行的贸易的战略重要性，意味着政府必然要关注它们的事务和命运。"①试想，如果西欧殖民国家在海外不存在那种又是经商机构又持有国家权力的组织，即那种名义上是私人组成的但又掌握军队和监狱，并有权代表自己的政府向其他国家宣战和进行武装掠夺的特许公司，如英国东印度公司，英国人能那么容易地征服印度吗？能那么熟练地双管齐下打开中国的大门吗？

（3）促进了近代资本主义工业所需要的商业手段和各种相关制度的形成，包括保险、经营技巧等。不久前，西方有两位学者指出：18世纪大西洋经济的增长与商业网的发展相联系，这种基于社会资本（即基于亲属、家庭、宗教等）的商业网可以减小长途贸易中交往的风险，减少交易成本（当然，随着国际贸易条件的变化，它也会产生自己的种种限制）。他们通过研究英国的奴隶贸易证明：一些贩奴商人通过"努力创新各种较不个人化的商业交易方法"，获得了比较优势，并促使这种贸易在1750—1807年间实现了史无前例的扩张。最后他们提出："这种转变可以视为不列颠在工业革命时期现代化商业实践倾向的一种前兆。"②我认为这是深有见地的见解。商业资本主义时代的商业实践当然为工业革命时期的商业扩张打下基础，越接近工业革命，这个商业网的演变也越接近工业革命的商业实践。如果不存在一个商业资本主义时代的世界市场，就不可能想象工业革命时代的世界市场是如何横空出世的问题。

以上几点都说明，应该关注商业资本主义时代远洋贸易或奴隶

---

① 〔英〕E. E. 里奇等主编：《剑桥欧洲经济史》第五卷，高德步等译，第400页。

② Robin Pearson and David Richardson, "Social capital, institutional innovation and Atlantic trade before 1800", *Business History*, Vol. 50, No. 6, 2008, p.765.

贸易的多方面的意义。上世纪末以来，西方学者的研究不断充实了这方面的见解。比如，罗纳德·贝利在一篇研究美国奴隶贸易与美国资本主义关系的文章中指出：奴隶贸易的意义并不仅仅在于新英格兰的商人们在这方面很活跃，这些商人在其中赚了很多钱，而且还在于"新英格兰的海上贸易为早期工业发展奠定了基础，建立了早期工业发展的基础设施并为它提供了资金"。[①]

　　总之，也许是由于"道德感"方面的原因，西方一些学者关于奴隶制或商业资本主义与工业革命关系的研究似乎有些滞后，威廉斯的命题很长时间内没有得到应有的重视，由此造成许多相关问题也没有得到深入研究，这是很令人遗憾的。

三、关于资本主义精神问题

　　像资本主义这样一个长期、艰巨的发展过程，应该会有一种持续不衰的强大精神动力为支撑，这种精神是什么？ 20 世纪初，桑巴特（Werner Sombart，1863—1941）的《现代资本主义》和马克斯·韦伯（Max Weber，1864—1920）的《新教伦理与资本主义精神》先后出版，引发了对这个问题的持续讨论。20 世纪 80 年代以来，我国学者（特别是社会学、哲学或经济学方面的学者）对马克斯·韦伯的新教伦理命题似乎特别钟爱，对其有过不少介绍和讨论。这一讨论往往还与关于新儒家的讨论结合起来，其大意是：西方早期资本主义发展有新教伦理作为精神支撑，而东亚国家现代化的精神动力是儒家或新儒家的学说。然而，不论西方还是东亚各地或中国大陆，在这种讨论中历史学家都很少发表意见。西方研究加尔文（韦伯所说的新教伦理主要是指加尔文宗的伦理）的著名学者博斯马曾指出：学术界把资本主义和现代科学的产生等与加尔文主义联系起来，而

[①]　Ronald Bailey, "The Slave(ry) Trade and the Development of Capitalism in the United States: The Textile Industry in New England", *Social Science History*, Vol. 14, No. 3, 1990, pp. 401-402.

历史学家们却普遍"忽视"了加尔文，很少有人研究他。与欧洲 16 世纪的名人如马基雅维里、托马斯・莫尔、莎士比亚、拉伯雷、哥白尼、蒙田相比，当代几乎没有多少人知道加尔文的名字，而在当时他至少是与他们齐名的人物。[①]历史学家们不仅不太愿意研究加尔文，也不太愿意提"新教伦理"之类的话题。

历史学家对韦伯所说的"新教伦理"一般持某种怀疑观望的态度。当然，他们在自己的文章或著作中也不时地提到这个短语，但把它当真的人不多。实际上，历史学家对这个命题似乎有一种矛盾的心理：不提它似乎不公正，但像韦伯那样提它也不合适。为什么会这样？这是因为韦伯虽然是以历史学家的身份进入学术界的（他经常认为自己是一个历史学家），但他的《新教伦理与资本主义精神》一书却不太像历史著作。这不是说搞历史的人不应该写关于伦理的书，而是它的论证方法。

从历史学角度反对韦伯命题的意见主要有两点：韦伯所说的新教主要是指加尔文的学说，而最正统地坚守加尔文学说的是日内瓦和爱尔兰的教会，但这两个地区在资本主义发展中都没有起过重要作用；[②]韦伯讨论的新教伦理主要指 16 世纪加尔文的理论，但他在《新教伦理与资本主义》中拿来说明新教伦理的依据大都是 18 世纪美国的富兰克林的话，这不是历史的研究方法。富兰克林是新教徒，但他不能代表二百年前西欧的新教徒。当然，关于 16 世纪西欧普通群众的宗教观念与其经济活动的关系的材料确实不容易找，但从历史学的角度看，拿 18 世纪美国的资料来证实一个关于 16 世纪西欧历史的观点，肯定是不合适的。这也许就是长期以来历史学家不太愿意过多卷入关于新教伦理的讨论的基本原因。

不过，一些历史学家有时也会使用这个术语，特别是像托尼

---

① William J. Bouwsma, *John Calvin*, New York and Oxford: Oxford University Press, 1988, p. 1.

② 关于爱尔兰与加尔文主义的密切关系，见 Sidney A. Burrell, "Calvinism, Capitalism, and the Middle Classes: Some Afterthoughts on an Old Problem", *Journal of Modern History*, Vol. 32, No. 2, 1960, p. 6。

（Richard Henry Tawney，1880—1962）那样的学者还曾大力介入这方面的讨论，只是这种情况不多，因为历史学家一般而言不太喜欢把像资本主义这样重要现象的兴起归之于某种单一的思想因素。布罗代尔曾带点幽默地嘲讽过韦伯的命题："仅仅用人的某种气质来体现资本家的特性，这种'唯心主义'解释不过是桑巴特和韦伯为了躲开马克思的思想而走的一个旁门。"①牛津大学现代史教授威尔逊在其参与编纂的《剑桥欧洲经济史》中也指出："认为 15 世纪和 16 世纪时在加尔文主义与'资本主义'之间存在联系的观点的正确性，最近受到更多的怀疑。"②

历史学家对韦伯所说的新教伦理持怀疑态度，并不是要否认资本主义的发展有某种精神支撑，而是认为这种精神可能比韦伯他们说的更复杂。所谓的新教伦理可能只是其中的一种或一部分；或者说它也许并非新教所独有，因为西欧天主教国家也纷纷走向了资本主义，特别是最早的资本主义精神无疑见之于意大利，那是一个完全天主教化的地区。

从意大利文艺复兴中寻找资本主义精神的是受马克思影响的桑巴特（《马克思恩格斯选集》第四卷收有 1895 年恩格斯写给他的一封信），他强调的是资本家的"贪婪"。韦伯为了证明资本主义精神只产生于新教国家，否定桑巴特的学说，为此他把 18 世纪时美国宾夕法尼亚的精神面貌与 14、15 世纪意大利佛罗伦萨的做比较，以此证明当时的佛罗伦萨还没有资本主义的精神。③这种比较没有道理，因为资本主义精神应该有一个从萌发到起主导作用的很长的发展过程，不能以它在起主导作用时的形态来否定它萌发时的形态。

---

① 〔法〕布罗代尔：《15 至 18 世纪的物质文明、经济和资本主义》第二卷，顾良译，第 431 页。

② 〔英〕E. E. 里奇等主编：《剑桥欧洲经济史》第四卷，张锦冬等译，第 446 页。

③ 〔德〕马克斯·韦伯：《新教伦理与资本主义精神》，于晓等译，生活·读书·新知三联书店 1987 年版，第 53—55 页。西方一些学者认为，桑巴特强调"贪婪"是受马克思的影响，比如，马克思在《资本论》中讨论资本的本质时引过这样的话："为了 100% 的利润，它就敢践踏一切人间法律；有 300% 的利润，它就敢犯任何罪行，甚至冒绞首的危险。"见〔德〕马克思：《资本论》第一卷，第 871 页注（250）。实际上马克思所说的资本主义精神决非如此简单，但这里不讨论这个问题。

鉴于韦伯的理论有这些缺陷，后来美国社会学家丹尼尔·贝尔提出了另一种见解。他试图把韦伯的命题与桑巴特的命题结合或融合起来，即把韦伯的论点归结成资本主义的"禁欲苦行主义"，把桑巴特的论点归纳成"贪婪攫取性"，认为这两者共同构成了资本主义精神。他说资本主义"从一开始，禁欲苦行和贪婪攫取这一对冲动力就被锁合在一起。前者代表了资产阶级精打细算的谨慎持家精神；后者是体现在经济和技术领域的那种浮士德式的骚动激情。"①这等于极大地改造了马克斯·韦伯的理论。因为韦伯强调的资本主义精神是"合理性"，即合理的政府管理、合理的劳动组织、合理的赢利方式，每个人都把自己的工作视为天职或上帝的召唤，是上帝喜欢自己做的事情，等等。他还特别反对关于贪婪是资本主义兴起的最重要的精神动力的说法，指出中国清朝的官员、古代罗马的贵族的贪婪程度"一点也不亚于任何人"，但那儿没有资本主义产生，所以贪婪不是资本主义精神中最重要的因素。②

从早期资本主义比较顺利发展起来的荷兰和英国看，虽然表面上它们都是加尔文宗占支配地位的国家，但这两个国家的统治阶级都没有完全按照加尔文宗所主张的方式建立教会，也没有全面实行加尔文宗所要求的宗教政策。众所周知，英国的国教（安立甘宗）是设有主教的，而荷兰的政治领导人也不顾加尔文宗领袖的抗议而实行宗教宽容政策。实际上，如果像加尔文在日内瓦那样做的话，荷兰可能不会有资本主义的发展。因为那意味着不同信仰的人在荷兰经商将会相当困难，经济发展也可能是一句空话。

当然，我们也可以把"新教伦理"这个短语视作资本主义精神的简短表述（就像接受"地理大发现"之类的术语一样），但不能完全在韦伯主张的意义上来理解。一般说来，西欧早期资本主义发展中有一种精神，这种精神赞成人们追求财富，但又强调要在合乎

① 〔美〕丹尼尔·贝尔：《资本主义文化矛盾》，赵一凡等译，生活·读书·新知三联书店1989年版，第27、29页。

② 〔德〕马克斯·韦伯：《新教伦理与资本主义精神》，于晓等译，第40页。

上帝要求的基础上积累财富，这大体上相当于我们今天所主张的合法致富或劳动致富，同时它还强调通过对各种管理和劳动组织或经营行为进行合理安排，通过合乎市场经济秩序的安排来减少成本、增加利润。我想，所谓的资本主义精神的核心就是这些，即一方面通过法制建设来规范公民的赢利追求，另一方面通过对上帝惩罚的恐惧使公民比较自觉地遵守有关道德。天主教并非完全缺乏这种精神，虽然在新教那里这方面的表现可能更明显一些，而且这里的明显与否也可能与所讨论地区的经济发展前景有关。比如，苏格兰或日内瓦接受了比英格兰更完整的加尔文的教义，但它的资本主义或新教伦理的表现并不突出。特别是，15 世纪的意大利虽然是一个天主教一统的地区，但如布罗代尔所言它也出现了某些类似于后来韦伯所说的新教伦理那样的追求。

另外，我们还必须看到，上面所说的新教伦理还不能看成是资本主义精神的全部，它与另一种精神是并行不悖地发展的。这就是西欧早期资本主义发展过程中极其残暴的海外殖民精神，这种殖民精神不纯是理性的"计算"，还有劫掠和杀戮。这表明早期资本主义存在两套伦理标准，一套主要是针对国内或针对白人的，另一套主要是针对国外或针对非白人的。后者以"成功"为标准，以不择手段、无法无天为特征，不是"理性的"；在殖民地，他们有时甚至也用类似方法对待他国的白人，如前面所讲的荷兰人取代葡萄牙人占领马六甲就是这样。

总之，在认识西方早期资本主义的伦理观念时，不宜过分局限于韦伯的理论。宗教在早期资本主义的发展过程中确实起过十分重要的作用，但即使加尔文主义确实曾有助于这些因素的成长和传播，也不应完全在韦伯所主张的意义上来理解早期资本主义精神。另外，丹尼尔把桑巴特和韦伯的主张概括成"贪婪攫取性"和资本主义的"禁欲苦行主义"，未免过于简单化，容易引起误解。要较全面地理解他们的思想，必须回到他们的著作。

值得注意的是，自桑巴特和韦伯提出他们的观点以来，又一个多世纪过去了，我们对资本主义精神的认识不能再停留在那个时代的水平上，或者说不能再很功利地只注重他们思想中的一个方面，而忽视他们的思想中那些隐含着的东西。我们探讨资本主义精神时应该少一点功利，多一点人文精神。随着资本主义在 20 世纪的大发展和由其造成的两次世界大战的深重伤害，我们还应该看到这种精神的危害之处。董正华指出："在韦伯和桑巴特以后，人们对这些问题的认识应该说更深入了。例如克里尚·库马等人反复指出：对于隐藏在现代世界无休止的'合理化'活动的后面的财富欲望等非理性激情，需要'真理、信任、承诺、克制、义务'这些以宗教信仰为基础的社会道德予以抑制。"如果离开了这些道德基础，"工业主义"会将人和国家投入一个"无限度扩张的历程"，"贪得无厌地掠夺有限之物"，除了把"大陆和海洋、法律、道德和宗教"一并吞没，最后也将吞没"他们自己的灵魂"。①真切地认识并约束这种工具理性的无限扩张力，是所有正在进行现代化建设的国家都应该高度重视的事情。

---

① 董正华："资本主义精神：新教伦理、个人主义还是'民族主义'"，《世界历史》2007 年第 1 期，第 21 页。

第四编　工业革命以来的贸易与扩张（19 世纪迄今）

　　在我们通常的历史分期中，19 世纪到现在，经过了自由资本主义时代（约 1800 年到 1870 年左右）、垄断资本主义时代（约 1870 年到"二战"结束）和国家垄断资本主义时代（"二战"后到现在）。国家垄断资本主义时代又有人称为金融资本主义阶段。[①]西方学者关于 20 世纪后期以来的资本主义还有各种各样的称呼，如"后资本主义"、"新资本主义"、"超资本主义"、"金融垄断资本主义"、"跨国资本主义"、"股东资本主义"、"赌场资本主义"，[②] 及"晚期资本主义"、"非组织化资本主义"、"金融帝国主义"等。这些称呼都各有各的道理，说明了当代资本主义的某种关键现象，但又都很难把当代资本主义的各种基本现象囊括无遗地表达出来。我比较喜欢"金融资本主义"或"金融帝国主义"的称呼，因为这是当代资本主义最本质的现象。

　　从 18 世纪末以来，欧洲资本主义国家经历了三次工业革命，即大体上从 1780 年代到 1870 年间的第一次工业革命，从 1870 年至第二次世界大战的第二次工业革命及"二战"以来的第三次工业革命。

---

　　① 王天玺："美国与金融资本主义"，《红旗文稿》2010 年第 13 期，第 8 页。

　　② 丁凡编写："众说纷纭资本主义新阶段"，《当代世界与社会主义》2008 年第 4 期，第 192—193 页。

这是传统的分法，如果按现在一些学者的意见，那么三次工业革命的分法分别是：第一次工业革命可称为蒸汽时代，大体上是 19 世纪的事情，第二次工业革命以化石燃料为基础，大体上是 20 世纪的事情，可称为电气时代，而第三次工业革命刚刚开始，其基本特征是绿色能源。[①]后一种看法中的第三次工业革命还是刚刚开始或即将开始，所以从论述的角度看，本章还是按照传统的分法进行讨论，因为这样比较方便，毕竟 20 世纪上半叶和下半叶还是相差很大的。如果从欧美国家贸易发展的整个过程看，则有一个从着重输出商品到着重输出资本、技术和服务的变化过程。当然这不是说，输出商品变得不重要了，对资本主义来说，不论在什么时候商品输出都是非常重要的，但资本、技术和服务输出的作用越来越大，这方面的载体就是产生于 19 世纪末而在"二战"后全面兴起的跨国公司。

长期以来，最符合先进国家扩张的国际环境是自由贸易，18 世纪中期以来英国率先鼓吹自由贸易。"二战"后西方国家在实行福利国家的政策上出现了一些问题，使得所谓的新自由主义（neo-liberalism）甚嚣尘上，导致 20 世纪末西方国家一些经济政策走向某种极端，如放松对金融的监管。结果到 2007 年底，这种理论与实践的弊端彻底暴露出来，爆发了金融危机。上述这些过程极大地影响了世界贸易进程和发达国家与发展中国家的经贸往来，从瓜分世界到实施非殖民化、新殖民主义就是这些关系变化的重要表现。国际贸易形态也几经变化，比如，我们常听到的"四流企业卖苦力，三流企业卖产品，二流企业卖品牌，一流企业卖标准"之类的说法，就是贸易形态发生重要变化的反映，是当代世界分工的表现。西方国家站在世界分工的顶端，看起来很风光，但其背后也存在诸多现实社会问题，如国内产业空心化、工人失业等，导致反全球化和民粹主义思潮泛滥。从本书的论题出发，这里主要关注世界分工与世界贸易方式的变化及其造成的一些相关问题。

---

① 〔美〕杰里米·里夫金：《第三次工业革命》，张体伟等译，中信出版社 2012 年版。

第十二章　第一次工业革命时期的贸易与扩张

在我们今天的生活中，第一次工业革命的重要性在不断降低，因为它的许多伟大的创造发明今天已经退出我们的生活，如蒸汽机和现在看来已经显得非常原始的纺织机械等。但从人类历史的角度看，自英国开始工业革命以来的二百多年中，最重要的事件就是第一次工业革命，因为它奠定了今天工业社会的基础，没有它就没有后来的几次工业革命，没有现代工业社会。

第一次工业革命发生于18世纪末，从整个欧洲看大体上相当于通常所说的自由资本主义时代。学历史的学生有时会问：为什么要把19世纪前70年称为自由资本主义时代？自由是资本主义社会的一个基本口号，为什么要用它作为定语，来修饰西方资本主义发展的这个历史阶段？这里，我们不打算全面讨论这个问题，而仅从贸易的角度进行分析。它与该时期兴起的自由贸易理论，与这时期形成的开辟世界市场的新机制和新动力分不开。

一、自由贸易理论与开辟世界市场的新机制

自由贸易理论是工业资本主义时代的贸易理论或扩张理论，它的出现和盛行意味着资本主义开辟市场的新机制的形成和发展。

自由贸易理论的兴起

19 世纪，自由贸易的理论和实践在欧洲工业化的历史上深深打下了自己的烙印。作为一种完整的或成体系的理论，它是在 18 世纪后期反对重商主义的斗争中提出来的。

任何政策都会有两重性，在重商主义盛行的时代，欧洲，特别是英国，就不断有反对的声音。现实的"批判"更加肆无忌惮，那就是许多私商不顾禁令从事"走私"贸易，亚当·斯密在讲到英法两国互相限制贸易时说："这种相互的限制，几乎断绝了两国间一切公平贸易，使法国货物运至英国，和英国货物运至法国，主要都靠走私。"[①] 我们曾提及，这种走私规模之大，甚至使葡萄牙或荷兰官方授权的特许公司变得无利可图。但不管如何，在工场手工业时期，一定程度的贸易垄断是必要的，只是到了 18 世纪后期，当英国开始走向工业革命的时候，其必要性才渐渐消失，各种弊端也更加清晰地凸现出来。随之兴起的是自由贸易理论。该理论最重要的代表是亚当·斯密，他的学说主要见之于 1776 年出版的《国民财富的性质和原因的研究》（《国富论》），其中有一段话是这样写的：

> 在欧洲各商业国内，自命的这种学说的学者（重商主义者）常常预告：不利的贸易差额，将使国家濒于灭亡。这激起了各商业国不少的忧虑，几乎各商业国都试图改变贸易差额，使对本国有利而对邻国不利。但在这一切忧虑以后，在这一切无效的尝试以后，似乎没有一个欧洲国家，曾因上述原因而变得贫困。和重商主义者的预料相反，实行开放门户并允许自由贸易的都市与国家，不但不曾因此种自由贸易而灭亡，而且因此致富。欧洲今日，从某几点说，配称为自由港的都市虽有几个，但配称为自由港的国家却还没有。最接近于此的国家，也许要算荷兰了，虽然仍离此很远。大家承认，不仅荷兰国民财富全部得

---

① 〔英〕亚当·斯密：《国民财富的性质和原因的研究》下卷，郭大力等译，第 45 页。

自对外贸易，而且大部分必要生活资料也得自对外贸易。[①]

自由贸易理论是针对重商主义提出来的，亚当·斯密的观点也处处针对重商主义的基本观点展开。

不过，对亚当·斯密的自由贸易理论今天的人最好注意两点。一点是自由贸易理论不是亚当·斯密独立地提出来的。在他以前，已经有不少人讨论了这方面的问题，只是该理论要取得大多数精英的支持，需要一些相关条件的逐渐成熟。按熊彼特（Joseph Schumpeter，1883—1950）的看法，17世纪中期，英国国内就出现了比较强烈的反对《航海条例》和其他重商主义措施的呼声，这导致1668年贸易委员会的建立。1713年托利党发起对重商主义制度的攻击，但没有成功。此后辉格党长期执政，"严格执行了保护主义方针"。但小皮特（William Pitt the Younger，1759—1806）"带头奉行了减少和降低关税的政策"，他的"最大成就是在1786年与法国缔结商务条约"，但随后爆发的法国大革命与拿破仑战争延缓了这一过程。这方面的步伐，法国与英国类似；至于在荷兰，"朝着较为自由的贸易发展的趋势要比其他国家明显得多，而且早在17世纪就已表现出来"。[②]

斯密以前就存在各种反对重商主义的意见。英国一个叫达德利·诺思（Dudley North，1641—1691）的经济学家在1691年发表的一本小册子中说：在"商业交往中，金银与其他商品毫无区别"，但"如此简单而明显的道理，却难得为人很好地理解，以致不能为大多数人所接受"。他断言，认为重商主义能带来财富，"不过是一种奇妙的幻想，已经成了障碍"。[③]大卫·休谟在1752年写的政治论文中也说："所有的欧洲国家，都像英国一样，在贸易方面

---

①　〔英〕亚当·斯密：《国民财富的性质和原因的研究》下卷，郭大力等译，第69页。

②　〔美〕约瑟夫·熊彼特：《经济分析史》第一卷，朱泱等译，商务印书馆1991年版，第548—549页。

③　〔英〕达德利·诺思：《贸易论》，桑伍译，商务印书馆1976年版，第26—27页。

竞相设置那无数的障碍和关税；那是出于一种大量积聚货币的欲望……这种倒行逆施所造成的普遍恶果，使得邻国之间丧失了自由往来和交换之利，实在有违造物主的本意……。"① 罗尔因此评论说：斯密"接受了很多前人的影响"，斯密的经济观点是逐渐成熟起来的，这个过程约有 25 年或更长，"虽然他在《国富论》里很少提到早期的著作家，而且几乎没有承认受过他人的启示"，但"可以很容易说明这本书的任何重点都不是他的创见"。当然，这样讲并不是要"抹煞或减低他的成就的重要性。他把所见到的分散的各种思想端绪交织在一起，并在这个过程中改变了它们的意义。至少在一点上，根本性的一点上，他的论著意味着经济思想的革命。"接着罗尔这样介绍斯密的基本思想：

> 在斯密看来，人类的行为是自然地由六种动机所推动的：自爱、同情、追求自由的欲望、正义感、劳动习惯和交换——以物易物以及以此易彼的倾向。确定这些行为的动机，每一个人自然是他自己利益的最好判断者，因此应该让他有按他自己的方式来行动的自由。假若他不受到干预的话，他不仅会达到他的最高目的，而且还能有助于推进公共的利益。所以能得到这种结果是因为上帝使社会成为自然秩序在其中占统治地位的这么一种体制。人类行动的各种动机经过细致地平衡，能使一个人的利益不致和其他人的利益相对立。自爱是由其他动机，特别是同情相伴随的；由此而产生的行动必然在自己的利益中包括了别人的利益。由于深信人类动机的自然平衡，亚当·斯密提出了他的有名的论断：每一个人在追求他自己的利益时，都"被一只无形的手引导着去促进并非属于他原来意图的目的"。实际上，斯密怀疑是否一个人在这种情况下，比他有意识地去做时，能更有效地促进社会的利益。他说，"我从来没见过那

---

① 〔英〕休谟："政治论文"，载〔美〕A. E. 门罗编：《早期经济思想——亚当·斯密以前的经济文献选集》，蔡受百等译，商务印书馆 1985 年版，第 288 页。

些假借为公众谋利之名的人们做出了多大的贡献"。①

　　亚当·斯密从当时的一般哲学观念中及从当时各种反对重商主义的理论中概括出自己的经济学说。那时资产阶级思想家中盛行的是自然法或自然秩序，世界上任何人为的秩序都不如自然秩序，所以国家不能干预自然规则。每个人最关心的是自己的利益，他有权追求自己利益的最大化，因为这是他的自然权利（天赋人权），是自然规则的一部分；又由于他是社会中的一员，社会上的人因为分工的缘故是互相依赖的，这种分工和依赖都是自然规则的表现，所以他在追求自己的最大利益时一定会按照自然秩序行事。也就是说，国家无需干预贸易事务，自然秩序这只看不见的手会使贸易达到利益和用途的最大化。这一理论中，关于自然法和自然权利的说法没有什么依据，西方人到 19 世纪中后期就把它抛弃了。该学说中最有价值的部分，是认为个人因为社会分工而变得相互依赖。但我们现在知道，这种互相依赖并非处处体现为理性的追求，相反，追求眼前利益的最大化恰恰是许多从事经济活动的个体的特征，不管你称之为短视还是自私，这就需要监管。尽管如此，二百多年来，斯密的思想在西方具有巨大影响，以至于当代学者常常对盛行了几百年的重商主义持一种不公正的态度，似乎那个时代的人，从学者到政治家和商人，都犯了常识性的错误。

　　另一点是，不能完全用亚当·斯密的观点或自由贸易论者的观点来评价重商主义的历史作用。亚当·斯密或他的学派的思想通常被简单地归结为"自由放任"（laissez-faire），意思是政府放手让商人自由经营。该理论为英国工业革命时期的贸易实践提供了理论支撑，但我们要注意的是，重商主义并非如亚当·斯密他们所说的那样一无是处，这是反历史的。一种政策在一定的历史条件下是正确的，在另一种历史条件下可能是错误的，欧洲经济思想从重商主

①　〔英〕埃里克·罗尔：《经济思想史》，陆元诚译，商务印书馆 1981 年版，第 142、144、145 页。

义向自由贸易理论的转化，是欧洲经济发展条件发生变化的反映，不是一种思想本来就是错误的而必须由另一种思想来弥补或加以纠正。约瑟夫·熊彼特曾分析过这个问题，在他眼中，"19世纪自由主义者的自由贸易教条主义……并不比重商主义的任何通俗教条具有更多的科学洞察力。"他甚至认为正是由于这个学派固执己见，使得更合适的经济思想未能及时发展起来：

> "重商主义者"和"自由主义者"之间并不存在任何鸿沟。如果对重商主义经济学家的政治理想或兴趣所在不抱任何偏见，那么自由主义经济学家本来是可以继承重商主义经济学家的分析工作的，就像一班工人接另一班工人的工作那样。在某种程度上，实际情况正是这样……假如亚当·斯密和他的后继者不是抛弃"重商主义的"命题，而是精炼和发展它们，那么本来在1848年以前是可以提出一种远为正确、远为丰富的国际经济关系理论的——该理论也就不会被一派人所放弃，而被另一派人所轻视。①

熊彼特还在同一处地方指出，自由贸易论对待重商主义就好像接班的工人仅凭自己的喜好，把上一班工人的产品"捣毁"，这是一种不负责任的态度。可惜在20世纪后半叶新自由主义盛行的日子里，西方一些学者似乎越来越倾向于一种现实中并不存在的贸易自由。不过，西方研究过重商主义的学者一般都能认识到它的意义，罗尔说道："在《国富论》发表以前的一百年里，全国规模的工业与商业管制逐步加强的真实意义在于工业资本主义的兴起。重商主义的理论与政策完成了它们的使命。它们取消了中世纪的限制，为建立统一的强盛的民族国家立下了功劳。这些因素反过来又成了推动贸易的强有力的工具，直到早期资本主义发展为成熟的工业资本

---

① 〔美〕约瑟夫·熊彼特：《经济分析史》第一卷，朱泱等译，第550、555—556页。

主义。在最先完成这个过程的国家里，比如说英国和法国，国家权力立即转向新的途径。它必须帮助工业取得经济优势。但是先前的重商主义思想并没有消逝。"①

实际上，从历史现实看，19世纪的欧洲国家，即使是英国，也不曾存在真正的或纯粹的"自由贸易"。从全面认识自由贸易理论的角度看，很有必要看看英国自己的政策，它也是对自己有利的时候实行自由贸易，对自己不利的时候就实行保护，绝不会无原则地实行自由贸易。比如，英国工业革命的带头产业棉纺织业就是靠保护才发展起来的，这种保护开始于18世纪初，否则到18世纪后期，英国很可能会找不到一种能够掀起工业革命的带头产业。

对英国史有较多了解的人都知道，直到18世纪初，英国工场手工业中的纺织业主要是呢绒制造，谈不上有任何像样的棉纺织业，产品质量差、数量少。英国的上层人士普遍使用东方来的印花布。当时有人写道："王后本人也喜欢穿着中国丝绸和日本花布出来见客……我们的家里、书斋里、卧室里都充满了这些织物；窗帘、垫子、椅子乃至卧铺本身都是白洋布和印花布。"写下英国工业革命的经典著作的保尔·芒图说，就在这前后，英国国内"响起了责难和抱怨的大合唱。如果人们继续宽容这种外来的竞争，那么民族工业、享有特权的毛纺工业将会怎样呢？"结果是，英国议会"赶快"迎合这种要求，于1700年颁布法令，"绝对禁止印度、波斯和中国的印花织物输入：凡因违法而被扣押的货物，应予没收、拍卖或再输出"。由于这个法令效果有限，1719年，"怨言更加激烈"，有的地方甚至发生了骚乱，于是议会通过更加严厉的禁令，禁止一切居住在英国的人买卖、穿着或拥有此类东方织物。如有违反，对私人课以5英镑罚金，对商人课以20英镑罚金。其理由是："鉴于印花布、绘花布或染花布的使用，无论用于衣着或用于室内装饰，都有害于民族毛纺工业和丝纺工业，并有增加贫民人数的趋势，又鉴

① 〔英〕埃里克·罗尔：《经济思想史》，陆元诚译，第84—85页。

于如不采取有效措施来加以制止，结果就会完全毁灭上述工业，并使陛下的无数臣民遭受破产，因为他们的生活依赖这些工业。"[①] 必须注意，这些法令是在亚当·斯密的《国富论》出版 40 多年后通过的，这充分说明了英国人所提倡的自由贸易与保护的关系。正是依赖这些保护措施，英国的棉纺织业迅速发展起来，使其在该世纪后半叶成为工业革命的带头产业。

我们还可以举出许多历史事实和论据来说明纯粹的自由贸易是不存在的。比如，19 世纪初英国颁布《谷物法》，还有为保护英国工业生产的领先地位而在较长时间内禁止机器出口的禁令（1825 年其在工业上的优势似乎无人能挑战后才加以解除）。至于英国以外的国家，由于工业比英国落后，更不可能完全放开，看看李斯特的《政治经济学的国民体系》就可以知道这一点。所以，我们必须完整、全面地理解自由贸易理论。要么从历史语境的角度来看亚当·斯密的论点，即那时的一个重要任务是反对重商主义，所以客观上有某种"矫枉过正"的需要。如果像后来西方一些学者那样把斯密的书看成"经典"，作不合时宜的解释，把它看成万古不变的教条，那将十分有害。

斯密以后，对自由贸易理论作出最大贡献的是大卫·李嘉图（David Ricardo，1772—1823），他在 1817 年出版的《政治经济学及赋税原理》中提出了著名的比较优势原理（Law of Comparative Advantage）。其基本观点是：每个国家的生产都有自己的优势和劣势，如果各国都出口自己具有竞争优势的商品，进口自己没有竞争优势的商品，那么各自在贸易中都能获得利益，所以对英国来说，必须从外国进口粮食，并大量出口纺织品，因为后者是英国的优势所在，通过出口纺织品换取其他国家的粮食，可以获得比较利益。他说道：

---

① 〔法〕保尔·芒图：《十八世纪产业革命》，杨人楩等译，第 154—155 页。

　　在商业完全自由的制度下，各国都必然把它的资本和劳动用在最有利于本国的用途上。这种个体利益的追求很好地和整体的普遍幸福结合在一起。由于鼓励勤勉、奖励智巧，并最有效地利用自然所赋予的各种特殊力量，它使劳动得到最有效和最经济的分配；同时，由于增加生产总额，它使人们都得到好处，并以利害关系和互相交往的共同纽带把文明世界各民族结合成一个统一的社会。正是这一原理，决定着葡萄酒应在法国和葡萄牙酿制，谷物应在美国和波兰种植，金属制品及其他商品则应在英国制造。[①]

考虑到英国这时刚刚实施《谷物法》不久，作者提出这个问题是需要胆识的。从这段话还可以看出，李嘉图的理论与边沁的功利主义的"最大多数人的最大幸福"也有关系，他是从世界各文明民族均取得最大利益的设想出发的，至少理论上是这样，反映了西方文明的一个特点，即常常从普世的角度来讨论自己的利益问题。

开辟世界市场新机制的形成

　　近代大工业的建立，商业和生产的关系发生重要变化，开辟世界市场的机制也随之发生重要变化；同时，随着英国世界霸权和近代工业生产优势的形成，开辟世界市场的新的动力也开始形成。这样，自由资本主义时代世界贸易与其前的时代相比发生了某种根本性的变化。

　　换言之，商业与生产的关系在人类历史上并非任何时候都一样，在不同历史时期它们有一个谁依附谁的问题。在近代大工业建立以前，产品（农产品或手工业产品）要变成商品，依赖于商业，商业的发展状况对产品是否能变成商品有重要意义。但近代大工业建立后，商业开始附属于工业，工业生产为自己开辟市场。在《德意志

---

① 〔英〕李嘉图：《政治经济学及赋税原理》，郭大力等译，第 113 页。

意识形态》中，马克思和恩格斯说道："工场手工业一般离开保护
是不行的，因为只要其他国家发生任何最微小的变动都足以使它失
去市场而遭到破产……工场手工业就它能够输出自己的产品来说，
完全依赖于商业的扩大或收缩，而它对商业的反作用，相对来说是
很微小的。这就决定了工场手工业的次要作用和 18 世纪商人的影
响。"[①]工场手工业时期，英国曾流行一首《呢绒商的快乐》的打油
诗，可看成是对马克思主义创始人这个见解的绝佳诠释：

> 英格兰的各行业，哪一行也没有比我们这一行人生活得堂
皇。买卖使我们生活得像贵族，我们生活得多么愉快，多么悠
闲自在。我们聚金累银千千万，都是榨自穷光蛋。只要钱包盛
得满，人家笑骂何必管。

> 全国城乡唯我好，我们这一行不怕垮；只要梳毛工人动手梳，
只要织工不停梭。漂工纺工忙一年，管包他不容易钱到手……

> ……首先对付梳毛工，他们的工钱要减轻；他们咕哝钱太少，
他们不干就拉倒。要使他们相信生意不太好，哪管他们活不了！

> 织工工资本已廉，还须找差扣工钱。生意不好，使他马上
就知道；生意好时不让他知晓。只说呢绒海外销不了，我们不
想再干这行了……

> 再向纺工把账算：叫他不纺两磅纺三磅。他们交货把气叹，
说工钱不够吃饱饭。只要分量短一钱，那就不难减他几文钱……

> 分量不少无法减工钱，推说无钱只能给东西。面包、腊肉、
奶油、麦片和食盐，这些都可折成钱。还有肥皂和蜡烛，烛光
可以使干劲更足……

> 我们上市，工人就欢喜；回来却要装苦脸。闷坐一旁好像
犯心痛，声称今天要钱可不行。需要哭穷就哭穷，这样就可哄
他们！

---

① 《马克思恩格斯选集》第一卷，中共中央马克思恩格斯列宁斯大林著作编译局编译，
人民出版社 1995 年版，第 112 页。

他们要是酒店的老主顾，我们就勾结酒店的女掌柜：共同商量把酒卖，逢十抽一归我辈……

多亏穷人们日夜忙，我们才能有地有钱财。如果他们不愿卖力干，我们就得不顾一切去上吊。梳匠、纺工、织工和漂匠，为了极少工资拼命干。他们劳动我发财，受到咒骂又何妨……①

这是工场手工业及其以前时期工业与商业的基本关系，这些身为包买商的商人，虽然我们往往称其为手工工场主或那时代的资本家，但与后来的资本家有很大区别。只有到了工业革命，这种关系才颠倒过来。后来，马克思在《资本论》第三卷中，进一步发挥了他的上述思想：

起初，商业是行会手工业、农村家庭手工业和封建农业转化为资本主义企业的前提。它使产品发展成为商品，这有时是因为它为产品创造了市场，有时是因为它提供了新的商品等价物，为生产提供了新的原料和辅助材料，并由此开创了一些一开始就以商业为基础的生产部门，它们既以替市场和世界市场生产为基础，也以世界市场造成的生产条件为基础。一旦工场手工业相当巩固了，尤其是大工业相当巩固了，它就又为自己创造市场，并用自己的商品来夺取市场。这时，商业就成了工业生产的奴仆，而对工业生产来说，市场的不断扩大则是它的生活条件。不断扩大的大量生产，会使现有市场商品充斥，因此，它不断地扩大这个市场，突破它的界限。限制这个大量生产的，不是商业（就它仅仅反映现有需求而言），而是执行职能的资本的量和劳动生产力的发展水平。产业资本家总是面对着世界市场，并且把他自己的成本价格不仅同国内的市场价格相比较，而且同全世界的市场价格相比较，同时必须经常这样做。以前，

① 〔法〕保尔·芒图：《十八世纪产业革命》，杨人楩等译，第54—55页。

这种比较几乎完全是商人的事，这样就保证了商业资本对产业资本的统治。①

只有到了大工业产生的时代，作为工业产品生产者的资本家才充分掌握市场动态，直接面对市场，不再依附于作为中介的商人；相反，商业成了它生产的一个组成部分。这意味着近代大工业建立后开发市场的机制发生的重要变化，而且由于这一变化，开辟市场的冲动更加直接、更加不可阻挡了。它还意味着，前工业社会的手工业是受商业或受开辟市场的动力所制约的，虽然总的来说那时制约市场发展的是生产能力，但商人有没有可能或有没有动力开辟市场，也是手工业能否较快发展的关键因素（这也是西欧在经济总体上仍比较落后的情况下能先行开辟世界市场的重要原因）。在大工业出现后，工业亲自为自己开辟市场，工业竞争和发展的不可阻挡使市场的开辟动力也变得不可阻挡，相比较而言市场也得到了最大限度的开发。

所谓"自由资本主义"其实就是"自由地"在全世界寻找殖民地和市场。在19世纪前70年中，与之前相比，无论在深度上和广度上，这都是一个资本主义史无前例地"自由"发展的时期。资本主义是一种发展体制，它需要不断地扩大市场和原材料产地，它必须形成创新的核心地区，各种新的发展方式和发展成果就从这个核心地区源源不断地流向世界各地。

作为一种现代发展体制，资本主义的生命在于不断地开拓市场和发展贸易。没有大规模的贸易就不可能存在大工业的生产方式，反之亦然。西方有学者说："没有可以进入的国内外巨大市场，没有愿意而且有能力购买工业新产品的消费者，就不可能有生产大大增长的工业革命。特别是价格的降低才使市场有可能如此扩大，因为工业革命的产品趋于低廉而丰富。也许英国企业家最重要的发现

---

① 〔德〕马克思：《资本论》第三卷，第375页。

是广大的市场，在这样的市场中，薄利多销机器制的廉价产品要比以高额利润小批出售优质产品更能成为普遍财富的基础。"① 总之，对资本主义来说，生产和贸易是一个问题的两个方面，它们之间的关系，必须根据具体的历史条件来判断。

二、英国的黄金时代

大英帝国的黄金时代，指维多利亚女王统治时期或简称为"维多利亚时代"（Victorian era，1837—1901）和爱德华时代（爱德华七世，1901—1910），这里泛指英国在拿破仑战争后到第一次世界大战之间的时期。

自由贸易成为英国发展的新动力

在自由资本主义时期，首先是英国，然后是欧洲的工业化国家先后提倡自由贸易。19 世纪英国是最系统、相对说来也是最彻底地实施自由贸易的国家，它这样做，至少有下面几条理由：

1. 在各主要工业生产部门拥有绝对优势的情况下，自由贸易政策能扩大市场，充分发挥自己的工业产能，谋取更多利润。如果在拥有这种优势的情况下继续实施保护措施，包括禁止机器出口等限制政策，实际上抑制了自己潜在的生产能力和市场前景，不利于最大限度地谋取利润；如果放弃限制，市场扩大或销量扩大后，还能降低成本。这就是他们倡导自由贸易的动力，也是开辟市场的动力。1825 年英国发生经济危机，1837 年后又发生危机，这些危机有力地推动了自由贸易的实行，因为取消贸易限制就能扩大市场，有助于企业摆脱困境。

2. 在拥有生产优势的情况下，推行自由贸易政策可以更容易进入他国市场，打击甚至摧毁那些企图通过贸易保护来培育自己的生

---

① 〔英〕克劳利编：《新编剑桥世界近代史》第 9 卷，中国社会科学院世界历史研究所组译，中国社会科学出版社 1992 年版，第 58 页。

产能力的竞争对手。英国拥有巨大的工业优势，主要工业部门达到了打遍天下无敌手的境地。也就是说它的许多产品已经根本不害怕世界竞争，如果世界各国都不"设防"，放弃保护政策，那么英国将会更加容易进入他国市场，获得更大利润。特别重要的是，这也是拥有先发优势的英国打击其他国家可能的挑战的重要手段。梅俊杰指出："英国之所以下决心实行自由贸易，也因为察觉到外国正通过构成贸易壁垒在培植制造业，决策者认为，尚具显著优势的英国只有依仗自由贸易才能遏制对手竞争力的上升。"当时，大陆各国已开始埋头于工业革命，法国、比利时及稍后建立关税同盟的德意志诸邦都是这样。面对这种潜在的挑战，英国各派经济学家都希望利用自由贸易打击对手。1839 年英国一位在贸易部工作的政治经济学家致信当时的外交大臣帕麦斯顿（Palmerston，后任首相），提出德意志建立关税同盟后，其制造业已"大为增强，除非利用关税逐步下降的手段，以一套让步措施来加以抵制，不然它将逐年不断壮大"。这里所谓的"让步措施"，就是放弃《谷物法》，让德国人感到生产农产品有利可图，从而专注于农业投资，以延缓其工业发展。①

3. 在生产上站在世界的最前列后，英国已经不能再忍受那种以部分牺牲自己消费的方式来限制贸易，它更多地需要从世界各地输入任何自己想得到的东西，以满足各阶层，特别是上层阶级的消费需求。换言之，这时期英国作为现代霸主的特征开始全面显露，它所要求的不再是重商主义的"少买多卖"，而是"多买少卖"。这里讲的"多买少卖"不是说它输出的东西少了，在它全面工业化的过程中，它输出的货物越来越多，这是肯定的。不过，随着生活水平的全面提高，它输入的货物也越来越多，而且输入的增速会快于输出的增速。为什么会这样？输入有形货物的增长速度超过输出有形货物的增长速度，这是霸主的特征。与今天的美国或西方发达国

---

① 梅俊杰：《自由贸易的神话》，上海三联书店 2008 年版，第 154 页。

家一样，它用从站在世界分工顶端获得的收入来弥补有形贸易的入超。米歇尔·波德说道："在整个维多利亚时期，英国贸易都处于入超状态：英国从外部世界所购买的商品比它卖给外部世界的要多。维持收支平衡主要是通过服务贸易、海运收入、从外界收取的利润、利息和分红、保险活动和经纪业的盈利等，并因而得到了余额，这一余额在19世纪上半叶还仅适中，到下半叶就已相当可观了。"波德用表和数字表达了这一点：[①]

表 12-1　英国现金支付结余（年平均值，以百万英镑计）

年份	贸易结余	移民、游客、政府	航海运输	利润、利息、分红	保险、经纪、佣金	总净结余
1816—1820	−11	−3	+10	+8	+3	+7
1826—1830	−14	−3	+8.5	+9.5	+2	+3
1836—1840	−23	−4	+11	+15	+4	+3
1846—1850	−25	−6	+14	+18	+4	+5
1856—1860	−33.5	−8	+26	+33.5	+8	+26
1866—1870	−65	−9	+45	+57	+13	+41

只有这样，大英帝国才能保证自己的臣民，特别是保证自己的统治阶级获得高收入，及维持大大高于一般国家人民的生活水平。我们许多著作只讲发达国家如何开辟世界市场，目的都是为了把更多的商品卖掉，以便赚取更多的利润，至于这些利润拿来干什么，却不太涉及，似乎就是把钱寄回自己的国家。其实，我们在理解发达国家的历史时，有两个关键点不能忘记：赚更多的钱，是为了从世界各地买回更多的货物（这里还有一个不等价交换的问题），不这样，赚钱是没有意义的；国家越发达，生产和外贸越繁荣，输出的有形货物越是少于输出的无形货物。只有处于世界霸主地位或处于世界分工的顶层，才有可能这样做。

---

① 〔法〕米歇尔·波德：《资本主义的历史，从1500年至2010年》，郑方磊等译，上海辞书出版社2011年版，第123页。

4. 在某些经济活动或在某些经济部门，特别是在服务业，英国实际上已经享有垄断地位，所以理论上鼓吹自由贸易并不影响这些部门的垄断收入。麦迪森指出："在亚洲和非洲国家，英国在航运、金融和保险业享有事实上的垄断特权。"垄断特权的表现多种多样，有些方面几乎不为人所察觉。比如，各种规则都是"白人制定的"，那些与白人打交道的土著一般都受白人的影响，连日常生活都是这样，所以"在制定政府采购政策时实行明显的歧视性做法"，即"青睐英国货而歧视其他国家的商品"，成了常态。[①]

但即使有上述几方面的理由，英国的自由贸易政策也不是无条件的。首先，它并非什么都不保护，那不符合现实。20 世纪初，希法亭就说过："即使在英国，自由放任的胜利也是不完全的：银行业领域依然被排除在外。银行自由的理论服从于英格兰银行统治者的实际需要。"[②]其次，它的自由贸易是逐步实施的，因为英国的工业优势有一个发展过程。第三，即使是像当时英国那样在工业上具有无比优势的国家，总有一些生产部门不太具备国际竞争力，如果这种部门具有战略意义，那就需要某种保护。前面讲到，英国很早就有关于自由贸易的呼声，亚当·斯密的《国富论》是 1776 年出版的，但英国真正全面推行自由贸易政策，是在 19 世纪中。19 世纪初，它开始进行点点滴滴的改革。1807 年禁止奴隶贸易，1813 年终止英国东印度公司的贸易垄断权，1833 年禁止英国的奴隶制度。1820年代开始部分放宽机械出口禁令，1843 年这方面的限制全部取消。"重大变化"发生在"19 世纪中叶"，其标志性的事件是 1846 年废除《谷物法》，1849 年废除《航海条例》。在 1841—1846 年间，600 多种关税被取消，1000 多种商品的关税也降低了。这种降低是在"财政改革"的名义下进行的，理由是"收入很低但征收费用很高"。1860 年，英国和法国签订《科布登—谢瓦利埃条约》（Cobden-Chevalier Treaty），英国废除对法国白酒的歧视，而法国则为英国

① 〔英〕麦迪森：《世界经济千年史》，伍晓鹰等译，第 90 页。
② 〔德〕希法亭：《金融资本》，福民等译，第 344 页。

提供广阔的市场。在 1860 年代格莱斯顿（Gladstone）执政时期，英国又逐步取消或在短期内大幅降低对其余商品征收的关税，尤其是对肉、蛋和奶产品的关税。这些措施无疑大大刺激了贸易的增长。比如，废除对马的饲料燕麦征收关税，使挪威船只运送的斯堪的纳维亚半岛国家出口的产品"猛增"。[①]

19 世纪 40 年代是英国工业取得压倒性优势的时候，也是它全面实施自由贸易的时代，这决非偶然。1846 年废除谷物法之所以具有里程碑式的意义，盖由于农业是它刻意保护的部门，直到它终于认为开放农业市场对英国经济整体有利时它才放开。任何国家都不会实行无的放矢的自由贸易。一般说来，各国政府都是在反复权衡利弊的情况下，才开放自己的市场。保护与自由贸易，从来都是矛盾的两个方面，如果一个方面消失了，另一个方面也不存在。当然，像英国这样的国家，这里所说的"权衡"绝非某个最高领导的反复衡量和拍板，而是通过各方力量在舆论场的博弈和在国会中反复较量的结果。

总之，当英国的生产能力处于世界最前列的时候，当英国的工业优势已经变得如此明显的时候，鼓吹和实施全面的自由贸易，既有助于英国获得更多的工业利益，又有助于它更全面地扩大产能、控制世界市场并输入更多的消费品。一位法国学者说道："自由贸易对于当时的两个资本主义大国——法国和英国来说，主要是一种方便实用的统治手段。"[②] 当然，法国的开放度远不如英国。

19 世纪中英国全盛时期的贸易与殖民

英国经过长期努力，包括参加众多的战争和控制海洋，在拿破仑战争后牢固建立起自己的世界霸权。这里着重谈谈 19 世纪里，特别是 19 世纪中在世界上拥有独一无二的地位时，英国的国际贸易和

---

① 〔美〕金德尔伯格：《世界经济霸权，1500—1990》，高祖贵译，商务印书馆 2003 年版，第 215—216 页。

② 〔法〕雷吉娜·佩尔努：《法国资产阶级史》下册，康新文等译，第 518 页。

占领殖民地的情况。

1. 国际贸易

可以从多个角度看英国在 19 世纪中期国际贸易发展的盛况。比如，从航运量的角度看，从 1700 年到 1820 年，它的航运量从占世界的 1/5 稍多上升到占世界的 40% 以上；同时期荷兰从超过 25% 下降到 2% 稍多。[①] 看这时期英国的贸易结构，即它输入什么和输出什么，也能大体觉察这个国家在世界生产中的地位。以 1860 年为例。这一年英国进口价值最大的 10 种商品中，工业原料（主要是棉花）价值 3575.6 万英镑、谷物价值 3167.1 万英镑，其余是食糖、羊毛、生丝、木材、茶叶、油料、酒和黄油。还有另外 10 种商品也几乎全是食物和原料：牛脂、亚麻、铜、皮革、丝织品、咖啡、烈酒、烟草、大米和铁锭。这些进口商品的相当一部分是打算销往国外的，即英国也是某些商品的市场和中间商。但在它的所有进口货物中，"见不到的是制造品"，这是它作为当时最发达的工业化国家的一种标志。所以，"取消贸易保护措施和建立自由贸易制度的最初后果，看来鼓励进口的不是制造品，而是食物和原料。"再来看看它的出口品。1860 年它出口的制造品中列于第一的是棉织品，价值 4214.1 万英镑，其次是羊毛制品，价值达 1215.6 万英镑，再次是钢铁，价值 1215.4 万英镑，然后依次为棉纱、亚麻织品、羊毛和羊毛纱、男子服饰和女子头饰、机器、金属器皿和餐具、煤。此外它出口的还有许多其他商品，如铜、衣服、皮革制品等。1860 年，它的进口净值 1.82 亿英镑；出口总值（不包括船舶）共计 1.36 亿英镑。总体上这是一种出口工业品和进口食物和原料的贸易结构，是"工业国与仍旧是农业国的贸易，这种贸易是世界性的，是 18 世纪传统的继续"。[②]

英国在拥有工业优势和世界霸权的情况下，推行自由贸易政策，的确有助于英国本身经济发展和居民消费水平的提高："对出口和

① 〔英〕麦迪森：《世界经济千年史》，伍晓鹰等译，第 87 页。
② 〔英〕W. H. B. 考特：《简明英国经济史》，方廷钰等译，商务印书馆 1992 年版，第 349—351 页。

国民生产总值年度统计数据分析表明，关税政策的重大变化不仅伴随着外贸的加速增长，而且伴随着国民生产总值总体上的加速增长。"在 1846 年前的 10—15 年间，英国出口年均增长约 5%，1843—1847 年到 1857—1861 年，英国出口年增长率超过 6%。这种增长率在当时是非常独特的现象，"在如此短的时间跨度内达到这样的辉煌成果是绝无仅有的"。贸易增长与国内经济增长分不开。1843—1847 年到 1857—1861 年，联合王国的国民生产总值年均增长率是 2.4%，人均 GNP 增长率为 2.2%。这在当时也是史无前例的增长速度。下面的数字表明了英国在欧洲外贸中的地位：1839—1841 年，联合王国的出口占欧洲总出口量的 29.1%，1859—1861 年间上升到 30.2%。而其进口，则分别占 29.6 和 35.5%。①这两组数字告诉我们：在这段时间，欧洲各国受自由贸易的影响，进出口量都在增加，但英国增加得更快；同时，英国的进出口量尽管快速增长，但进口增加得更快。这与它输出很多但输入更多的贸易发展趋势是一致的，是成为世界生产和消费中心的表现。

还可以从英国与欧洲以外国家和地区的经济关系看贸易自由化对英国的好处。1839—1841 年和 1859—1861 年间，联合王国对欧洲的出口价值年均上升 4.5%，但对世界其他地区则上升到 5.1%。这其中，对亚洲年均增长 6.1%，对大洋洲年均增长 9.9%，此外，对北美是 4.2%，对南美是 2.3%，对非洲是 4.8%。这种增长趋势降低了英国对欧洲市场的依赖度：1830 年它对欧洲的出口占其销售收入的 48%，到 1860 年这个数字下降到 34%。这种比率与同时期欧洲其他国家相比，可看出这时期英国贸易的"世界性"是欧洲任何其他国家所望尘莫及的：1860 年欧洲大陆对其他欧洲国家的出口占总出口量的 82%。②这同时也说明，直到 1860 年，欧洲大陆各国的市场开放度远低于英国，因为它们需要保护自己正在成长的工业。

---

① 〔英〕马赛厄斯等主编：《剑桥欧洲经济史》第八卷，王宏伟等译，经济科学出版社 2004 年版，第 25—26 页。

② 同上书，第 26 页。

不过，当我们这样强调这时期英国的发展速度及其取得的成就时，必须看到这仅是与其前相比而言的，从今天的眼光看，上述数字，如国民生产总值年增长率 2.4%，在今天并不算大。所以以下说法也有道理：在 19 世纪里，"工业的传播速度是相对缓慢的，到 1850 年，整个欧洲就只有英国工业能够吸纳半数人口就业；到 1900 年以前，也只有英国的工资增长达到历史最高水平。因此，工业革命在某种意义上是一场动作缓慢的革命，而不是突然的变化。"① 当然，尽管从现在的角度看，当时英国的增长速度不算快，但那已经是史无前例的速度。

2. 殖民地

再看看这时期英国拥有殖民地的情况。工业发展、外贸扩张都与殖民地分不开。19 世纪中，英国拥有的殖民地也是其他欧洲国家望尘莫及的。与一个世纪前相比，最大的变化是它在 1783 年失去美国，但它在 1757 年后的九十多年间获得了整个印度。1849 年它兼并旁遮普，完成了对印度（包括现在的巴基斯坦和孟加拉）的全部占领。英国还在其他地方继续占领新的殖民地（如 1806 年占领开普）或深化对已经占有的殖民地的攫取手段。1870 年，罗素伯爵（曾任英国首相）写道："曾经有一个时期，我们可能是作为英格兰、苏格兰和爱尔兰联合王国而单独采取行动。这个时期已经过去了。我们征服了加拿大并在这块土地上繁衍生息，我们占有了整个澳大利亚、塔斯马尼亚和新西兰。我们兼并了印度，使它处于王国政府的统治之下。我们不能后退。"② 最后一句话"我们不能后退"，是针对这时期英国出现的一股不太大的思潮说的。19 世纪中，由于自由贸易的推行，一些精英认为英国的货物既然可以在世界各地通行无阻，那么殖民地又有什么用呢？有了殖民地，就需要驻军，需要维

---

① 〔美〕戈德斯通：《为什么是欧洲？世界史视角下的西方崛起（1500—1850）》，关永强译，浙江大学出版社 2010 年版，第 112 页。

② 〔英〕P. J. 马歇尔主编：《剑桥插图大英帝国史》，樊新志等译，世界知识出版社 2004 年版，第 18 页。

持秩序的费用等；特别是如黄金海岸等一些非洲的殖民地，入不敷出，引起众议。1852 年英国著名的政治家迪斯累利（Disraeli，1804—1881）竟然写道："这些可怜的殖民地……是套在我们的脖子上的一个磨盘。"（These wretched colonies... are a millstone round our necks）[1]但尽管有诸多怀疑，"人们却从来不认为退出帝国是一种严肃的主张。只有少数人主张放弃帝国；绝大多数人认为，失去帝国将会导致可怕的后果。"从 1850 年到 1870 年，英国约 20% 的进口来自自己的殖民地，殖民地同时提供了它 1/3 的出口市场。虽然英国也与世界其他地区和国家进行广泛的贸易，但是那些非殖民地国家随时会限制英国商品进入，只有在殖民地它的商品才畅通无阻。所以那个时代的英国人都很清楚中国在"被英国的炮舰打开大门之后对英国的商业渗透进行抵制的例子。英国与中国的贸易额，根本无法与英国和印度的贸易额相比。"[2]这就是殖民地与大英帝国繁荣的关系。所以，尽管有些政治家说得冠冕堂皇，政府却常常认为对世界各地的情况有加以干涉的必要。在 1875 年前的几十年间，即在大规模瓜分世界开始以前，英国依然在世界各地不断出手。如在非洲与阿散蒂和祖鲁的战争，在亚洲向中国挑起鸦片战争，在印度镇压民族大起义（1857—1859），与俄国进行克里米亚战争（1853—1856），还发起两次缅甸战争和轰炸阿卡和兼并亚丁，还试图征服阿富汗。

当然，我们还是要看到，在自由资本主义时期，英国兼并殖民地的动力确实远没有向帝国主义转变时期那么强烈，因为它使用非兼并的手法可以更容易达到自己的目的。所谓"非兼并"的手段，主要指鼓励拉丁美洲的独立运动，使拉美各国脱离西班牙的怀抱，成为"英国工厂主投资者的'黄金国'"。英国人还通过签订友好和自由贸易条约，打开各国市场。这些条约一般都规定对进

---

[1]　Joseph A. Schumpeter, *The Economics and Sociology of Capitalism* (Richard Swedberg ed.), Princeton: Princeton University Press, 1991, p. 146.

[2]　〔英〕P. J. 马歇尔主编：《剑桥插图大英帝国史》，樊新志等译，第 19、20 页。

出口货物只征收3%—5%的"有名无实"的关税,英国商人免缴各种内地税。英国历史学家J.加拉赫和R.鲁滨逊把这时期的英国称为"自由贸易帝国主义",因为在这几十年间,英国政府"尽力通过最适合于他们在各地利益的手段建立和维护自己的霸权"。为达到这一目的,他们只是在认为最为必要的时候才诉诸武力和兼并手段。[①]

殖民统治给英国带来了巨大的利益,也给殖民地人民带来了深重苦难,当然它也使殖民地发生某些变化,这就是我们所熟悉的马克思说的殖民主义的双重性。在本书的《前言》中我们介绍过马克思引用歌德的一段诗歌来表达自己的复杂心情,这里不再重复。另外,当我们讲到殖民主义的双重性时还要看到,在殖民主义者的主观追求中,不存在发展殖民地的愿望,他们只是想把殖民地变成更易于牟利的地方,他们只是在这样做时客观上使殖民地发生了向现代化转型的某种转变。当代英国学者也说:"在19世纪的大部分时间里,英国没有使印度发生重大的变化。总的来说,改革计划仍然是纸上谈兵……除少数几个例外,如禁止烧死寡妇。英国人不愿意用法律迫使社会发生变化,他们是否有能力这么做很令人怀疑。新的教育规划迄今为止只影响到城镇里很少一部分人。公共工程计划直到19世纪后期才大规模地实施。"[②] 也就是说,印度发生较大变化要到帝国主义时代,而这些变化之所以发生也是由于垄断资本有了新的需要。

3. 国民心态

在大英帝国全盛时期,国民的心态也"世界化"了。下面是1832年一个"无名氏"政论家的见解,实际上,这样的展望只能出现在一个其工业在世界上拥有压倒性优势的国家,因为所谓想象总是以现实为基础:

---

① 〔美〕斯塔夫里亚诺斯:《全球分裂,第三世界的历史进程》上册,迟越等译,商务印书馆1993年版,第170页。

② 〔英〕P. J.马歇尔主编:《剑桥插图大英帝国史》,樊新志等译,第41页。

现在看得很清楚，我们可爱的国家——大不列颠已经被分配承担为她的姐妹国家制造商品的崇高使命。海洋彼岸的亲人将用我们的船只从密西西比河流域给我们运来他们种植的棉花；印度将贡献它的黄麻；俄罗斯将为我们的工厂和作坊贡献它的大麻、亚麻和铁矿石。我们熟练的机械工和技工制造必要的机器，把这些原料织成精美的布匹，销往各国。所有的布匹都按我们的款式制造，并使之符合人们的需要。我们的船只满载着原料归来，又将满载着制成品返回地球的各个角落。这种按照自然法则，用原料交换制成品的办法使各个国家相互服务，显示人类的兄弟之情。和平与善意将统治世界。一个接着一个的国家将以我们为榜样，商品的自由交换必将盛行于各地。我们对他们的原料敞开大门，同样，他们的港口也将对我们大大敞开。[①]

这就是当时英国人所期望的"世界秩序"。他们为这种秩序而努力，凡不符合这种秩序的他们就加以修理和扫除，能用和平手段的就用和平的手段，用和平手段达不到目的时就使用武力。

三、欧洲其他国家与"自由贸易"

从拿破仑战争结束到 1870 年，由于工业革命的进行和交通手段的进步，特别是火车和轮船投入使用，世界贸易迅速增长。从下表可以看出，英国虽然在世界贸易中占有重要地位，但这种地位并非不可动摇：

---

① 〔美〕斯塔夫里亚诺斯：《全球分裂，第三世界的历史进程》上册，迟越等译，第168—169 页。

表 12-2　各国在世界贸易中所占份额 [1]

（单位：%）

年份	英国	法国	德国	欧洲其他国家	美国	世界其他国家
1780 年	12	12	11	39	2	24
1800 年	33	9	10	25	5	17
1820 年	27	9	11	29	6	19
1840 年	25	11	8	30	7	20
1860 年	25	11	9	24	9	21

　　世界贸易在 19 世纪 30 年代增长了 30%，在 40 年代有类似的增长率，但在 50 年代猛增 80%，60 年代增长将近 50%。[2] 这种增长态势，主要归功于工业革命的进行，但也与欧洲各国推行自由贸易政策有关。

　　与英国相比，欧洲其他国家实行"自由贸易"的程度都比较低。它们实行"自由贸易"的程度，主要视其整体发展水平而定，也视其某些出口产品是否拥有优势而定。但总的说来，各国都经历过一个逐步放开，但大约在 1870 年后又纷纷加强保护的过程。

　　率先学习英国宣扬自由贸易的是法国。自由贸易被提到政策层面，在法国开始于 1853 年，但有关提议受到立法团的抵制。法国皇帝拿破仑三世（Napoleon Ⅲ，1852—1870 年在位）大力支持开放，因为他曾流亡英国，了解"自由贸易"的特点和好处，准备通过"自上而下"的方法推行这项政策。按照当时法国的宪法，他拥有签署商业条款的权力。在高度保密的情况下，法国国务委员会成员、圣西门主义者米歇尔·谢瓦利埃与英国特使科布登进行了谈判，圣西门主义者公共工程和商务部大臣鲁埃（Rouher）乔装打扮，前来与他们会合。两国于 1860 年签订商业协定，即《科布登—谢瓦利埃条约》，其基本内容是：法国取消所有针对英国的商业禁令，把原材

---

　　① 〔法〕米歇尔·波德：《资本主义的历史，从 1500 年至 2010 年》，郑方磊等译，第 121 页。

　　② 〔英〕伯里编：《新编剑桥世界近代史》第 10 卷，中国社会科学院世界历史研究所组译，中国社会科学出版社 1999 年版，第 51 页。

434

料和工业产品的从价税减至 30%（实际的税率更低）；英国则免征法国奢侈品、丝织品特别是葡萄酒的关税。1861 年法国还废除了谷物的最低限价。这些措施给法国某些行业或企业带来了困难，但它总的来说十分有利于法国的工业进步和赢得世界市场。当代法国史学家也十分看好这一举措，称之为"一场合理的革命"。因为当时法国的许多产业实际上已经有能力参与国际市场竞争，但在贸易保护下出现了不思进取的情况。杜比他们就此说道："1860 年的这一决定揭示了法国经济当时达到的水平以及所面临的困难和矛盾。"他们还说："当法国周边国家都在大踏步前进的时候"，如果还是一味保护下去，那么法国就会"陷入一种危险的麻木状态"。1830 年，法国出口占国民经济的 13%，1860 年达到了 29%。出口商品中既有农产品，也有工业品。工业品的出口在 1830 年占国民经济的近 7%，到 1860 年至少翻了一番。其中，主要进展是在 1850 年后取得的。这说明："1860 年的条约正是在法国外贸产品不断增加的大趋势下签订的"；皇帝"并没有强迫生产商接受这个条约，只是为了让他们更好地适应市场。因为从长远来看，倚仗人为的保护，法国商品的价格对国际市场来说过高了。"①

欧洲其他国家也大体沿着这一方向前进，其中有的开放行动甚至是单方面的，如荷兰和德意志关税同盟在 1845 年后削减了关税，比利时在 1850 年废除《谷物法》，"其他国家则在贸易协定中作了相互让步"。英法两国在签订《科布登—谢瓦利埃条约》后，法国与另外 10 个欧洲国家缔结条约，英国也与另外七个国家签订条约，这些条约都包括降低各种商品的关税。②

当我们讲欧洲其他国家纷纷走向"自由贸易"时，还是要看到这些国家与英国不一样，它们的工业基础不如英国，所以它们推行自由贸易的程度是不一样的。也就是说，它们不可能像英国那样实

---

① 〔法〕杜比主编：《法国史》中卷，吕一民等译，商务印书馆 2010 年版，第 1097—1099 页。
② 〔英〕伯里编：《新编剑桥世界近代史》第 10 卷，中国社会科学院世界历史研究所组译，第 51 页。

行比较彻底的自由贸易，特别是其中比较后进的国家，如普鲁士为首的德意志关税同盟，它们在推行一定程度的贸易自由时，所奉行的主要还是一定程度的保护。当时德国学者在这方面有相当系统的理论探讨，其中最著名的恐怕是弗里德里希·李斯特（Friedrich List，1789—1846）。他于 1841 年出版《政治经济学的国民体系》，在自序中强调指出："两个同样具有高度文化的国家，要在彼此自由竞争下双方共同有利，只有当两者在工业发展上处于大体上相等的地位时，才能实现。如果任何一个国家，不幸在工业上、商业上还远远落后于别国，那么它即使具有发展这些事业的精神与物质手段，也必须首先加强它自己的力量，然后才能使它具备条件与各个比较先进的国家进行自由竞争。"简言之，后进国家没有能力与先进国家进行自由竞争，即使进行竞争也不可能使双方共同获利。它必须先具备这种能力，才能谈论自由竞争问题。所以他强调："如果一个国家，在资本方面，工业方面，远远落后于英国，它就不能容许英国在它的工业市场上取得竞争优势；否则对英国将永久处于负债地位，对英国的货币制度将处于从属地位，将卷入英国农工商业恐慌的旋涡而不能自拔。"①

李斯特特别提及美国的例子。实际上美国在建国后就开始实行贸易保护政策。这说明在 19 世纪上半叶和中叶，也就是当亚当·斯密的自由贸易论在英国甚嚣尘上的时候，英国以外的欧洲各国，特别是较落后的德国等，实际上都是把开放与保护结合起来的。19 世纪后期，随着俄国和日本改革的展开与德国、意大利的统一，这些国家都进入了起飞阶段，法国等也成为英国的强有力的竞争者，欧洲出现了诸强国相互竞争的现象，保护主义重新被提上议事日程。这方面美国大概又是最早采取措施的，它在内战爆发后就开始提高关税。1870 年后欧洲各国，英国除外，纷纷效仿。关于这一点，将放在下面介绍。

---

① 〔德〕李斯特：《政治经济学的国民体系》，陈万煦译，商务印书馆 1997 年版，第 4—5、238 页。

第十三章　第二次工业革命时期的
贸易与扩张

通常所说的第二次工业革命的时间跨度，大体上指 1870 年到第二次世界大战爆发或结束。在这段时间中，以电力、石油为能源的（当然，煤炭和蒸汽机在相当长的时间内继续使用）新一轮工业革命在欧洲各国全面展开并取得丰硕成果，各主要国家在实现本轮工业化的过程中出现了大量政治社会问题。同时工业革命越出欧美国家向白人以外的国家和地区传播，特别是拉丁美洲和日本。

19 世纪末和 20 世纪初，欧洲国家的地理扩张几乎达到极限，也就是世界被瓜分，世界上所有的国家和地区都被纳入资本主义商品货币关系中，世界贸易以空前的规模发展起来，西方一些学者把这称之为"国际经济"的形成。欧洲国家在大规模输出商品的同时，资本输出的比重不断增加。这一发展趋势具有极大的危险性，两次世界大战与此密切相关。因为这种扩张方式尚缺乏后来所设置的道德界限及从长远着眼的各种制约手段，缺乏维持正常运行秩序所必需的相关规则和仲裁机制，战争的爆发只是个时间问题。

一、工业资本主义世界市场体系的建立

从商业资本主义到工业资本主义的转变是一场翻天覆地的革命，仅从生产的角度看，一方面是近代机器大工业取代了手工生产，另

一方面是资本开始把亚非拉各国直接纳入统一的世界市场，建立以西方大工业生产的需要为转移的新的世界市场体系。

工业资本主义世界市场体系的基本特点

第二次工业革命最重要的成就之一，是工业资本主义世界市场体系的建立。关于这段时间西欧或发达国家的基本特征，我国的学术传统更喜欢称之为自由资本主义向帝国主义过渡，但长期以来这个称呼使我们忽视了该过程的一些基本问题，包括这里要讨论的工业资本主义世界市场体系的建立、现代生产力发展体制的形成等。所以，一个时代的特征是多方面的，"最重要"往往与某个视角有关，当我们认定什么为"最重要"的时候，不要忘记其他的重要方面。从生产和市场的角度看，伍德拉夫认为这时期的重要特征是"国际经济"或"世界经济"的出现：

> 当我们的子孙后代回顾欧洲世纪时，他们很可能认为国际经济的出现是该世纪比较突出的成就之一。因为纵观历史，何处能够找到可与第一次世界大战前夕世界各国人民之间那种千丝万缕的经济关系相提并论的事例？把世界连结在一起的纽带从未像1914年那么紧密，那么同广大人民群众的生活福利息息相关。无论欧洲对世界的影响在多大程度上属于机遇和偶然，到大战前夕，那里的人们已成功地建立了一种极为复杂的以欧洲为中心的世界经济，其目的主要是为西方人民的经济利益服务。[1]

世界市场的发展大体上是从15世纪末的地理大发现开始的，但它的成熟，也就是这里所称的工业资本主义世界市场体系的形成，是在四百年后的第二次工业革命中，是由于一批工业化国家的崛起、形成互相竞争的局面并向全世界扩张的结果，西欧是这一体系的主

---

[1] 〔意〕奇波拉主编：《欧洲经济史》第四卷下册，吴继淹等译，商务印书馆1991年版，第233页。

导力量。其具体表现是：

1. 以西欧国家为核心的世界分工格局最终确立，工业生产在世界范围内大规模地发展起来。欧洲各国通过殖民扩张、瓜分世界、输出商品和资本，掠夺原材料和农产品，建立了完全依自己利益为转移的国际分工体系，同时也不可避免地促进各殖民地、半殖民地民族工业的产生。斯塔夫里阿诺斯说："这种全球性的经济一体化把 1860 年到 1913 年之间的世界工业生产提高了五倍。"[1]

在这段时期的末期，美国虽然在国民生产总值上超过英国，但它在资本主义世界分工中仍然处于以提供农产品和原材料为主的阶段。仅以棉花为例：1860 年美国向欧洲出口的棉花几乎占美国出口总值的 2/3，在南北战争中棉花出口尽管一度减少，迫使欧洲国家从印度、埃及、西印度群岛等地寻找供应来源，但内战结束后美国棉花出口很快恢复，1913 年其棉花出口额达到 1860 年出口额的 3 倍左右。在 19 世纪，美国一直是世界上最重要的棉花供应地。[2]

2. 大规模的运输能力和国际贸易得到空前发展。铁路网的形成和大轮船的出现，加上运河的开挖，使大规模海陆运输成为可能。19 世纪后期铁路建设占有特别重要的地位。虽然有人认为，到 1869 年，"重要的铁路建筑工作已经完成"，[3] 即欧美的铁路网已大体建立起来。但此后欧美铁路建设仍十分繁忙，非西方国家的铁路也开始发展，特别是在东欧、拉丁美洲和印度，还有非洲。美国在 1860 年只有 3.1 万英里铁路，1916 年达到了 26 万英里。到 1920 年，欧洲有 15.9 万英里铁路，北美有 29.2 万，拉丁美洲和亚洲大体上各有 6.2 万，非洲有 2.7 万英里。铁路在把货物从港口运往内陆或从内陆运往港口中发挥了关键作用。

在航运方面，由于船舶经历了从木帆船到铁船再到钢质轮船的

---

① 〔美〕斯塔夫里亚诺斯：《全球分裂，第三世界的历史进程》上册，迟越等译，第 278 页。

② 〔意〕奇波拉主编：《欧洲经济史》第四卷下册，吴继淦等译，第 235—236 页。

③ 〔英〕哈巴库克等主编：《剑桥欧洲经济史》第六卷，王春法等译，经济科学出版社 2002 年版，第 236 页。

转变，运输能力大幅度提高。这不仅仅是一个吨位提高的问题，还有效率：根据 1875 年的计算，一吨轮船的效率约等于三吨帆船。世界船舶吨位 1800 年约 400 万净吨，1850 年约 900 万净吨，1880 年约 2000 万净吨，1910 年接近 3500 万净吨。这些吨位的船舶包括帆船和以蒸汽为动力的轮船。1860 年帆船的登记吨位是 1450 万吨，1910 年这个数字下降到 800 万吨，而同时期轮船的吨位则从 550 万吨上升到 2600 万吨。根据欧洲的资料，轮船吨位超过帆船吨位是在 1893 年。在上述总吨位中，1913 年时欧洲占 79%，美国占 12%。欧洲的地位在这方面也是无可动摇的。其中英国的作用特别突出：在 19 世纪，英国拥有的船舶超过世界总吨位的一半；在第一次世界大战前的 25 年间，全世界下水的船舶中"至少有 2/3 是英国制造的"。

此外，1869 年和 1914 年苏伊士运河和巴拿马运河先后开通。从伦敦到新加坡的海上旅程几乎减少了 1/3，伦敦到孟买的距离减少了 2/5 以上，纽约到孟买的距离缩短了 3000 英里，墨尔本同伦敦近了 1000 英里，利物浦到旧金山的距离缩短了 2/5，纽约和旧金山的距离则缩短了 3/5。20 世纪初，汽车交通迅速发展。

运输业的发达大大降低了运费。19 世纪 60 年代到 20 世纪初，从纽约运往英国的小麦，或从孟买运往英国的棉花等主要商品的运费降低了 2/3 以上。纽约和利物浦之间平均每蒲式耳小麦的运费，从 1873 年到 1887 年下降了 76% 左右。跨大西洋运输一吨重量的运价，面粉 1880 年要 25 先令，1886 年只要 7 先令 6 便士；猪肉从 45 先令下降到 7 先令 6 便士，棉花从 7 先令 8 便士降至 3 先令 8 便士。这里还要注意：由于冷藏船的使用，肉类等易腐烂的食品开始成为大规模远洋运输的货物。[1]芝加哥和法国勒阿弗尔（Le Havre）之间，一公担小麦运价从 1868 年的 8.23 法郎降至 1902 年的 2.16 法郎。[2]

---

[1] 以上见〔意〕奇波拉主编：《欧洲经济史》第四卷下册，吴继淦等译，第 264、265、268、267、270 页和 268 页注①。

[2] F. Braudel et E. Labrousse (dir.), *Histoire économique et sociale de la France*, Tome IV, Volume 1, Paris, Presses Universitaires de France 1979, p. 366.

在工业生产和运输条件空前发展的基础上，世界贸易量也以空前的规模在增加。不仅欧美工业化国家大量输入和输出，澳大利亚、新西兰、南非、阿根廷、印度等许多国家也开始大量输入和输出。1877年第一艘冷藏船装载羊肉离开阿根廷，1897年阿根廷输出1亿蒲式耳小麦和玉米。1870—1900年，印度与欧洲贸易增加了一倍多。①

3. 世界金融中心形成。工业资本主义的世界市场体系有一个"大脑"，那就是世界金融中心，这时的世界金融中心是伦敦。没有世界金融中心就不会有现代意义上的世界市场，因为有形贸易发展的同时，无形贸易（利息、利润、股息、运输、旅游、私人劳务、保险）也在迅速发展，这两种贸易的发展需要金融业有相应的变化。首先是货币制度的变化，因为"国际性经济全仗国际货币体制来支撑"。②这一体制的建立，主要是在1870年以后。在商业资本主义时代，阿姆斯特丹在世界金融市场上享有独一无二的地位，但严格说来它还不是国际金融中心，因为还不存在统一的国际货币制度。这一制度以1816年英国采用金本位制为开端，最终完成则在1870年后各国纷纷采用金本位制。

通过规定英镑与黄金的比价，英镑与黄金就成了国际货币。用类似的方法，各主要工业国的货币如马克、法郎、美元都成了国际货币，各种货币在国际金融、贸易市场上同时流通，随时可以兑换。于是，一个国家可以把商品卖给另一个国家，但从第三国组织进口。这时，产生了需要一个中心来保持国际支付平衡的问题。只有英国有这种能力，伦敦遂成为国际金融中心。

当然，英国人很早就认识到自己国家作为世界金融中心的地位。1832年，英国有人宣称："我国总的说来是全世界的银行。我的意思是说，在印度、在中国、在德国、在俄国以及在全世界进行的一切交易，全都是在此地接受指导，通过我国来进行结算的。"英格

---

① 〔英〕欣斯利编：《新编剑桥世界近代史》第11卷，中国社会科学院世界历史研究所组译，中国社会科学出版社1987年版，第7页。

② 〔美〕帕尔默等：《近现代世界史》中册，孙福生等译，商务印书馆1988年版，第771页。

兰银行拥有的这种地位，迫使它不断作出努力，以便提高自己的工作能力和工作效率。就在有人说这句话后的十年间，英国"议会的各种委员会用了 6 年时间来考虑如何改善英国的银行制度"。[①]

伦敦作为国际金融中心的作用是：英国与东半球的有形贸易有逆差，与西半球的有形贸易有顺差，足以取得平衡。实行这一平衡的能力，"成为国际支付机构的中心支点"。从 1880 年代起，北美向英国的输出大量增加，英国对美国的逆差跟着上升，美国与欧洲其他国家及亚洲的贸易逆差就由英国来偿付。英国与美洲其他国家的贸易顺差也渐渐消失，与欧洲国家及各自治领的贸易关系也是这样，而且这些与英国贸易变成顺差的国家不一定买英国的工业品，为维护国际收支平衡，英国越来越依赖于与土耳其、日本、特别是印度的贸易顺差关系，来偿付它与欧洲及美洲贸易的逆差。印度则靠扩大对欧洲、美国的输出来弥补它对英国的逆差。在这一格局中，英国无疑是世界贸易的"大脑"，没有它世界贸易将无法顺利进行。我国甲午战争的赔款就是通过英格兰银行支付的。[②]

4. 世界价格的形成。正是在 19 世纪最后几十年，"一个由世界价格支配的世界市场第一次出现了"，[③]这是世界市场成熟的重要标志。帕尔默和科尔顿这样描述世界价格形成时的情况："一个名副其实的世界市场业已创立起来。货物、劳务、金钱、资本和民间往来，差不多不再顾及国界。商品买卖的价格是世界一致的。比方说，在小麦买卖中，商人们每天通过电报和海底电缆，了解明尼阿波利斯、利物浦、布宜诺斯艾利斯和格但斯克的价格，然后根据各地的行情将自己的价格加以调整，他们到最便宜的地方去买，到最贵的地方去卖。从这一点来讲，世界小麦的供应干脆就是根据需求和支付能力来进行分配的……世界市场的形成，使这个世界出现一个统一的

---

① 〔英〕伯里编：《新编剑桥世界近代史》第 10 卷，中国社会科学院世界历史研究所组译，第 53 页。

② 〔英〕欣斯利编：《新编剑桥世界近代史》第 11 卷，中国社会科学院世界历史研究所组译，第 74—75 页。

③ 同上书，第 8 页。

经济体制，与此同时，第一次把远方地区带进竞争之中。"① 这给世界各地的农民带来了极大的不确定性，特别是商品经济发达的欧洲，许多欧洲农民由此移民美国。

5. 近代世界通讯体系的建立。这也是世界市场的一个基本条件，因为"只有在电报不再局限于各大陆内部时，世界市场才成为一个现实。"有线电报在 19 世纪 30 年代开始在陆地上使用。1866 年，英国与美国间的海底电缆铺通。1870 年英国与印度之间的联系通过海底电缆只需要 5 个小时。1872 年海底电缆从旧金山延伸到香港。1902 年，英国与帝国各个部分之间都用海底电缆建立起联系。其他殖民国家也是这样。到 1914 年，全世界已铺设了 51.6 万公里的海底电缆，基本上建立了世界性的电缆网。② 电话的发展也很惊人。1891 年伦敦与巴黎间建立起电话联系，接着欧洲各大城市间的电话开通。到 1906 年，英国、德国每千居民已有了 10 部以上电话。20 世纪初，无线电通讯发明，到 1914 年，所有的大船都装备了电台。③ 通讯体系当然也包括海陆交通。19 世纪 30 年代，英国和印度之间的信件经海路往返需要 2 年时间，1850 年由于使用了蒸汽船，伦敦到孟买的信件往返需要 4 个月。而 1869 年苏伊士运河开通后，轮船从英国到印度所需时间不到两周。④ 没有这种由有线电报、无线电报、电话和火车、轮船、汽车组成的通讯和交通系统，伦敦的商人就不可能坐在自己的办公室里同时掌握世界各地买卖的情况，不能形成世界价格。

以上就是世界市场成熟时的情况，各个条件是互相依赖或互相发生作用的，世界价格的形成和世界通讯体系的建立，使英国成了名副其实的世界金融中心。但这里有一个问题必须讨论的是：为什么世界市场的成熟或世界经济的出现不在英国完成产业革命的 19 世

---

① 〔美〕帕尔默等：《近现代世界史》中册，孙福生等译，第 774 页。

② 〔英〕哈巴库克等主编：《剑桥欧洲经济史》第 6 卷，王春法等译，第 255—256 页。

③ Sidney Pollard, *European Economic Integration 1815–1970*, London: Thames and Hudson, 1974, p. 53.

④ 〔美〕杰里·本特利等：《新全球史》（第三版）下册，魏凤莲等译，北京大学出版社 2007 年版，第 967 页。

纪中期？这实际上也就是 19 世纪中的世界市场与 19 世纪末的世界市场的区别问题。

19 世纪末世界市场的变化

我们先看看 19 世纪末的世界市场与 19 世纪中期的世界市场的主要区别，然后再探讨一下为什么会有这些区别。

1. 三个方面的区别

第一，第二次工业革命使东西方经济的相互依赖性空前加强，导致贸易量和贸易种类激增。也就是说，第二次工业革命与第一次工业革命在世界经济的相互依赖上有很大区别。从 1850 到 1913 年，英国的进口增加 7 倍。迟至 1860 年代，"英国消费的肉类和小麦大部分还是国内生产的"，但到 19 世纪末，它消费的 4/5 的小麦和 2/5 的肉类来自进口。另一方面，不少亚非拉国家"已经非常习惯于满足欧洲某一特定国家，有时是欧洲某一特定工业的需求"，到 1913 年它们已经无法与其他国家、其他产业，甚至无法与"自己的紧邻"打交道了。[①] 阿瑟·刘易斯这样解释 19 世纪后期东西方相互依赖性空前加深的情况与原因：

> （第一次）工业革命的原料是煤、铁矿石、棉花和羊毛；粮食则是小麦。所有这些核心国都可以丰富地生产出来。而且美国与欧洲还可以相互补充。它们主要缺乏的是羊毛，阿根廷和澳大利亚正是通过羊毛而受到了刺激。除此而外，在 1850 年核心国主要进口的是棕榈油、皮毛、皮革和丝、少量的木材、茶叶、咖啡和少量其他商品。说核心国的工业革命不依赖外围国，这绝不是夸大其词。
>
> 到 19 世纪将近结束时，形势发生了变化。新技术需要电线用的铜，自行车和汽车车轮用的橡胶，内燃机用的石油，以及

---

① 〔意〕奇波拉主编：《欧洲经济史》第四卷下册，吴继淦等译，第 239、259 页。

麦田用的硝酸盐；此外在冻肉和香蕉方面也出现了新的贸易。人口的扩大，收入的成倍增长增加了对茶叶、咖啡、可可、菜籽油、生丝和黄麻的需求。美国农业边疆开发的结束给阿根廷、澳大利亚、加拿大和东欧的小麦生产以新的机会。此外，外围国也产生了一种它们自己内部的国际贸易——新的热带市场经济中对稻米的大量需求。[1]

贸易量和贸易种类的增加，还源于欧洲人口增加、生活水平提高和冷藏运输的发明等。伍德拉夫也认为19世纪后半期"国际贸易的性质发生了变化"，因为：一方面，"随着欧洲人口的增长和工业的发达，各种纤维、矿物、粮食、木材以及水果、肉类等易腐烂的产品涌向欧洲海岸的数量不断增加"；另一方面，"白人移居海外的浪潮席卷全球，庞大的陆路和海路运输系统被设计出来，新的技术投入使用"，这时，欧洲"从全世界攫取财富"也进入了新阶段。[2]

第二，通过瓜分世界和殖民征服，西方国家对亚非拉许多国家建立了直接、间接的殖民统治或使其依附于自己，世界贸易格局由此发生重大变化。19世纪中，非西方国家沦为殖民地的还不多，主要是印度和西印度群岛及菲律宾等，但到19世纪末和20世纪初，非洲几乎被瓜分完毕，亚洲也有不少国家沦为殖民地和半殖民地。欧洲人向这些国家和地区不仅输出商品，也通过直接投资或输出资本，把大部分或几乎全部非西方世界强行纳入资本主义世界体系。这里仅以中国为例，可清楚地看到一个国家沦为半殖民地和殖民地的过程与世界贸易扩大的关系。在中日甲午战争前的30多年间，清朝政府向外国借债25次，借款总额为4100多万两白银，这些借款在甲午战争前已全部还清。甲午战争后，列强向清政府放债之频繁和数目之大"前所未有，而且显著地具有政治奴役的性质"。《马关条约》订立后四年间清政府就举借外债7次，其中1895年的俄法

---

[1] 〔美〕阿瑟·刘易斯：《增长与波动》，梁小民译，华夏出版社1987年版，第26页。
[2] 〔意〕奇波拉主编：《欧洲经济史》第四卷下册，吴继淦等译，第234页。

借款、1896 年的英德借款和 1898 年的英德续借款数目最大，各为一万万两白银。每次借款都意味着中国半殖民地化的加深。如 1895 年俄法借款的结果是俄国南下满洲，法国势力深入两广、云南诸省，1898 年确定英德续借款时英国迫使总理衙门用照会形式声明：中国绝不把长江沿岸地方"让与或租给他国"。此为清政府第一次以正式文件形式承认长江流域为英国势力范围。此外，

> 这三次大借款中的一个突出现象是列强争夺中国海关和中国财政的控制权。当时海关税收每年约二千多万两，为清朝政府主要的一项财政收入。控制海关就基本上能够左右中国财政，并保证对中国资本输出的安全。这三次借款都以海关收入作抵押。海关的绝大部分税收（约十分之七）都用以偿还借款本息，它实际上已经成为中国的外国债权人的收款机关。更为重要的是，控制海关可以垄断中国进出口贸易，保证帝国主义以低税率输入商品和输出原料，从根本上取消了中国实行关税保护制度的可能性。控制海关的国家就得到了一个排斥其他国家垄断集团的竞争的手段。[①]

可见，西方国家与殖民地和半殖民地之间的贸易，其性质已与一般的国与国之间的贸易大不相同，无论就其深度和广度来看都是这样。同时它还说明，这时期的资本输出是与对殖民地的占领和控制同时进行的。

第三，大约 1870 年后，多个工业国的崛起打破了英国独霸世界市场的局面，相互间在世界市场上展开激烈竞争，这同样改变了世界贸易格局，或者说形成了一直持续到今天的世界贸易格局的基础。约在 1850 年时，英国完成了产业革命，成了"世界工厂"。此后 20 年间，它享有垄断性的地位。实际上由一个国家主导世界市场的局面并非工业社会的正常情况。我们的教科书在讲产业革命的后果

---

① 胡绳：《从鸦片战争到五四运动》（简本），红旗出版社 1982 年版，第 317—320 页。

时，往往以第一次工业革命后的英国为标准，其实这时候的英国在许多方面具有独一无二的性质，在资本主义发展史上不是常态（比如，不存在激烈的世界性竞争）。在英国独霸世界市场未受到强有力挑战的情况下，而且是在第一次工业革命的技术条件下，严格地讲不可能出现成熟的世界市场。1870 年后这种局面发生变化，美国、德国的起飞，意大利、俄国、日本的崛起，终于形成了多头竞争和同时扩张的格局。

与之前相比，这时期的贸易扩张虽然仍然与军事征服分不开，但这种扩张已经越来越依靠商业和资本本身的力量，这一趋势非常重要。质优价廉的商品和资本大规模输出及为此而进行激烈竞争，改变了各工业国的生产环境和生产结构，直接影响到亿万大大小小的生产者，所以西方史学家称这时期为大繁荣、大萧条共存的年代。正是这种扩张格局把资本主义世界市场推向成熟。刘易斯的一段话说明了这种竞争的残酷性："到 1882 年时，英国供给其他核心国所需要的大部分钢铁产品，特别是钢轨，但在 19 世纪 80 年代德国和美国（没有法国）的钢铁生产发展起来了，英国的生产很快被抛在了后面。这些国家首先从英国手中夺回了它们的国内市场，然后他们又夺取了它们邻国的市场，德国是在欧洲，而美国是在拉丁美洲；最后，在战前 10 年中，德国以及比利时击败了英国以国内为基础的钢铁工业，英国成了世界上钢铁产品的最大进口国。"[①] 这就是国际竞争，是 19 世纪中期英国人做梦也想象不到的结局。

但若与以后相比的话，还得注意到以下事实：总的来说，这时期西方人贸易活动的重点还不是在殖民地，而是在白人聚居地。试以德国为例：1913 年，德国进口的 54.8% 来自欧洲，其中来自英国的有 8.4%，俄国有 13.5%，法国有 5.8%，奥匈帝国有 7.1%；出口的 76.1% 输往欧洲各国，其中输往英国 14.5%，俄国 8.2%，法国 7.6%，奥匈帝国 10.1%。德国在欧洲以外的主要贸易伙伴是美洲，分别占

---

① 〔美〕阿瑟·刘易斯：《增长与波动》，梁小民译，第 62—63 页。

其总进口量 27.8% 和总出口量的 15.3%。[①] 拥有广阔殖民地的英国虽与自己的殖民地往来频繁，但"1914 年时，她与德国打仗，对手是她的第二个最好买主，当时她自己也是德国的最好买主之一。"[②]

这时期的世界贸易与 19 世纪中期的区别，还特别表现在资本输出的问题上，这一点我们将放在后面讨论。

2. 为什么会发生这些变化？

以上种种变化的发生，是由于第二次工业革命在生产的深度和广度上远远超过了第一次工业革命。罗荣渠先生说："由内燃机和电动机带动的'电工技术革命'的经济增长速度大大超过蒸汽机带动的第一次工业革命。铁路建设成为这一时期新兴工业化的中心。生产单位规模扩大，技术和投资量增长，使银行和国家在推进现代化方面发挥前所未有的重大作用。世界经济在 19 世纪后期出现爆炸性的大增长。"[③] 简言之，西欧核心国家的生产进入了一个新的阶段。阿瑟·刘易斯指出：19 世纪前 75 年的工业革命的本质，是"用新的方法生产原有的物品——炼铁、棉纺织与服装、种植谷物，以及运输物品与劳务"。而在 19 世纪最后 25 年，"工农业革命又增加了新的变化——制造新产品：电话机、留声机、打字机、照相机、汽车等，这种似乎无止境的过程不断延续，到 20 世纪又增加了飞机、收音机、电冰箱、洗衣机、电视机和游艇。"[④] 这些都是以前所没有的产品。无数新产品的出现及渐渐进入普通家庭，成为贸易空前发展的一个重要原因。在这种发展趋势的背后，还发生了生产组织和管理方面的一系列变化，可以总称为现代生产力发展体制的形成。

现代生产力发展体制的形成实际上是市场经济成熟或国际经济形成的重要组成部分。其基本表现是：

---

① 〔德〕卡尔·迪特利希·埃尔德曼：《德意志史》第四卷上册，高年生等译，商务印书馆 1986 年版，第 25 页。

② 〔英〕W. H. B. 考特：《简明英国经济史》，方廷钰等译，第 377 页。

③ 罗荣渠：《现代化新论——世界与中国的现代化进程》，北京大学出版社 1993 年版，第 136 页。

④ 〔美〕阿瑟·刘易斯：《增长与波动》，梁小民译，第 24 页。

1.科学、技术、生产开始密切结合起来，成为满足社会物质需要的根本方法。历史学家通常认为，"19世纪伟大的革命是把科学技术作为推动工业和社会变革的力量"。[①]由于面临激烈的竞争，也由于工人有组织的抵制，通过延长劳动时间等来增加利润的办法已经难以奏效，通过把科学、技术和生产结合起来，即通过获取"相对剩余价值"的做法成为垄断资本保持竞争力的基本手段。当然，这里面也有一些先决条件，如科学技术的发展本身已经向人们展示出这种前景，而市场经济的发展程度也已经使这种结合成为可能，但现实的必要性加速了这种前景的到来。19世纪后期科学技术和生产开始密切结合起来，成为现代生产力的根本发展方式。这种结合是通过多种途径来进行的。一种是通过教育来普及科学技术知识，并培养大批中高级技术人才和基础研究人才。还有一种是以个人研究为主向集体研究为主过渡，各种科研机构纷纷成立，分别隶属于政府部门、大学、公司或个人。一般说来，大学的科研机构着重于基础研究，产业界的科研机构着重于应用研究。爱迪生则把研究、产品开发和生产销售一并结合起来，使研究机构产业化。

2.科学管理的开始。在新的生产条件和市场竞争激烈的背景下，学术界、企业界都有一些人开始考虑劳动效率问题。这问题又分为：（1）单位时间内的人均劳动生产率；（2）各工种、各生产和管理部门之间是否互相协调，人员配置是否合理；（3）原料来源、运输、销售渠道及资金流转是否合理、畅通。考虑这些问题不仅导致了有组织的科研开发，还导致了科学管理的尝试和探讨。垄断组织的建立是这方面探索的实践成果，而其在理论上的表现，则有像法国人亨利·法约尔（Henri Fayol, 1841—1925）的《工业管理和一般管理》（1916年）之类的著作。

3.信贷、融资及企业组织上的革命性变化。由于生产规模扩大和技术水平提高，企业对资金需求越来越大，19世纪后半叶，筹资与投

---

① 〔美〕伯纳德·科恩：《科学革命史》，杨爱华等译，军事科学出版社1992年版，第325页。

资方式均发生重要变化，主要表现在银行与企业结合，各种信贷方式（如票据贴现等）普遍得到采用。最突出的是有限责任公司的普遍化。

第一编第三章、第三编第十章我们讨论过股份公司在中世纪的萌芽及在商业资本主义时代的形成和发展，但长期以来它只存在于少数行业中。19世纪上半叶，随着铁路兴起，它扩展到工业企业——铁路公司，主要是因为铁路建设需要大量资金。但工业企业普遍采用股份公司的组织方式要到19世纪末。1870年后，小公司"越来越被大型有限责任公司所取代"。1890年后，"有限责任最后成为通过证券交易所为工业筹措资金的一个新方法"，"在大范围内"推广开来。[①] 这时，大大小小的投资者或货币持有者均可通过购买股票参与任一个企业的投资。企业不仅可以在本国征集股民的资金，还可以向国外发行股票筹集外资。股份有限公司意味着所有权与管理权的分离，有利于征集大量社会闲散资金用于经济活动。马克思敏锐地感觉到了19世纪中后期这方面变化所含有的重要含义。他指出："在工业上运用股份公司的形式，标志着现代各国经济生活中的新时代。"[②] 股份有限公司制度是现代企业制度的基础。

4. 促进商业贸易的一系列习惯或相关组织机构的出现。这些习惯或组织机构并非19世纪末突然从地下冒出来，但它们只是在这时期才制度化或引起人们高度关注，并有意加以推广。这里指的主要有：

（1）商务专员和商务部的设立。一直以来，驻外领事机构都具有商务职能，但只是在"1880—1890年间，商务职能才得以快速发展"。英国从1880年开始向大使馆和公使馆派遣商务专员。1886年英国政府向各大使馆发出指示，要求它们更多地关注商业利益，"因为英国制造业主已在抱怨其他国家在这方面更加活跃"。1896年英国贸易部还建立商业情报局。也就在1880—1890年间，许多国家建立了负责外贸的部门。1881年法国成立商业与就业部，此前

---

① 〔英〕欣斯利编：《新编剑桥世界近代史》，第11卷，中国社会科学院世界历史研究所组译，第17页。

② 《马克思恩格斯全集》第十二卷，中共中央马克思恩格斯列宁斯大林著作编译局编译，人民出版社1962年版，第37页。

由农业部负责这方面的职能，而在 1869 年之前该职能属公共事业部。
1898 年法国又建立国家外贸局。比利时建立贸易部是在 1895 年，
此前其职能归外事部。奥匈帝国的贸易部成立于 1853 年，意大利于
1876 年成立商业部。德国的一些州设有贸易部，普鲁士的贸易部可
以上溯到 1848 年。不过 1914 年前，它还没有这方面的全国性的政
府部门，西班牙、葡萄牙、瑞典和瑞士也是这样。

（2）国外商会的建立。第一个驻外商会是比利时于 1867 年在
纽约建立的。1870 年奥地利在君士坦丁堡、1872 年英国在巴黎都
设立了商会。1878 年法国在美国新奥尔良设立商会。开始时这些商
会都是私人企业建立的，但从 1880 年代中期开始，政府接管了这些
商会。据不完全统计，到 1913 年，法国在国外建立的商会已有 36 家，
德国有 3 家，意大利有 18 家，西班牙有 7 家，英国有 8 家，荷兰有
10 家，欧洲其他国家有 20 家。

（3）国际博览会、商业博物馆等的设立。全国性的博览会在欧
洲早已出现，但"第一个真正的国际博览会是 1851 年在伦敦举行的
大博览会（Great Exhibition）"。它由女王的丈夫查尔斯组织，他
强调该博览会的国际性。这次博览会很成功，参展者有 14 000 个（有
的说 17 000 个），参观的人数超过 600 万。接着是 1855 年在巴黎
举行的第二次国际博览会。1851—1879 年间约举行了 12—15 次国
际博览会，1880—1889 年间有 25 次，1890—1898 年也是 25 次。
此后次数减少，但 1900 年巴黎举行的博览会参展者有 83 000 个，
观众达到 5000 万，是 19 世纪规模最大的一次博览会。此外，类似
的机构还有：商业博物馆，1873 年维也纳建立了第一个商业博物馆，
"一战"前欧洲约有 20 个此类机构；信息局，专门提供国外市场的
详细资料，是部分或完全公开的机构，20 世纪初"几乎所有欧洲国
家都建立了这种信息局"；出口样品仓库，它与博览会不同，建立
在国内或国外，向潜在的顾客展示自己的地方商品，德国的斯图加
特（Stuttgart）在 1881 年第一个建立了这样的仓库。[①]

---

① 以上内容参见〔英〕马赛厄斯等主编：《剑桥欧洲经济史》第八卷，王宏伟等译，
第 86—93 页。

以上表明，通过市场，以科学技术为先导，生产迅速向深度和广度扩张，这一现代生产力发展的基本特征是在 19 世纪末和 20 世纪初最终形成的，它在整个现代化过程中一直是最根本的发展趋势，其强大的生命力表现为在经受两次世界大战的考验后得到不断完善，显示出更加蓬勃旺盛的生机。不断发展的国际经济和世界贸易就依赖于这种生产力发展体制的创新。

二、资本输出和瓜分世界

19 世纪末，发达国家资本输出的意义开始显得重要起来，这种输出也是 19 世纪末的世界市场与 19 世纪中的世界市场的又一个重要区别。虽然商品输出依然是这个时期西欧与外界交往的主要内容，但资本输出使欧洲各国与世界上其他国家的关系及它们自己之间的关系的性质都发生重要变化，传统的商业战争也发展成帝国主义国家之间的世界大战。我们先看看这时期西欧各主要国家资本输出的情况，然后再讨论一下资本输出的竞争与列强瓜分世界的关系。

资本输出

近代以来，意大利资本往荷兰转移及后来荷兰资本往英国转移，都可看成是对外投资。英国的海外投资在 19 世纪中期就已形成一定的规模。从 1830 年到 1870 年，它的对外投资额从 1.1 亿英镑增加到 7 亿英镑。[①]但大体在 1870 年后，西欧发达国家对外投资成为一股潮流。1915 年时，布哈林这样说道："在资本主义发展的几乎全部历史中，我们都可以看到资本输出，这是很容易理解的。然而，只是在近几十年中，资本输出才具有空前的特殊重大的意义。这种国际经济联系所特具的重要性已如此增大，以致在一定程度上我们甚至可以说，它是各国之间经济关系的一种新型式。"[②]

---

① 〔英〕伯里编：《新编剑桥世界近代史》第 10 卷，中国社会科学院世界历史研究所组译，第 51—52 页。

② 〔苏〕布哈林：《世界经济和帝国主义》，蒯兆德译，中国社会科学出版社 1983 年版，第 71 页。

　　各工业国对外投资的主要对象是白人聚居地,特别是欧洲、北美。下面两个表都是关于 1914 年列强海外投资的分布情况及各国所占份额的,虽然具体数字不太一致,但所反映的基本情况并无区别:

表 13-1　1914 年发达国家境外投资的现价总值 [①]

（百万美元,当期汇率）

	欧洲	西方旁支国家	拉丁美洲	亚洲	非洲	合计
英国	1 129	8 254	3 682	2 873	2 373	18 311
法国	5 290	386	1 158	830	1 023	8 647
德国	2 979	1 000	905	238	476	5 598
其他	3 377	632	996	1 913	779	7 700
美国	709	900	1 649	246	13	3 514
合计	13 444	11 173	8 390	6 100	4 664	43 770

表 13-2　1914 年发达国家对外投资的地理分布 [②]

（单位:百万美元）

来源＼去向	英国（占比%）	法国（占比%）	德国（占比%）	美国（占比%）	其他国家（占比%）	共计（占比%）
欧洲	1 050（9）	4 700（39）	2 550（21）	700（6）	3 000（25）	12 000（100）
拉丁美洲	3 700（42）	1 600（18）	900（10）	1 650（18）	1 050（12）	8 900（100）
大洋洲	2 200（96）	100（4）	—	—	—	2 300（100）
亚洲	3 550（50）	1 250（18）	700（10）	250（3）	1 350（19）	7 100（100）
非洲	2 450（60）	900（22）	500（12）	—	200（6）	4 050（100）
北美	7 050（63）	500（4）	1 150（10）	900（8）	1 500（15）	11 100（100）
合计	20 000（44）	9 050（20）	5 800（12.7）	3 500（7.7）	7 100（15.6）	45 450（100）

----

　　① 〔英〕麦迪森:《世界经济千年史》,伍晓鹰等译,第 91 页"表 2—26a"。这里的"其他"包括比利时、荷兰、葡萄牙、俄罗斯、瑞典和日本。"西方旁支国家",原文为"Western offshoots",指加拿大、澳大利亚、新西兰,该译本译为"西海岸国家",无法理解,故改译此名。
　　② 〔意〕奇波拉主编:《欧洲经济史》第四卷下册,吴继淼等译,第 281 页的表。本表最后一行为笔者所加。

从后一个表可以看出，英国的境外投资占这时期全部境外投资总额的 44%，法国占 20%，德国占 12.7%，其他国家占 15.6%。这里，有几点值得注意：

1. 英、法、德之间相互投资不如相互贸易那么密集，它们在欧洲的主要投资对象是二、三流国家，有时兼有政治目的，这使得这三个主要帝国主义国家间经济互补性不高。

2. 越接近 19 世纪末和 20 世纪初，发达国家对外投资的增速越快。英国境外投资的年流量，1890—1894 年是 1880—1884 年的 2 倍，1910—1913 年是 1890—1894 年的 4 倍；德国境外投资在 1883 到 1893 年间翻了一番，在 1893 年到 1914 年间又翻了一番；1914 年法国的境外投资是 1880 年的 3 倍。

3. 英国的投资分配发生深刻变化："大大减少了在欧洲的投资，也减少了在美国和印度的投资，而更多地投资于英联邦的其他国家和拉丁美洲。"[①]

这一对外投资规模，与现在相比不算什么，但当时许多学者和政治家都对之感到震惊。无论如何，与其前相比，19 世纪末西方世界的资本输出开始具有特殊意义。布哈林说：

> 很明显，现时资本输出的规模与重要性，是近年来经济发展的特点所引起的。从现代资本组织形式的扩展的观点来看，资本输出不过是大国的垄断企业对新的投资范围的攫取和垄断化，或者是——把这个过程看成一个整体——有组织的"民族"工业、"民族"金融资本对新的投资范围的攫取和垄断化罢了。资本输出是金融集团实现其经济政策最便利的方法，它能最容易地征服新领土。因此，各国间竞争的尖锐化在这里表现得最为明显。在这里，经济生活的国际化也必然导致以火和剑来解决争论问题。[②]

---

① 以上内容参见〔法〕米歇尔·波德：《资本主义的历史，从 1500 年至 2010 年》，郑方磊等译，第 180—181 页。

② 〔苏〕布哈林：《世界经济和帝国主义》，蒯兆德译，第 77 页。

　　看看这时列强境外投资的方式，就能明白布哈林所说的这段话。这些方式有购买公债（法国人特别喜欢用这种方式），贷款给政府、银行或企业，向不同产业部门入股或认购。垄断集团在海外创建子公司也是资本输出的一种常见途径。德国通用电气公司（AEG）1912年前就在国外许多城市设立了子公司，如伦敦、彼得格勒、巴黎、热那亚、斯德哥尔摩、布鲁塞尔、维也纳、米兰和美洲的许多城市。银行在输出资本中通常扮演关键角色。1910年，英国的银行在世界上有5 000多个分支或代理机构，法国的银行有104个分支机构，德国的银行有70个，荷兰的银行有68个。银行在境外的活动方式也五花八门，或在企业中持股，或放贷。1913年比利时兴业银行的资产，3/5分布在国内，2/5在境外。德国的银行在瑞士、伊拉克和中国的一些公司持股，在奥地利、奥斯曼帝国、中美洲、东非、南非从事放贷。[1]

　　资本输出是当时世界竞争或列强掠夺世界的新形式。希法亭说："资本输出是资本主义迅速扩张的条件。这种扩张，从社会的角度来看，是资本主义社会一般得以维持的条件；从经济上来看，同时又是利润率得以维持或暂时得以提高的条件。这种扩张政策把整个有产者阶层结合为金融资本的奴仆。"[2]我们在《前言》中引证过《共产党宣言》关于不断扩张是资本主义生存条件的论述，在上一章讨论过工业革命建立了开辟世界市场的新机制。这里我们又看到，在19世纪末的条件下，这种机制主要表现为垄断资本在全世界的扩张。这种扩张同样是资本在新条件下的生存方式，不是谁喜欢不喜欢的问题：它要生存就必须发展；它要发展就必须这样做。

瓜分世界的理论

　　出于资本和商品输出及控制市场和原材料的需要，瓜分世界或

---

　　① 〔法〕米歇尔·波德：《资本主义的历史，从1500年至2010年》，郑方磊等译，第181—182页。

　　② 〔德〕希法亭：《金融资本》，福民等译，第423页。

者说尽可能多地占领殖民地成了一股重要潮流。与此相适应，这时期西方国家出现了各种关于占领殖民地的必要性的理由或理论。勒华－波留（Leroy-Beaulieu）这位法兰西学院院士、法兰西公学院教授、《法国经济学家》主编，在 1891 年发表的《论现代民族的殖民》中重申了约翰·斯图尔特·穆勒（John Stuart Mill，1806—1873）的一句话："在世界现实状况下我们可以确定：建立殖民地是我们用老牌富国的资本所能从事的最好的生意。"接着他写道：

> 殖民是民族的扩张性力量，是它的增殖能力，是它的空间的扩展和倍增，是所有人或者是极大部分人对其语言、理念和法律的臣服。殖民的民族，是为其将来之伟大和至尊奠定了基础的民族……决不可能不将殖民当作文明国家所必须确立的任务之一。
>
> ……
>
> 这样的情况是既不自然又不公正的：西方文明人无限期地拥挤和窒息于他们最初居住的有限空间，将他们最出色的科学、艺术、文明积累在这样有限的空间里；由于缺乏有收益的资本利用空间，资本的利润率日益下降，而把半个世界留给一群群如同真正的虚弱儿童般无知、无能的人，让他们这一点点的人占有无法估量的广袤的土地，或者留给那些衰老的、没有精力、没有方向的人，而这些人如同真正的老人，无法完成任何需要一定努力或需要组织和准备的行动。[①]

这应该是当时许多欧洲人的心态，本质上与后来的法西斯关于日耳曼人缺乏生存空间的理论没有什么区别。这些"理论"之所以产生，都是为了扩大贸易或寻找投资和经济活动空间。19 世纪中期在英国一度出现过的放弃殖民地的意见，在无情的现实需要面前消失了。

---

① 〔法〕米歇尔·波德：《资本主义的历史，从 1500 年至 2010 年》，郑方磊等译，第 183 页。

英国殖民大臣约瑟夫·张伯伦（Joseph Chamberlain, 1836—1914）1896 年在伯明翰商会的一次讲话中说："如果我们消极以待……非洲大陆的最大部分就会被我们的商业对手所占领……一旦我们获得或扩大了一片领土，我们就作为文明的代理人，为了世界贸易的增长来发展它。"1895 年英国在南非的著名殖民主义者塞西尔·罗德斯（Cecil Rhodes，1853—1902）说："为了拯救联合王国的 4000 万居民免受致命的内战，我们这些殖民者应该征服新的土地，从而安置多余的人口、找到我们工厂和矿厂所生产的产品的新销路。我总是说，帝国就是吃饭肚子的问题。如果你们要避免内战，你们就应当成为帝国主义者。"19 世纪 80 年代曾两次任法国总理的朱尔·费里（Jules Ferry，1832—1893）则强调："殖民政策是产业政策的产物。"① 这位费里在一次演说中向听众说明为什么必须做个殖民主义者。接着，他问道：发现出口市场的需要

是一种想象吗？是一个可以等将来再来关注的问题吗？或者说这不是我们工业居民的一种迫切的，可以说是非常紧急的需要？我只是用一种通常的方式来表达你们每个人自己在法国的不同地区都能够看到的事情。是的，我们的主要工业部门（纺织业等等），不可改变地被 1860 年的条约导向出口，但正愈来愈缺乏销路。为什么？因为隔壁的德国正在建立各种贸易屏障，因为大洋那边的美利坚合众国已经成了保护主义者，而且是这方面的极端的保护主义者。因为不仅这些巨大的市场……在萎缩，变得越来越难以进入，而且这些大国正开始向我们自己各地的市场倾销各种那儿以前未曾见过的产品……今天，如你们所知，供求法则、自由贸易、投机活动的各种影响，所有这些都在一个圈子中散开，触及这个星球的所有终端……乱成一团，一个很大的难题……一个极端严重的问题。先生们，它是如此严重，

① 〔法〕米歇尔·波德：《资本主义的历史，从 1500 年至 2010 年》，郑方磊等译，第 183、182 页。

如此尖锐，以至于消息最不灵通的人想必也已经看到、预见到及采取措施，预防这样的时刻的到来：北美产品正在与我们争夺在某种意义上总是属于我们的巨大的南美市场，并可能从我们手中夺走这个市场。没有比这更严重的了；不可能有比这更严肃的社会问题了；这些事情与殖民政策密切相关。

先生们，我们必须更大声、更直率地说话！我们必须公开说高级种族对低级种族确实有一种权利……①

欧洲人做事总要先提出一个"理由"，从 14 和 15 世纪他们占领加那利群岛并在那里开始殖民以来，随着对世界各地征服的扩大和深入他们不断提出各种各样大同小异的扩张理论，其共同特点就是他们有权征服和统治非西方地区和国家的民族和人民。这里讨论的是 19 世纪末和 20 世纪初西方人的扩张理由，即他们瓜分世界的理论依据，种族主义和社会达尔文主义（Social Darwinism）是其主要特征。这反映出征服和瓜分世界已经成为当时西欧工业化国家的一种内在需要。从这段话中还可以看到，当时商品输出对列强来说仍具有关键的现实意义，但资本输出的重要性在增加。

瓜分世界的过程

19 世纪末瓜分世界狂潮的主角是欧洲国家（此外还有日本、美国），其激烈争夺的地区（不包括已经取得的殖民地，如印度），主要是中亚、东南亚、中国、太平洋岛屿，但特别是非洲。

19 世纪中后期，英国与俄国对中亚展开争夺。俄国的势力很早就进入中亚，但到 19 世纪才有计划地向高加索以南地区扩张，因为这时相关的奥斯曼帝国和清帝国均已衰朽不堪。到 1860 年，俄国已占领了丝绸之路上的塔什干（Tashkent）、布哈拉（Bukhara）和撒马尔汗（Samarkand），逼近未划定的英属印度北部边境。中亚大

---

① Paul Halsall ed., "Jules Ferry (1832-1893): On French Colonial Expansion", *Internet Modern History Sourcebook*, http://www.fordham.edu/halsall/mod/1884ferry.asp.

多数地区先后落入俄国之手，而英国则在 1839 年到 1919 年间发动了三次阿富汗战争，企图占领阿富汗，最后毫无所获。19 世纪末和 20 世纪初，英国侵略的触角还深入中国西藏等地，在藏区实行屠杀政策，忍无可忍的藏民发起了轰轰烈烈的抗英斗争。

在东南亚，荷兰加强了对印度尼西亚的控制，那儿的橡胶、锡、糖、茶叶、咖啡、烟草等使这块殖民地变得十分重要。19 世纪 20 年代英国在印度的殖民者开始向伊洛瓦底（Irrawaddy）江三角洲扩张，到该世纪 80 年代建立了对缅甸的殖民统治，那儿成为英国获取柚木、象牙、红宝石和玉石的地方。1824 年英国殖民者建立了新加坡港，半个世纪后这里成为英国征服马来亚（今马来西亚）的基地。法国在七年战争中失去了印度，但他们来到更远的东方，从 1859 年到 1893 年建立了印度支那殖民地，包括今天的越南、老挝、柬埔寨。到 19 世纪末，整个东南亚，除了暹罗王国（今泰国），都成了欧洲人的殖民地。暹罗王国之所以未被征服，主要是因为殖民者想把它作为英属缅甸和法属印度支那之间的缓冲地带。

20 世纪初，庞大的中国被列强划分为若干个势力范围。

在太平洋上，经过 17、18 世纪的大探险，特别是库克（James Cook，1728—1779）的探险，欧洲人已经基本上摸清了大洋洲及太平洋诸岛屿的情况。1788 年载有约 1 000 名罪犯的英国船队来到悉尼湾，建立了新南威尔士殖民地。1851 年墨尔本（Melbourne）金矿的发现吸引大批移民涌入澳大利亚淘金。同时新西兰的肥沃土地和充足的木材也很快吸引许多欧洲人前来定居。由于殖民和欧洲人带入的天花和麻疹，1800 年到 1900 年间，澳大利亚的土著居民从 65 万人减少到 9 万，同时期欧洲人则从几千人增加到 375 万人。新西兰也一样，土著人口在一个世纪间从 20 万减少到 4.5 万，而欧洲人则达到了 75 万。英国人将土著居民赶出适合耕种的地区，迫使他们分散到整个澳大利亚。塔斯曼尼亚（Tasmania）人的遭遇更为悲惨：19 世纪初估计共有 5 000 到 10 000 塔斯曼尼亚人，但该世纪下半叶这一民族完全消失，通常认为 1876 年死去的一个妇女（Truganini）

是该岛最后一个土著。

19 世纪中后期，太平洋岛屿成为列强争夺的重要对象，因为殖民主义国家需要把它们作为蒸汽船的加煤站和海军港口，同时它们还能提供经济利益。早在 1841 年法国就在塔希提（Tahiti）岛、社会（Society）群岛和马克萨斯（Marquesas）群岛建立了保护国，并于 1880 年对它们实行直接统治。法国还于 1853 年获得新喀里多尼亚（New Caledonia）。英国于 1874 年把斐济（Fiji）变为皇家殖民地。德国于 1876 年和 1878 年占领马绍尔（Marshall）群岛的一些岛屿。此后，太平洋诸岛被英、法、德、美四国瓜分；到 1900 年只有汤加王国仍保持独立，但它也怕被兼并，只得寻求英国保护。[1]

列强抢占殖民地最激烈的地方还是非洲。葡萄牙虽然在 15 世纪初就来到了非洲，但直到 1875 年，欧洲人占有的非洲土地尚非常有限，主要是沿海一些据点，较深入非洲大陆的只有葡属安哥拉、法属阿尔及利亚北部及英国和荷兰在南非的殖民地。这种情况 1875 年后开始发生巨大变化，不到 1/4 个世纪的时间里欧洲人就把非洲基本瓜分完毕。1876 年的布鲁塞尔会议拉开了瓜分刚果河流域的序幕。这一行动在帝国主义国家之间造成了尖锐冲突，于是 1884—1885 年列强在柏林召开会议，史称柏林会议，明确了占领非洲的各项原则，特别是所谓的"有效占领"原则，成为瓜分非洲进入高潮的标志。到该世纪末和 20 世纪初，除埃塞俄比亚和利比里亚，非洲全部领土都被瓜分。其中，英国占据了埃及、南非等地，是"非洲最好的地区，那里自然条件优越，人口众多，特产丰富，经济发展水平和社会组织程度都较高。"法国占据的地方虽多，但有些属人迹罕至之处，经济价值不高。德属殖民地战略地位重要，但面积不大。[2] 下表说明了 1876—1914 年各帝国主义国家占领殖民地的情况。

---

[1] 以上主要参考〔美〕杰里·本特利等：《新全球史》（第三版）下册，魏凤莲等译，第 969—971、977—979 页。

[2] 艾周昌等：《非洲通史·近代卷》，第 17、936 页。

表 13-3　1876—1914 年帝国主义国家的殖民扩张 ①

国别	殖民地				宗主国	
	1876 年		1914 年		1914 年	
	面积	人口	面积	人口	面积	人口
英国	22.5	251.9	33.5	393.5	0.3	46.5
俄国	17	15.9	17.4	33.2	5.4	136.2
法国	0.9	6	10.6	55.5	0.5	39.6
德国	—	—	2.9	12.3	0.5	64.9
美国	—	—	0.3	9.7	9.4	97
日本	—	—	0.3	19.2	0.4	53
六大强权总计	40.4	273.8	65	523.4	16.5	437.2
其他（荷兰、比利时等）	—	—	9.9	45.3	—	—

注：面积以百万平方千米计，人口以百万居民计。

很多殖民主义者都从道德的角度看待自己的扩张和征服，认为自己的行为是为了教化野蛮人。被称为帝国主义诗人的英国诗人吉卜林（R. Kipling，1865—1936）于 1899 年写下了《白人的责任》，其中前三段是这样的：

> 担负起白人的责任，
> 派出你最优秀的子孙，
> 让他们离乡背井，
> 去承担为你的俘虏服务的使命。
> 在繁重的日常工作中，
> 侍候那些激动不安的野蛮人——
> 那些你们新捕获的
> 半魔鬼半孩童的阴郁的臣民。

---

① 〔法〕米歇尔·波德：《资本主义的历史，从 1500 年至 2010 年》，郑方磊等译，第 184 页。

担负起白人的责任，

耐心地学会宽容，

收起恐怖的威吓，

抑制自大的卖弄。

语气言辞坦率简单，

解释说明不厌其烦。

为实现他人利益而探索，

为增进他人财富而工作。

担负起白人的责任，

结束残暴的战争，恢复和平；

让饥民吃饱，

让疾病消停。

当你的目标接近达成，

要为满足他人愿望而探寻，

当心懒汉和异族的愚昧

把你的全部希望化为泡影。[①]

这是上面讨论过的殖民理论的诗歌版，处处渗透着种族主义和社会达尔文主义的偏见，但又把人道主义结合起来，使征服者把自己的征服和殖民看成是一种人道行为，是对人类的一种贡献。

"大萧条"和保护主义重新抬头

上面我们讨论了这时期欧洲各国迅速发展和扩张的过程，同时也讨论了它们对外征服、贸易和投资的基本情况。与之前相比，这是一个大跃进的时代。我们还说明，这种扩张有其必要性和必然性，是在当时条件下生产力进一步发展的需要，不是你想不想的问题。

---

① 〔美〕罗兹·墨菲：《亚洲史》，黄磷译，第 431 页。

也就是说，不管你喜欢不喜欢，那是资本的本性。在这个意义上，对这时期的有些人来说扩张也是"不得已"而为之的事情。但另一方面，就在这个我们通常所说的钢铁时代或电气时代，其实又是一个"大萧条"的时代。本书多次引用的波德的《资本主义的历史，从1500年至2010年》第四章第一节的小标题就是"大萧条"。"大萧条"也是那时代一些人对自己时代的称呼。下面我们就来讨论一下这种"大萧条"的情况，其原因及其后果。

1. 关于"大萧条"

今天的人可能很难理解那个时代的人为什么要把自己的时代称为"大萧条"。霍布斯鲍姆曾这样问道："我们可以把生产如此波澜壮阔地成长的时期称为'大萧条'吗？"他回答说，"今日的历史学家对于这一点可能会抱怀疑态度，但是当时的人却不曾如此。这些聪明、灵通却忧心忡忡的英国人、法国人、德国人和美国人，难道都得了集体妄想症吗？"总之，如果认为那个时代总体上讲是大萧条的，那显然很"荒谬"，但若不正视那个时代存在的弊病，"那么19世纪80年代文学和哲学中的那种悲观调子，便无法完全得到解释。"[①]也就是说，在生产大跃进中出现了令人意想不到的现象，主要表现是许多重要企业破产、商业萧条、价格下跌，许多人因而失业。1873年维也纳股市暴跌，随后德国出现"银行破产潮"。1874年德国的铸铁生产减少了21%，价格下降37%，一些工人因失业回到了农村。1875年10月冯·奥本海姆男爵写道："在过去56年间还从未有过持续这么久的危机。"1872—1875年英国的出口减少了25%，1873年有7490家企业破产，1879年破产的企业有13 130家。锻造业1873年的产能是250万吨铁轨，但实际消耗只有50万吨，其价格从1872年到1881年下跌了60%。1882年法国里昂股市暴跌，接着里昂银行、卢瓦银行等许多银行和许多企业破产。里昂的一个信贷主管说："我从来没有见过这样的大灾难。"[②]

---

① 〔英〕霍布斯鲍姆：《帝国的时代》，贾士蘅译，江苏人民出版社1999年版，第31页。
② 〔法〕米歇尔·波德：《资本主义的历史，从1500年至2010年》，郑方磊等译，第154—155页。

我们讲资本主义危机，常常从 1825 年开始讲，认为这种危机先是大体 10 年左右一次，然后是 7、8 年一次，等等，其实不同时期危机的原因和表现是有区别的。比如，1870 年后的几次危机与之前的危机就有区别。霍布斯鲍姆说道："在这个就整体而言堪称通货紧缩的世纪中，再没有比 1873—1896 年的情形更严重的了。"就英国来看，这段时期它的物价下跌了 40%。接着他分析说：这种情况的形成有多种原因，主要是新技术的使用、大量人员和企业卷入生产，生产能力迅速增长，但相对而言市场的成长不够快，而且日用必需品的大众市场"尚在缓慢拓展"。这也就是突然膨胀的生产能力与市场严重不足的矛盾。① 欣斯利他们也强调："由于物质产量比以前需求增长的幅度更大更快，因此这些年月也是价格、利润和投资收益一律下降的年月，以致被称为'大萧条'时期。"②

总的说来，1870 年后的几十年间虽然是人类历史上与其前相比发展得最快，而且相对说来也是在和平中发展的时期，但这也是一个很不景气的时期。造成这种不景气的原因，主要是多个工业国的崛起与竞争，英国独霸世界市场的局面被打破，世界市场出现了从英国独霸到多国竞争的转变。这一转型导致世界经济的形成，对欧美各国的工业和贸易造成了多重的复杂影响，在生产大跃进的同时，价格大幅度下降，破产和倒闭成为一股潮流。或者说，第二次工业革命时期，某种意义上是欧洲的（也是世界的）历史上竞争最激烈、最残酷的时期之一，因为在这段时间中，发达国家没有及时发展起一套应对多国崛起后恶性竞争的国际准则。这种恶性竞争遂成为两次世界大战的基本诱因。世界大战可看成是资本极度贪婪的结果，一定程度上也可解释成各工业国还没有做好迎接世界经济到来的准备，对新时代的认识没有到位，没能在制度上或在国际行为准则上及时作出共同遵守的措施。

---

① 〔英〕霍布斯鲍姆：《帝国的时代》，贾士蘅译，第 33—34 页。
② 〔英〕欣斯利编：《新编剑桥世界近代史》第 11 卷，中国社会科学院世界历史研究所组译，第 2—3 页。

2. 贸易保护主义重新抬头

为了摆脱危机，各国（英国或可除外）政府都寄希望于贸易保护，大家都认为只有这样才能使自己的工业免受灭顶之灾。提高关税和促进出口成为这时期各国追求的目标；抢夺殖民地是这一目标的一个副产品，因为控制某块殖民地，意味着自己的市场、原料和投资场所的扩大。

欧洲第一个在关税政策上作出重要调整的是德国。1879 年它制定新关税法，当代西方学者称之为"一项重大的事件"，"标志着欧洲大陆自由贸易时期的结束并逐渐恢复到保护主义。"在此之前，俄罗斯、奥地利和西班牙都已经对关税进行改革，实行贸易保护，但由于其规模小，影响不大。意大利也在 1888 年开始"重大的政策修改"。但也不是说，一经关税改革，它们就都彻底放弃原来的自由贸易了，一项政策的实施与放弃都有一个过程。欧洲大陆就整体而言，"整个 19 世纪的大多数时期仍是自由贸易政策占主导地位。自由主义时期的终结可以上溯到 1892 年法国采纳所谓的'梅利纳'（Méline）关税"。为什么把这一年看成是欧洲大陆自由贸易终结的时间？因为各国所签订的各种有关自由贸易的协定大都在这一年到期。1889 年尚有效而在 1901 年失效的 50 多个此类条约中，1892年失效的有 27 个，此前的 1890、1891 年失效的有 12 个，只有 13个是 1892 年后失效的。[1] 到 1914 年，欧洲大陆各国的关税已经升到可观的水平（见下表）。

表 13-4　1914 年欧美各国的平均关税 [2]

国家	关税率（%）	国家	关税率（%）
联合王国	0	奥匈帝国、意大利	18
荷兰	4	法国、瑞典	20
瑞士、比利时	9	俄罗斯	38
德国	13	西班牙	41
丹麦	14	美国（1913 年）	30

---

[1] 〔英〕马赛厄斯等主编：《剑桥欧洲经济史》第八卷，王宏伟等译，第 47、49 页。
[2] 〔英〕霍布斯鲍姆：《帝国的时代》，贾士蘅译，第 36 页。

关于 19 世纪末贸易保护在欧洲抬头的问题，希法亭是这样分析的：在过去，某个行业如果具有竞争力，它就不需要关税保护，但在帝国主义时代情况不同了，"现在正是那些具有最强出口能力的产业支持高额保护关税"。为什么会这样？因为"产业上的保护关税是促进卡特尔化最有效的手段之一。首先，它使外国竞争更加困难；其次，卡特尔提供了利用关税差额的可能性，即使是出口能力已经达到。卡特尔通过分摊用于国内消费的生产量，排除了国内市场上的竞争"。他甚至还说："保护关税向卡特尔提供了超过由于卡特尔化所达到的超额利润的超额利润，并赋予卡特尔向国内人口征收间接税的权力。"① 不过，当代西方学者似乎更强调农业在欧洲大陆国家重新实施贸易保护政策中的作用。比如有人说，"欧洲大陆保护主义思想的胜利主要是农业利益和工业利益联合的结果"，海外廉价农产品的涌入对欧洲农业造成了极大的冲击。所以在这个问题上，"农民的观点更为重要"，因为"在大多数工业化国家里，实际上工业并没有因关税'裁减'而受损"。② 垄断资本谋求垄断利润，农民或农场主希望减少外国农产品对自己的冲击，这些说法都有道理。但这些解释要得到更多人的赞同，还得考虑以下问题：为什么那时欧美各国（英国除外）政府都要出台这样的措施，仅仅都是为了保护垄断资本的垄断利润或只是为了保护农民的生存或农场主的利润？如果仅仅为了保护农业，为什么要提高进口工业品的关税？或者如果提高关税仅仅是为了保持垄断资本的垄断利润，那为什么西欧各国当时没有出现美国那样的反垄断运动？

霍布斯鲍姆提出：（1）直到第一次世界大战前，欧美各国提高关税的幅度有限，真正严厉的保护出现在两次大战之间；（2）不要过分夸张这时期保护关税的消极性，它有助于各国致力于开辟国内市场，使发展趋于平衡。他说道：

---

① 〔德〕希法亭：《金融资本》，福民等译，第 351、352 页。
② 〔英〕马赛厄斯等主编：《剑桥欧洲经济史》第八卷，王宏伟等译，第 48 页。

　　我们可以确切地说：保护主义是要将每一个民族国家用一组政治防御工事环绕起来，以抵御外国入侵，而过分普遍的保护主义，对于世界经济的成长是有妨碍的。这一点在旋即而至的两次世界大战之间已得到充分证明。然而，在1880—1914年间，保护主义既不普遍，而且除了偶尔的例外，也不具阻碍性；再者，如前所述，它只限于商品贸易，而没有影响到劳力和金融交易的流动。就整体而言，农业保护主义在法国奏效，在意大利失败（意大利的回应是农民大量迁移），在德国则庇护了大农户。而工业保护主义则拓宽了世界工业的基础，因为它鼓励各国工业以其国内市场为目标，而这也带动了各国工业的迅速成长。根据统计数字，在1880—1914年间，生产和商业的全球性成长无疑比在实行自由贸易的那几十年高出许多。1914年时，在都市化或"已开发"的世界中，工业生产的分配情形已比40年前更均匀。1870年时，四个主要工业国囊括了全球制造业生产额的近80%，然而到了1913年，它们却只生产了全球制造业生产额的72%，不过这个生产额是1870年的五倍。

把这时期各国提高关税看成竞争尖锐化的一种反映，应该是可以的。中肯地评估这时期贸易保护的幅度，认识到造成这一现象的多种多样的原因及其后果，可以更全面地评价这时期的历史。

　　这时期历史的另一个重要现象是我们通常所说的资本集中，即垄断集团的形成。关于这个过程，以往我们的解释中更多地强调垄断的唯一性和垄断利润，现在看来也需要进行深入认识，因为垄断不可能真正阻止竞争。对此霍布斯鲍姆强调指出："然而，控制市场和淘汰竞争对手，只是比较一般的资本主义集中过程中的一个方面，而且是既不普遍也非不可逆转的方面：例如1914年，美国石油业和钢铁业的竞争情形便较十年前还大。因此若以1914年的情形而言，把这个始于1900年的资本主义发展新阶段称为'垄断性资本主义’，是很容易引起误解的。”①

贸易保护是 19 世纪末工业化国家贸易政策的一种趋势，“大萧条”不仅促进了这些国家的科技与生产结合、资本集中、资本输出，也促进了它们贸易保护主义的抬头。但对这方面的原因，其与 19 世纪末西欧各国经济迅速发展的关系或与第一次世界大战的关系，尚需深入研究。另外，关于这时期工业化国家的商品、资本输出和贸易保护或不保护（英国在 1914 年前没有在这方面采取过很具体的措施，也不准自己的殖民地制订保护政策）对亚非拉国家的影响，也还缺乏整体上的研究。当代西方学者通常会对殖民主义者的血腥征服过程作一些谴责，然后会就历史现象作出一些不同于以往我们所主张的解释。比如，刘易斯就曾指出：通常认为宗主国降低殖民地国家的关税，意味着殖民地国家的工业不能发展，“但实际上，情况似乎并不是这样”。他认为伊朗、奥斯曼、中国、泰国等都受被强迫签订的条约的约束，关税降得很低，但由于国内就地生产和销售，运输成本上有优势，特别是劳动力价格低廉足以抵销不利关税的影响。而且，从比较的角度看，“独立的主权国，特别是拉丁美洲，并不比殖民地的情况强”。他还指出：“印度的棉纺织厂没有受到保护，但却繁荣起来了”，到 19 世纪末，“印度在较廉价的纺织品方面不仅能自给自足，而且还把廉价的英国棉纱从远东许多市场上排挤出去了”。② 这里涉及到众多的问题，包括我们学术话语中的外国资本或官僚买办资本与民族资本的关系问题，但刘易斯的结论与我们通常带有感情色彩的或简单化的评价不太一样。或者说，关于殖民主义的双重性，绝非一个普通的“两分法”问题，而是一个异常复杂，需要深入研究的难题。

---

① 均见〔英〕霍布斯鲍姆：《帝国的时代》，贾士蘅译，第 41、43 页。
② 〔美〕阿瑟·刘易斯：《增长与波动》，梁小民译，第 286、226 页。

三、两次世界大战之间的国际贸易

1914 年 8 月，第一次世界大战爆发。关于这次世界大战的原因，中国的许多中学生都会告诉你："帝国主义就是战争"，其根本原因是生产资料的私人占有与社会化生产的矛盾和帝国主义国家发展不平衡的矛盾。这是就基本矛盾而言的，这一基本矛盾在这段时期的历史条件下如何发生作用，需要具体分析。斯塔夫里阿诺斯提出：这次世界大战的"最重要的背景因素有四个：经济上的竞争、殖民地的争夺、相冲突的联盟体系和势不两立的民族主义愿望"。[①] 世界大战发生的原因众多，各种原因虽有主次之分，但也不宜忽视那些被认为是次要的因素。因为如果只从我们通常讲的原因来理解，那么为了争夺更多殖民地的德国应该向拥有最多、最富的殖民地的英国开战，而不是向法国开战，但实际上德国是在预测英国不会介入战争的情况下才向法国开战的。

就世界贸易而言，1913—1948 年被阿瑟·刘易斯称为"最大的萧条"时期。[②] 不过，两次世界大战之间西欧人也曾有过一个相对繁荣的阶段。帕尔默他们说："1924 年以后的 5 年是繁荣的时期，因为有大量的国际贸易、建筑以及一些新工业部门的发展。"发展的最重要的表现是汽车的广泛使用，带动对石油、钢铁、橡胶和电气设备的需求，还促成大量公路的修建，及汽车修理业和加油站服务业的兴起。此外，无线电和电影的普及也有重要影响。[③] 但 1929 年开始的席卷资本主义世界的大危机集中体现了当时国际经济存在的种种问题，把欧洲各国带入了又一次世界大战。

1929 年开始的"大萧条是两次大战之间的时期的分界线"。此

---

① 〔美〕斯塔夫里阿诺斯：《全球通史，1500 年以后的世界》，吴象婴等译，第 579 页。

② 〔美〕阿瑟·刘易斯：《增长与波动》，梁小民译，第 323 页。

③ 〔美〕帕尔默等：《近现代世界史》下册，杨慧娟等译，商务印书馆 1992 年版，第 1050 页。

前几年，欧洲"充满希望"，它"逐步解决了第一次世界大战造成的各种争端"；此后几年欧洲"充满忧虑和失望，危机一个接一个，最终导致了第二次世界大战"。这场经济危机首先是从美国爆发的，在第一次世界大战中赚得钵满盆满的美国在看来蒸蒸日上的时候怎么会发生危机呢？1929 年秋天，耶鲁大学教授欧文·费希尔宣布："股票价格所已达到的高度看起来像是持久的。"同年 9 月美国财政部长安德鲁·W. 梅隆也向公众保证说："现在没有担心的理由。这一繁荣的高潮将继续下去。"但他们的声音尚未消失，危机就爆发了。就在这 9 月一个月内，美国的股票价值下降了 40%。除了个别时间，"这种下降持续了三年"。美国钢铁公司的股票从 262 降到 22，通用汽车公司的股票从 73 降到 8。三年中有 5000 家银行倒闭。斯塔夫里阿诺斯认为这场危机的诸原因中，至少以下几个很重要：（1）美国国际经济的不平衡，其表现是"一战"后作为债权国大量对外投资，这种投资既加重了不平衡，又不可能持续，因为各债务国由于支付款到期不得不减少从美国进口商品或考虑拖欠债务，这使美国一些生产部门和金融公司的资金周转发生困难；（2）国内经济的不平衡，主要表现为分配不公日益严重，工资增长严重滞后于生产率的上升，造成生产力过剩和消费不足；（3）美国银行业本身存在许多弱点，导致危机最终爆发且难以收拾。[①]本特利他们则强调 1929 年上半年的经济繁荣是虚假的。他们也提出了对这场危机原因的解释，从中我们可以看到这时期国际贸易和世界投资的复杂关系：

1. 世界贸易和财政体系已经不再适应世界经济发展的需要。"一战"后欧美经济复兴依赖于一个"混乱的财政体系"。其中的基本关系是：奥地利和德国政府支付法国和英国的赔款依赖美国的贷款和投资，同时法国和英国政府依靠这些赔款来支付战争期间借自美国的贷款。但到 1928 年夏天，这个过程开始难以为继。其结果是："旧的资本主义贸易和财政体系崩溃了，在 1945 年新的体系出

---

① 〔美〕斯塔夫里阿诺斯：《全球通史，1500 年以后的世界》，吴象婴等译，第 683、693—695 页。

现以前，恢复世界繁荣是不可能的。"

2. 工业化过程中的革新"大大减少了对某些原材料的需求"，对生产相关原材料的国家甚至对西方国家的某些产业都有不利影响。比如通过使用回收的橡胶，使天然橡胶供大于求，对荷属东印度、锡兰（斯里兰卡）和马来西亚这些产胶国有不利影响。再如，石油的使用对煤炭生产产生不利影响、人工氮的增加使智利的硝酸盐业破产、人造纤维的出现也对棉花生产有负面影响。

3. 粮食过剩使农民收入减少，从而弱化了他们购买工业品的能力。由于大战期间欧洲受战争破坏严重，粮食短缺，美国、加拿大等加大了生产力度，战争结束后欧洲农业生产很快恢复，由此造成世界性粮食过剩。1929 年"一蒲式耳小麦的价格达到四百年来的最低值"。农民收入普遍减少，这使他们购买工业品的能力弱化，导致工业品库存量增加。

4. 美国的全民股票投机导致危机暴发。"一战"后美国经济繁荣，"工人的薪水很高"，生产和消费都相当繁荣。许多人进行商业投机，特别是买卖股票，"只需要用现金支付股票价格的 3% 或者通过抵押方式就可以向股票经纪人和银行购买股票。"在 1929 年 10 月 24 日这个"黑色星期二"，纽约股票交易所的股票价格开始狂跌，"成千上万的人，从贫穷的寡妇到工业大亨"都失去了他们的生活积蓄。这一天结束时有 11 个金融家自杀。

接着贷方开始收回贷款，迫使投机者不得不以任何方式出售手中的证券，危机进一步蔓延开来。人们的购买力下降，企业开始缩减生产计划和辞退工人。"20 世纪 30 年代物价暴跌现象加剧，到 1932 年工业产值已经降至 1929 年工业产值的一半。国家收入也大约减少了一半。美国 44% 银行没有业务，人们数百万美元的存款消失了。"

5. 由于这时期的"世界繁荣很大程度上依赖于美国的资金和美国进口市场的力量"，所以美国经济萎缩对全世界都产生了影响，与美国经济联系最紧密的欧洲首当其冲。具体过程是这样的：美国的投资者和银行开始收回贷款和结束投资，甚至出售他们持有的外国证券。由于美国的一个主要对象是奥地利和德国的银行，这一举措对这些银行造成了"破坏性影响"，许多银行由此破产。但就欧洲大陆而言，德国的生产能力依然存在，因为它的国土在第一次世界大战中不是战场，没有受到过严重破坏。然而当德国的"企业孤注一掷地将商品出口到美国"时，却发现美国的市场实际上已经"消失在关税壁垒之后"，于是欧洲形势进一步恶化。对外贸易大幅下降，企业只得减少生产，失业率不断上升，工人收入减少。这就是 30 年代德国或欧洲的一般情况。

6.危机使国际财政和商业网受到破坏，各国都试图尽可能利用自己的资源，通过提高关税、制定进口限额来保护自己的工业生产和就业能力，导致国际经济形势进一步恶化。1930 年美国国会通过《斯穆特－霍利税法》（The Smoot-Hawley Tariff Act），提高制成品的关税，许多国家纷纷推出增加美国产品进口税的办法加以抵制。于是全球贸易量大幅下降，各国内部也没有出现所预想的产量和收入增加的局面。1929—1932 年，世界产量降低 38%，贸易减少了 66% 以上。[1]

以上原因，加上欧洲各主要国家之间在 30 年代出于"政治和军事考虑而有意识地采取的对策"，也就是"把贸易往来从潜在的敌国转移到将来可能中立的国家或者可能成为卫星国"的地区，也使欧洲经济进一步恶化。英法德三国的内部贸易从 1928 约占欧洲内部贸易总额的 15%，下降到 1938 年的 9%。也就是说，"二战"前的政治形势使欧洲内部的贸易格局和结构也发生变化。英国把自己的对外贸易进一步集中在英联邦和英镑区（两者大部分是重合的）。法国也是这样，有意识地使进口集中到自己的海外领地。1928 年它从欧洲其他国家的进口占总进口额的 43%，1938 年下降到 34%。总的说来，"从数量上看，欧洲内部贸易在 1913 年至 1938 年间没有任

---

[1] 以上内容参见〔美〕杰里·本特利等：《新全球史》（第三版）下册，魏凤莲等译，第 1042—1044 页。

何增长。"① 也就是说，到 1938 年，"一战"后短期内出现过的某种繁荣已经消失殆尽。欧洲各国经济对美国的依赖使它们直到"二战"爆发仍然没有什么起色。这当中首当其冲的是德国："华尔街的金融崩溃在德国的反响特别强烈。美国银行催还贷款，使德国经济失去了必不可少的支持。1932 年，600 万德国工人失业。"由于市场萎缩，各国纷纷进一步强化贸易保护，实行"经济独立，闭关自守"政策。② 在后来人看来，这种政策无异于自杀。但在尚缺乏一个对各方都有约束力的国际贸易框架的情况下，这似乎是一项明智的选择。

上述情况说明，在两次大战之间，表面上仍由欧洲列强所主导的国际协调机制、国际金融或国际投资制度、国际贸易制度、世界殖民制度（或发达国家对发展中国家的剥削方式）及发达国家内部的分配制度都已无法适应新的形势，这不是某个财政的、贸易的或军事的问题，而是一个综合性的问题。凯恩斯（John Maynard Keynes，1883—1946）在 1936 年出版的划时代著作《就业利息和货币通论》中有一段话专门论及贸易与国家经济的关系，显示了他对当时发达国家存在的问题及其"解决"之道的见解：

> ……如果采用 19 世纪下半期之正统办法，对内自由放任，对外实行金本位，则除了互相争夺市场以外，政府实在别无良策可以减轻国内之经济苦痛……
>
> 故经济学家虽然一向颂赞盛行于世的国际体系，认为既可享受国际分工之利，又可调和各国利益，但在这种体系之中实在隐伏着不睦势力。有些政治家相信，假使一个富老之国不注意于争夺市场，则其繁荣即将衰退。这些人倒是有常识，对于事情有正确了解。不过假使各国能用国内政策提供充分就业，又能在人口趋势方面维持均衡，则实在不至于有重大经济力量

---

① 〔意〕奇波拉主编：《欧洲经济史》第五卷下册，林尔蔚译，商务印书馆 1988 年版，第 131—132 页。

② 〔法〕德尼兹·加亚尔等：《欧洲史》，蔡鸿滨等译，第 542、541 页。

使得各国冲突。在这种情形之下，还有正当的国际分工以及国际借贷之余地，但是已经没有迫切动机，要竭力向外推销本国商品，或拒绝接受外国商品——当前作此行为之目的，倒不是因为必须维持收支相抵，而在故意使收支不相抵，造成有利于己的贸易差额。国际贸易之性质也将与今不同，国际贸易不再是一种铤而走险的办法，因为要维持国内就业量，所以不能不限制进口，竭力向国外推销本国商品……不，国际贸易将不再是这样，而是在互利条件之下，各国自己情愿不加阻挠地把商品与劳役互相交换。①

总之，国际贸易问题其实是一个国内就业问题。老办法已经不行了，只有扩大国内市场，实现充分就业，才能使国际贸易真正成为各国互通有无、增进各自国民福利的事情。但要扩大国内市场，面临着两个问题：一个是"不能提供充分就业"，另一个是财富分配"有欠公平合理"。要解决这些问题，必须改变观念。凯恩斯强调指出：一些人为财富不均辩护是正常的，但"不均得像今日那样厉害，那就无法辩护了"。这些意见为此后的福利国家提供了理论依据。但要做到这些，"政府机能不能不扩大"；固守于19世纪思想的人会认为这是"对于个人主义之极大侵犯"，但它是"避免现行经济形态全部毁灭"的唯一切实可行的方法。②也就是说，他认为为达到上述目标而加强政府干预是当时西方国家的唯一出路。

但这还是不够的，因为充分就业需要一个外部和平的环境，需要有效的国际协调。在这方面欧洲各国不是没有作过努力，只是在当时条件下各国政治家的努力没有达到什么效果。布劳德伯利他们说："任何试图改善国际政策协调的努力，例如在20世纪20年代末重建金本位制的努力，都在大萧条时期因为经济民族主义或经济

---

① 〔英〕凯恩斯：《就业利息和货币通论》，徐毓枬译，商务印书馆1997年版，第329—330页。

② 同上书，第321—322、328页。

集团主义的阻挠而以失败告终……在某种程度上，这些国际协调的失败与维持各个国家间政治协调的高昂代价有关。而这高昂的代价正是由于第一次世界大战期间及之后政治特权范围的扩大和由此导致的各国国力的重新调整而形成的。"① 这意味着，要比较有效地缓解欧洲面临的问题，西方世界需要有一个新的中心，英国已经没有能力承担这个任务了。马赛厄斯他们在论及这时期世界贸易体系的瓦解、世界经济的分裂时说道：尽管人们作出了种种努力，"但世界贸易仍如此分裂了。有些先见之明的康德里夫（Condliffe）在第二次世界大战爆发时所著的书中总结道：'如果国际贸易体系能得以恢复的话，那也只能是在美国强权统治下的一个美国占主导地位的体系。'"② 总之，美国的"出山"已是水到渠成的事情。

---

① 〔英〕布劳德伯利等：《剑桥现代欧洲经济史：1870年至今》（第二卷），张敏等译，中国人民大学出版社2015年版，第149页。

② 〔英〕马赛厄斯等主编：《剑桥欧洲经济史》第八卷，王宏伟等译，第178页。

第十四章 全球化高潮中的贸易与扩张

全球化是一个从 20 世纪 90 年代才迅速流行开来的概念。一般而言，从哥伦布发现美洲以来，人类历史就进入了全球化的时代。不过，严格意义上的全球化应该是从 19 世纪末和 20 世纪初西方发达国家大量输出资本开始的，但与"二战"后相比，当时的所谓"大量"也是小巫见大巫，所以全球化的高潮应该是在"二战"以后，这是本章使用这个标题的原因。

在这个阶段中，西欧在经济上失去了世界中心的地位（实际上它在"一战"后就已失去这种地位，但形式上还保留着），但它仍是世界上最发达的地区之一，所以从某种角度看，它的经贸发展过程和特点与美国比较类似，但从另一种角度看，它与美国也有较大的差异。了解西欧在这段时期的贸易和"扩张"，是我们探讨或预测资本主义发展趋势的重要组成部分。

一、边缘化与一体化

"二战"后，西欧满目疮痍、百废待举。在约 25 到 30 年间，西欧各国办成了几件大事：恢复经济、建立福利国家、建立欧共体、非殖民化。

从经济社会的角度看，战后各国高度关注充分就业，经济快速增长，人民生活水平迅速提高，这是一段与美国共享的西方资本主义的黄金时代。但到 20 世纪 70 年代，"充分就业和高速经济增长的目标被放弃了，各国政府转向强调实现价格稳定"。这是因为布雷顿森林固定汇率制度崩溃，各国的决策者"对失去货币的稳定基础感到无所适从"，而且通货膨胀的压力在增加，公众对通货膨胀的预期还因为第一次石油危机而"极大地增强"。与此同时，福利国家出现了种种弊端，凯恩斯的思想受到怀疑，政治家的指导思想开始转向弗里德曼（Friedman）、哈耶克（Hayek）和新奥地利学派，他们"把失业作为一种有用的矫正措施"，并强调"经济政策措施的职责应当从财政部长们的手中转移到中央银行家们的手中"。[①]

换言之，20世纪70年代中后期西欧度过了战后资本主义发展的黄金岁月，许多新的经济社会问题接连出现，各国都开始筹划改革某些不太现实的制度。于是，新自由主义（neo-liberalism）开始取代凯恩斯主义，成为支配欧洲政治家的意识形态。法国新自由主义经济学家居伊·索尔芒在1984年出版的《自由的解决方案》中竭力主张："要使社会获得自由，只选举'自由派'是不够的。更重要的是需要任何政治家都保证：一旦当政，就实施自由的政策。"他告诫说，如果关于自由的呼吁只停留在口头上，那么西方社会将有沦落为"零花钱社会"的危险，即国民收入大都花费在社会福利和社会服务上，公民手中只剩下"零花钱"，所以只有把社会服务私有化才能使西方社会"康复"。[②]

各国纷纷着手改革已经变得不堪重负的福利制度，不能说这种转向没有任何效果。继20世纪70年代末的停滞和80年代前半期和中期的下降，80年代末欧洲经济开始上升。1990年，中国有学者用数字说明了这个过程：80年代全部发达国家增长30.5%，整个西欧增长22.6%，整个欧共体只增长21.9%；从国民生产总值看，西欧在发达国家中的份额从1980年的35.3%下降到1989年的33.2%，欧共体的相应份额从30.4%下降到28.4%；人们由此开始谈论欧洲

---

① 〔英〕麦迪森：《世界经济千年史》，伍晓鹰等译，第122—123页。
② 陆象淦："'福利国家'危机与社会保障问题"，《国外社会科学》1986年第1期，第4页。

衰落问题。但从 1989 年来看，这种下降趋势已经停止，欧共体国民生产总值的增长率已与美国持平，劳动生产率的增长还高于美国。[①]这使当时人们对欧洲的未来发展充满了期望。

从主要活动范围看，第二次世界大战后，西欧国家有一个随着非殖民化而收缩活动范围的过程，其经济活动一般侧重于西欧、中欧和地中海地区，这与战后西欧在世界经济、政治和军事上的地位是一致的。由于战后美国称霸世界，东欧在很长的时间内处于苏联的控制下，欧共体与世界的联系重点只能放在上述地区和某些前殖民地，这样做符合当时西欧国家的经济和政治地位，因为任何经济扩张都与政治势力相关。冷战结束后，西欧的势力重新迅速向外延伸，一边是东扩，另一边是加强与前殖民地和世界各地的联系，由此成为当代世界"一超多极"中的重要一极。当然，这种扩张的新模式也面临俄罗斯、美国及以中国为代表的新兴工业化国家的遏制或竞争。比如，欧洲原来与非洲有许多传统的联系，但这种联系日益受到中国、美国的挑战。但正是这种遏制和竞争使欧盟渐渐成为世界上的一种重要力量，不仅是经济上的重要力量，而且其在政治上、军事上的重要性也在增加。

总的说来，战后欧洲国家的发展特点，我国学者归纳为两点——"边缘化"和"一体化"，甚有道理。这里的边缘化有特殊的含义。战后西欧依然与美国一样同为世界上最发达的地区，而且它还致力于走一条有自己特色的道路，如建立欧共体或欧盟，但在政治上和军事上，虽然有戴高乐使法国退出北大西洋公约军事一体化机构的举措（1966 年），但总体上它仍是美国的附庸，或如阿瑞基所说的，它已"被纳入了美国的权力网络"。[②]也就是说，尽管在经济上它是世界三大经济中心之一，与北美、东亚并列，但"二战"后它正式失去了世界中心的地位，甚至在文化上，西欧一些人也开始为美国好

---

① 张蕴岭："欧洲经济新格局及其对外关系"，《世界经济与政治》1990 年第 9 期，第 7—8 页。

② 〔意〕阿瑞基：《漫长的 20 世纪》，姚乃强等译，江苏人民出版社 2006 年版，第 376 页。

莱坞电影的咄咄逼人而担忧。陈乐民曾这样谈及西欧国家边缘化的含义：

> 相形之下，欧洲无论如何繁荣和进步，人民生活水平和质量甚高，也只能退居美国大厦的"厢房"。欧洲在世界政治棋盘上被"边缘化"了。在欧洲发生的问题，在媒体和舆论中只占有次要的地位（至少在中国是如此）。欧洲自身的问题，除"专业"人员外，鲜有人对之注意。民主、自由等现代文化的人类精神财富，本来源自欧洲，源远流长。但是，美国后来居上，以至世人每当想到近代西方民主文明时，首先想到的必是美国……①

这就是边缘化的意思，它不是指欧洲成了世界的边缘地区，而是指它失去了中心地位，在我们眼中它成了美国的附庸，我们常常不太关注那里发生的事情。

美国作为世界贸易和货币体系中心的地位，是 1944 年在美国新罕布什尔州召开的布雷顿森林会议（Bretton Woods Conference）上正式确立的，这次会议作出的各项决定，建立了我们通常所称的布雷顿森林体系。其最重要的成果是签署了几个协定，并据此先后成立世界银行、国际货币基金组织和过渡性的《关税及贸易总协定》（关贸总协定，1994 年被世界贸易组织即 WTO 所取代）。这些组织成为战后国际金融制度和国际贸易的基本框架，欧洲的相关活动也必须在这个框架内进行。曾任国际货币基金组织总裁、后任德国总统的霍斯特·克勒（Horst Köhler，1943—　）曾说过这样的话："欧洲应该走自己的路……但也不能过于偏离领跑者美国的路线。"②这非常形象地说明了战后欧洲与美国的关系及欧洲在世界上所处的地位。

---

① 陈乐民：《20 世纪的欧洲》，生活·读书·新知三联书店 2007 年版，第 4 页。
② 裴元伦："走自己的路——解析欧洲经济改革"，《国际贸易》2001 年第 4 期，第 27 页。

就美国与它在欧洲最亲密的伙伴英国的关系而言，也是这样。霍布斯鲍姆说："美国的霸权当然已是既成的事实，有的时候，虽然改革的构想是来自英方，并由英国首先发起，但是要求众人付诸行动的政治压力却往往来自华盛顿。遇到意见相左时——如凯恩斯与美方发言人怀特，曾在新成立的国际货币基金组织一事上各持己见——占上风的也往往是美方的意见。"①也就是说，在经济事务上，即使英国的意见是正确的，也需要美国来推广或只采纳美国的意见。

另一方面，战后西欧国家虽然屈居在美国的阴影下，但它们依然在努力，其中最大的举措莫过于推动欧洲联合，形成了战后欧洲发展的另一个重要特点"一体化"。一体化可说是战后西欧国家所有活动的出发点和基础，因为它缓和了西欧几百年来的内部冲突，使自己尽可能以一个声音对外说话，在超级大国对抗的世界上使自己发出的声音受到世人关注。欧洲一体化的步伐贯穿战后整个发展过程：1952年成立欧洲煤钢联营、1958年成立欧共体，1992年通过《马斯特里赫特条约》后欧共体转变为欧盟（European Union），建立欧洲统一大市场。

1993年11月1日成立欧盟的条约生效后，欧盟开始利用苏联崩溃的机会实行东扩。2000年3月，欧盟15国领导人又在里斯本举行特别首脑会议，通过了十年发展规划。该规划后来称为"里斯本战略"，内容共分28个主目标和120个次目标。其中最主要的是就业率和科研投入：在2010年把欧洲平均就业率从2000年的61%提高到70%，投入科研与开发的资金占国内生产总值的比例从2000年的1.9%提高到3%。为此，就必须把经济增长速度提高到每年3%，还必须采取一系列措施，争取在2010年使"欧盟成为世界上最有竞争力的知识经济体"。②2005年，该规划调整为增长与就业战略，

①〔英〕霍布斯鲍姆：《极端的年代》上册，郑明萱译，江苏人民出版社1998年版，第412页。
②王雪梅："背景资料：里斯本战略"，http://news.xinhuanet.com/world/2005-03/23/content_2732023.htm。

其目标是"在社会和环境可持续发展的基础上创造经济增长和增加就业"。后来实行的结果表明，只有丹麦、瑞典和芬兰提前实现了这些目标，大多数欧盟国家要实现这些目标还是有些艰难。[①]不久后，美国金融危机爆发，欧盟陷入战后最棘手的麻烦之中。

总的说来，欧盟要跟上当前全球化的步伐还是有些吃力。它处在比它更发达的美国和比它落后但富有生气的新兴工业化国家的夹击之中；它的历史包袱比较重，供它进一步发展的空间不再像以前那样宽广，它需要作出更大的努力。戴炳然指出："欧洲经济的惰性使得它一方面在产业创新与更新上落后于美国，另一方面又受迫于新兴经济（体）的追赶。20世纪90年代中期以来，欧盟劳动生产率增长相对缓慢，这是它经济增长缓慢、国际竞争力下降的根本原因。"但欧盟一体化的步伐不仅没有停止，而是加快进行。它希望通过一体化来化解或缓和自己面临的诸多问题。继2000年推出"里斯本战略"，2010年它又公布"欧洲2020战略"，提出欧盟未来十年的发展重点和具体目标。[②]这些措施的目的，都着眼于全面提升欧盟的经济活力。21世纪第一个10年欧盟取得了不俗的成绩。仅2004年一年，就有10个国家加入欧盟，使欧盟从15个国家一下子扩大到25个国家，范围增加了1/4，人口增加了8000万。温克他们说："这是半个世纪以来欧盟和它的前身扩张规模最大的一次。"新加入的国家大都曾是苏联的卫星国，它们是爱沙尼亚、拉脱维亚、立陶宛、波兰、匈牙利、捷克和斯洛伐克，还有本来属于南斯拉夫的斯洛文尼亚。此外，还有地中海岛国塞浦路斯和马耳他。[③]2007年，罗马尼亚和保加利亚也加入欧盟，目前欧盟共有27个成员国。欧洲的一体化是人类历史上具有深远历史意义的事物。关于它的一体化的过程、特点或弱点及其成就，我们放在后面叙述。

---

① 周弘主编：《欧洲联盟50年：2007—2008欧洲发展报告》，中国社会科学出版社2008年版，第69页。

② 戴炳然："方方面面话欧债"，《欧洲研究》2011年第6期，第141—142页。

③ 〔美〕罗宾·W.温克等：《牛津欧洲史》第4卷，任洪生译，吉林出版集团2009年版，第178页。

二、非殖民化与新殖民主义

非殖民化是战后欧洲经历的一段十分痛苦的过程。战后初期，它在《马歇尔计划》的帮助下迅速恢复自己经济的同时，先后自愿或不自愿地展开了非殖民化的努力，让绝大多数战前的殖民地获得独立。1914 年，欧洲人在亚洲和非洲统治着约 5 亿人，而到 1970 年时这个数字已减少到 2100 万（不包括南非和罗得西亚），其中约 1500 万是处在葡萄牙的统治下。

非殖民化

非殖民化是"二战"后一股不可逆转的潮流。这既得力于各殖民地人民自己的英勇斗争，也得力于各宗主国的认识和需要发生了变化。1941 年 8 月签订的《大西洋宪章》强调"各国人民有权利选择"他们自己的政府。战后，联合国在非殖民化问题上一直坚持这一观点，并发挥了重要作用。1960 年联合国通过《关于保证给予殖民地国家和人民以独立的宣言》，联合国大会还成立了一个特别委员会关注这方面的进展。

非殖民化是一股不可阻挡的潮流，但各宗主国退出殖民地的具体过程千差万别。相比较而言，英国退出殖民地较为顺利，因为它在殖民地一般实行"间接统治"，当地人的内部事务向来由当地人处理，向这些当地领袖移交权力也就相对比较容易。法国不是这样，它实行"直接统治"，在殖民地推行自己的制度，所以，"对法国人来说，非殖民化意味着一种更为剧烈的决裂"。即使在殖民地独立后，法国人与以前的殖民地的关系，也要比英国人与其前的殖民地的联系更为密切。此外，"比利时和荷兰的殖民政策对它们统治下的各殖民地影响不大，在建立独立的国家方面，这些殖民地仅仅具有一个极其有限的行政管理基础。"各拥有殖民地的宗主国中，葡萄牙的做法很特别，它拒绝放弃殖民地（果阿除外），并于 1961

年向其殖民地人民授予葡萄牙国籍，以图把殖民地当作葡萄牙的海外领土保留下来。[①]

对法国人来说，非殖民化过程中最痛苦的莫过于退出印度支那和阿尔及利亚，特别是后者。问题的关键是法国在阿尔及利亚有大量移民，这些移民控制着这个国家的经济命脉，他们不愿离开也不愿放弃这个国家，而是希望通过"一体化"等手段，使阿尔及利亚成为法国的一个部分。但阿尔及利亚人民不答应，他们很早就建立了民族解放阵线并展开武装斗争。1958 年戴高乐重新上台执政，建立了法兰西第五共和国，他面临的最棘手的问题就是是否让阿尔及利亚独立或如何让这个国家独立。有人说，这个问题具有"政治家们最为畏惧的一切特征：没有一个明显的大家普遍接受的解决办法；被煽动起来的多种情绪十分激烈；暴力行为已成为家常便饭、各派都死守住阵地，谁也不愿松动，以至于没有求同斡旋的余地……它不仅大量耗费法国的人力与物力资源，更是对戴高乐的第五共和国能否存在下去的一次考验。"经过几年尝试后，戴高乐深知唯一的解决办法就是让阿尔及利亚独立，法国本土的人民也渐渐认识到了这一点，支持他的决定。但在阿尔及利亚的法国人，殖民者和在那儿与民族解放阵线的军队进行了多年战争的法国驻军，对戴高乐的政策极为不满，1961 年 4 月 21 日夜这些军人发动了政变。22 日早晨消息传到巴黎，说在阿尔及尔的军队已夺取了对阿尔及利亚和撒哈拉的控制权，阿尔及尔的街头涌出许多小汽车，鸣着喇叭庆祝政变胜利。军人们的行动无疑代表着控制这个国家经济的法国殖民者的利益。戴高乐宣布国家处于紧急状态。这时还有传言说，阿尔及利亚的伞兵将进入法国本土着陆并包围巴黎。这不仅使法国人惶惶不安，甚至连英国人也召开内阁会议，商量是否需要派遣英国军队帮助戴高乐。戴高乐身着戎装发表广播讲话，他用拳头击打台面，强调禁止任何法国人，特别是法国士兵，执行政变领导人的任何命令。

---

① 以上参考〔美〕C. E. 布莱克等：《二十世纪欧洲史》下册，山东大学外文系英语翻译组译，人民出版社 1984 年版，第 1085—1087 页。

最后，他以"几近绝望的呼吁结束了他的演讲：'法国的女人和男人们，请帮助我！'"①法国人支持他们的总统，政变很快就失败了。阿尔及利亚获得了独立，但这对双方来说都是一场痛苦的选择：差不多有一百万法国人撤出阿尔及利亚，阿尔及利亚失去了很大一部分技术力量。②现在看来，这是最合理的一种解决办法，尽管非常痛苦。

战后世界范围内的非殖民化是人类历史上一个无比波澜壮阔的过程，它使原先的殖民地和宗主国都得以轻装上阵建立新型的合作关系、发展自己的国家。但它遗留下来的问题也非常多，有些问题可说是有意留下来的，有些也许是无意的。仅领土方面的就有印巴克什米尔争端、中印边界的所谓麦克马洪线，还有非洲许多国家的边界冲突等，影响至今，许多问题的解决前景依然遥遥无期。此外，前殖民地国家取得独立后，除了在政治上建立起民族国家外，其他许多方面，甚至在政治上，也依然或不得不与前宗主国发生这样那样的联系或某种程度的依赖。即使主观上想割断一切原有联系，实际上也存在千丝万缕的无形纽带，这就是下面要讲的新殖民主义（Neocolonialism）问题的土壤。

新殖民主义

一般而言，新殖民主义主要指非殖民化后，前殖民地国家或地区与西方国家之间依然存在的某种殖民与被殖民的关系，即前殖民国家利用殖民统治时期形成的经济、政治和文化优势，通过不平等的国际分工获取高额利润。20世纪80年代初，我国有学者这样论述过新殖民主义的内涵：

（1）政治上，帝国主义国家通过培养代理人，支持（原殖

---

① 〔英〕查尔斯·威廉斯：《戴高乐传》，赵文学等译，时代文艺出版社1997年版，第393、400页。

② 〔美〕C. E. 布莱克等：《二十世纪欧洲史》下册，山东大学外文系英语翻译组译，第1107页。

民地国家）统治阶级的上层，以及当地的资本主义势力，保证稳定的政治局面，把发展中国家继续保留在世界资本主义范围内……许多发展中国家，它们虽然在政治上获得了独立，显著地削弱了帝国主义势力，但却被帝国主义国家继续束缚在世界资本主义范围内。

（2）经济上，帝国主义国家采取了新的经济策略，继续使发展中国家充当原料产地、销售市场和投资场所，以便实现大大超过国内的高额垄断利润。帝国主义国家经济的正常运转是严重地依赖于发展中国家的。如果割断了帝国主义国家和发展中国家之间的经济联系，帝国主义国家的扩大再生产就将难以实现。

该作者还提出了新殖民主义的三个特点：（1）新殖民主义是经济殖民主义；（2）新殖民主义是集体殖民主义，即发展中国家在独立后受多个帝国主义国家或帝国主义国家联盟（如欧共体）的剥削；（3）新殖民主义是没有殖民地的殖民主义。[①]

随着发展中国家的发展及其与发达国家的关系发生某些变化，或者说随着全球化的进行，也随着我国学术界语境的某种变化，张顺洪等人把我国学术界有关新殖民主义的见解归纳为三种：

1. 新殖民主义不仅（20世纪）60、70年代存在，现在也存在，只是形式发生了变化。

2. 所谓的新殖民主义实际上是霸权主义、强权政治或干涉主义的表现，在当前的情况下，可以把此类不平等的国际关系纳入霸权主义、强权政治或干涉主义的范畴。也就是说，不同意用"新殖民主义"这个称呼。

3. 旧殖民主义结束后，出现了新殖民主义。但与20世纪60、70年代相比，当前的新殖民主义在形式上和程度上都发生了变化。

----

① 刘颂尧："略论新殖民主义"，《经济研究》1984年第4期，第65—67页。

霸权主义、强权政治、干涉主义与新殖民主义不是一回事。

这后一种看法是张顺洪等人提出来的，他们这样论述新老殖民主义的关系：

> 新殖民主义与老殖民生义本质上是一样的，只是新殖民主义采取了不同的形式，它们的根本不同点是老殖民主义进行直接的殖民统治，新殖民主义不进行直接的殖民统治，而是承认政治独立。老殖民主义者主要采取武力征服、直接统治的方式，在对殖民地或附属国实行政治兼并的基础上进行掠夺与奴役。推行赤裸裸的炮舰政策是老殖民主义者的一种典型手法。新殖民主义无法进行直接的武力征服和殖民统治，而是采取各种方式尤其是掩蔽的方式进行间接支配，达到控制、干涉与掠夺落后国家和地区的目的。当然，新殖民主义在一定情况下也会采取赤裸裸的武装入侵的手段。①

新殖民主义强调的是非殖民化后西方发达国家对发展中国家的一种新型剥削关系，其在政治上和文化上也有多种多样的表现。国外学者的有关论述，也是着重其经济上的剥削关系这一点。比如，斯塔夫里阿诺斯是这样说的："直接的殖民统治既在军事上变得不切实际，又在财政上无能为力。于是，便有了大规模的非殖民化运动以及从殖民主义转变为新殖民主义。如果说殖民主义是一种凭借强权来直接进行统治的制度，那么新殖民主义就是一种以让予政治独立来换取经济上的依附和剥削的间接统治制度。"②科林·斯通曼和约翰·萨克林也指出：新殖民主义是"一种帝国主义势力，此前它曾一直从中榨取经济好处，在失去殖民地后将自然地使用其他手段谋求继续这一过程。通常，非殖民过程开启了通向其他帝国主义

---

① 张顺洪等：《英美新殖民主义》（第二版），社会科学文献出版社2007年，第22、25页。

② 〔美〕斯塔夫里亚诺斯：《全球分裂——第三世界的历史进程》下册，迟越等译，第486页。

势力的领域，而在此前这些势力是完全或部分地被排除在外的。新的民族国家表面上第一次能够在市场上进行自由买卖的'自由贸易'，这使许多人否认新殖民主义的现实，但尽管与以前赤裸裸的剥削相比可能有一些好处，大部分前殖民地的贫困和结构特征使市场自由变成一种可笑的行为。"① 这里讲的"其他帝国主义势力"，指的就是其他殖民方法，这些方法本质上也是帝国主义的，只是在直接征服和统治的时代不需要或很少使用。

但当我们这样评价新殖民主义时，还是要考虑以下几个问题：

1. "二战"后的非殖民化，既由于殖民地人民不愿再接受西方人的殖民统治，也出于西方国家新的发展需要，即那种分割殖民地的方式已经不利于跨国公司进行世界竞争和世界扩张。简言之，非殖民化和我们纳入新殖民主义的那些现象是西方资本主义进入一个新阶段的产物。或者说，战后西方国家对非西方国家的剥削，并非完全是历史的遗留，而主要是新的历史条件下的产物。这种剥削方式与历史有联系，但它的产生是新的世界分工的需要。

2. 在西方资本主义发展方式所形成的世界分工的制约下，发达国家与发展中国家或富国与穷国之间不可能建立起真正平等的关系，这是否意味着这种不平等的关系全部都可纳入新殖民主义的范围？这个问题已经变得非常现实，迫切需要我们作出回答。比如，当今世界上，富国与穷国的具体构成正在发生变化，有的穷国正在变为富国，少数变成富国的前发展中国家不仅借用现行的世界分工秩序致富，而且以此向外扩张，大规模向海外投资，这些国家是否也在执行新殖民主义？但如果我们说不应把所有这些不平等的关系都纳入新殖民主义的范围，那又该如何区分？而且即使理论上可以分清楚什么是历史遗留下来的，什么是新的发展条件下产生的，但在实践当中它们是混合在一起的，那么这种区分的意义何在？特别是，如果说在 20 世纪中后期，这种区别尚比较明显的话，那么进入 21

---

① Colin Stoneman and John Suckling, "From Apartheid to Neocolonialism?" *Third World Quarterly*, Vol. 9, No. 2, 1987, p. 516.

世纪以来这种区分已经显得十分模糊，至多我们只能把那些被认为与原殖民主义有较多联系的东西归之于新殖民主义，而另外的则归之于当代不合理的世界分工或世界霸权等等。而且即使作出这种区分，其意义也很有限。此外，当代的世界霸主和当年的殖民强国并非同一个国家，美国的殖民地很少，所以战后它也积极地推动非殖民化。当代美国基本上是按照它的利益和它的设想来"支配"这个世界的，所以，有时把一些东西归之于殖民主义的历史遗产，可能显得颇为牵强。

3.从实践的角度看，把当代不平等的世界分工及其在政治、军事、文化上的表现作为一个统一的问题来看待，可能更为方便，至于如何称呼，可另当别论。科林·斯通曼和约翰·萨克林还指出：当我们讲新殖民主义是帝国主义剥削方式的继续时，不是说"新殖民主义是各帝国主义国家有意识地着手产生此类结果的一个密谋"，所以发展中国家也必须注意如何通过自身努力来避免陷入新殖民主义的陷阱。他们讨论了像南非这样刚刚走出种族隔离的国家抵御新殖民主义的各种办法。其大意是：整合内部力量，迎接外国资本的挑战等；特别是需要有一个强有力的政府，有一个清晰的发展计划；该计划的目标应该是通过促进制造业产品的出口来提高工业的整合度和效率，减少对出口初级产品的依赖；对外国资本的行为必须密切加以监视，使用什么技术和生产什么产品都需要加以控制，这种问题不能随便让外来者来决定，尽管这些外来者可能自称自己的到来是为了这个国家的经济独立。[①]这里提出的问题是：发达国家在新的历史条件下的扩张方式，与历史遗留有关，但也是现实发展的需要；西方国家坐享或有意维持这种制度给他们带来的各种好处，但发展中国家通过自己的努力，也有可能利用这种制度发展自己。就战后半个多世纪的经验看，这种利用在一定情况下是可能的，因为一个国家的不发展，既有殖民主义和新殖民主义造成的原因，也

---

① Colin Stoneman and John Suckling, "From Apartheid to Neocolonialism?" *Third World Quarterly*, Vol. 9, No. 2, 1987, pp. 516, 518.

有这个国家内部的原因。所以，当我们批判新殖民主义扼杀或抑制发展中国家的发展时，也要多多注意克服自身各种不利于发展的因素。

三、文化扩张与文化帝国主义

1. "二战"后西方文化的扩张

"二战"后欧洲对外的影响力有一种矛盾的现象：它的经济、政治和军事的影响力减弱了，但它的文化影响不断扩大，特别是冷战结束后更是这样。只要看看中国的书店或新书征订单就可看到，所出版的那么多的图书中，译自西方学者的著作十分畅销。前面讲到西欧人也在担心美国文化的侵袭，那主要是指大众文化层面，如好莱坞的大片，真正具有深刻学术思想的著作大都还是欧洲人写的，即使我们许多译著的作者是美国人，他们实际上也是在研究或普及欧洲人提出来的思想，因为20世纪的思想大师，大都还是欧洲人，20世纪以前的就更不用说了。

西方文化对东方的影响从地理大发现以来就开始了，最初它是随传教士一起进入非西方国家的。像我国知识界十分熟悉的利玛窦、郎世宁等都属于近代早期把西方文化传入中国的欧洲人。欧洲人在东方许多国家和地区建立殖民统治后，西方文化的东传不断得到深化，西方人的经济、政治或军事层面的东西也开始在全世界传播。而在非殖民化以后，这一传播不仅没有减弱，而且呈现出某种大举入侵的局面，有人称之为"泛西方化"。这种"泛西方化"在"二战"后从暴力侵入转变为和平渗透，而发展中国家也从被迫接受转变为"自觉"接受。有人强调指出："从某种意义上来说，从第二次世界大战结束到苏联解体的整个'冷战'时期，可以看作是西方文明以其经济优势和自身的意识形态矛盾来影响世界历史进程的时期。在非西方世界中，这一时期的特点则主要表现为：既要摆脱西方的政治控制，又无法驱散它的经济诱惑和文化影响。"① 为什么在取得政治上的独立后，东方国家还是无法真正摆脱西方文化的"诱惑"？我想主要有三点原因：

（1）东方国家需要学习西方文化中"有用"的东西，特别是其科学技术。由于西方的科学技术是他们的文化传统的产物，所以在学习、掌握他们的科学技术时必须学习或了解他们的文化、教育和相关的制度，如科研体制。早在戊戌变法前夕，张之洞发表的《劝学篇》中，就承认"今欲强中国，存中学，则不得不讲西学。"② 如果说，那时的中国认识到这个道理的人还是极少数，那么在我国的改革开放过程中，这几乎成了一股洪流，在改革开放初期表现得特别明显。1985 年我国出版社会科学类译著 399 种，1986 年是 477 种，1987 年是 600 种，三年共计出版外国译著近 1500 种，占建国以来 38 年间外国哲学社会科学译著总数的 15%。与此同时，国内出版的介绍西方文化的丛书高达 69 种。这些著作在高校中受欢迎的局面如果不是亲身经历简直很难想象。1987 年中，当译著《自卑与超越》在北京大学新华书店上市时，2504 册书当天售罄，第二天书店新进的 1000 册又被抢购一空。据 20 世纪 80 年代后期在北京两所高校做的一项调查，介绍西方社会文化思潮的课程在高校中最受欢迎，课堂经常爆满，有一次一个可容纳 220 人的课堂竟有 300 多学生挤着听课。1988 年的一项调查还表明，北京地区高校学生社团中与西方思想文化有关的社团占总数的 63%。③ 中国尚且如此，其他发展中国家就更不用说了。

西方文化传统孕育出了现代科学和技术，这就是它的魅力所在。正处于现代化过程中的东方各族人民想了解它，想认识它的奥秘，

---

① 姚登权："西方文化扩张与文化的'泛西方化'"，《上海财经大学学报》2005 年第 5 期，第 67—68 页。

② 张之洞：《劝学篇》，上海书店出版社 2002 年版，第 22 页。

③ 房宁："改革开放以来西方文化对中国青年的影响"，朱佳木主编：《当代中国与它的外部世界（第一届当代中国史国际高级论坛论文集）》，当代中国出版社 2006 年版，第 394 页。

进而改造自己的文化，使自己的文化也拥有像西方那样的创新能力。

（2）战后包括中国在内的所有东方国家和地区都在追求现代化，它们在这个过程中碰到的许多问题西方发达国家都曾碰到过、处理过，比如经济建设与社会或文化建设的关系、资本与劳动的冲突、社会分配、福利制度、食品卫生、环境保护，等等，西方人在解决这些问题的过程中积累了丰富的经验和教训，值得我们学习和借鉴。一个国家一旦全面进入现代化建设，这方面的学习和了解就马上会显得非常迫切。2017 年 10 月中央电视台一个介绍我国强军成就的节目说："我国主要领域的军民融合度仅在 30% 上下，而西方发达国家这一比例高达 80% 以上。由于历史原因，我们的国防科研成果转化率目前仅在 15% 左右，而发达国家则达 40%。至今，我国尚有多达 3 万项国防知识产权在'沉睡'。"① 这是利用西方的经验评估我们自己国防科研成果转化工作的例子。此类例子太多，可以说比比皆是，几乎涉及现代化过程的所有方面。在今后较长的一段时间内，这种情况还将继续存在。

（3）东方国家在经济建设过程中同样出现了现代化带来的各种负面问题，如拜金主义、价值观的丧失、虚无主义、悲观主义流行，也包括精神病患者的增加或自杀率的增加等等，也就是说被视为现代性的东西原来有其可怕的一面。从 19 世纪末以来主要由尼采开创的非理性主义对现代性的批判，自然而然也要引起发展中国家人文学者和文艺界的关注。西欧是两次世界大战的主战场，世界大战在那里造成了最大的破坏，西欧人对这方面的反思无疑是很深刻的。现代西方的非理性主义，源于它对现代科学技术应用所产生的许多可怕后果的思考，源于对人性和人生本身的关怀，他们在这方面的思考有许多值得我们重视，他们对现代性的种种负面作用的反思值得我们警觉，这成为西方文化影响世界的又一个重要原因。简言之，西方人对现代化过程中发生的丑恶或负面现象的揭露和分析引

---

① 伍正华、何荷："'习主席带领我们强军'系列网评之八：高奏'犁'与'剑'的时代交响"，http://military.cnr.cn/zgjq/20171003/t20171003_523974845.html。

起了世界各国人民的重视。比如，他们对"二战"中纳粹残忍屠杀六百万犹太人的暴行的反思就引起了世界各国艺术家的高度关注，因为这种反思体现出西方文化危机的一面：

> 犹太人赤身裸体走向毒气室时，面对苍穹呼喊上帝，上帝选择了沉默。无辜者因种族和宗教而集体被杀，这一现代性杀戮使艺术家突然醒悟，意识到上帝没有出现而种族主义正在屠城，于是审美现代性开始放弃价值追求，现代艺术家开始感受世界的恶心。萨特的《恶心》是里程碑式的，表达了现代性艺术不再让人赏心悦目，而是以血腥恶心为身份。从此，人堕入了虚无主义、悲观主义和文化失败主义的泥潭，对人类未来充满了悲观意绪。
>
> 如此一来，不管现代性审美怎样承诺人类未来美景、物质会如何丰富，都已然无济于事——人类在价值崩溃中彻底绝望并世俗化，不再有人的生命与心灵的同一性快乐，剩下的只是以疲惫身体获得金钱的快乐，不再为心灵焦虑而只为金钱犯愁。于是，现代性的悖论出现了——从真诚地反对现代性丑恶到假笑式的自我欺瞒。[①]

讲到这儿，我们还有一个问题要解释一下：当代的西方文化主要由美国文化和西欧文化组成，它们虽然同根同源，但还是有一些差别。上面我们讲西方文化在战后扩张的三个原因，似乎把美国文化的扩张也包括在内了，这是肯定的。但我们也可在一定程度上对欧洲文化和美国文化作出某种区分。首先我们应该肯定，西方文化中的一些基本概念，如自由、民主、博爱，都源自欧洲，即使它通过美国人来传播也是这样；第二，"二战"后西欧文化与美国文化都在大力扩张，但与实力有关，西欧文化不像美国文化那样咄咄逼人，

---

① 王岳川："当代艺术是西方文化危机的扩散"，《美术观察》2007年第12期，第5页。

比如对"文明冲突论"西欧学者一般都持批评态度；第三，大众文化的强劲扩张，如好莱坞，一般来自美国，而思想性的，即对现代社会与现代性进行深层次思考的还是以欧洲的为主，有些著作的作者即使是美国人（与我国学英语的人多有关，许多译著都译自英语），其实许多美国人所研究或介绍的主要还是西欧思想家的思想。房宁指出，20世纪80年代中期以后一度在我国大学校园内影响最大的西方思潮有三种：存在主义、未来学和权力意志，它们"在80年代的中国大学生及青年知识分子中产生了最为显著的影响"。[1]这三种思潮中，除了未来学是美国的强项，其余两项都发源于西欧。

当然，美国的实力带动了西欧文化的扩张，这也是事实。下面讨论的对文化帝国主义的批判，首先是针对美国的，其次才是针对西欧国家的，因为美国是传播西方文化的主要力量。又由于美国把传播自己的文化看成美国"软实力"的扩大，所以它在传播过程中大肆借用大众文化的方式，把西方文化的精髓通俗化和庸俗化，甚至让人产生"欧洲已经不行了，只有美国梦才是真实的"想法。我们只有剥去这些包装，才有可能真实了解西方文化中的优秀部分。

随着世界现代化进程的深入，西欧文化，特别是它的精髓，正在世界范围内发生更广泛、更深刻的影响，这是毫无疑问的。正如陈乐民先生所说，"从19世纪后半叶开始，民主变革的精神已跨越民族界限向全世界散开了。试看今日之世界，无论何种社会制度，无论社会处于何种阶段，国家关系何等对立，种族、宗教教派冲突何等毫无理性地激烈而又狂热，自由和民主作为人类的神圣的、理性的精神，有谁能公开加以拒绝呢？"[2]

2. 文化帝国主义

但西方文化的传播，不管是它的精英文化还是大众文化，对发

---

① 房宁："改革开放以来西方文化对中国青年的影响"，朱佳木主编：《当代中国与它的外部世界（第一届当代中国史国际高级论坛论文集）》，当代中国出版社2006年版，第394页。

② 陈乐民："西方文化传统与世界历史"，《学术界》2002年第3期，第66页。

展中国家的影响是有两面性的。特别是，他们传播自己文化的目的，很大程度上还是出于他们希望通过这种传播维持现有不平等的国际分工秩序，或通过文化输出来排斥或扫除一切可能出现的挑战。当代西方文化拥有强大的传媒和话语优势，西方人往往有意或无意地着重通过以下途径来传播自己的价值观和思维方式：

（1）在精英文化领域对发展中国家进行文化渗透。西方人通过各种国际精英文化交流方式，如学术讲座、国际会议、学术赞助、教育文化交流等，把他们的"政治理论、意识形态输入到对象国，影响该国的知识分子，使这些国家的知识精英接受和传播西方的文化精神，改变对象国的知识传统，最终实现文化渗透和文化冲击的目的"。

（2）在主导文化领域对发展中国家进行文化渗透。西方国家利用自己的政治、军事优势，"通过殖民侵略、经济援助、政治渗透等途径，从意识形态、主导文化的角度对其他国家进行渗透，把西方的意识形态、政治理论、价值观念直接输入到这些国家和地区的政治生活中，改变这些国家的政府意志、领导观念、政治理念和意识形态，从而使这些国家在政治制度、意识形态上发生自上而下的质变。"

（3）在大众文化领域对发展中国家进行文化渗透。他们"通过大众文化渠道把西方的生活方式、价值观念、意识形态等渗透、传播到接受国的社会大众当中，使社会大众发生潜移默化的思想转变，对西方的生活方式、价值观念等产生渴望、进行模仿，形成与本国政治文化、民族传统、意识形态背离的生活态度、价值追求，最终产生对本国政治制度自下而上的强大冲击力，乃至于造成该国传统文化、民族精神、意识形态的合法性危机"。①

西方文化传播和扩散中的这种现象，国际学术界称之为"文化帝国主义"。这个概念与"新殖民主义"一样，有些模糊但又有其独特的内容。新殖民主义概念着重的是经济和军事方面，而文化帝

---

① 以上见金民卿："西方文化渗透的程式与路径"，《马克思主义研究》2008年第8期，第107—109页。

国主义概念着重的是文化方面。同时，这两个概念都涉及政治的层面，而且某种意义上西方的文化传播往往是依附于西方经济和军事扩张来进行的，所以"文化帝国主义"与经济也难以分开。[①]

文化帝国主义的内涵，简单点说，指的是西方发达国家把自己的价值观和信仰强加于发展中国家，这种"强加"几乎是在无意识中进行的，看起来似乎是发展中国家人民自己乐于保留或接受的结果。这种情况通常与发展中国家的殖民主义和半殖民主义的经历有关，也与获得独立后发展中国家需要学习西方先进的科学技术和优秀的文化成果有关。20世纪60年代国际政治现实主义学派创始人汉斯·摩根索在其代表作《国际纵横策论：争强权、求和平》中曾探讨过这种现象。他认为文化帝国主义是对人心的征服与控制。但文化帝国主义现象引起学术界高度重视是在冷战结束之后，与全球化深化、东方各国民族文化面临严峻挑战的局面分不开。换言之，"世界同质化唤醒了人们的民族意识与文化自觉。民族主义者在捍卫民族文化的独特性与自主性的斗争中把矛头直指文化帝国主义，而美国的文化霸权和西方中心主义则是他们讨伐的首要目标。"[②]

文化帝国主义对发展中国家的影响甚至达到了我们自己都很难想象的地步。在我们的生活中，无论是日常聊天还是学术活动，我们都是在一些西方人设定的"话语结构"或"语境"中进行的。比如谈到酒，就会想到XO；讲到衣服，就会想到巴黎、纽约的时装展；讲到轿车，就会想到劳斯莱斯、宝马、奔驰等；还有各种诺贝尔奖。这些都是最高标准，因为首先是西方人认为这是他们的最高标准，然后我们也认为这是最高标准。今天我们所用的大多数学术术语几

---

① 有一个概念与"文化帝国主义"类似，那就是"后殖民主义"或"后殖民批评"。后殖民这个词是20世纪70年代前期提出来的，用来描绘"二战"后取得独立的国家的尴尬处境。1989年，在阿什克罗夫特等人写的一本书中，这个词被界定为"从殖民化时期到现阶段（欧洲）帝国统治过程对文化的所有影响"（〔英〕巴特·穆尔-吉尔伯特：《后殖民理论：语境、实践、政治》，陈仲丹译，南京大学出版社2001年版，第6页）。可见，它所侧重的也是发展中国家在非殖民化前后所受的西方文化的影响问题。

② 戴晓东："一种现代主义的视角——《文化帝国主义》评介"，《美国研究》2003年第3期，第142页。

乎都来自西方，这些术语有许多是西方人在概括他们的历史文化的特点时提出来的，但现在世界各国都在使用。比如，我们的历史书中的原始社会、奴隶社会、封建社会这些概念都来自西方，专制主义、封建主义、独裁、自由、平等、民主等概念也是这样。我们引入这些概念后虽也解决了许多历史问题，但又产生了不少问题。比如，中国有没有奴隶社会至今尚在争论不休。中国的封建社会也与欧洲的封建社会很不一样。文学上的现实主义、浪漫主义、各种各样的现代主义流派的概念也来自西方，当我们用这些概念来研究中国古代文学作品时，并不总是很恰当。

从上面举的例子还可以看出，文化帝国主义所包含的东西不能说都是坏的——如果都是坏的，就不会有这么多的人推崇和追求它们了，比如，至少是自然科学方面的诺贝尔奖，人们尊崇它，是因为它所奖励的都是自然科学最前沿或预示科学发展趋势的最好成果。写下《文化帝国主义》的汤林森认为所谓的文化帝国主义其实是现代性的表现，也就是说现代化必然会出现这些现象，不是什么人强加的。他说道：

> 由于汽车的驱力，举世任何一个都市的特征都是同一而单调的；建筑风格也亦步亦趋；市面的商店贩卖的货物大同小异；各地的机场——原本是走向文化多元的潜在通道——其风格也几乎是"国际性"而全球皆同；西方的流行音乐由收音机而卡带卡碟地流通，从纽约至新德里倾泻而出。为什么如此呢？依据新马克思主义的论述，这是跨国资本主义的经济规律使然，驱动了文化的聚合现象。对于这个宛若神像的跨国资本主义，各地的人民到底能有多少文化抗拒能量？[1]

他这段话值得我们注意，但我不同意他关于"抗拒"的说法，就像

---

[1] 〔英〕汤林森：《文化帝国主义》，冯建三译，上海人民出版社 1999 年版，第 53 页。

西方人在现代生活条件下追求个性一样——对他们来说失去个性是不可思议的，世界各国人民在现代化过程中，依然可以而且必需追求自己的文化个性。但汤林森的意见使我们看到了当代世界文化发展的复杂性。在现实中，当我们使用文化帝国主义这个概念时，它既可以指外来势力强制性地使当地居民接受他们的文化，也可以指受其影响的居民出于自愿接受外来的文化，因为这种外来文化是与一定的经济发展现象相联系的。比如，要发展汽车就会有大同小异的汽车文化随之产生；要造飞机场或体育馆，就会出现风格类似的建筑物，因为它们必须满足相同的功能要求。历史上一个民族自愿接受另一个民族的某些文化，不能视为是文化侵略。但问题是：自愿接受的东西，有些是好的（如西方人的科学思想），有些可能是有害的（如过分崇洋媚外）；而且"自愿"的情况也不一样，有的是经过科学论证而接受的，有的是在某种话语霸权的支配下无意中把不好的东西视为好东西而加以接受的。但我们可不可以说文化帝国主义不应该包括前者（自愿接受异族的好的文化成就），因为后者才是强势文化利用其经济、政治、军事优势和话语霸权的一个结果？

　　这里主要讨论欧洲文化的扩张问题，所以不展开关于发展中国家如何应对文化帝国主义的讨论。战后欧洲对世界的影响非常复杂，它的文化影响力远比我们一般想象的要大。关于这种影响的讨论和评价，在西方文化对其他文化发生影响时就已出现，在今后若干年间将会继续进行，发展中国家只有找准自己的位置，才有可能在学习他们文化的优秀成果时，维护和发扬自己的民族文化。

四、全面应对全球化的挑战

　　当代的全球化是中世纪末以来由欧洲发起而在战后由美国大力加以推动的世界性现象，本来它是西方发达国家资本扩张的要求，但它也是国际竞争的产物，所以它对西方国家本身也是一种挑战，必须认真应对。战后西欧各国经历了恢复经济、非殖民化、建立福利国家等过程，从某种角度看，所有这些措施都是为了维持相对稳定的国内局面、轻装上阵，以便全力以赴应对全球化的挑战。欧洲一体化，即欧共体和欧盟的建立和扩大，是这方面最重要的举措之一。

从欧共体到欧盟

"二战"后的全球化进程有几种重要工具，如跨国公司、贸易联盟或贸易集团等。不管是发达国家还是发展中国家，都尽可能地利用了这些工具。虽然美国在这时期的全球化进程中起了无与伦比的作用，但西欧国家也有自己的特色，而且在某些方面是美国无法企及的，特别是在建立地区贸易集团和一体化组织方面。战后世界上先后成立的各种贸易或以经贸为主的同盟，如 1960 年成立的石油输出国组织（欧佩克：OPEC）、1967 年成立的东南亚国家联盟（Association of Southeast Asian Nations）、1994 年成立的北美自由贸易区（NAFTA），在严密性和整体性上都无法与欧盟相比，欧共体或欧盟是"最有名和最有实力的地区一体化集团"，它在"共同市场和自由贸易"方面所达到的程度也是任何类似联盟无法比拟的。[①] 在地区联合和互相开放市场，及在诸如经贸等许多问题上以同一个声音对外说话，欧洲走在全世界的最前列。

欧洲联合有一个长期的思想准备过程。它在中世纪后期就形成了"国家体系"（state-system），这种体系虽然有助于资本主义产生，因为它促使各国时时不忘通过竞争来提高自己的经济和军事力量，但由此也带来持续不断的战争。正是几乎无休止的武装冲突使近代以来西欧许多著名思想家和政治家不断思考欧洲联合问题。甚至在第二次世界大战中，当德国人占领自己的祖国时，法国著名历史学家马克·布洛赫还准备写一部《欧洲文明结构中的法国社会史》，他在笔记中就此说道："献给亨利·皮雷纳（皮朗），他曾在铁窗

---

① 〔美〕杰里·本特利等：《新全球史》（第三版）下册，魏凤莲等译，第 1198 页。

内撰写了一部欧洲史。此时此刻，他的祖国和我的祖国正在为正义与文明并肩战斗。"①布洛赫这句话极具深意，因为"一战"中亨利·皮雷纳是在德军关押他的一个小村庄里写下欧洲史的。换言之，他们在国难当头时首先考虑的是整个欧洲的命运，或者说他们依然不忘从整个欧洲的角度来看待自己祖国的未来。

"二战"后，欧洲联合成为一种趋势，还出于以下诸多现实问题：战后西欧各国经济虚弱，社会问题严重，各国面临的首要工作是恢复经济；欧洲失去了世界中心的地位，由于国家众多，面积和人口都比较有限，只有联合起来说话才能在国际上拥有一定的发言权；通过联合可以把德国置于欧洲国家联合控制之下，有利于欧洲长期保持和平；由于冷战的发生，美国也需要欧洲各国之间加强联系，保障欧洲的安全，对付苏联扩张。早在 1948 年 5 月，主张欧洲联合的各种组织就在海牙集会，强调有必要共同使用各国的部分主权，以便协调和发展各国资源，同时借以"防止德国再次成为邻国的灾难"。会议的经济和社会委员会还提出"清除贸易障碍、取消关税、实现货币自由兑换、协调经济政策"，以及建立欧洲经济同盟的主张。这次会议有人称之为"欧洲一体化运动的一个里程碑"。从这里可以看出，欧洲一体化运动与贸易政策息息相关，可以说它开始时最重要的动力还是来自经济的需要。因为控制德国的工作虽然十分重要，但毕竟战后美国在德国驻军，消除这一威胁并没有像恢复经济、改善人民生活那样迫切。1951 年 4 月法国、德国及意大利、荷兰、比利时和卢森堡在巴黎签署《欧洲煤钢联营条约》，次年 7 月该条约正式生效。它"带有超国家主义的性质"，"标志着欧洲联合的第一个重大步骤的开始"。②条约还带有政治目标，但顾名思义，它首先着眼于在煤钢领域建立共同市场。

---

① 〔法〕马克·布洛赫：《历史学家的技艺》，张和声等译，上海社会科学院出版社 1992 年版，第 3 页。

② 李世安等：《欧洲一体化史》（第二版），河北人民出版社 2006 年版，第 15、17—18、37—38 页。

1957 年 3 月 25 日上述六国代表在罗马签订《建立欧洲经济共同体条约》等文件，总称《罗马条约》（Treaty of Rome）。1958 年 1 月 1 日《罗马条约》正式生效，欧洲经济共同体（European Economic Community，简称"欧共体"）正式建立，总部设在布鲁塞尔。该条约宣布："共同体的任务是：通过建立一共同市场和一经济与货币联盟……在整个共同体内促进经济活动的谐调与平衡发展、注重环境保护的持续与非膨胀性的增长、经济成效的高度聚合、高水准的就业与社会保护、生活水平与生活质量的不断提高、以及成员国间经济与社会的聚合与团结。"它关于关税的规定为共同市场的建立奠定了基础：

第 9 条

1. 共同体以关税同盟为基础。关税同盟应包括一切货物贸易，并涉及在成员国间禁止对进口与出口征收关税及一切具有同等作用的捐税，以及在它们与第三方国家的关系上采用一种共同的关税率。

……

第 10 条

1. 来自第三方国家的产品，凡已在一成员国中办妥进口手续和缴纳应缴付的关税或具有同等作用的捐税且未获得全部或部分关税或捐税退款者，应被认为是在该成员国中自由流通的产品。[①]

在此后的 35 年间欧洲经济共同体虽然历经曲折，但稳步发展，成员也不断增加。1991 年，美国的约瑟夫·威勒（Joseph Weiler）发表关于"欧洲转型"的长文，认为经过 40 多年的努力，欧共体已经成为一个实现了重大转型的政治实体。他还提出，这种转型不

---

① 《欧洲共同体条约集》，戴炳然译，复旦大学出版社 1993 年版，第 67、75 页。

是一般性的变化，而是具有"质变"性质的重大而激烈的转变，因为它的权力结构、政治结构都通过一体化而发生了实质性的变化。这一年正是欧共体各国紧锣密鼓准备把欧共体转变成欧洲联盟（European Union，简称"欧盟"）的一年。该年年底有关各国在荷兰的马斯特里赫特草签了《欧洲联盟条约》，又称《马斯特里赫特条约》（Maastricht Treaty，简称《马约》），并于1992年2月7日正式签署。这时，欧盟已经拥有12个国家。我国学者指出：《马约》的签署"是欧洲转型的一个阶段性标志，既是欧洲一体化取得重大成就的一个标志，同时也是欧洲一体化开启新进程的一个标志"。[①]

这里说的转型是全方位的，包括政治、社会、货币制度等，但经济依然是《马约》的主要内容。它宣布的第一个目标是："促进平衡与持久的经济与社会进步，尤其是经由创建一没有内部边界的区域，经由增强经济与社会聚合，以及经由建立经济与货币联盟，包括最终根据本条约的规定引入一单一的货币。"[②]但与《罗马条约》不同的是它还开始从经济联合体向政治、经济和多元的联合体转变。它的基本内容有：修改欧共体条约，建立经济与货币联盟；把成员国之间在外交事务上的政治合作机制提升为共同的外交与安全政策；在成员国之间建立司法与民政事务方面的合作机制。[③]建立单一货币欧元的决定引起世人高度关注，说明欧洲经济一体化的过程极大地深化了。其外交和政治等领域的一体化也真正提上议事日程，各国的部分主权开始转移到欧盟手中。条约于1993年11月正式实施，欧洲一体化进入了一个新阶段。此后，欧盟利用苏联崩溃的机会实行东扩，成员迅速增加。

2007年1月1日，随着罗马尼亚和保加利亚加入欧盟，欧盟成员国达到了27个。这年3月，欧盟27个成员国首脑和欧盟委员会

---

① "欧洲转型与世界格局"课题组："欧洲转型：趋势、危机与调整"，《欧洲研究》2013年第1期，第1、2页。
② 《欧洲共同体条约集》，第385页。
③ 李世安等：《欧洲一体化史》（第二版），130页。

主席聚集在德国首都柏林，隆重庆祝《罗马条约》签订 50 周年。沈雁南对此给予高度评价，充分肯定它的"不断创新的精神和坚持和平发展的道路"。欧盟的一体化有四个组成部分，其中最重要的无疑是经济或共同市场，但市场的正常运营依赖于其他方面的协调和配合，所以这四个方面的特点和相互关系构成了欧盟 50 年来的基本路程。沈雁南说道：

> 毫无疑问，经济一体化是欧盟 50 年的活动重心；正是经济一体化的成功奠定了欧盟的全部一体化政策的基石。法制建设是欧洲一体化的保障；各种法律法规和法治思想为欧盟的经济、政治、社会等一体化政策提供了运作框架。政治机制是一体化运作的工具；它使各种一体化机构形成了有机构成并将一体化政策付诸实施。共同价值的建构是欧洲一体化下各国得以凝聚的重要依托。经济联盟、法制建设、政治体制、价值建构是欧洲一体化走到今天并将继续得到发展的不可或缺的、重要的组成部分；一切一体化政策的成功和挫折都取决于这四大组成部分的完善和谐调与否。[①]

从某种角度看，60 多年来，欧洲一体化的进程是卓有成效的。这里介绍的欧共体—欧盟的发展过程，着重其经济和贸易方面的内容。下面我们介绍一下它是如何促进贸易的。

共同体体制如何促进贸易

半个多世纪以来，欧盟的内部市场建设经历了三个阶段：（1）1958 年到 20 世纪 80 年代中期，是关税同盟阶段，关税同盟是"共同体的'起点'和'基石'"；（2）从 20 世纪 80 年代中期到1992 年是建设统一大市场阶段，是"承前启后的关键阶段"，因为

---

① 周弘主编：《欧洲联盟 50 年：2007—2008 年欧洲发展报告》，"导论"第 1 页。

它"大大提升了一体化的高度"；（3）从1990年至今是建设经济
与货币联盟阶段，这是实行"区域整合的高级阶段"，产生了单一
的货币欧元，政策统一与协调"达到了新的历史高度"。从贸易的
角度看，后两个阶段也可看成是关税同盟的高级阶段，当然其政治、
外交和社会诸层面已远远超越了传统所理解的关税同盟的范围，但
欧共体建立时，各创始国就"明确选择'关税同盟'……作为欧共
体的'起点'和'基石'"，所以我们从关税同盟的性质来理解欧
共体如何促进贸易发展是可以的。①

　　讨论关税同盟与贸易的关系，有一个分析框架。沈骥如认为可
以从"静态效应"和"动态效应"两个角度来分析欧共体贸易政策
的绩效。"静态效应"的分析框架是1950年雅各布·瓦伊纳（Jacob
Viner）提出来的，当代许多经济学家在分析关税同盟的效益时都以
此为理论基础。瓦伊纳"第一次从资源分配的角度，把关税同盟的
效应区分为贸易创立(Trade Creation)和贸易转向(Trade Diversion)
两个概念。"所谓贸易创立指的是："在建立了关税同盟以后，由
于成员国之间取消了关税，关税同盟内原来国内成本较高的产品，
会被成本较低的其他成员国的产品所替代。"这就造成各国都专注
于生产自己拥有优势的产品以供出口，同时放弃或减少自己没有优
势的产品，通过进口来弥补自己的不足，各成员国之间的相互贸易
因此而增加，资源配置也会趋于合理，此为贸易的"创立"。所谓贸
易转向指的是：成立关税同盟后，成员国生产的商品享受免税优待，
而来自同盟以外国家生产的同一种商品由于要缴纳同盟的统一对外
关税，价格提高，在同盟市场上的竞争力降低，同盟国从外部进口
的商品会减少，转而从同盟内的其他成员国进口，此为贸易的"转移"。

　　"动态效应"则包括"规模经济、竞争的刺激和对投资的刺激"。
由于各成员国之间取消关税，各国企业为了获得比较优势或获得更
大的市场份额，都会尽可能"改进技术，提高质量，降低成本"。

---

　　① 周弘主编：《欧洲联盟50年：2007—2008年欧洲发展报告》，第8—12、5页。

而要提高竞争能力，增加投资、强化研发能力、实现规模经济是其中应有之义，具有国际竞争力的大型企业会因此不断涌现出来，一些经营不善的企业也会因此而被淘汰。其最终结果必然是"加深成员国之间的分工和专业化程度，使产业结构在共同体的范围内，逐步合理化"。

欧洲汽车制造业获得国际竞争力的过程典型地说明了欧共体的作用。1980年在世界11家主要客车制造商中，美国占3家，共同体和日本各占4家。共同体的4大汽车公司排行在第5到第8位，共生产了近730万辆汽车，约占当年共同体汽车产量的3/4。欧共体的汽车制造取得这一地位，与其内部广阔的市场分不开。20世纪80年代初共同体每年生产的汽车约1000万辆，其中有900万辆是在共同体内部销售的，所以，"如果没有共同体这样一个内部的大市场，西欧的汽车工业恐怕早已无声无息了。"①

关于欧共体贸易政策的绩效，有许多人作过多方面的研究。有学者认为它的贸易创造效应较为明显，但贸易转移效应要小得多。比如，1992年欧共体"由于取消贸易壁垒而获得的利益占国内生产总值的0.2%，由于取消生产壁垒而获得的利益占国内生产总值的2.2%，由于更充分地利用规模经济而获得的利益占欧共体国内生产总值的2.1%，由于竞争加剧而获得的利益占国内生产总值1.6%"。还有学者指出：经济一体化表现为多个方面，但在内部贸易方面表现最为突出。1960年欧共体内部贸易额仅有103亿美元，1973年增至1229亿美元。欧共体进口贸易额占世界总额的比重，1960年为21.8%，1970年增至27%，同时期出口贸易额的比重由23.2%增至28.3%。实际上，欧共体关税同盟的好处除了创造效应和转移效应，还有其他优势，"如共同市场的扩大、区域内产业间竞争和成员国间分工与合作的发展，以及产业结构的优化和各产业部门国

---

① 以上见沈骥如：《欧洲共同体与世界》，人民出版社1994年版，第9—10、14—17页。关于关税同盟理论的来龙去脉，可参看裴武威："关税同盟理论述评"，《经济评论》1993年第3期，第34—39页。

际竞争力的增强等等"。20 世纪 70 年代后，西方一些经济学家从多个角度研究建立关税同盟的意义，有的从贸易条件和规模经济、不完全竞争入手，有的将研究重点放在成员国间、成员国与非成员国间收益的分配问题上，另有一些人则深入探讨关税同盟与规模经济、不完全竞争的关系。另外，还有许多学者分析了单一市场的各种效应，如福利效应、竞争效应、专业化效应、产业积聚效应等。[①]总的来说，欧共体或欧盟对贸易的积极影响十分明显，但仍有许多问题需要深入研究。

上面讲的似乎都是欧盟的内部贸易。其实欧盟的贸易有一个如何区分"内"与"外"的问题。比如，1973 年前它与英国的贸易是对外贸易，而这一年英国加入欧共体后，它们之间的贸易就是内部贸易了。欧共体和欧盟从 6 个国家发展到现在的 27 国，都有这个问题。特别是 20 世纪 90 年代以来欧盟东扩，它与中欧东欧不少国家的贸易都变成了内部贸易。此外，"消化"新加入欧盟的国家，使他们尽快融入整体也耗费了欧盟的许多精力。再加上其他一些原因，欧盟经济相对说来似乎显得封闭。比如，新世纪初，有人指出：欧盟的国内生产总值占世界的 22%，美国为 25%；美国的货物和服务进口占国内生产总值的 15%，欧盟从其区外的进口占其国内生产总值的比重只有 10.4%。这意味着，"同样的经济增长速度对世界经济的拉动作用欧盟仅为美国的 60%，欧盟对世界经济的影响明显小于美国。"[②]这是把欧盟作为一个国家来看的结果，但欧盟统一的程度还不能与一个统一的国家相提并论。

尽管如此，欧共体从成立之日始，就十分重视对欧洲以外国家或地区的贸易，特别是强调自由贸易。1958 年 1 月 1 日《罗马条约》生效时，法国的平均关税率是 22%，意大利是 18%，联邦德国是11%，荷兰、比利时、卢森堡是 9%，但初步建立共同关税率时，欧

---

　　① 李计广：《欧盟贸易政策体系与互利共赢的中欧经贸关系》，对外经济贸易大学出版社 2009 年版，第 20—21 页。

　　② 祝宝良：《欧盟经济概况》，中国经济出版社 2004 年版，第 99 页。

共体的对外关税率就下降到大约 11%，远低于当时美国和日本的水平。到 1979 年，"工业品的算术平均关税率共同体为 7%，日本为10%，美国为 13%"。从这一点看，欧共体更倾向于自由贸易。

欧共体的关税还有一个重要特点，那就是它采用复式税率："对同一种商品，根据其出口国与共同体的不同关系，采取不同的税率，体现了共同体对外部世界贸易的区别对待政策。"它的区别税率包括特惠税率、协定税率、普通优惠税率、最惠国税率和普通税率等，不同的税率是针对与它关系的不同亲密程度来决定的。这一政策从某种角度看与欧共体自身的需求有关，从另一个角度看也是对与其关系密切的发展中国家的一种援助："共同对外关税对于广大发展中国家实行的普遍特惠制，是一种发展援助的工具，通过减免发展中国家货物的进口关税，增加了发展中国家的商品出口，当然，共同体也得到了保障原料供应的好处。"曾任欧共体执委会副主席的达维农曾说到这一点：关税联盟"实际上是共同体对外政策的一种主要工具"。[①] 如果我们要使用新殖民主义这个概念，那么也可以把这看成是它的一种表现，不过它毕竟还是有利于发展中国家的出口的。

冷战结束后的新举措

冷战结束后，欧共体转型为欧盟，这是西欧国家对新形势的一种重要应对措施。21 世纪初欧盟通过的"里斯本战略"和"欧洲2020 战略"都说明欧盟追求不断站在时代前列的努力。前面我们已经介绍过这些战略的基本目标，这里着重介绍一下落实这些基本目标的措施。

长期以来，欧盟经贸关系的重点在欧盟内部及西方发达国家，它与苏联、东欧、亚太及拉美等地区的经贸关系"发展平平"。冷战结束后这些地区成为欧盟大力开拓的经济空间。欧盟经济外交的出发点，一方面是为其商品和资本在全球寻找新的出路，与广大发

---

① 以上见沈骥如：《欧洲共同体与世界》，第 20—21、23 页。

展中国家建立起更密切的关系，另一方面是与美、日等形成一种既竞争又合作的平等伙伴关系。其具体措施有：

1. 建立"大欧洲经济区"。这是根据"三个同心圆"的设想来进行的：第一圈是以欧盟为核心的内圈，第二圈是由欧盟与欧洲自由贸易联盟①组成的"欧洲经济区"，中欧和东欧则构成第三圈。

2. 面向全球的经济外交。自 20 世纪 90 年代初以来，欧盟陆续出台"南下"战略计划，力图进入广大发展中国家。其"南下"战略也是分层次的：（1）利用地缘优势，推行"新地中海战略"；（2）加强欧盟在亚洲的经济存在；（3）进军拉丁美洲，建立跨洋战略联盟。

3. 贸易自由化，内部贸易自由化与外部贸易自由化相联合。贸易自由化是欧共体或欧盟的基本目标，总体上进展顺利。不过，我们不能以 19 世纪的眼光看今天所说的贸易自由化这个概念。比如，公共采购和专业服务领域，邮政服务或铁路运营领域，都是受到强有力的保护的。各种各样的非关税壁垒实际上也是为了保护自己的某些产业部门的。

4. 区域性贸易协定不断增加。上世纪末和本世纪初，欧盟与其他国家或地区签订的此类贸易协定增加很快。1970 年时它们只涵盖 27 个国家，但在新世纪初已经接近 100 个国家，"另外 40 个国家在关税一般特惠制下也接受了单方让步"。同时，此类合作"不仅仅局限于贸易，同样也包括在欧盟与其合作国之间相当可观的资金流动"。

在上述各种经贸协定中，《洛美协定》（Lome Convention）是欧盟与"南方"国家合作的一个典型例子，也是欧盟推动贸易自由化的重要措施。第一个《洛美协定》是 1975 年签订的，这一年欧共

---

① 欧洲自由贸易联盟 (European Free Trade Association，即 EFTA) 又称"小自由贸易区"。1960 年，奥地利、丹麦、挪威、葡萄牙、瑞典、瑞士和英国在斯德哥尔摩签订《建立欧洲自由贸易联盟公约》，又称《斯德哥尔摩公约》，当年经各国议会批准后生效。其成员国几经变化，现有冰岛、列支敦士登、挪威和瑞士。见 http://news.xinhuanet.com/ziliao/2003-07/10/content_965116.htm。

体与非洲、加勒比海和太平洋地区的 46 个发展中国家（简称非加太地区和国家）在多哥首都洛美签订了这个协定，为期 5 年。此后，该协定一再续签。2000 年 6 月欧盟又与非加太 77 国在贝宁首都科托努签署为期 20 年的第五个《洛美协定》，又称《科托努协定》（Cotonou Agreement）。其基本内容是："相互间全方位开放，将双方新的贸易框架与 WTO 规则接轨，以实现欧盟—非加太贸易的完全自由化。"根据这个协定，欧盟开始分别在货物贸易、服务贸易等方面进一步取消对非加太产品的贸易壁垒。从 2008 年 1 月 1 日开始，欧盟向非加太国家完全开放市场，除糖和大米，对所有来自对方的产品实行零关税，取消进口配额。此外，"欧盟还着手在竞争政策、原产地规则、知识产权保护、标准化与认证、卫生与动植物检疫、贸易与环境、贸易与劳工标准、消费政策与保护消费者健康、税收等问题上开展与非加太国家的对话，加速将双方传统贸易体制向与 WTO 规则一致的全面贸易体制过渡。"可以说，《洛美协定》"已成为当今'北方'发达国家与广大'南方'发展中国家进行经贸、财政和技术合作的典范"，双方的加速"融合"使以欧盟为核心的地区集团（联盟）内部形成了错综复杂的南北关系。[①]

欧盟的努力取得了不菲的成果。我国有学者认为，相对于美国的军事和政治霸权的巨大影响力而言，欧盟的经济影响力超过了它自己的政治影响力：

> 欧盟强有力的国际地位在经济上的影响要大于政治上的影响。
> 欧盟在国际经济交往上取得的成就甚至超过了两个最大的合作者——美国和日本。欧盟从诞生之初就是作为经济团体存在的，其规模的扩充和内部职权的扩展始终都是围绕着这一主题进行的。

---

① 以上参考苏欲晓等：《欧盟的对外关系》，鹭江出版社 2006 年版，第 45—49 页；关于《科托努协定》，参考周弘主编：《欧洲联盟 50 年：2007—2008 年欧洲发展报告》，第 105—106 页。

近年来在统一市场的影响下，欧盟继续扩展其经济实力。随着世界贸易组织的诞生，欧盟的国际贸易并行发展，如今欧盟国家的服务业、公共市场和技术标准等都是同时按照欧洲和国际两个水平不断调整。

欧盟内部的开放促进了对外开放。上引文的作者指出：欧盟的国际开放"主要是通过原共同体内部商业飞速发展来实现的，其在欧盟国民生产总值中的相对比重在近 30 年间增长了一倍，而外部商业在同一时期则处于相对稳定的状态"。在这个过程中，欧盟对外资的吸引力不断提升："2003 年欧盟吸收了 52% 来自世界其他区域的直接投资，而 1980 年只有 28%。"① 当然，这里要考虑到这 20 多年间欧盟地理上的扩张。另外，20 世纪 90 年代以来欧盟的发展也有自己的弱点，它在 21 世纪初国际金融危机中所碰到的困难就是这些弱点的暴露。

五、新时期的扩张特点与面临的问题

上面讲的应对全球化挑战的种种措施，都属于第二次世界大战以来欧盟扩张的特点，如强化与"南方"国家的关系，通过内部贸易发展来加强与外部世界的联系等，但还有一些特点，需要在这里作进一步的介绍。

战后欧盟扩张的三个特点

战后的全球化浪潮中，西方发达国家的扩张鲜明地表现出许多之前没有或之前尚不明显的特点。有些是欧美等发达国家共有的，有的是颇具欧盟自己的特色的。下面三个方面，既体现了共性，又在某些地方体现出欧盟自己的个性。

---

① 冯寿农等编：《欧盟概况》，鹭江出版社 2006 年版，第 92—94 页。

1. 服务、资本、技术输出和商品输出的综合性扩张，扩张的主体是跨国公司（multinational corporation［MNC］或 multinational enterprise［MNE］，又译"多国公司"）。几乎所有的相关著作都强调现代扩张的这一特点，比如本特利他们说道：

> 由于企业需要穿越国界从事特别业务（如进口、出口和开采矿产），所以国际公司应运而生。国际公司演变成跨国公司，在几个国家经营企业，但是必须遵守某一个国家的特定的法律和习惯。在过去的 25 年间，合作规模的变化已经导致了大约 5 万家全球公司的产生。与跨国公司相比，典型的全球公司以一个小规模的总部为基础，其他公司机构散布全球，寻求尽可能低的营业成本。全球公司在运作时没有国家概念，只是把世界看成是一个市场。许多跨国公司，如通用汽车公司、西门子公司和雀巢公司，已经将自己转变成全球公司，既从正在进行的全球化中获益，又对全球化进程起了推动作用。①

这里，作者把我们通常理解的跨国公司的历史分成三个阶段，即国际公司、跨国公司和全球公司，这种区分主要是根据其国际化的程度而言的。引文中所举的三家全球公司中，后两家就是欧洲的公司。

跨国公司是发达国家资本输出和进行国际贸易的主要工具。20世纪 90 年代中，世界产品和服务贸易的 1/3 是跨国公司子公司的"公司间"贸易，另外还有 1/3 是跨国公司及其子公司的"公司外"的销售。20 世纪 80 年代后期，国际直接投资快速增长。1980—1990 年，欧洲公司的国际直接投资增加了三倍，美国的公司增加了一倍。这期间，"国际直接投资的增加有一半以上来源于欧洲公司的投资，而这当中又有一半投资于欧洲范围之内，十年当中欧洲成为国际投资的第一来源，其投资额是美国的两倍，日本的四倍。"下表说明 1990 年

---

① 〔美〕杰里·本特利等：《新全球史》（第三版）下册，魏凤莲等译，第 1196 页。

时西欧在对外投资中的地位：[①]

表 14-1　1990 年直接投资总额（各部类合计）一览表
（占全球国际投资总额的百分比）

来源 ＼ 目的地	工业化国家	美国	西欧	日本	其他国家	发展中国家	全世界
工业化国家	78	22	44	2	10	16	94
美国	19	—	13	1	5	6	25
西欧	46	14	27	1	4	6	52
日本	9	6	2		1	3	12
其他国家	4	2	2	—	—	1	5
发展中国家	4	2	2			2	6
全世界	82	24	46	2	10	18	100

这个表告诉我们，前面所说的欧盟的"国际地位在经济上的影响要大于政治上的影响"，所言不虚。

2. 20 世纪末以来，欧盟还特别重视把标准化建设作为欧盟内部整合和对外扩张的手段。1995 年世界贸易组织签署《技术性贸易壁垒协议》（WTO/TBT 协议）和《实施动植物检疫措施协议》（WTO/SPS 协议），要求各国在制定相关规定时要以已有的国际标准为基础，不得对国际贸易形成壁垒。这表明"国际标准已经成为国际贸易和市场准入的必要条件"。欧盟非常重视标准化战略的重要意义，1998 年 10 月，欧洲标准化委员会（CEN）和欧洲电工标准化委员会（CENELEC）发布 CEN2010 年和 CENELEC2010 年标准化战略，其主要目标是：

> 建立强大的欧洲标准化体系，以继续支持欧洲统一市场的建设；通过接纳更多的成员国、协会会员、会员和合作组织扩

---

① 〔法〕雅克·阿达：《经济全球化》，何竟等译，中央编译出版社 2000 年版，第95—97 页。注意：表中的"工业化国家"的数字，为美国、西欧、日本和"其他国家"四个子项目数字之和。

大欧洲标准化体系的对外影响力；将更多欧洲标准转化为国际标准，以加强欧洲产业在世界市场的竞争力；强调欧盟积极参与国际标准制定的重要意义；积极协调欧盟各成员国在国际标准化活动中的立场和态度，以形成欧洲在国际标准化中的统一地位；重申加强欧洲标准化委员会与国际标准化组织（ISO）、欧洲电工标准化委员会与国际电工委员会合作的重要性。

　　欧盟特别看重标准化工作，既与欧盟作为多国联盟及它致力于建设联盟内统一大市场的努力分不开，也与它努力站在世界分工前列的追求分不开。所以它在标准化上的努力既有明确的内部目标，又有明确的外部目标：内部目标着眼于市场更高度的一体化，外部目标着眼于使自己的相关标准成为世界标准，或在世界标准的制订中尽力发挥自己的作用。在世界市场上，谁的标准获得认可，意味着谁将在该领域拥有更多的商机和发言权。所以，欧盟特别注意"在具有经济新增长点的领域，发挥欧洲在标准制定方面的'软实力'，抢占市场先机"。这方面一个典型的例子是关于网络电视（IPTV）技术标准的开发和利用。2003年欧洲数字电视广播标准组织（DVB）着手制定的相关标准，得到了全球网络电视系统的广泛采用。2008年年底，全球网络电视用户达到2 170万，比前一年底增长63%。西欧、非洲和中东地区的网络电视业务增长率超过45%，其中这方面最大的市场是法国。2009年年底，西欧地区网络电视总用户数占全球一半以上。[①]

　　为自己拥有优势的领域制定相关世界标准，这也是情理之中的事情。1996年，美国的莱斯特·瑟罗曾说过："欧洲共同市场是目前全世界最大的市场，谁控制了世界大市场的准入条件通常就由谁来制定世界贸易的规则。这就是为什么19世纪世界贸易的规则由英国人制定，20世纪的由美国人制定。"但20世纪末欧洲人获得了

---

　　① 罗红波主编：《欧洲经济社会模式与改革》，社会科学文献出版社2010年版，第97—98、107—108页。

这种权力，比如，"全世界多数制造业公司都力图达到'ISO9000'质量控制标准"，这是"欧洲的标准，现在适用于全世界"。[①]市场竞争中，总是强者为王，这条规则不会改变，但要做强者，必须有内功。

3. 20世纪90年代以来，欧盟在倡导保护环境和使用绿色能源方面领先于其他发达国家。比如，1997年12月，149个国家和地区在日本京都签订《京都议定书》时，欧盟的表现引人注目，它为这个以限制发达国家温室气体排放量的议定书作出了重要承诺。该议定书规定，到2010年，所有发达国家温室气体排放量整体上要在1990年的基础上平均减少5.2%。其中，欧盟作为一个整体要将温室气体排放量削减8%，日本和加拿大各削减6%，美国削减7%。但即使如此，美国和加拿大还是于2001年3月和2011年12月先后退出该议定书。[②]

对欧盟来说（对世界上很多国家来说都一样）减排不仅是为了保护世界环境，也是一项重要的能源安全战略。但尽管世界上许多国家都认识到这一点，真正能像欧盟那样认真投入巨大精力和资本开发绿色能源的国家或地区并不多。1973年的石油危机，欧共体深受石油短缺之苦，开始谋求能源来源多样化。但这方面真正大的变化，发生在1992年的联合国环境大会之后。签署《京都议定书》是这方面的一个重要表现，它作出的承诺需要大大减少它对化石能源的使用。1998年12月欧盟颁布"欧洲理事会关于1998—2002年能源部门行动框架计划的决定"，这是一个"具有历史意义的战略文件"，它列出了能源供应安全、通过统一市场提高竞争力和环境保护三大基本目标，并为此制定了6个专项五年计划。[③]这些计划和目标充分体现了当今世界竞争的一个新特点：把能源安全、环境保护和提高竞争力这三个似乎互不相干的问题综合成一体，那就是使用绿色能

① 〔美〕莱斯特·瑟罗：《资本主义的未来》，周晓钟译，中国社会科学出版社1998年版，第132—133页。

② 《京都议定书》，http://news.xinhuanet.com/ziliao/2002-09/03/content_548525.htm。

③ 周弘主编：《欧洲联盟50年：2007—2008年欧洲发展报告》，第116页。

源、掌握使用绿色能源的尖端技术、使自己在未来世界能源的发展中拥有独具特色的竞争力。

美国未来学家里夫金在不久前写的一本书中，无形中把美国与欧盟作了对比。他说，尽管奥巴马上任以来就把美国经济复苏放在首位来考虑，但他"缺少宏伟的构想，摆在美国民众面前的只是一堆试验性计划和被搁置的项目，没有一项能够作为说明美国经济前景的有力证据"。他又说，"迄今为止，大部分美国能源与公共事业公司对于引进第三次工业革命商业模式持保留态度。"在批评美国的同时他高度赞扬欧盟的举措："欧盟在 21 世纪初就为自身发展设定了两个目标：一是向可持续发展的低碳型社会转型，二是将欧洲建设成世界经济最具活力的典范。"欧盟在这方面取得了许多重要成就。比如，在太阳能利用方面，2009 年欧洲提供的光伏太阳能占世界总量的 78%，遥遥领先于其他国家。同一年，欧盟的风力发电量占新能源总发电量的 38%，占总发电量的 4.8%，在该产业就业的工人有 20 万。预计到 2020 年，风力发电将为欧洲提供 17% 的电量。欧盟还计划 2010—2020 年使用的电力有 1/3 来自绿色能源。这不仅是增加就业的一个重要计划，还能带动 1 万亿欧元的投资，以便更新电网系统，使其与绿色能源的使用相配套。[①]

里夫金认为，第二次工业革命的标志是使用化石能源，从 19 世纪末到现在都是这样，而第三次工业革命（这里指里夫金关于工业革命的分期法，见本书第四编开头）的标志是使用可再生能源或绿色能源。不管用绿色能源取代化石能源是不是第三次工业革命的标志，我们都可以肯定这是一场伟大的变革，站在这场变革的前列某种意义上也就是站在世界发展的前列。

"扩张"含义的变化

我们把上述种种行为都归之于"扩张"，这公平吗？其中有许

---

① 〔美〕里夫金：《第三次工业革命》，张体伟等译，第 29、55、33、35、32 页。

多事情，不是应该称为"影响"或"发展"吗？比如，欧盟重视限制碳排放、使用清洁能源等，其在这方面的态度与美国相差较大，这不是富于积极意义的影响吗？为什么要称之为扩张？

确实，一般情况下，我们都赞赏欧盟在这个问题上的立场，不视之为扩张，因为"扩张"在中文中常常是一个贬义词。但当我们从整体上来评价欧盟的这些行为时，称之为扩张也不无道理。西方国家的国际贸易或国际影响的任何发展和扩大，都是为他们的利益服务的，都会成为当代世界种种问题的根源，因此某种意义上都可归入新殖民主义的范畴。①

这就提出了"扩张"含义的变化问题。在当代，西方发达国家不仅扩张方式发生了变化，连扩张的概念本身也发生了变化。当代扩张与"二战"前的殖民扩张不一样，虽然它与殖民扩张依然有某种联系。如实评价西欧国家战后的扩张形式，对我们了解当代世界发展的性质非常重要。当前，关于欧盟或关于发达国家的扩张问题，我国学术界的评论似乎不是很协调。比如，有的学者强调新殖民主义与不平等的世界分工，而另一些学者则突出欧盟或美国或其他发达国家机制创新或开辟市场的努力与成就。这是一种什么性质的努力和成就？这些成就是新殖民主义的表现，抑或是另一种性质的发展？原属发展中国家的少数新兴工业国正在加入这种扩张，也把它们称为"新殖民主义者"吗？比如，韩国的三星和德国的大众都在中国投资，你能说前者不是新殖民主义（因为韩国历史上是一个被殖民的国家）而后者是新殖民主义（因为德国历史上是一个殖民的国家）的表现吗？即使要作这种区分，新殖民主义的扩张与"正常的"

① 国内外都有一些学者提出：把全球变暖归之于"温室效应"是西方发达国家特别是欧盟的一场阴谋，《京都议定书》是一场骗局，是他们用来推广自己的清洁能源技术、扼杀如中国和印度等新兴工业化国家发展，及提升自己作为环保卫士的国际形象的手段。参看申薇："《京都议定书》背后的政治博弈——全球变暖骗局原因的部分探析"（《社科纵横》2011年第2期，第155—156页）及其参考书目。邓光奇的《低碳战争》（中国经济出版社2011年版），也强调低碳是"剑指中国"的"生死之战"。不过，我认为全球变暖也许有其他自然的原因，但不容置疑的是，使用清洁能源肯定是今后世界发展的一个基本趋势，所以即使这真是发达国家合围发展中国家的一场"阴谋"，同样也可看成是新殖民主义"双重性"的体现。

发展几乎难以区别，因为两者都是在同一个世界分工体系下进行的。所以，最好是不要忙于定性，了解下面的道理也许更重要：

1."二战"后，西方发达国家扩张的基本特点是充分利用非殖民化后形成的新的世界分工，从中获取巨大利益，这就是我们常说的新殖民主义的基本内涵。对此，我们既要看到这是西方国家有意保持的世界分工方式，以便继续对发展中国家进行某种剥夺并由此获得高额利润，又要看到当代世界分工是历史地形成的，并非由某个国家或某几个国家刻意设计的阴谋。实际上，这种分工即使西方国家本身有时也会感到诸多不适。比如，就内部来说，他们国家内有当今世界上最强大的反全球化运动和思潮，就对外来说，各发达国家还经常会作出一些调整，减免发展中国家的一些债务或向某些与它们特别接近的发展中国家免除关税等，都说明了这一点。但他们不会也不可能改变现行世界分工的基本制度，因为如果西方不能通过世界分工获利，他们的社会制度就难以维持；但他们也不会拒绝某种程度的改革，因为这是任何发展所需要的。

2.由于这个世界分工制度并非阴谋的产物，而且发达国家本身之间存在着激烈的竞争，所以维持现行的世界分工制度并非只是坐收红利，而是同时需要十分努力地参与竞争。站在世界分工体系顶端的地位并非天赐，不努力就可能掉下来，沦为二流国家；在这种新型的扩张体系中，发达国家必须作出比以往更大的努力才能维持自己在世界分工中的位置。从这个角度看，西方人定下的规则又是竞争性的，不纯粹是为一己私利而定的。竞争是现代生产的天性，如果培育起竞争能力，谁都有可能在竞争中获胜。所以当我们说西方新殖民主义利用他们的各种优势剥削发展中国家的时候，还是要看到，有少数发展中国家确实能够通过利用他们制定的规则做到与他们平起平坐，甚至在将来还有可能超过它们。

3.但另一方面，在现行世界分工制度下，绝不可能使世界上所有的发展中国家都进入发达国家行列，因为从1500年左右发展起来的这个世界分工体系需要许多国家处在分工的底端，否则所谓的世界分工就不存在。1992 年，美国的瑟罗就强调穷国要挤入富国"非常困难"，他认为从 1870 年到 1988 年的 118 年中只有日本才算是"真正取得成功的"国家。他甚至预言："任何一个国家在 21 世纪末进入富国行列的可能性都是不大的——不管它在 21 世纪初看起来有多么成功！"①富国的标志是什么？我们在本章开头讲到了贸易形态的变化问题，这说明世界分工是有层次的。在现实世界中，制定标准的只能是少数国家，如果世界上所有的国家都在设计标准，也就是都站在世界分工的顶端，那么人类就会没有饭吃、没有衣服穿，因为毕竟人类基本生活所需物资都是物质性的，而且大部分都是底端劳动的产品，需要大量劳动力来生产。世界上只可能有少数人搞标准设计，稍微多一些的人从事品牌设计，而大多数人则必须从事具体生产。从这一点看，发展中国家与发达国家的竞争是一种处在不同起跑线上的竞争，发达国家拥有各种优势，最容易保持处在金字塔尖的地位，而发展中国家要爬到这种地位，非常困难，而且一般而言也只有少数国家或少数生产部门才能做到。

总之，所谓新殖民主义，主要是就其利用现行世界不平等的分工方式谋取红利的角度说的，某种意义上，我们也可称之为现代扩张或发展方式的弊端。这种扩张方式从理论上讲不是西方人的专利，而是任何国家都有可能做到的，但在实践上往往并非如此，因为西方人拥有历史上殖民扩张形成的优势，有能力进入发达国家行列的至多也只是少数发展中国家。对这少数能进入发达国家行列的发展中国家而言，"正常的"发展与新殖民主义的扩张似乎融合在一起，难以分清，因为你只能在这个世界分工的框架内发展。唯一能区分的，就是你是否在扩张的同时真诚地促使"扩张对象"一起发展，并在这个过程中为建立一个更平等的世界分工秩序而努力。近些年来，中国正在朝着这个方向努力。同时，尽管努力有大小，也不要否定欧盟在这方面作出的某些努力，减轻世界性的贫困毕竟是联合国的目标。

---

① 〔美〕莱斯特·瑟罗：《二十一世纪的角逐——行将到来的日欧美经济战》，张蕴岭等译，第 174—176 页。

新世纪面临的问题

21世纪初金融危机发生前的几年里，欧盟表现出"很强的增长态势"，2006年其经济增长率达到3.2%，2007年有2.8%，高于美国的2.2%。此时，"欧洲不少学者唱起了欧洲经济与美国脱钩的论调，认为欧洲经济增长可以不依赖美国甚至超过美国，迎来欧洲经济的增长高潮。"即使到了2008年初，美国次贷危机已经爆发，欧洲的金融监管部门还认为欧洲可以躲过灾难。[①]但事实是，美国虽然是这次金融危机的始作俑者，受害最深的恐怕还是欧盟，它很快陷于主权债务危机而不能自拔，主权债务危机最严重的希腊一度大有退出欧盟之势。

所谓主权债务危机（Sovereign Debt Crisis）或欧债危机，"是指一些欧元区成员国因出现巨额财政亏空而造成的危机。从性质上来说，这是一种流通短缺危机，由于发生在政府层面上，因此又称主权债务危机"。[②]它是在美国次贷危机（subprime crisis）冲击下欧盟自身存在的各种问题的总爆发。开始时人们对此认识不足，但到2012年夏天，"很多政府官员和私人投资者看来终于意识到，欧元区的危机并不是某种暂时的差错引发的，而是那些深植于欧元区的政治、经济和金融问题的一个结果，将需要花费多年时间来解决。"[③]不过到2013年第二季度，欧盟经济出现增长，第三季度欧元区17国和欧盟28国（2013年，克罗地亚正式成为欧盟第28个成员国）的国民生产总值分别增长了0.1%和0.2%。不久后，我国有学者宣布："这一持续时间超过三年的危机已基本解决，至少'最危险的时刻'（即对希腊债务违约或退出欧元区导致整个欧元区崩溃的担忧）早已不复存在。"[④]

---

① 徐明棋："全球金融危机与欧洲经济的困境"，《世界经济研究》2009年第12期，第29页。

② 戴炳然："方方面面话欧债"，《欧洲研究》2011年第6期，第138页。

③ Peter Boone, "The Next Panic", *Atlantic Monthly*, Vol. 310, Issue 3, 2012, p. 32.

④ 江时学："前言"，载周弘主编：《欧洲发展报告（2013—2014）》，社会科学文献出版社2014年版，第1—2页。

　　尽管如此，这一危机暴露了欧盟的软肋，这是没有争议的。危机后欧盟的经济复苏比美国缓慢，反映出同样的问题。欧债危机爆发后的几年间，中外学者对欧盟面临的问题作了相当全面的分析，这些问题大体上可分为两大类：一类是发达国家普遍存在的，如产业空心化、经济金融化或虚拟经济过度膨胀；另一类是欧盟或其所属各国自身特有的或比其他发达国家特别明显的，如较高的福利或较高的劳动力成本造成竞争力相对缺乏，也就是科技竞争力不如美国，但人力成本（就欧盟整体而言）高于发展中国家。欧元制度不完善成为欧盟中一些国家危机深化或欧盟在危机面前应对措施乏力的重要原因：有统一的货币（欧元）但没有统一的财政，或者说欧元区在统一货币、分散财政和经济分化三者之间存在不可调和的矛盾。此外，有的人强调欧洲人口多、经济规模基数大、政府高福利开支模式等造成"制度黏性"，也有人提出欧盟"缺乏结构合理、多层次以及富有市场传导性的金融体系模式"。还有一些学者强调危机出现后欧盟有关管理部门处置不及时，对危机估计不足，致使危机深化而难以救治。[①]西方学者有的从技术层面看这次欧债危机，有的强调欧盟那些早已存在的根深蒂固的毛病。尼古拉斯·韦龙（Nicolas Véron）指出："2008 年全球金融危机爆发，2009 年美国基本完成了化解银行危机的工作"，而欧洲银行危机却未能像美国那样得到及时解决，主要原因在于统一的货币与各行其是的财政制度的矛盾，致使危机发生后，南欧国家无法使用货币工具调节贸易赤字和失业率。[②]皮埃尔·德弗雷涅（Pierre Defraigne）教授认为危机主要有三个层面：西方资本主义的系统性危机；欧盟大规模东

---

　　① 参看孙伟："关于欧洲主权债务危机的调研"，《宏观经济管理》，2012 年第 3 期，第 87—88 页；王志伟："欧元区的经济困境：主权债务危机及其出路"，《山东大学学报》2012 年第 1 期，第 2—4 页；余南平："后金融危机时期欧美经济复苏差异比较"，《欧洲研究》2014 年第 3 期，第 68 页。

　　② 参看尼古拉斯·韦龙："欧洲主权债务危机的根源与出路"，《金融发展研究》2011 年第 12 期，第 27 页；〔美〕迈克·戴维斯："中东变局、欧陆危机与全球左翼的复兴"，《国外理论动态》2012 年第 8 期，第 56 页。

扩后尚未有时间进行深化，以致欧盟过于庞大而面临认同危机，并出现"双速欧洲"（two-speed Europe）的问题；欧元区的危机。[①]总之，人们普遍认为这是一次综合性的危机。

就在欧盟在努力缓解面临的各种问题时，又发生了几件令人头痛的大事：2014 年俄罗斯吞并克里米亚；2016 年 6 月英国通过公投决定脱欧，2020 年 1 月，英国正式脱欧；2017 年 1 月，唐纳德·特朗普宣誓就任美国第 45 任总统，发表了以"唯有美国第一"为主旨的就职演讲，这年 3 月德国总理默克尔访问白宫时，发生了特朗普拒绝与其握手的事，大概是双方在移民、贸易和北约军费分摊上存在着太多分歧。

尽管人们对英国脱欧有各种各样的评价，但无疑这是欧洲联合或欧盟发展史上的一次重大挫折。在欧盟的其他国家中，要求脱欧的声音也在增强，进一步威胁着欧盟的统一。欧盟面临的上述种种问题，既与全球化对发达国家的不利因素增加有关，也与欧盟应对这些问题显得有些力不从心有关。看来，欧盟要走出困境，走向新的发展和扩张，需要克服或缓解以下各个难题，这些问题大多是发达国家共有的，但其中有的在欧盟一些国家表现得特别尖锐：

1. 如何处理占领产业高地与产业空心化问题。所谓产业高地，就是在各重要产业部门站在世界科技创新的前列，拥有先进的核心技术，或者如前面所说的从事标准制定和品牌设计的工作，一定程度上控制着世界分工的进行。产业空心化是因为处在世界分工顶端的民族必然会把国内的工资福利提升到一个相当的高度，于是劳动密集型产业和部分资本密集型产业将变得无利可图，无法参与国际竞争，只得把这些产业转移到发展中国家。所以，站在世界分工前列意味着一个国家的制造业大量减少，出现大批需要救济的劳动者。解决这个问题并非易事，即使政府意识到产业空心化的危险性，通过各种经济手段和思想手段，使一些中低端产业留在国内，也依然

---

① 孙莹炜等："'中国社会科学论坛：欧洲转型及其影响'会议综述"，《欧洲研究》2012 年第 6 期，第 143 页。

会有一个低工资的问题。

2. 与上面的问题有关，如何处理高端产业与普通产业的关系，或如何处理高工资劳动者与低工资劳动者间的分配关系，是发达国家尚未有效解决的问题。发达国家产业无论如何空心化，总会保存一部分低端产业或许多辅助性的工作岗位，其从业人员的收入与从事高端产业人员的收入差距不断拉大，西方有学者称之为"技能偏向型的技术变革"造成的分配差距。[①] 如果发达国家想进一步保护实业，那就得拿出新的办法。

其难处在于：要让每一个公民都过上好日子，又要适当拉开收入差距以培养和维持世界竞争力；这种差距又不能拉得过大，不能使收入不同的人们之间互相蔑视和忌恨。这无异于走钢丝，但如果不在这方面采取有力措施，会导致人心涣散、阶层固化等一系列社会弊病。

如果福利过高，必然导致高税收，由此造成所谓的两个动力真空，即有钱的不愿投资，有力气的不愿干活。1973 年以来，经济合作与发展组织（Organization for Economic Co-operation and Development）国家的经济增长率明显下降。从 1971—1977 年，公共开支平均每年上升 7.5%，但每年的经济增长率只有 2.4%。[②] 在这种情况下，社会风气受到严重破坏。艾伦说道："随着荷兰福利国家的发展，在执行这项计划中所出现的滥用福利和欺骗的行为也理所当然地变得十分猖獗。劳动道德被文过饰非和愤世嫉俗所取代。广泛滥用福利的情况之一是领取失业救济金的人们往往进行兼职工作。在福利社会里，几乎人人都在进行欺骗，也怀疑别人在进行欺骗。当荷兰的纳税人妒忌地注视着他们的钱成为大锅饭时，邻里之间的

---

① 〔美〕雅各布·S.哈克等："美国社会赢者通吃的政治"，杜文娟译，《国外理论动态》2012 年第 8 期，第 22 页。

② 经济合作与发展组织秘书处编：《危机中的福利国家》，梁向阳等译，华夏出版社1990 年版，第 209 页。

闲言碎语、搬弄是非已成为荷兰全国性的消遣了。"①这类似于中国的"大锅饭",是 20 世纪 80 年代撒切尔主义或里根主义所对付的主要问题,也是新自由主义一度甚嚣尘上的原因。此后,西欧国家对此进行了一系列改革,但很难说它们已经解决了这个问题,要不中国学者就不会把它作为这次欧债危机的一个重要原因了。

但如果一个国家为追求高端而放弃社会公平,全体公民,特别是教育界和学生都把这看成有成就、有作为、有贡献并获得高收入的唯一途径,而其他工作,特别是普通制造业,将备受冷遇。后者的工作不仅受到轻视,其收入与前者也不可同日而语,趋于成为"固化"的阶层。历史上这种情况曾一再出现过。比如当年西班牙人、荷兰人把海外殖民淘金或远洋经商视为最光荣的行动,在国内从事普通手工业和农业劳动的人受到轻视,造成这些行业的衰落。

如何让从事不同工作的人的收入差距保持在"合理"的范围内,保持在社会能够接受或维护社会和谐所需要的范围内,但又能维持自己的国际竞争力,这不仅仅是发达国家面临的问题,也是发展中国家应该警惕的。关于这方面的情况,发达国家有比较丰富的经验。皮凯蒂在《21 世纪资本论》中指出的数字可供我们参考:20 世纪七八十年代,在收入较为平等的斯堪的纳维亚各国,最上层 10% 的人约占有国民收入的 25%,同时期的德国和法国是 30%,而到他出版这本书的 2013 年,在德国和法国这个数字已经上升到 35%。他还说,在更加不平等的社会里,这 10% 的人占有国民收入的 50%,其中最上层的 1% 占有约 20%,"旧制度及'美好时代'时期的法国和英国"就是这样,而"当今的美国也是这种情况"。②

另外,我们也不应过于强调一般而言的高福利的负面作用。在现实中,各种因素综合起作用,不能过分归因于某种因素。下面一段话可使我们更好地理解欧盟的问题:

---

① 〔美〕G. 艾伦:"各人自己付钱的聚餐——'福利国家'怎样在毒害着西欧",子华译,《国外社会科学》1986 年第 1 期,第 8 页。

② 〔法〕皮凯蒂:《21 世纪资本论》,巴曙松等译,中信出版社 2014 年版,第 267 页。

　　为什么金融危机起因在美国，深受其害的却是欧洲？为什么处于同样的国际环境之下，瑞典却可以金身不败？这场危机中，德国之所以在各大国中一枝独秀，除了施罗德执政后期的经济与社会改革的作用，其坚实的产业基础绝对功不可没。英国在金融危机中卷入很深，情况相当严重，人们曾担心它会出问题，但应该说还是挺了过来。同样深陷债务危机的爱尔兰，情况看来也比希腊要好。欧洲债务危机如此集中地发生在地中海国家，表明这涉及发展模式的问题。人们诟病福利国家，认为高社会开支是欧洲陷于债务危机的重要原因，但恰恰社会开支最高的北欧国家受危机影响最小。[①]

可见，应该全面认识紧随 2007 年金融危机而来的欧债危机，不能过分怪罪"高福利"，一定水平的福利是欧洲广大劳动人民经过几百年的斗争才得来的成果，只有那种寅吃卯粮的高福利才可以说是不可持续的。

　　3. 如何处理虚拟经济与实体经济的关系。虚拟经济膨胀是 2007 年开始的世界性金融危机的重要原因，这种经济的特点是比实体经济更具国际性，更具扩张性。由美国次贷危机引起的欧债危机与此密切相关。丁纯指出："以银行为首的欧洲金融机构在以美国次级资产为标的的美国结构性融资市场交易中，即占了总份额的近 2/3，美国次贷危机正是通过美欧金融机构相互蔓延和传导……欧洲银行杠杆率普遍高于美国：欧洲 10 家最大银行平均杠杆率达到 30 倍，远高于美国平均 20 倍的水准，其中瑞士联合银行高达 63.9 倍。"[②]

　　虚拟经济最典型的表现是金融化。有学者说："今天，资本主义经济的虚拟化和金融化发展到了一个新的阶段：金融部门相对于实体经济部门日益膨胀，利润的来源越来越以虚拟经济为主，金融

---

　　① 戴炳然："方方面面话欧债"，《欧洲研究》2011 年第 6 期，第 141 页。
　　② 丁纯："金融危机冲击下的欧洲经济：表现、成因与前景"，《欧洲研究》2010 年第 4 期，第 47 页。

资本无论在微观层面还是宏观层面都占据了主导地位。当代资本主义经济正呈现出经济加速金融化、金融日益虚拟化、实体经济空壳化、日常消费借贷化、国家走向债务化、人民大众贫困化等六大趋势。"[1]波德用以下系列数字说明近年来虚拟经济大大脱离实体经济独自"起飞"的过程：

> 在这个新的数字化大赌场里，金融交易的发展相比于世界生产的发展可称为飞跃。2002—2007 年，以万亿美元计：
> ——世界生产总值从 32.3 增加到了 54.3；
> ——证券交易从 39.3 增加到了 77.9；
> ——外汇市场的交易额从 408.2 增加到了 1058.3；
> ——衍生产品的交易额从 693.1 增加到了 2288。
> 与股票相关的道琼斯指数——在 1964—1982 年徘徊于 1000 点左右，在 1993 年达到了 4000 点，然后在 1997 年达到了 12000 点，2001 年"9.11 事件"后跌回 8000 点——在 2007 年又达到了 14000 点。
> 所有能具备价值的股票都很红火。一些滑稽的失控和一些怪诞的欺诈充斥着这一数字金融飞跃的过程。[2]

虚拟经济发展的失控与新自由主义息息相关。虚拟经济是经济全球化和金融化的产物，有其必然性和必要性，关键是如何抵制它的有害方面，让它在与实体经济互相促进中求发展。它之所以失控，是因为人的投机心理及新自由主义理论的鼓励，它比一般的投资手段更能适应人的投机需要，这就需要监管，过分乐观地看待它的扩张性或好的一面，非常危险。

---

[1] 朱炳元："资本主义发达国家的经济正在加速金融化和虚拟化"，《红旗文稿》2012 年第 4 期，第 4 页。

[2] 〔法〕米歇尔·波德：《资本主义的历史，从 1500 年至 2010 年》，郑方磊等译，第 351 页。作者注明：所谓衍生产品指"衍生自下层产品（股票、债券、外汇或利率……）的产品（证券买卖特权、期货、掉期交易、组合……）。"

4.如何处理新一轮民粹主义的兴起，包括与之密切相关的反恐和接收移民的问题。全球化对发达国家造成的某些不利影响，产业空心化和失业、收入分配差距拉大、政府应对乏力等成为新一轮民粹主义全面兴起的基本原因，移民和外来人口发起的恐袭事件频频发生，为此火上浇油，这些对欧洲的政治精英提出了严峻的考验。俞可平指出：这新一轮的民粹主义在许多西方发达国家已经"成为政治主导力量"，其特点是反全球化，右翼排外，具有极端民族主义倾向，其"后果具有严重的不确定性"。①还有人指出，这是一场"反建制运动"，其标志性的事件是英国"脱欧"和特朗普当选美国总统。这场运动"正在深刻影响着发达国家的制度框架"，"是现代性危机的又一次集中爆发……反映了资本主义向更高级形式——全球资本主义——推进过程中所积累的重重矛盾"。②

对这场运动作出全面评价也许为时过早，但美国有学者警告说："法西斯主义和其他革命运动是民主处于危机中的后果。如果美国与欧洲国家政府不能更好地解决当前面临的许多社会、经济问题，如果主流政治家和政党不能加深与所有公民的接触交流，如果保守势力继续散播恐惧、对极端主义视而不见，西方人很快就会发现民粹主义正滑向法西斯主义和其他革命运动。"③这样讲有一定的道理。

5.如何处理好与美国、俄罗斯的关系，或如何进一步提高自主处理对外关系和提高防务能力。欧盟和北约东扩引起俄罗斯的极大猜疑和反制，2014年3月俄罗斯吞并克里米亚，乌克兰危机至今看不到解决的迹象。这年年底俄罗斯的"新版军事学说"把北约列为"首要外部军事威胁"。④几十年的冷战中美国人与苏联人打了许多交道，

---

①　俞可平："全球化时代的民粹主义"，《国际政治研究》2017年第1期，第10页。

②　梁雪村："发达国家的反建制运动——自由秩序与现代性危机"，《国际政治科学》2017年第2卷第2期（总第6期），第33页。

③　Sheri Berman, "Populism Is Not Fascism: But It Could Be a Harbinger", *Foreign Affairs*, Vol. 95, Issue 6, 2016, p. 44.

④　谢亚宏："俄罗斯公布新版军事学说"，http://military.people.com.cn/n/2014/1228/c1011-26286839.html。

但毕竟时间不算长，欧盟各国具有长期与俄罗斯民族打交道的经验，他们应该发挥自己的特长。这个问题处理不善，将危及欧洲安全。

特朗普上台后，欧盟与美国的关系也正处于调整中。美国要求欧盟增加军费或更多地承担北约的费用，给欧盟提出了一个难题。2017年3月，德国总理默克尔访问美国，在白宫会谈结束时特朗普拒绝与她握手（白宫的解释，是特朗普没有听见默克尔握手的提议），应该是在军费等问题上分歧较大。此后不久，默克尔在慕尼黑竞选时宣称："最近几天的经历让我感受到，从某种程度来讲，我们互相完全依赖对方的时代已经结束。"她接着又说："出于这一原因，我只能说：我们欧洲人真的要把命运掌握在自己手中。"[①] 在欧洲安全和与各大国的关系上，欧盟应该减少对美国的依赖，应该更加主动，手段更加灵活，有更多作为。

像任何其他社会一样，欧盟面临的问题很多，但上面讲的我认为很重要。欧洲新一轮的发展和扩张，将视以上问题的解决或缓解的情况为转移。

---

① 张旌："默克尔：不再指望英美，欧盟命运自己做主"，http://news.xinhuanet.com/world/2017-05/30/c_129621214.htm。

参考文献

一、史料

Blair, E. H., and Robertson, J. A., eds., *The Philippine Islands, 1493-1898*, Vols. 5-6, 33-34, Cleveland: The Arthur H. Clark Co., 1903, 1906.

Bontier, Pierre, Jean le Verrier, *The Canarian, or, Book of The Conquest and Conversion of the Canarians in the Year 1402 by Messire Jean de Bethencourt, Kt*, Translated and Edited by Richard Henry Major, F.S.A., ETC., London: Printed for the Hakluyt Society, 1872.

Hackett, C. W. ed., *Historical Documents Relating to New Mexico, Nueva Vizcaya, and Approaches Thereto, to 1773*, Washington: The Carnegie Institution of Washington,1923.

Lopez, Robert S., *Medieval Trade in the Mediterranean World, Illustrative Documents*, New York and London: Columbia University Press, 1968.

Morison, Samuel Eliot ed., *Journals and other Documents on the Life and Voyages of Christopher Columbus*, New York: The Heritage Press, 1963.

Newitt, Malyn ed., *The Portuguese in West Africa, 1415-1670: A Documentary History*, New York, Cambridge University Press, 2010.

Stephenson, Carl and F. G. Marcham eds., *Sources of English Constitutional History, A Selection of Documents From A. D. 600 To The Present*, New York and London:Harper & Brothers Publishers,1937, http://www.constitution.org/sech/sech.htm.

〔英〕达维南特:《论英国的公共收入与贸易》, 朱泱等译, 商务印书馆 1995 年版。

〔英〕达维南特:《论东印度贸易》, 胡企林译, 商务印书馆 1989 年版。

527

〔意〕哥伦布：《哥伦布航海日记》，孙家堃译，上海外语教育出版社 1987 年版。

〔西〕卡萨斯：《西印度毁灭述略》，孙家堃译，商务印书馆 1988 年版。

〔西〕卡斯蒂略：《征服新西班牙信史》上、下册，江禾等译，商务印书馆 1997 年版。

〔英〕拉蒙德编：《论英国本土的公共福利》，马清槐译，商务印书馆 1991 年版。

〔美〕马士：《东印度公司对华贸易编年史（1635—1834）》第 1 卷，区宗华译，岭南文库编辑委员会和广东中华民族文化促进会合编，广东人民出版社 2016 年版。

〔英〕孟，托马斯：《英国得自对外贸易的财富》，袁南宇译，商务印书馆 1983 年版。

〔英〕诺思，达德利：《贸易论》，桑伍译，商务印书馆 1976 年版。

《欧洲共同体条约集》，戴炳然译，复旦大学出版社 1993 年版。

万以诚和万岍选编：《新文明的路标——人类绿色运动史上的经典文献》，吉林人民出版社 2000 年版。

二、专著与论文

Abrams and E. A. Wrigley eds., *Towns in Societies*, Cambridge: Cambridge University Press, 1978.

Adelson, Howard L., "Early Medieval Trade Routes", *The American Historical Review*, Vol. 65, No. 2, 1960.

Allen, Richard B., "The Constant Demand of the French: The Mascarene Slave Trade and the Worlds of the Indian Ocean and Atlantic during the Eighteenth and Nineteenth Centuries", *The Journal of African History*, Vol. 49, No. 1, 2008.

Allen, Richard B., "Satisfying the 'Want for Labouring People': European Slave Trading in the Indian Ocean,1500-1850', *Journal of World History*, Vol. 21, No. 1, 2010.

Andrews, K.R.,*Trade,Plunder and Settlement,Maritime Enterprise and the Genesis of the British Empire*，*1480-1630*，Cambridge: Cambridge University Press, 1984.

Ashtor, E., *East-West Trade in the Medieval Mediterranean*, London: Variorum, 1986.

Austen, "The Trans-Saharan Slave Trade: A Tentative Census", in Gemery and

Hogendorn eds., *The Uncommon Market*, New york: Academic Press, 1979.

Bailey, Ronald, "The Slave(ry) Trade and the Development of Capitalism in the United States: The Textile Industry in New England", *Social Science History*, Vol. 14, No. 3, 1990.

Berman, Sheri, "Populism Is Not Fascism. But It Could Be a Harbinger", *Foreign Affairs*, Vol. 95, Issue 6, 2016.

Bethell, Leslie ed., *Colonial Brazil,* Cambridge: Cambridge University Press, 1987.

Bolton, L., *The Medieval English Economy 1150-1500*, London: J. M. Dent, 1980.

Bonikowski, Bart, "Three Lessons of Contemporary Populism in Europe and the United States", *Brown Journal of World Affairs*, Vol. 23, Issue 1, 2016.

Boone, Peter, "The Next Panic", *Atlantic Monthly*, Vol. 310, Issue 3, 2012.

Bouwsma, William J., *John Calvin*, New York and Oxford: Oxford University Press, 1988.

Braudel e Labrousse (dir.), *Historie économique et sociale de la France,* Tome IV, Volume 1, Paris, Presses universitaires de France 1979.

Burrell, Sidney A., "Calvinism, Capitalism, and the Middle Classes: Some Afterthoughts on an Old Problem", *Journal of Modern History*, Vol. 32, No. 2, 1960。

Buxton, Thomas Fowell, *African Slave Trade*, Cambridge: Cambridge University Press, 2010.

Campos, Carlos-Alberto, "The Atlantic Islands and the Development of Southern Castile at the Turn of the Fifteenth Century", *The International History Review*, Vol. 9, No. 2, 1987.

Carden, Robert W., *City of Genoa*, London: Methuen & Co., 1908.

Carlos,Ann M. and Stephen Nicholas, "Agency Problems in Early Chartered Companies: The Case of the Hudson's Bay Company", *The Journal of Economic History*, Vol. 50, No. 4, 1990.

Chaunu, Pierre, *European Expansion in the Later Middle Ages*, Amsterdam: North-Holland, 1979.

Cipolla, C., *Before the Industrial Revolution, European Society and Economy,1000-1700*, London: Methuen, 1976.

Corry, Joe and Henige, David., Paul E. Lovejoy, "PHILIP D. CURTIN (1922-2009)", *History in Africa*, Vol. 36, 2009.

Curtin, Philip D., *The Atlantic Slave Trader, A. Census*, Madison, Milwaukee and London: The University of Wisconsin Press, 1969.

Darity, William, "British Industry and the West Indies Plantations", *Social Science History*, Vol. 14, No. 1, 1990.

Davidson, Miles H., *Columbus Then and Now: A Life Reexamined*, Norman: University of Oklahoma Press, 1997.

Davis, Charles T., "Education in Dante's Florence", *Speculum*, Vol. 40, No. 3, 1965.

Day, John, *The Medieval Market Economy,* Oxford and New York: Basil Blackwell,1987.

de Walle, Nicolas van, "Review of *Atlas of the Transatlantic Slave Trade*", *Foreign Affairs*, Vol. 90, No. 2, 2011.

Dobb, M., *Studies in the Development of Capitalism,* London : Routledge & Kegan Paul, 1947.

Doosselaere, Quentin Van, *Commercial Agreements and Social Dynamics in Medieval Genoa*, Cambridge: Cambridge University Press, 2009.

Du Bois, W.E.B., *The Negro*, New York: Holt, 1915, http://www.sacred-texts. com/afr/dbn/dbn11.htm.

Ehrenkreutz, Andrew S., "Another Orientalist's Remarks concerning the Pirenne Thesis", *Journal of the Economic and Social History of the Orient*, Vol. 15, No. 1/2, 1972.

Elbl, Ivana, "Man of His Time (and Peers): A New Look at Henry the Navigator", *Luso-Brazilian Review*, Vol. 28, No. 2, 1991.

Elbl, Ivana, "The Volume of the Early Atlantic Slave Trade, 1450-1521", *The Journal of African History*, Vol. 38, No. 1, 1997.

Engerman, Stanley L.,"The Slave Trade and British Capital Formation in the Eighteenth Century: A Comment on the Williams Thesis", *The Business History Review*, Vol. 46, No. 4, 1972.

Epstein, Steven A., *Genoa and the Genoese, 958-1528*, Chapel Hill: University of North Carolina Press, 1996.

Fernández-Armesto, Felipe, *Before Culumbus, Exploration and Colonization from Mediterranean to the Atlantic, 1229-1492*, London: Macmillan Education, 1987.

Greif, Avner, "Political Organizations, Social Structure, and Institutional Success: Reflections From Genoa andVenice During the Commercial Revolution", *Journal of Institutional and Theoretical Economics* (JITE), Vol. 151, No. 4, 1995.

Grendler, Paul F., "The Organization of Primary and Secondary Education in the Italian Renaissance", *The Catholic Historical Review*, Vol. 71, No. 2, 1985.

Harte, Walter James, *Sir Francis Drake*, London : Society for Promoting Christian Knowledge, 1920.

Hilton, R., *The English Peasantry in the Later Middle Ages,* Oxford: Oxford University Press, 1979.

Hilton, R., *Class Conflict and the Crisis of Feudalism, Essays in Medieval Social History*, London: Hambledon Press, 1985.

Hohenberg, P. M. and L. H. Lees, *The Making of Urban Europe 1000-1950,* Cambridge, Massachusetts: Harvard University Press, 1985.

Houston, Rab and K. D. M. Snell, "Proto-industrialization? Cottage Industry, Social Change and Industrialization", *The Historical Journal*, Vol. 27, No.2, 1984.

Jiafeng wang, "The Western Governments in the Transition from Chartered Companies to Multinationals in the 19th Century", *Revue Française d'histoire Économique (The French Economic History Review)*, No. 1, 2015.

Jones, E. L., *The European Miracle*, Cambridge: Cambridge University Press, 1981.

Jones, Michael ed., *The New Cambridge Medieval History*, Volume 6: c.1300–c.1415, Cambridge: Cambridge University Press, 2000.

Kaiser, David E., "Germany and the Origins of the First World War", *The Journal of Modern History*, Vol. 55, No. 3, 1983.

Kent, Dale, *The Rise of the Medici Faction in Florence 1426-1434*, Oxford: Oxford University Press, 1978.

Kirk, Thomas Allison, *Genoa and the Sea, Policy and Power in an Early Modern Maritime Republic, 1559-1684*, Baltimore and London: The Johns Hopkins University Press, 2005.

Koch, Peter O., *To the Ends of the Earth: The Age of the European Explorers*, Jefferson, North Carolina and London: McFarland & Company, Inc., Publishers, 2003.

Kriedte, P. et al., *Industrialization Before Industrialization*, Cambridge: Cambridge University Press, 1981.

Lawson, P., *The East India Company*, *A History*, London: Longman, 1993.

Lopez, Robert S., "Market Expansion: The Case of Genoa", *The Journal of*

Economic History, Vol. 24, No. 4, 1964.

Lopez, Robert S., *The Commercial Revolution of the Middle Ages, 950-1350*, Englewood Cliffs, NJ: Prentice-Hall, 1971.

Lovejoy, Paul E., *Transformations in Slavery: A History of Slavery in Africa* (2nd ed.), Cambridge: Cambridge University Press, 2000.

Luscombe, David, etc. eds., *The New Cambridge Medieval History*, Volume 4, Part 1, Cambridge: Cambridge University Press, 2004.

Luzzatto, G., *An Economic History of Italy*, New York: Barnes and Noble, 1961.

Marcus, Geoffrey Jules, *The Conquest of the North Atlantic*, Woodbridge: The Boydell Press, 1980.

Marshall, A., *Industry and Trade,* London: Macmillan, 1932.

McCarthy, Charles H., "Columbus and the Santa Hermandad in 1492", *The Catholic Historical Review*, Vol. 1, No. 1, 1915.

McKitterick, Rosamond ed., *The New Cambridge Medieval History*, Volume 2, Cambridge: Cambridge University Press, 1995.

Merediz, Eyda M., *Refracted Images: The Canary Islands Through a New World Lens; Transatlantic Readings*, Tempe: Arizona Center for Medieval and Renaissance Studies, 2004.

Merriman, Roger Bigelow, *The rise of the Spanish Empire in the Old World and in the New*, New York: The Macmillan Company 1918, Vol. 1.

Miller, William, "The Zaccaria of Phocaea and Chios(1275-1329)", *The Journal of Hellenic Studies*, Vol. 31, 1911.

Miller, William, "The Genoese in Chios, 1346-1566", *The English Historical Review*, Vol. 30, No. 119, 1915.

Mills, Geofrey T., "Early Accounting in Northern Italy: The Role of Commercial Development and the Printing Press in the Expansion of Double-Entry from Genoa, Florence and Venice", *The Accounting Historians Journal*, Vol. 21, No. 1, 1994.

Montalto de Jesus, C. A., *Historic Macao*, Hongkong: Kelly & Walsh, 1902.

Muldoon, James, *Popes, Lawyers, and infidels*, Liverpool: Liverpool University Press, 1979.

Muldoon, James, *Canon Law, the Expansion of Europe, and World Order*, Farnham : Ashgate/ Variorum, 1998.

Nef, John U., *Industry and Government in France and England, 1540-1640*,

New York: Russell & Russell,1968.

Newitt, Malyn ed., *The First Portuguese Colonial Empire*, Exeter: University of Exeter, 1986.

Nicholas, David, "Economic Reorientation and Social Change in Fourteenth Century Flanders", *Past and Present*, No. 70, 1976.

O'Brien, Patrick, "European Economic Development: The Contribution of the Periphery", *The Economic History Review*, New Series, Vol. 35, No. 1, 1982.

O'Callaghan, Joseph F., "Castile, Portugal, and the Canary Islands: Claims and Counterclaims, 1344-1479", *Viator*, Volume 24, 1993.

O'Neal, Michael J., *The Crusades: Almanac*, Detroit , New York etc. : UXL, 2004.

Pearson, Robin and David Richardson, "Social capital, institutional innovation and Atlantic trade before 1800", *Business History*, Vol. 50, No. 6, 2008.

Pollard, Sidney, *European Economic Integration 1815-1970*, London: Thames and Hudson, 1974.

Postma, Johannes, *The Atlantic Slave Trade*, Westport: Greenwood Press, 2003.

Prestage, E., *The Portuguese Pioneers*, London: A. & C. Black, 1933.

Ramkrishna, Mukherjee, *The Rise and Fall of the East India Company*, Berlin: VEB Deutsher Verlag der Wissenschaften, 1958.

Richardson, David, "Across the Desert and the Sea: Trans-Saharan and Atlantic Slavery, 1500-1900", *The Historical Journal*, Vol, 38, No. 1, 1995.

Sanders, James E., "Creating the Early Atlantic World", *Renaissance Quarterly*, Vol. 56, No. 1, 2003.

Schlatter, R. ed., *Recent Views on British History ,Essays on Historical Writing Since 1966*, New Brunswick, N.J.: Rutgers University Press, 1984.

Scott, William Robert, *The Constitution and Finance of English, Scottish and Irish Joint-stock Companies to 1720*, Vol. one, Cambridge: The University press, 1912.

Schumpeter, Joseph A., *The Economics and Sociology of Capitalism* (Richard Swedberg ed.), Princeton: Princeton University Press, 1991.

Schwarz, Suzanne, "Extending the African Names Database: New Evidence from Sierra Leone", *African Economic History*, Vol. 38, 2010.

Shaw, Christine, "Counsel and Consent in Fifteenth-Century Genoa", *The English Historical Review*, Vol. 116, No. 468, 2001.

Shaw, Christine, "Principles and Practice in the Civic Government of Fifteenth-Century Genoa", *Renaissance Quarterly*, Vol. 58, No. 1, 2005.

Smith, O'Brien William, "Considerations relative to the renewal of the East-India Company's Charter", Knowsley Pamphlet Collection, 1830.

Spielvogel, Jackson J., *Western Civilization: A Brief History*, Peking: Peking University Press, 2006.

Stern, Sheldon M., "The Atlantic Slave Trade—The Full Story", *Academic Questions*, Vol. 18, No. 3, 2005.

Stoneman, Colin and Suckling, John, "From Apartheid to Neocolonialism?" *Third World Quarterly*, Vol. 9, No. 2, 1987.

Thomson, J. A. F., *The Transformation of Medieval England 1370-1529*, London: Longman, 1983.

Vauchez, André et al. eds., *Encyclopedia of the Middle Ages*, Cambridge: James Clarke & Co., 2000, Vol. 2.

Verhulst, Adriaan, "The Origins of Towns in the Low Countries and the Pirenne Thesis", *Past & Present*, No. 122, 1989.

Wang Jiafeng, "Some Reflections on Modernization Theory and Globalization Theory. Commemorating the Twentieth Anniversary of Luo Rongqu's Thesis 'One Direction with Multiple Paths in History'", *Chinese Studies in History*, Volume 43, Number 1, 2009.

Wang Jiafeng, "Economic Structure, Markets, and the Origin of Capitalism", *Chinese Studies in History*, Vol. 47, No. 2, 2013–2014.

Watts, Pauline Moffitt, "Prophecy and Discovery: On the Spiritual Origins of Christopher Columbus's 'Enterprise of the Indies' ", *The American Historical Review,* Vol. 90, No. 1, 1985.

Wilks, Ivor, "A Medieval Trade-Route from the Niger to the Gulf of Guinea", *The Journal of African History*, Vol. 3, No. 2, 1962.

Wright, John, *The Trans-Saharan Slave*, London and New York: Routledge, 2007.

Wubs-Mrozewicz, Justyna, "Rules of Inclusion, Rules of Exclusion: The Hanseatic *Kontor* in Bergen in the Late Middle Ages and its Normative Boundaries", *Germen History*, Vol. 29, No. 1, 2011.

〔苏〕阿勃拉莫娃:《非洲——四百年的奴隶贸易》,陈士林等译,商务印书馆

1983 年版。

〔法〕阿达:《经济全球化》,何竟等译,中央编译出版社 2000 年版。

〔约旦〕阿勒－巴希特等编著:《人类文明史》4—7 卷,中文版编译委员会译,译林出版社 2015 年版。

〔意〕阿蒂纳等:《全球政治体系中的欧洲联盟》,刘绯等译,中国社会科学出版社 2009 年版。

〔德〕埃尔德曼:《德意志史》第四卷上、下册,高年生等译,商务印书馆 1986 年版。

〔英〕埃尔顿编:《新编剑桥世界近代史》第 2 卷,中国社会科学院世界历史研究所组译,中国社会科学出版社 2003 年版。

〔美〕艾伦:"各人自己付钱的聚餐——'福利国家'怎样在毒害着西欧",子华译,《国外社会科学》1986 年第 1 期。

〔英〕安德森:《绝对主义国家的系谱》,刘北成等译,上海人民出版社 2001 年版。

〔肯尼亚〕奥戈特主编:《非洲通史》第五卷,李安山等译,中国对外翻译出版公司 2001 年版。

〔美〕奥康纳:《波罗的海三国史》,王加丰等译,中国大百科全书出版社 2009 年版。

〔德〕奥斯特哈默:《世界的演变:19 世纪史》三卷本,强朝晖等译,社会科学文献出版社 2016 年版。

〔英〕巴勒克拉夫主编:《泰晤士世界历史地图集》,毛昭晰等译,生活·读书·新知三联书店 1985 年版。

〔美〕贝尔:《资本主义文化矛盾》,赵一凡等译,生活·读书·新知三联书店 1989 年版。

〔英〕贝瑟尔主编:《剑桥拉丁美洲史》第一卷,林无畏等译,经济管理出版社 1995 年版。

〔英〕贝维尔等:《历史语境中的市场——现代世界的思想与政治》,杨芳等译,人民出版社 2014 年版。

〔美〕本内特等:《欧洲中世纪史》,杨宁等译,上海社会科学院出版社 2007 年版。

〔美〕本特利等:《新全球史》(第三版)上、下册,魏凤莲等译,北京大学出版社 2007 年版。

〔法〕波德:《资本主义的历史,从 1500 年至 2010 年》,郑方磊等译,上海辞书出版社 2011 年版。

〔美〕波德尔等:《文明的脚步——影响世界的探险家》,陈慧颖译,中华书局 2007 年版。

〔美〕波斯纳:《资本主义的失败——〇八危机与经济萧条的降临》，沈明译，北京大学出版社 2009 年版。

〔英〕波斯坦等主编:《剑桥欧洲经济史》第一卷，郎立华等译，经济科学出版社 2002 年版。

〔英〕波斯坦等主编:《剑桥欧洲经济史》第二卷，钟和等译，经济科学出版社 2004 年版。

〔英〕波斯坦等主编:《剑桥欧洲经济史》第三卷，周荣国等译，经济科学出版社 2002 年版。

〔英〕波特编:《新编剑桥世界近代史》第 1 卷，中国社会科学院世界历史研究所组译，中国社会科学出版社 1988 年版。

〔美〕伯恩斯:《简明拉丁美洲史》，王宁坤译，湖南教育出版社 1989 年版。

〔英〕伯克:《意大利文艺复兴时期的文化与社会》，刘君译，东方出版社 2007 年版。

〔美〕伯尔曼:《法律与革命——西方法律传统的形成》，贺卫方等译，中国大百科全书出版社 1993 年版。

〔英〕伯里编:《新编剑桥世界近代史》第 10 卷，中国社会科学院世界历史研究所组译，中国社会科学出版社 1999 年版。

〔英〕博克瑟:"明末清初华人出洋考（1500—1750）"，载朱杰勤译:《中外关系史译丛》，海洋出版社 1984 年版。

〔苏〕布哈林:《世界经济和帝国主义》，蒯兆德译，中国社会科学出版社 1983 年版。

〔美〕布莱克等:《二十世纪欧洲史》上、下册，山东大学外文系英语翻译组译，人民出版社 1984 年版。

〔英〕布劳德伯利和奥罗克编著:《剑桥现代欧洲经济史》两卷本，何富彩等译，中国人民大学出版社 2015 年版。

〔美〕布鲁:《经济思想史》（第六版），焦国华等译，机械工业出版社 2003 年版。

〔美〕布鲁克尔:《文艺复兴时期的佛罗伦萨》，朱龙华译，生活·读书·新知三联书店 1985 年版。

〔法〕布罗代尔:《15 至 18 世纪的物质文明、经济和资本主义》三卷本，顾良、施康强译，生活·读书·新知三联书店 1992—1993 年版。

〔法〕布罗代尔:《菲利普二世时代的地中海和地中海世界》二卷本，唐家龙等译，商务印书馆 1996 年版。

〔法〕布罗代尔:《资本主义的动力》，杨起译，生活·读书·新知三联书店 1997 年版。

〔法〕布洛赫:《历史学家的技艺》,张和声等译,上海社会科学院出版社 1992
年版。

〔荷兰〕布洛克曼等:《中世纪欧洲史》,乔修峰等译,花城出版社 2012 年版。

〔美〕布特尔:《大西洋史》,刘明周译,东方出版中心 2011 年版。

〔法〕布瓦松纳:《中世纪欧洲生活和劳动(五至十五世纪)》,潘源来译,商务
印书馆 1985 年版。

〔英〕戴维斯:《欧洲史》上下册,郭方等译,世界知识出版社 2007 年版。

〔美〕戴维斯:"中东变局、欧陆危机与全球左翼的复兴",李捷译,《国外理论
动态》2012 年第 8 期。

〔法〕德沃:"18 世纪欧洲的奴隶贸易",黄育馥译,《第欧根尼》1999 年第 2 期。

〔美〕蒂尔尼等:《西欧中世纪史》(第六版),袁传伟译,北京大学出版社 2011
年版。

〔美〕蒂利:《强制、资本和欧洲国家(公元 990—1992 年)》,魏洪钟译,上
海世纪出版集团 2007 年版。

〔法〕杜比主编:《法国史》上、中、下卷,吕一民等译,商务印书馆 2010 年版。

〔美〕杜普莱西斯:《早期欧洲现代资本主义的形成过程》,朱智强等译,辽宁教
育出版社 2001 年版。

〔美〕菲格雷多等:《加勒比海地区史》,王卫东译,中国大百科全书出版社
2011 年版。

〔英〕费奇:《西非简史》,于珺译,上海人民出版社 1977 年。

〔英〕芬纳:《统治史》卷二,王震译,华东师范大学出版社 2014 年版。

〔英〕弗格森:《帝国》,雨珂译,中信出版社 2012 年版。

〔德〕弗兰克:《白银资本:重视经济全球化中的东方》,刘北成译,中央编译出
版社,2000 年版。

〔英〕弗思:《克伦威尔传》,王觉非等译,商务印书馆 2002 年版。

〔巴西〕福斯托:《巴西简明史》,刘焕卿译,社会科学文献出版社 2006 年版。

〔法〕福西耶主编:《剑桥插图中世纪史(350—950 年)》,陈志强等译,山东
画报出版社 2006 年版。

〔法〕福西耶主编:《剑桥插图中世纪史(950—1250 年)》,李增洪等译,山东
画报出版社 2008 年版。

〔法〕福西耶主编:《剑桥插图中世纪史(1250－1520 年)》,郭方等译,山东
画报出版社 2009 年版。

〔法〕伏尔泰:《路易十四时代》,吴模信等译,商务印书馆 1982 年版。

〔法〕伏尔泰:《哲学辞典》上、下册,王燕生译,商务印书馆 1991 年版。

〔比利时〕伏思达：《欧洲如何走出危机》，关呈远等译，新星出版社 2010 年版。

〔德〕歌德：《浮士德》，董问樵译，复旦大学出版社 1983 年版。

〔美〕戈德斯通：《为什么是欧洲？世界视角下的西方崛起（1500—1850）》，关永强译，浙江大学出版社 2010 年版。

〔美〕格雷夫："后中世纪热那亚自我强制的政治体制与经济增长"，毛娜译，《经济社会体制比较》2001 年第 2 期。

〔德〕格隆德曼等：《德意志史》第一卷上、下册，张载扬等译，商务印书馆 1999 年版。

〔英〕哈巴库克等主编：《剑桥欧洲经济史》第六卷，王春法等译，经济科学出版社 2002 年版。

〔英〕哈尔珀琳：《现代欧洲的战争与社会变迁》，唐皇凤等译，江苏人民出版社 2010 年版。

〔美〕哈克等："美国社会赢者通吃的政治"，杜文娟译，《国外理论动态》2012 年第 8 期。

〔英〕哈特：《第一次世界大战》，林光余译，上海人民出版社 2010 年版。

〔德〕汉斯－乌尔里希：《民主主义：历史、形式、后果》，赵宏译，中国法制出版社 2013 年版。

〔英〕豪厄特：《世界历史辞典》（简本），马加瑞等译，商务印书馆 1988 年版。

〔民主德国〕豪斯赫尔：《近代经济史》，王庆余等译，商务印书馆 1987 年版。

〔美〕海尔布罗纳等：《经济社会的起源》（第十二版），格致出版社·上海三联书店·上海人民出版社 2010 年版。

〔英〕赫伯特：《美第奇家族兴亡史》，吴科平译，上海三联书店 2010 年版。

〔英〕赫德逊：《欧洲与中国》，王遵仲等译，中华书局 1995 年版。

〔英〕赫尔德等：《全球大变革——全球化时代的政治、经济和文化》，杨雪冬等译，社会科学文献出版社 2001 年版。

〔英〕赫尔德等：《全球化与反全球化》，陈志刚译，社会科学文献出版社 2004 年版。

〔美〕赫克特：《遏制民主主义》，韩召颖等译，中国人民大学出版社 2012 年版。

〔英〕赫斯特等：《质疑全球化》（第二版），张文成等译，社会科学文献出版社 2002 年版。

〔美〕胡克：《荷兰史》，黄毅翔译，东方出版中心 2009 年版。

〔美〕华勒斯坦：《历史资本主义》，路爱国等译，社会科学文献出版社 1999 年版。

〔英〕霍布斯鲍姆：《帝国的时代》，贾士蘅译，江苏人民出版社 1999 年版。

〔英〕霍布斯鲍姆：《极端的年代》上、下册，郑明萱译，江苏人民出版社 1998

年版。

〔英〕吉本:《罗马帝国衰亡史》上、下册,黄宜思等译,商务印书馆 1997 年版。

〔英〕吉登斯:《失控的世界》,周红云译,江西人民出版社 2001 年版。

〔法〕加罗:《欧洲的陨落:第一次世界大战简史》,闫文昌等译,民主与建设出版社 2017 年版。

〔法〕加亚尔等:《欧洲史》,蔡鸿滨等译,海南出版社 2000 年版。

《简明不列颠百科全书》编辑部编译:《简明不列颠百科全书》第 7 卷,中国大百科全书出版社 1985 年版。

〔美〕金德尔伯格:《世界经济霸权,1500—1990》,高祖贵译,商务印书馆 2003 年版。

〔美〕金德尔伯格:《西欧金融史》,徐子健等译,中国金融出版社 1991 年版。

经济合作与发展组织秘书处编:《危机中的福利国家》,梁向阳等译,华夏出版社 1990 年版。

〔英〕卡尔:《西班牙史》,潘诚译,东方出版中心 2009 年版。

〔英〕卡门:《黄金时代的西班牙》(第二版),吕浩俊译,北京大学出版社 2016 年版。

〔英〕凯恩斯:《就业利息和货币通论》,徐毓枬译,商务印书馆 1997 年版。

〔美〕凯塞尔曼等:《转型中的欧洲政治》,史志钦等译,人民出版社 2016 年版。

〔英〕考特:《简明英国经济史》,方廷钰等译,商务印书馆 1992 年版。

〔西班牙〕科尔特桑:《葡萄牙的发现》第二卷,王华峰等译,中国对外翻译出版公司 1997 年版。

〔美〕科恩:《科学革命史》,杨爱华等译,军事科学出版社 1992 年版。

〔美〕科特金:《全球城市史》,王旭等译,社会科学文献出版社 2006 年版。

〔比利时〕柯克莱勒等:《欧盟外交政策》(第二版),刘宏松等译,上海人民出版社 2017 年版。

〔英〕克拉克:《经济危机理论:马克思的视角》,杨健生译,北京师范大学出版社 2011 年版。

〔英〕克拉潘:《简明不列颠经济史,从最早时期到一七五〇年》,范定九等译,上海译文出版社 1980 年版。

〔英〕克劳利编:《新编剑桥世界近代史》第 9 卷,中国社会科学院世界历史研究所组译,中国社会科学出版社 1992 年版。

〔意〕克罗齐:《十九世纪欧洲史》,田时纲译,商务印书馆 2013 年版。

〔美〕肯尼迪:《大国的兴衰》,梁于华等译,世界知识出版社 1990 年版。

〔英〕库利舍尔:《欧洲近代经济史》,石军等译,北京大学出版社 1990 年版。

〔英〕库特:《英国历史经济学:1870－1926——经济史学科的兴起与新重商主义》,乔吉燕译,中国人民大学出版社 2010 年版。

〔美〕兰德斯:《国富国穷》,门洪华等译,新华出版社 2007 年版。

〔德〕朗格:《哥伦布传》,张连瀛等译,新华出版社 1986 年版。

〔法〕勒高夫:《中世纪文明(400—1500 年)》,徐家玲译,格致出版社 2011 年版。

〔英〕李嘉图:《政治经济学及赋税原理》,郭大力等译,商务印书馆 1962 年版。

〔德〕李斯特:《政治经济学的国民体系》,陈万煦译,商务印书馆 1997 年版。

〔美〕里夫金:《第三次工业革命:新经济模式如何改变世界》,张体伟等译,中信出版社 2012 年版。

〔英〕里奇等主编:《剑桥欧洲经济史》第四卷,张锦冬等译,经济科学出版社 2003 年版。

〔英〕里奇等主编:《剑桥欧洲经济史》第五卷,高德步等译,经济科学出版社 2002 年版。

〔法〕里瓦尔:《银行史》,陈淑仁译,商务印书馆 1997 年版。

联合国教科文组织:《十五至十九世纪非洲的奴隶贸易,联合国教科文组织召开的专家会议报告和文件》,黎念等译,中国对外翻译出版公司 1984 年版。

〔英〕林赛编:《新编剑桥世界近代史》第 7 卷,中国社会科学院世界历史研究所组译,中国社会科学出版社 1999 年版。

〔美〕琳赛:《海上囚徒:奴隶贸易四百年》,杨志译,中国人民大学出版社 2014 年版。

〔美〕刘易斯:《增长与波动》,梁小民译,华夏出版社 1987 年版。

〔苏〕柳勃林斯卡娅等:《法国史纲》,北京编译社译,生活·读书·新知三联书店 1978 年版。

〔美〕卢卡斯:《经济周期理论研究》,朱善利等译,商务印书馆 2000 年版。

〔英〕罗伯茨:《欧洲史》两卷本,李腾等译,东方出版中心 2013 年版。

〔英〕罗尔:《经济思想史》,陆元诚译,商务印书馆 1981 年版。

〔美〕罗斯托:《经济增长的阶段:非共产党宣言》,郭熙保等译,中国社会科学出版社 2001 年版。

〔美〕罗兹曼主编:《中国的现代化》,陶骅等译,上海人民出版社 1989 年版。

〔西〕马达里亚加:《哥伦布评传》,朱伦译,中国社会科学出版社 1991 年版。

〔瑞典〕马格努松主编:《重商主义经济学》,王根蓓等译,上海财经大学出版社 2001 年版。

《马克思恩格斯选集》第一至第四卷,中共中央马克思恩格斯列宁斯大林著作编译局编译，人民出版社 1995 年版。

〔德〕马克思：《资本论》第一至第三卷，人民出版社 2004 年版。

《马克思恩格斯论殖民主义》，中共中央马克思恩格斯列宁斯大林著作编译局编译，人民出版社 1962 年版。

《马克思恩格斯全集》第十二卷，中共中央马克思恩格斯列宁斯大林著作编译局编译，人民出版社 1962 年版。

〔苏〕马吉多维奇：《世界探险史》，屈瑞等译，海南出版社 2006 年版。

〔法〕马卢夫：《阿拉伯人眼中的十字军东征》，彭广恺译，民主与建设出版社 2017 年版。

〔英〕马赛厄斯等主编：《剑桥欧洲经济史》第八卷，王宏伟等译，经济科学出版社 2004 年版。

〔英〕马歇尔，阿尔弗雷德：《货币、信用与商业》，叶元龙等译，商务印书馆 1996 年版。

〔英〕马歇尔，P.J.，主编：《剑桥插图大英帝国史》，樊新志等译，世界知识出版社 2004 版。

〔英〕麦迪森：《世界经济千年史》，伍晓鹰等译，北京大学出版社 2003 年版。

〔美〕麦格劳：《现代资本主义——三次工业革命中的成功者》，赵文书等译，江苏人民出版社 1999 年版。

〔法〕芒图：《十八世纪产业革命》，杨人楩等译，商务印书馆 1983 年版。

美国不列颠百科全书公司编著：《不列颠百科全书》（国际中文版）第四卷，中国大百科全书出版社 2002 年版。

〔美〕莫里森：《哥伦布传》上、下卷，陈太先等译，商务印书馆 1995 年版。

〔法〕莫里松：《十字军东征》，冯棠译，商务印书馆 2000 年版。

〔美〕墨菲：《亚洲史》，黄磷译，海南出版社和三环出版社 2004 年版。

〔英〕穆尔 - 吉尔伯特：《后殖民理论：语境实践政治》，陈仲丹译，南京大学出版社 2001 年版。

〔英〕穆勒：《政治经济学原理及其在社会哲学上的若干应用》上、下卷，赵荣潜等译，商务印书馆 1991 年版。

〔塞内加尔〕尼昂主编：《非洲通史》第四卷，胡燕等译，中国对外翻译出版公司 1992 年版。

〔美〕努斯鲍姆：《现代欧洲经济制度史》，罗礼平等译，上海财经大学出版社 2012 年版。

〔美〕诺思等：《西方世界的兴起》，厉以平等译，华夏出版社 1989 年版。

〔美〕欧文：《华盛顿传》，王强译，中国华侨出版社 2006 年版。

〔美〕帕尔默等:《近现代世界史》上、中、下卷,孙福生等译,商务印书馆1992年版。

〔法〕佩迪什:《古代希腊人的地理学》,蔡宗夏译,商务印书馆1983年版。

〔法〕佩尔努:《法国资产阶级史》上、下册,康新文等译,上海译文出版社1991年版。

〔法〕佩雷菲特:《官僚主义的弊害》,孟鞠如等译,商务印书馆1981年版。

〔法〕皮凯蒂:《21世纪资本论》,巴曙松等译,中信出版社2014年版。

〔比利时〕皮雷纳:《中世纪的城市》,陈国樑译,商务印书馆1985年版。

〔比利时〕皮朗:《中世纪经济社会史》,乐文译,上海人民出版社1984年版。

〔美〕平森:《德国近现代史,它的历史和文化》上、下册,范德一译,商务印书馆1987年版。

〔美〕普雷斯科特:《秘鲁征服史》,周叶谦等译,商务印书馆1996年版。

〔意〕奇波拉主编:《欧洲经济史》第一至第六卷,徐璇等译,商务印书馆1988—1991年版。

〔英〕乔恩:《货币史》,李广乾译,商务印书馆2002年版。

〔英〕琼斯:《北欧海盗史》,刘村译,商务印书馆1991年版。

〔英〕丘吉尔:《英语国家史略》上册,薛力敏等译,新华出版社1985年版。

〔葡〕萨拉依瓦:《葡萄牙简史》,李均报等译,澳门文化司署与花山文艺出版社1994年版。

〔德〕桑巴特:《现代资本主义》第2卷第1分册,李季译,商务印书馆1939年版。

〔美〕瑟罗:《二十一世纪的角逐——行将到来的日欧美经济战》,张蕴岭等译,社会科学文献出版社1992年版。

〔美〕瑟罗:《资本主义的未来》,周晓钟译,中国社会科学出版社1998年版。

〔德〕施蒂默尔:《德意志帝国:一段寻找自我的国家历史,1848—1918》,李超译,中信出版集团股份有限公司2017年版。

〔美〕斯蒂福夫:《达·伽马和其他葡萄牙探险家》,吕志士等译,世界知识出版社1998年版。

〔英〕斯金那:《马基雅维里》,王锐生等译,工人出版社1985年版。

〔英〕斯密:《国民财富的性质和原因的研究》上、下卷,郭大力等译,商务印书馆1996年版。

〔美〕斯塔夫里阿诺斯:《全球通史,1500年以前的世界》,吴象婴等译,上海社会科学院出版社1988年版。

〔美〕斯塔夫里阿诺斯:《全球通史,1500年以后的世界》,吴象婴等译,上海社会科学院出版社1992年版。

〔美〕斯塔夫里亚诺斯:《全球分裂,第三世界的历史进程》上、下册,迟越等译,商务印书馆 1993 年版。

〔新西兰〕塔林主编:《剑桥东南亚史》第 1 卷,贺圣达等译,云南人民出版社 2003 年版。

〔英〕汤林森:《文化帝国主义》,冯建三译,上海人民出版社 1999 年版。

〔美〕汤普逊:《中世纪经济社会史(300—1300 年)》上、下册,耿淡如译,商务印书馆 1997 年版。

〔美〕汤普逊:《中世纪晚期欧洲经济社会史》,徐家玲等译,商务印书馆 1996 年版。

〔特立尼达和多巴哥〕威廉斯,艾里克:《资本主义与奴隶制度》,陆志宝等译,北京师范大学出版社 1982 年版。

〔特立尼达和多巴哥〕威廉斯,埃里克:《加勒比地区史(1492—1969)》上册,辽宁大学经济系翻译组译,辽宁人民出版社 1976 年版。

〔英〕威廉斯,查尔斯:《戴高乐传》,赵文学等译,时代文艺出版社 1997 年版。

〔美〕温克等:《牛津欧洲史》第 1—4 卷,吴舒屏、任洪生等译,吉林出版集团 2009 年版。

〔英〕温斯泰德:《马来亚史》上册,姚梓良译,商务印书馆 1974 年版。

〔德〕韦伯:《新教伦理与资本主义精神》,于晓等译,生活·读书·新知三联书店 1987 年版。

〔德〕韦伯:《经济通史》,姚曾廙译,上海三联书店 2006 年版。

〔荷兰〕韦瑟林:《欧洲殖民帝国(1815—1919)》,夏岩等译,中国社会科学出版社 2012 年版。

〔美〕沃尔夫:《欧洲与没有历史的人民》,赵丙祥等译,上海人民出版社 2006 年版。

〔美〕沃尔克:《基督教会史》,孙善玲等译,中国社会科学出版社 1992 年版。

〔美〕沃勒斯坦:《现代世界体系》三卷本,尤来寅等译,高等教育出版社 1998—2000 年版。

〔德〕希法亭:《金融资本——资本主义最新发展的研究》,福民等译,商务印书馆 1994 年版。

〔英〕欣斯利编:《新编剑桥世界近代史》第 11 卷,中国社会科学院世界历史研究所组译,中国社会科学出版社 1987 年版。

〔美〕熊彼特:《经济分析史》第一卷,朱泱等译,商务印书馆 1991 年版。

〔英〕休谟:《政治论文》,载 A.E.门罗编:《早期经济思想——亚当·斯密以前的经济文献选集》,蔡受百等译,商务印书馆 1985 年版。

〔美〕亚达斯等:《喧嚣时代:20 世纪全球史》,大可等译,生活·读书·新知三
　　联书店 2005 年版。

〔英〕伊特韦尔等编:《新帕尔格雷夫经济学大辞典》第一卷,陈岱孙主持翻译,
　　经济科学出版社 1992 年版。

〔法〕约斯:《南非史》,史陵山译,商务印书馆 1973 年版。

〔美〕詹姆斯等:《地理学思想史》(增订本),李旭旦译,商务印书馆 1989 年版。

〔美〕朱特:《战后欧洲史》,林骧华等译,新星出版社 2010 年版。

艾周昌等:《非洲通史·近代卷》,华东师范大学出版社 1995 年版。

陈乐民:《20 世纪的欧洲》,生活·读书·新知三联书店 2007 年版。

邓光奇:《低碳战争》,中国经济出版社 2011 年版。

丁建弘:《德国通史》,上海社会科学院出版社 2002 年版。

方连庆等主编:《国际关系史(近代卷)》上、下册,北京大学出版社 2006 年
　　版。

冯寿农等主编:《欧盟概况》,鹭江出版社 2006 年版。

韩琦:《拉丁美洲经济制度史论》,中国社会科学出版社 1996 年版。

何芳川:《澳门与葡萄牙大商帆:葡萄牙与近代早期太平洋贸易网的形成》,北
　　京大学出版社 1996 版。

何芳川:《太平洋贸易网 500 年》,河南人民出版社 1998 年版。

侯建新:《现代化第一基石》,天津社会科学院出版社 1991 年版。

侯建新:《资本主义起源新论》,生活·读书·新知三联书店 2014 年版。

侯建新主编:《欧洲中世纪城市、乡村与文化》,人民出版社 2014 年版。

胡绳:《从鸦片战争到五四运动》(简本),红旗出版社 1982 年版。

蒋孟引主编:《英国史》,中国社会科学出版社 1988 年版。

金应熙:《菲律宾史》,河南大学出版社 1990 年版。

金志霖:《英国行会史》,上海社会科学院出版社 1996 年版。

李春辉:《拉丁美洲史稿》上、下册,商务印书馆 1983 年版。

李宏图:《西欧近代民族主义思潮研究——从启蒙运动到拿破仑时代》,上海社
　　会科学院出版社 1997 年版。

李计广:《欧盟贸易政策体系与互利共赢的中欧经贸关系》,对外经济贸易大学
　　出版社 2009 年版。

李剑鸣:《美国通史》第 1 卷,人民出版社 2002 年版。

李世安等:《欧洲一体化史》(第二版),河北人民出版社 2006 年版。

厉以宁:《厉以宁讲欧洲经济史》(王大庆改编),中国人民大学出版社 2016 年版。

林被甸等：《拉丁美洲史》，人民出版社 2010 年版。

刘景华：《西欧中世纪城市新论》，湖南人民出版社 2000 年版。

刘绪贻等主编：《美国研究词典》，中国社会科学出版社 2002 年版。

吕一民：《法国通史》，上海社会科学院出版社 2002 年版。

罗红波主编：《欧洲经济社会模式与改革》，社会科学文献出版社 2010 年版。

罗荣渠：《现代化新论——世界与中国的现代化进程》，北京大学出版社 1993 年版。

马克尧：《西欧封建经济形态研究》，人民出版社 1985 年版。

马克尧：《封建经济政治概论》，人民出版社 2010 年版。

梅俊杰：《自由贸易的神话》，上海三联书店 2008 版。

沈骥如：《欧洲共同体与世界》，人民出版社 1994 年版。

苏欲晓等：《欧盟的对外关系》，鹭江出版社 2006 年版。

王加丰：《扩张体制与世界市场的开辟》，北京大学出版社 1999 年版。

王加丰：《西欧原工业化的兴起》，中国社会科学出版社 2004 年版。

王加丰：《西班牙葡萄牙帝国的兴衰》，三秦出版社 2005 年版。

王加丰：《西欧 16—17 世纪的宗教与政治》，安徽大学出版社 2010 年版。

王金林：《简明日本古代史》，天津人民出版社 1984 年版。

吴于廑主编：《十五十六世纪东西方历史初学集续编》，武汉大学出版社 1990 年版。

吴于廑主编：《十五十六世纪东西方历史初学集》（第 2 版），武汉大学出版社 2005 年版。

忻华：《欧洲智库对欧盟中东政策的影响机制研究》，社会科学文献出版社 2017 年版。

张乃和：《近代早期英国特许权研究》，人民出版社 2014 年版。

张顺洪等：《英美新殖民主义》（第二版），社会科学文献出版社 2007 年。

张友伦主编：《美国通史》第 2 卷，人民出版社 2002 年版。

张之洞：《劝学篇》，李忠兴评注，中州古籍出版社 1998 年版。

张至善编译：《哥伦布首航美洲》，商务印书馆 1994 年版。

郑家鑫主编：《殖民主义史·非洲卷》，北京大学出版社 2000 年版。

周弘主编：《欧洲联盟 50 年，2007—2008 欧洲发展报告》，中国社会科学出版社 2008 年版。

周弘主编：《欧洲发展报告：2011—2012》，社会科学文献出版社 2012 年版。

周弘主编：《欧洲发展报告（2013—2014）》，社会科学文献出版社 2014 年版。

周一良等主编：《世界通史·近代部分》上册，人民出版社 1962 年版。

祝宝良：《欧盟经济概况》，中国经济出版社 2004 年版。

陈乐民：“西方文化传统与世界历史”，《学术界》2002 年第 3 期。

戴炳然：“方方面面话欧债”，《欧洲研究》2011 年第 6 期。

戴晓东：“一种现代主义的视角——《文化帝国主义》评介”，《美国研究》2003 年第 3 期。

丁纯：“金融危机冲击下的欧洲经济：表现、成因与前景”，《欧洲研究》2010 年第 4 期。

丁凡编写：“众说纷纭资本主义新阶段”，《当代世界与社会主义》2008 年第 4 期。

董正华：“资本主义精神：新教伦理、个人主义还是‘民族主义’”，《世界历史》2007 年第 1 期。

房宁：“改革开放以来西方文化对中国青年的影响”，载朱佳木主编：《当代中国与它的外部世界（第一届当代中国史国际高级论坛论文集）》，当代中国出版社 2006 年版。

高福进：“试论第一次十字军东征的宗教原因”，《世界历史》1994 年第 2 期。

何顺果：“特许公司——西方推行‘重商主义’的急先锋”，《世界历史》2007 年第 1 期。

江时学等：“深度讨论：如何认识欧洲的未来”，http://ies.cass.cn/Article/sdtl/201208/5514.

姜南：“布什口误与十字军东征”，http://www.china.com.cn/chinese/WISI/219310.htm（原载《中国青年报》2002 年 10 月 21 日）。

金民卿：“西方文化渗透的程式与路径”，《马克思主义研究》2008 年第 8 期。

金文：“明代后期海上丝路丝绸贸易主要国际市场与主要国际商船贩运数量考”，载黄盛璋主编：《亚洲文明》第三集，安徽教育出版社 1995 年版。

李安山：“资本主义与奴隶制度——50 年西方史学论争述评”，《世界历史》1996 年第 3 期。

李宏图：“封建权利与大革命的爆发”，《文汇报》2012 年 7 月 9 日第 11 版。

李新宽：“论英国重商主义政策的阶段性演进”，《世界历史》2008 年第 5 期。

李新宽：“重商主义概念辨析”，《东北师大学报》2009 年第 4 期。

梁雪村：“发达国家的反建制运动——自由秩序与现代性危机”，《国际政治科学》2017 年第 2 卷第 2 期（总第 6 期）。

刘程等：“欧洲主权债务与金融系统危机——基于‘新三元冲突’视角的研究”，《欧洲研究》2011 年第 6 期。

刘颂尧：“略论新殖民主义”，《经济研究》1984 年第 4 期。

陆象淦：“‘福利国家’危机与社会保障问题”，《国外社会科学》1986 年第 1 期。

欧阳实：“欧洲高福利政策为何不可持续”，《光明日报》2012 年 10 月 22 日第

8 版。

"欧洲转型与世界格局"课题组："欧洲转型：趋势、危机与调整"，《欧洲研究》2013 年第 1 期。

斐培等："新大陆发现的宗教因素"，《世界历史》1990 年第 2 期。

裴武威："关税同盟理论述评"，《经济评论》1993 年第 3 期。

裴元伦："走自己的路——解析欧洲经济改革"，《国际贸易》2001 年第 4 期。

申薇：《京都议定书》背后的政治博弈——全球变暖骗局原因的部分探析"，《社科纵横》2011 年第 2 期。

舒运国："外国学者有关奴隶贸易的若干数字统计"，《世界史研究动态》1991 年第 5 期。

孙伟："关于欧洲主权债务危机的调研"，《宏观经济管理》2012 年第 3 期。

孙莹炜等："'中国社会科学论坛：欧洲转型及其影响'会议综述"，《欧洲研究》2012 年第 6 期。

王加丰："关于东方道路理论的问题"，《北京大学学报》1991 年第 2 期。

王加丰："'地理大发现'的双重背景"，载黄邦和等主编：《通向现代世界的 500 年——哥伦布以来东西两半球汇合的世界影响》，北京大学出版社 1994 年版。

王加丰："资本主义起源及现代经济发展初期的政治前提问题"，《史学理论研究》1998 年第 2 期。

王加丰："重评中世纪西欧城市与资本主义起源的关系"，《世界历史》1998 年第 2 期。

王加丰："前工业社会农村手工业的盛衰问题"，《浙江学刊》2000 年第 3 期。

王加丰："原工业化：一个被否定但又被长谈不衰的理论"，《史学理论研究》2002 年第 3 期。

王加丰："西欧中世纪的权利之争与近代人权观的形成"，《世界历史》2003 年第 5 期。

王加丰："对道格拉斯·诺斯的产权理论的再认识"，载南开大学世界近现代史研究中心编《世界近现代史研究（第二辑）》，中国社会科学出版社 2005 年版。

王加丰："16—18 世纪间西欧的激进思潮与近代国家的形成"，《北京大学学报》2007 年第 2 期。

王加丰："'欧洲化'、西欧现代民族国家的形成与主权问题"，《世界历史》2008 年第 3 期。

王加丰："关于地理大发现的动因问题"，《历史教学》2008 年 11 月上半月刊。

王加丰："近代以来大国崛起的几点经验"，《历史教学》2009 年 9 月上半月刊。

王加丰："加那利的征服与西方殖民理论的初步建立"，《历史教学》2009 年 12
　　月下半月刊。

王加丰："对资本主义起源的一些看法"，载侯建新主编：《经济－社会史评论》
　　（第五辑），生活·读书·新知三联书店 2010 年版。

王加丰："近代以来大国崛起过程中的战争与和平问题"，载南开大学世界近现
　　代史研究中心编：《世界近现代史研究》第七辑，中国社会科学出版社 2010
　　年版。

王加丰："再谈地理大发现的动因——雷海宗先生半个多世纪前的一则洞见"，
　　《历史教学》2011 年 5 月上半月刊。

王加丰："1800—1870 年间法国社会思潮的冲突与整合"，《中国社会科学》
　　2011 年第 5 期。

王加丰："财政危机与国家兴衰——近代早期英法争霸中的一个决定性因素"，
　　《光明日报》2011 年 10 月 28 日第 11 版。

王加丰："超越新教伦理：重揭早期现代化的精神动力"，2012 年 5 月 16 日《中
　　国社会科学报》，第 304 期，第 A-05 版。

王加丰："500 年前西欧人的海洋意识和实践"，《 光明日报 》2013 年 02 月 21
　　日第 11 版。

王加丰："中世纪热那亚的扩张体制"，《贵州社会科学》2013 年第 4 期。

王加丰："反现代化与反全球化思潮"，《历史教学》2014 年 1 月上半月刊。

王加丰："反现代化—反全球化思潮产生的原因"，《历史教学》2014 年 2 月上
　　半月刊。

王加丰："西方人关于国际交往的文化基础的理论与实践——纪念中法建交五十
　　周年"，《历史教学问题》2014 年第 5 期。

王加丰："奴隶贸易与资本主义"，载舒运国、张忠祥主编：《非洲经济评论》
　　2014 年（总第三辑），上海三联书店出版。

王加丰："蒲鲁东主义的过去与现在"，载南开大学世界近现代史研究中心编：
　　《世界近现代史研究》第十一辑，社会科学文献出版社 2014 年版。

王加丰："西方历史上的共和制和共和思想"，《历史教学》2015 年 1 月上半月刊。

王加丰："中世纪中后期西欧贸易手段的创新与发展"，《经济社会史评论》2015
　　年第 1 期。

王加丰："西方历史上的特许公司"，《历史教学问题》2016 年第 2 期。

王加丰："试论人类历史上文明的扩张"，《杭州学刊》2016 年第 4 期。

王加丰："15 － 19 世纪非洲奴隶贸易的数量"，载舒运国等主编：《非洲经济评
　　论》2016 年（第五期），上海三联书店出版。

王加丰："试论 1847 年欧洲经济危机——主要以英、法两国为例"，《历史教学问题》2017 年第 2 期。

王晋新："皮朗与'皮朗命题'——对西方文明形成时代的重新审视"，《世界历史》2008 年第 3 期。

王天玺："美国与金融资本主义"，《红旗文稿》2010 年第 13 期。

王岳川："当代艺术是西方文化危机的扩散"，《美术观察》2007 年第 12 期。

王志伟："欧元区的经济困境：主权债务危机及其出路"，《山东大学学报》2012 年第 1 期。

韦龙："欧洲主权债务危机的根源与出路"，《金融发展研究》2011 年第 12 期。

吴长春："新航路开辟的宗教动因"，《史学月刊》1989 年第 1 期；

吴志成等："欧盟对欧洲主权债务危机的救助"，《南京大学学报》2013 年第 2 期。

谢亚宏："俄罗斯公布新版军事学说"，http://military.people.com.cn/n/2014/1228/c1011-26286839.html。

徐明棋："全球金融危机与欧洲经济的困境"，《世界经济研究》2009 年第 12 期。

姚登权："西方文化扩张与文化的'泛西方化'"，《上海财经大学学报》2005 年第 5 期。

余南平："后金融危机时期欧美经济复苏差异比较"，《欧洲研究》2014 年第 3 期。

俞可平："全球化时代的民粹主义"，《国际政治研究》2017 年第 1 期。

张旌："默克尔：不再指望英美，欧盟命运自己做主"，http://news.xinhuanet.com/world/2017-05/30/c_129621214.htm。

张蕴岭："欧洲经济新格局及其对外关系"，《世界经济与政治》1990 年第 9 期。

朱炳元："资本主义发达国家的经济正在加速金融化和虚拟化"，《红旗文稿》2012 年第 4 期，http://www.qstheory.cn/hqwg/2012/201204/201202/t20120223_140450.htm。

朱龙华："文艺复兴时期的佛罗伦萨企业"，《北京大学学报》1986 年第 2 期。

索 引